基礎からわかる
手相の完全独習

手のひらの「過去・現在・未来」を読み解く！

仙乙恵美花
Hito Emika

日本文芸社

はじめに

手相というと、神秘十字線やお金持ちになれる線といった何か特別な線や印があるかないかが重要と思われるかもしれませんが、違います。もちろん、良い印があるのは大変嬉しいことですが、「神秘十字線があってすごいね」だけでは、手相がわかったことにはなりません。細かい線や印がない人も珍しくないですから、そういう人の性格や運勢傾向を言葉で説明できてこそ、手相がわかるということになります。

手相とは、その手の持ち主の人柄を映し出す鏡です。手や指の形や厚みも含めて、両手のすべてをみますが、まずは、基本線（知能線・感情線・生命線 運命線）の特徴をおぼえると理解が早いでしょう。この本は、順を追って読み進めれば、どなたでも手相鑑定のコツをおぼえられるようになっています。初めて手相を学ぶ人や飽き性の人は、応用編である第4章から読んでもらっても結構です。興味のわいた線や印を、前のページに戻ってくわしく知っていけば良いのです。

同じ顔の人がいないように同じ手相はありません。だから、あまり生真面目な性格だと、どれだけ勉強しても手相が読めないと感じることがあるようです。手の線はシワであり、日々変化して複雑なので、そのシワすべてを理解し尽くすことはできませんが、すべてのシワがわからなくても手相は読めます。わからないところや出来ないことばかりに目を向けないで、わかる箇所に注目しましょう。おぼえたところから、すぐに使ってみてください。

時間とともに変化する手相が、「運勢は変えることができる」と知らせています。もしも不吉な印を見つけたら、災いを最小限に抑えるよう現実的な工夫をしましょう。良い相があれば、積極的に行動を。手相が良くても家にじっとしていては何も起こりません。

迷い多きこの時代に、手相があなたを導くよき羅針盤となりますように。また、まわりの人の手を見てあげて、希望を見出してもらえるように、ぜひ手相の見方をマスターしていただきたいと願います。

基礎からわかる 手相の完全独習

目次

第1章　9つの丘とその見方

第2章　4大基本線を読み解こう

第3章 その他の重要線を見ていこう

第4章　あなたの手相はどのタイプ？

第5章 線だけではない手相の見方

序章

手相を学べばわかること

手に刻まれた線には、1本1本それぞれ意味があります。
まずは、どんな線があるのか、みていきましょう。

どうして手相を学ぶのか

手相が表すもの

どうして手相を学ぶのか。それは、より良く充実して生きるためです。

手相とは、もうひとつの顔のようなもので、良い手相、悪い手相というよりも、それぞれの手の持ち主の気質を表しているのです。手相を学び、自分の特質を知ることによって、生きやすい環境がわかります。自分に合った環境で生活できれば運気が上がり、精神の充足や経済的安定を得ることも可能でしょう。

手に刻まれた相は、生まれた時から一生変わらないというものではありません。相の変化を見て、自分の目指す方向を決めたり、チャンスをつかんだり、また、危険に気をつけたりすることもできます。

手相は、今現在の意識や運気、健康の度合などが実によく表れるもので、現在の相から見たその人の過去、現在、未来の流れも判断することができます。

また、スムーズな人間関係をつくるためにも手相は役立ちます。人と自分は違うのではないか、あの人は何を考えているかわからないなど、人との付き合いで悩むことは誰しも多少なりともあるでしょう。両親や、同じ環境で育った兄弟姉妹でも性格や考え方、価値観などは違います。手相を学ぶことで、相手の長所を知り、また相手に望んでも仕方がないことなどを知ることで、日常のストレスは減り、コミュニケーションがスムーズになるでしょう。他人に対して客観的なアドバイスをすることもできます。大事な人を励ましたり慰めたりするのにも、手相の知識は役立ってくれるでしょう。

丘を知ろう

これから手相を学ぶにあたって、手指の形や大きさ、知能線、感情線、運命線、生命線の四つの基本線や補助線、その伸び方や濃さなどすべて重要です。おぼえることは数多くありますが、基本はシンプルです。はじめに「9つの丘」というものをおぼえると、手相を読み解くのが容易になります。

9つの丘とは、木星丘、土星丘、太陽丘、水星丘、金星丘、月丘、第一火星丘、第二火星丘、地丘に分類される手のひら上のそれぞれの区域のことです。必ずしもふくらんでいる場所が丘というわけではありません。

この本では、この9つの丘を中心に手相を学んでいきます。第1章で丘の位置と意味を学び、第2章以降で各線をみていきましょう。最初にたった9つの丘の位置と意味をおぼえてしまえば、その丘と線との関わりから線の意味を理解しやすいはずです。

本章で、まずは手の中にある各線の名前をざっと頭に入れて、次の章より本格的に読み進めてください。全部の手をみることが手相鑑定ですから、右手、左手ともみていきます。

第4章は応用編。恋愛、結婚、仕事、金運、健康と、古今東西、人種は変われど人類普遍の関心事について、いくつかの例で解説を試みています。第3章までに学んだ知識を活かせば理解が早いでしょう。本書を使って楽しく手相を学んでいってください。

基本線を知ろう

手のひらの線の中には四つの基本的な線があります。まずは、その位置をおぼえましょう。

手相の基本は知能線、感情線、生命線、運命線という四本の線です。この中で運命線は出ていない人も珍しくありませんが、他の三本はたいていの人の手に出ています。この四本を基本線と呼び手相をみる時に重要な線で、その人の気質の六、七割がわかります。まずは基本線の名称と、それがどこに伸びている線かという位置の定義をざっと頭に入れましょう。2章で基本線の細かい分類を、みていきます。

また、四本の基本線以外の線はすべて補助線やマークです。それらはすべての人の手に刻まれているわけではなく、ある人とない人がいます。3章で補助線の細かい分類はみていきますが、まずはこの章でその名称を一通り確認しましょう。

知能線

人差し指と親指の付け根の間から手のひらを横切って伸びる線

性格・才能を表す

感情線

小指の下から人差し指の方へ向かって伸びる線

愛情・感性・他人との接し方を表す

運命線

始点の場所にかかわらず中指に向かって伸びる線

仕事運のタイプ・運勢の流れを表す

生命線

人差し指と親指の付け根の間から手首に向かって伸びる線

生命力・健康状態・寿命傾向を表す

基本線の位置

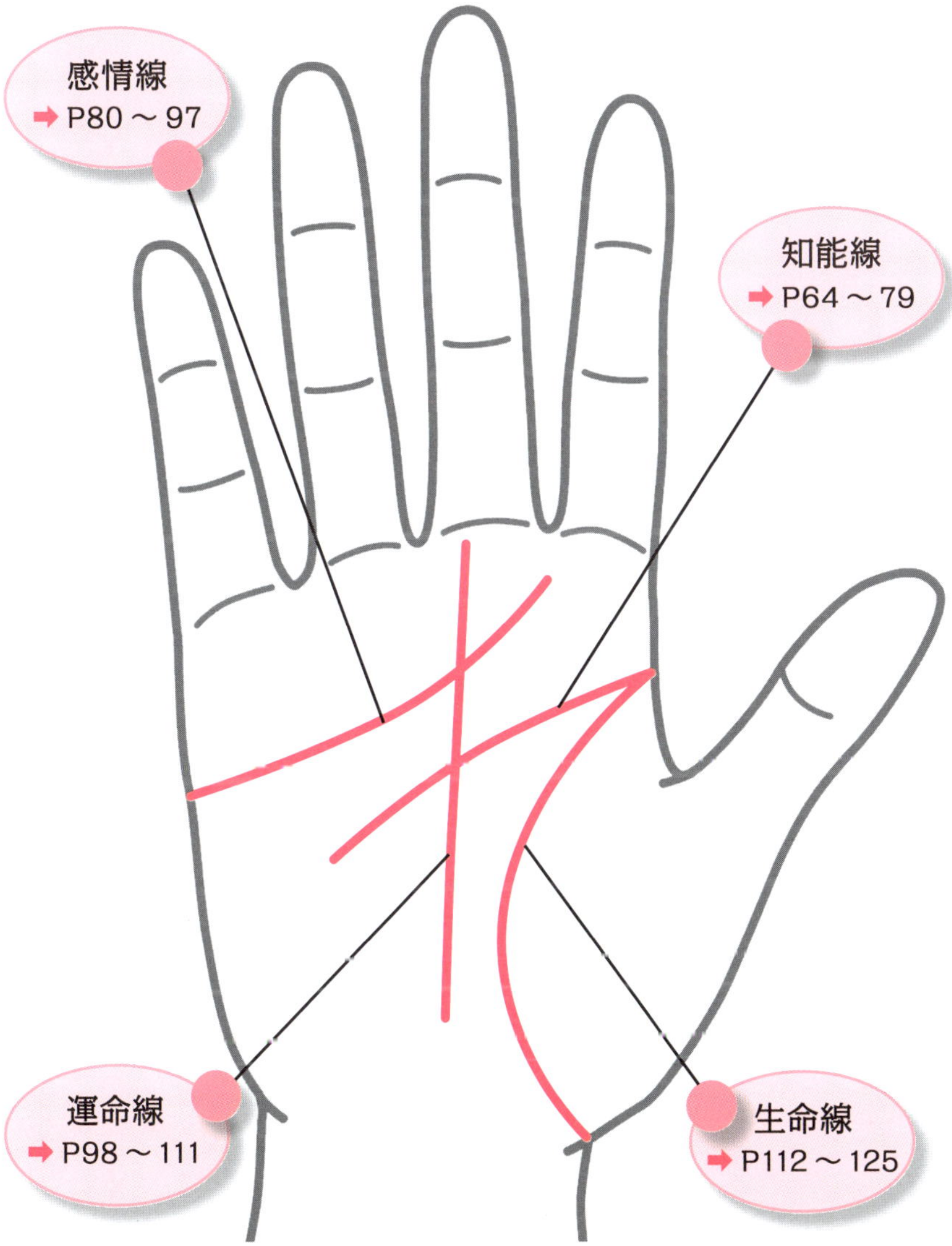

感情線
➡P80～97
知能線
➡P64～79
運命線
➡P98～111
生命線
➡P112～125

補助線を知ろう

手相では、基本線以外の線を補助線と呼びます。補助線はすべての人に出る線ではありません。

結婚線
結婚、出会いの時期・結婚生活の状態を表す

太陽線
成功運・人気運・財運・芸術的センスを表す

財運線
財運・商才を表す

金星帯
感受性・美的センス・官能性を表す

土星環
孤独性・感性の鋭さ・探究心・粘り強さを表す

太陽環
芸術的センス・華やかさを表す

神秘十字線
先祖、神仏の守り・霊感・信仰心を表す

太陽十字
芸術的インスピレーションを表す

奉仕十字
奉仕の精神を表す

補助的な線とマークの位置 1

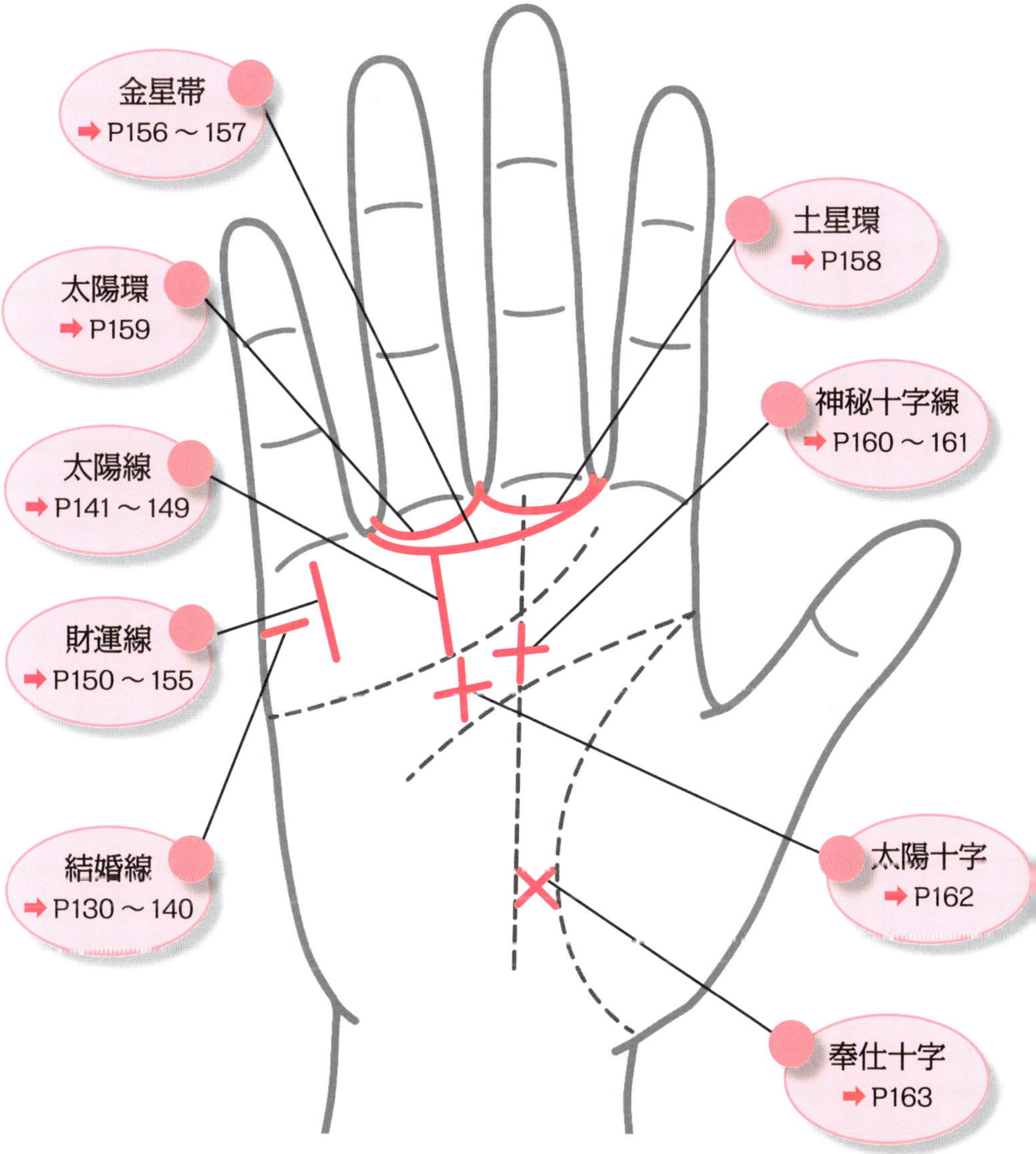

ラッキーM

バランスのとれた人格・幸運を表す

ファミリーリング

家族との縁を表す

仏心紋

先祖の守り・徳を表す

直感線

直感力・本質を見抜く力を表す

昇運線

上昇志向・他人からの引き立て・昇運を表す

ソロモンの環

名誉・影響力・指導力を表す

リーダー線

リーダーシップ・指導力・管理能力を表す

忍耐線

忍耐して成功することを表す

向上線

向上心・上昇志向を表す

希望線

志・夢・希望・野心を表す

影響線

他人や結婚相手との良い出会い運を表す

引き立て線

他人からの引き立て・援助・出会い運を表す

幸運線

偶然の出会いとチャンスを表す

補助的な線とマークの位置 2

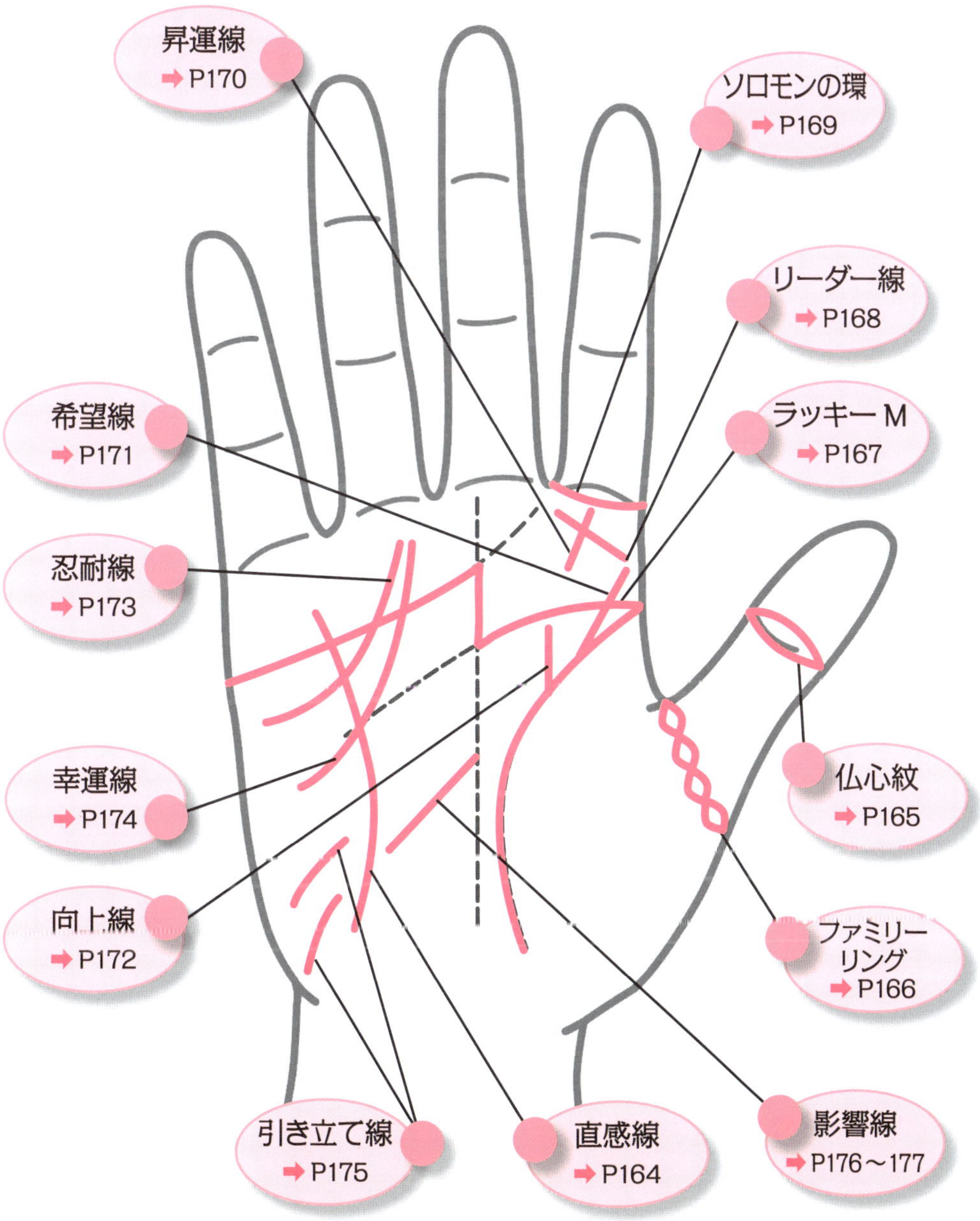

健康線

健康状態を表す

障害線

各線のエネルギーを弱めることを表す

放縦線

肉体疲労・衰弱を表す

旅行線

旅行・海外との縁・独立運を表す

社交線

協調性・統率力を表す

短気線

積極性・勝ち気を表す

反抗線

自己主張の強さを表す

不動産線

不動産を手に入れることを表す

情愛線

パートナーや家族との縁を表す

説得線

説得のうまさを表す

手首線

健康状態を表す

医療線

他人への観察力を表す

テンプル

先祖との縁・不動産運を表す

補助的な線とマークの位置３

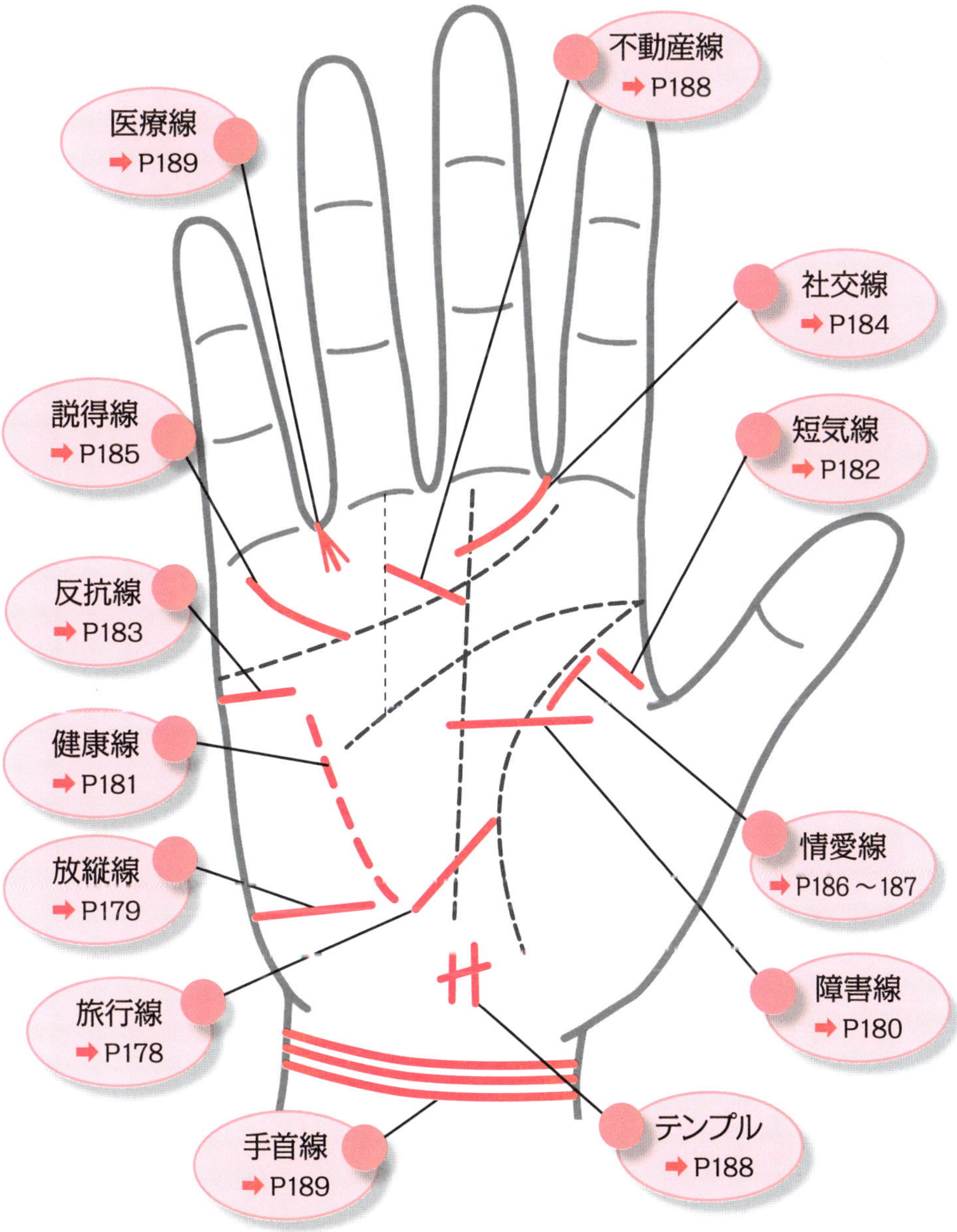

流年法をみてみよう

流年法とは、手のひらの線に年齢を当てはめ、線にあるサインが何歳頃に起こるのかということをみるものです。流年法の中でも主に用いるのは、健康状態の変化時期を表す生命線と、運勢の切り替わり時期を表す運命線の流年法です。例えば線が濃くなっている時期や二重になっている時期はその線の意味が強まり、シマが出ている時期はアクシデントが起こりやすいとみます。その時期に流年を当てはめると、何歳くらいにそれが起こるかわかります。三十歳か三十一歳かとこだわるよりも、全体の運気の流れをつかんで、備えたりチャンスを活かしたりする心構えが大切です。

生命線の流年法

健康状態や運気の状態が変化する時期をみます。

運命線の流年法

仕事運や人生の転機が訪れる時期をみます。

結婚線の流年法

異性との出会いのピーク時期や結婚に適した時期をみます。

太陽線の流年法

社会的な評価や成功の時期をみます。

知能線の流年法

支線の位置などで、意欲の向上時期や悩みやすい時期、ビジネスチャンスをみます。

感情線の流年法

支線の位置などで愛情運の上昇時期や波乱時期をみます。

生命線の流年の見方

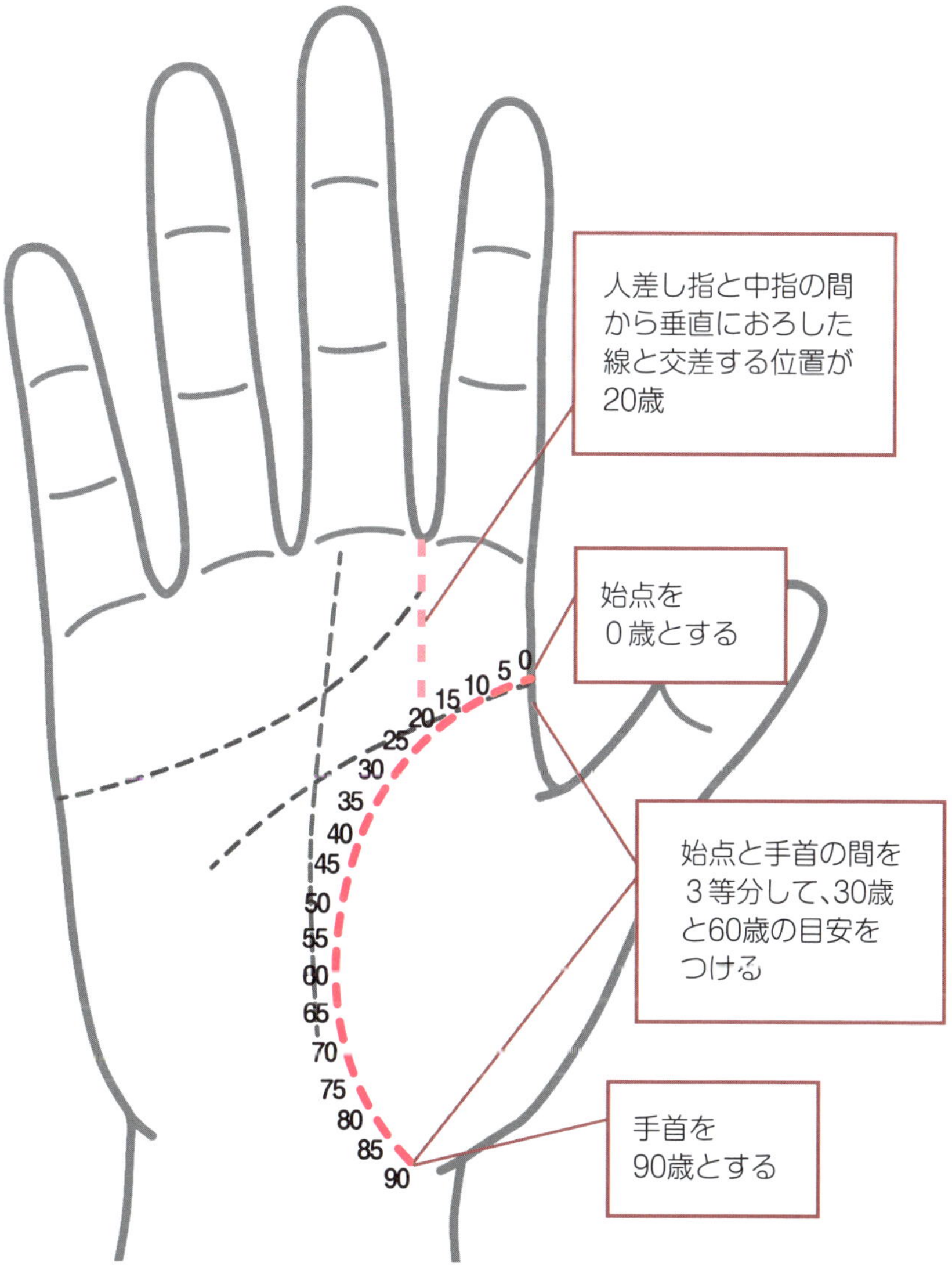
人差し指と中指の間から垂直におろした線と交差する位置が20歳
始点を0歳とする
始点と手首の間を3等分して、30歳と60歳の目安をつける
手首を90歳とする
0
5
10
15
20
25
30
35
40
45
50
55
60
65
70
75
80
85
90

運命線の流年の見方

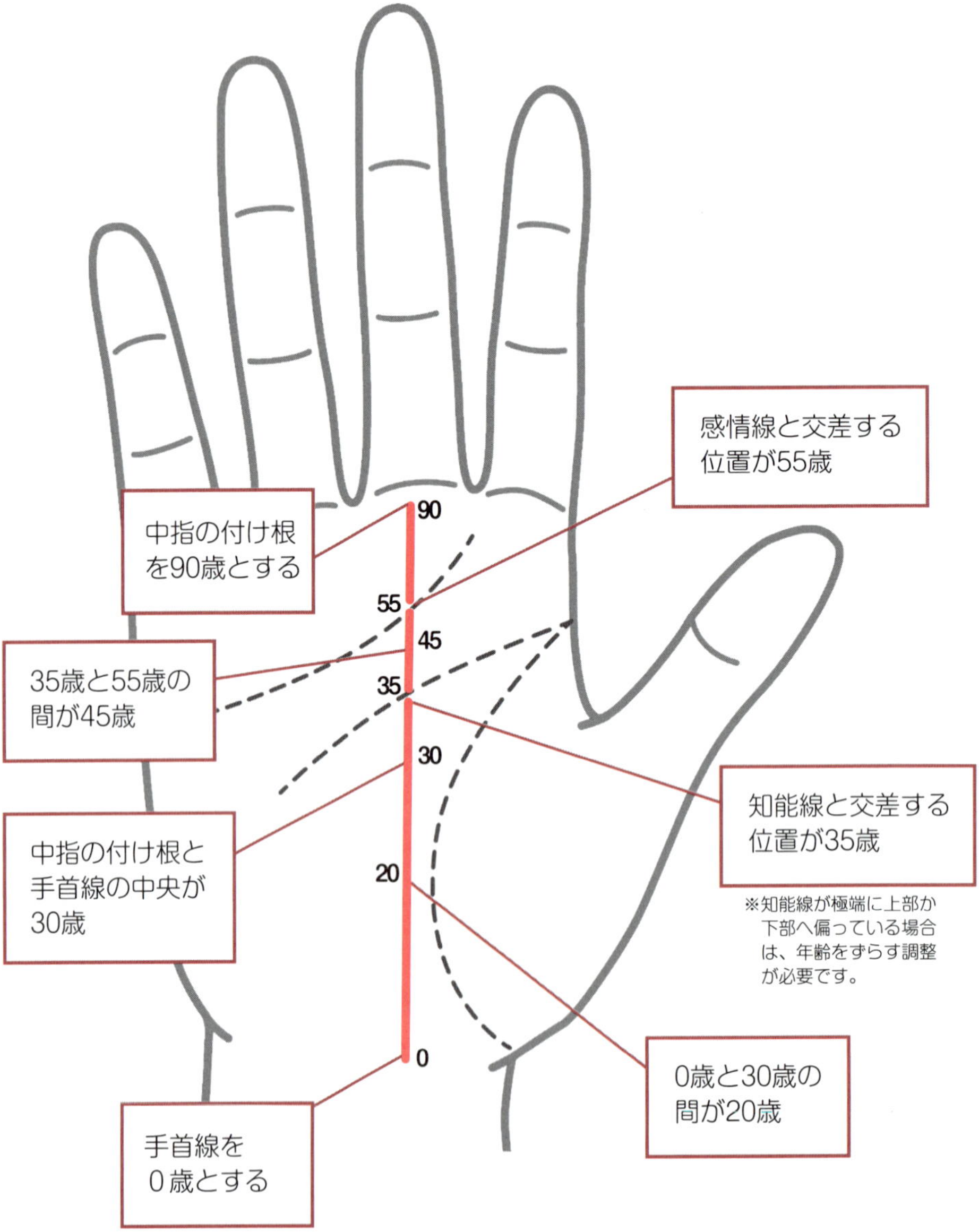

90
55
45
35
30
20
0
中指の付け根を90歳とする
感情線と交差する位置が55歳
35歳と55歳の間が45歳
知能線と交差する位置が35歳
中指の付け根と手首線の中央が30歳
0歳と30歳の間が20歳
手首線を0歳とする

※知能線が極端に上部か下部へ偏っている場合は、年齢をずらす調整が必要です。

太陽線と結婚線の流年の見方

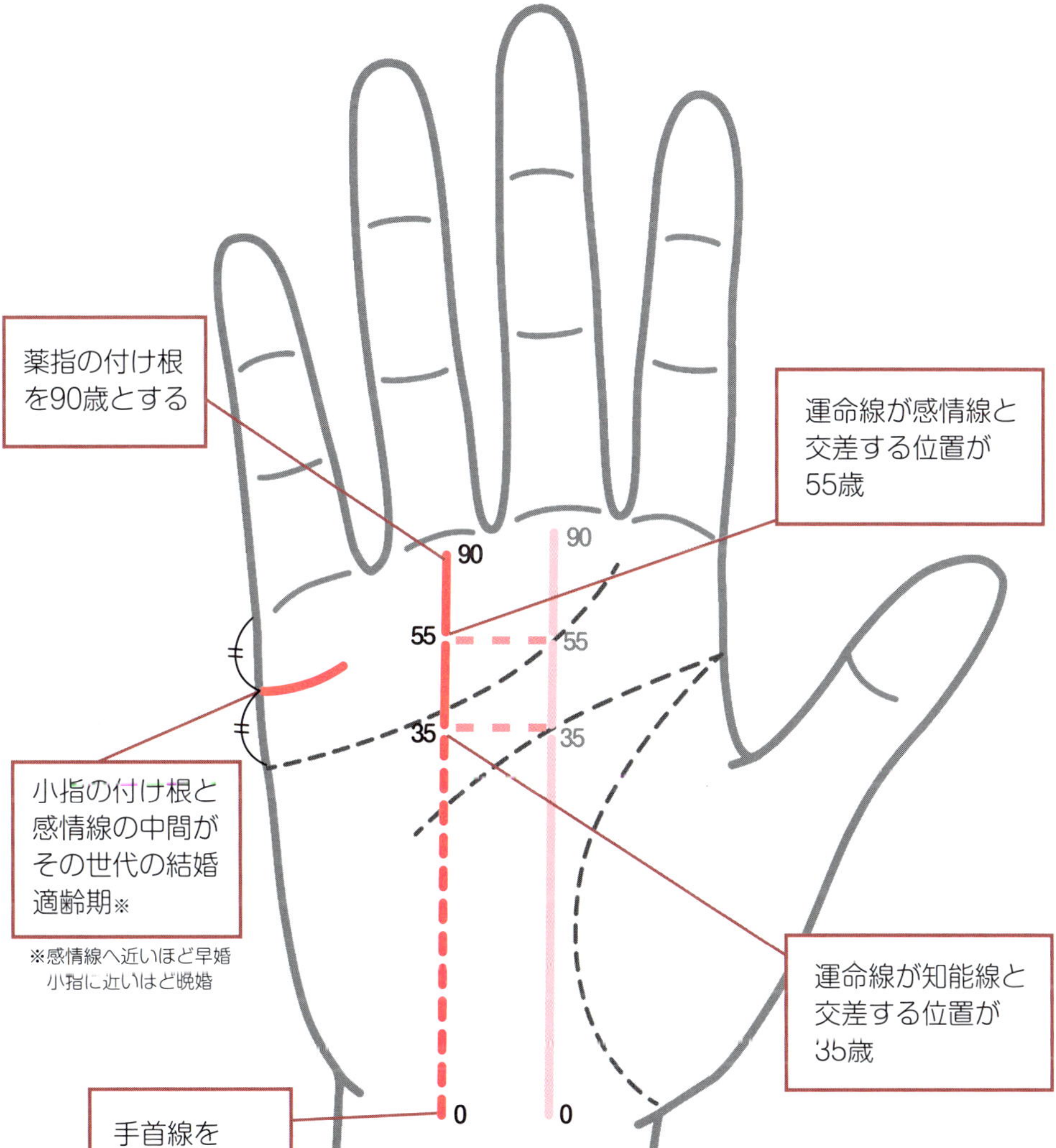
薬指の付け根
を90歳とする
90
55
35
0
90
55
35
0
運命線が感情線と
交差する位置が
55歳
小指の付け根と
感情線の中間が
その世代の結婚
適齢期※
※感情線へ近いほど早婚
小指に近いほど晩婚
運命線が知能線と
交差する位置が
35歳
手首線を
0歳とする

※現代の結婚適齢期の目安
男性：30歳
女性：28歳
ただし平均初婚年齢は時代によって異なるため世代によって結婚適齢期は変わります。

知能線の流年の見方

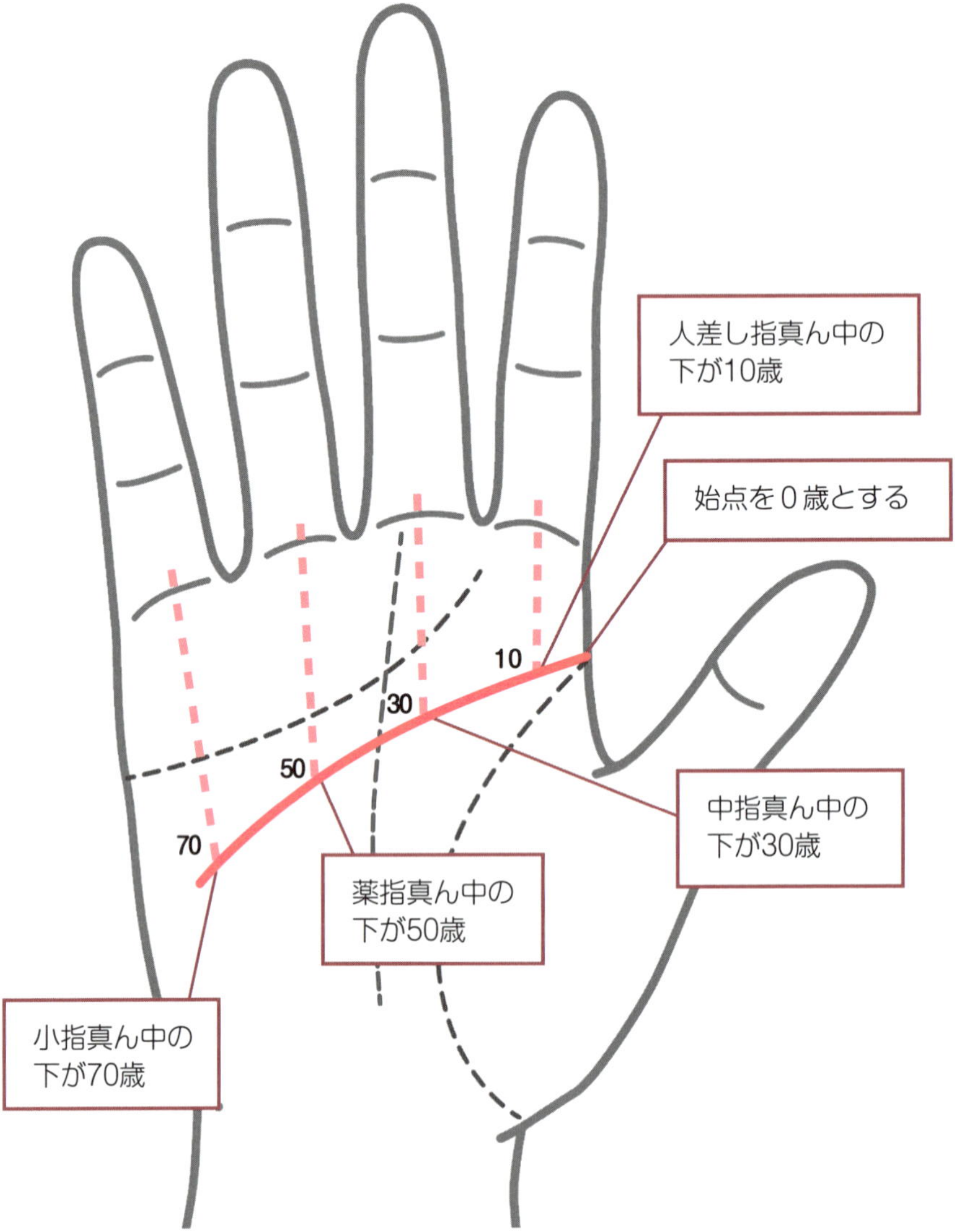

人差し指真ん中の
下が10歳
始点を０歳とする
10
30
50
70
中指真ん中の
下が30歳
薬指真ん中の
下が50歳
小指真ん中の
下が70歳

感情線の流年の見方

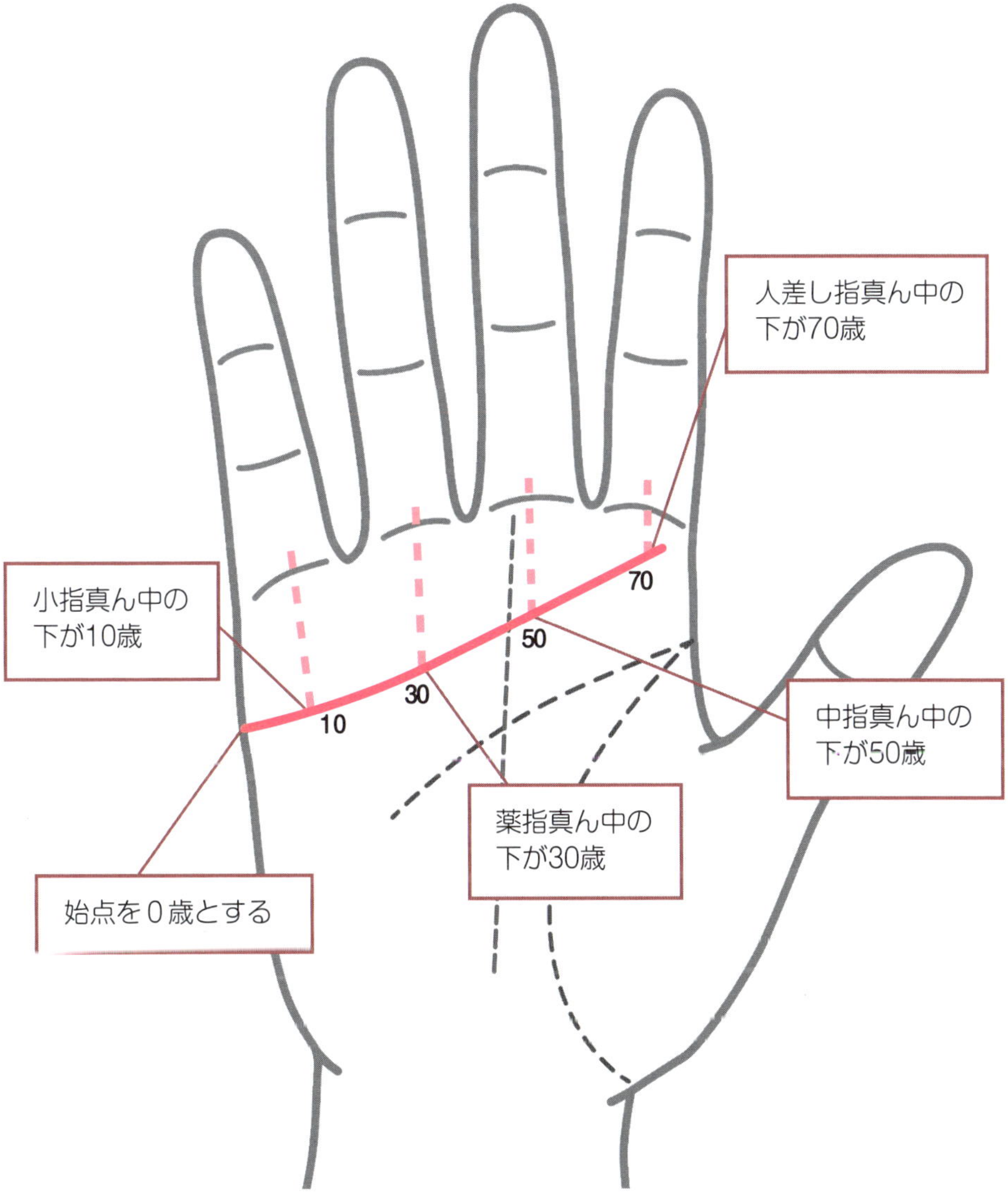
人差し指真ん中の
下が70歳
小指真ん中の
下が10歳
70
50
30
10
中指真ん中の
下が50歳
薬指真ん中の
下が30歳
始点を０歳とする

column

手相をみるのは右手？ 左手？

手相をみる時は、必ず両方の手をみて総合的に判断します。どちらの手も、その人そのものを表しており、両手を比べて、手の特徴が同じか違うかをみることから手相鑑定は始まります。

一般的に、普段よく動かす利き手は、職場や友人などに見せるその人の社会的な性格（そとづら）や、後天的運勢（現在・未来）を表し、利き手でない方の手は、その人がもともと持っている〝素〟の性質や行動パターン、先天的な運勢を表すとみると、わかりやすいです。とっさの時や、気を許している相手に対しては、利き手ではない方の性格が表れやすいものです。例えば、感情線の長さが左右でかなり違うと、親しくなるほど違う面が出てきて、それが相手の不満につながることもあります。

左右の手相の違いが大きい人ほど、複雑な性格と運勢の傾向を持ちます。付き合う相手との距離感や環境によって表れる性格が違ってきます。悩みやすい面もありますが、自分の左右の気質の違いを知り、どちらの面も自分だと理解して、仲良く付き合っていきましょう。

また、左右ともに手相は変化します。線の状態が変化しやすい手は、左右どちらであれ、その人にとって強い意味を持っています。線や血色など手相の変化はすべて、その人へのメッセージです。上手に受け取って、活かしていきたいものです。

第1章

9つの丘とその見方

手相を学ぶ上で重要な９つの丘。
これを始めに覚えてしまうと手相を理解しやすいです。
ここではその丘を学びます。

丘から手相を理解しよう

本書は、西洋手相の見方を基本にしています。西洋手相では、手のひらに9つの丘（おか）を位置づけています。この丘にはそれぞれ意味があります。丘というとふくらんだ部分をイメージするかもしれませんが、必ずしもふくらんだ部分ではありません。ふくらんでいてもへこんでいても、「薬指の真下が太陽丘」というふうに、位置でおぼえてください。この丘の位置と意味が手相を読み解く手がかりになります。

手相を学ぶには、まず「線の名前と意味を暗記しなければいけない」と考えている人が多いのですが、線の暗記より先に、丘の場所と意味をおぼえると手相を理解しやすいです。本書で丘の説明に多くのページを費やしているのも、丘を最重要と考えているからです。

例えば、財運線とは小指の下に縦に伸びる線のことで、きれいな線が出ていると金運に恵まれることを意味します。これは、水星丘の（小指の下）がお金に関する意味を持っていることに由来します。仮に財運線という名前と意味を忘れてしまっても、水星丘の意味さえ把握していれば、水星丘に出ている線は財運を表す線とすぐにわかります。線は種類が多いのですが、丘はたった9つしかなくおぼえるのが簡単です。一方、丘を理解せず、線だけを暗記しても理解が広がらず、応用力や判断力も身に付かないでしょう。

このように、丘の意味を理解することで、手相の本質的な意味を把握できるようになります。まず丘から学ぶことが手相習得の近道です。

最初に丘の大まかな意味を頭に入れてください。38ページからそれぞれの丘に実際に見られることの多い線やマークの例を紹介しますので、自分の手と照らし合わせながら理解していきましょう。なお、9つの丘それぞれを担当する神としてギリシャ神話もしくはローマ神話の神が割り振られています。

丘の位置

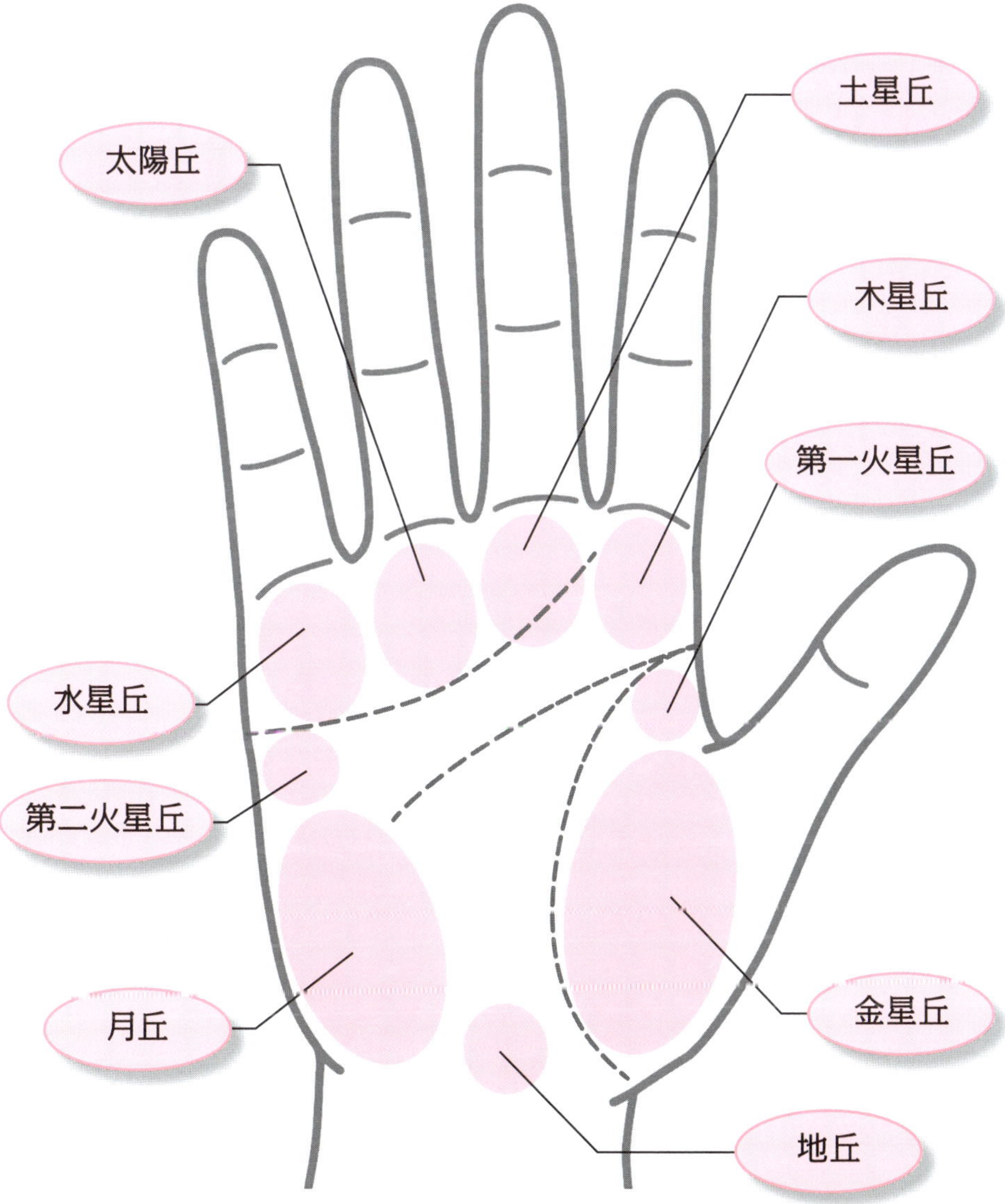

土星丘
太陽丘
木星丘
第一火星丘
水星丘
第二火星丘
月丘
金星丘
地丘

木星丘（もくせいきゅう）

人差し指の下の部分で、全能の神ゼウス（ジュピター）がつかさどる丘です。一番偉い神様にふさわしく、自信、独立心、支配欲、管理能力、統率力といった、人の上に立つための強いエネルギーが蓄えられています。地位・肩書き志向が強く少々偉そうな丘ですが、人の面倒を見たり教えたりする能力も蓄えています。この丘がふくらんでいるとプライドが高く他人から指図されることを好みません。

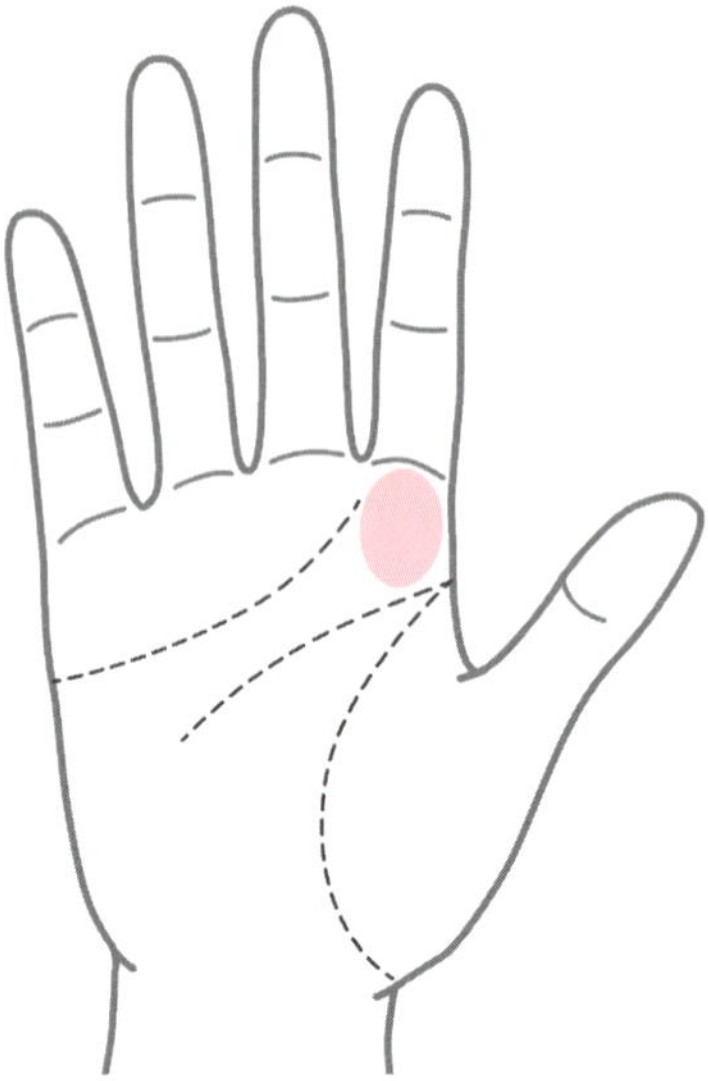

土星丘（どせいきゅう）

中指の下の部分で、農業神サトゥルヌス（サターン）がつかさどる丘です。運命線が向かう先という重要な意味を持ち、努力、勤勉さ、研究熱心さなどを意味します。目的を達成するために、自分が中心となって頑張るエネルギーを蓄えています。この部分が発達していると努力家ですが、丘がふくらみすぎたり、丘に運命線以外の線やマークが出たりすると、たいていの場合は自意識が強くなりすぎて孤立するなど悪い意味が加わります。

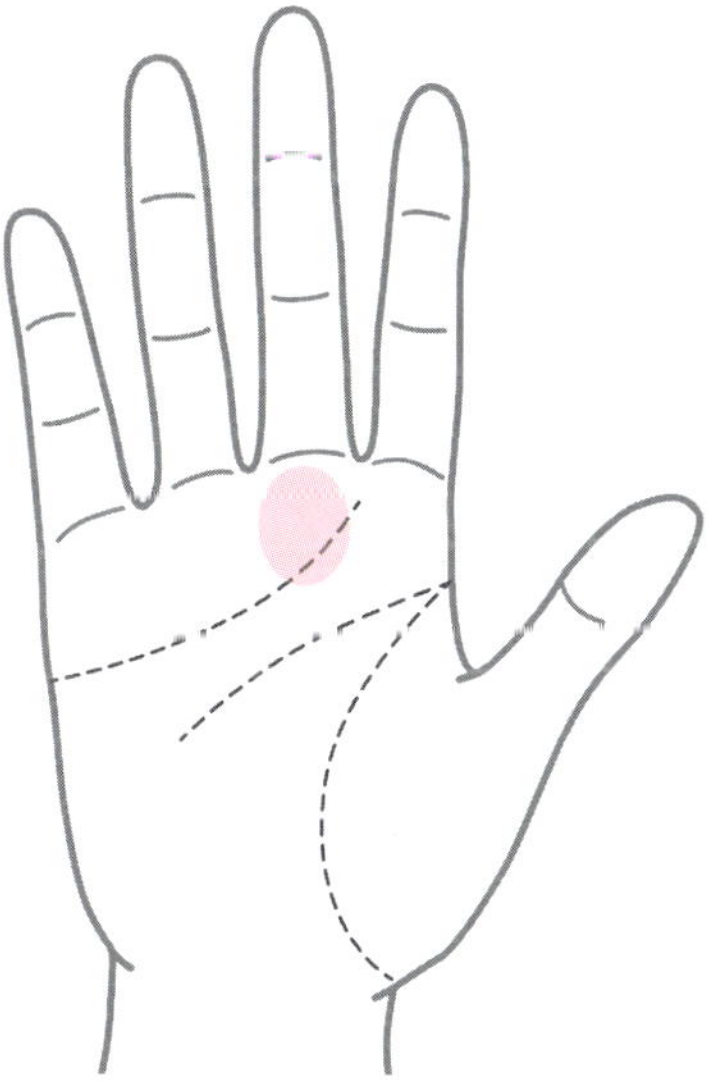

太陽丘（たいようきゅう）

薬指の下の部分で、太陽神アポロン（アポロ）がつかさどる丘です。明るく華やかな意味を持ち、人から注目されること、人が集まることから、成功、人気、信頼、芸能・芸術といった意味があります。賞賛や評価を得て成功すれば結果的にお金がついてくることから財運の意味も大いにあります。薬指が中指と大差ないほど長い人は太陽丘の影響を受けており華やかな人気者タイプですが、一方で虚栄心が強くなることがあります。

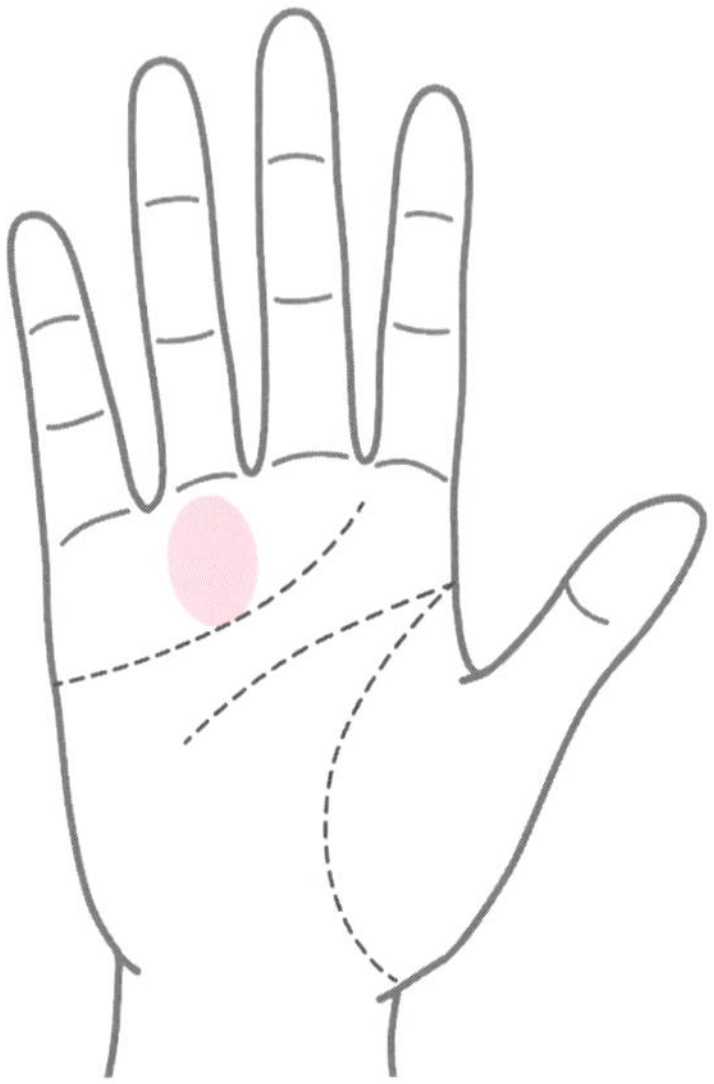

水星丘（すいせいきゅう）

小指の下の部分で、商人の守り神ヘルメス（マーキュリー）がつかさどる丘です。お金をやりくりする財運や商才、頭脳の明晰さ、言葉遣いの巧みさ、交渉力という意味があります。水星丘のふくらみが目立つ人や小指が薬指の第一関節より長い人は、頭がよく働きコミュニケーション能力の高い人と言えます。また、小指の付け根と手首を結ぶラインがまっすぐではなく、水星丘へ向かって張り出した形になっている人は頭がいつもフル回転していて、たえず何かを考えてリラックスしにくい傾向があります。

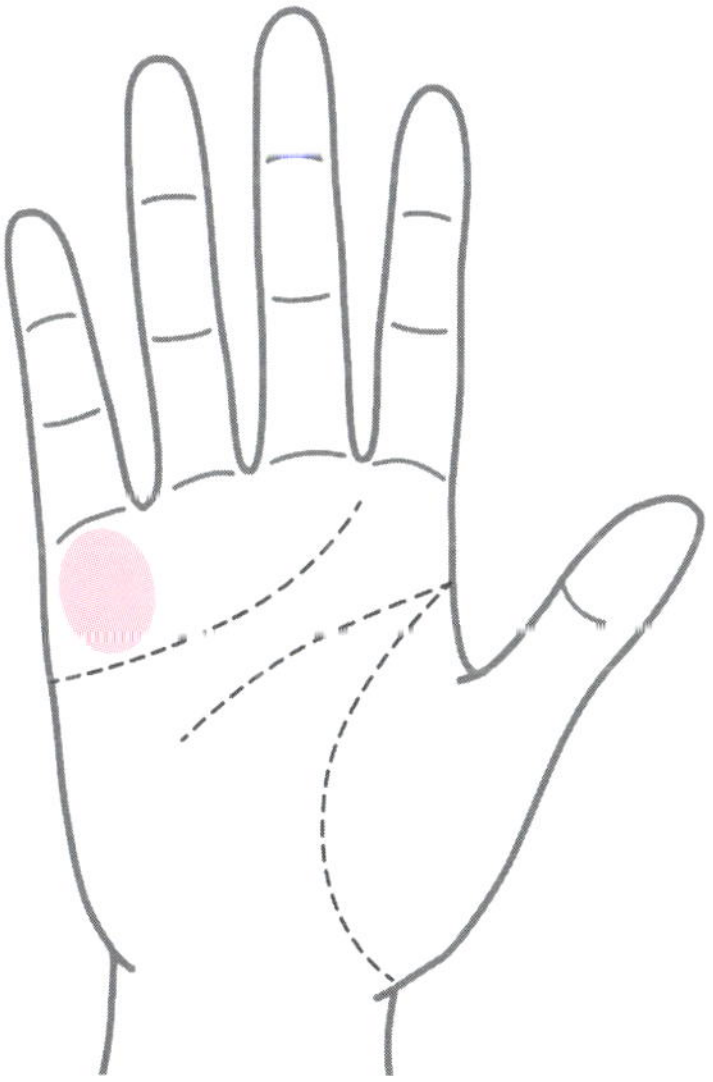

金星丘（きんせいきゅう）

第一火星丘の下、生命線の内側部分です。愛と美の神アプロディーテ（ヴィーナス）がつかさどる丘です。生命線の内側に蓄えられているエネルギーで、生命力や健康、精力という意味を持つほか、命を生み出してくれた肉親や生まれ故郷との縁の強さを意味します。この丘の肉づきがよく、ふくよかな人は体力があって健康で活力に満ちています。反対に肉が薄かったり弾力がなかったりする場合はパワーに欠けます。

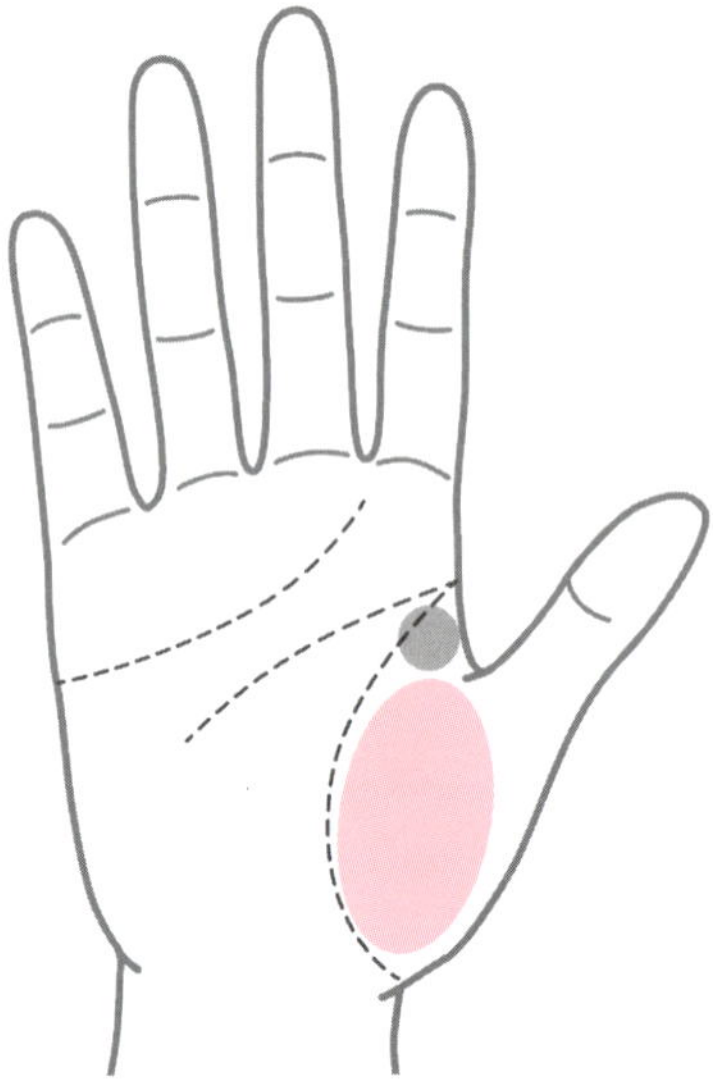

月丘（げっきゅう）

第二火星丘の下で、手首の上の部分です。月の女神アルテミス（ダイアナ）がつかさどる丘です。

月を見上げる時、人はさまざまな空想をするものですが、ここから転じて、月丘にはイマジネーションやクリエイティブなエネルギーが蓄えられており、自分が創造する世界へのこだわりや理想があります。また、故郷を意味する金星丘から遠い場所なので肉親以外との縁の強さも表します。月丘が発達している人は想像力豊かで芸術的センスに優れますが、ふくらみすぎると利己的な面が出てきます。

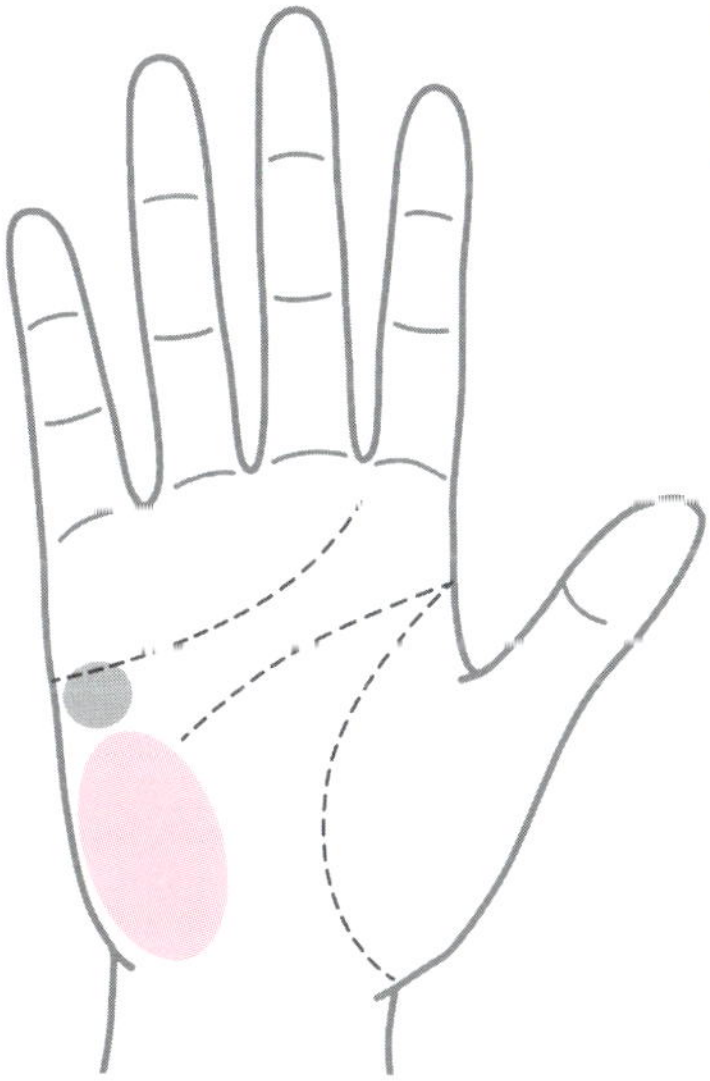

第一火星丘（だいいちかせいきゅう）

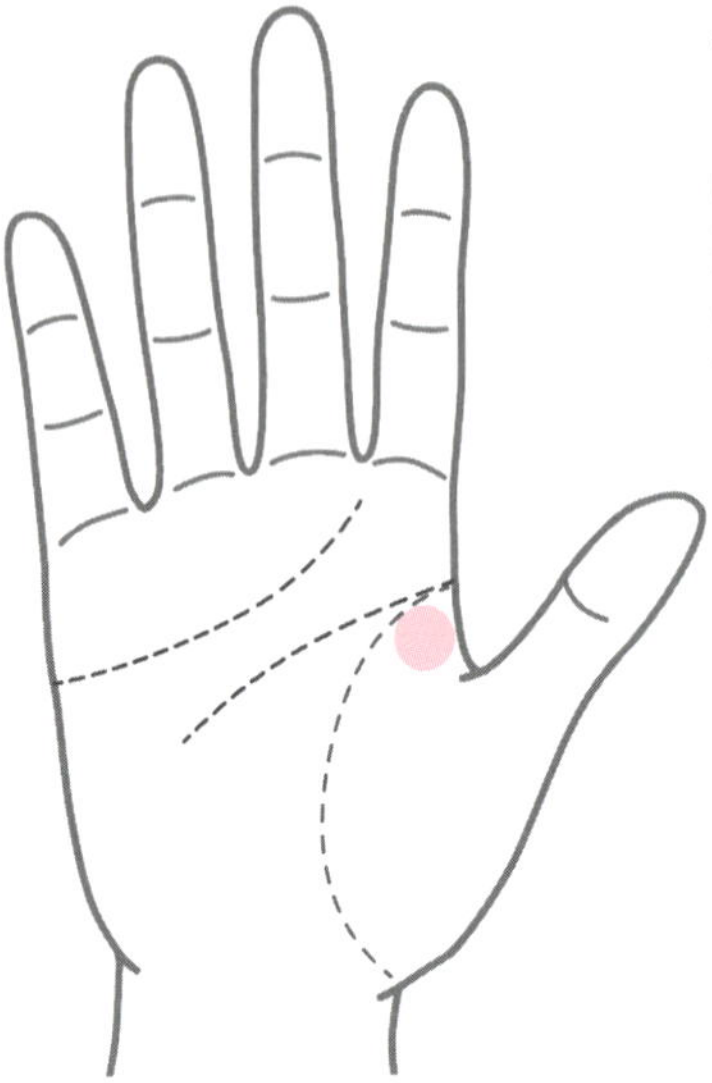

生命線の内側、木星丘の下の部分で、軍神アレス（マーズ）がつかさどる丘です。火が燃え盛るような戦いのエネルギーを持っています。自分対他人の戦いを意味し、闘争心、積極性、前に進もうとする力を表します。

第一火星丘がふくらんでいる人は、闘争心や決断力、行動力があって、じっとしていることができず、前向きな意欲にあふれていますが、発達しすぎているとカッとしたり、攻撃的な面が出たりしてしまいがちです。

第二火星丘（だいにかせいきゅう）

水星丘の下の部分で、感情線から約1,2㎝までの場所です。第一火星丘とはちょうど左右対称に位置します。第一火星丘と同じく、軍神アレス（マーズ）がつかさどる丘です。第一火星丘が対外的な戦いを意味するのに対し、第二火星丘は自分自身との戦いを意味します。我慢強さや自制心といった意味があり、困難があっても諦めない芯の強さや勝ち気なエネルギーを蓄えた丘です。第二火星丘がふくらんでいるのは珍しく、主にこの丘に線が出ているかいないかで、気質を読み取ります。

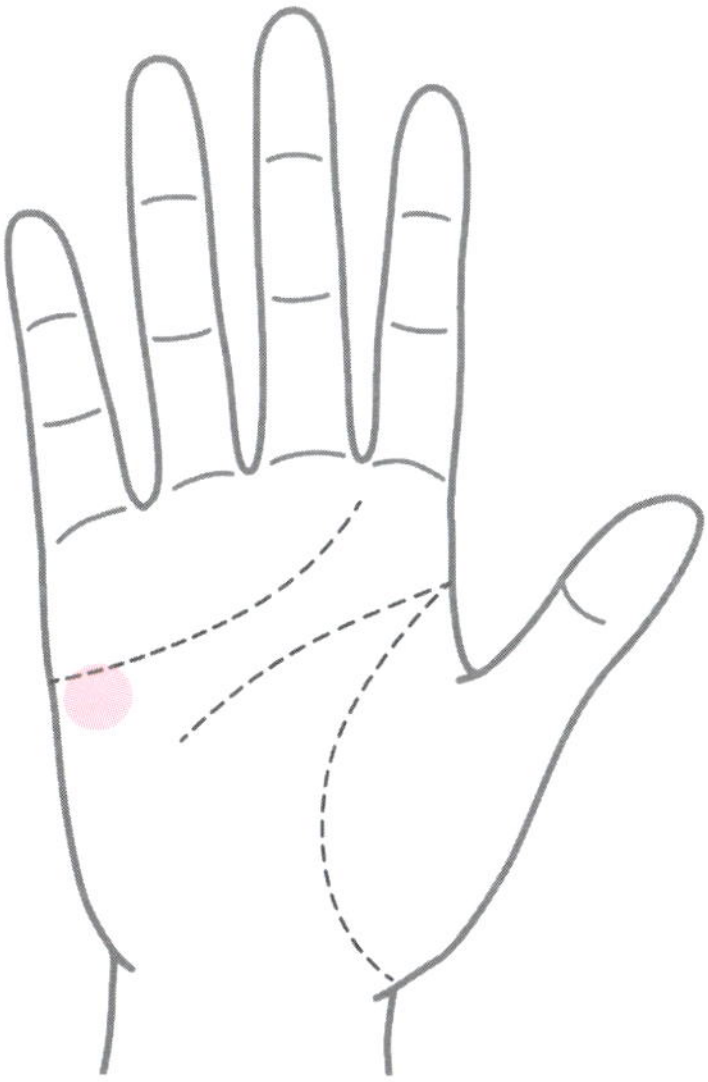

地丘（ちきゅう）

金星丘と月丘の間、手首の真ん中部分です。先祖が住む「あの世」を象徴し、運命の出発点ともいえる場所です。理屈ではない世界のエネルギーを蓄えており、この地丘から上昇する縦線の持ち主は霊感や洞察力が鋭く、中には普通なら見えないものが見える人もいます。この丘に艶があり、発達している人は先祖に守られており、人生の土台がしっかりした人とみます。

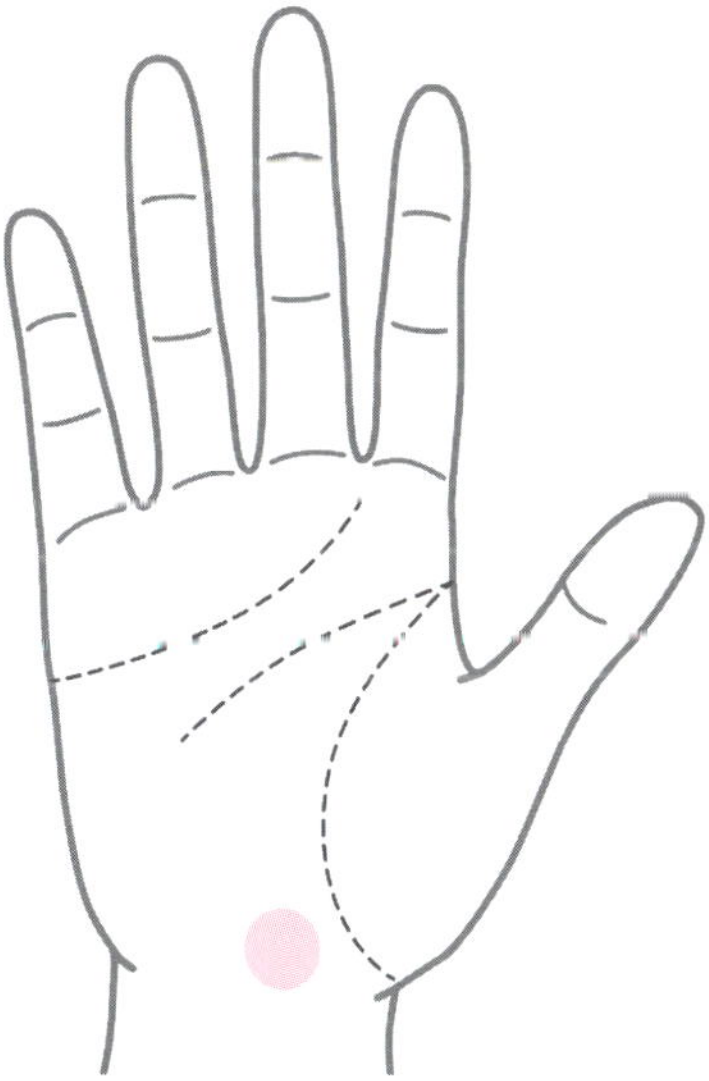

丘と線の関わり

9つの丘はそれぞれの意味するエネルギーが詰まった貯蔵庫です。一方、線は、そこからエネルギーを汲み出すパイプです。

ある丘に線が出ていれば、丘があまりふくらんでいなくてもその人は、その丘のエネルギーを使っている状態とみます。

線は水道管のようなものなので、長くて太い（濃い）ほどエネルギーをたくさん発揮しており、意味が強まります。ここでは、代表的な線と丘の関わりをとりあげてみます。

木星丘
自信・独立心・管理能力・指導力・地位・権力志向

土星丘
努力・勤勉さ・研究心

太陽丘
成功・人気・信頼・芸術・芸能・財運・満足感

水星丘
財運・商才・交渉力・頭の回転が早い

第一火星丘
闘争心・積極性・前進力

第二火星丘
自己との戦い・我慢強さ・自制心

金星丘
生命力・健康・精力・肉親、故郷との縁

月丘
夢・理想・想像力・芸術・芸能・他人、他郷との縁

地丘
先祖・あの世・生まれ育ち

木星丘の影響を受ける線とマーク１

リーダー線・ソロモンの環

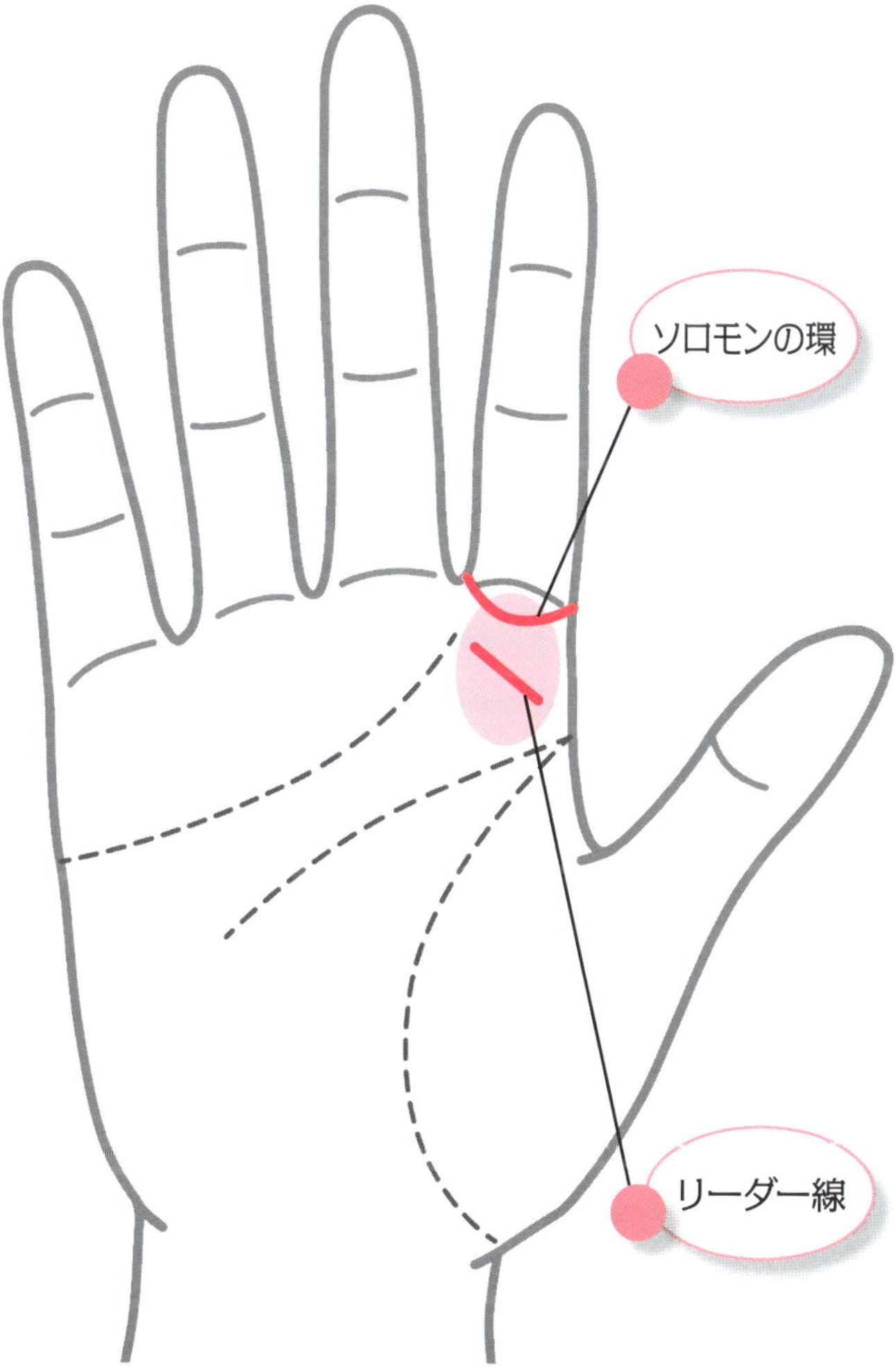

管理能力と指導力

木星丘の「人の上に立つ」エネルギーの影響を受ける線には、リーダー線とソロモンの環があります。リーダー線は、生命線の始点付近から中指に向かって伸びる直線で、責任感があり管理能力に優れることを意味します。ソロモンの環は、人差し指の付け根を囲むように弧を描く線で、プライドが高く、人の上に立つだけの知恵と指導力を意味します。

木星丘の影響を受ける線とマーク2

昇運線・希望線

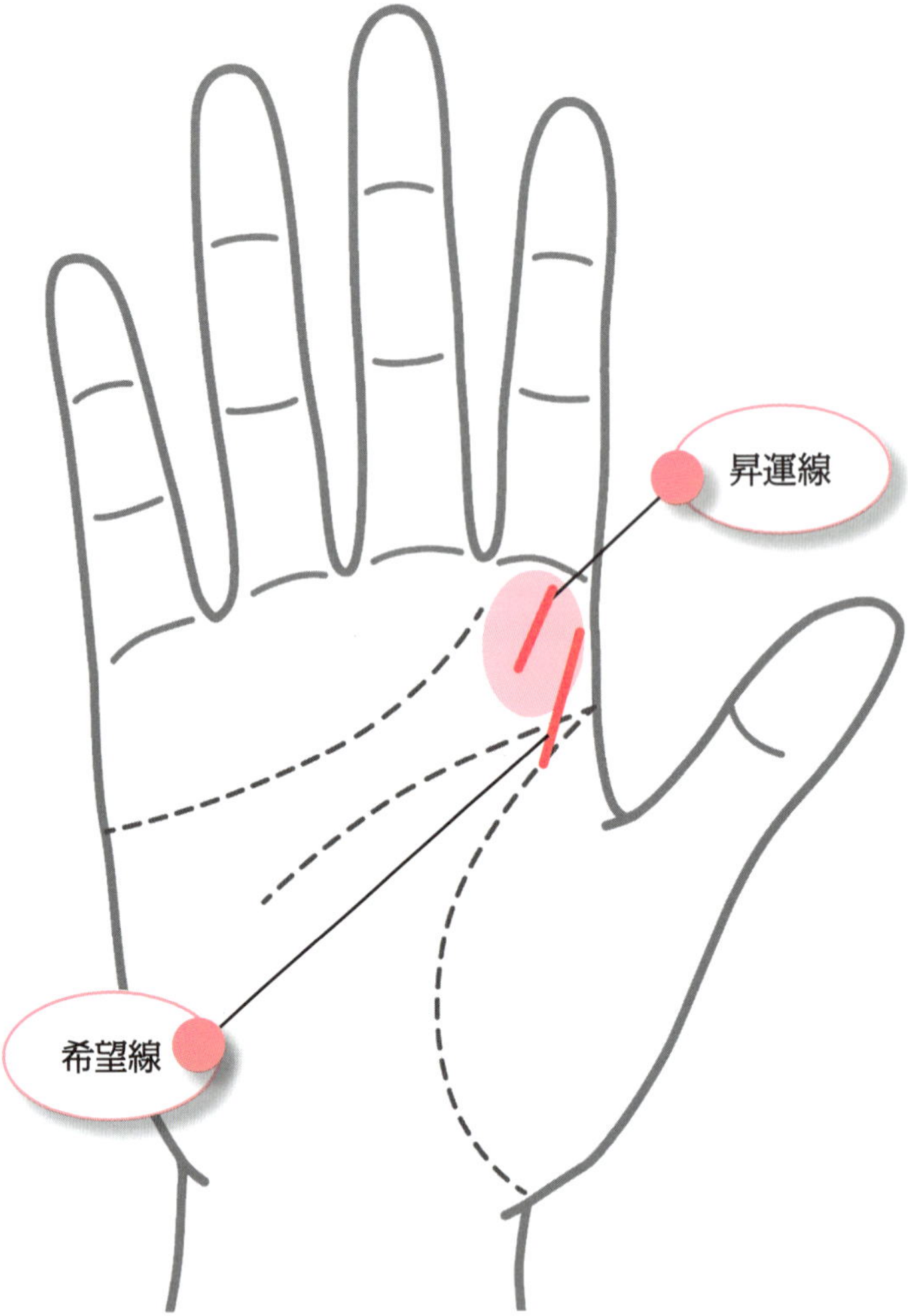

自信と上昇志向

木星丘の範囲に、はっきりとした線が出ている時は、仕事や勉強に対する意欲や運気が強まっている状態を表します。昇運線は、人差し指のすぐ下に伸びる直線で、上昇志向が強い人の手に現れ、他人の評価や協力に恵まれやすい状態を意味します。希望線は、生命線上から人差し指に向かって伸びる直線で、夢を叶えようとする向上心が強いことを示します。

木星丘の影響を受ける線とマーク３

知能線と生命線の起点が離れている

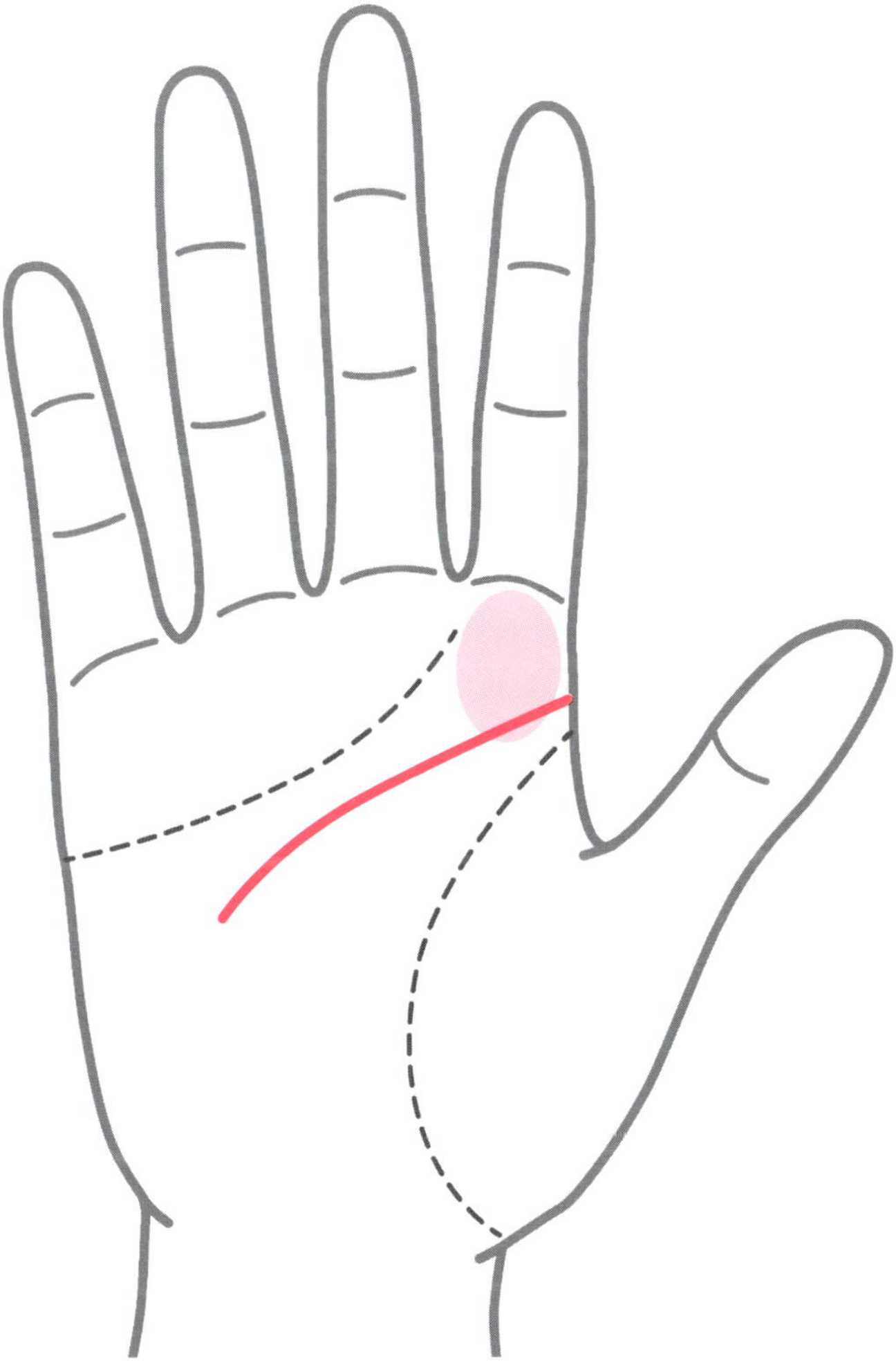

独立心と強気な姿勢

知能線と生命線の出発点が離れているのは、積極的な性格で束縛を嫌うことを意味します。リーダーシップがあり年少者に慕われる人にもよくみられる相です。これは、知能線の出発点が木星丘へ寄っているので、丘の持つプライドや独立心の強さの影響を受けているととらえます。思い立ったらすぐ行動する大胆さは、木星丘の怖いもの知らずの強気なエネルギーによるものです。

木星丘の影響を受ける線とマーク4

感情線の終点が木星丘まで伸びる

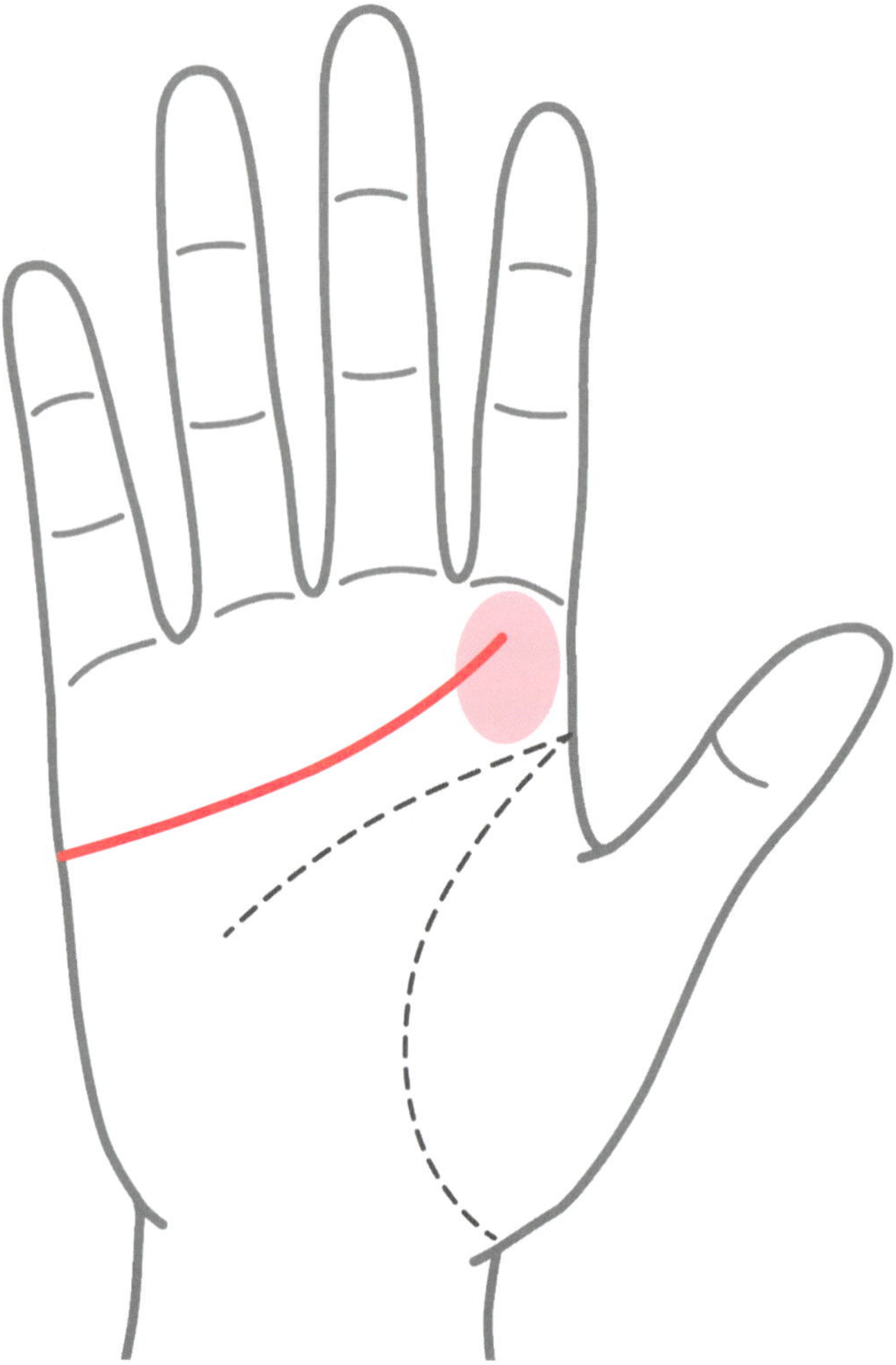

情熱的で自己アピール上手

感情線が木星丘へ届くほど長い人は、情が深く情熱的な人で、自分のこともアピール上手です。これも、木星丘の持つ支配欲や管理能力から派生しています。相手を自分の影響下に置きたいという意識から、自分をアピールし相手に愛情表現すると考えればわかりやすいでしょう。長すぎると、木星丘の意味が強まりすぎて過干渉になる傾向です。

土星丘の影響を受ける線とマーク１

運命線

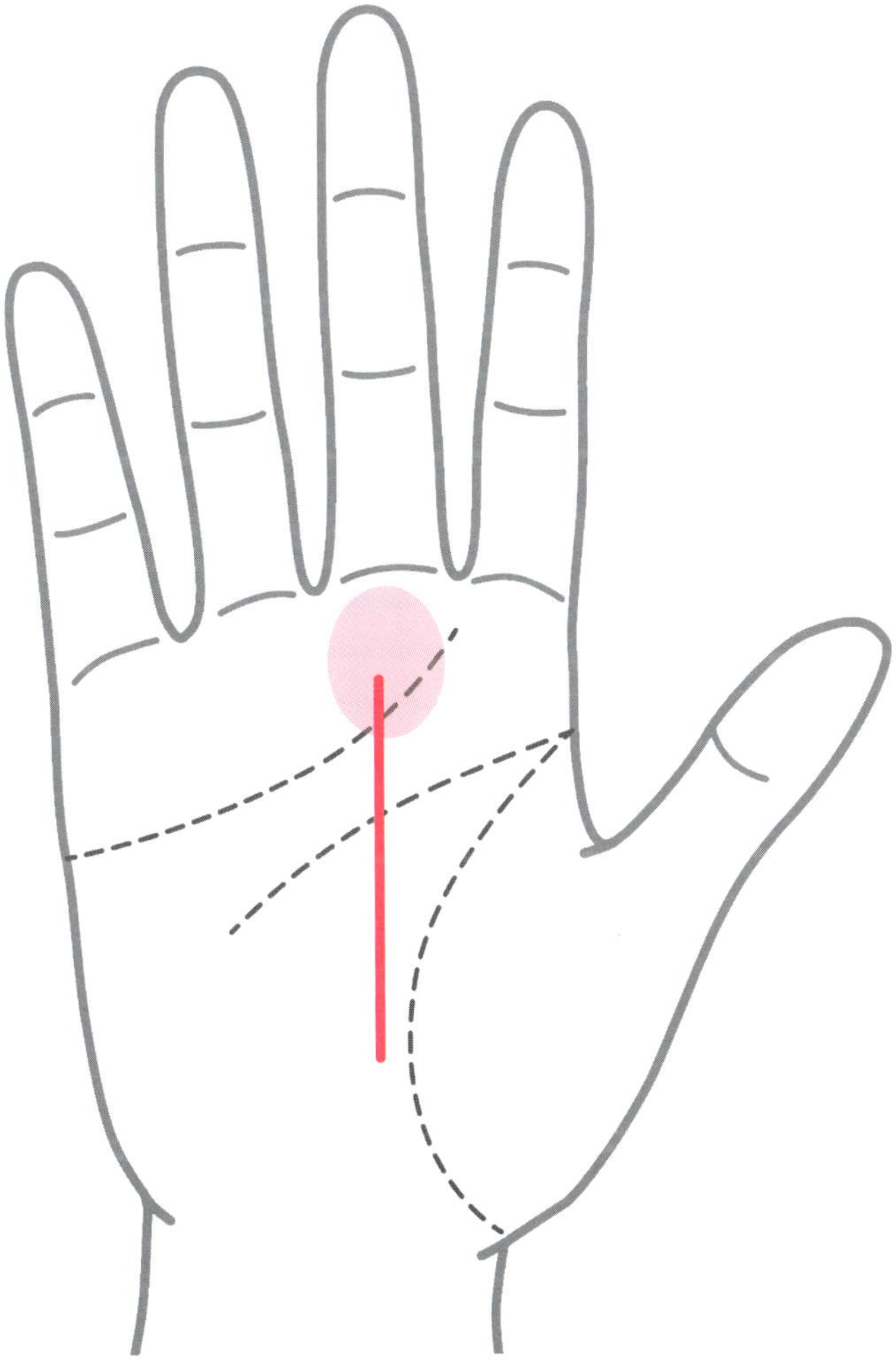

自分で決めて自分で努力

運命線とは、どこから出発していても土星丘を目指して伸びる線です。何かを決めるのも自分なら、努力するのも自分。運の良し悪しというよりも、自分のやり方で人生を切り開こうとする人には濃い運命線が現れています。これは、運命線が向かう土星丘の「自分が中心となって頑張る」エネルギーの影響を受けているととらえます。

土星丘の影響を受ける線とマーク2

土星環

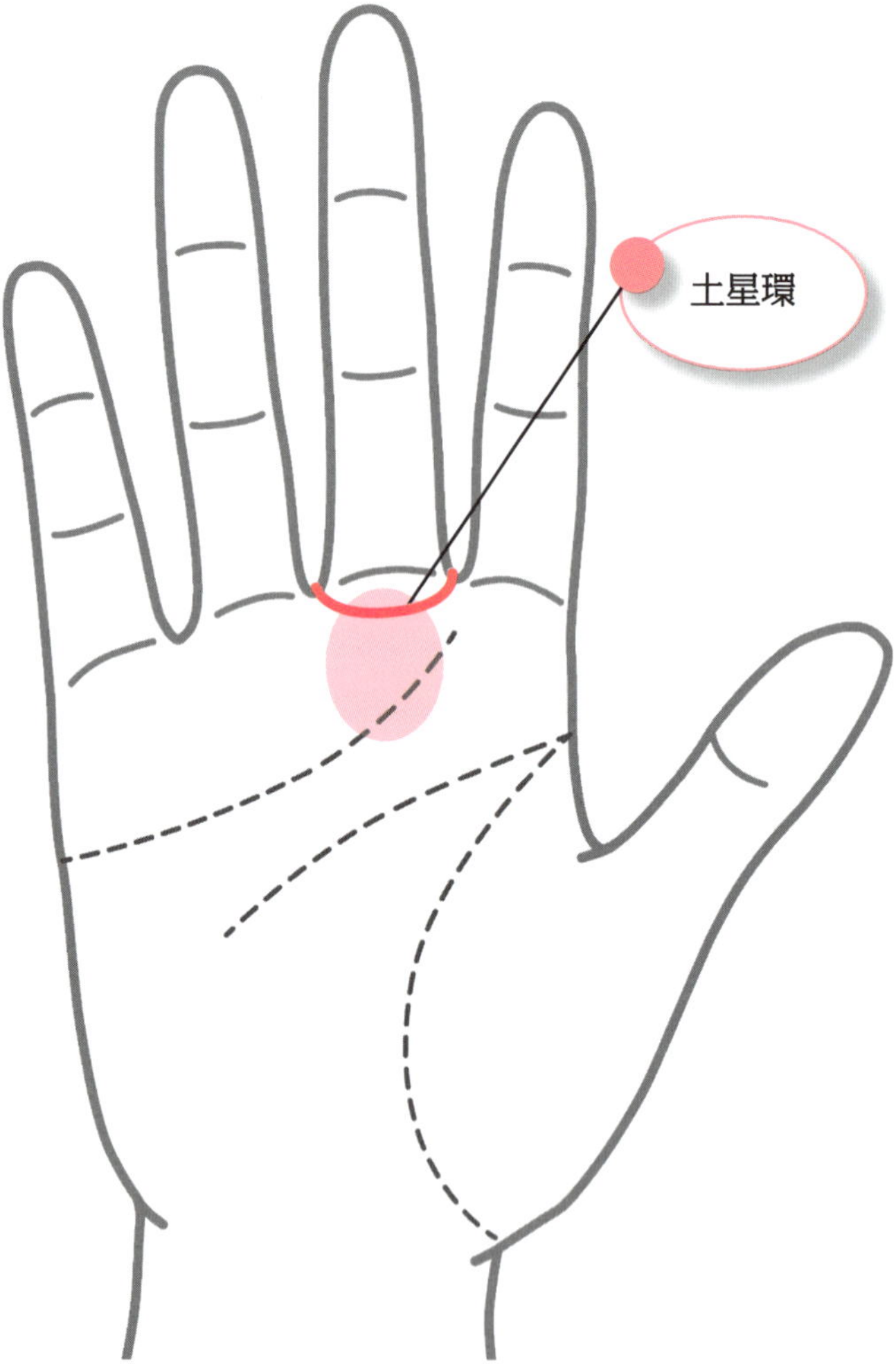

探究心と孤独性

土星丘は運命線の向かう大事な丘ですが、孤独性という意味もあるため、運命線以外の線やマークが出るとたいてい悪い意味になります。中指の付け根を囲むように出る土星環も、凶相のひとつとされますが、占いや精神世界に関心の深い人に現れることが多いので、心配する必要はありません。自分の好きな分野を探究する性格を表すととらえたほうが実際に使えます。

太陽丘の影響を受ける線とマーク１

太陽線

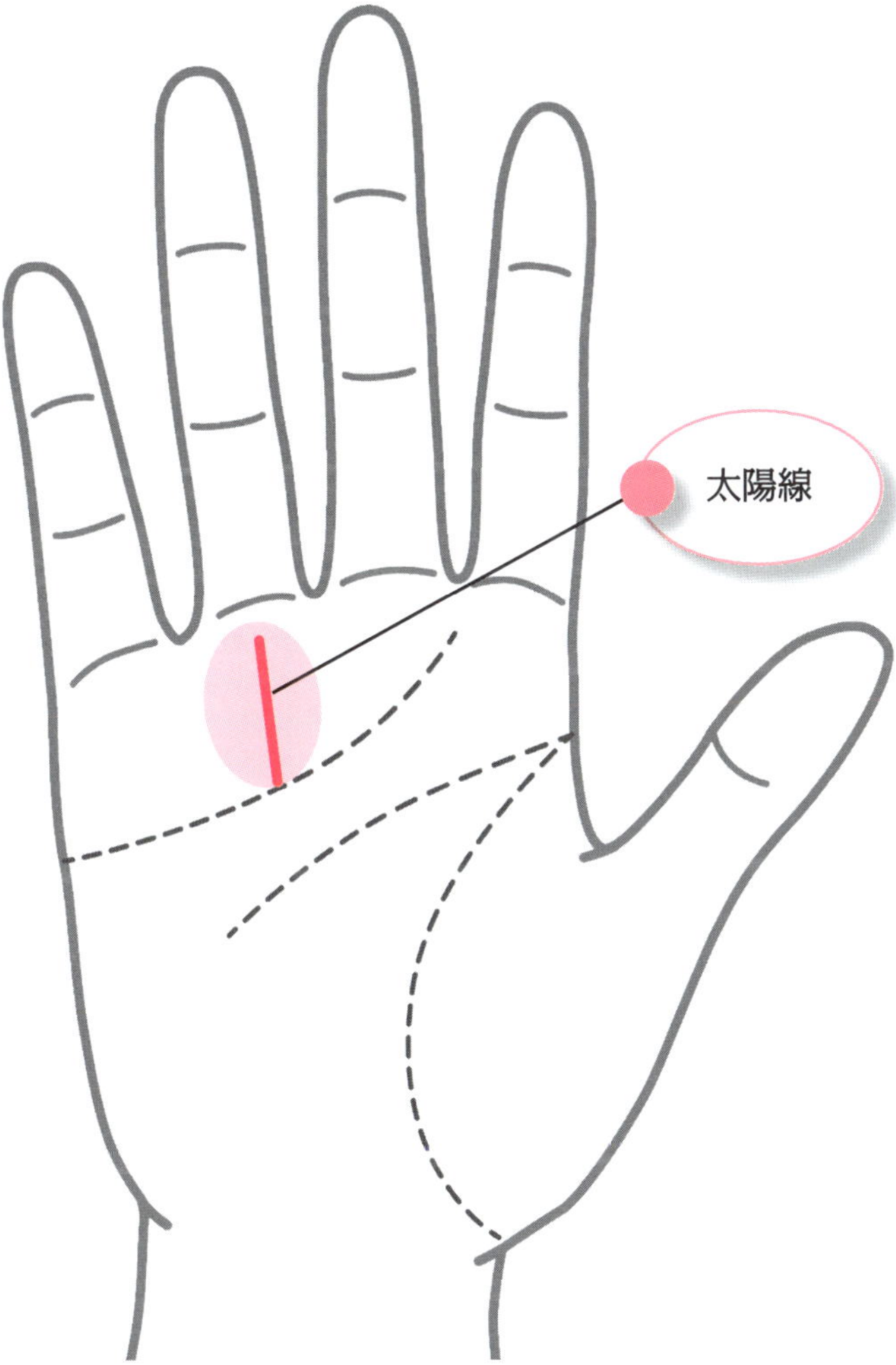

評価と成功

太陽丘には人気・成功運という意味があり、そのエネルギーをそのまま発揮するのが太陽線です。途切れのない太陽線がすっきりと出てくれば、周囲の人から評価されて昇進し財運がアップしたり、人気や家族の信頼を得て満足できる状態を表しています。感情線の上部に出る線ですが、年齢とともに手首に向かって少しずつ伸びる傾向があります。

太陽丘の影響を受ける線とマーク2

太陽環、格子マーク

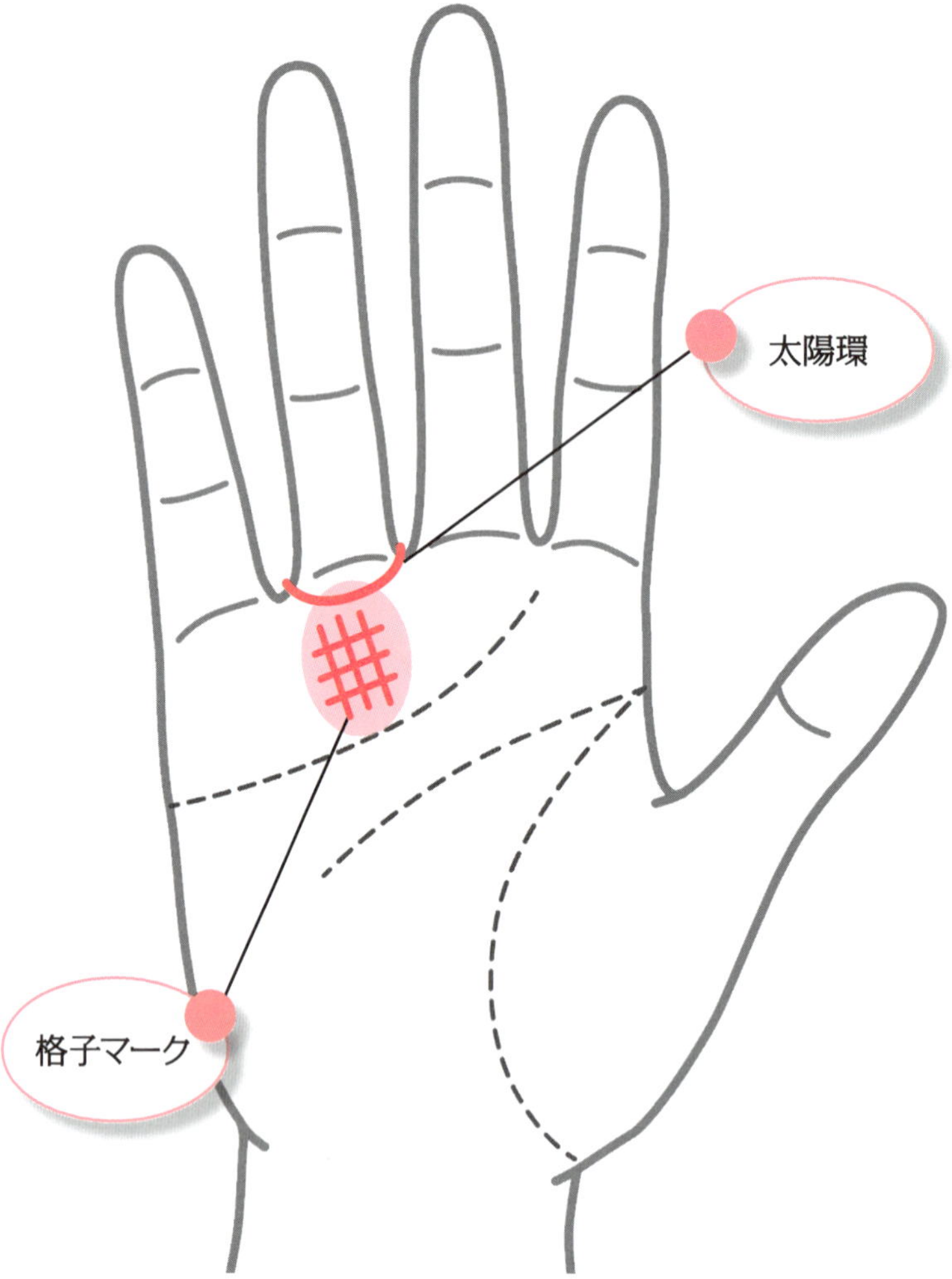

華やかさと芸術的成功

太陽環は、薬指の付け根を囲むように伸びる曲線で、大変珍しい相です。太陽環の持ち主は芸術的な才能に恵まれており、華があって目立ちます。これは、太陽丘の持つ人気運や芸術・芸能分野での成功運という意味を強めているととらえます。また、太陽丘に格子マークがあると、周囲の注目を集めるようなユニークなひらめきの持ち主であることを表します。

水星丘の影響を受ける線とマーク1

財運線

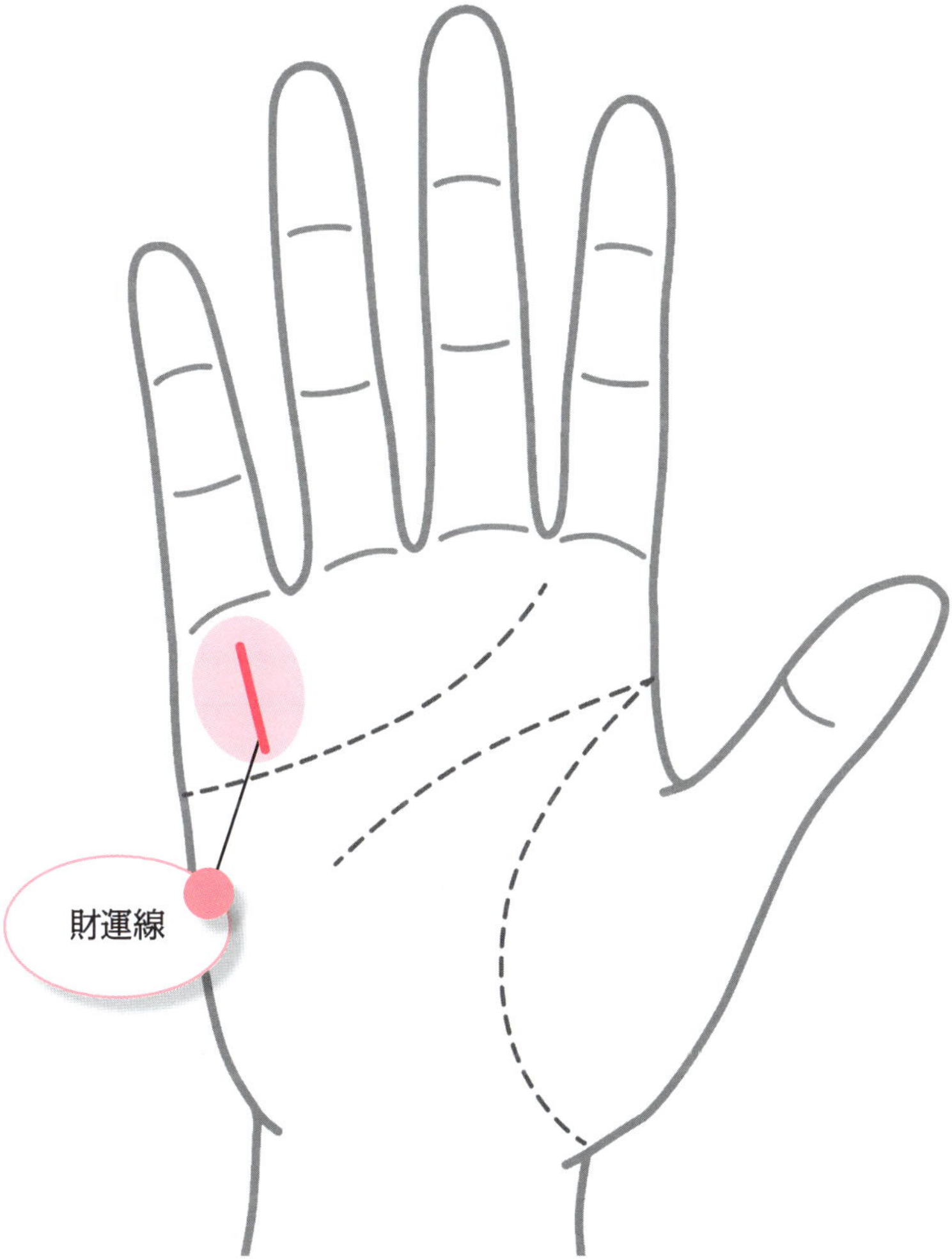

金銭感覚と経済観念

水星丘に縦方向に伸びる財運線は、丘の持つ財運や商才、頭の回転の速さといったエネルギーをそのまま発揮する線です。財運線が途切れずすっきり出ている人は、お金の管理が得意で、知恵を使ってお金を得ることができます。線の出ている場所や状態によって異なりますが、線が長く濃いほど水星丘の意味が強まり、金銭感覚がしっかりしています。

水星丘の影響を受ける線とマーク2

枝分かれした知能線が水星丘へ向かう

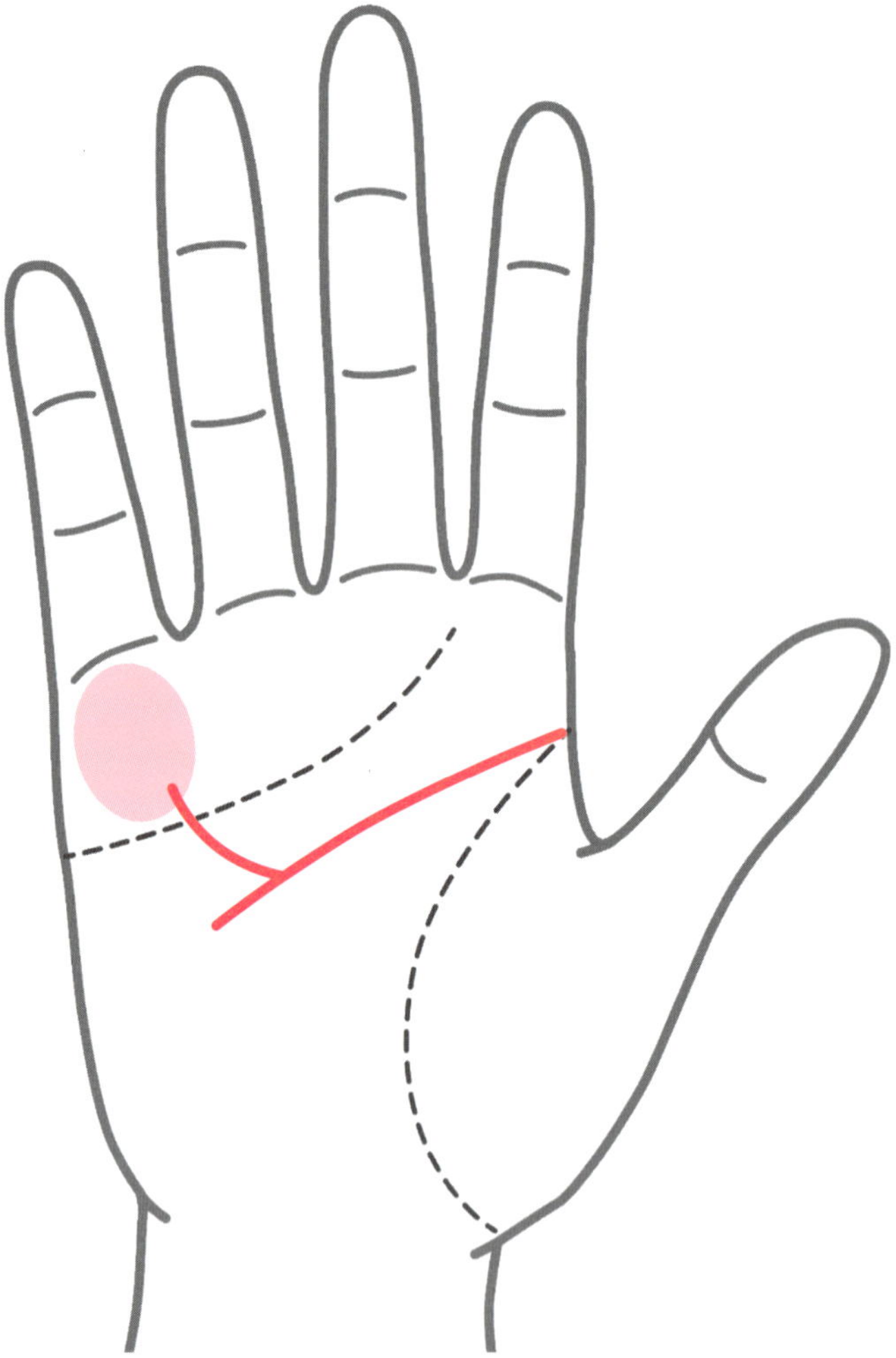

ビジネスセンスの良さ

頭脳の働きを表わす知能線から、財運を意味する水星丘へ向かって枝線が伸びるということは、アイデアを生み出す能力とお金を稼ぐセンスの両方を持ち合わせていることになります。機転が利き、アイデアをビジネスに活かす才能があるとみます。枝線が水星丘の中へ長く伸びるほど意味が強まり、商売上手で若くして出世するタイプと言われます。

水星丘の影響を受ける線とマーク３

知能線が真横へ伸びる

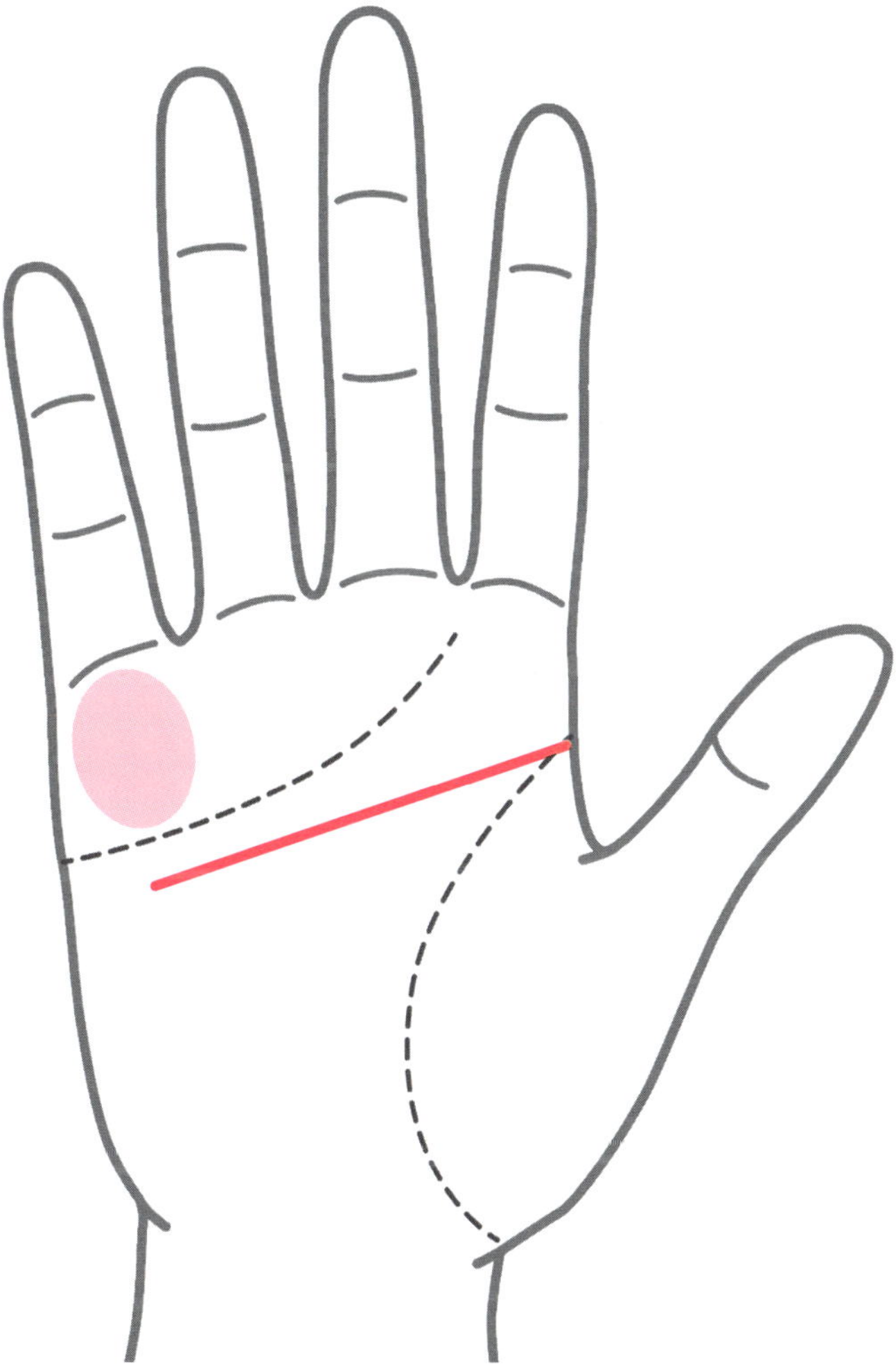

論理的で現実的思考

水星丘に線が向かわないので、一見関係ないように見えますが、真横へ直線的に伸びる知能線は、水星丘の影響を色濃く受けています。「本来なら月丘へ向かってカーブするところ、水星丘に引っ張られている」と考えるとわかりやすいでしょう。この相の人は論理的な考え方をし、情に流されずシビアな判断ができます。これは水星丘の持つクールな頭の良さを反映しています。

金星丘の影響を受ける線とマーク1

生命線が張り出している

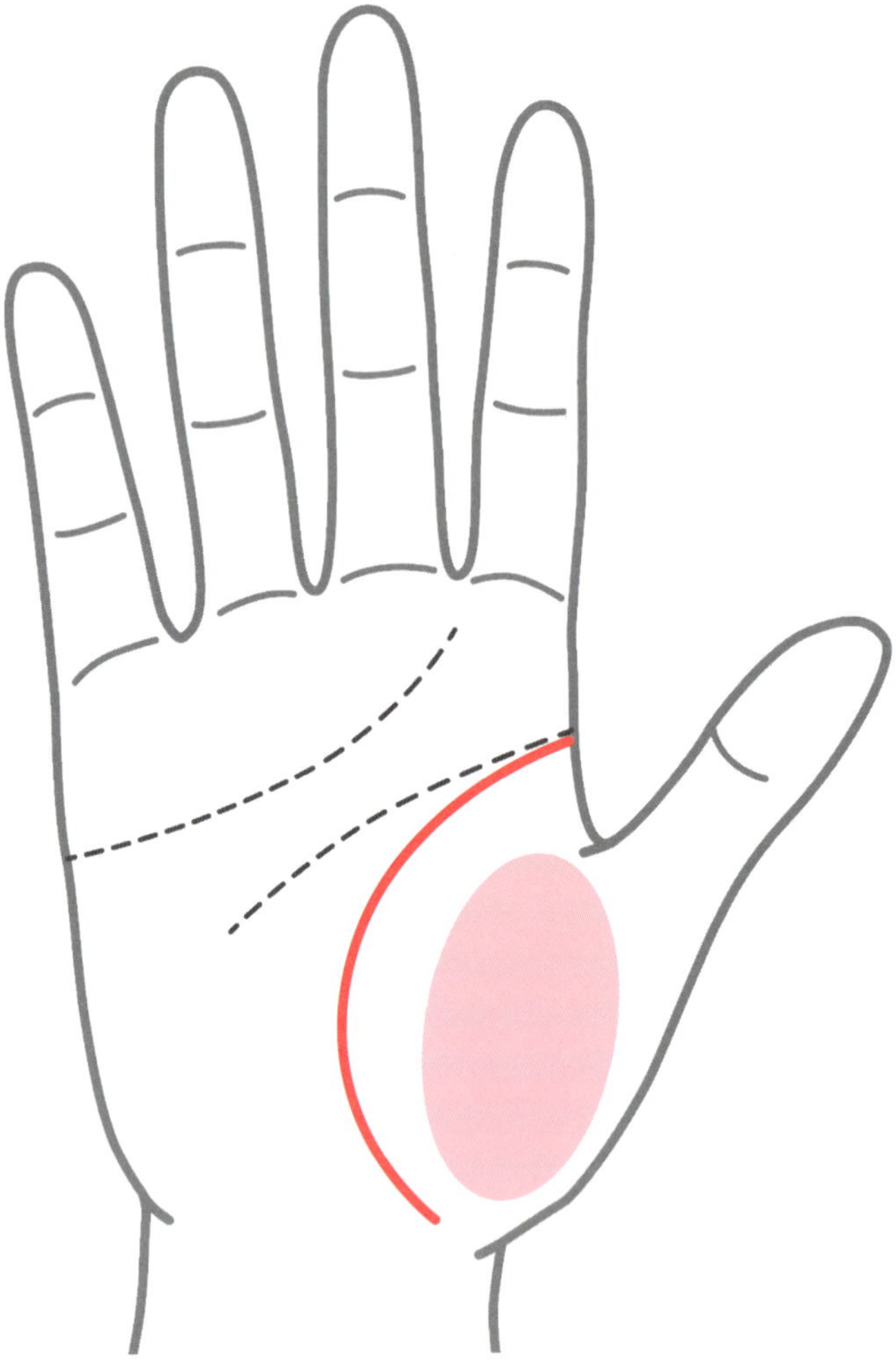

エネルギッシュで活動的

生命線のカーブが大きいと、それだけ金星丘の面積が広いことになります。金星丘には、生命力や精力というエネルギーが蓄えられているので、面積が広いほど、生命力が強くタフなタイプで、エネルギッシュに活動できる人とみます。面積だけでなく、丘の肉づきが厚く、触ると弾力がある場合も金星丘の意味が強まります。

金星丘の影響を受ける線とマーク２

運命線が金星丘から出ている

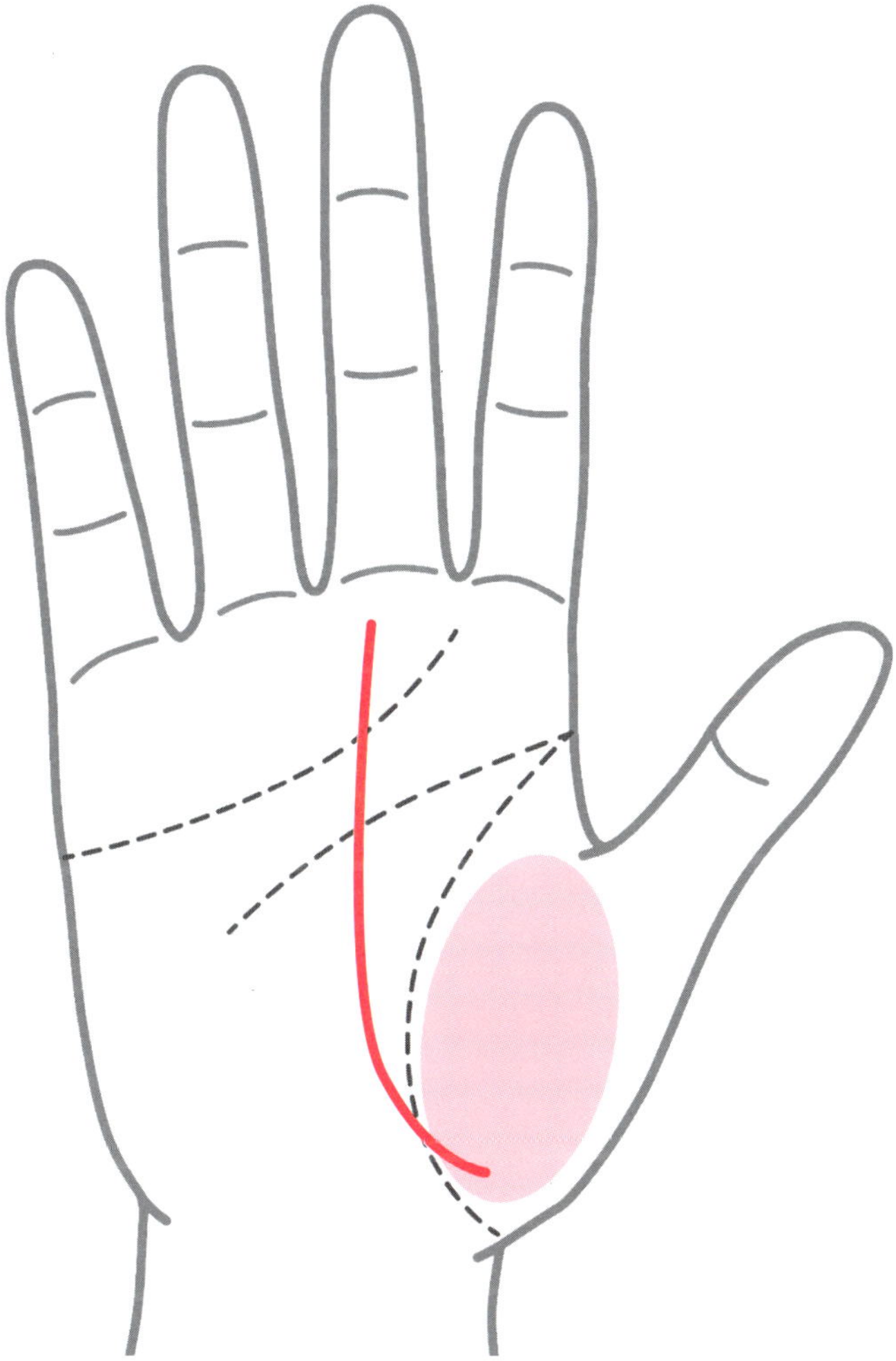

肉親との縁が強い人生

金星丘には、自分の命を生み出してくれた肉親や故郷との縁という意味もあります。この丘から、運命線が出発している人は、親や地元と深く関わり助けられながら人生が開けていくことを表します。また、運命線が丘の中からではなく、生命線のすぐそばに沿うように伸びる人も、金星丘の影響を受け、親の影響力が強い人とみます。

月丘の影響を受ける線とマーク1

運命線が月丘から出ている

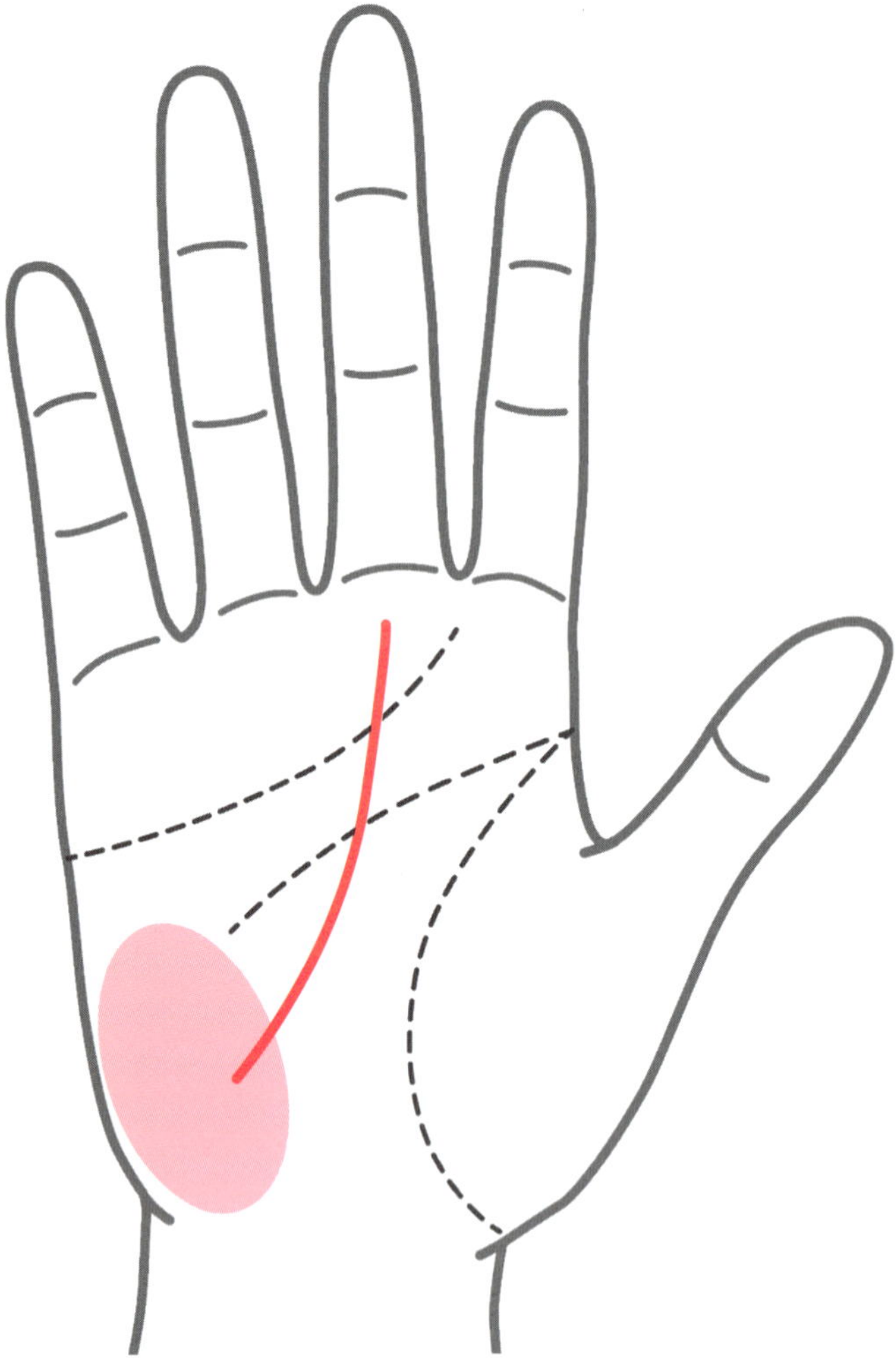

他人から助けられる人生

月丘には、親元を遠く離れた土地やそこに住む他人との縁という意味があります。この丘から、人生そのものを表す運命線が出ていると、血縁者以外との縁が深く、他人から助けられる人とみます。海外など知らない場所や他人の中に溶け込みやすく、相手からも自然と受け入れられ、協力者にも恵まれやすい運勢を表します。

月丘の影響を受ける線とマーク２

知能線が月丘の下部へ向かう

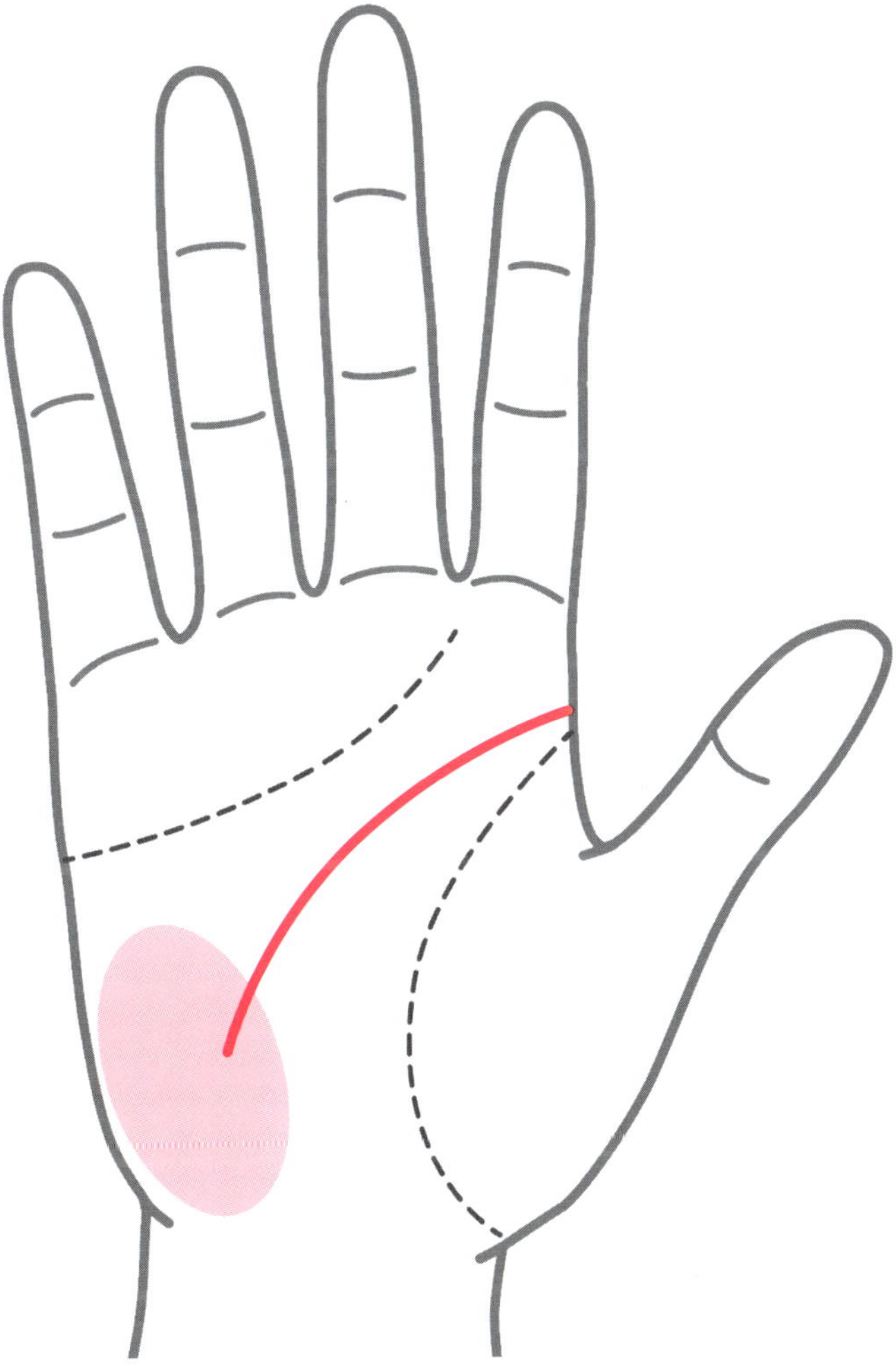

想像力豊かで精神的

知能線が月丘へ向かってカーブして伸びるのは、クリエイティブなエネルギーを蓄えた月丘の影響を受けて、想像力豊かなことを表します。月丘下部へ向かうほど、ロマンチストで精神性の強い人とみますが、一方で現実離れした傾向が出てきます。商才や財運など現実的な意味を持つ水星丘から遠く離れていることも関係しています。

第一火星丘の影響を受ける線とマーク1

短気線

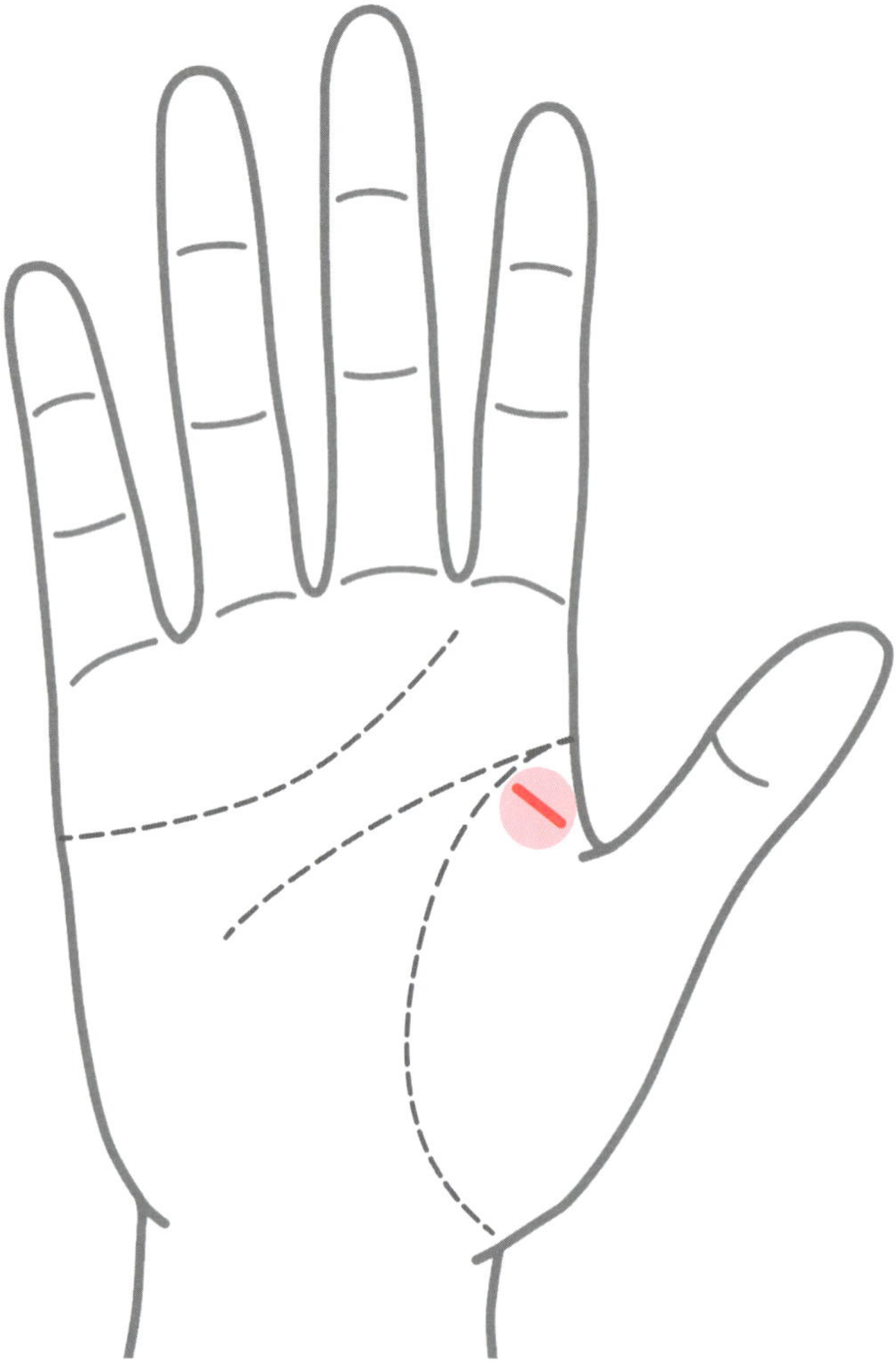

勝気で前進力がある

第一火星丘は、闘志に満ちた丘です。この丘がふくらんで、丘を横切るように一本はっきりと短気線が出ていると、丘の影響を受けて、勝気で闘争心が強いことを表します。短気でカッとしやすい人もいますが、そうではなく前進性があってじっとしていられないなど、積極的に挑戦する勇気となって現れることもあります。

第一火星丘の影響を受ける線とマーク２

生命線に沿って伸びる線がある

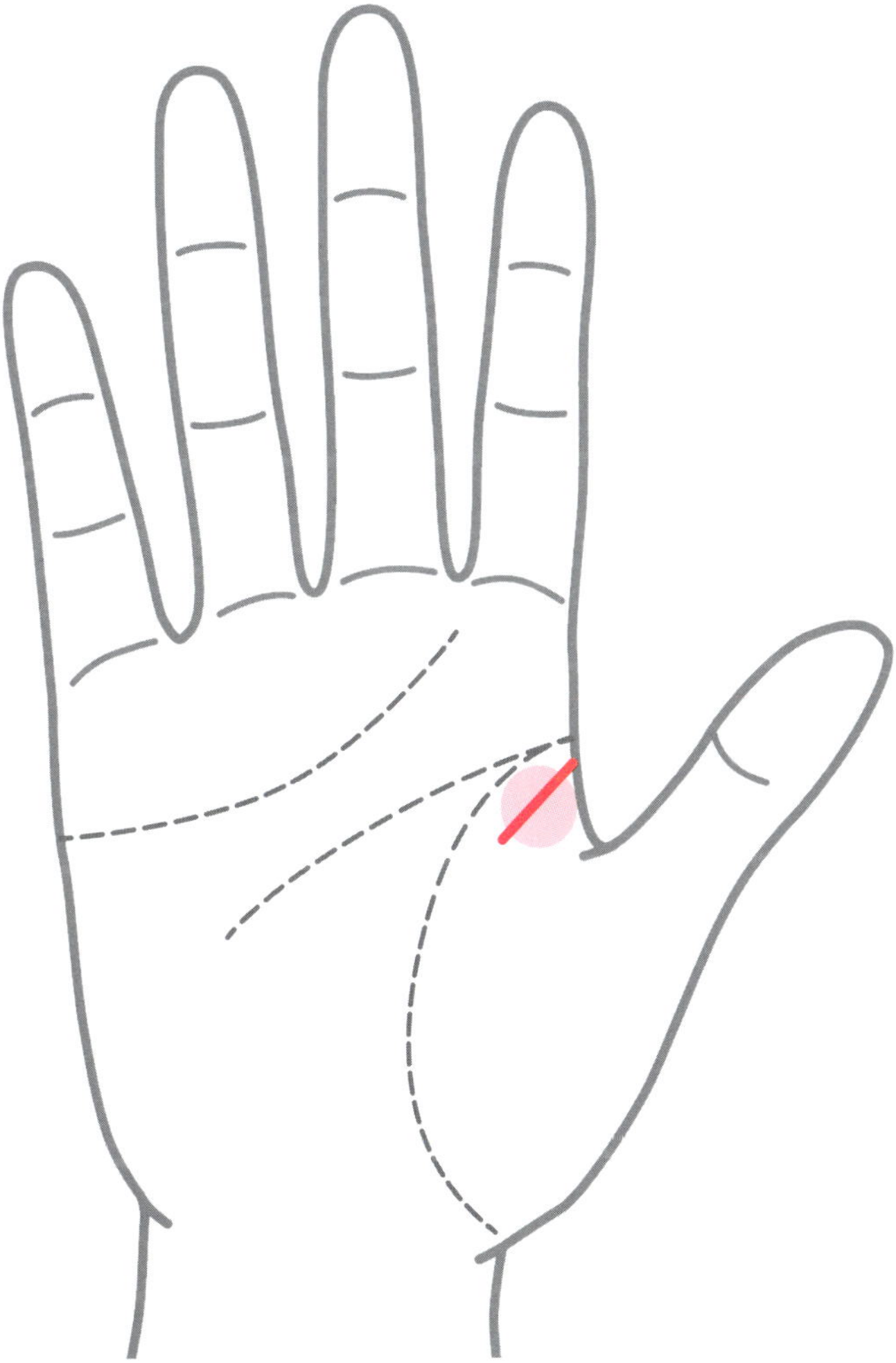

若い時から活動的

これは二重生命線の一部ととらえます。生命線の流年法からみると、ちょうど第一火星丘のあたりは 20 歳頃までの若い時代にあたるので、この部分だけに伸びる短めの二重生命線の持ち主は、子供の頃から勝気で活動的な性格であることを表します。そして、若い頃に備わった勝気さはその人のムードとなって生涯影響します。

第二火星丘の影響を受ける線とマーク1

反抗線

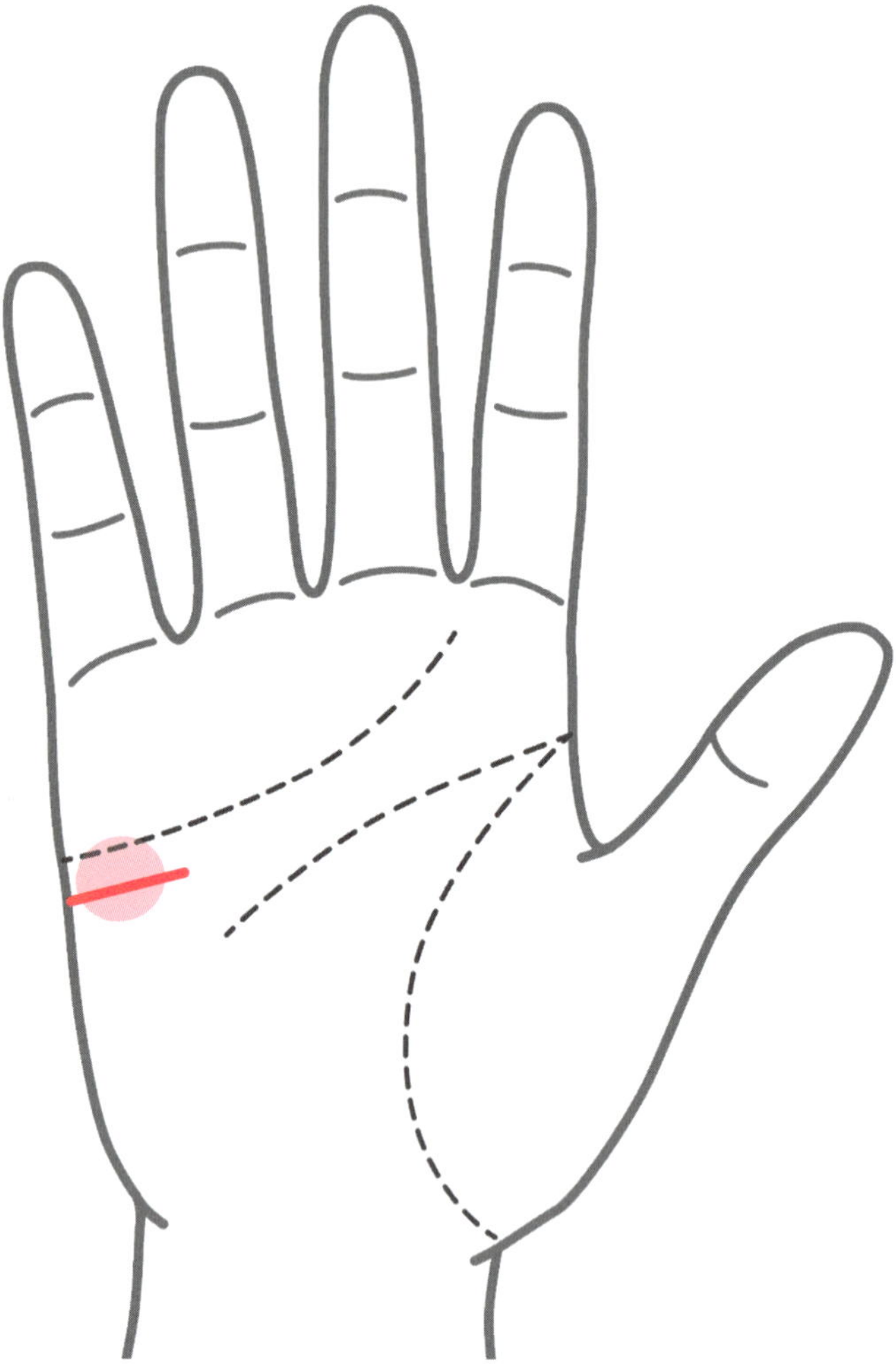

自己主張の強さを表す

第二火星丘も、第一火星丘と同じように闘志が満ちています。しかし、それは外へ向かわず、自分と向き合いくじけない強さとなります。感情線に平行してまっすぐに反抗線が出ている人は、この丘の影響を受けて芯が強く、やりたくないことはやらないというような強い意志を持った人です。反抗的というよりは気が強いのです。自分がやると決めたことなら我慢強く打ち込みます。

第二火星丘の影響を受ける線とマーク２

忍耐線

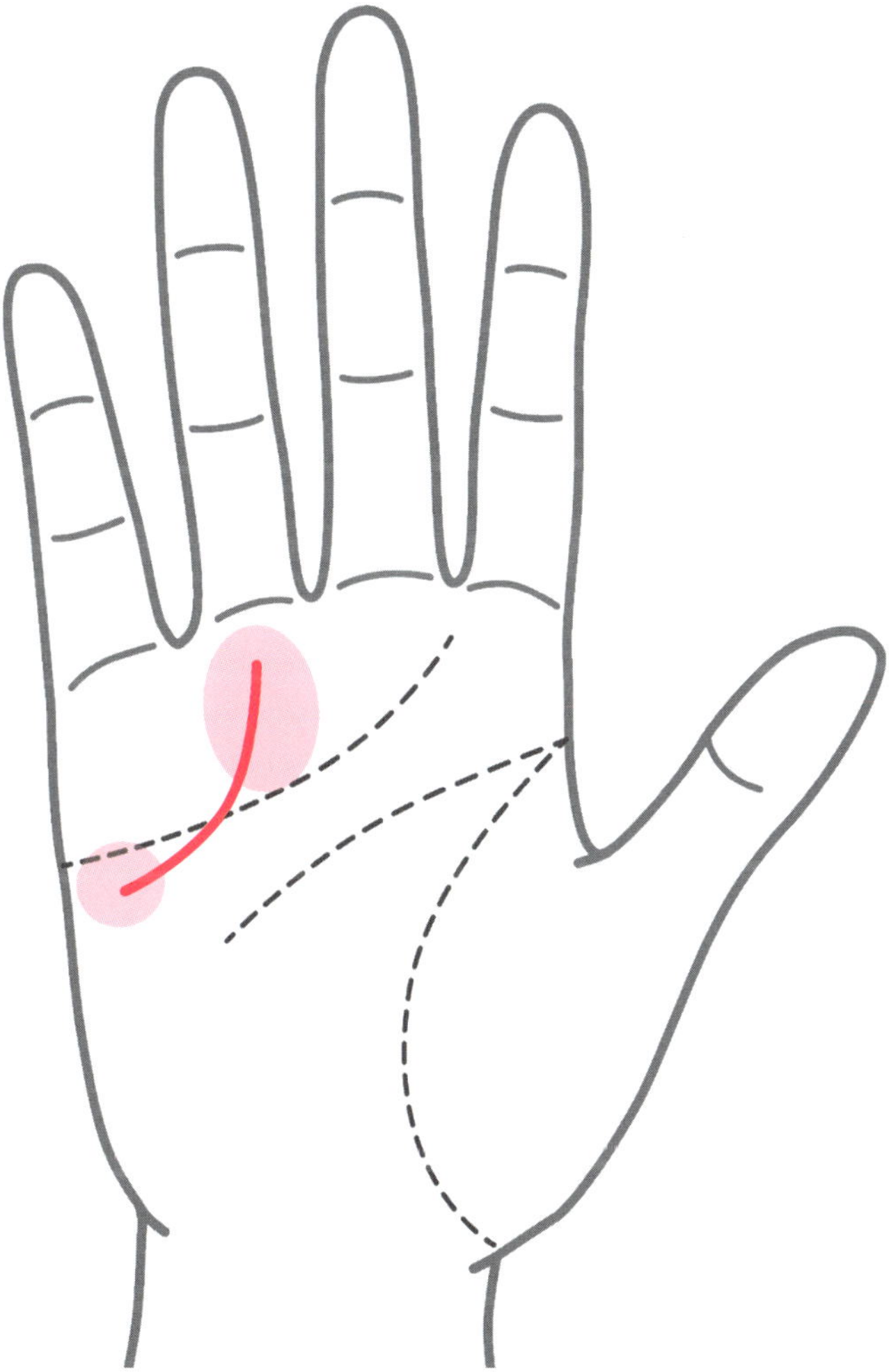

あきらめず戦う強さ

忍耐線は、第二火星丘から出て、土星丘または太陽丘に向かって伸びる線です。第二火星丘が意味する我慢強さや自制心の影響を受けて、困難があっても忍耐して乗り越える強さを表します。うまくいかないことや我慢しなければいけないことがあってもくじけないで努力し、目的を果たしたり名誉を得ていく人にみられます。

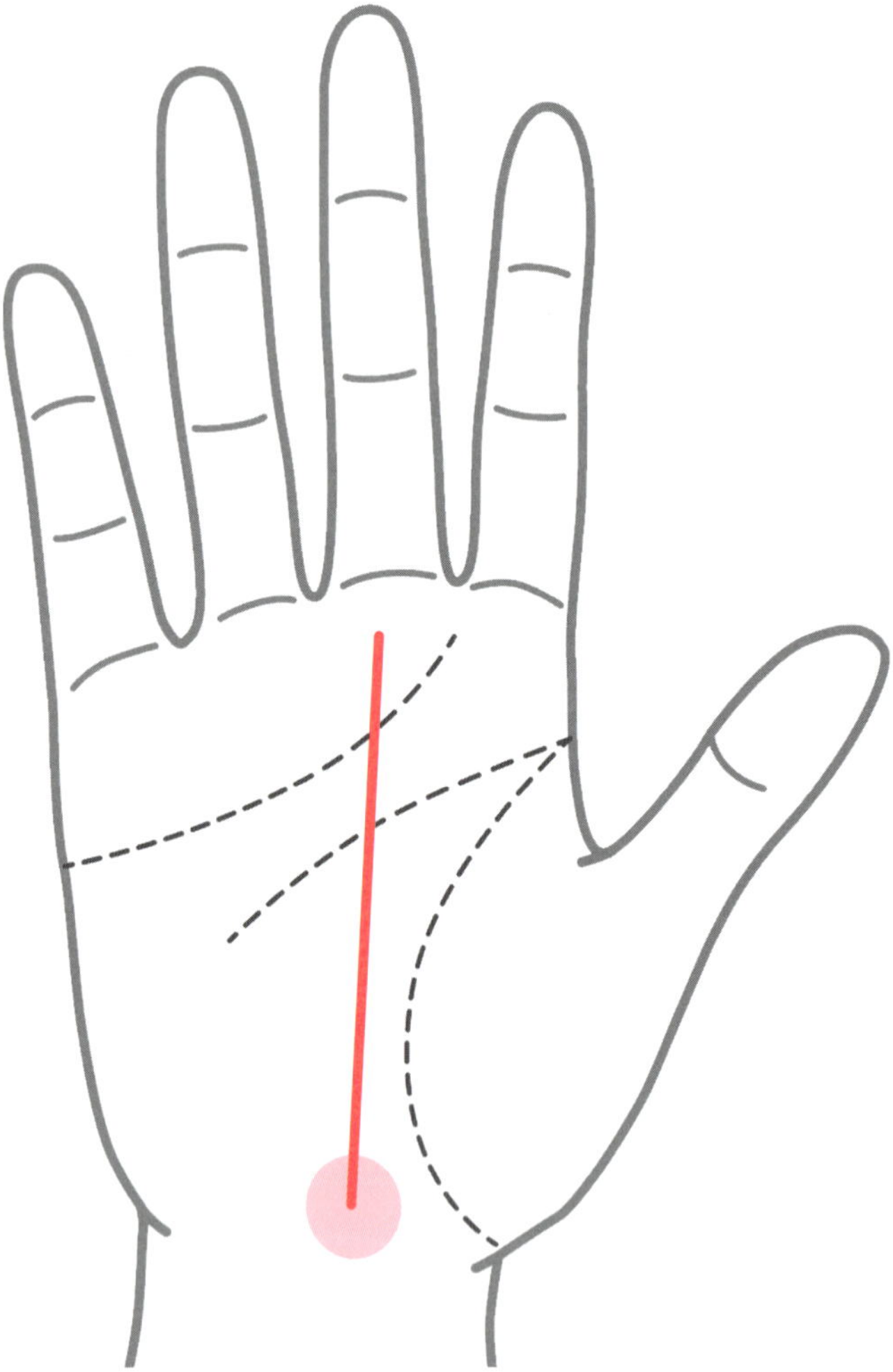

地丘の影響を受ける線とマーク1

運命線が地丘から出ている

先祖との縁が深い

運命線が地丘から出ている人は強運の持ち主とされますが、これは地丘が先祖と密接な丘で、人生の土台となるスタート地点でもあるからです。先祖が強い運を持たせてこの世に送り出してくれたわけで、幼少期からしっかりしていて目立つ人にみられる相です。もともと運が強いので、努力次第で大成していくと読み取ります。

地丘の影響を受ける線とマーク2

テンプルマーク

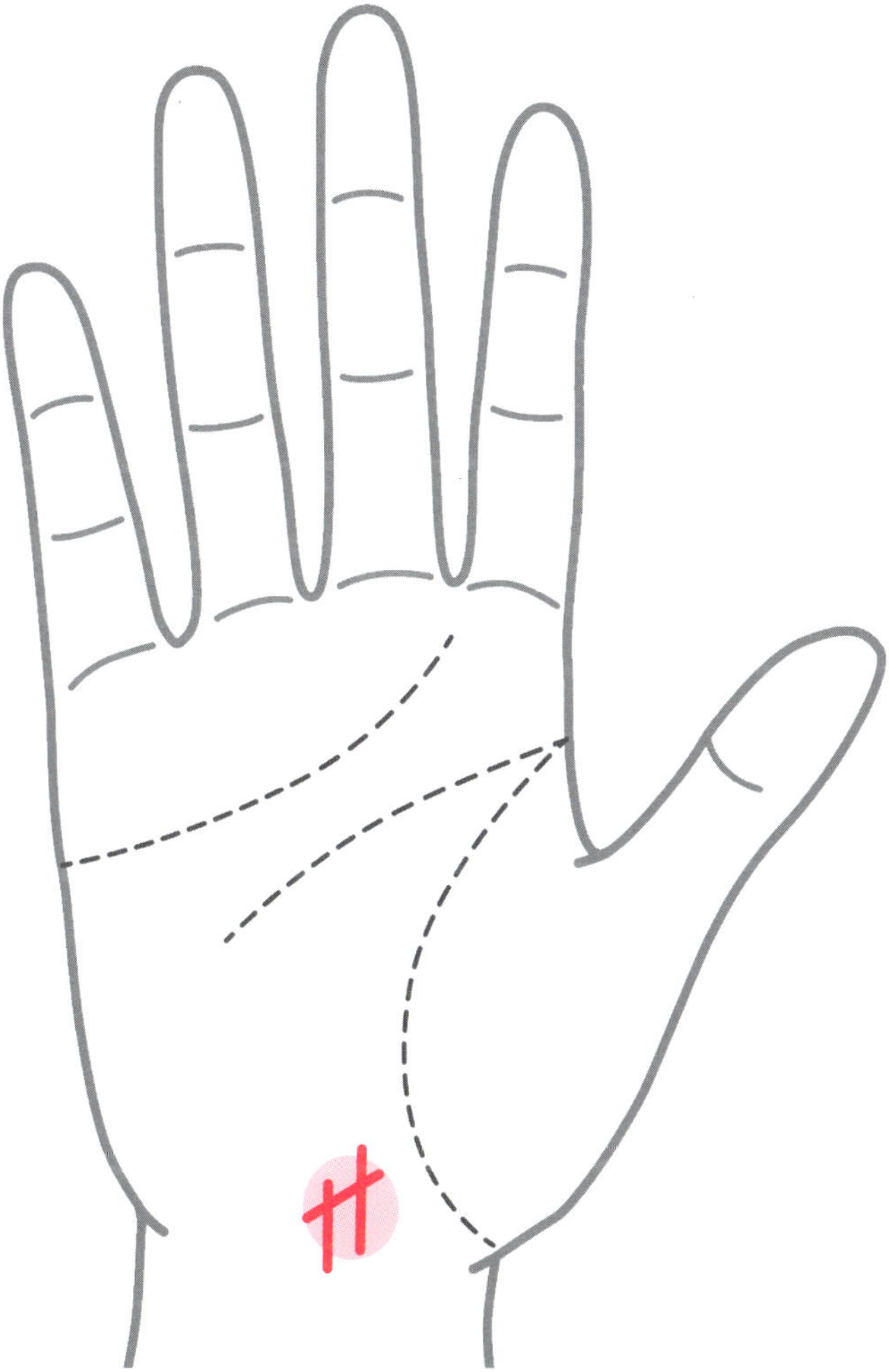

家系を盛り立てる

地丘は先祖との縁はもとより、自分の代まで続く家系の流れを意味します。この丘に、鳥居の形のようなテンプル（寺院）マークが出ることは珍しいですが、このマークが刻まれている人には先祖からもたらされた不動産運があるととらえ、土台をしっかり作って家系を盛り立てていくことを示します。

column

西洋手相の基本は丘

手相術の始まりは古代インドへ遡ります。「いつどこで」という起源については諸説ありますが、旧約聖書（ヨブ記）にも、手のひらの印について書かれた箇所があり、古くから人々が、手の中の線や印が無意味に刻まれているのではないと気付いていただろうことは想像に難くありません。

手相とは、多くの手相研究家らが膨大な検証データをもとに築き上げてきた「手の研究」と言ってもよいものですが、もとをたどれば、西洋手相と東洋手相という大きな流れがあります。インドから、中東、ギリシャ、ローマを経て欧米へ伝わったのが西洋手相。一方、中国へ渡り、独自の文化とあいまって発展したのが東洋手相。日本には、平安時代に東洋手相が中国から伝わったと言われ、その後、大正から昭和にかけて西洋手相の見方が紹介されて一気に広まりました。

この本では、その西洋手相の見方を基本にしています。それは、西洋手相は誰にでもわかりやすく、おぼえやすいからです。

性格判断がわかりやすい、基本線で性格がよくわかる、丘を中心に考えると理解しやすいなど、その理由はいろいろあります。

その中でも、まずは「丘」をおぼえると西洋手相全体を理解しやすいでしょう。西洋手相は、９つの「丘」にもとづいた論理的なとらえ方をするので、誰でも理解しやすいのが特徴です。東洋手相にも、易に照らした丘の区分がありますが少々つかみづらいので、手相をおぼえるには、西洋手相の丘のおぼえ方から入ると大変マスターしやすいでしょう。丘の意味さえおぼえれば、線だけでなく指の長さの意味などもわかります。

現在の日本の手相鑑定で、西洋手相の見方が主流になっているのは、このようなことも理由のひとつです。

第2章

４大基本線を読み解こう

知能線、感情線、運命線、生命線、この４本の線を
基本線と呼びます。
これらの線の種類と意味をおぼえましょう。

基本線

手のひらの線の中には四つの基本的な線があります。まずは、その位置をおぼえましょう。

ここから、基本線のくわしい説明にはいります。手のひらの線の中で特に重要な線を基本線と呼びます。知能線、感情線、生命線はたいていの人に現れている線ですが、運命線は出ていない人もいます。

線は丘と違って、人によって現れ方が違うので、どこから始まってどこへ向かって伸びていく線なのかをおぼえていないと、手相が複雑な人の基本線をみつけることができません。線の名称と位置（伸び方）をしっかりおぼえてから、それぞれの線のバリエーションを学んでいきましょう。

知能線

人差し指と親指の付け根の間から手のひらを横切って伸びる線

生命線

人差し指と親指の付け根の間から手首に向かって伸びる線

感情線

小指の下から木星丘へ向かって伸びる線

運命線

始点の場所にかかわらず土星丘へ向かって伸びる線

基本線の位置

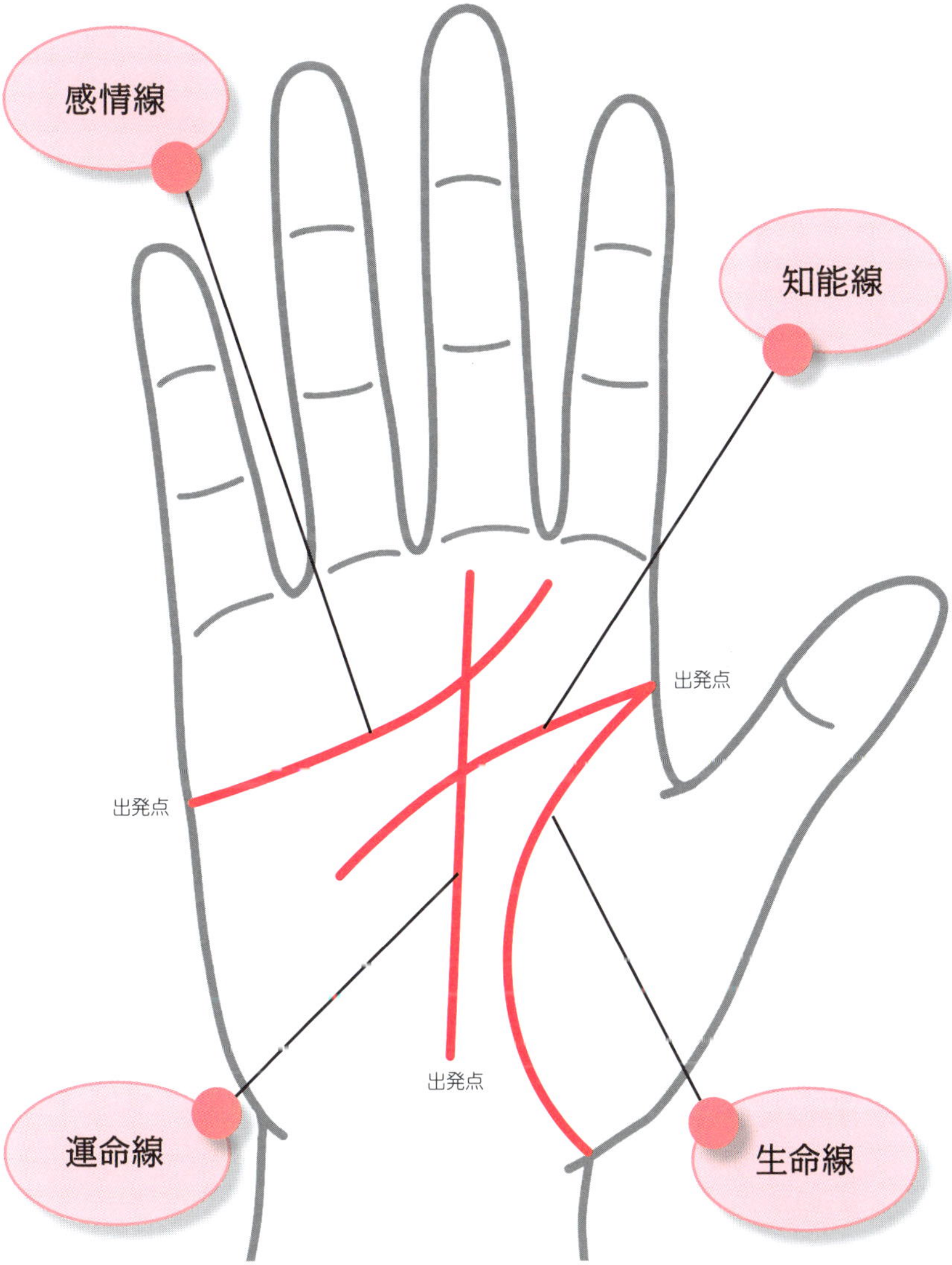
感情線
知能線
出発点
出発点
運命線
出発点
生命線

知能線

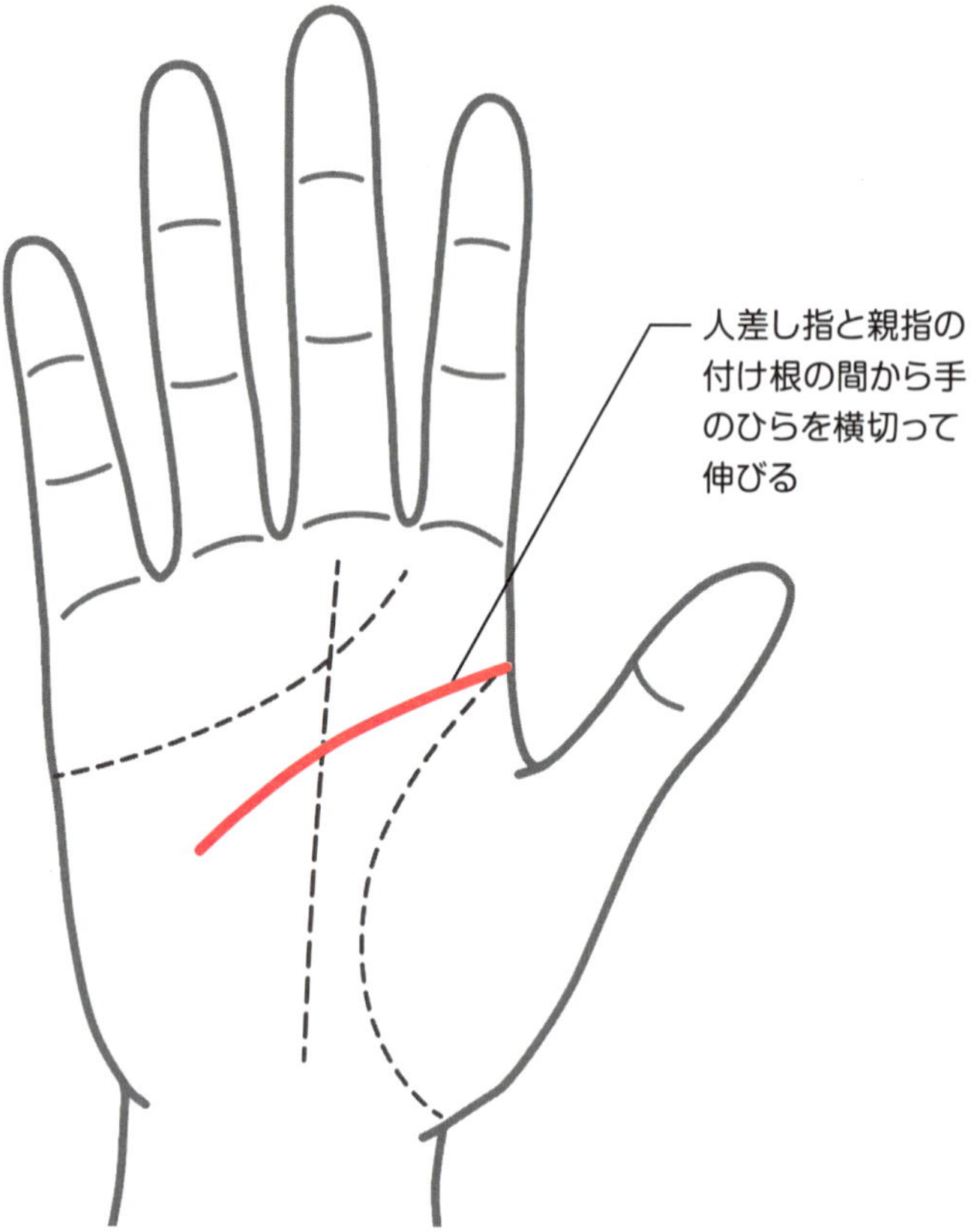
人差し指と親指の
付け根の間から手
のひらを横切って
伸びる

性格・才能を表す

この線は、思考力、判断力、集中力、創造性など知能に関することを表している線です。線が長いほど熟慮タイプで、短いほど決断が早いタイプです。また、線が上へ伸びるほど現実的で経済的にもしっかりしており、下へ伸びるほど夢見がちな傾向があります。

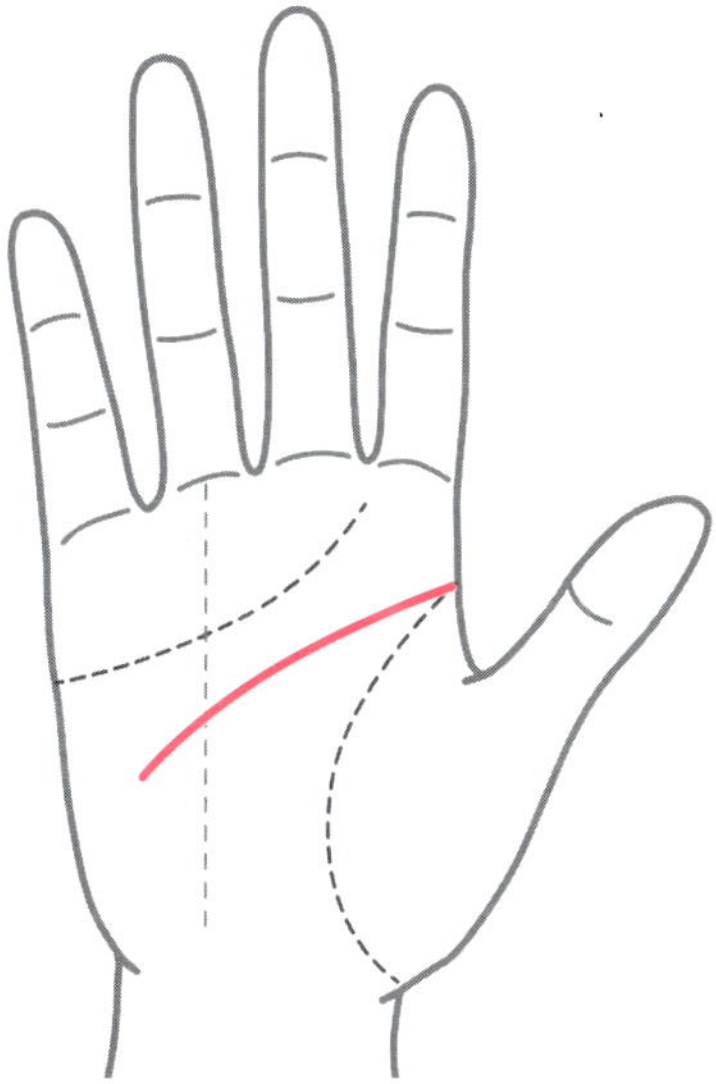

線が長く、薬指の下の地点を越えている

じっくり考えるマイペースタイプ

カーブの有無にかかわらず知能線が長く伸びている人は、深く考えるタイプの人です。理屈で納得してから行動し、先々のことまで計画を立て、物事を着実に進めていくことができます。ただし、線が長すぎる人は考えすぎて迷いやすく、決断が遅れたり、悩みがなかなか解消しないことも。とはいえ、マイペースでじっくり取り組める環境であれば、能力を発揮できます。思考力が活かせる研究者や創造性のある趣味や活動に向いています。

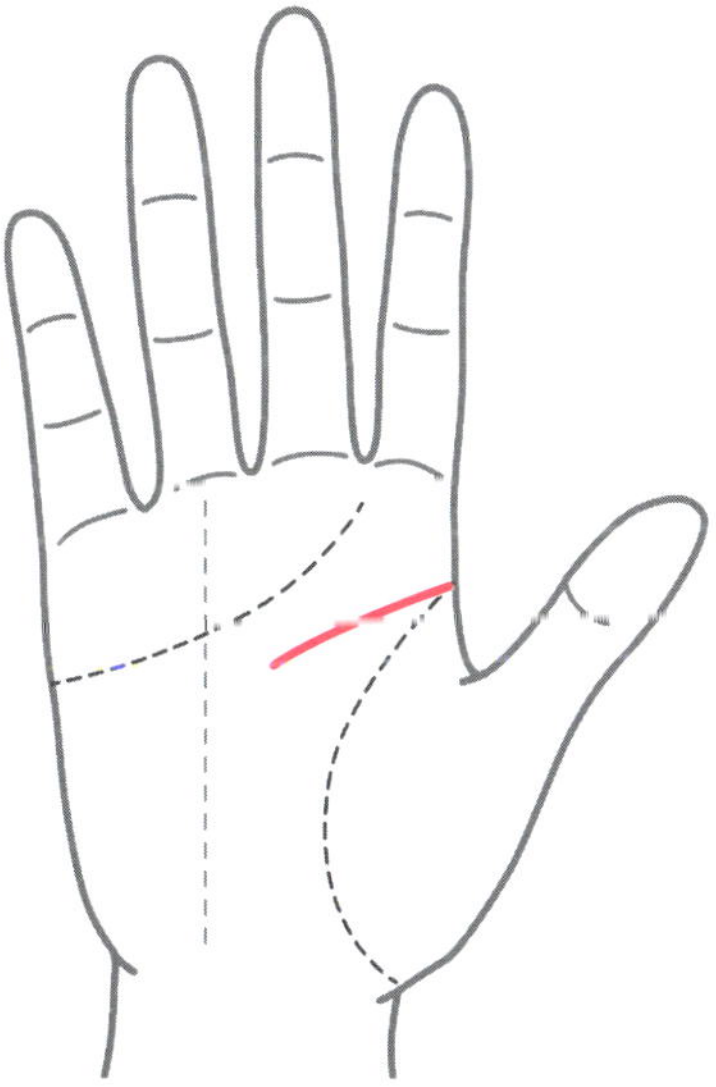

線が短く、薬指の下まで届かない

直感重視で行動力が抜群

頭の切り替えが速く、「思ったらすぐ実行」タイプです。長々と考えることは苦手ですが、実際に自分が体験しながら技術を身に付け、多くのことを学んでいきます。その一方で、後先考えずに動いて後悔することもあるので、大きな決断をする時は信用のおける人に相談をしましょう。知能線が勢いよくスッと伸びている場合は、特に１つのことを正確に繰り返すことが得意で、職人や技術者の仕事に向いています。

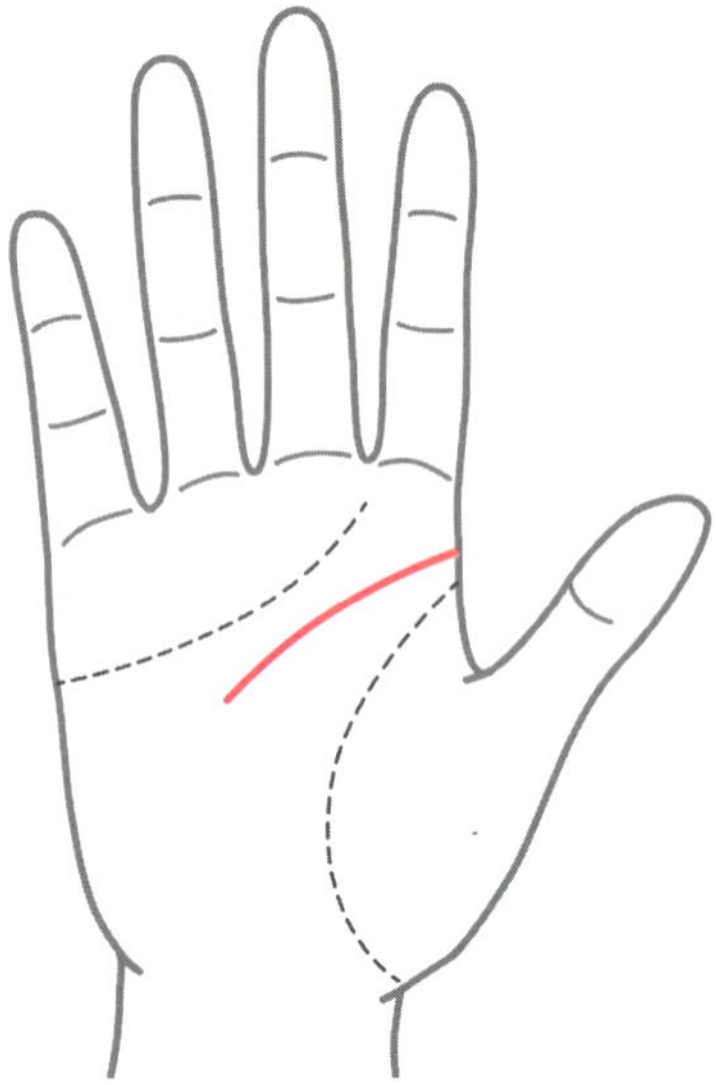

出発点が生命線から離れている

大胆で行動的な自由人

何事にも積極的で、行動の早いタイプです。人から意見されることを好まず、何事も自分で決めて自由に生きていこうとします。プライドが高く、独立心が強いため、リーダー格になったり、束縛されないフリーランス的な立場だと活躍できます。この相の人は他の人の上に立ったり、独立するために、特技や資格を身に付けると良いでしょう。女性の場合は専業主婦より、外で働いたり、積極的に趣味を持つ方がイキイキできます。

知能線の出発点と生命線の出発点が同じ

常識的に行動するタイプ

常識と協調性を重んじて、全体を見渡す能力に長けており、人をまとめる力があり何をやってもそつ無くこなします。一方で、守りの姿勢になりやすく、突然の変化は苦手です。本人が「慎重だ」と自覚していない場合でも、実際は無茶はせず、十分に準備してから行動します。出発点が親指と人差し指の付け根の真ん中より高い人は責任感が強いリーダータイプ、または特別意識が強いので目立つ立場を好み、低い人は他の人のプロデュースやマネジメントなどで活躍できます。

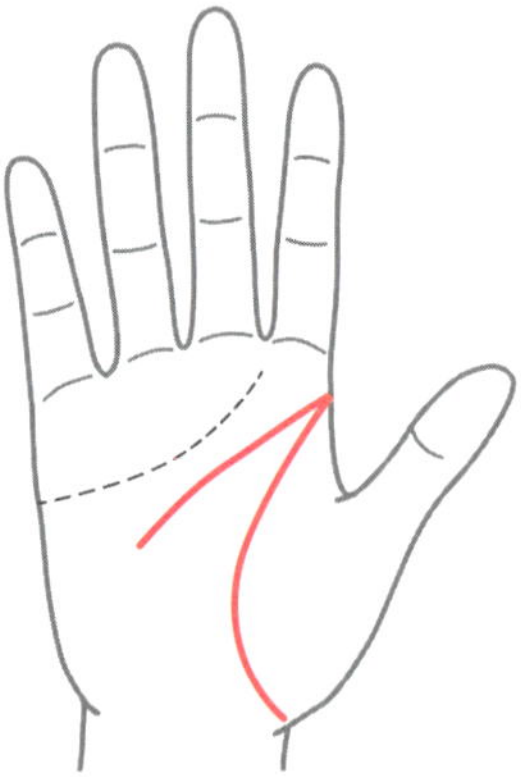

高い

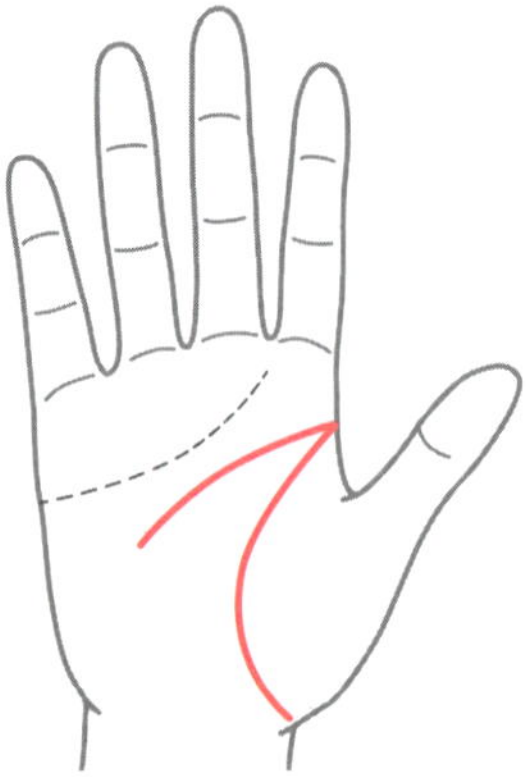

標準

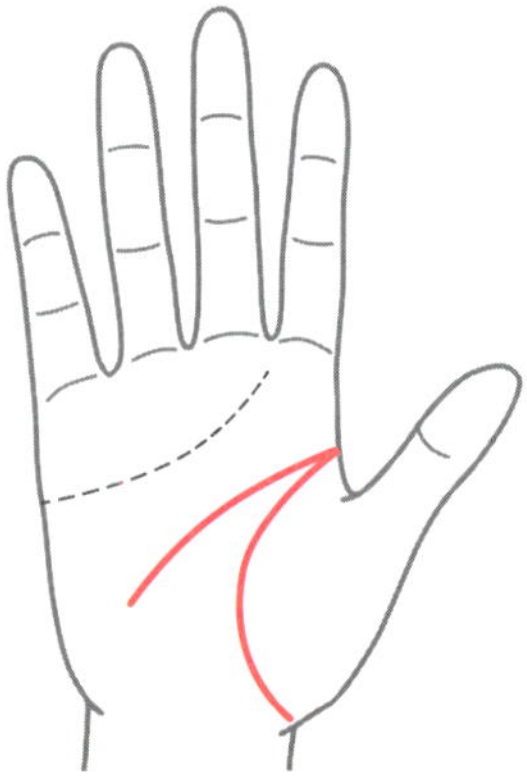

低い

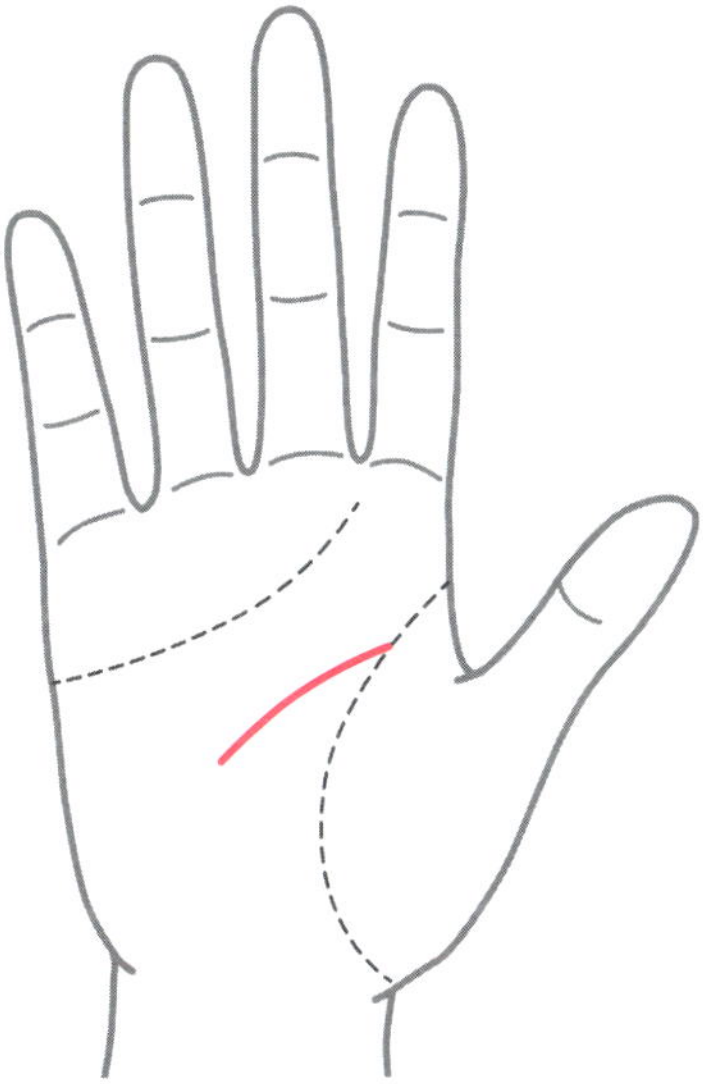

出発点が生命線の線上にある

石橋を叩いてから渡るタイプ

とても慎重で用心深く、目立つことを好みません。石橋を叩いて叩いてやっと渡る警戒心の強いタイプです。チャンスを逃さないように、時には冒険してみることも必要でしょう。細かいことによく気がつき、身近な人たちへの気づかいが自然とできる一方で、人間関係のストレスを感じやすい面もあります。好きなことをコツコツ続ける探究心が活かせる分野や、精密さが求められる技術職などで活躍できます。

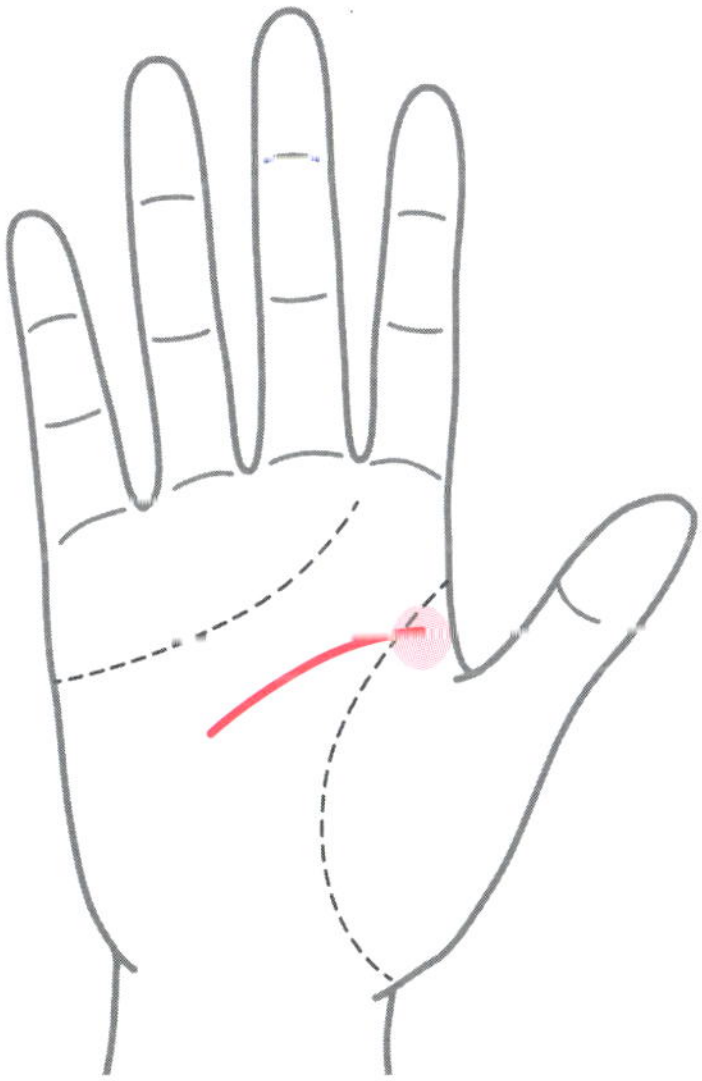

出発点が第一火星丘にある

繊細さと大胆さを併せ持つ

用心深く神経質な性格で、細かいことまで気を配るタイプです。他人の評価が気になったり、ちょっとしたことにも気を揉んだりしてしまう一方で、ストレスが溜まるとカッとなり感情のまま行動してしまうことも。自分に自信がついてくると感情をコントロールして、大胆に行動できるようになります。また、繊細で審美眼のある人が多く、感性を活かした趣味や仕事にも向いています。

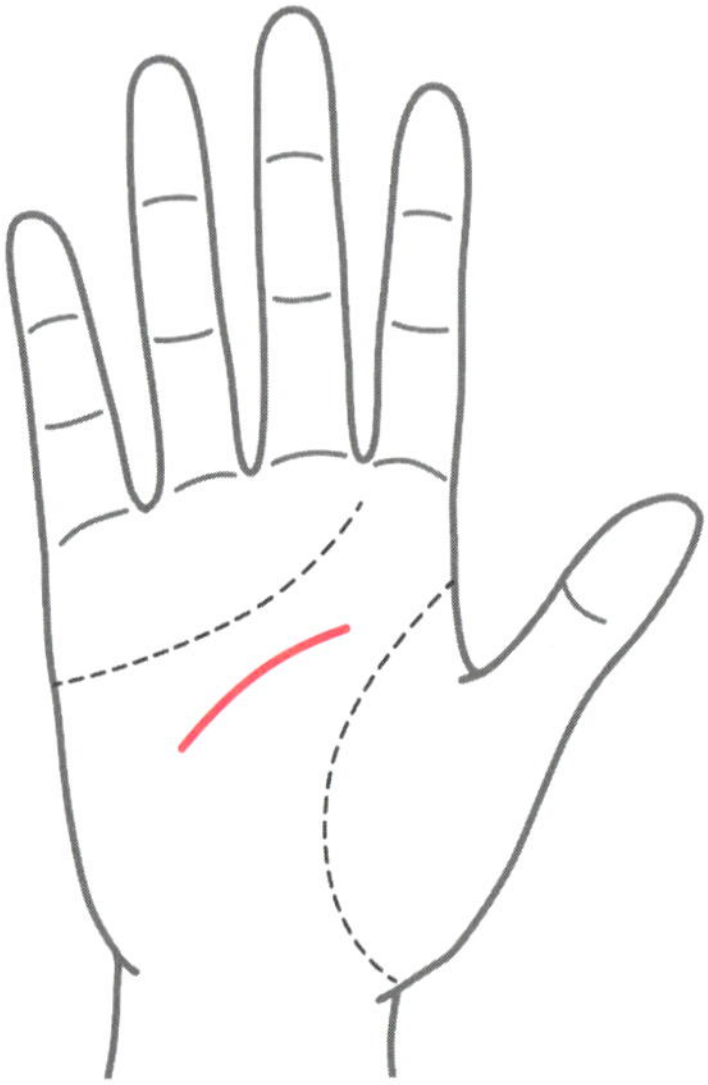

生命線から離れ、中指の下あたりに出発点がある

神経が細やかで、時々無茶をする

普通の人なら気にならないようなことを思い悩んでしまう細やかな神経の持ち主ですが、時々空想にふけり、突然向こう見ずな行動をとることも。攻撃的な一面もあり、やると決めたことは攻めの姿勢でチャレンジしていきます。自分の世界を持っていて、実体験から多くを学んでいくタイプ。少々苦労性ですが、失敗してもめげないしぶとさの持ち主です。組織の一員となるより、独立して仕事をする方が向いています。

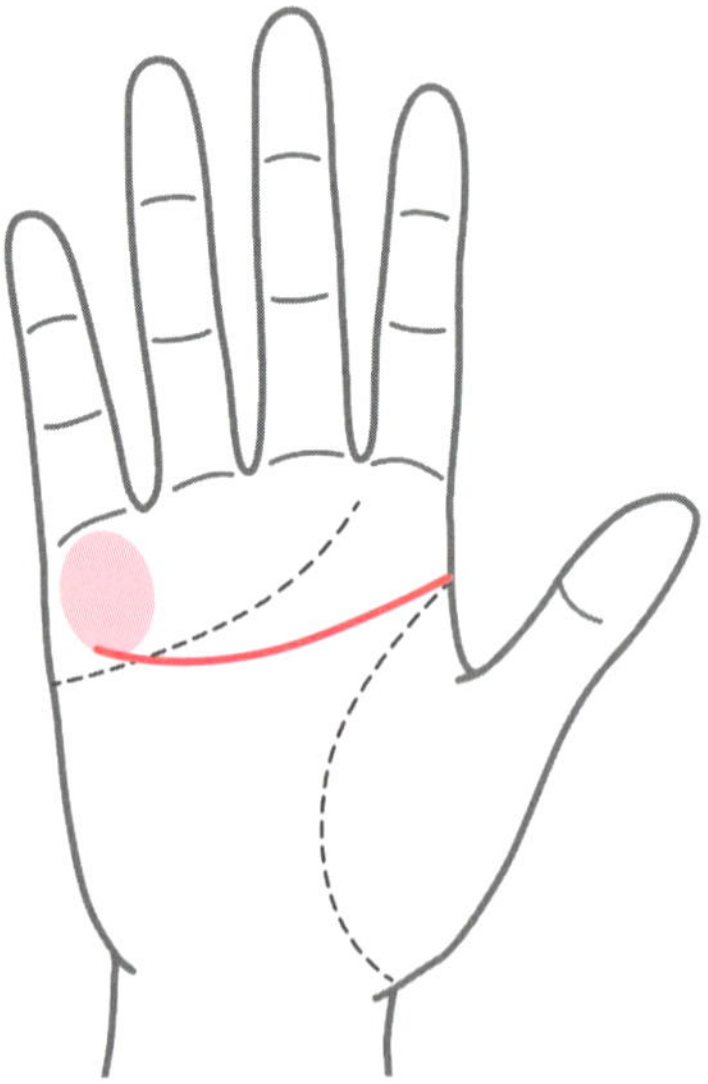

終点が水星丘へ向かっている

頭脳明晰でビジネススキル満点

頭の回転が速く、お金儲けの才能に長けている人です。社交的で交渉能力も高く、話上手で人を引き付ける魅力も備えています。少々ドライなところもありますが、サバサバした性格で後腐れがなく、テキパキ行動できます。この相の人は、経営者のほかに機転の良さとコミュニケーション能力を活かせる接客業や営業、通訳、アナウンサーなどにも向いています。

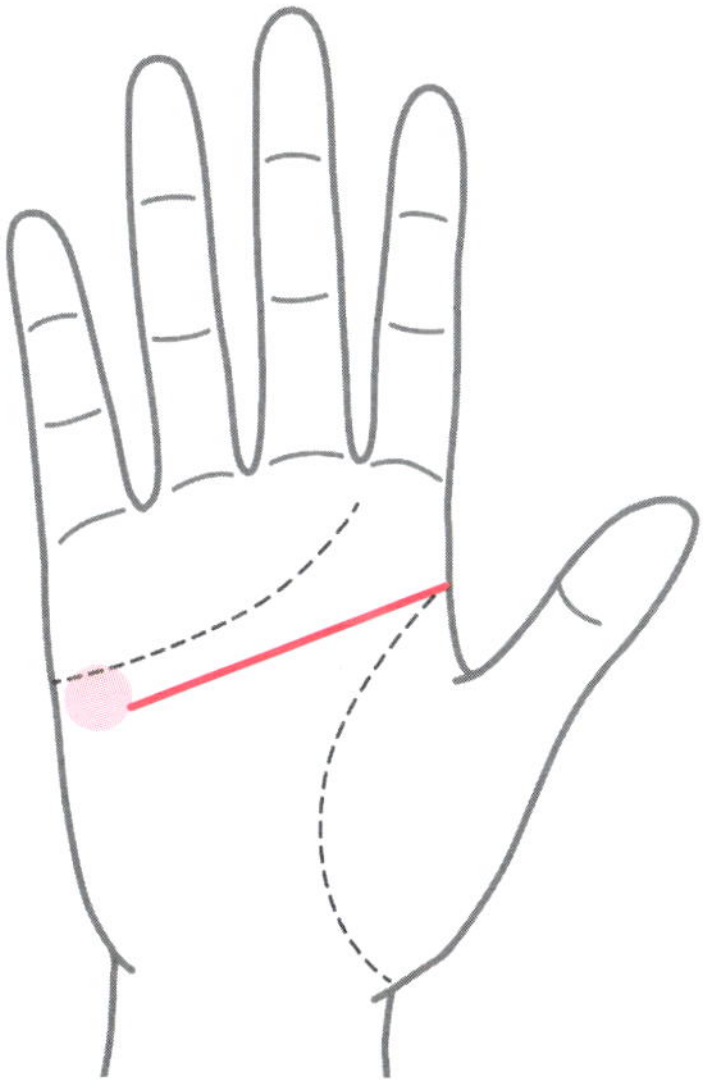

直線的で、終点が第二火星丘に向かっている

現実的でサッパリした性格

現実主義で物事を論理的、合理的に判断できるタイプです。線が長いほど理屈っぽくなる傾向があります。仕事の面ではプロ意識が徹底していて、押しも強く、相手のニーズを的確につかみ、自分の専門性を高めていく働き方がピッタリです。医師や看護師、弁護士、会計士や設計士など専門職が適職で、評論家やスポーツ選手にも多い相です。

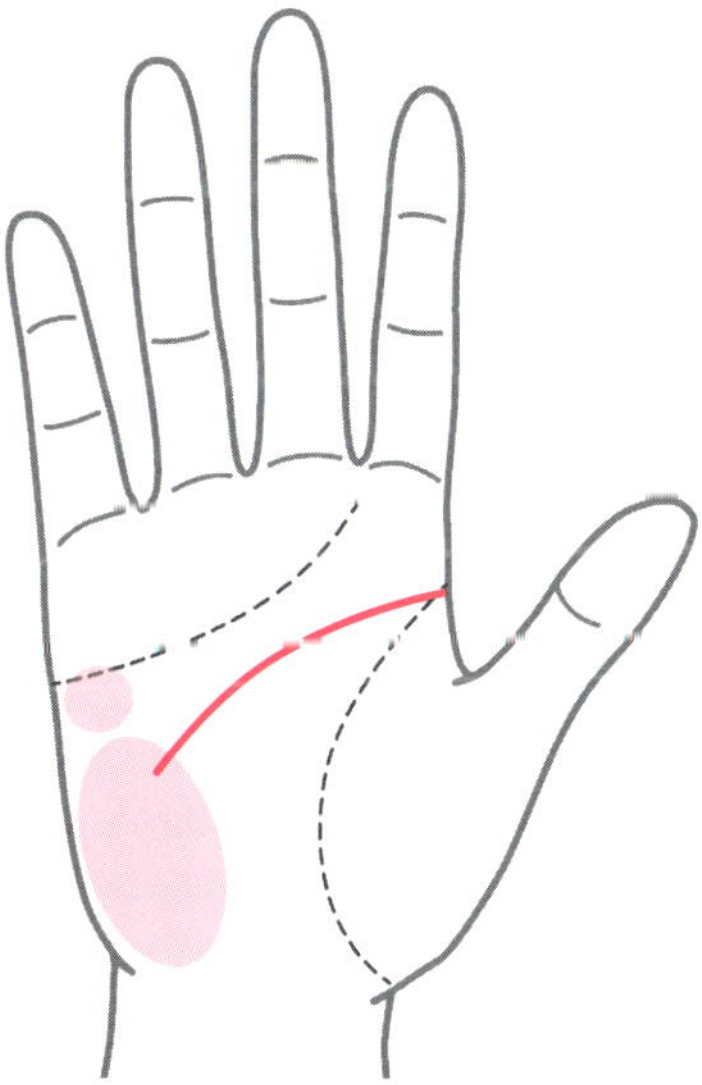

終点が月丘の上部に向かっている

人当たりがよく皆に好かれるタイプ

考え方が柔軟で、誰とでもうまくやっていけます。理想と現実、夢とお金のバランスが取れるタイプで、夢を追いかけながらも現実生活をおろそかにせず、充実した毎日を送れます。人の中で生きていく道に向いており、自分ではしっくりこない職業でも長く続けていくうちに能力が開花します。公務員や接客業、事務などのほか、創造性が求められる仕事でも活躍できます。

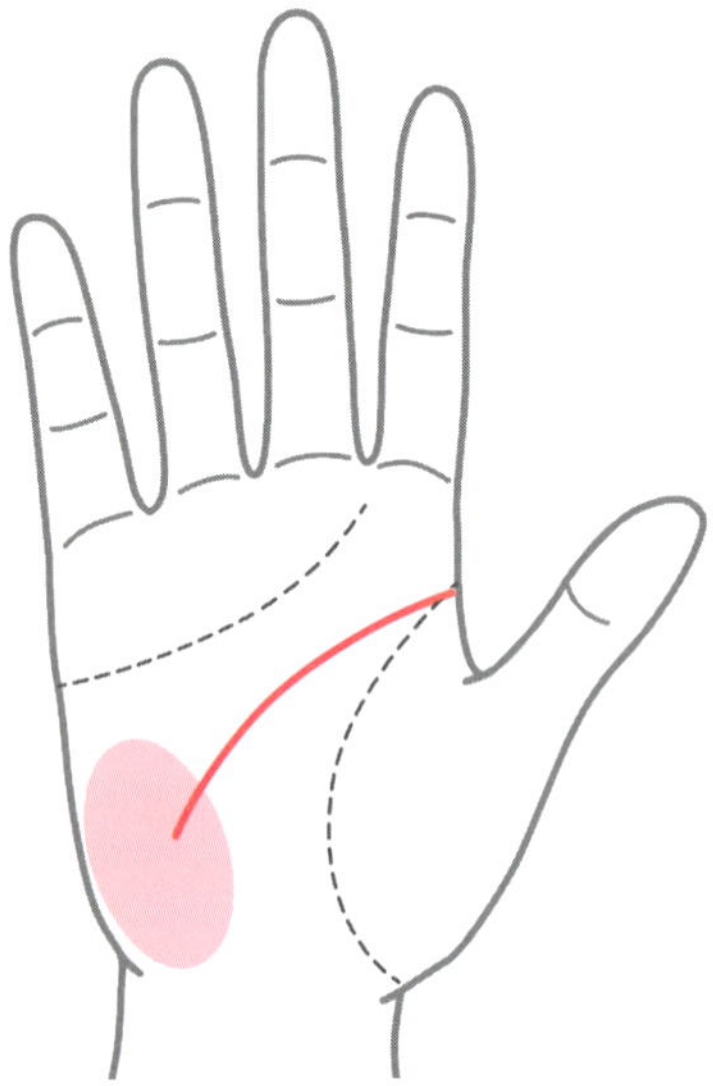

終点が月丘の下部に向かっている

想像の世界を生きる夢見がちなロマンチスト

想像力が豊かな空想家です。現実的な生活より、芸術性や精神性を重んじる傾向があり、お金にならなくても好きなことならとことん頑張れるタイプです。理想が高いため満足しづらい一面もありますが、人柄や個性、アイデアが評価されます。デザイナーやアーティストなど、個性を活かせるクリエイティブな職種が適職で、もし事務職であればマイペースで働ける環境が良いでしょう。

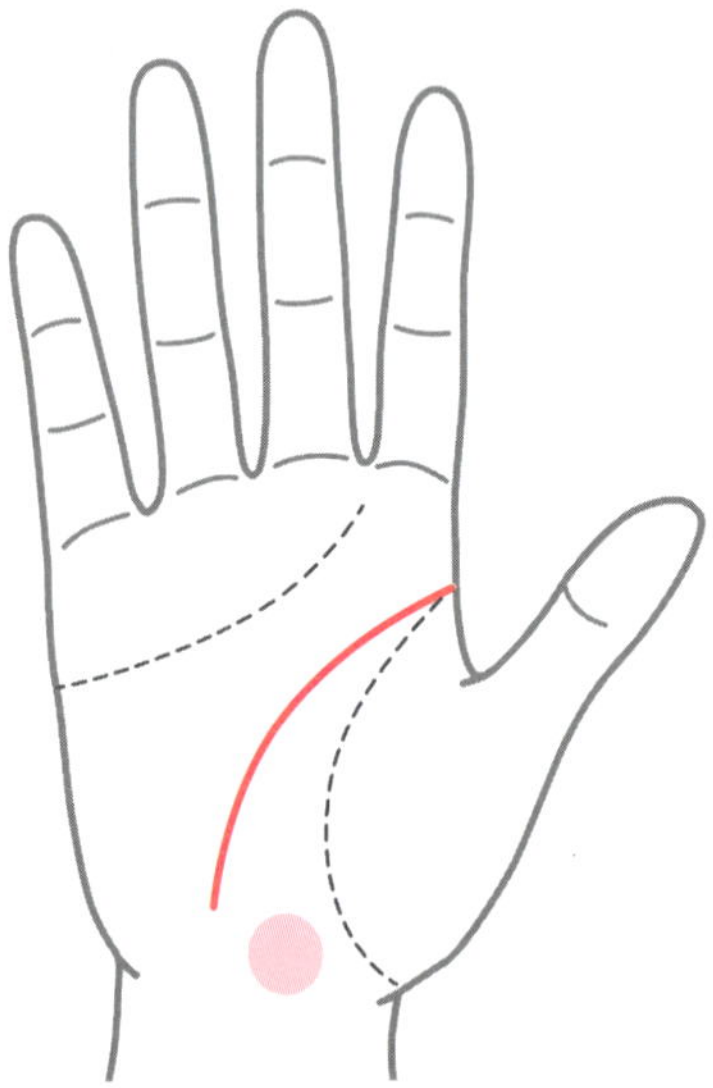

終点が急下降して地丘に向かっている

現実離れした強烈な個性の持ち主

周りの人とは違う感性の持ち主で、常識や流行などはまったく気にせず、自分だけの世界にこもることも。一度悩み始めると、とことん考え込んでしまう傾向があります。仕事はスピリチュアル関係や創作など特殊な専門職で力を発揮します。人と同じことをしようとして万人に認められようとせず、「わかる人にわかってもらえば良い」という仕事を選ぶと生きやすくなります。

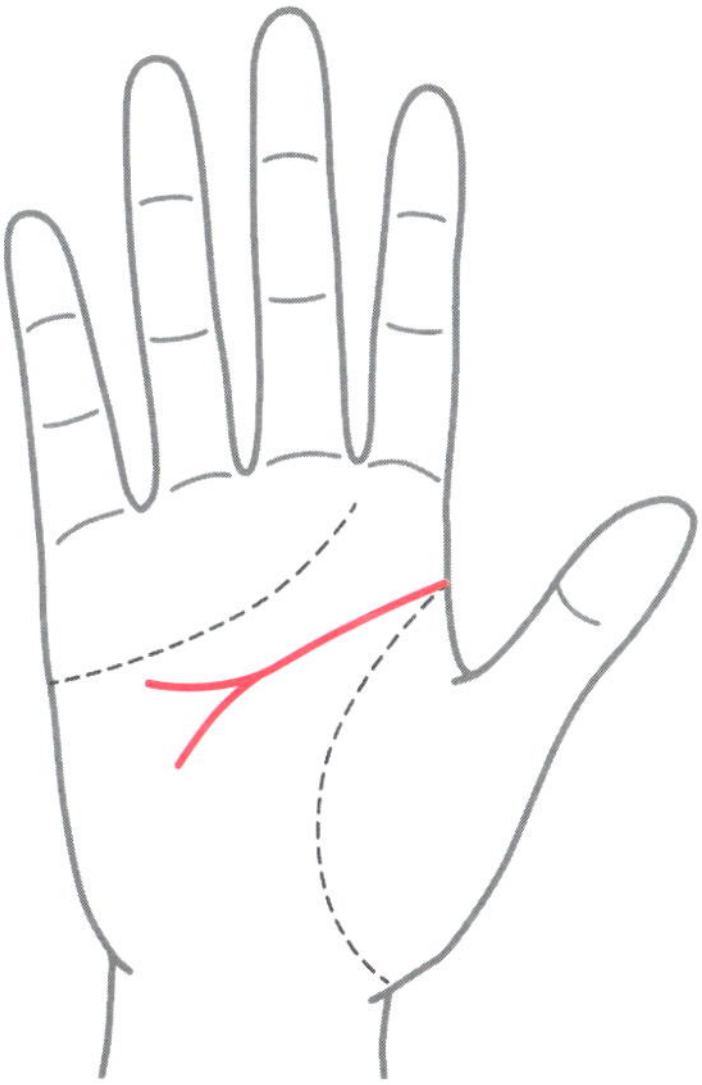

終点が枝分かれしている

好奇心旺盛でどんな状況にも順応できる

好奇心旺盛でチャレンジ精神にあふれたタイプです。特に、枝分かれが大きい人は、コツをつかむのがうまく、変化に対応する力もあり、マスコミや接客、看護師などに向いています。枝分かれが小さい人は、あれこれチャレンジするより、分野の似た2つのことで活躍しそうです。仕事のほかに玄人はだしの趣味があったりと、充実した毎日を過ごすことができるタイプです。

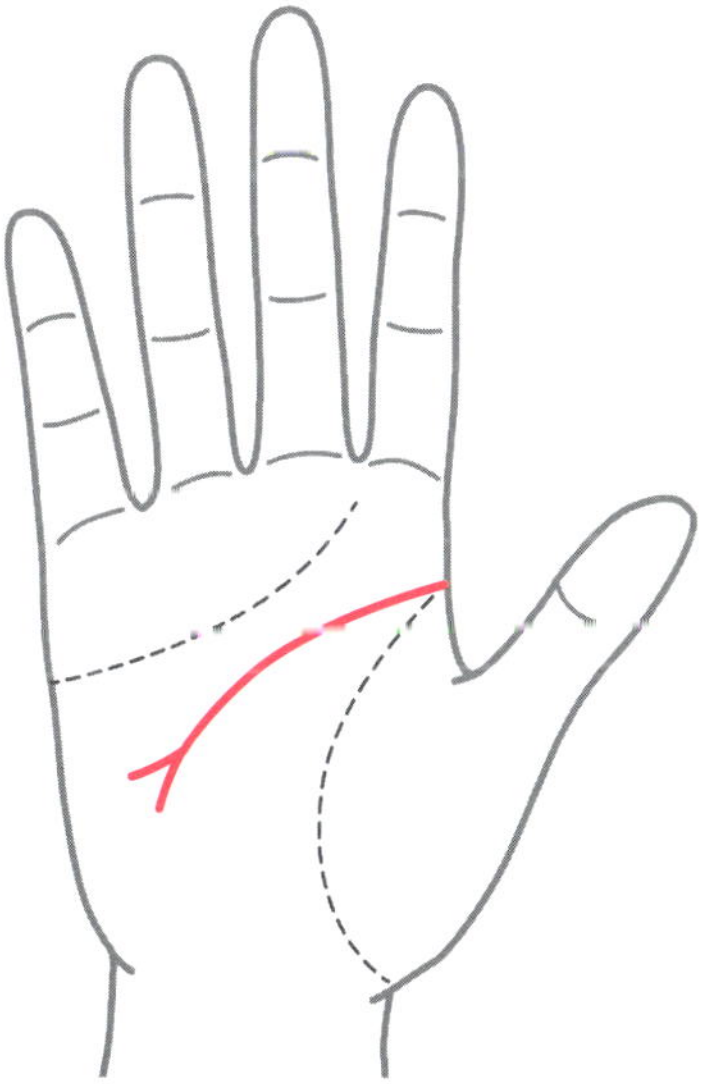

下向きにカーブし、終点が枝分かれしている

クリエイティブな仕事で活躍するタイプ

現実的な事柄は苦手なものの、キラリと光る個性や独創性、創造性が仕事を成功へと導きます。好奇心旺盛で、困難なことも器用に成し遂げますが、基本的に好きなことしかやりたくないというタイプです。個性的で、器用で手ぎわが良く、新しいものを作り出す意欲があるので、アートや文学、ファッションなどクリエイティブな仕事で活躍する人に多くみられる相です。

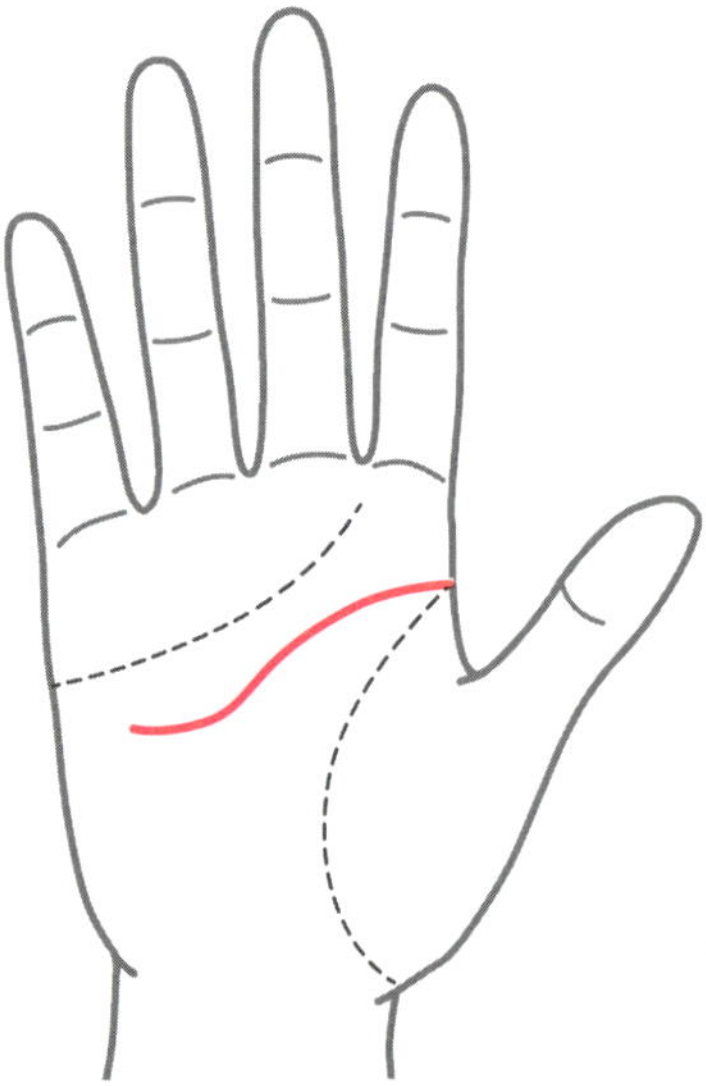

終点が下がってから跳ね上がる

現実派であり理想派

夢を追いかける純真さと、シビアな現実を直視できる冷静さの両方を兼ね備えています。現実的でありながら、夢のある考え方をしているため、他人から見て魅力ある人柄と思われることが多いでしょう。この線の人は考え方のバランスがとれているので、大きな失敗をすることはなく、コツコツと夢を叶えていけます。自分の創作をビジネスに活かす才能もあります。女性の場合は、生活力があるため、やりくり上手の妻になりそうです。

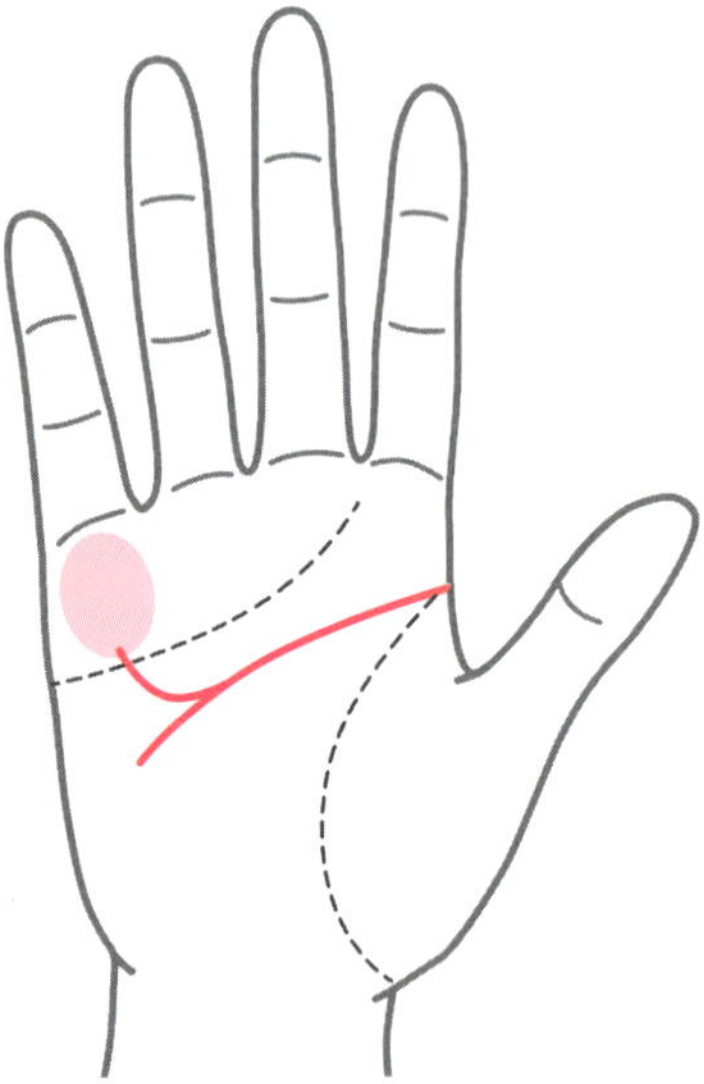

水星丘まで伸びる枝線がある

頭の回転が速く、ビジネスセンスがある

経営者に多くみられる相で、頭の回転が速く、交渉能力があり、事業家に向く高いビジネススキルを持っています。人当たりが良いので人望も厚く、若くして出世しそうです。話題も多いので、「一緒にいて楽しい人」と思われるでしょう。専業主婦にこの相がある場合は、お稽古ごとなどを通じて家庭内でビジネスを始めることもあります。

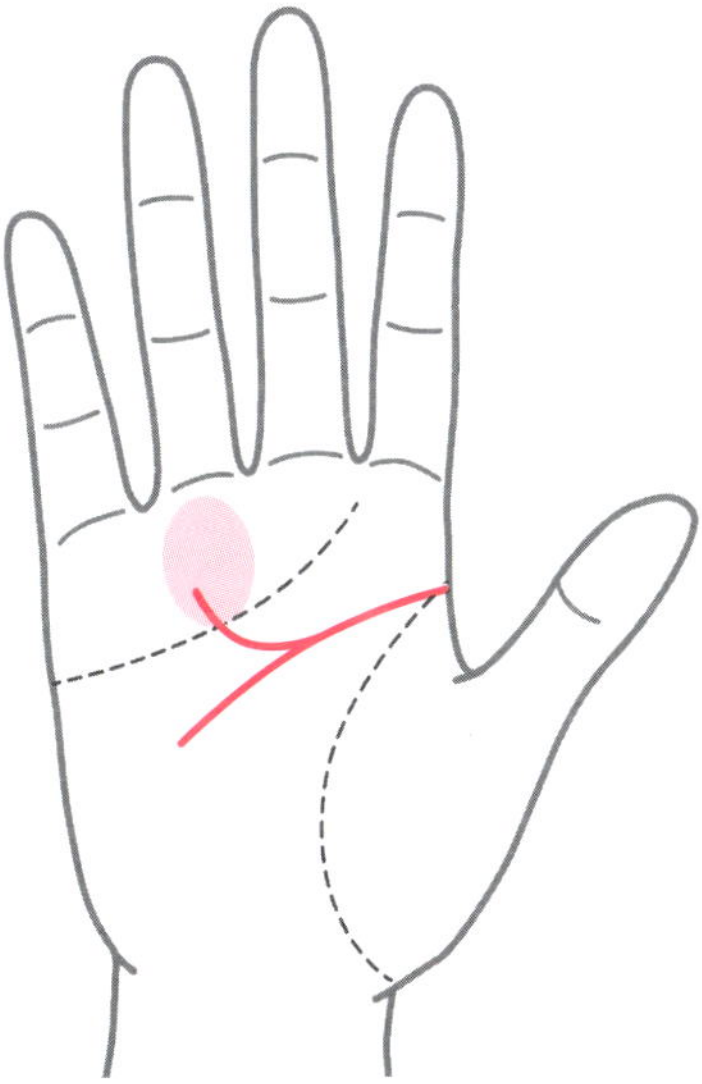

太陽丘に向かって伸びる枝線がある

アートな仕事で活躍する

芸術関連の職を得て、やがて才能を認められて成功することを暗示しています。表現力や芸術的センス、華やかさがある一方で、合理的で現実的な一面もあるため、芸術的なことをビジネスに活かすことができます。機転が利き、他人からの評判を気にするタイプで、人気商売にも向いています。この相の人は、自分の感性を信じてとことんチャレンジすると道が開けます。

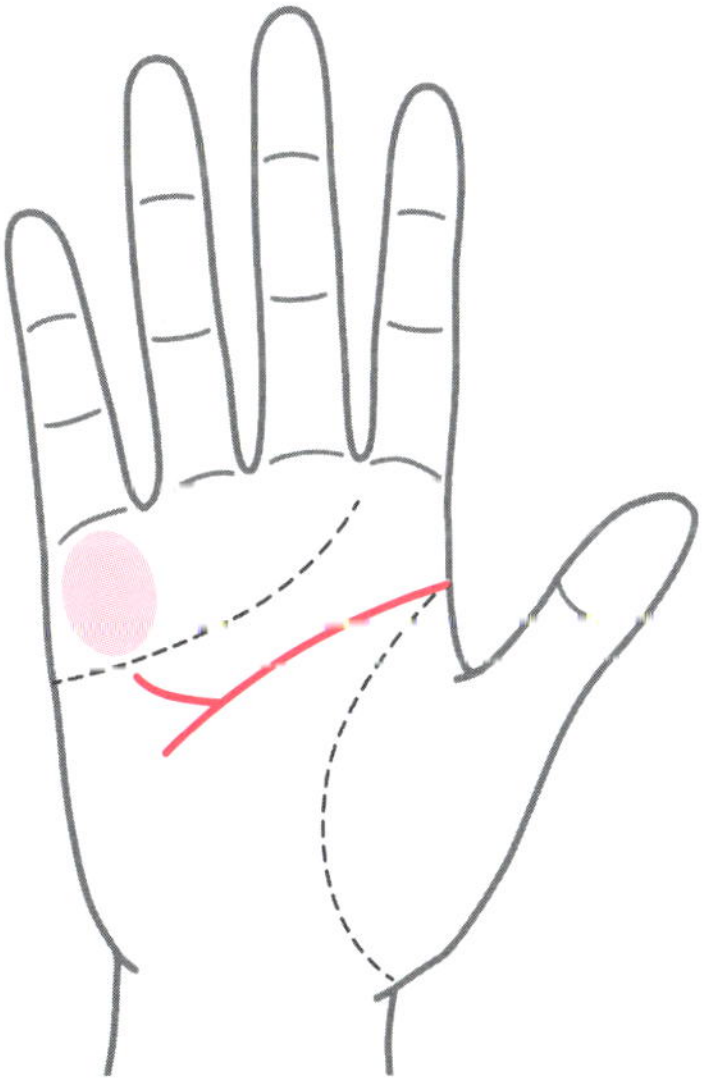

短い枝線が水星丘の方向に向かっている

前向きな姿勢に変化していることを示す

好奇心が旺盛になり、ビジネス感覚が冴えている状態を表します。急にこの枝線が現れた場合は、やる気が出て、前向きな姿勢に変化していることを示します。この線が出ている間は、ビジネス関連について貪欲に知識を吸収できるので、スキルアップを目指すと大きな成長を遂げられます。アイデアを活かし、知恵を絞って、収入につなげることができるでしょう。

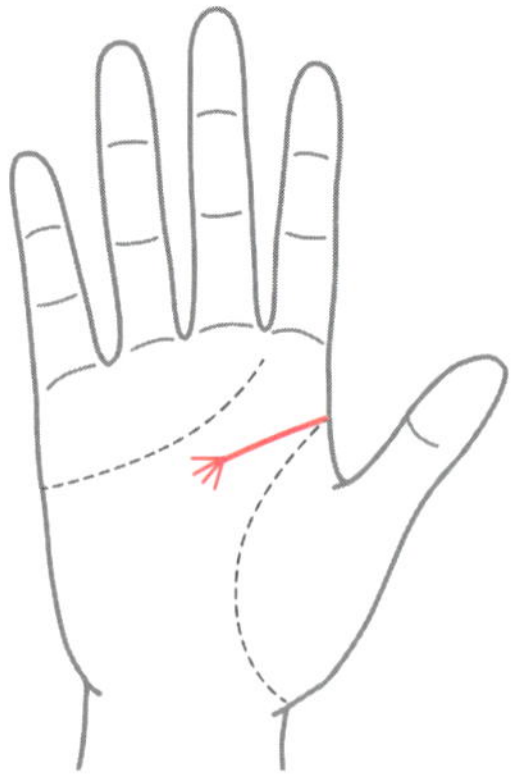

短めな直線で終点付近が3本以上に枝分かれ

現実的で頭の回転が速いタイプ

頭の回転が速く、どんな場面でも気が利くタイプです。その場の対応が上手な分、感覚のおもむくまま向こう見ずなことをして失敗することもありますが、思い切り良く行動するため後悔することは少ないでしょう。好奇心旺盛で話題が多く、機転が利くためビジネスシーンでも活躍します。気持ちの切り替えが速く、感情を引きずらないさっぱりとした性格が他人から好かれます。

知能線が2本ある

非常にユニークな個性の持ち主

知能線は通常1本ですが、2本ある人は2倍の才能と個性を持っているということになります。非常に頭が良く、仕事ができる人に多い相です。ユニークな発想の持ち主で、少々「変わっている」と見られることもありますが、他人と違うことをやって活躍できる人で、創業者にも多くみられます。家業を継ぐ場合は自分の個性を活かすことで成功します。独創性を活かしてクリエイティブな仕事でも活躍できそうです。

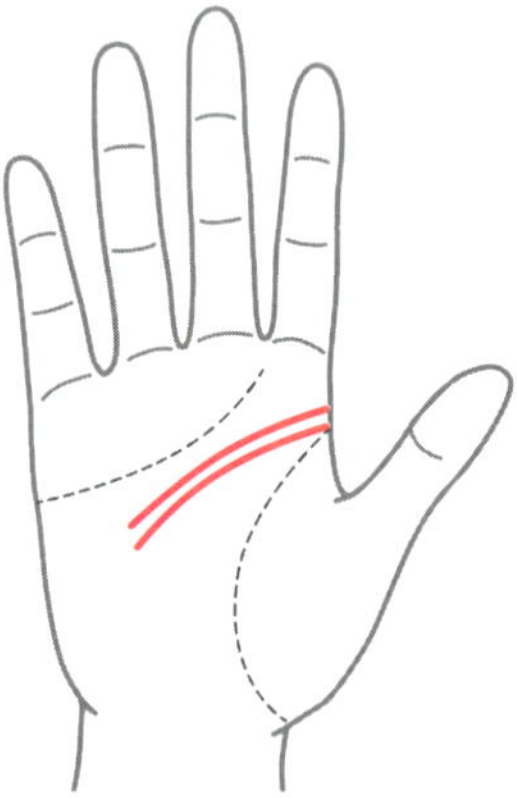

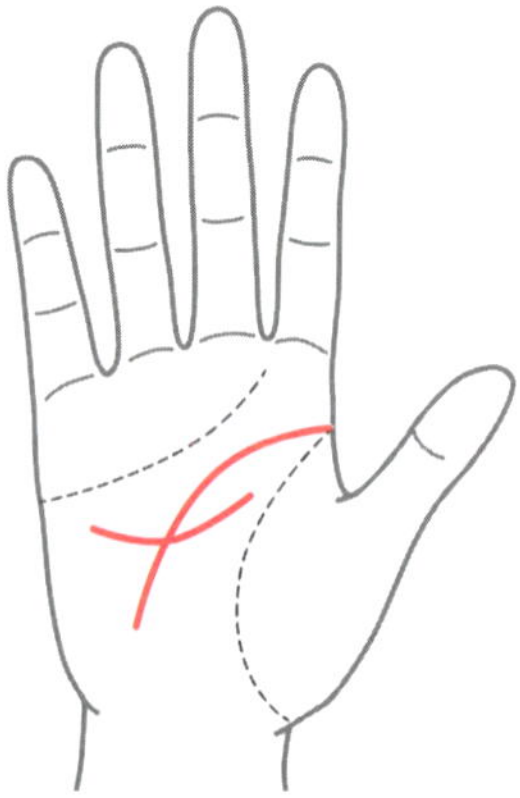

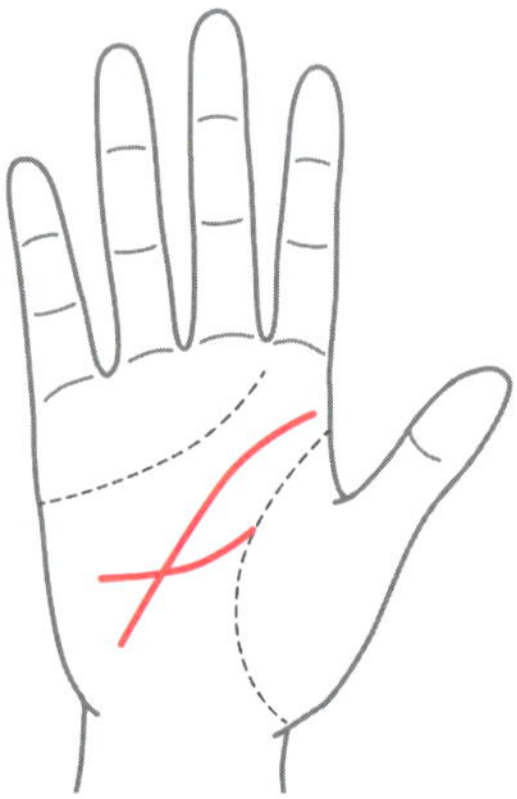

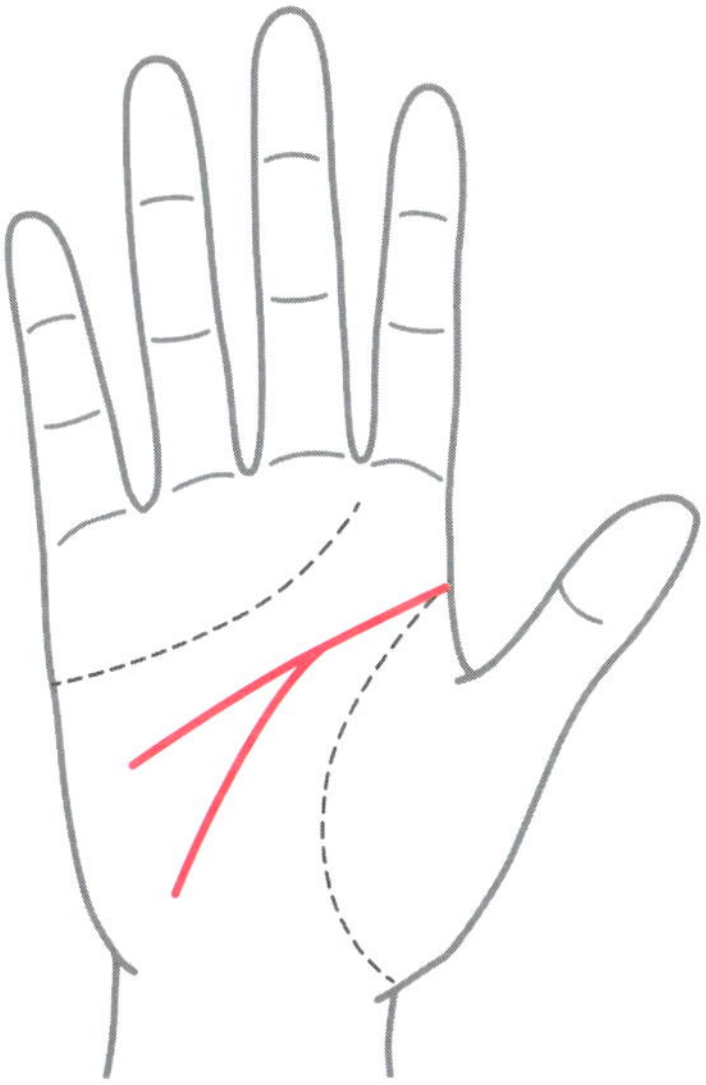

知能線の途中から別の長い知能線が枝分かれ

欲しいものに対して貪欲なタイプ

活動的で創作意欲があり、夢も社会的安定も求めます。マイペースで他人の意見に耳を貸さないところがありますが、自分の力で人生を切り拓いていきます。組織の中で行動するより、１人か少人数で動く方が良いでしょう。求めるものが大きいため満足感を得にくいものの、理想に向かって努力できる人です。線は２本とも長いケースが多く、前述の枝分かれの相とは異なります。

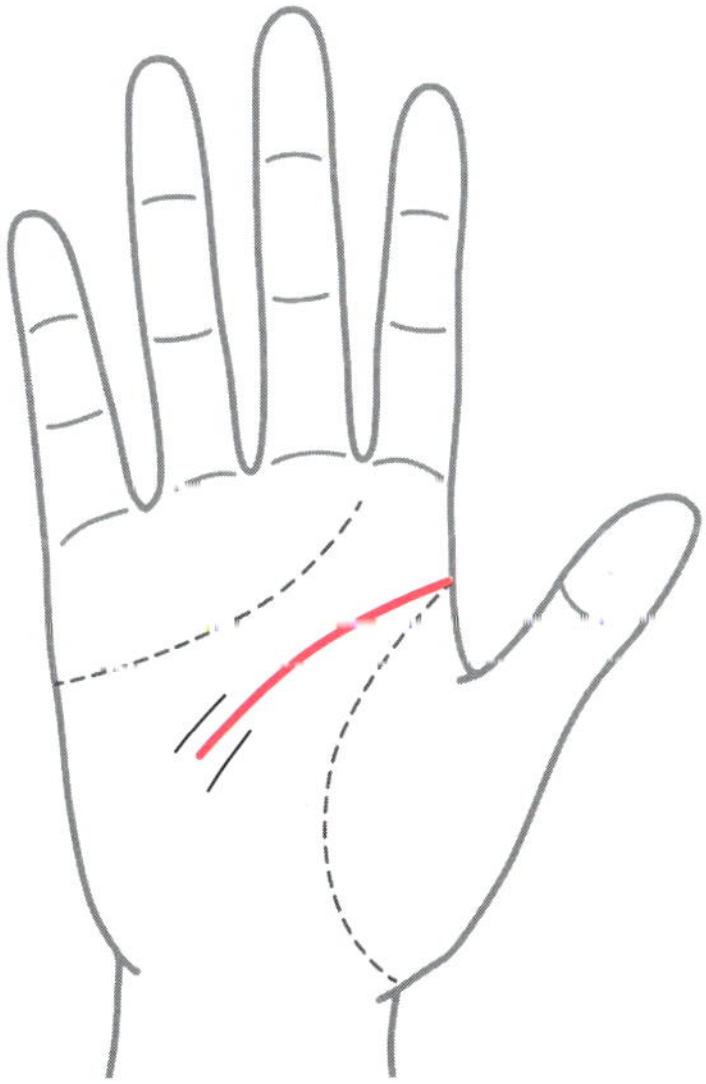

終点付近に平行する短い線がある

物事を悲観的、楽観的に考えるタイプ

知能線の終点付近で、線の上側に細めの線が出ている人は、楽観的な考えの持ち主で、前向きで積極的な性格です。同じく線の下側に短い線がある人は内省的な考えの持ち主です。悲観的になりがちで消極的判断をしやすいですが、物事を深く考える繊細さがあります。終点付近に出る支線についても、同じように上側が前向きさ、下側が内省を表します。

知能線と感情線が１本になっている（マスカケ線）

強烈な存在感を放ち、波乱万丈の人生を生きる

知能線と感情線がつながっているのは「マスカケ線」と呼ばれる珍しい相です。ものおじしない強さや逆境に負けないしぶとさを持っており、粘り強い努力家です。プライドも高く、リーダー職や教師など人の上に立つ仕事や、単独で働く仕事で活躍します。組織で働く場合は、PC、法律、社会保険など自分の専門分野を持つと評価されます。安定した環境では本来の強さが発揮されないため、女性は結婚後も働くか趣味を続けるとストレスが溜まりません。

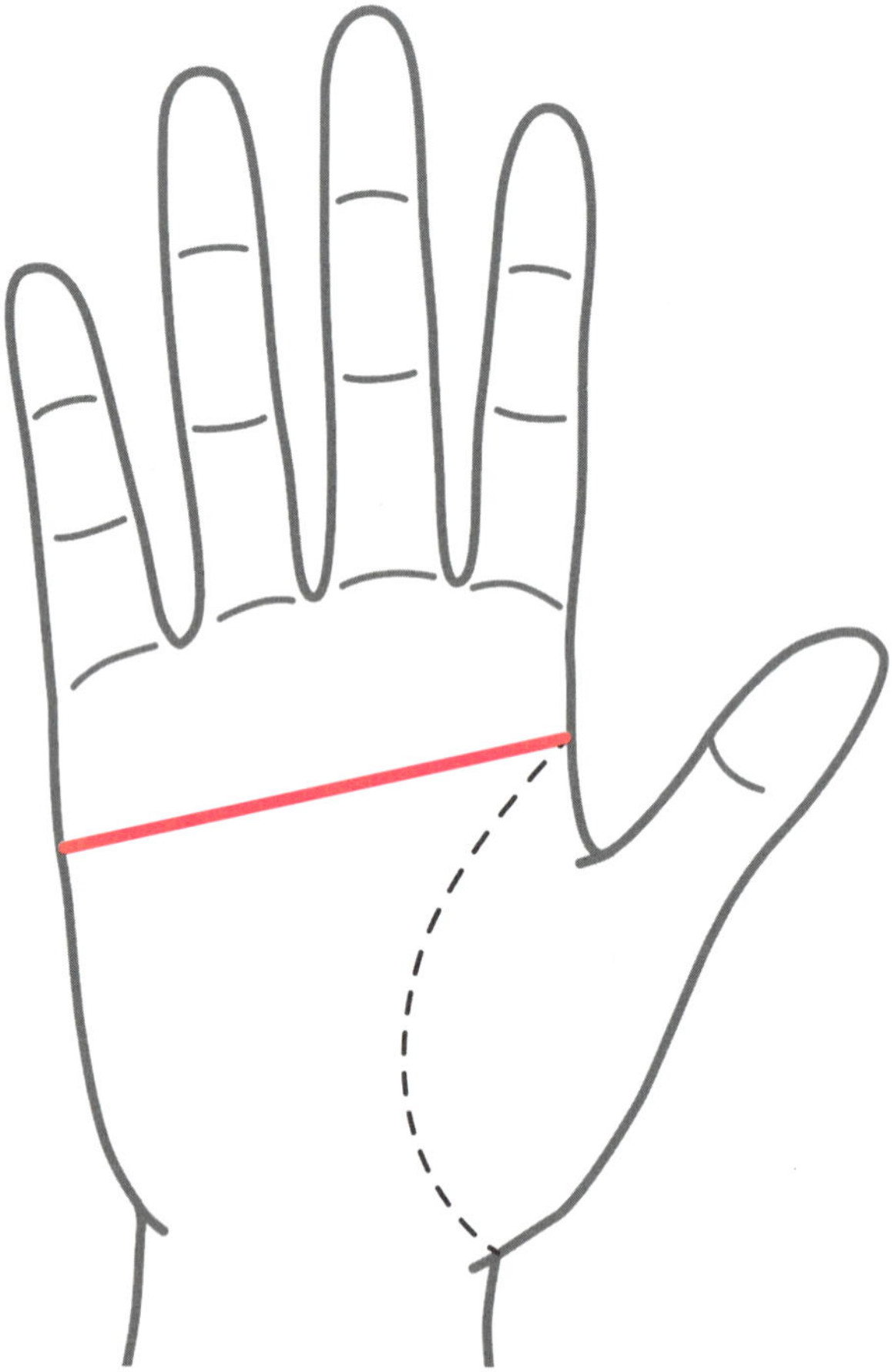

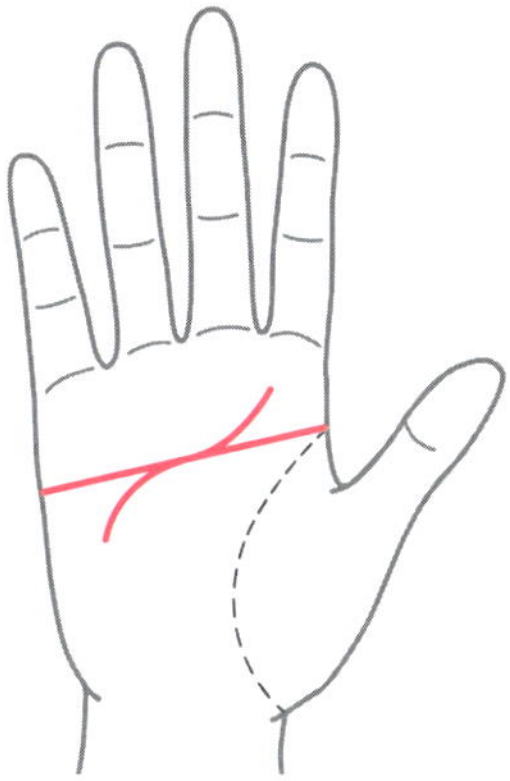

マスカケ線の途中から知能線と感情線が枝分かれしている（変型マスカケ線）

芯の強さと柔軟性を併せ持つ

粘り強さや根性があり、独立心の強いタイプですが、考え方に柔軟性があり、正規のマスカケ線の持ち主より協調性があります。１人でも組織の中でもやっていくことができ、枝分かれした知能線が長く伸びているほどクリエイティブな分野で活躍します。

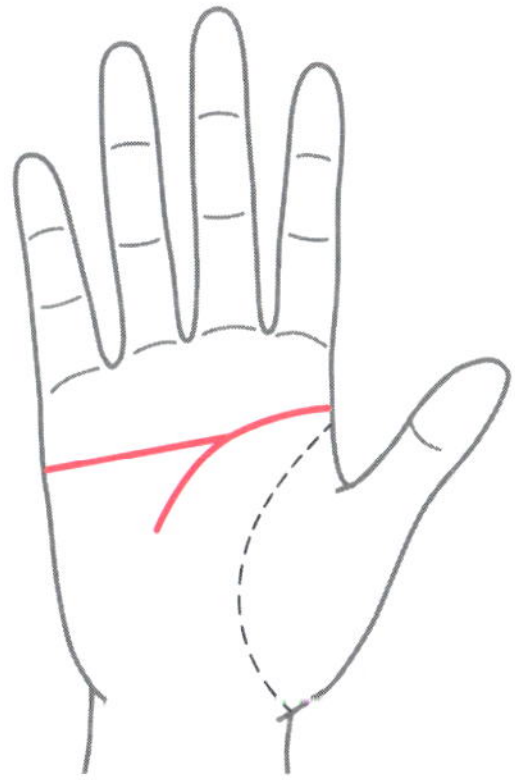

知能線にまっすぐな感情線が接している（変型マスカケ線）

責任感が強い真面目タイプ

創造力やアイデアを活かしてコツコツ努力して成功する人に多い相です。まっすぐで誠実な性格ですが、思い込みが強い一面もあります。強い意志と責任感、真面目さがあります。愛情表現はうまくありません。

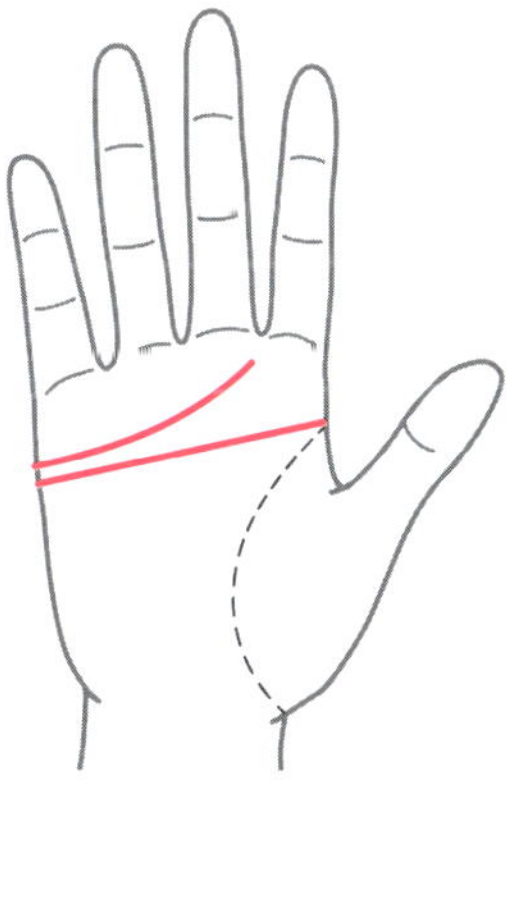

マスカケ線の上部に独立した感情線が伸びている（変型マスカケ線）

パワフルで愛情豊かな情熱家

マスカケ線の性質に加えて、二重感情線の意味があります。パワフルで逆境に負けない強さと粘り強さを持っているだけでなく、愛情表現が豊かで情熱的です。夢の実現に向けるパワーには目を見張るものがあります。

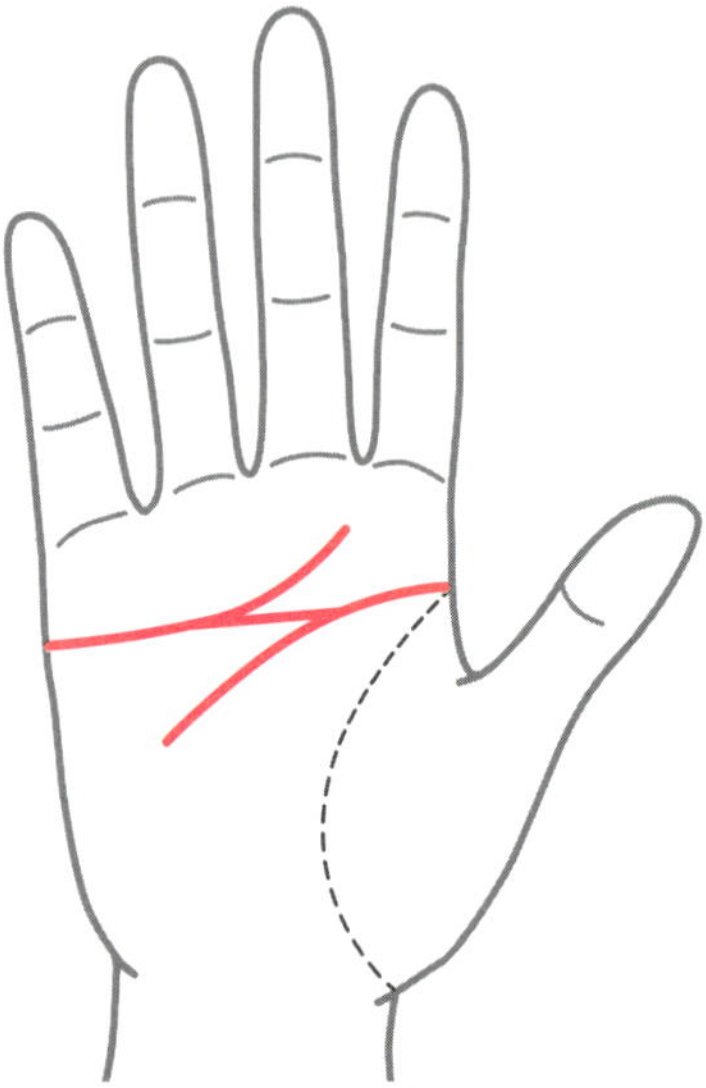

感情線の枝線が知能線に合流している

粘り強い努力家で面倒見が良い

知能線の枝線、もしくは感情線の枝線が真横に伸びてつながり、真横のラインができると、マスカケ線的な意味が出てきます。「自分がやらねば」という自意識が強いタイプです。正式なマスカケ線とは異なりますが面倒見の良さ、正義感の強さに、粘り強い努力家というマスカケ的な性格が加わります。

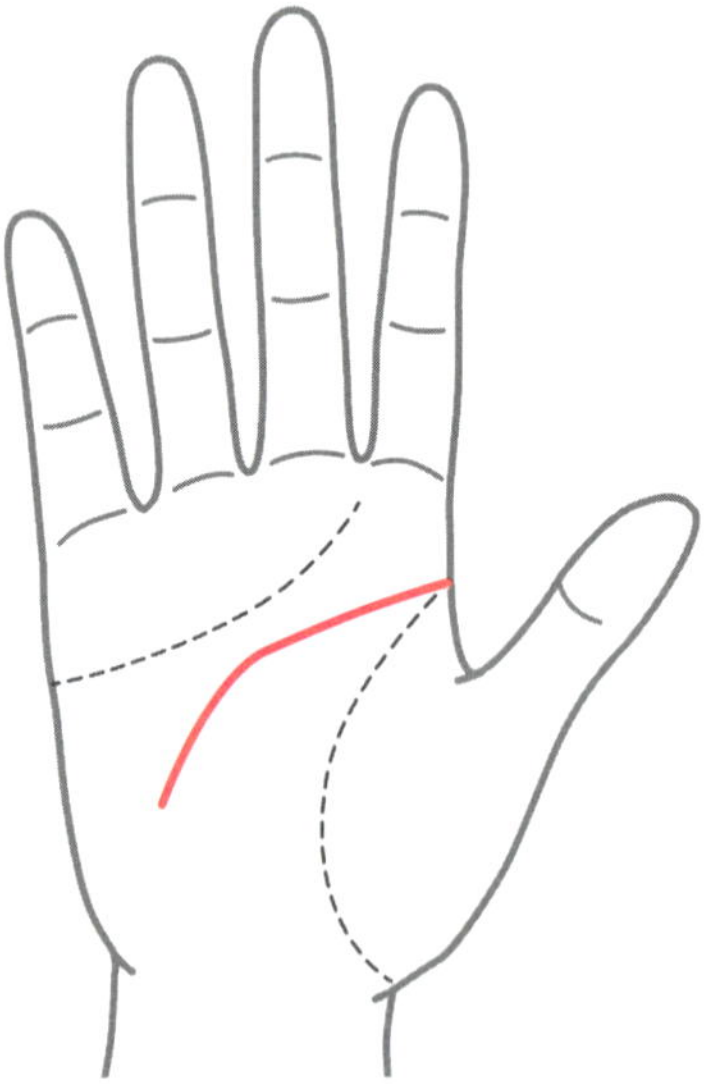

線の途中で角ばった下降をしている

最終的に自分が好きなことを選ぶ人

現実的な思考の持ち主ですが、夢を持ち続け、趣味が高じて仕事になったり、というようなタイプ。この相の人は自分の感性を抑えて、無理に安定した仕事に就こうとすると、本来の良さが失われてしまいます。好きなことなら自然に長く続けることができ、困難も乗り越えられるので、自分の好きなことがあればラッキー。とことんチャレンジすると良いでしょう。

チェックすべき線の形状とマーク

知能線が下のような形状になっていたり、線上にマークが出ていたりしたら気をつけましょう。

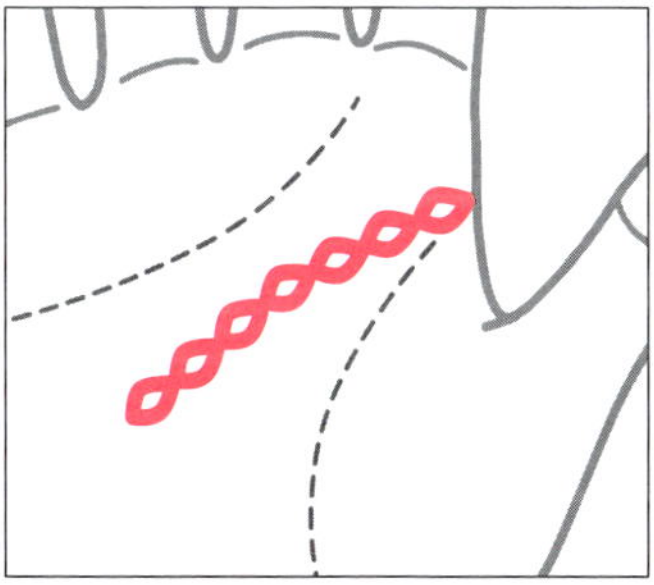

鎖

鎖状の知能線は、そそっかしく早合点してしまうことがある人にみられます。次々といろいろなことに興味を持つタイプです。

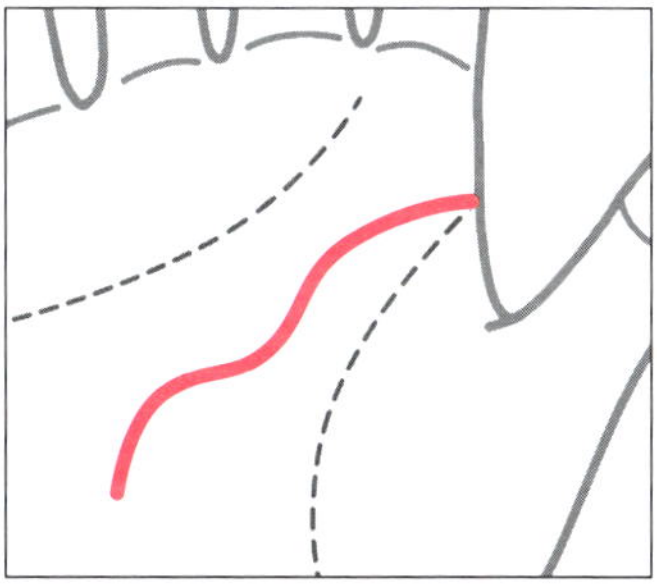

蛇行

知能線が蛇行している人は、良くも悪くもマイペースで、要領が悪いと受け取られてしまうことがあります。

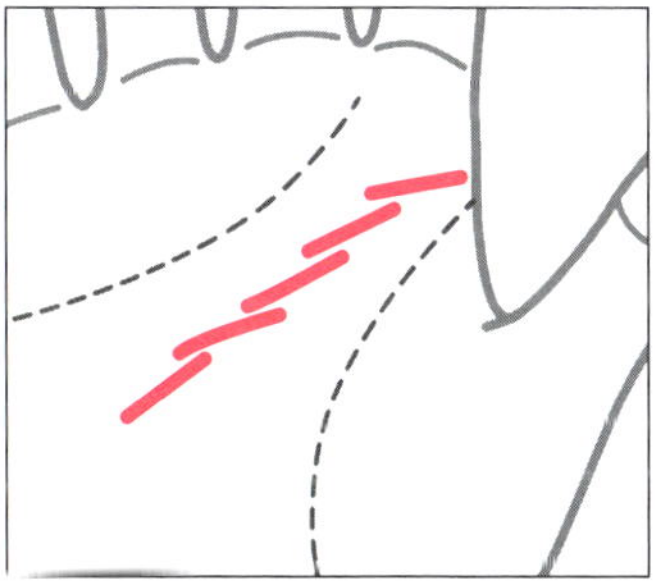

キレギレ

知能線がキレギレなのは気分にムラがあり、１つのことに集中しにくい人です。一方で周りが驚くような発想をすることもあります。

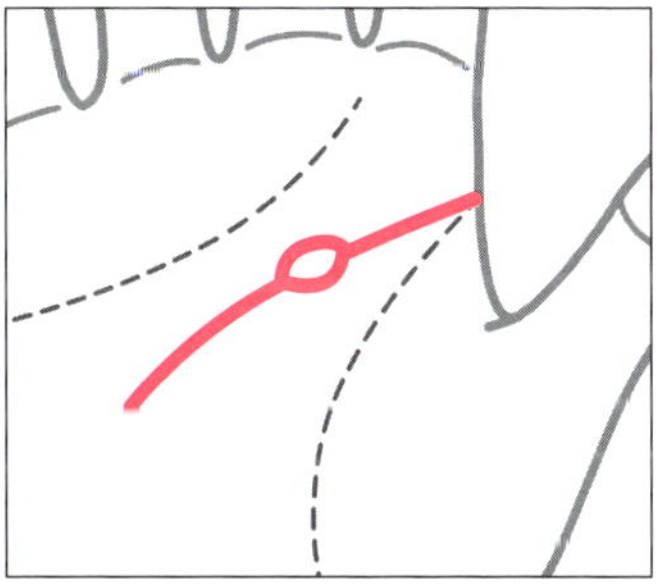

シマ

知能線のシマは、デリケートで繊細な神経の持ち主。頭痛持ちの人にもみられます。ストレスを溜めないようにしましょう。特に先端のシマは要注意です。

感情線

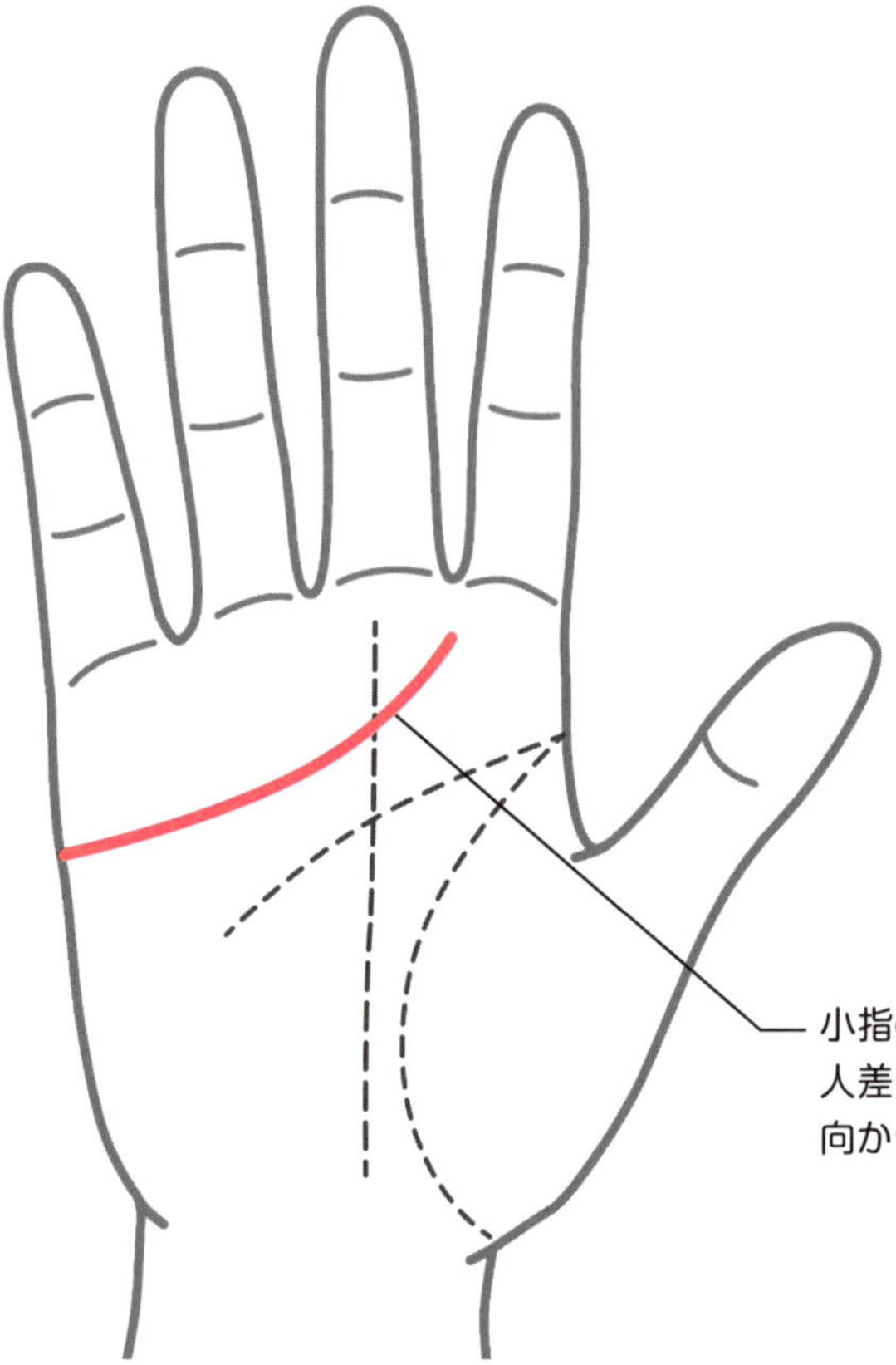
小指の下から
人差し指の方へ
向かって伸びる

愛情・情熱・感受性・人との接し方を表す

感情線は愛情表現の仕方や心の動き方など、人の内面を表す線です。他の基本線と違って支線などで多少みだれているのは珍しくありません。みだれが目立つ人ほど、感性が鋭いことを表します。感情線をみる時は線の長さと直線か曲線かということが重要です。線が長い人ほど愛情が濃く、直線だと思ったことをストレートにそのまま口にする人です。曲線の場合は、人あたりがソフトで気持ちの伝え方がうまい人が多いです。

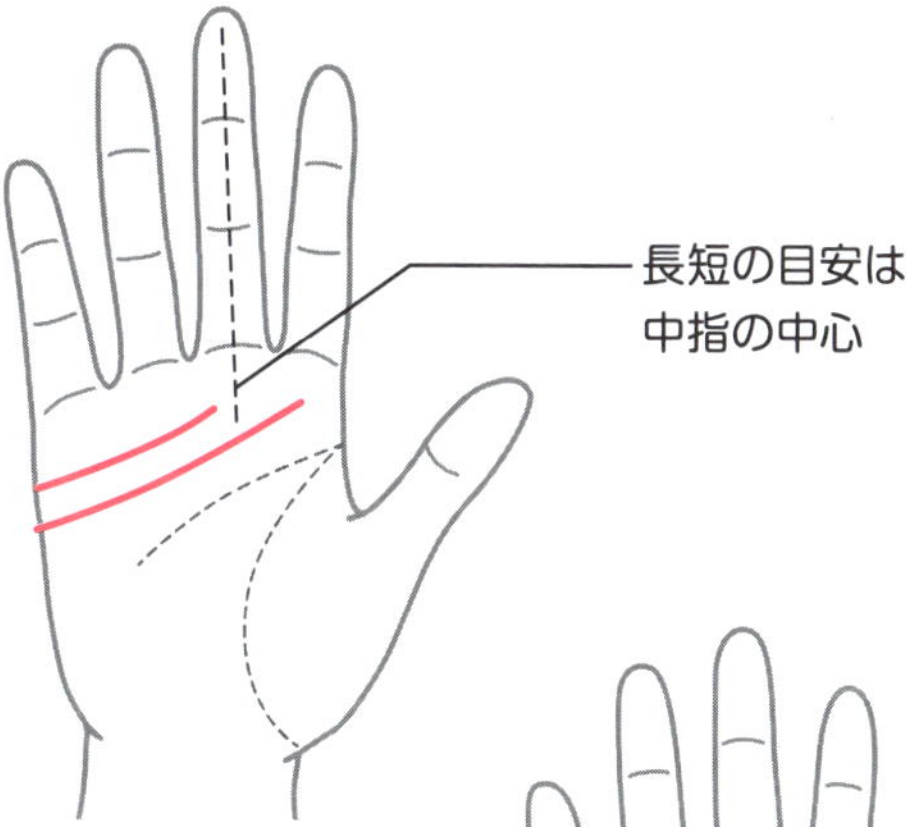

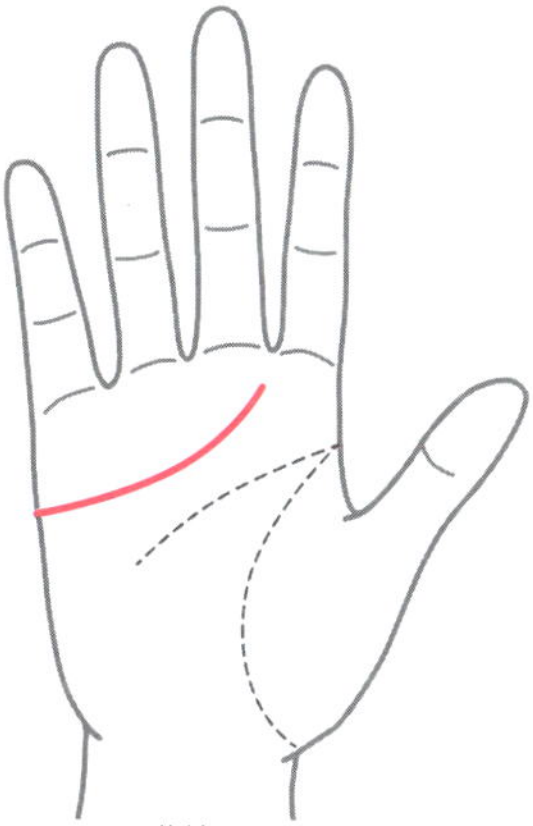
曲線

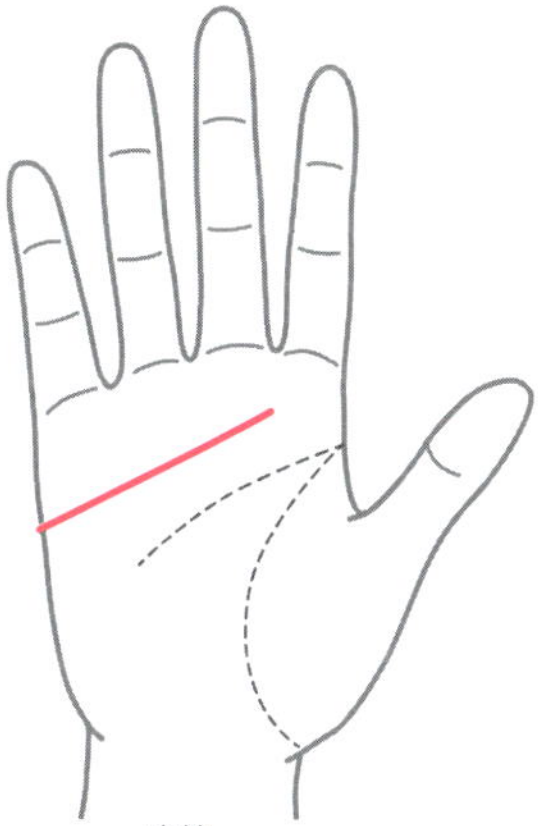
直線

曲線

細やかな感情表現

曲線の人は気持ちのこもった愛情表現ができる一方で、ムードに流されやすい傾向にあります。

直線

ストレートな感情表現

直線の人は思ったままを口にする割には、情に流されず合理的に対人関係を築いていく傾向です。

短い

愛情面のエネルギーが弱い

線が短くなるほど親密な対人関係を求めず、あっさりした傾向です。

長い

愛情面のエネルギーが強い

線が長くなるほど愛情深く面倒見が良い一方で、支配欲は強まります。

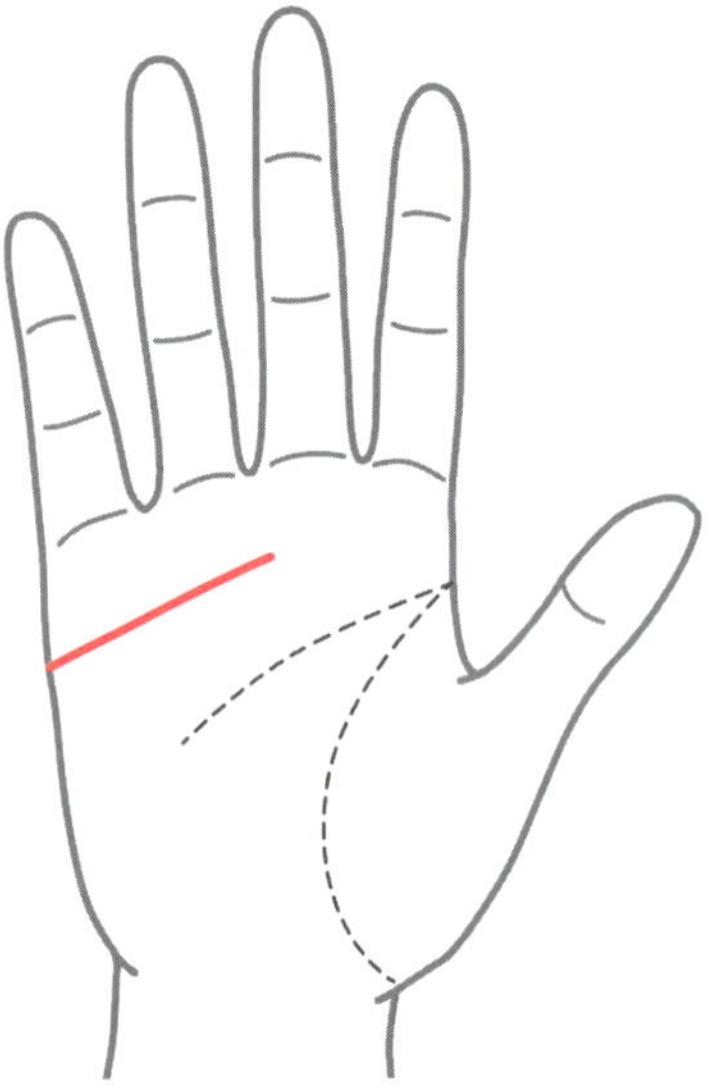

直線的で、中指の下まで届かない

さっぱりした性格で相手を束縛しない

腹を割った付き合いやドロドロした人間関係が苦手なタイプです。良く言えばあっさりしてわかりやすい性格、悪く言えば相手の気持ちに鈍感だったり人情味に欠けるところがあるようです。相手や状況に応じた細やかな感情表現はできないので、冷たい人と思われることもあります。恋愛での駆け引きもうまくないので、結婚を望むならお見合いがおすすめです。仕事では、数字を扱う職種など現実的な作業を得意とし、常識にとらわれずに活躍する人も多くいます。

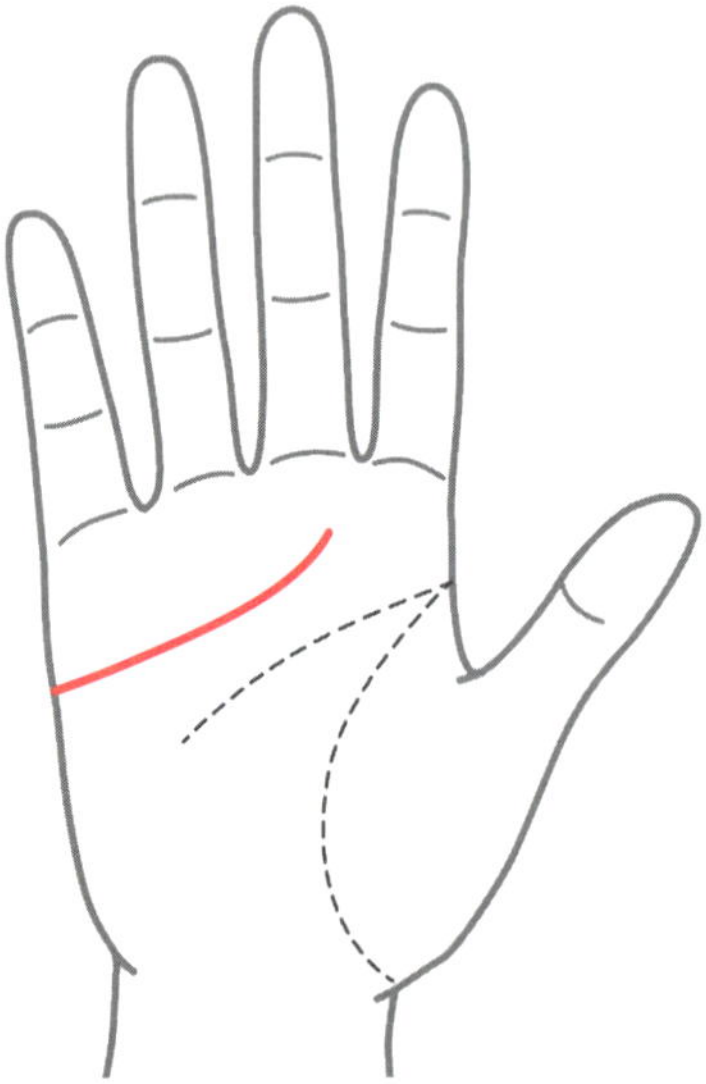

曲線的で、終点が人差し指に届かない

純情で愛情表現が控えめ

もともと愛情豊かな人ですが、愛情表現が遠慮がちです。自分から素直にアプローチすることがうまくなく、本心が相手に伝わりにくいタイプです。自分の気持ちを理解してくれないことに不安やイライラを募らせ、爆発してしまい周りの人をびっくりさせてしまわないように。男女間に限らず普段から恥ずかしがったり、面倒くさがったりせずに、“もう一言”感情表現をするようにすれば、周りからの信頼を得られ、人間関係がもっとうまくいきます。

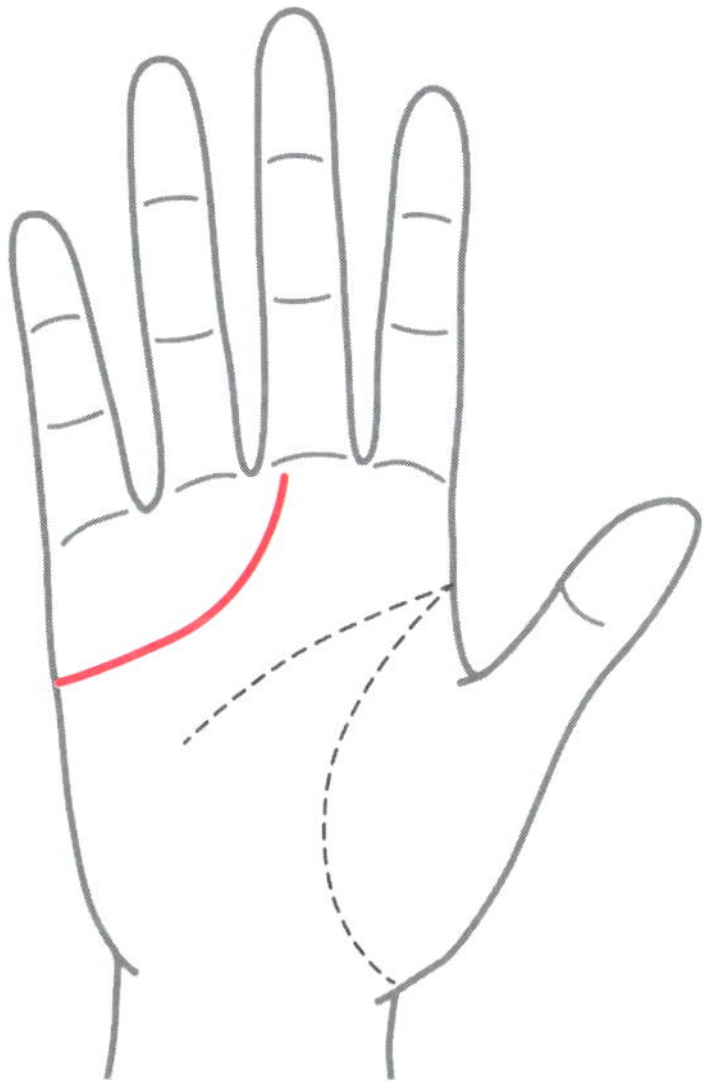

曲線的で終点が中指に向かって跳ね上がる

熱しやすく冷めやすい

自分の世界の中で盛り上がりやすく、熱しやすく冷めやすいタイプです。愛情はあり、家族や恋人のために一生懸命になる人もいますが、思い込みが強く、自分の都合に相手を合わせようとしがちです。この相の人は相手の話を聞くクセをつけると良いでしょう。価値観が同じ相手とならうまくいきます。終点が中指の付け根まで伸びている人は、警戒心が強い割には、1つのことにのめりこみやすく、騙されやすいところもあるので要注意です。

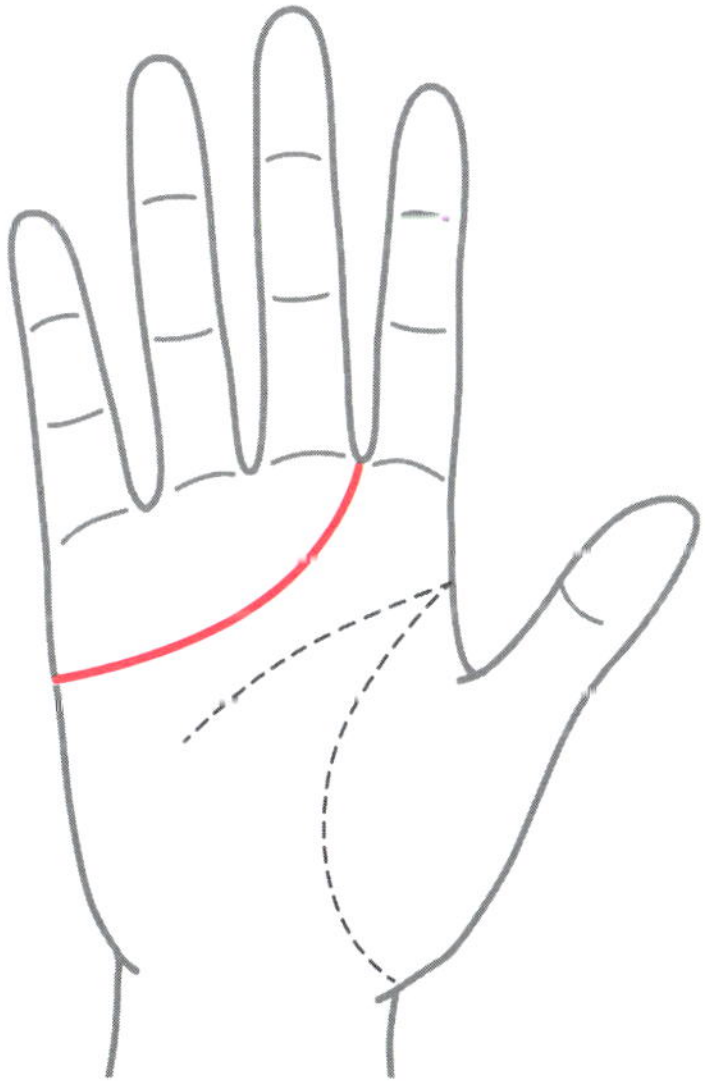

終点が人差し指と中指の間に入り込んでいる

愛情深く、家族思い

家族や恋人や友人などに対してとても愛情の深い人です。お世辞こそ言わなくても親身な行動で温かい愛情を示すタイプで、女性の場合は良妻賢母に、男性の場合は良きマイホームパパになるでしょう。生真面目で潔癖な性格で物事を客観視しようとする一面もあり、なかなかの批評家です。また、好き嫌いがはっきりしていて、嫌いなタイプの人に対しては辛らつな面も。この手の人は、同じ家庭的なタイプの人と一緒になると円満な家庭を築くことができます。

曲線的で終点が木星丘へ少し入る

家族や恋人にマメなタイプ

終点が人差し指へ少し入り、人差し指の基底線近くまで伸びている人は愛情豊かで家族や恋人を大事にするタイプです。周囲の人とも円満な人間関係を築き年をとっても若々しく過ごせます。誠実な相手と結婚すると、理想的な家庭を築くことができます。終点が長く上昇するほど情熱的で自己アピールに長けたタイプ。終点が上昇しきらず人差し指の基底線から1cm 以上離れている人は愛情深い性格であるものの、相手への言葉が一言足りないところがあるようです。

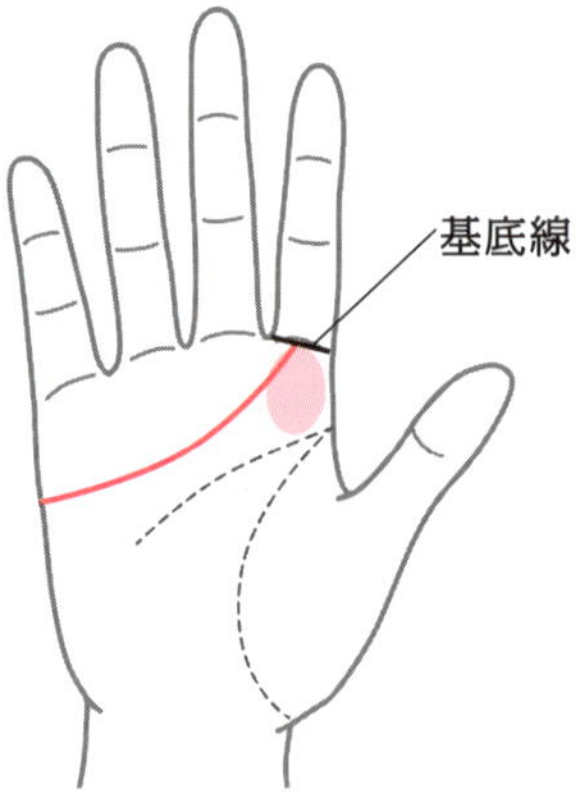

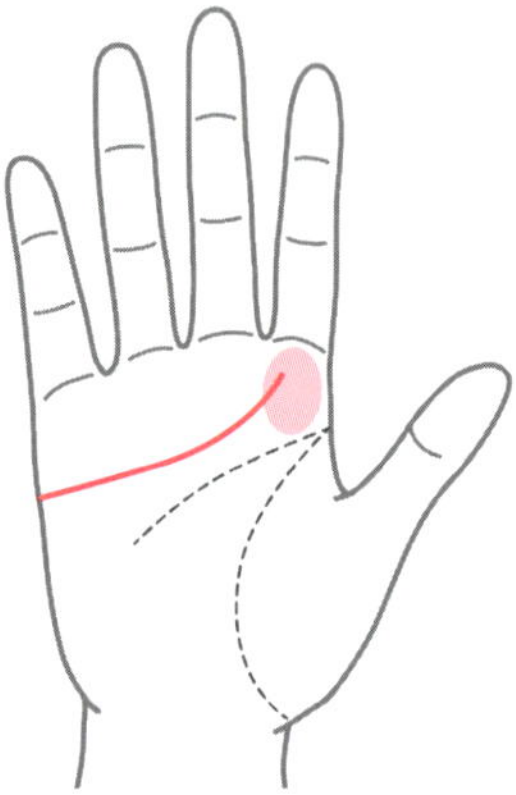

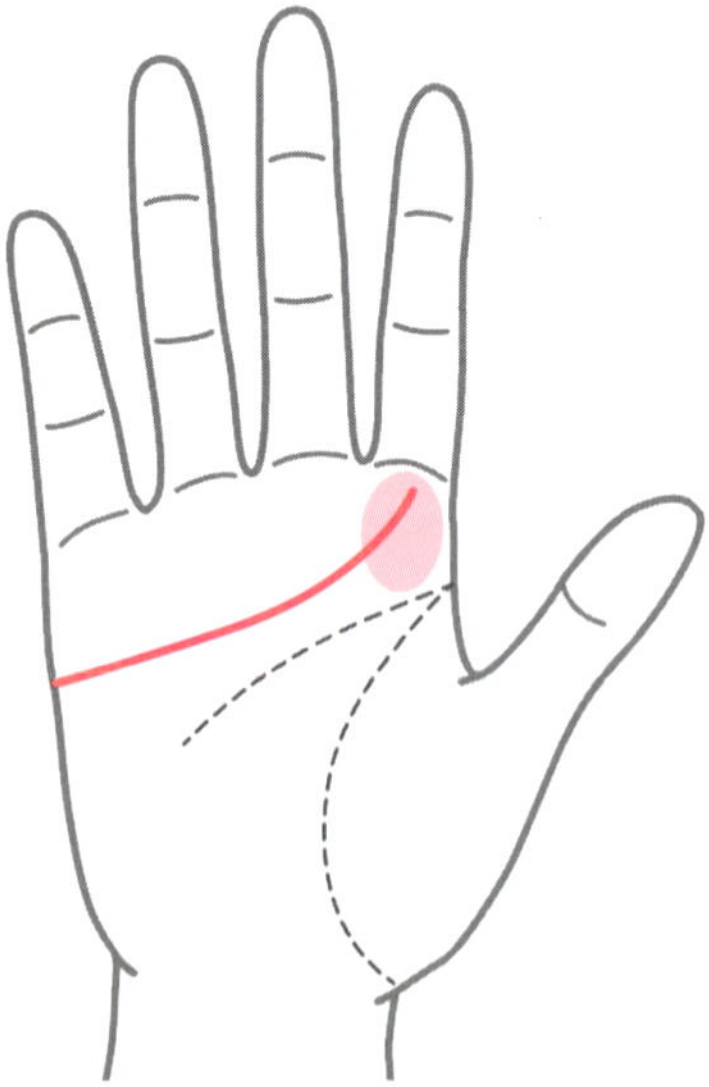

曲線的で終点が木星丘の真ん中まで伸びている

情が深く情熱的で誠実

愛情が大変深く情熱的で、家族や恋人への思いがとても強い人で、面倒見が良く自己主張もしっかりします。ただ、情が濃すぎて心配や不満を抱えてしまうことも。特にこの相の女性は、仕事や趣味に力を注いでエネルギーを分散させる方が、より円満な家庭を築けます。打ち込めるものがあれば、いつまでも若々しく過ごせる人です。

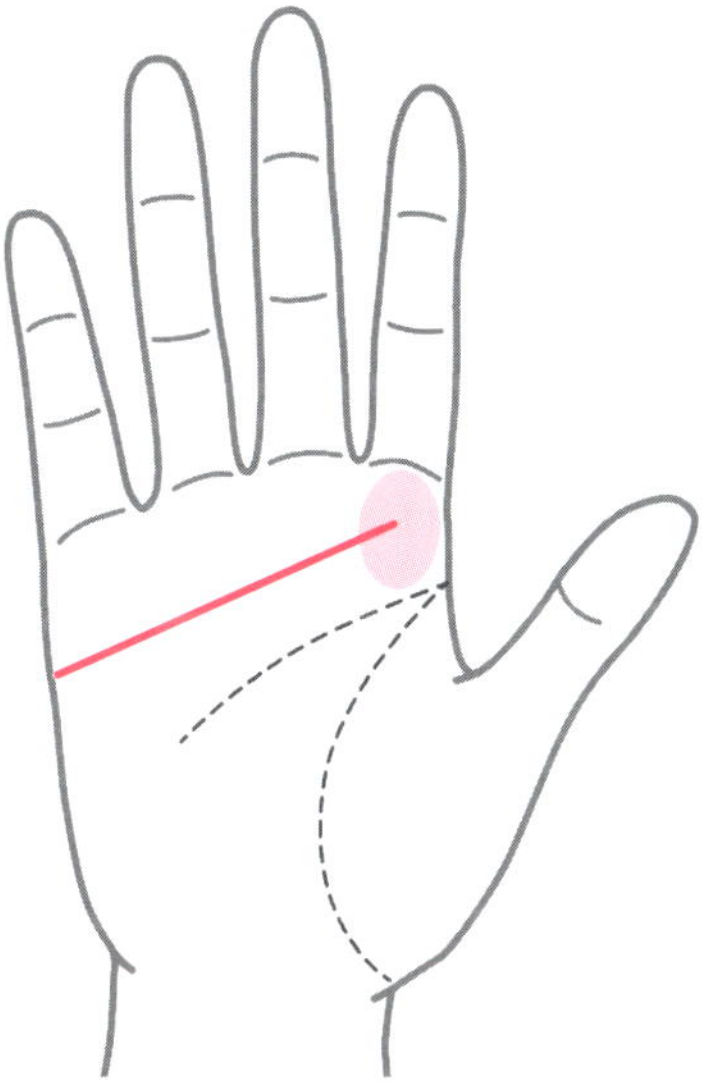

直線的で、終点が上昇して木星丘の真ん中まで伸びている

温かい性格だが、はっきりものを言ってしまう

長い感情線は愛情が深く家族や身内思いであることを示しますが、線が直線的な人は情緒に欠けるところがあり、思ったままのことをストレートに発言して周囲を戸惑わせることもあります。よく言えば裏表のないさっぱりした性格で、悪く言えば繊細さが足りない傾向ですが、素直で実直な性格が周囲から好感を持たれることも多いでしょう。ただし、考え方は大変合理的なタイプです。

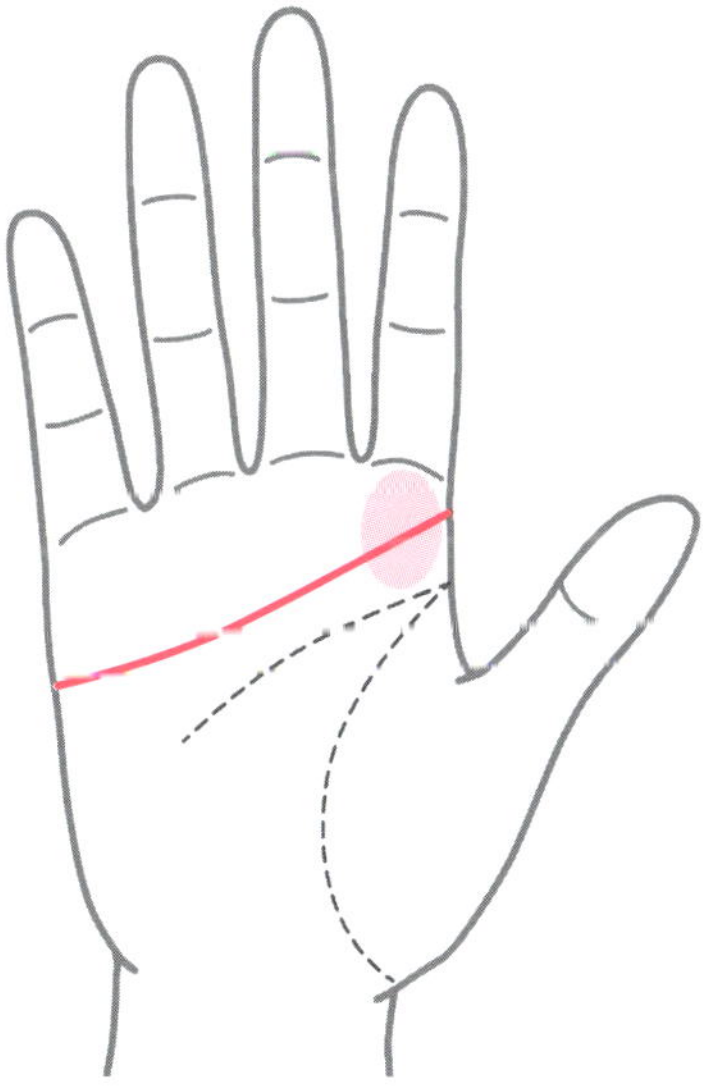

終点が木星丘を突き抜けている

愛情深さの反動で独占欲が強くなりがち

感情線は長いほど情熱的で愛情深い性格であることを表しますが、上昇して木星丘を突き抜けるほど長い場合は、愛情が深い反動で思い通りにならないと不満を感じやすい傾向にあります。独占欲が強くなり、相手の行動に干渉してしまうことも。男性でこの手相の人は、プライベートの愛情面より仕事に情熱を注ぎ、リーダーとして活躍するタイプの人も多いです。男女ともに柔順なタイプの人と好相性です。

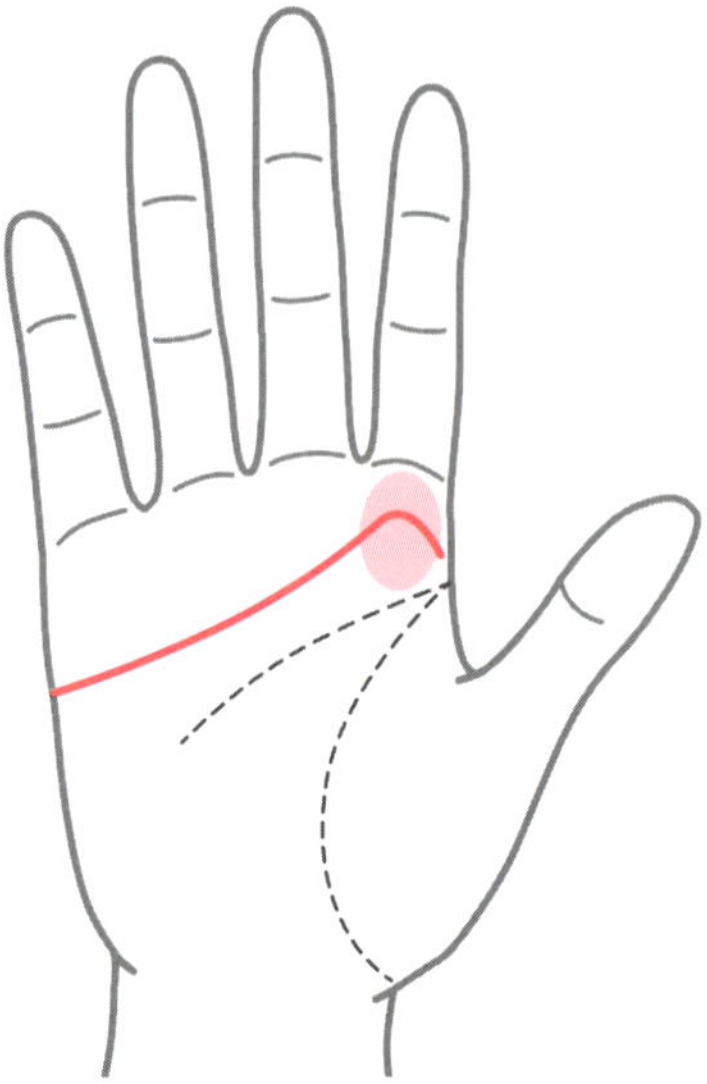

木星丘まで上昇して、そこから下降している

盲目的で感傷的になりやすい

情熱的かつピュアな精神の持ち主で、盲目的に何かに打ち込む傾向があります。恋愛や仕事など、自分がこれだと思ったものにはとことん力を尽くします。一途になるあまり、相手に振り回されたり、騙されたりしてしまうこともあるので注意しましょう。また、一方で自分が打ち込んできたものでも、一度気が済むとケロリと忘れてしまうことも。広く学んで、視野を広げると周囲の信頼も増すでしょう。

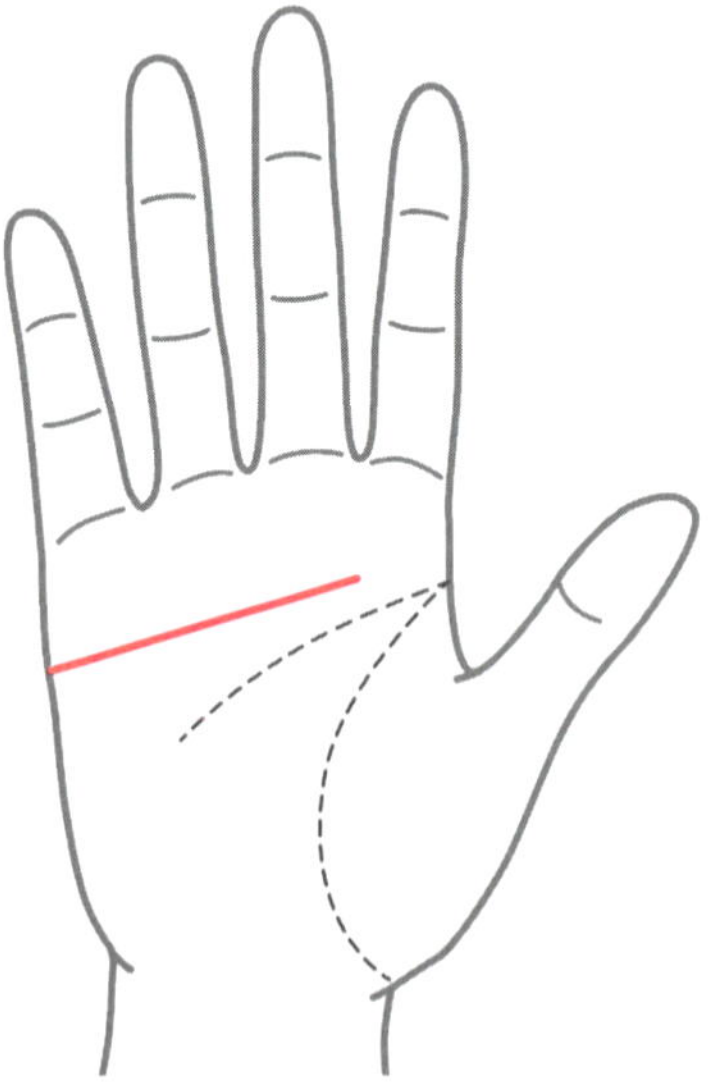

水平に長く伸びている

愛情深いが表現下手

感情線がカーブを描かず、上昇することなく伸びているのは感情に流されることなく合理的に物事を判断するタイプです。感情線が知能線（理性を表す）の影響を受けているために情緒が抑制されるのです。愛情は深いものの、愛情表現が乏しいため、相手に気持ちが伝わってないことも多々あります。この相の人は意識的に自分の思いを言葉や行動に表すように心がけると好感度が増します。

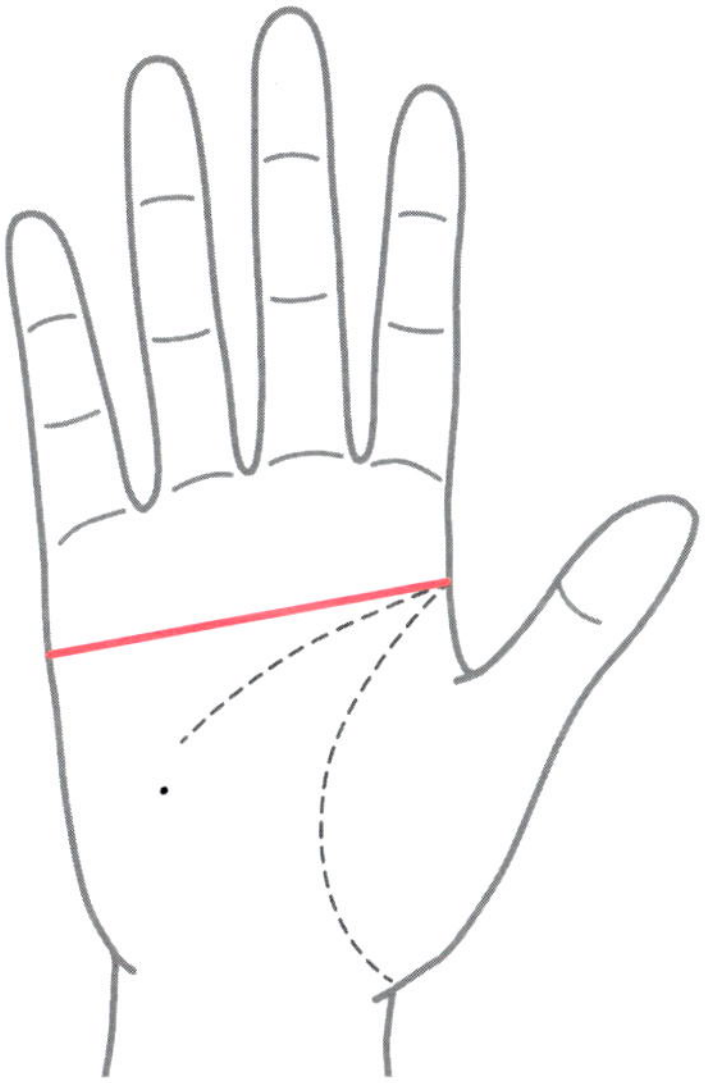

線が真横に伸び終点が生命線の出発点付近に合流している

努力家で責任感が強い一方、愛情表現は苦手

変型マスカケ線の形となり、努力家で粘り強いマスカケ的な性質が現れます。家族や恋人に対して本音をうまく伝えたり、愛情を表したりすることが得意ではなく、相手の気持ちを察するのが苦手なためにドライに見えることもありますが、本来は愛情深い性格です。少々思い込みが激しく気難しいところもありますが、常識があり責任感の強いタイプによくみられます。

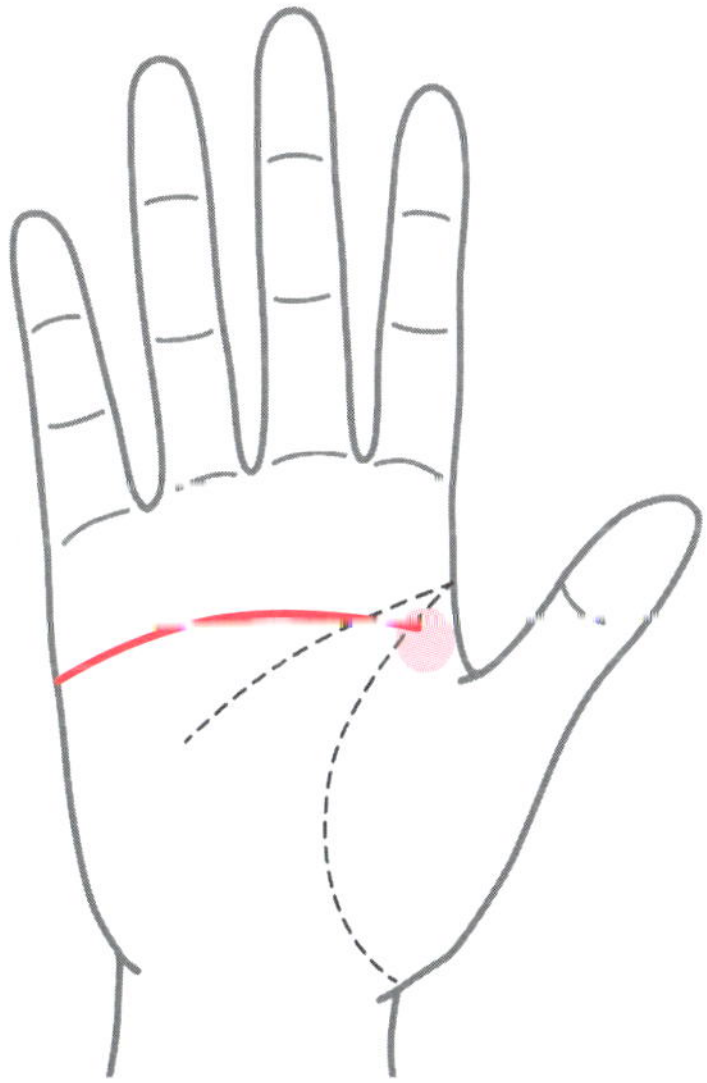

終点が第一火星丘に入っている

おせっかいを焼いてしまう

愛情深く情熱的な性格ですが、一生懸命になるあまり、ついおせっかいを焼いてしまうタイプです。良かれと思ってしていることでも、相手は押し付けられているように感じてしまうかもしれません。相手の望んでいることを素直に受け止めるようにすると円満になるでしょう。基本的には情に厚く温かいハートの持ち主です。

終点が３本以上に小さく枝分かれしている

身近な人たちに親切な人

親切で気配り上手ですが、不特定多数の誰にでもというわけではなく、同じ会社や町内の人や親族など自分が属しているグループの人たちに対して熱心に気配りします。家族や仲間をとても大切にするタイプの人です。

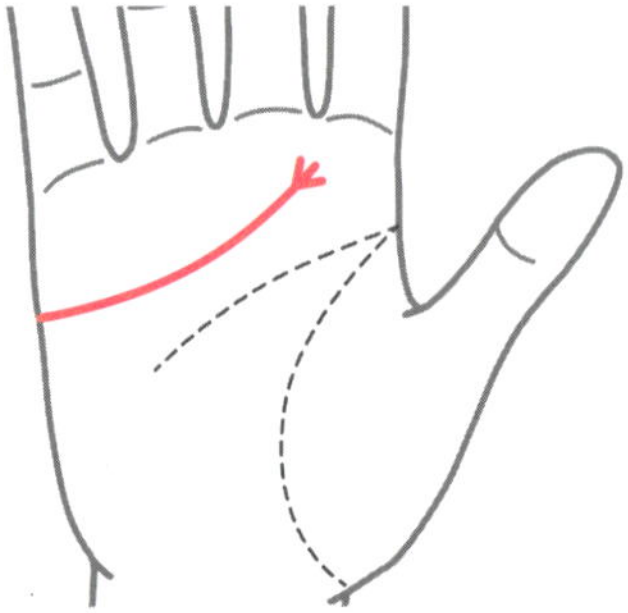

終点が木星丘に届き、３本以上に大きく枝分かれしている

社交的で誰にでも親切

サービス精神が旺盛で誰とでもうまくやっていけるタイプです。社交的で明るく朗らかで、初対面の人にも親切に対応できるので、接客業や保育士など多くの人と接する仕事に向いています。

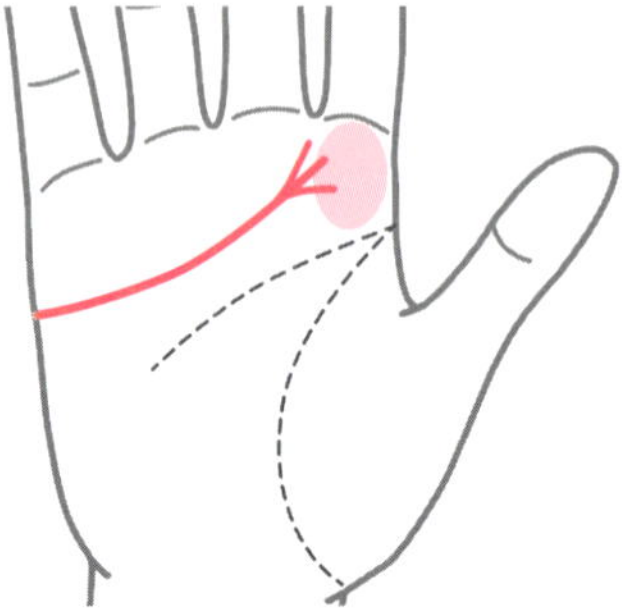

終点付近から3〜4本下向きに枝分かれしている

思いやりがあり気配り上手

人当たりがよく、誰に対しても細やかな気づかいができる思いやり深い人です。協調性があり他の人の歩調に合わせて動けるタイプです。感情線の終点が長いほど自分のことを上手にアピールできます。

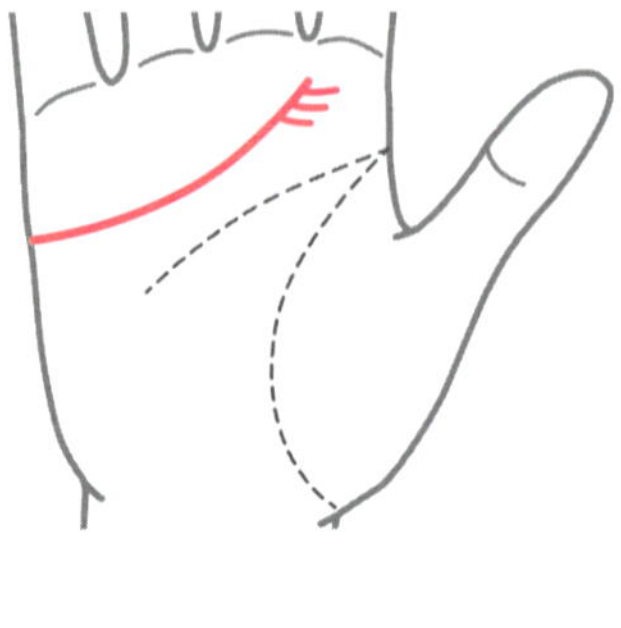

終点が大きめに枝分かれしているが、木星丘には届かない

自己アピール控えめな気配りタイプ

周囲の人たちに溶け込み細やかな気配りをするタイプです。ただ、自分自身のアピールが足りないため、相手に自分の考えていることやせっかくの気づかいが伝わらず気疲れしてしまうことも。もう少し自己表現すると魅力が増します。

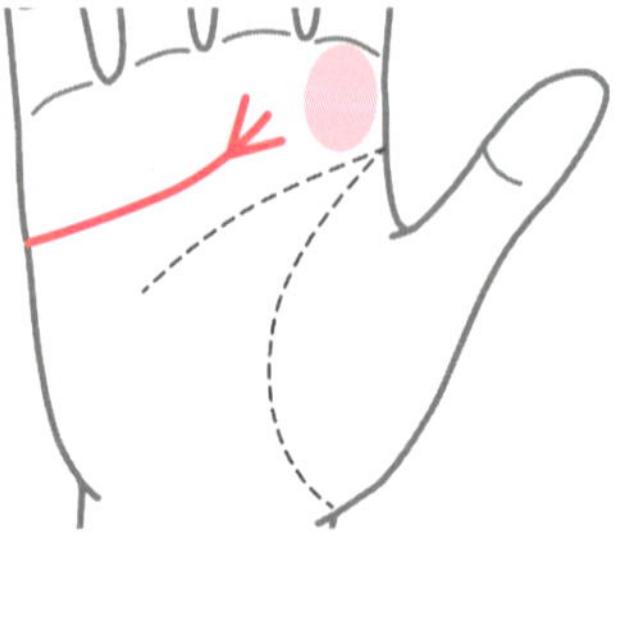

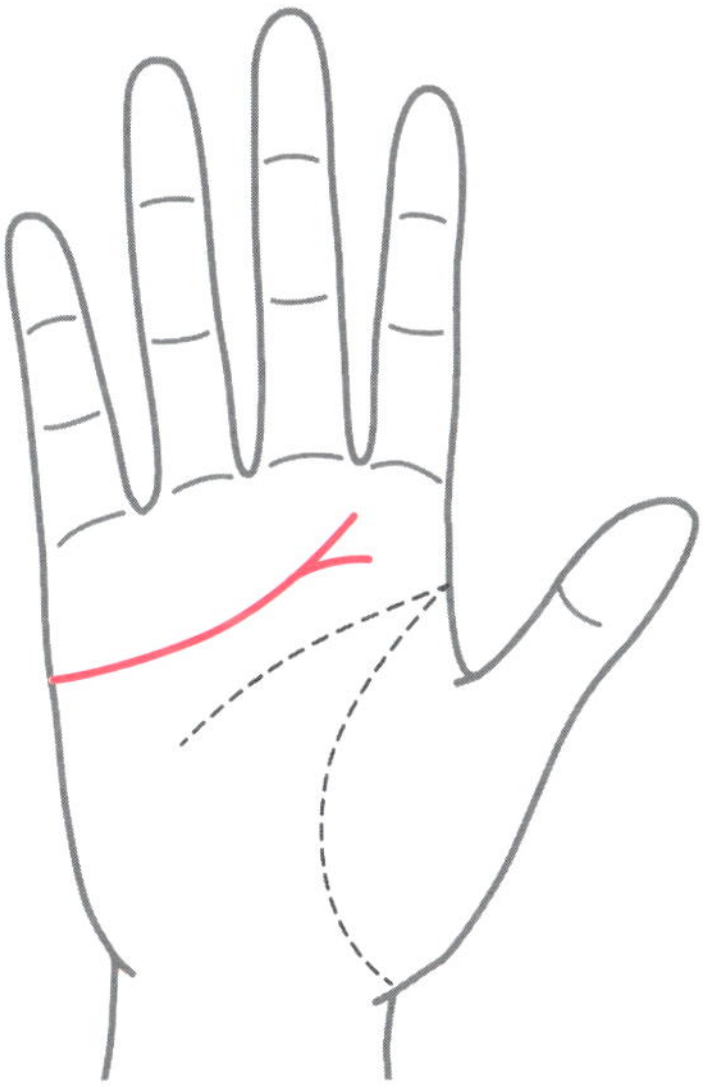

終点が二股に枝分かれしている

常識的で真面目な付き合いをする

感情線が上昇して終点が二又に枝分かれしているのは、人付き合いの面では誠実な常識派。恋に対して真面目な考え方をする人です。これは、真横に伸びた枝線が感情を抑制しているからだととらえてください。終点が木星丘まで達していないと、堅物で恋愛が発展しにくい面もあります。この相に加えて真横にすっきり伸びた結婚線が一本だけある人は、保守的な結婚観の持ち主です。

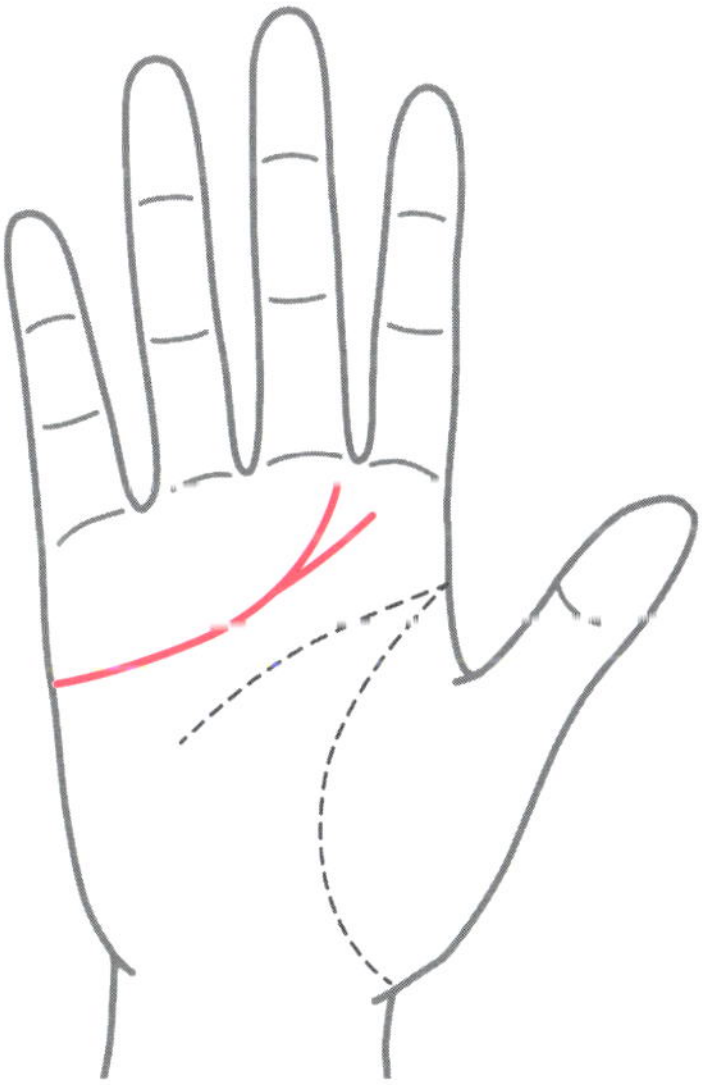

終点から上向きの枝線が伸びている

朗らかな性格で自己アピールが得意

長めの感情線の終点が二又になって上昇しているのは、人から好かれる朗らかな性格であることを示します。長い感情線の持ち主は自分をアピールすることが得意で、上昇する線からさらに上向きの枝線が伸びると、明るく社交的になります。マメな愛情表現ができ、人付き合いも上手なので誰に対しても親しみやすい雰囲気を持っています。

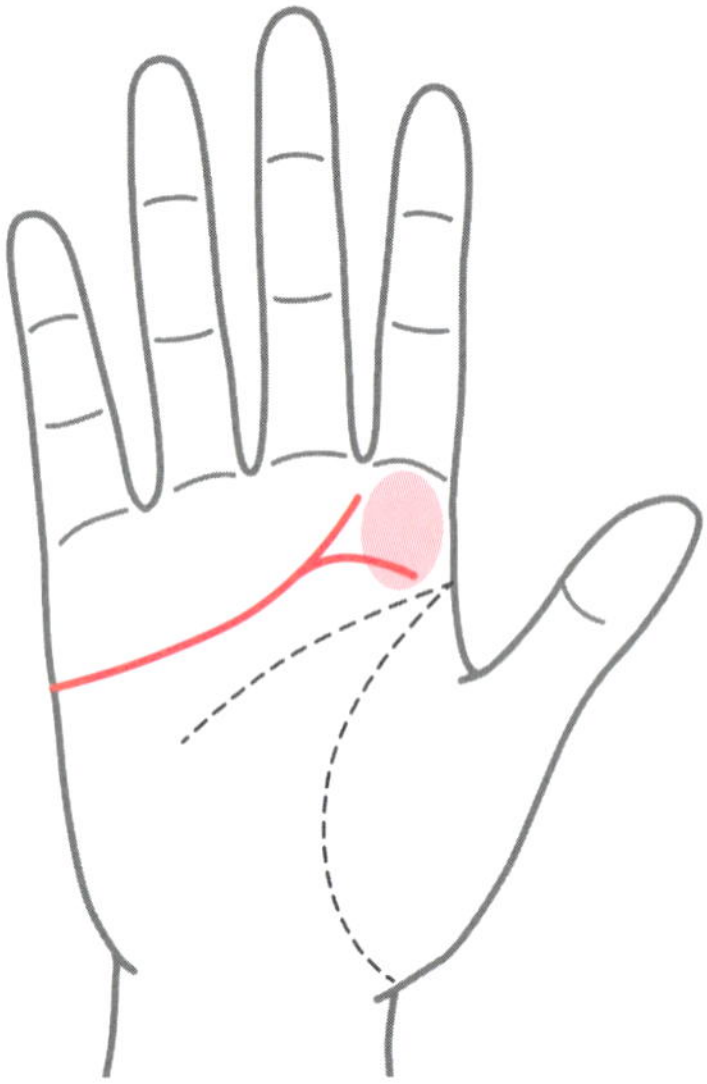

終点が二股に分かれていて、枝線が木星丘に向かって曲線的に伸びている

人あたりがよく物づくりの才能がある

終点が二又に分かれていて、下方の枝線が曲線的に木星丘に伸びているのは、手先が器用で手芸や工芸などが得意な人に多くみられる相です。長めの枝線ですが、知能線へ届くほどは下降しません。対人関係の面では人あたりよく誠実な付き合いをするタイプ。下方の枝線が木星丘へ長く伸びるほどに、相手への愛情や執着は強くなります。

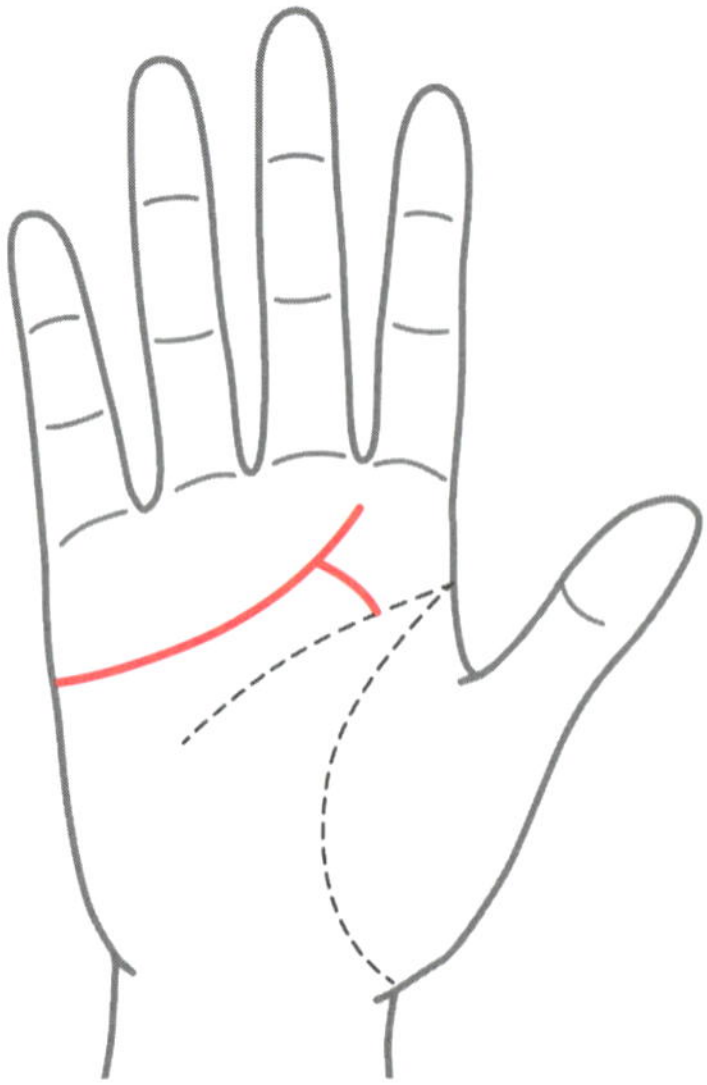

枝線が下降して知能線に達している

愛情が上手に相手に伝わりにくい

感情線の枝線が下がって知能線へ達しているのは、愛情生活の波乱を暗示します。細やかな愛情の持ち主ですが、気持ちの伝え方がうまくなかったり、考えすぎたりして一人相撲になりがち。恋愛や結婚がなかなかうまくいかない傾向があります。過去の別れやトラブルにこだわらず、日頃から素直な感情表現を心がけると良いでしょう。ただ、仕事や趣味の活動には情熱を傾けるタイプです。

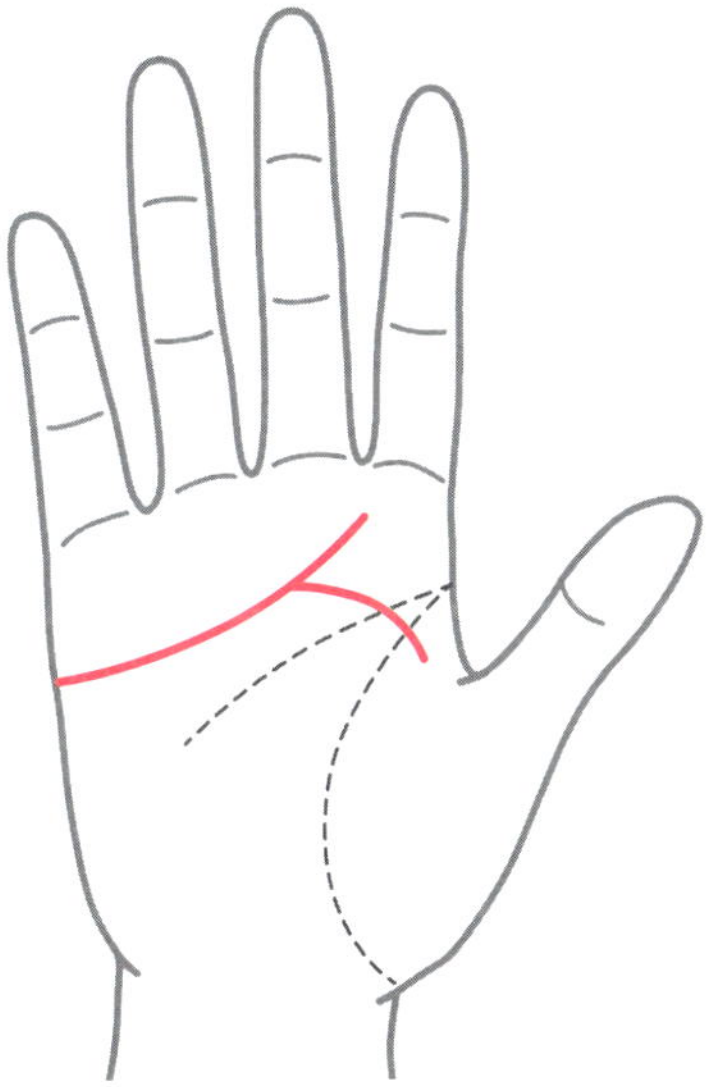

枝線が下降して生命線を突き抜けている

過去の恋愛を忘れられないタイプ

枝線が生命線を越えるほど下降していると「初恋の人を忘れられない相」と言われ、過去に憧れた人への思いが心に残っていることを表します。忘れられないほど思った人がいるのは幸せなことですが、過去の失恋がトラウマとなって残ると新しい恋や結婚に向き合えません。気持ちの整理をすることが大切です。手相では下向きの線は全般的にマイナスの意味がありますが、本人の意識が変われば下向きの線が薄くなることもあります。

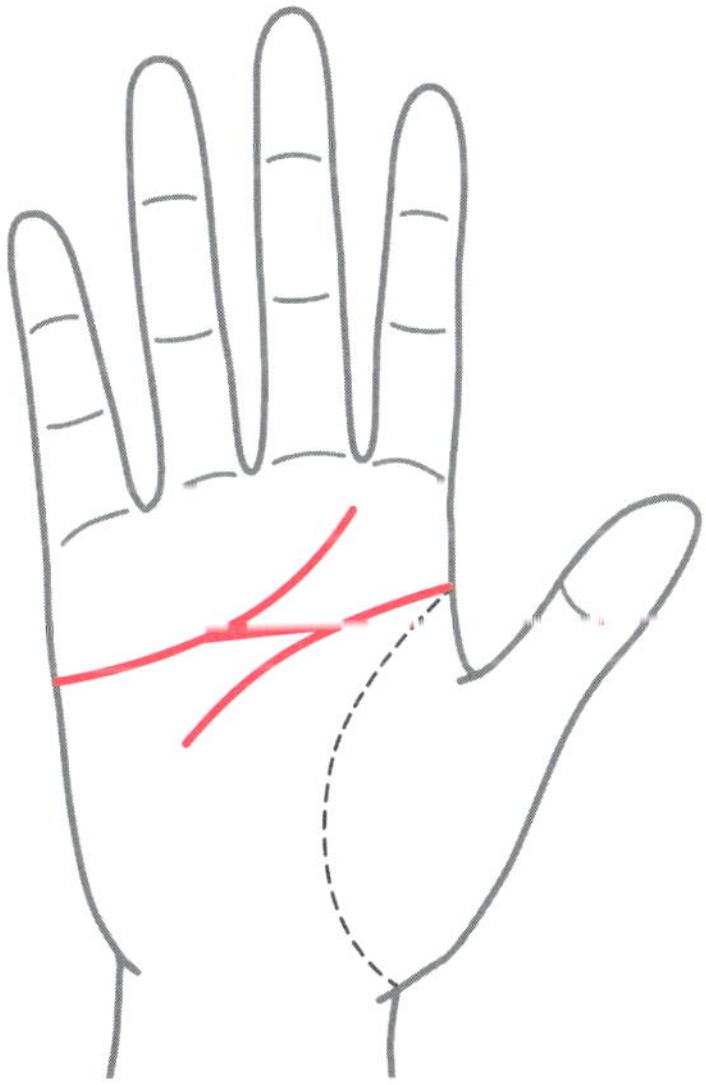

枝線が真横に伸びて知能線とつながっている

芯が強く面倒見の良い人

感情線の枝線が下がるのではなく真横に伸びて、知能線へつながると、面倒見の良いタイプになります。自分が「コレ！」と思いこんだことに情熱を注ぐ熱血なところもあります。「結婚してから枝線が伸びて知能線へ届いた」という女性が珍しくなく、それは結婚後たくましくなってきたという意味です。マスカケ線的な意味が加わることで、粘り強く努力家の相になります。

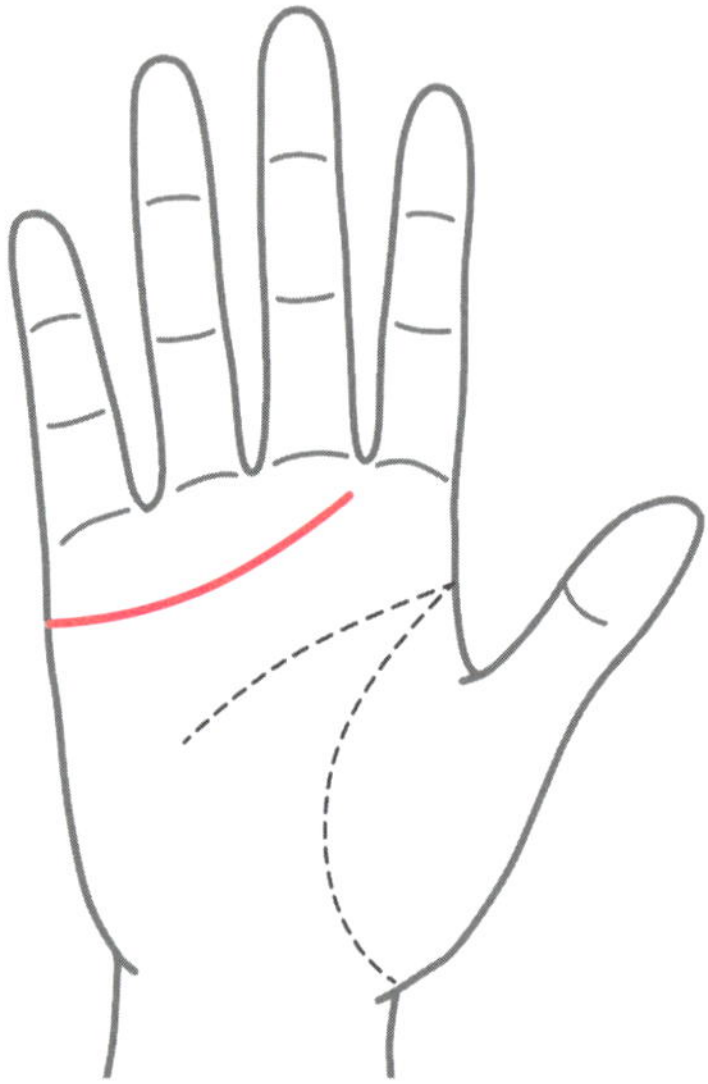

出発点が小指側に近い

現実的で地に足が着いたタイプ

感情線の出発点は、小指の付け根と手首の間を4等分して、小指側4分の1が標準ですが、それよりも、小指寄りから出発していると現実的で金銭感覚がしっかりしていることを表します。愛情面でも一時の感情に流されることなく現実を見極めています。経済力のない人と結婚して苦労するということはなさそうです。現実的なので分不相応な買い物をして後悔することはめったになく、うまくやりくりして貯蓄し、ほしい物を着実に手に入れていくタイプです。結果的に経済的に恵まれる人です。

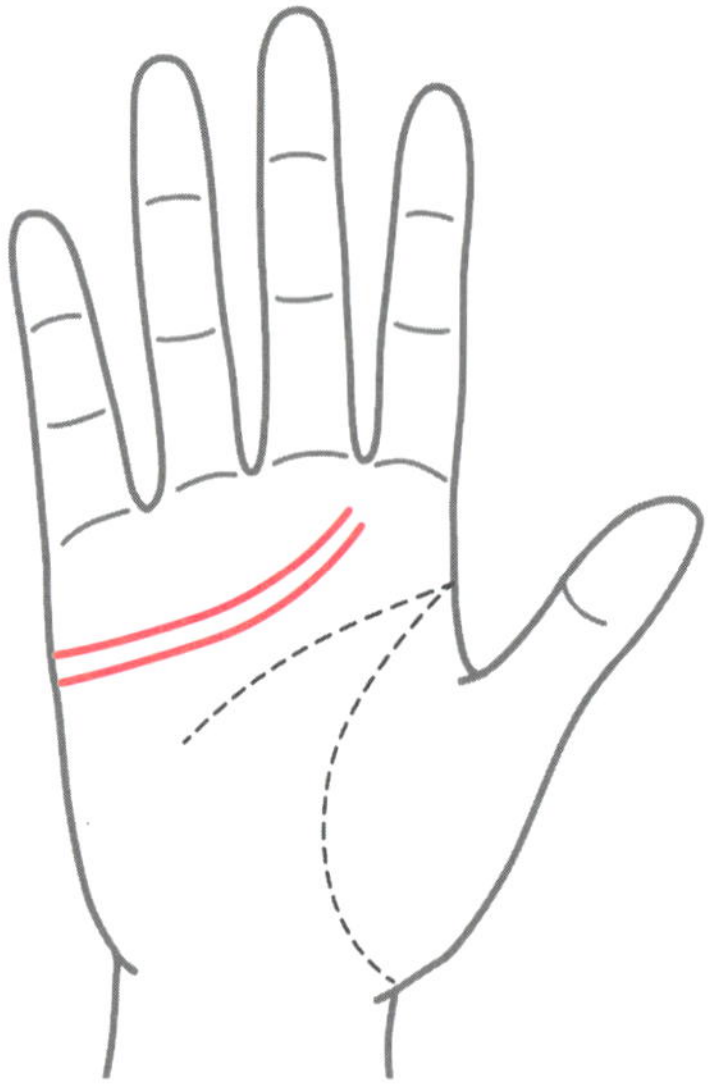

二重感情線になっている

情熱的で強い愛情の持ち主

感情線の上部に平行するようにもう1本感情線が伸びている人は愛情も情熱も2倍と考えることができます。見かけは穏やかそうでも、大変情熱的で、強いパワーを内に秘めています。精神力が強く困難なことがあっても粘り強い気力で乗り越えます。じっとしていることはできず、特に女性の場合は仕事にも家事にも情熱を注ぐタイプで、エネルギッシュに活動するほうが、家庭生活もうまくいきます。男性の場合は、強い愛情を受け止めてくれる女性と一緒になると良き夫・良き父となりますが、愛情の強さが裏目に出てしまうと異性関係のトラブルのもととなるので注意が必要です。

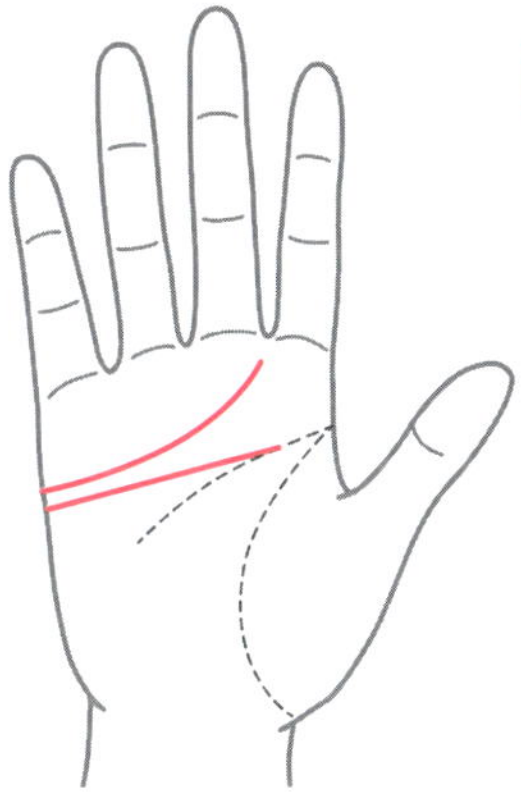

マスカケ線の意味を持つ二重感情線

情熱的な努力家タイプ

二重感情線の１本が真横に伸びて知能線に合流すると変型マスカケ線の一種になります。コツコツ努力して我が道を行くマスカケ線の強さに情熱が加わるので大変パワフルで一途。精神的にも強く夢が叶うまで諦めない熱いハートの持ち主で、正規のマスカケ線よりも情感豊かになります。

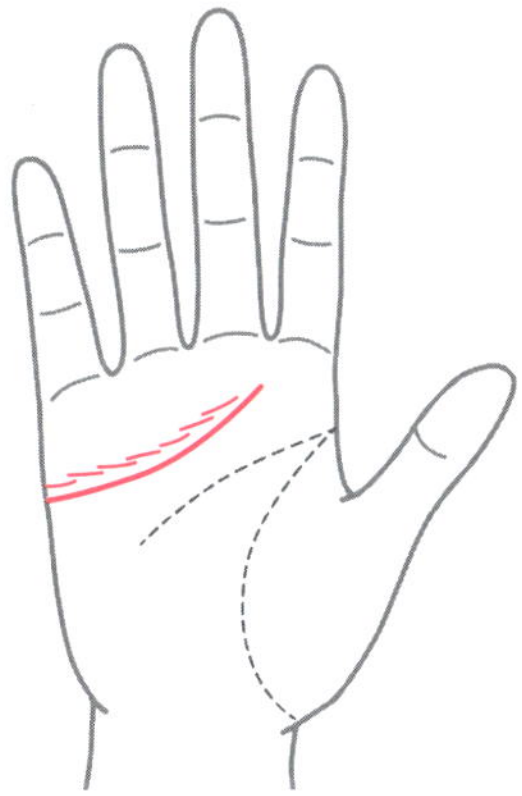

上の線がキレギレになっている二重感情線

激しさと繊細さをあわせ持つ

感情線の上にキレギレの線が伸びるタイプの二重感情線は、最近の若い男性の間で増えています。二重感情線の激しさとパワーを内に秘めていますが、感情のコントロールが得意ではなく、繊細で人間関係のストレスを抱え込みやすいところがあります。打ち込めそうなものが見つかったら、粘り強く続けることで、才能が開花します。

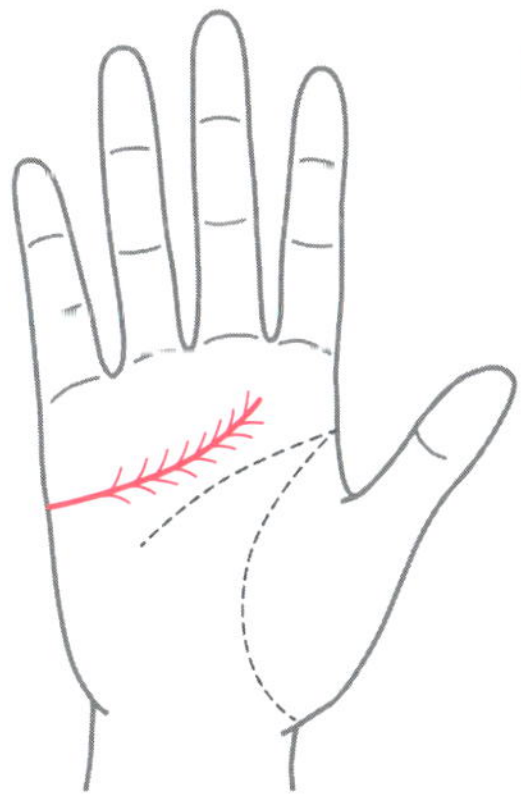

細かい支線が上下に出ている

感性が鋭く人間関係に敏感

感情線の向きや長さに関わらず、細かい支線が感情線の上下に出ている人は、感受性が鋭く繊細な性格で、支線が長いと、神経質な傾向が強まります。他人の言動に敏感で、細かく気が付くので、人あたりが良く、恋愛気分も盛り上がりやすいタイプです。ただ、気分にムラがあり移り気な面も。刺激を求めるタイプなので、ギャンブル好きな人にもみられる相です。

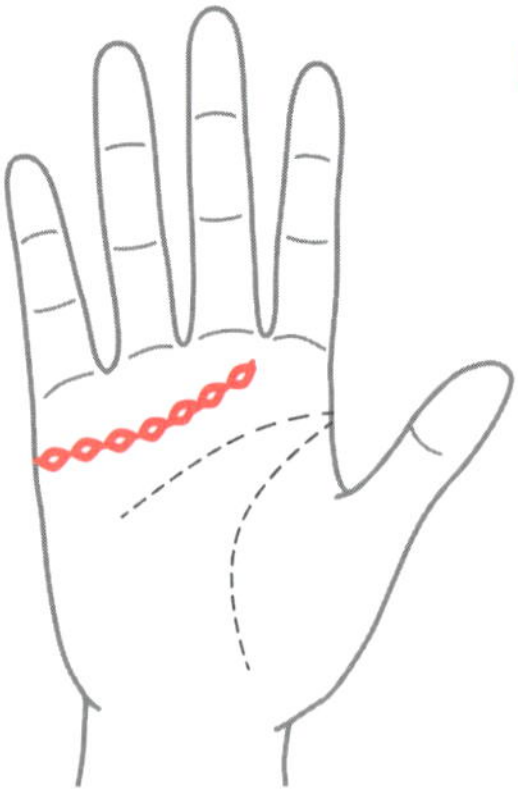

鎖状になっている

神経が細やかで傷つきやすい

感情線全体が一本の線ではなく、鎖状にみだれているのは、神経過敏で細かなことが気になる人です。その過敏さが必要とされる技術分野や、繊細な感性が活かされる美術や文芸分野などに携わると、才能が発揮されます。一方で他人を気にしすぎてストレスを溜めないように、人間関係では注意が必要です。女性の場合は、デリケートで気づかい上手なので異性から好かれる人が多いようです。

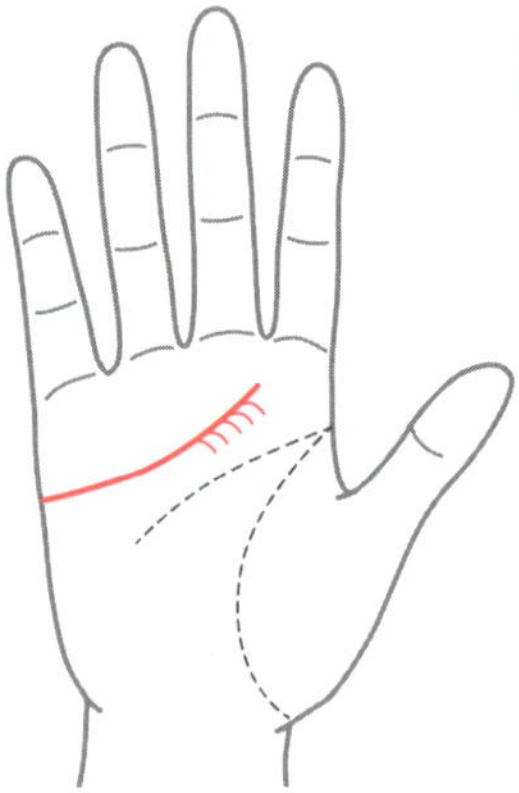

下向きの支線が多い

思いを内に秘める片思いタイプ

感情線から下降する支線が複数出ているのは、神経が細やかで、繊細な愛情の持ち主です。愛する人に献身的に愛情を注ぐタイプですが、「片思いの相」とも言われ恋愛が発展しにくい傾向です。取り越し苦労が多く悲観的になったり、大事な局面での決断を相手任せにしてしまいがち。相手に向き合い、素直に気持ちを伝え、ここぞという時には思い切って自分で決断することも大切です。

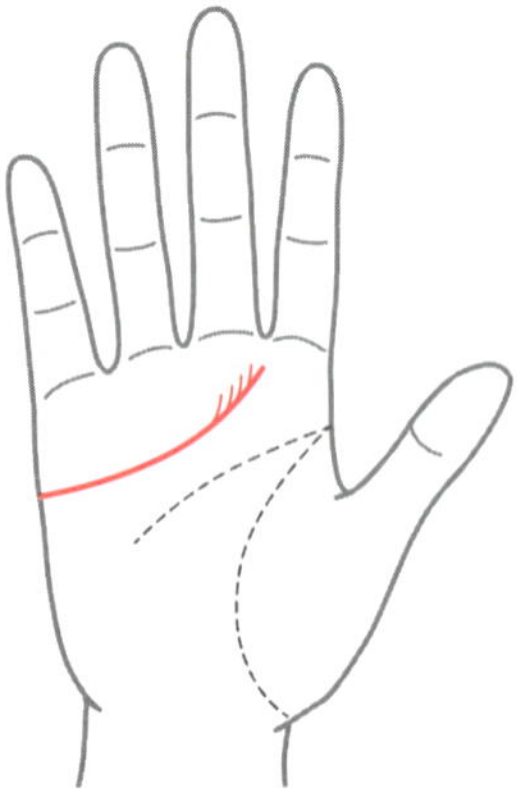

上向きの支線が多い

ポジティブ思考で社交的

二又や三又に分かれるのではなく、線上から上向きの支線が複数出ている人は、明るく朗らかで社交的な性格で誰からも好かれるタイプです。今までこの支線がなかったのに急に現れてきたという場合は、出会い運が上昇していることを意味します。行動範囲を広げて、チャンスをつかみましょう。

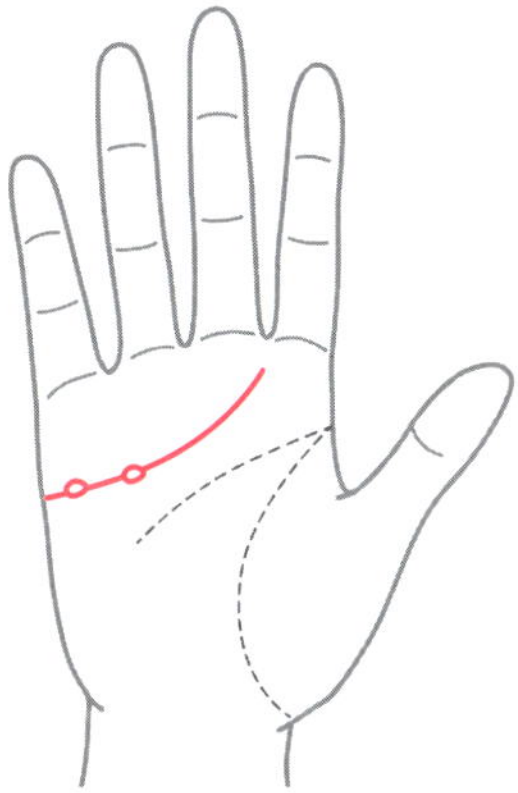

線の途中にシマがある

人間関係のトラブルや精神的ショックの暗示

感情線上のどこにシマが出ていても、それは愛情面での不満や人間関係のトラブルなどを暗示しています。感情的になってせっかくの出会いや職場の人間関係を台無しにしないように気を付けましょう。一方で目が疲れやすい人は、薬指の下付近の感情線にシマが出やすい傾向です。ドライアイなどに注意してください。また女性の場合、小指の下付近の感情線にシマがある場合は生理痛や子宮筋腫など婦人科系のトラブルを暗示します。

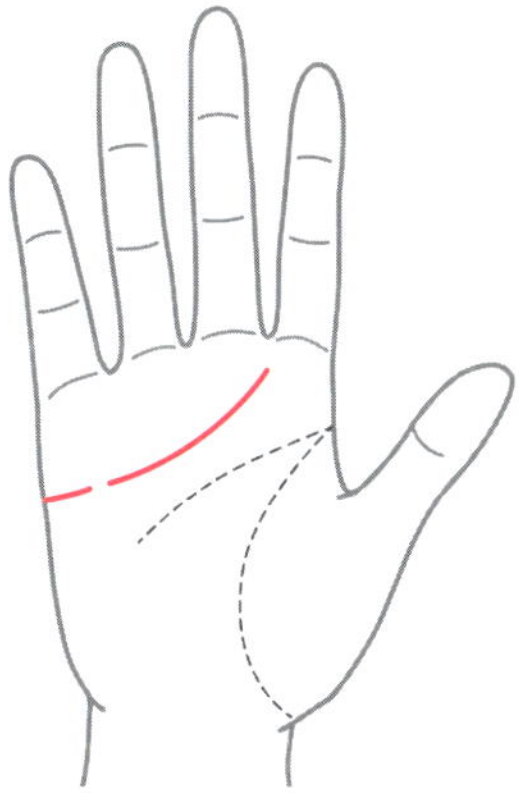

線の途中に切れ目がある

感情のコントロールがきかない危険性あり

感情線が途中で分断されているのは、何かをきっかけに感情をコントロールできなくなり、暴走してしまう危うさがあることを示しています。切れ目が小指の下にある場合は利己的欲望、薬指の下は自分のわがままやプライド、中指の下は何か自分とは関係のない原因で愛情面でのトラブルが起こる暗示と言われています。自分の気質をよく理解してトラブルを避けるようにしましょう。

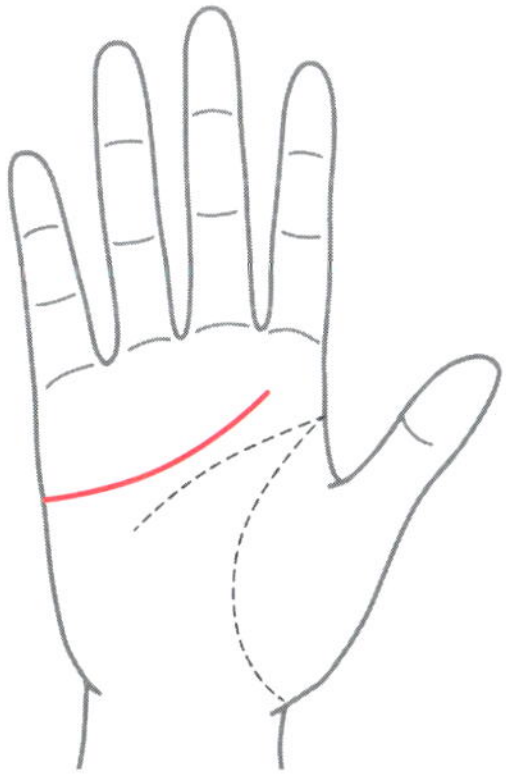

感情線と知能線の間が狭い

目標に向かって迷わず進む頑固な人

線の向きや長さに関わらず、知能線と感情線の幅が狭くなっている人は、現実的でその場の感情に流されないタイプです。自分のやりたいことがはっきりしていてブレることがありません。理性的で失敗が少ないものの、頑固なところがあり、度が過ぎると利己的になりがちなので、他の人を思いやるゆとりを持つようにすると、他人の助けを得られます。

チェックすべき線の形状とマーク

感情線のみだれやマークの中には、出てきたら注意しなければならないものもあれば、その人の気質を表しているものもあります。

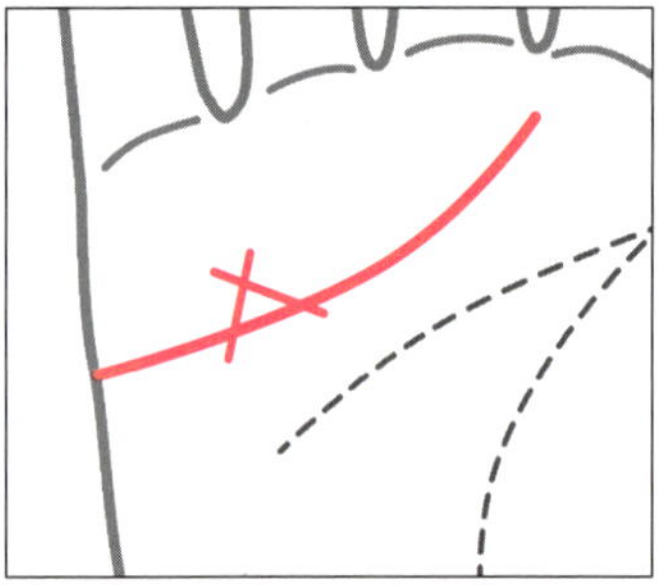

三角

感情線上に三角形のマークが出ている人は一芸に秀でるタイプです。

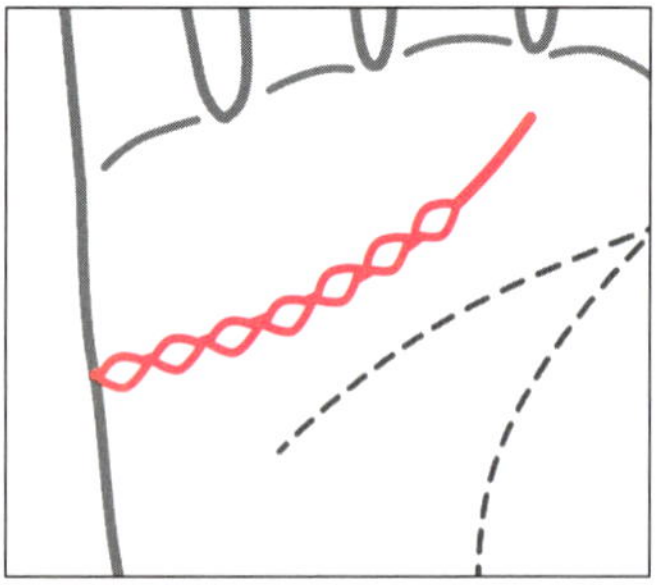

鎖

感受性が鋭くデリケートで神経質なことを示しています。気づかい上手ですが、ストレスを溜めやすい傾向です。

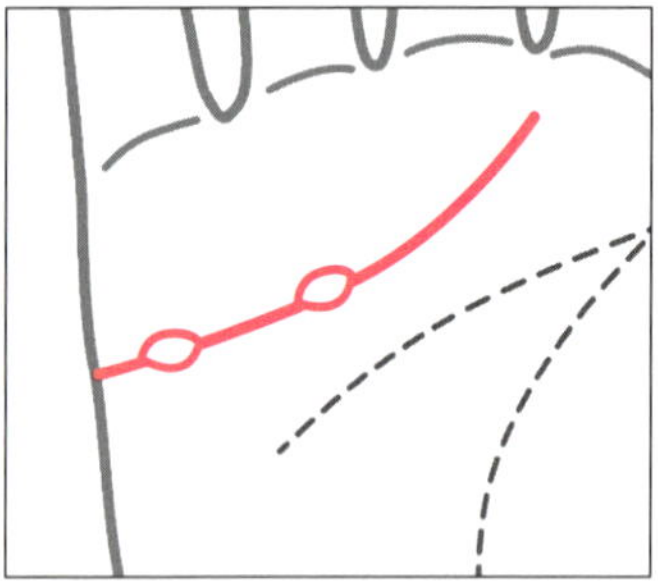

シマ

愛情面や人間関係での不満や波乱を示しています。また、生殖器系の病気や目の疲れなども表しています。

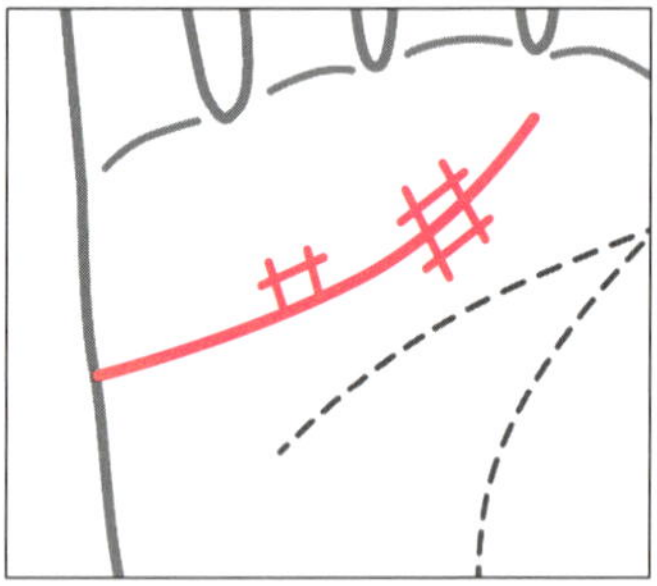

四角

四角マークはたいてい良い意味ですが、感情線上に出た場合は愛情面の不吉を暗示します。

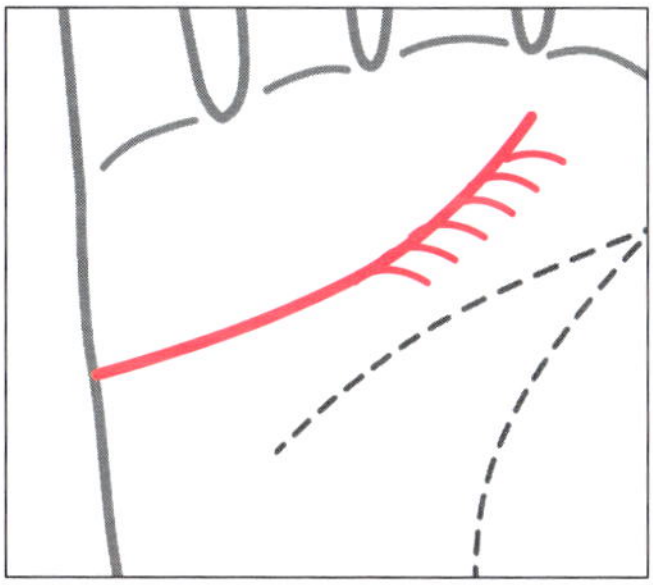

下向きの支線

支線が下向きに出ている場合は思いやりが深い人ですが、愛情面では受け身的です。

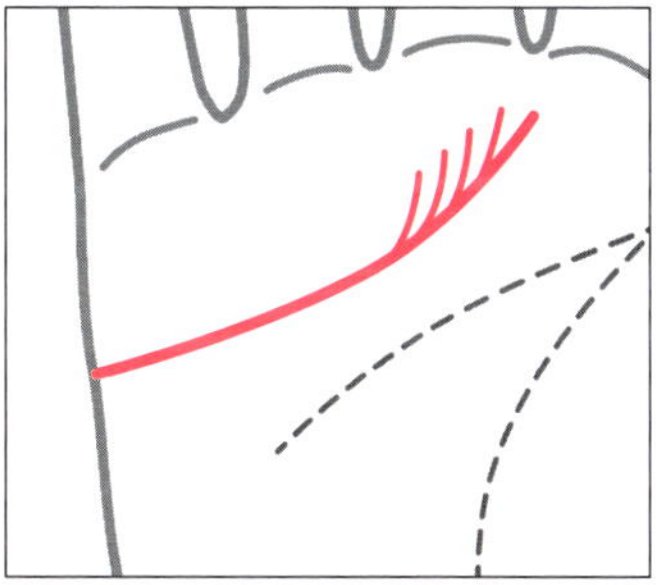

上向きの支線

支線が上向きに出ている場合はプラス思考で、対人面も積極的、社交的です。

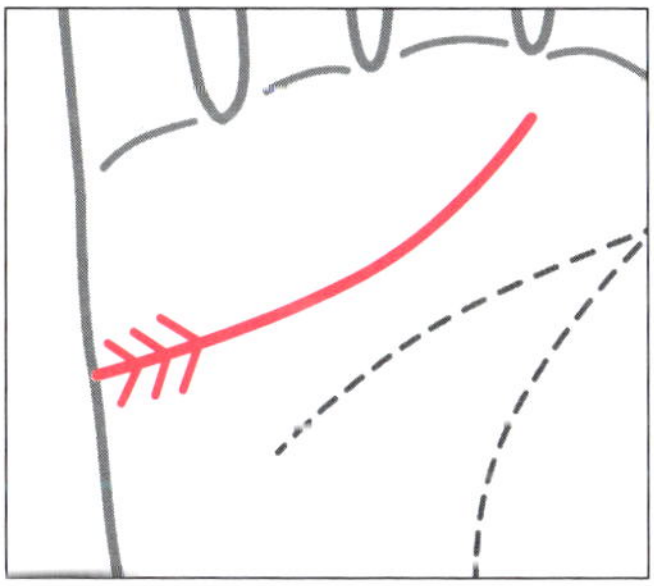

始点部分の支線

男女とも多いほど精力旺盛なので、子宝運に恵まれやすいことを表します。また、水星丘の影響を受けてウィットとユーモアがある人にもみられます。

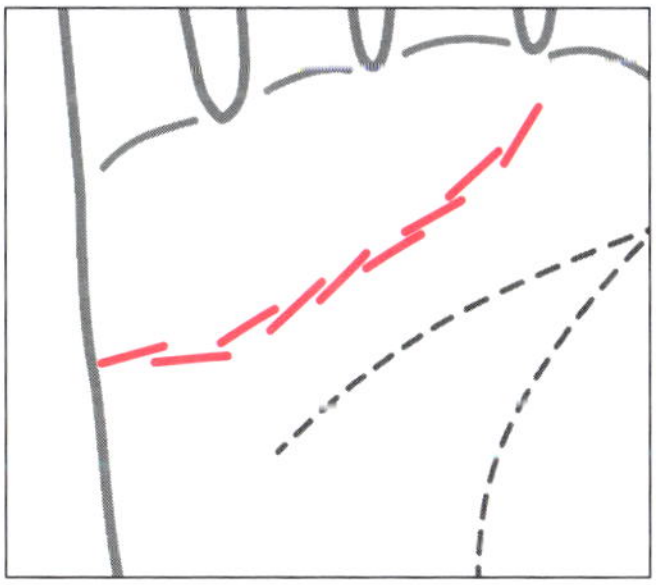

キレギレ

感情線がキレギレの場合は情緒が不安定な状態を表します。感性豊かですが、敏感すぎて対人関係がスムーズにいかない面も。

運命線

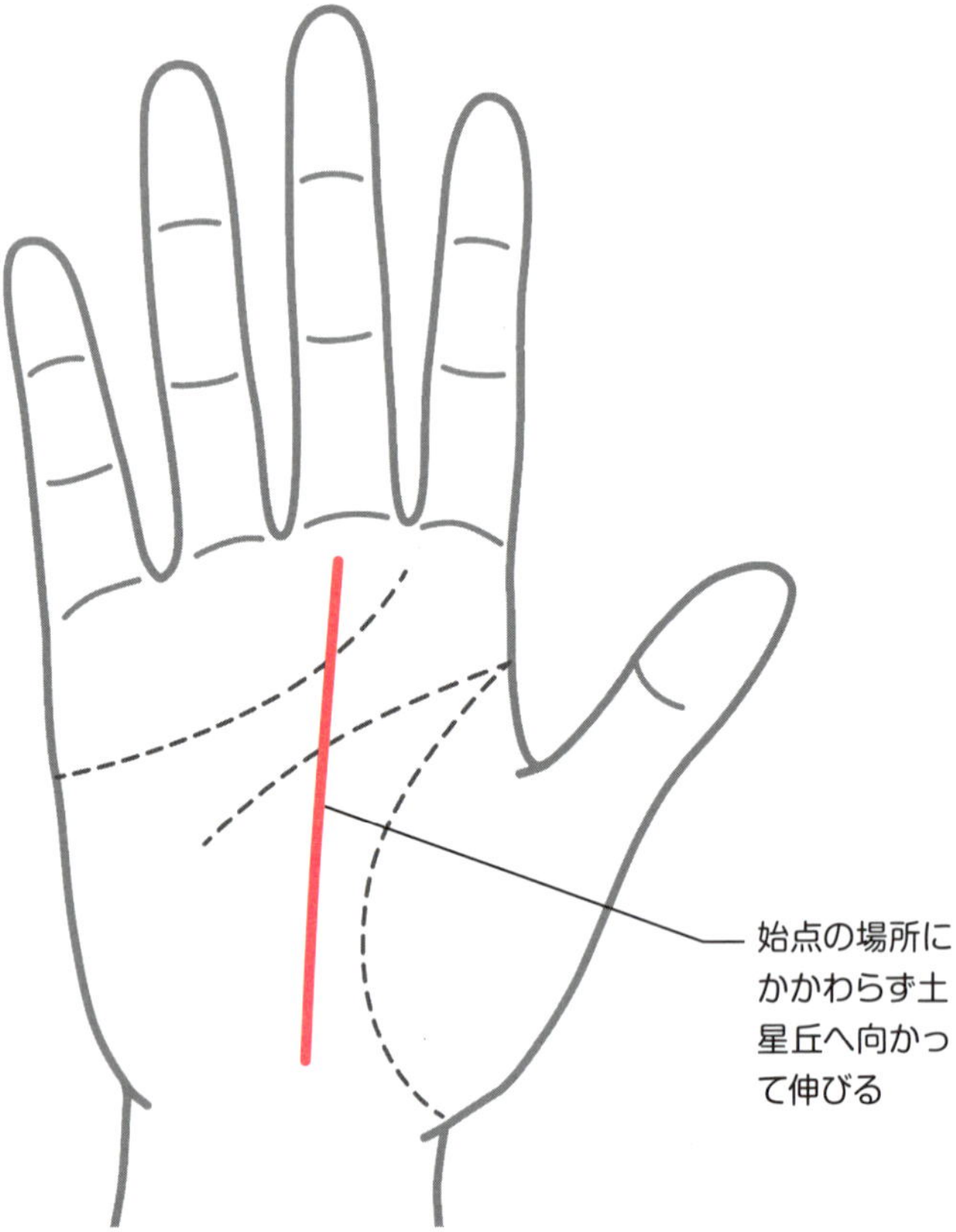
始点の場所にかかわらず土星丘へ向かって伸びる

仕事運、運勢の転換期を表す

運命線は仕事運や人生の流れを表し、運命線が切り替わっている時期が運命の転換期であることを示します。ほかの3つの基本線と違い、この線はない人もいるため、線の有無も重要です（126 ページ参照）。また、運命線をみる時は線の濃さにも注目してください。濃い人ほど自分が中心となっていくエネルギーの強いタイプで、薄い人は人と調和するのが上手で協調性のあるタイプです。

濃い運命線

主役的気質

ほかの３つの基本線と同じくらいの濃さで運命線が出ている人は、自分が中心となって頑張りたいタイプです。社会でも目立ち、目的達成のためにグイグイ力強く突き進んでいく人なので、仕事運が強く強運の持ち主です。ただ、何でも自分で決め、いろいろなことを背負い込みすぎてしまうため苦労も多いです。政治家や実業家など大勢の人を動かすリーダーは濃いことが多く、女性の場合は家庭におさまりじっとしていると不満を抱えてしまうこともあります。

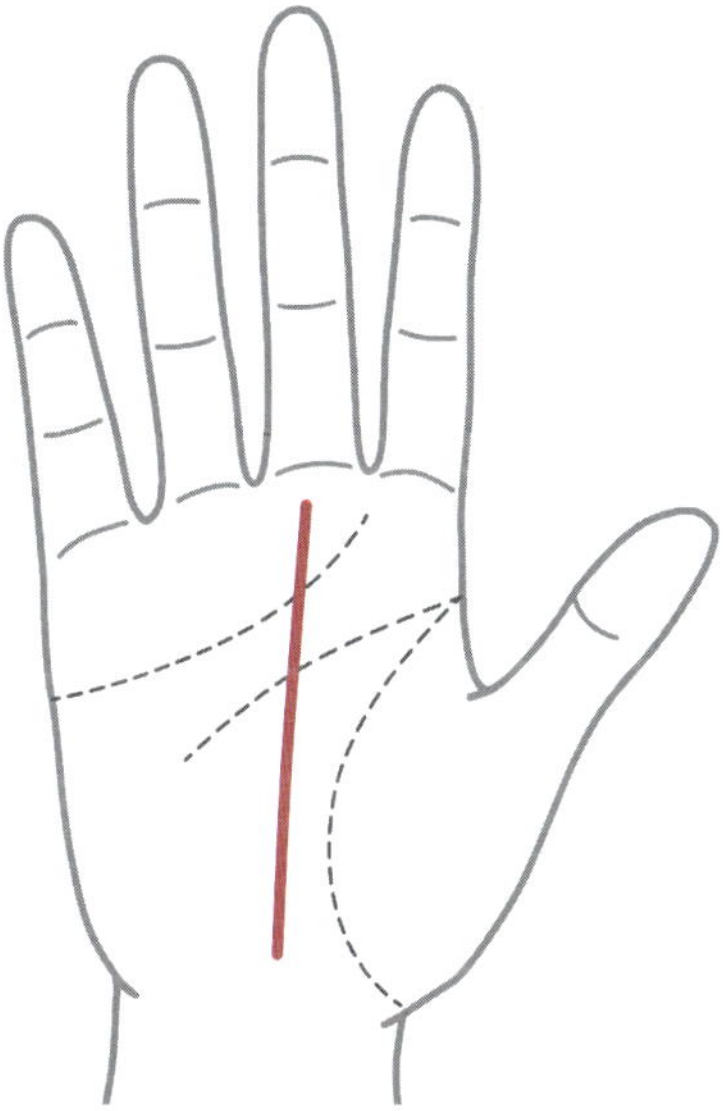

濃い

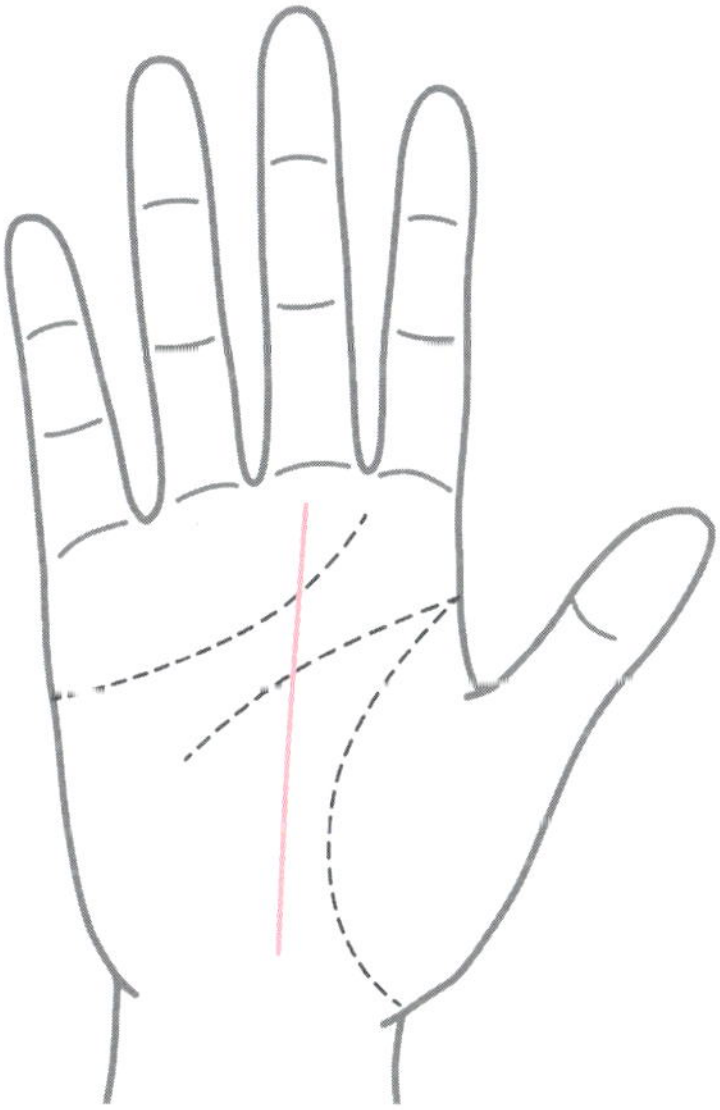

薄い

薄い運命線

調和的気質

線が薄い人は周囲と協調して生きていくのがうまい人で他人を助け、自分も助けられ生きていくタイプです。控えめな雰囲気なので、目上の人間ともあまりぶつかることなく、引き立てられて出世することもあります。ただ、矢面に立たされたりすると迷ってしまいがちです。上手に人間関係を築けるので、個人事業主やチェーン店の店長など、現在の日本では運命線の薄い人がリーダーになってることが珍しくなく、世界的に活躍する人もいます。

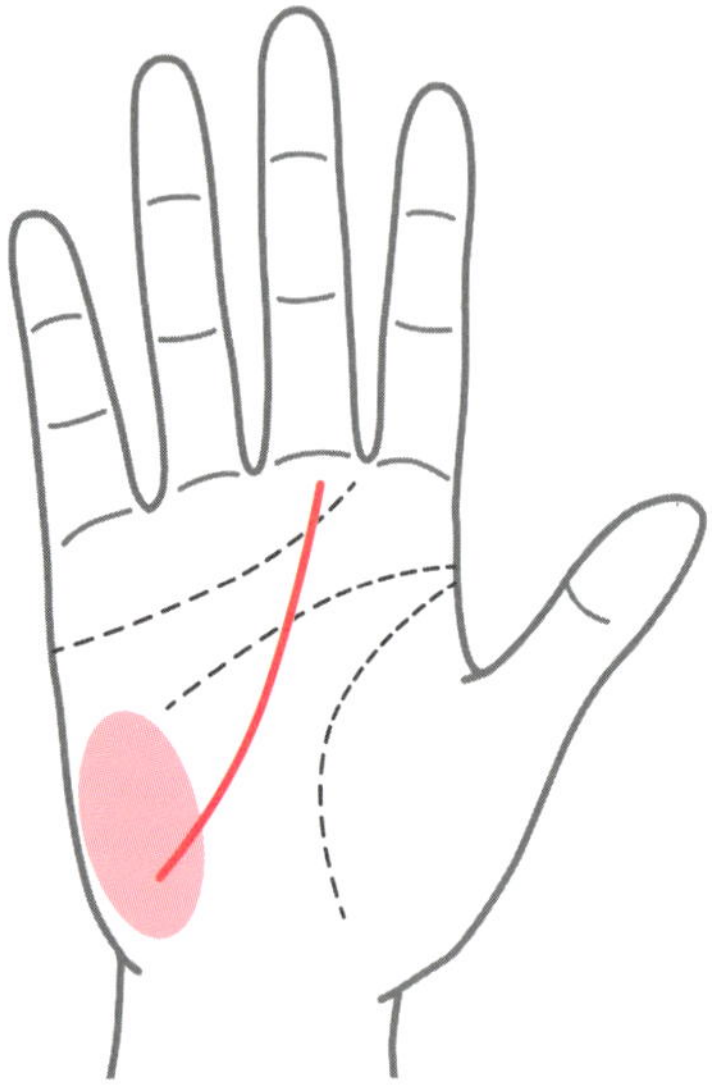

月丘から出発している

他人に助けられて開運

月丘の上部、下部に関わらず、運命線が月丘から出発しているのは、他人との縁が深いことや海外との縁を表します。他人の中へとけ込みやすく、また他人からも受け入れられ、かわいがられるタイプです。この相の人は行動範囲を広げたり親元を離れることで運勢が活性化します。親元から離れられない事情がある場合でも、いったん親離れして自分の人脈を作ったり視野を広げてから再び親元に戻ると良いでしょう。芸能などの人気商売の人に多くみられる相です。

生命線の下部から出発、または生命線から伸びる斜めの線と合流

血縁との縁が深く、親の恩恵を受ける

運命線が金星丘下部から出発するのは親や親戚とのつながりの強い人です。親の事業を継いだり、遺産を相続するなど、親から大きな恩恵を受ける可能性があります。出発点が生命線の内側に入り込んでいるほど親からの恩恵が大きくなります。この相の人は親と同居したり、生まれ故郷を離れることなく生活することが自然です。まっすぐ伸びる運命線に金星丘から伸びる斜めの線が合流している場合も、親など身内の人たちの支援を意味します。

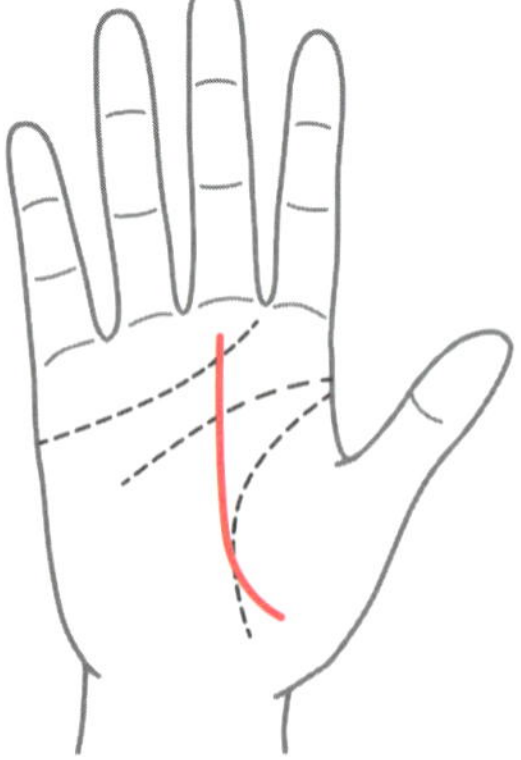

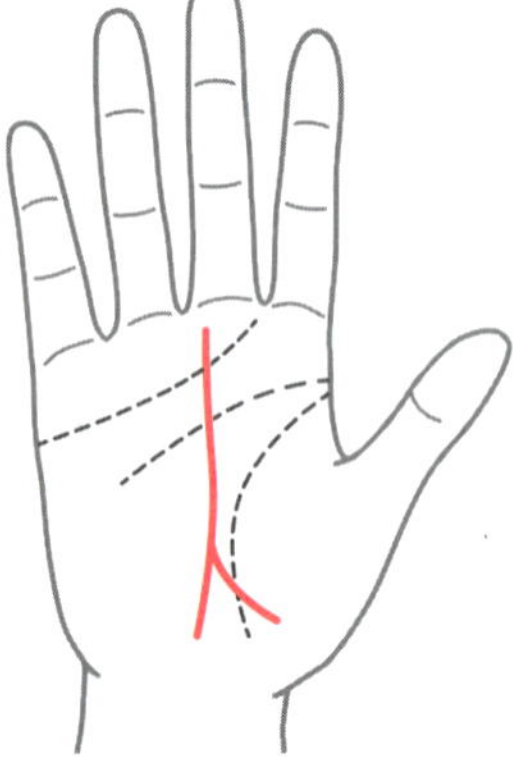

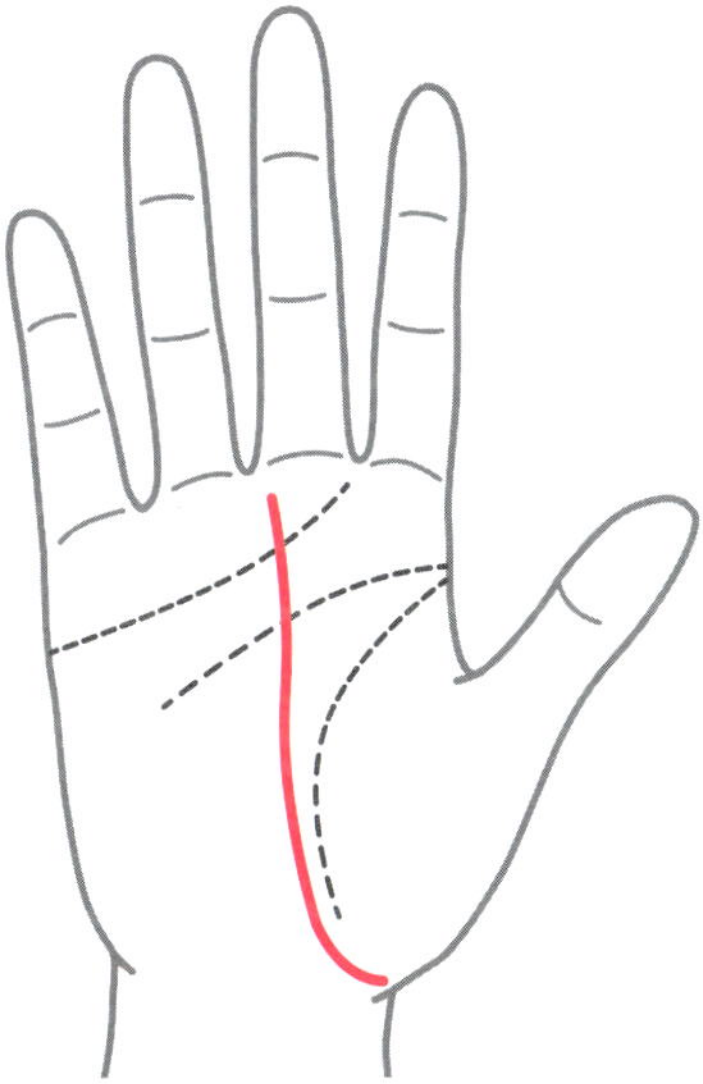

生命線に沿うように伸びている

親の影響力が強く、親の助けに恵まれる

運命線が生命線に寄りそうように出発しているのは、子どもの頃から親の影響力が強いことを意味し、長男、長女に多くみられます。この相の人は親と一緒に仕事をしたり、成人後も同居したりと親との距離が近く、親の助けに恵まれますが、親離れしにくい傾向です。結婚・独立後も実家との行き来が頻繁であったり親の意見に従って進路を決めたという人にも多い相です。

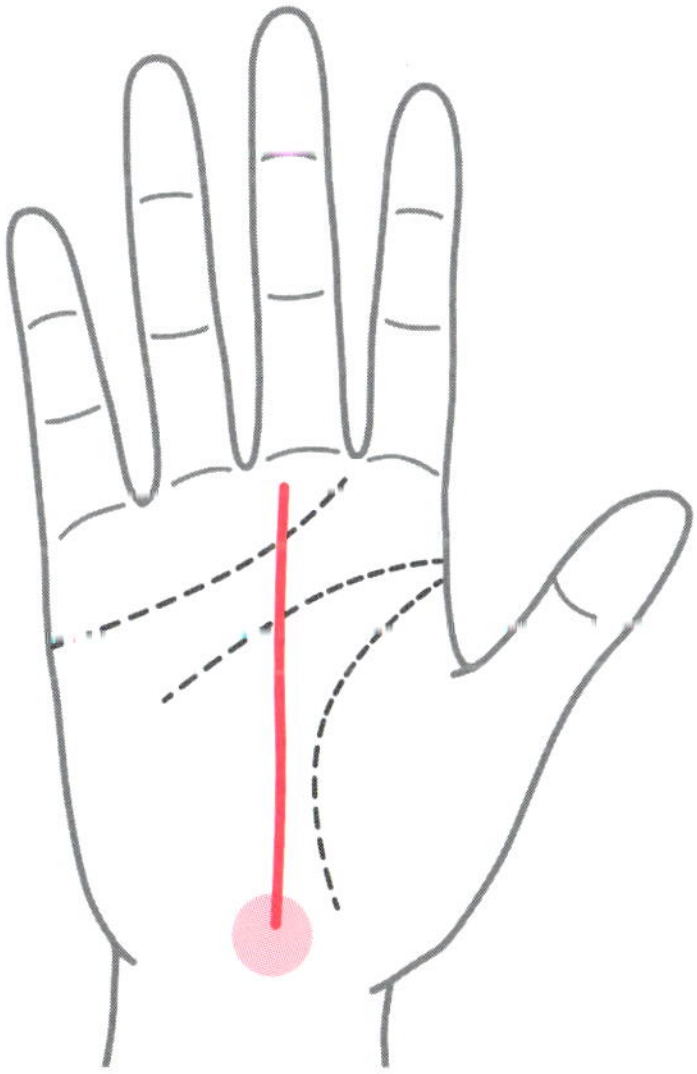

地丘から出発している

先祖との縁が深く、運が強い

運命線が地丘から伸びているのは、大変運が強い人です。先祖から守られて人生が出発しており、子どもの頃から強運に恵まれています。独立心が強く、他人に頼らず頑張っていく精神的にタフなタイプです。親元を離れて活躍することが多く、家族や親戚を支えていくこともあります。また、この相の人や、地丘に短くてもはっきりした縦線（短い運命線）が伸びている人の中には霊感が強い人もいます。

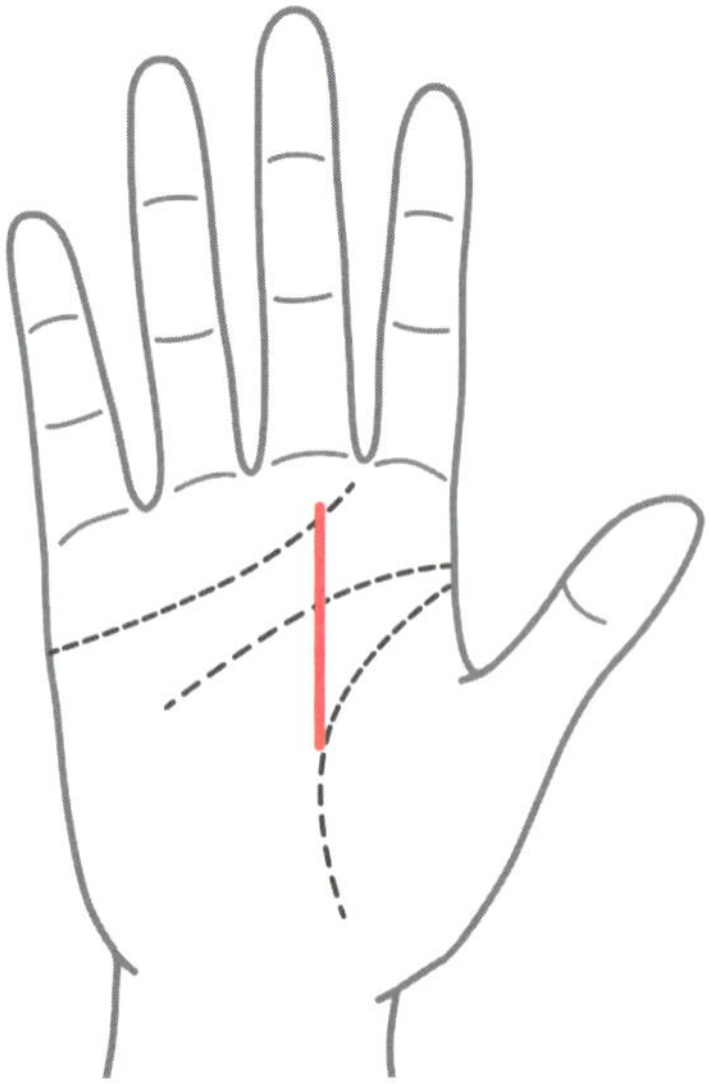

生命線の線上から出発している

独立心が強く自分一人で頑張るタイプ

運命線が生命線上から出発しているのは、自分の生命力を資本に自力で開運していくタイプで向上心の強い努力家です。若い頃は苦労が多く、他人からの援助を受けにくい傾向がありますが、コツコツと努力して道を切り開いていきます。甘え下手で愛情表現が苦手な一面もあるので、たまには肩の力を抜くことが大切です。

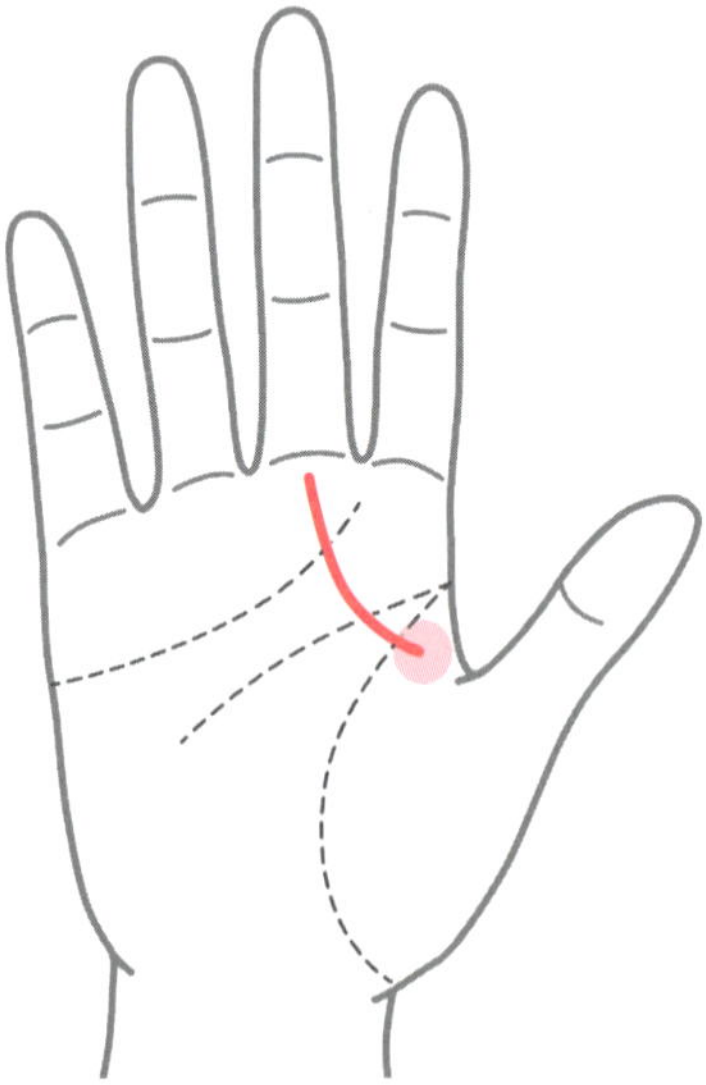

生命線の最上部の内側から出発している

愛嬌があり周りの人から好かれる

生命線の最上部の内側（第一火星丘）から運命線が出発しているのは、人から好かれるタイプです。愛嬌があり、特に年上の人にかわいがられることが多いでしょう。負けん気が強く、しっかりとした芯を持っていますが、素直で屈託のない性格なので、敵を作らず、周りの人からの引き立てに恵まれます。ミュージシャンなど、不安定な職業で長く活躍している人の手にみられることも多い相です。

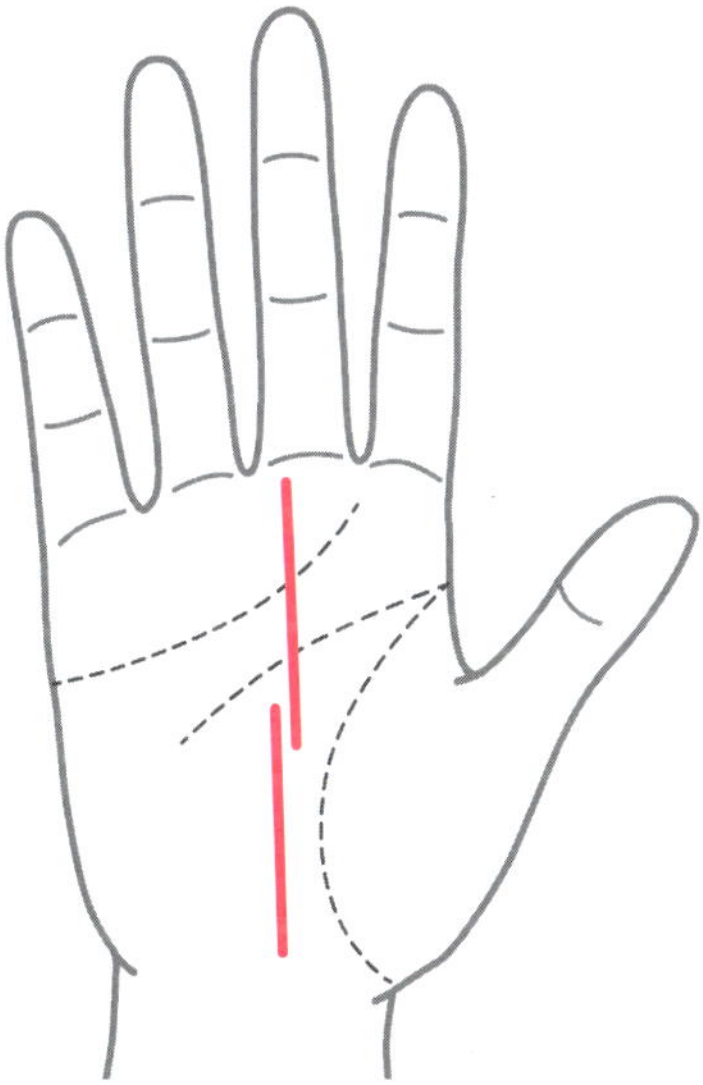

途中で切り替わっている

人生の転換期を表す

線が一度途切れて、新たに別の線が伸びているのは、人生の転換期を示します。結婚や転職、移転や離婚など、環境や心境の大きな変化を表しています。転換期は、迷いが生じやすいものですが、切り替わった後の運命線がすっきりとみだれなく伸びていれば、転機を経て新しい人生が切り開かれていくでしょう。転換の時期は流年法（22ページ参照）によって割り出します。

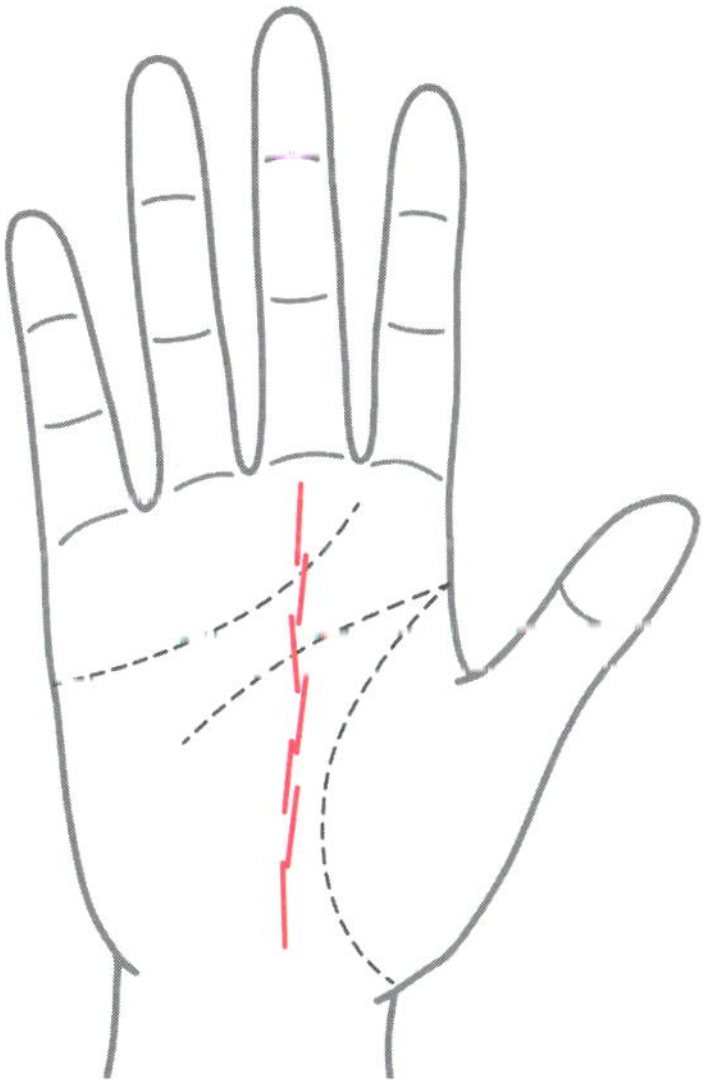

キレギレになっている

飽きっぽく変化の多い人生を送る

運命線の全体が2、３ヶ所の切り替わりではなく、全体的にキレギレになっている人は、変化が多く、浮き沈みの激しい人生を送る傾向があります。線の切れ目は仕事や住居などの環境の変化を表します。活躍できる運気の持ち主なのですが、不本意な異動など思い通りにならない出来事に見舞われやすく、本人にも飽きっぽかったり、持続力に欠ける面があります。粘り強く努力していると、線が整ってくることもあるので途中で投げ出さないことが大切です。

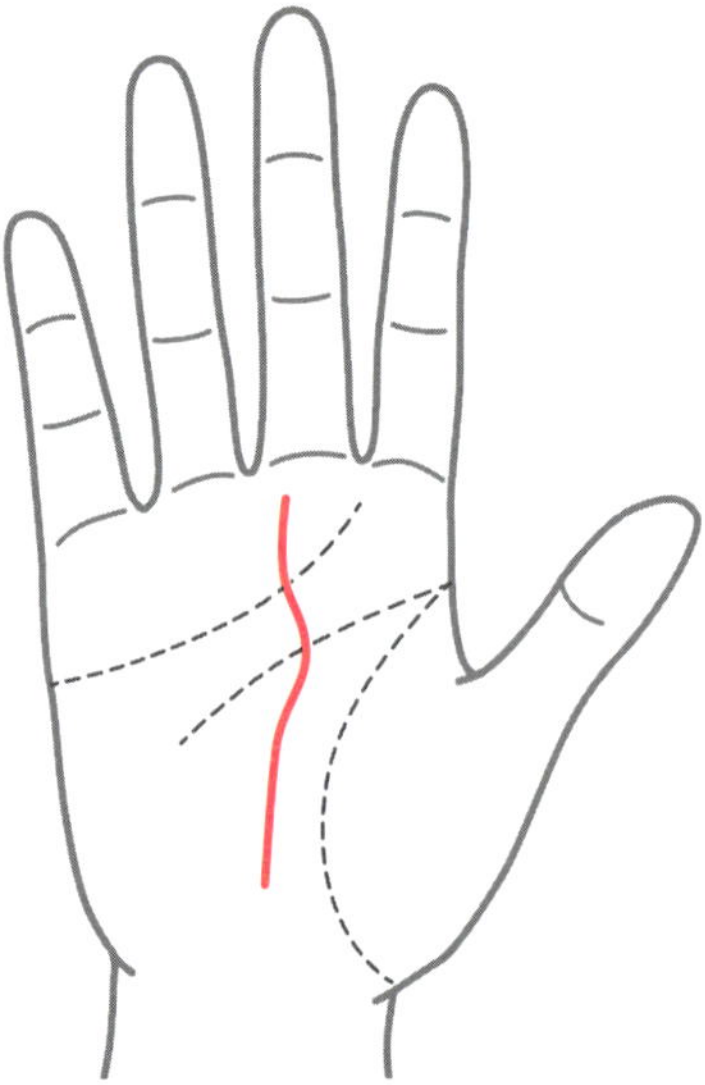

途中で蛇行している

こだわりの強い生真面目な人

運命線が不自然に蛇行しているのは、回り道をしていることを表します。生真面目な人に多くみられる相で、少々融通のきかないところがあり、自分の考え方にこだわりすぎると苦労が多くなります。特に蛇行の目立つ時期は不安定になりやすいので、物事や人間関係にこだわりすぎないように心がけて、ストレスを減らしましょう。運命線全体が蛇行している人は、非常にマイペースな人です。自分の意見が通る立場になるまでは、他人のアドバイスに耳を傾けたほうが人生はスムーズでしょう。

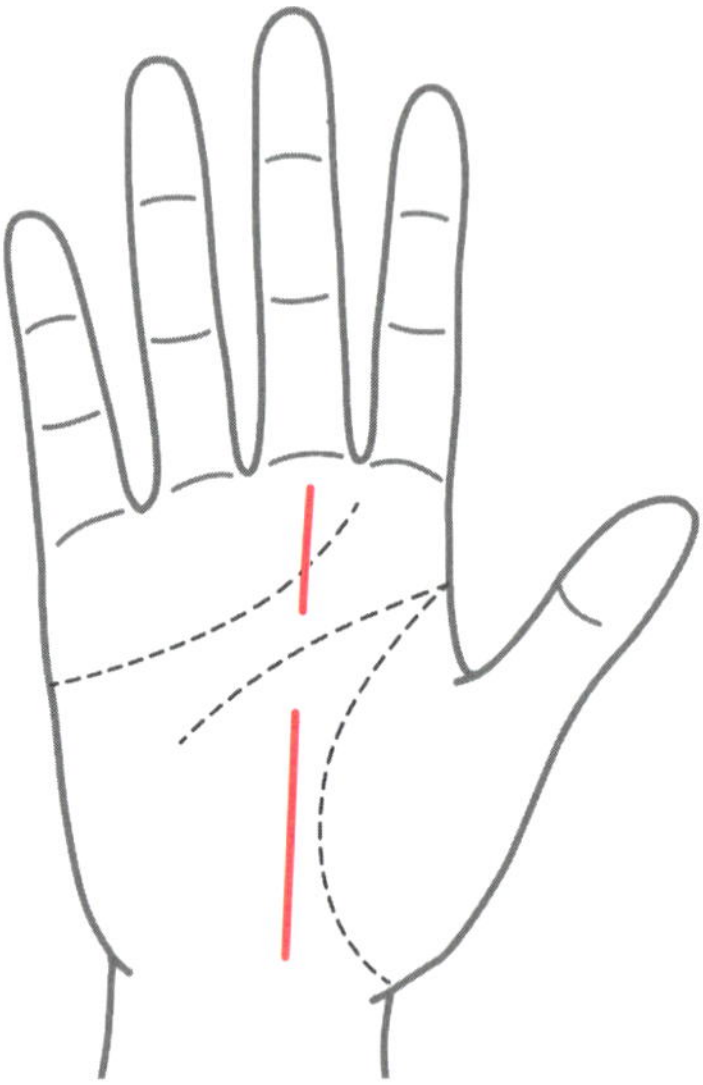

途中で途切れて、空白になっている

流れに沿って生きる時期の到来

運命線の途中に空白の部分があるのは、その時期が運気の低迷期であることを示します。または、一時的に表舞台から退くこともあります。空白にあたる時期は将来に備えての充電期ととらえて、事業を起こしたりせず、流れに沿って生きるようにしましょう。女性の場合は結婚・出産などで家事に専念するのにふさわしい時期になります。

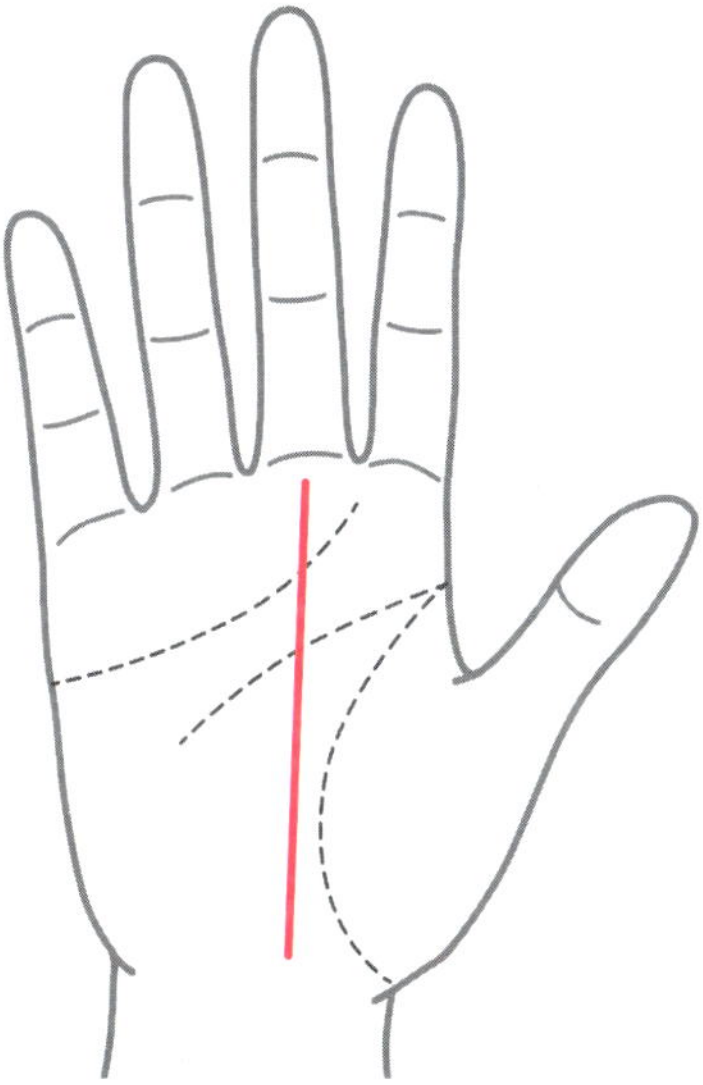

手首付近から中指まで伸びている

子どもの頃からしっかりしている

運命線が手首近く（地丘）から中指の付け根近くまで伸びているのは、幼少時からしっかりしていて周囲の注目を集める人です。家庭環境に恵まれ大切に育つ人と、多くの困難を乗り越えていく苦労人に分かれますが、いずれも精神力が強く、運も大変強い人です。主役気質で何事も自分で決めて自分の考え方で物事を進めていくタイプなので、自分勝手にみられることもあります。この相の人は元気で長生きすることが多く、もともと運が強いので努力次第で成功をおさめます。女性の場合は仕事かライフワークを持った方が家庭円満です。

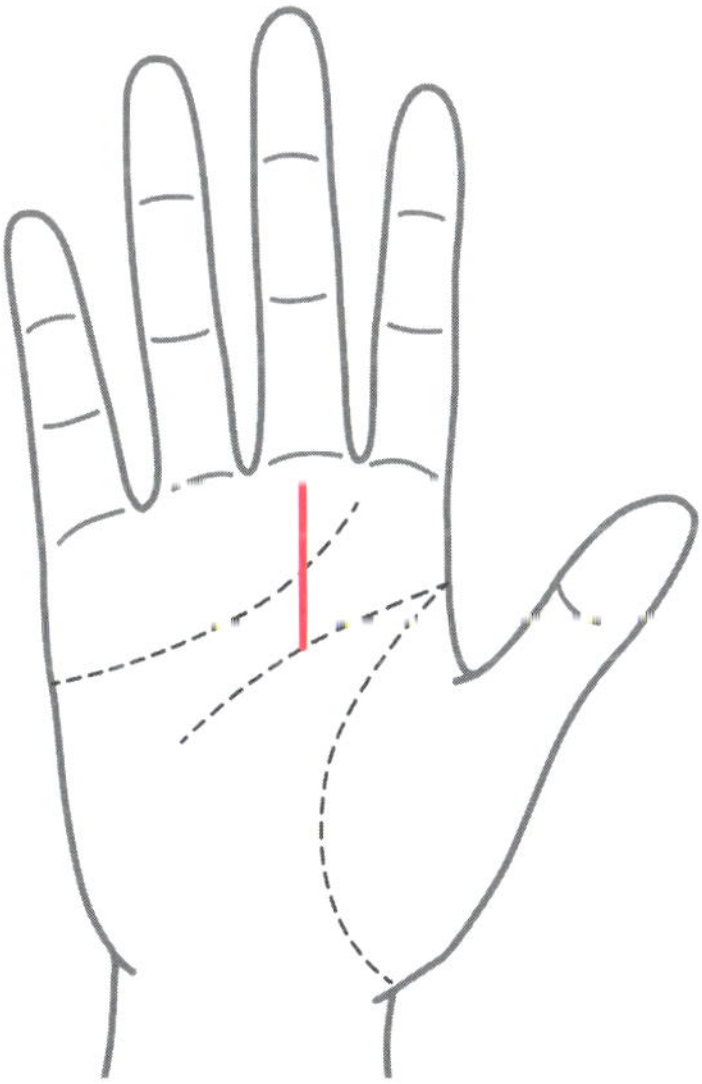

手のひらの真ん中あたりから出発している

人生の半ばから運気が強くなる

運命線が手のひらの中央あたりより上部に出ているのは、そこから自我が強まり、社会的運気も強くなることを示します。苦労が増えても自分で道を切り開くようになります。運命線のない時期は周りの環境に合わせて流れに沿って生きることを表しています。目安として運命線が知能線より上から出ている人は30代半ば以降に活躍し始めます。また、知能線の線上から出ている場合は、自分の才能やアイデアを活かして運気が開けるという意味もあります。

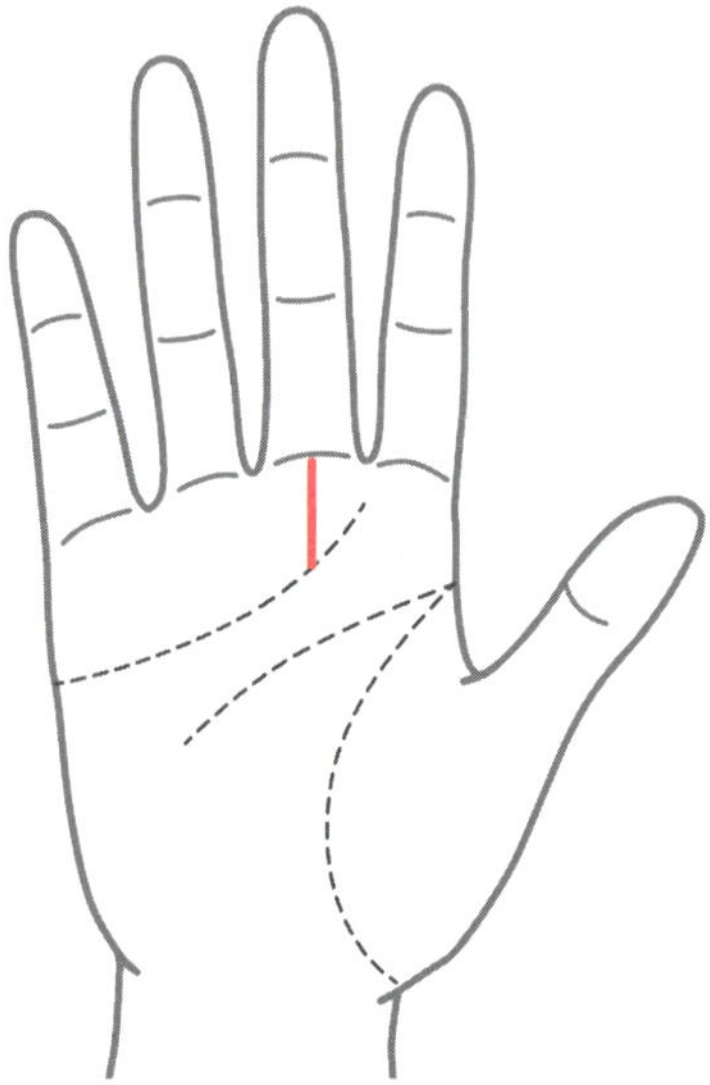

感情線付近から出発している

晩年に活躍する大器晩成型

運命線が感情線より上部に出ているのは50代半ば以降に社会的な運気が強くなって活躍する人で、かなりの大器晩成型と言えます。地道な努力をコツコツ続けて晩年になって認められる人、転職して花開く人、定年後などに趣味の世界で活躍する人などさまざまなパターンが考えられます。この相の人はマイペースで誠実な人が多いようです。また、子育てなどを終えていよいよ自分の好きなことをやろうと意欲に燃える女性に多くみられます。

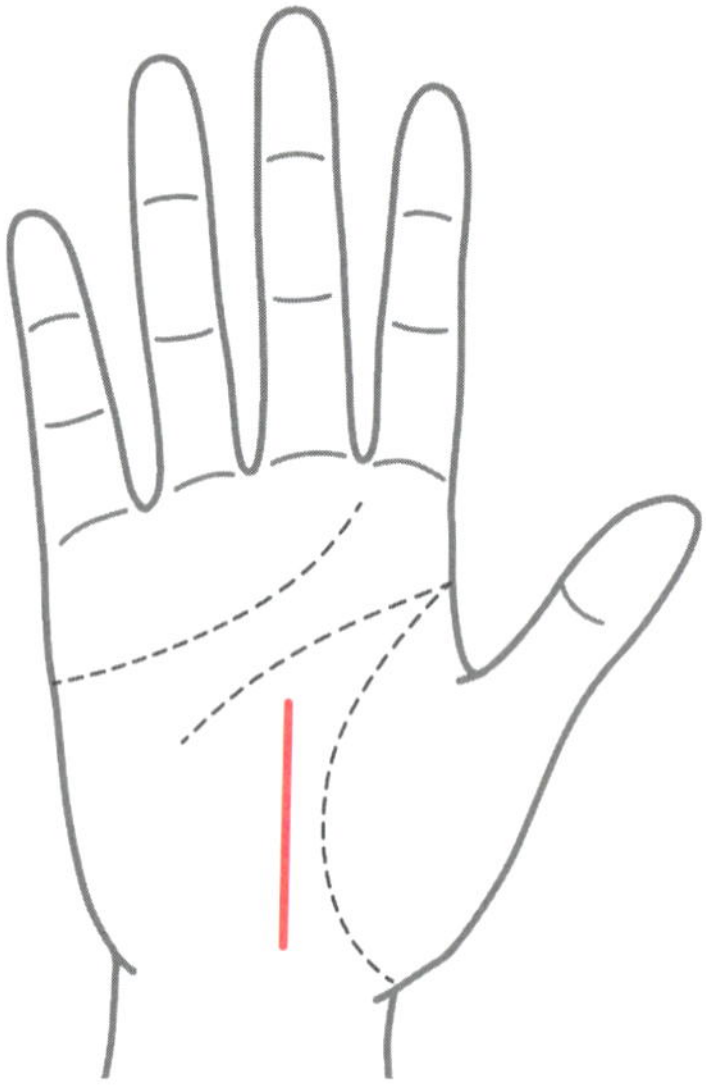

手のひらの真ん中あたりで止まっている

若い年代の社会的運気が強い

出発点を問わず運命線が手のひらの中央あたりで止まっているのは、若年期の運気が強いスタートダッシュ型人生です。若い時代は運強さと自分の努力で突き進んで人生の土台を築き、それ以降は周りと協調して生きるのが自然です。組織やグループに所属する人は流れに沿えば問題はありませんが、トップや単独で生きる人は、急な方向転換を避けるべきです。転機が何歳にあたるかを流年法で調べることができますが、知能線付近で止まっている人は35歳前後で環境の変化があります。運命線が知能線に接する箇所で止まっている人は早合点や不注意に要注意です。

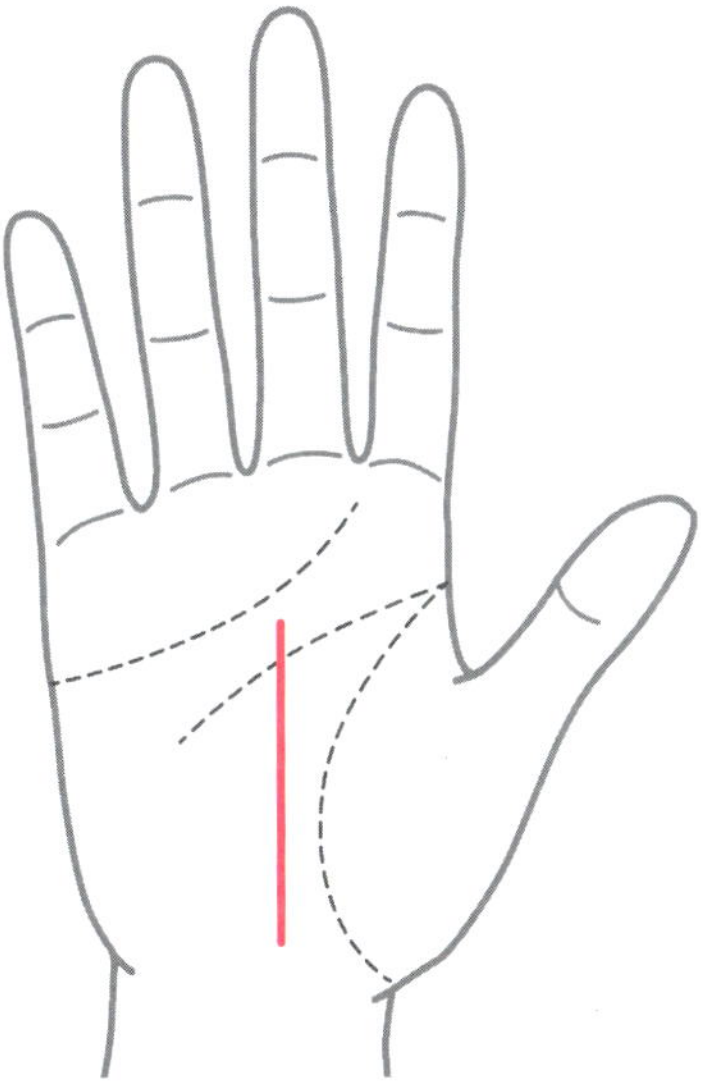

感情線あたりで止まっている

働き盛りの時期に運気が強い

50 代半ばまでは自分が中心となって仕事にまい進し、それ以降は、流れに沿ってマイペースに生きていくタイプです。50 代までに人生の土台を作っておけば老後は安泰です。男性には珍しくない相で、特に公務員などきっちりとした枠組みのある組織で働く人や、スポーツ選手など現役時代にエネルギーを集中させるような人に多くみられます。

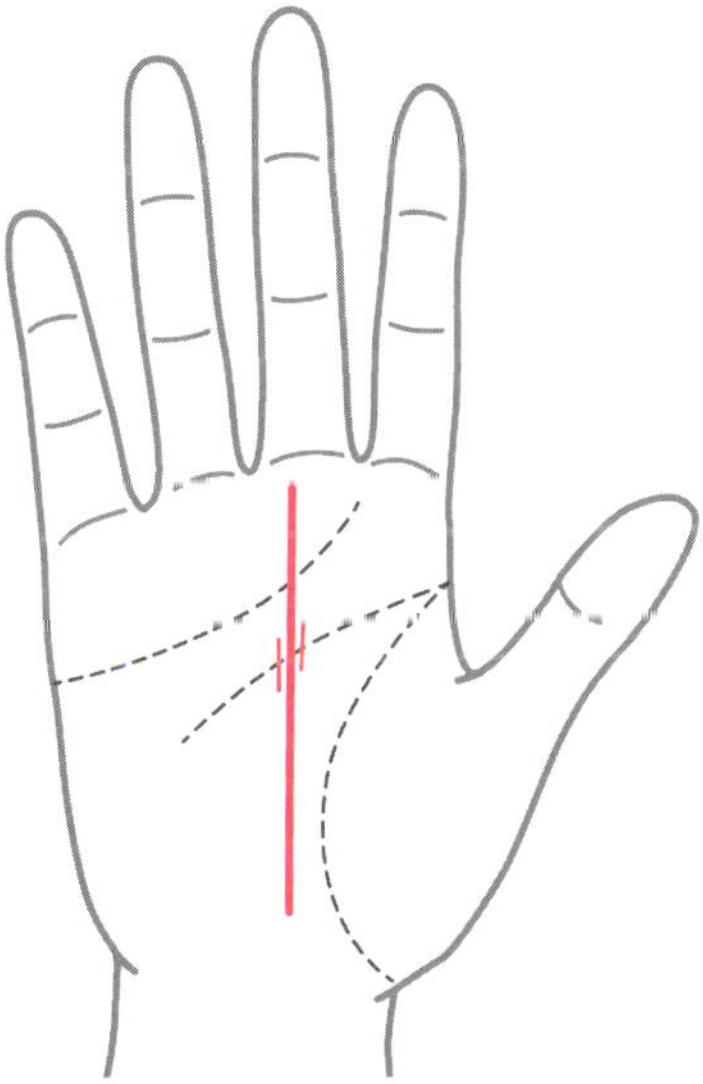

運命線に平行する短い線がある

強い運気に恵まれる時期

運命線がすっきりと出ていて、その線の脇 1 ～ 2mm のところに短い線が平行して伸びていると、その時期に運気が強まることを意味します。時期は流年法でみます。協力者に恵まれた、困難を乗り越えられるラッキーな相です。この短い線が今までなかったのに急に現れた場合は、結婚相手の出現を示すこともあります。

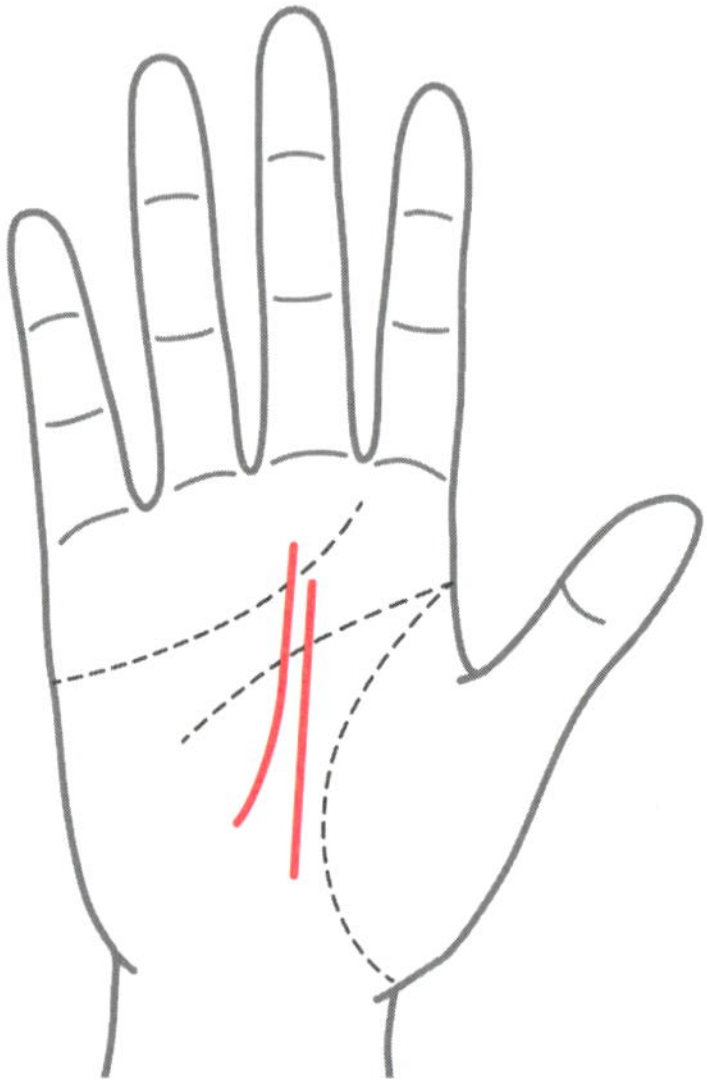

運命線が２本ある

２つの分野で活躍できる

本業と副業、仕事と仕事に匹敵するような趣味など２つの分野で活躍できることを表します。仕事と家事を両立させている女性にもみられます。この手相の人は必然的に忙しい生活を送ります。時期は流年法でみます。線が３本あれば、３つの分野で活躍できますが、４本以上ある人は、あれこれ手を出しすぎず目標を絞った方がうまくいくでしょう。

終点が木星丘寄りに伸びている、または枝分かれし木星丘方向へ伸びている

上昇志向が強く、人の上に立つタイプ

木星丘が意味する地位や権力といったエネルギーの影響を受けて、運命線の終点が木星丘へ寄っている人は、権力志向や上昇志向が強いタイプの人です。責任感も強く、人を引っ張っていく立場に向いています。また、運命線の終点が枝分かれして木星丘へ向かって伸びている相や、終点部分が木星丘側へ切り替わっている相も同じ意味があります。

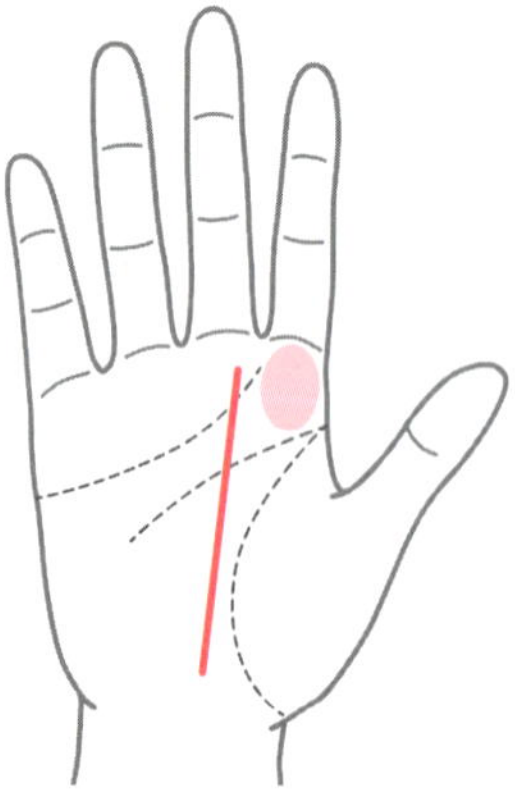

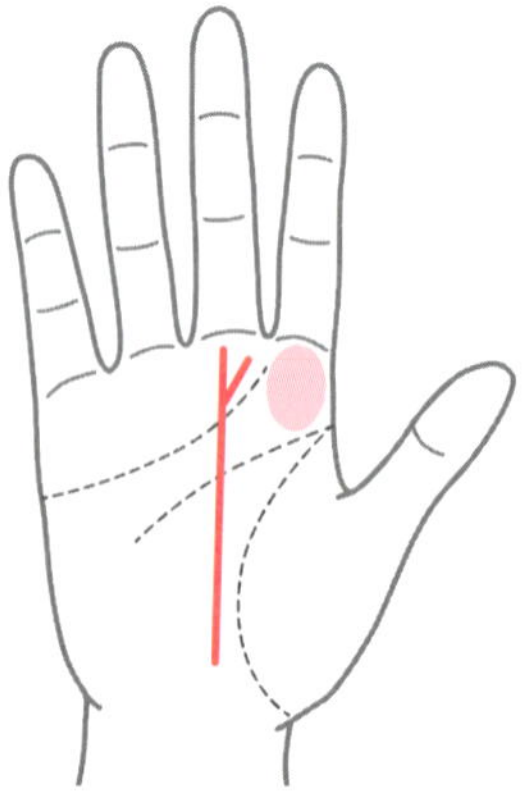

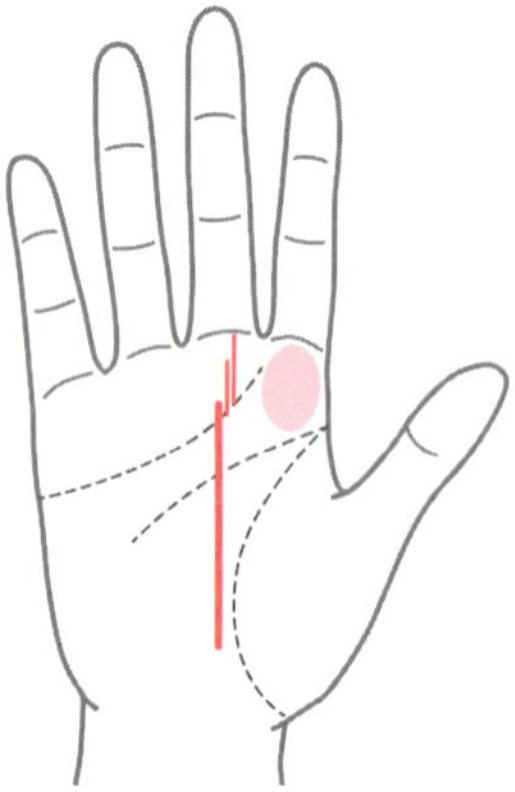

終点が太陽丘寄りに伸びている

気づかい上手で人に好かれる

太陽丘が意味する人気、成功、芸術的センスというエネルギーの影響を受けて、運命線の終点が太陽丘へ寄って伸びている人は人望を得て成功するタイプです。気づかいができる性格で、地位や権力にさほどこだわらず、人に好かれて生きていきます。人に好かれたいという潜在意識があるようです。この手の人は接客業や芸能関係などの人気商売に向いています。終点部分が太陽丘側へ切り替わっている相も同じ意味があります。

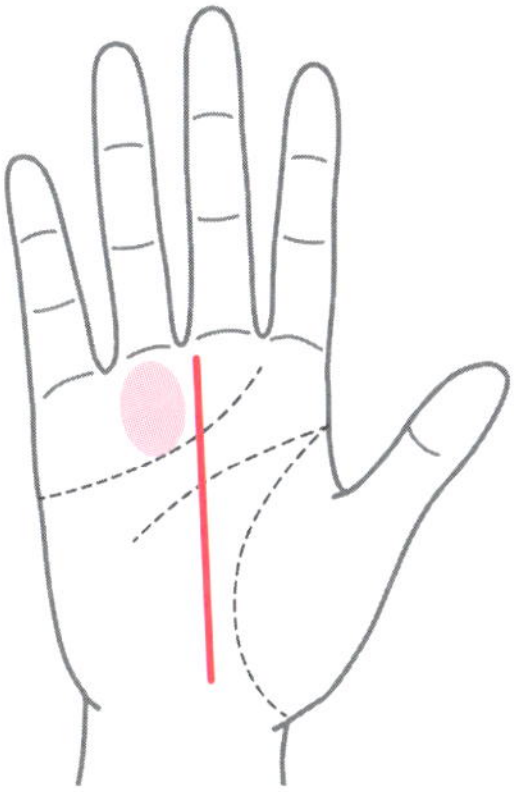

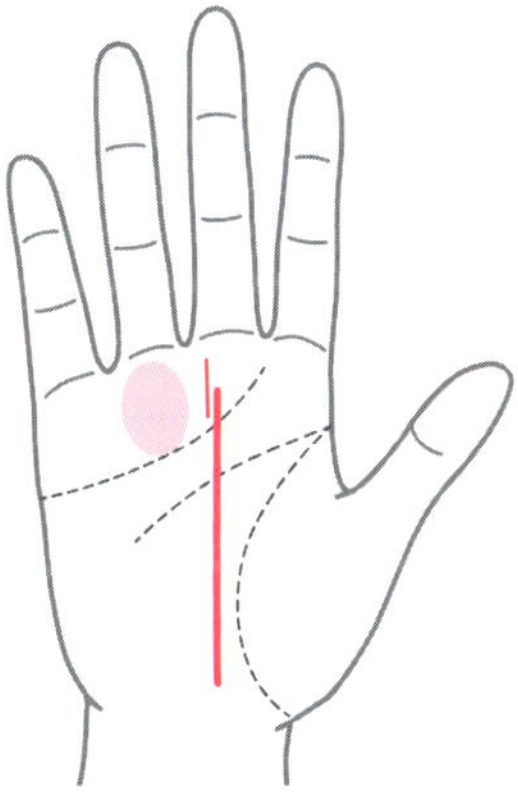

終点がフォーク状に枝分かれしている または線の途中から上向きの枝線が伸びている

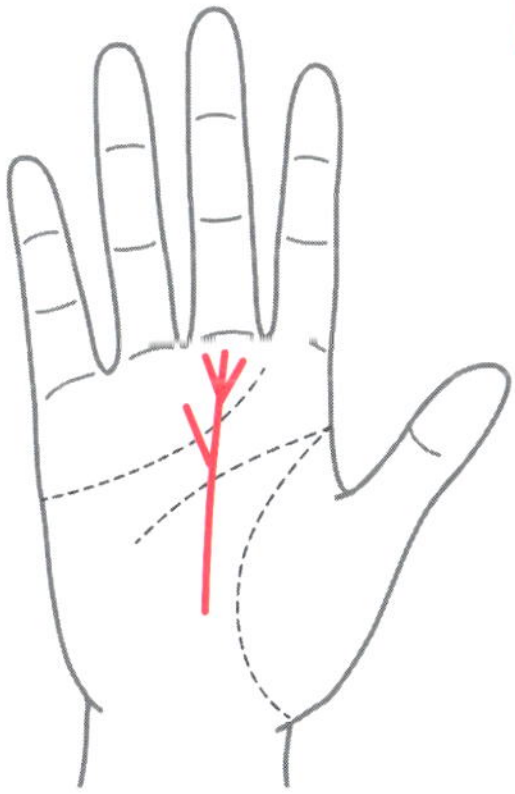

成功を収める可能性大

運命線の終点が二又か三又に分かれている人は大変な吉相で、努力が報われて大成功をつかむ人です。運命線の途中から上向きの枝線が出ているのも仕事運の吉相です。線が分かれる地点を流年法で調べることで成功する時期がわかります。

チェックすべき線の形状とマーク

運命線が下のような形状になっていたり、線上にマークが出ていたら気をつけましょう。流年法を使ってみると、運命の切り替わる時期や、トラブルが起こる時期がわかります。

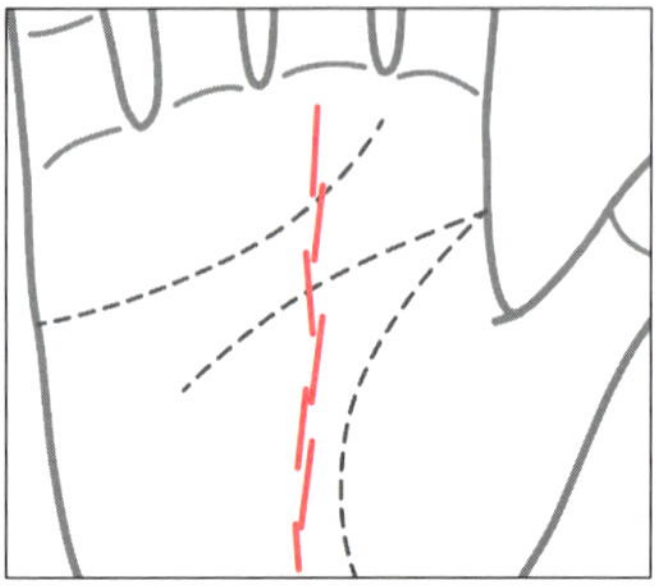

キレギレ

運勢にムラがあることを示しています。環境や人間関係に変化が多いでしょう。

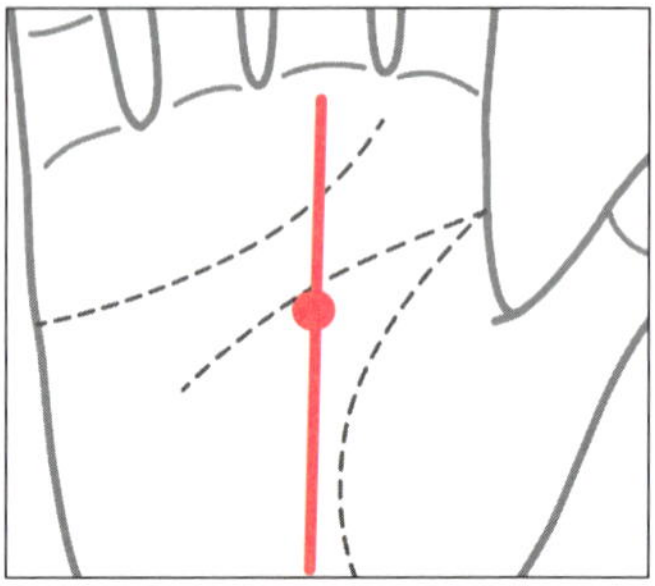

斑点

仕事や家庭生活など人生全般における突発的な災難の暗示。運命線が途切れず伸びていれば乗り越えられます。

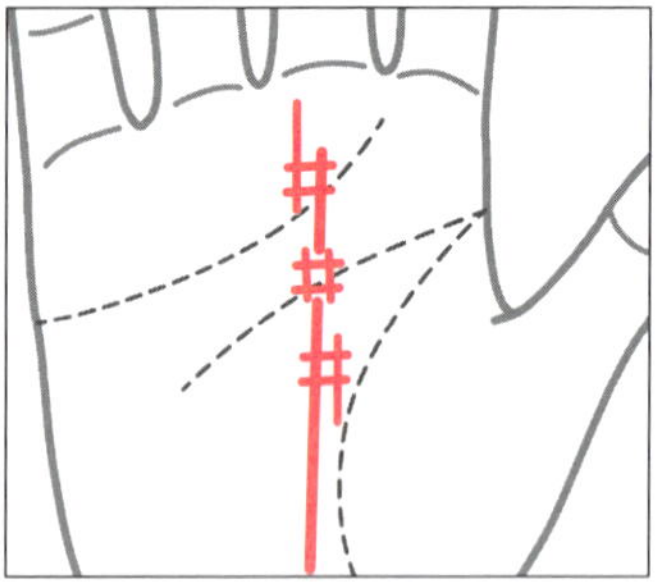

四角

運命線上や線が切り替わっている部分に四角マークが出たらトラブルから逃れられることを意味します。

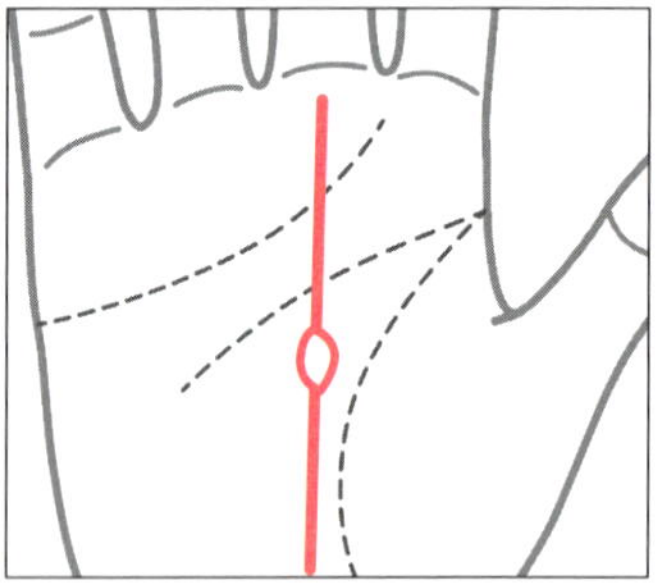

シマ

シマがあるとその時期は、運気の停滞期で、精神的にショックなことがあったり仕事がうまくいかないことを暗示しています。

流年法で運勢の変化をみる

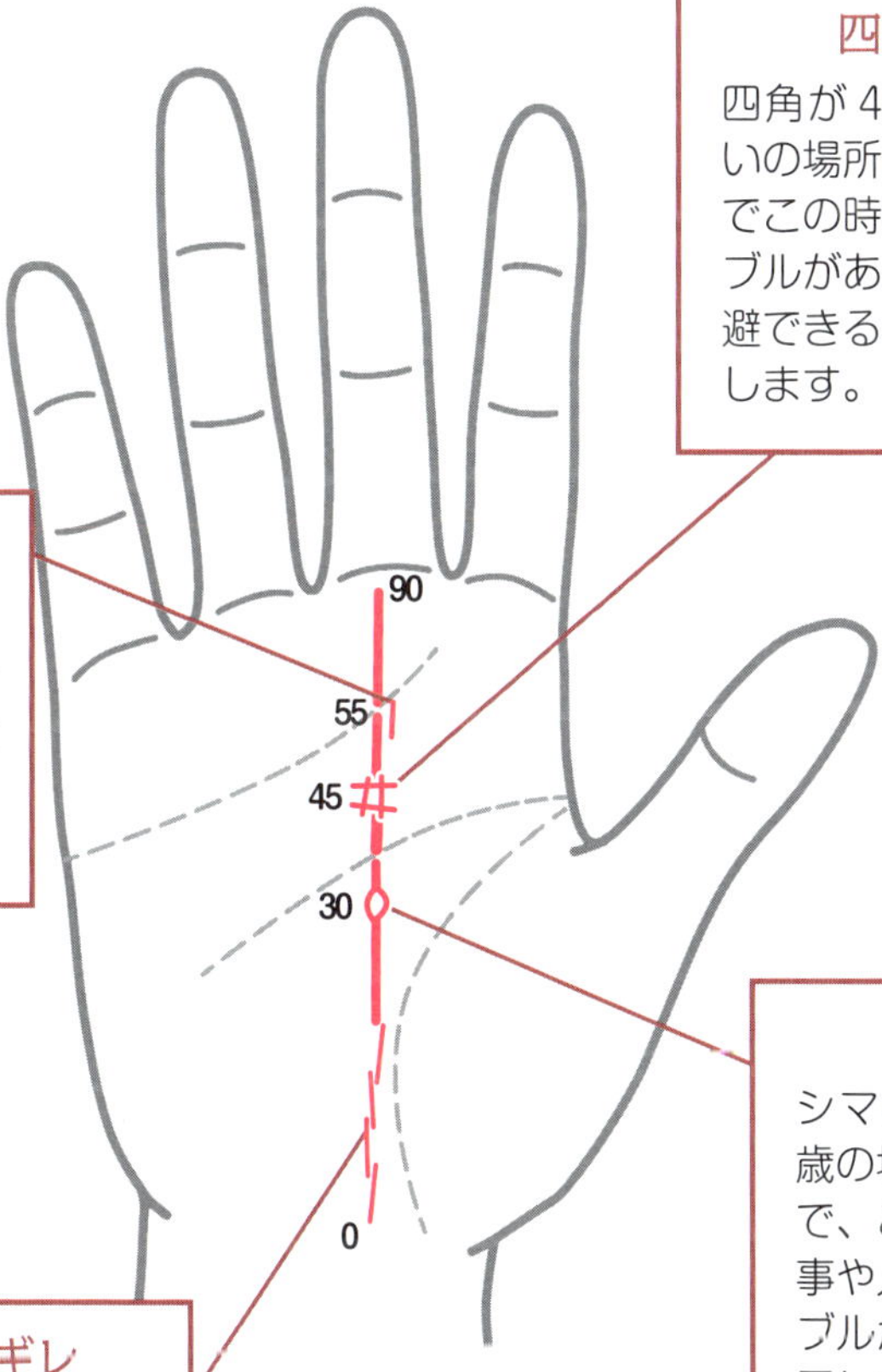

四角
四角が 45 歳くらいの場所にあるのでこの時期はトラブルがあっても回避できることを示します。

サポート線
50 代前半に強力な助っ人や理解者が現れて運気が強まることを示しています。

シマ
シマの位置が 30 歳の場所にあるので、この時期に仕事や人間関係トラブルがあることを示しています。

キレギレ
20 代前半までは環境の変化が多いことを表します。1 本になる時期にやりたいことがみつかるでしょう。

生命線

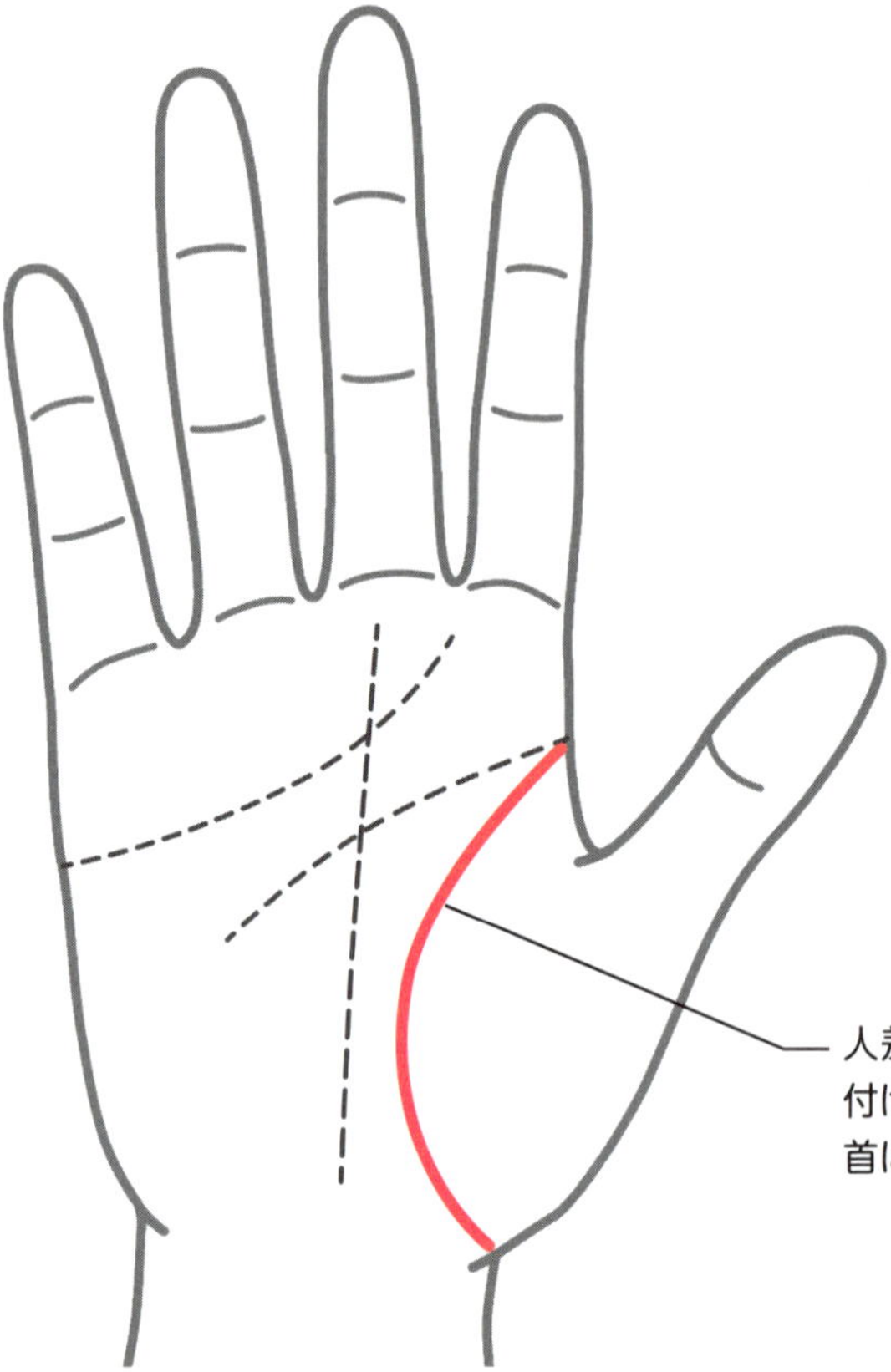
人差し指と親指の
付け根の間から手
首に向かい伸びる

健康状態、生命力を表す

生命線は生命力を蓄えた金星丘を囲むように伸びる線なので、描く弧が大きくなるほど金星丘の面積も大きくなり、エネルギッシュであることを表します。生命線をみる時は長さや濃さ、途切れや障害マークがないかなどをチェックします。長い人ほど長寿の運勢傾向にあり、短い人は長い人よりも体が弱い傾向なので健康づくりをする必要があります。

長い生命線

生命線が手首に届くほど長い人は、長寿の運勢傾向にあります。弧の大きさが大きいほど長さも伸びるので生命力は強い傾向にあり、抵抗力、免疫力、回復力が強く病気になっても回復が早いです。ただし、無理をすれば命を縮めるので過信は禁物です。

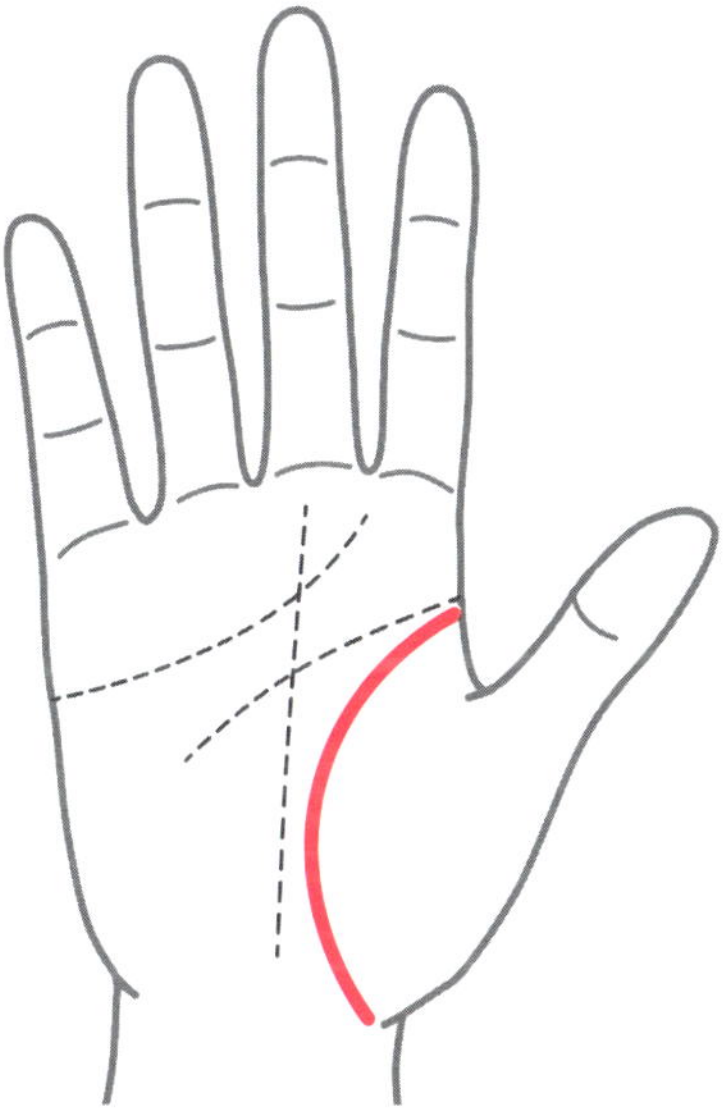

長い

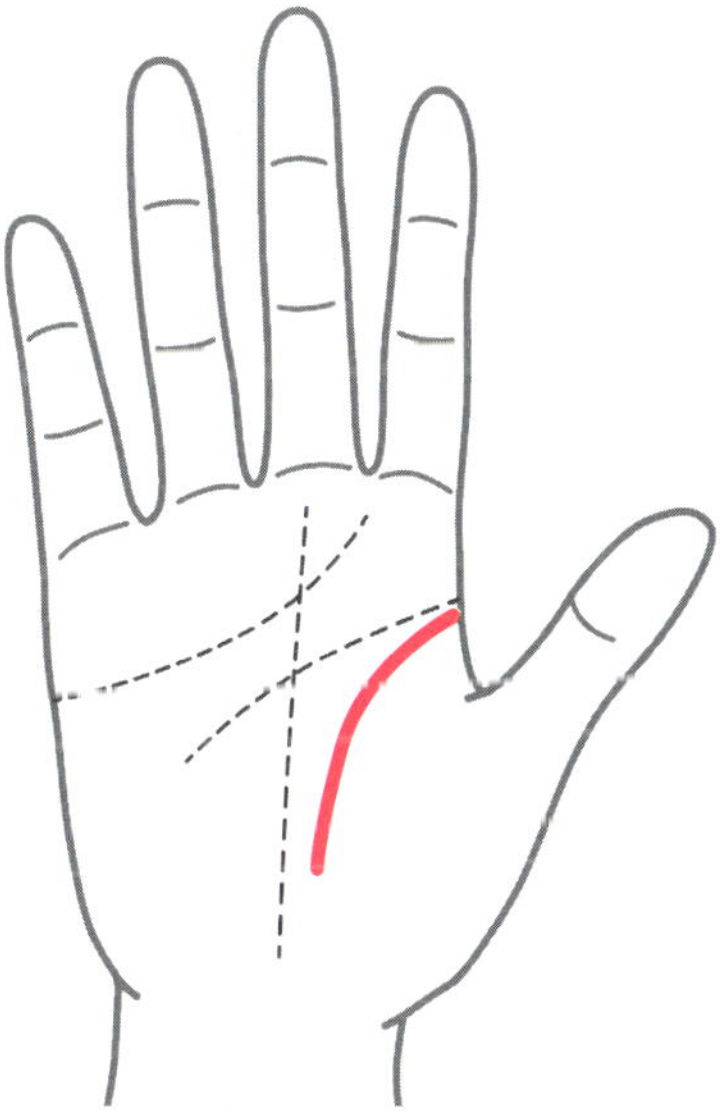

短い

短い生命線

長い人に比べると体が弱く、ストレスから体を壊したり持病を持ったりしやすい傾向です。しかし、規則正しい生活を心がけるなど健康に気をつけて過ごしていけば、流年法でみる年齢を超えて長生きしている人は多いです。極端に短い人や生命線がない人は特例なので、金星丘のふくらみや張り出しで判断します。極端に短い人は難産だった可能性もあります。

濃い生命線

生命線が濃くて目立つ人ほど健康で体力があります。精神的にも強く、とても活動的であることを示しています。困難があっても気力と体力で乗り越えていけるでしょう。生命線が濃い人は体力勝負の仕事や活動向きです。

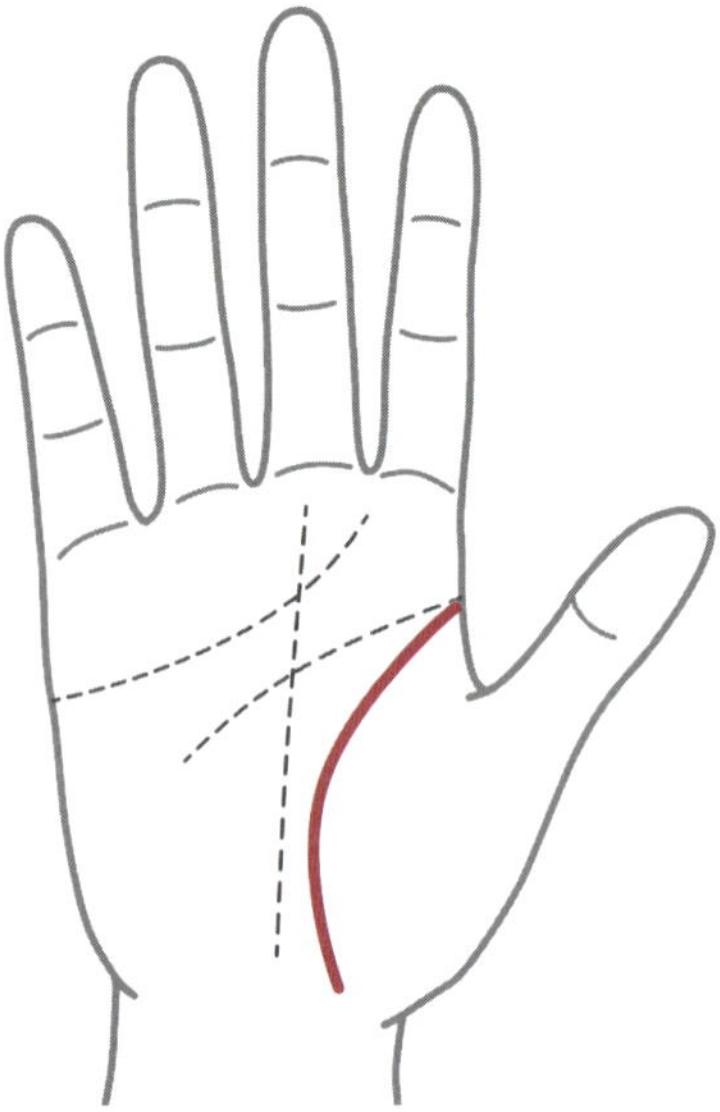

濃い

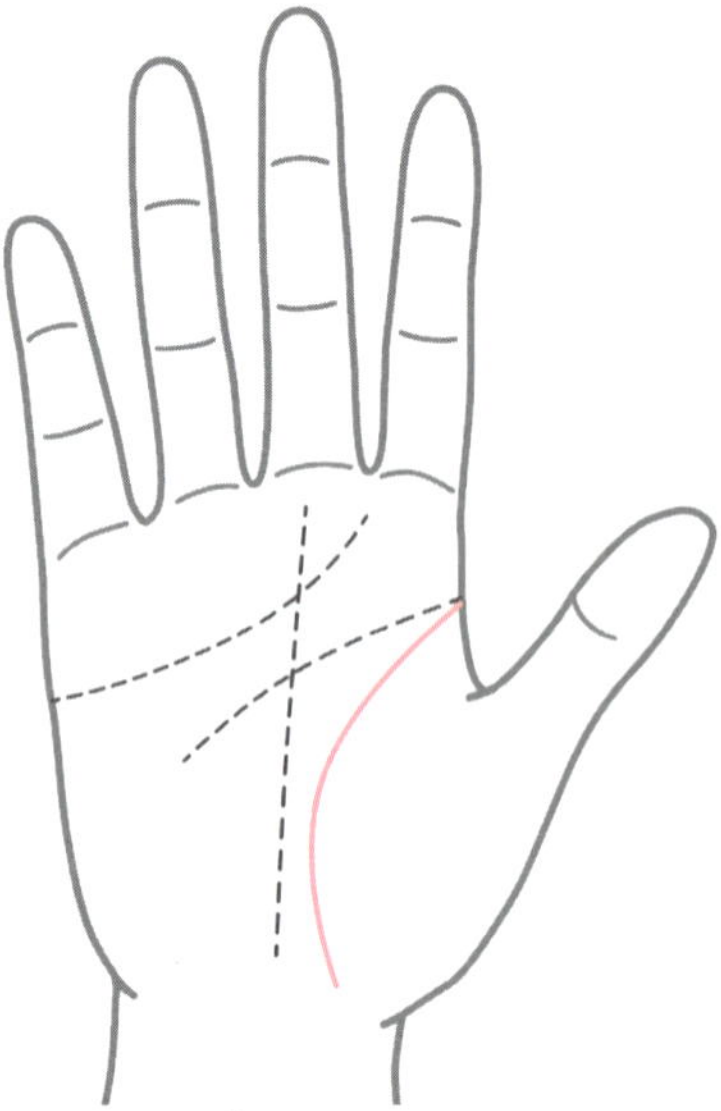

薄い

薄い生命線

生命線が他の基本線よりも薄い人は虚弱傾向で気力も弱く根気が続きにくいタイプ。才能を活かすためにも、少しずつ体力をつけましょう。また、自分の知識・感性を活かせる仕事を選ぶと良いでしょう。

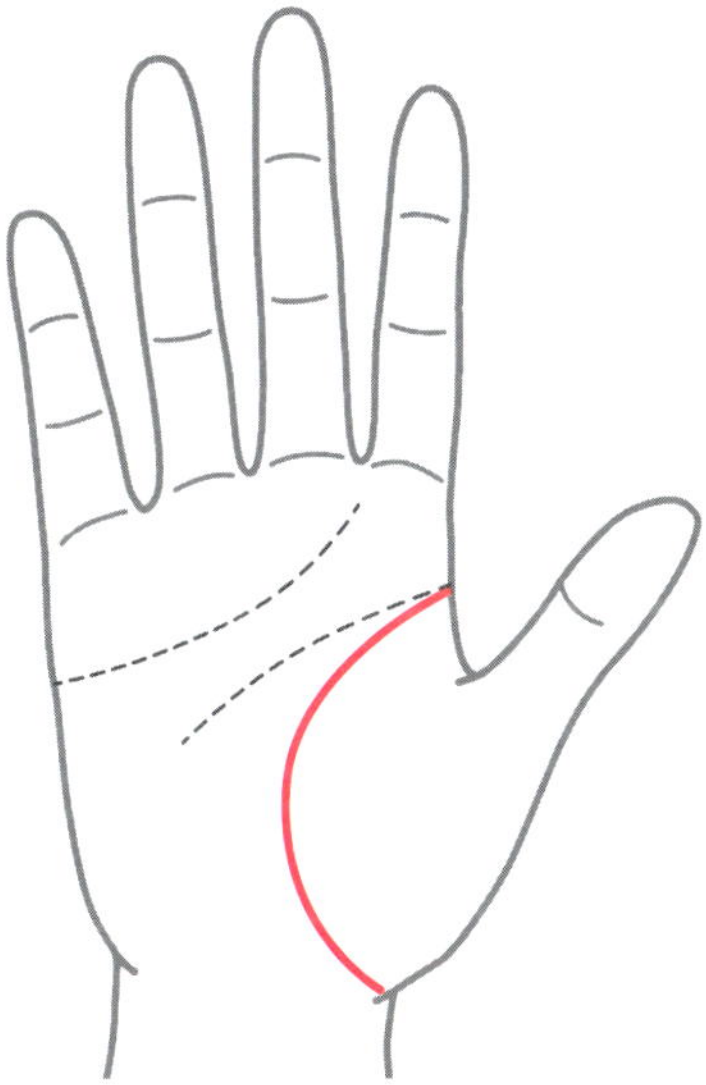

張り出しが大きい

エネルギーにあふれた人生を送る

生命線が大きなカーブを描いていて、線が張り出しているのは、大変にエネルギッシュな人です。何をするにもパワフルで、良く働き良く遊び、人生を積極的に謳歌できる人です。健康にも恵まれ、スタミナも抜群、精力も旺盛です。ただ、じっとしていることが苦手なため、元気すぎてトラブルを起こすことがあるので、調子に乗って無茶をしないように気をつけましょう。

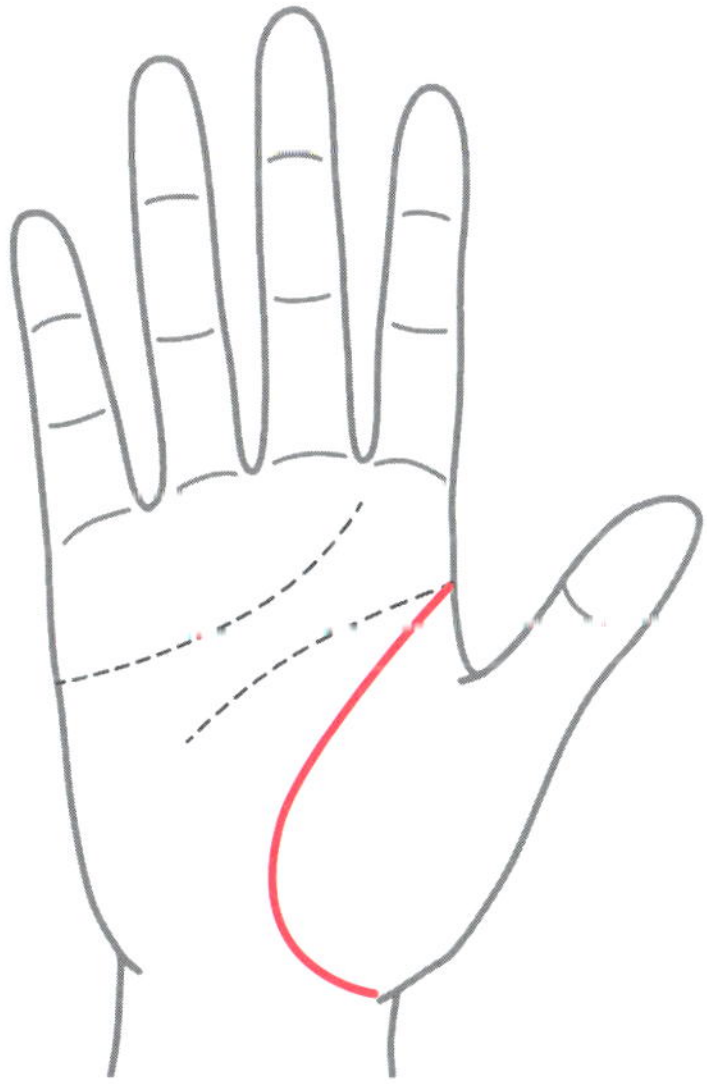

下の方が張り出している

年をとるほどアクティブになる

生命線の上部よりも下へいくにつれてカーブが大きくなっているのは、晩年期にますます健康でエネルギッシュに過ごすことを表します。この相の人は、生涯現役のつもりで打ちこめるものを早めに見つけておくと良いでしょう。定年後じっとしているとストレスが溜まってしまうので、できるだけ体を動かすようにしましょう。

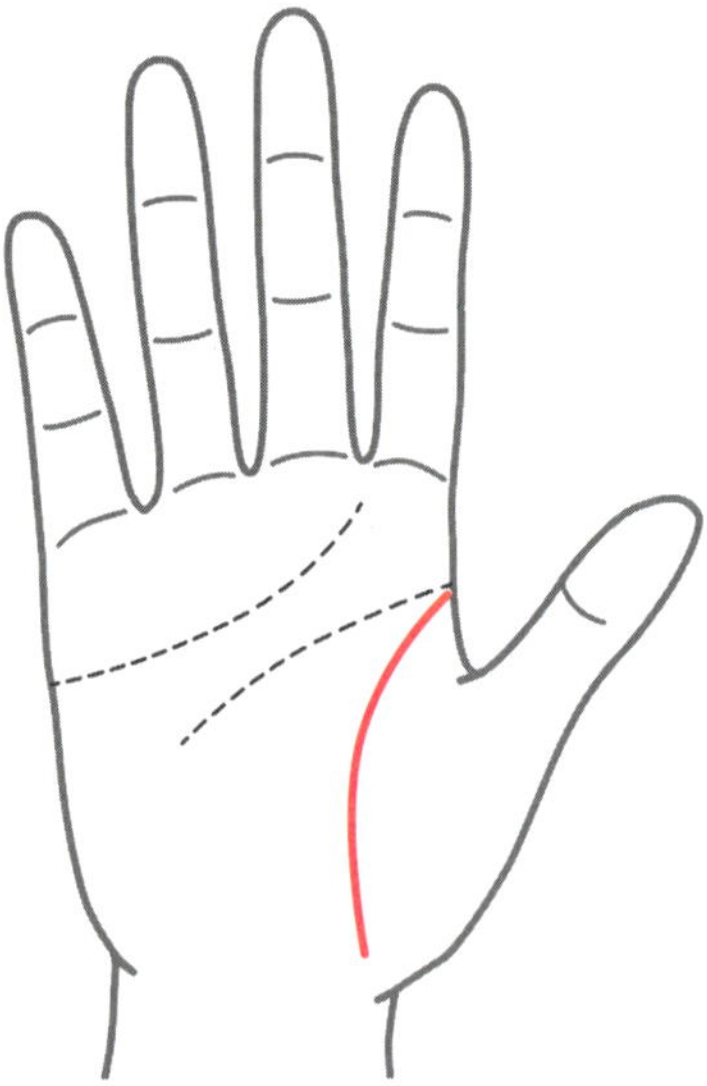

張り出しが極端に少なく、直線的

体力が弱めで消極的な性格

生命線がほとんどカーブせず、手のひらの中央まで届かずに手首へストンと伸びている人は、体力や気力が弱く、何事にも消極的なタイプ。エネルギーが不足気味で、性的にも淡白なようです。体力勝負の仕事だと評価されにくいので、頭脳労働や手先指先を使う職種を選ぶと良いでしょう。ウォーキングなどで基礎体力をつけていくと、金星丘に弾力が付いて気力も備わってくるはずです。

二重生命線（生命線が2本ある）

非常に強い生命力の持ち主

一般的に生命線は1本ですが、中には2本ある人がいます。これを二重生命線と呼び、生命力が通常より2倍ほど強いとみます。前向きな性格で根気と忍耐強さがあり、健康に恵まれ、長寿の傾向です。二重生命線には、生命線の外側に同じくらいの濃さの線が平行して伸びる場合と、メインの生命線の内側にやや薄めの線が平行して伸びる場合があります。特に前者は非常に生命力が強く長寿の相です。また、生命線が３本あれば生命力がさらに強いことを意味します。

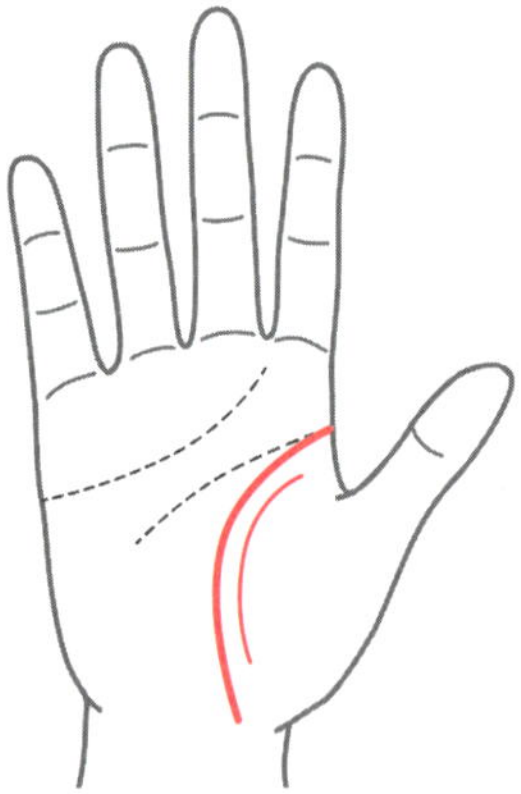

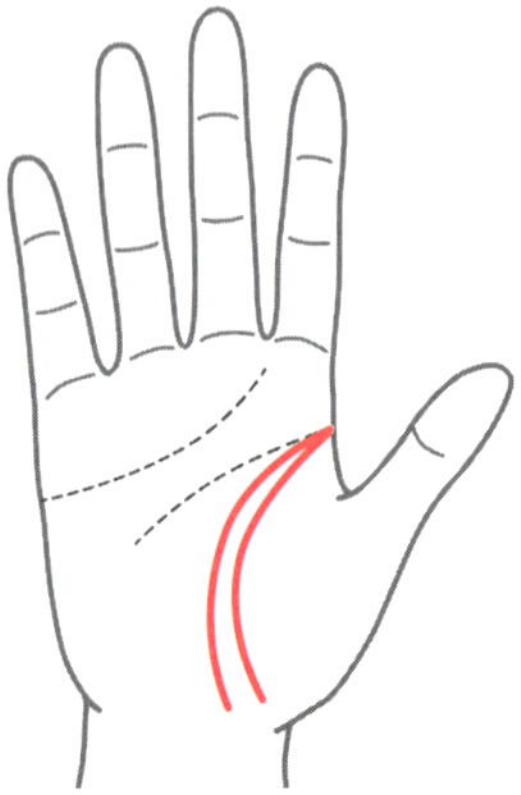

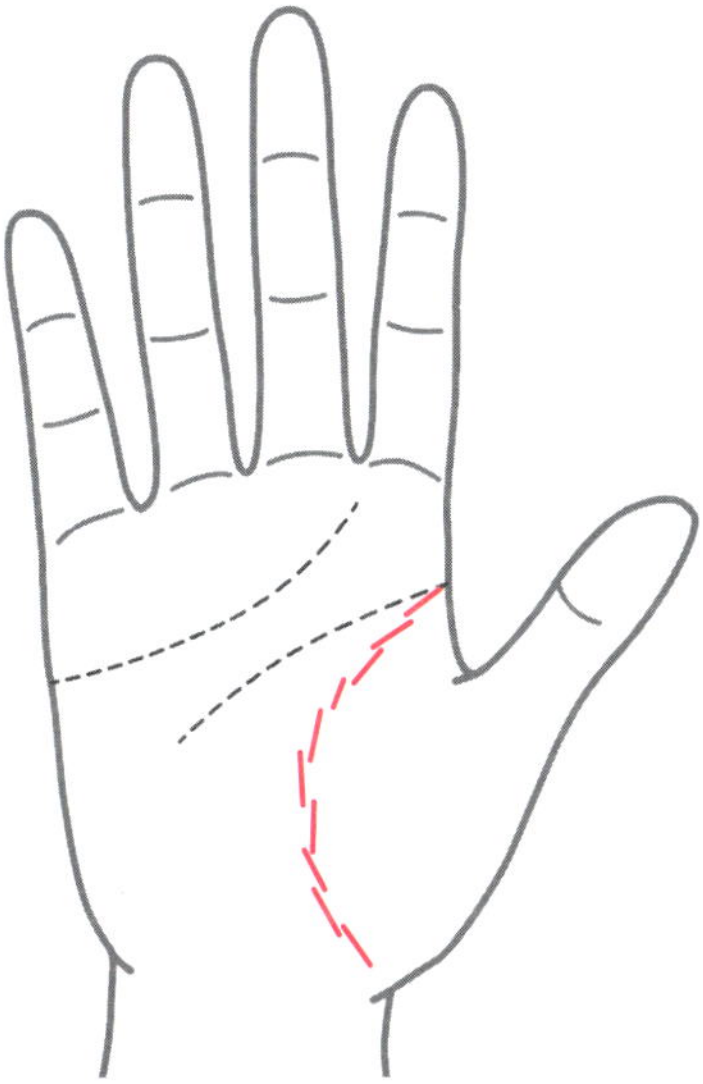

キレギレになっている

体力が弱く、疲れやすい

キレギレの生命線は体力と精神力の弱さを表します。疲れやすく、気力が続かずに仕事が長続きしないこともあります。健康第一の生活を心がけて不調をコントロールできるようにしましょう。生命線がキレギレでも、金星丘の肉づきがよく弾力がある人は体力がある場合もあります。ただ、この場合でも油断せず、健康管理はしっかりしておいたほうが無難です。

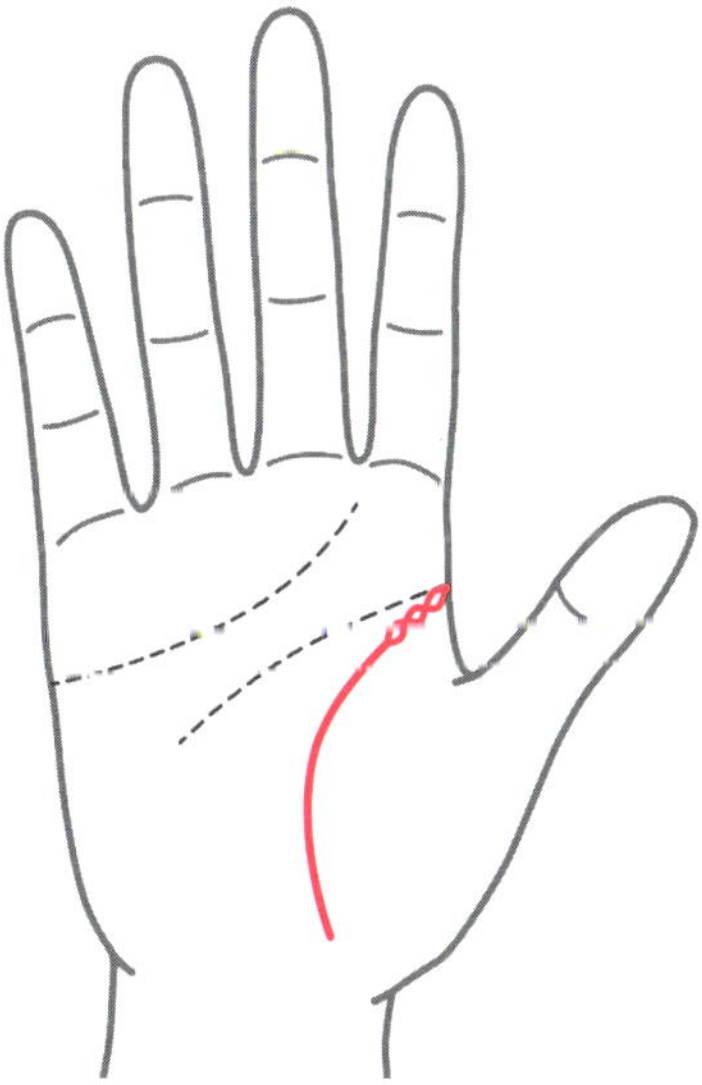

出発点が鎖状になっている

子ども時代に体が弱かったことを表す

生命線の始点部分だけが鎖状だったり支線が多くみだれているのは子ども時代に体が弱かった、あるいは子ども時代に精神的なストレスを感じていたことを意味します。後者の場合は親が不仲であったり、いじめられたりというケースが考えられます。また、この相の人は扁桃腺が腫れやすかったり、気管支炎になりやすいなど呼吸器が弱いことが多いようです。成長とともに体力は回復するので過度の心配は不要です。

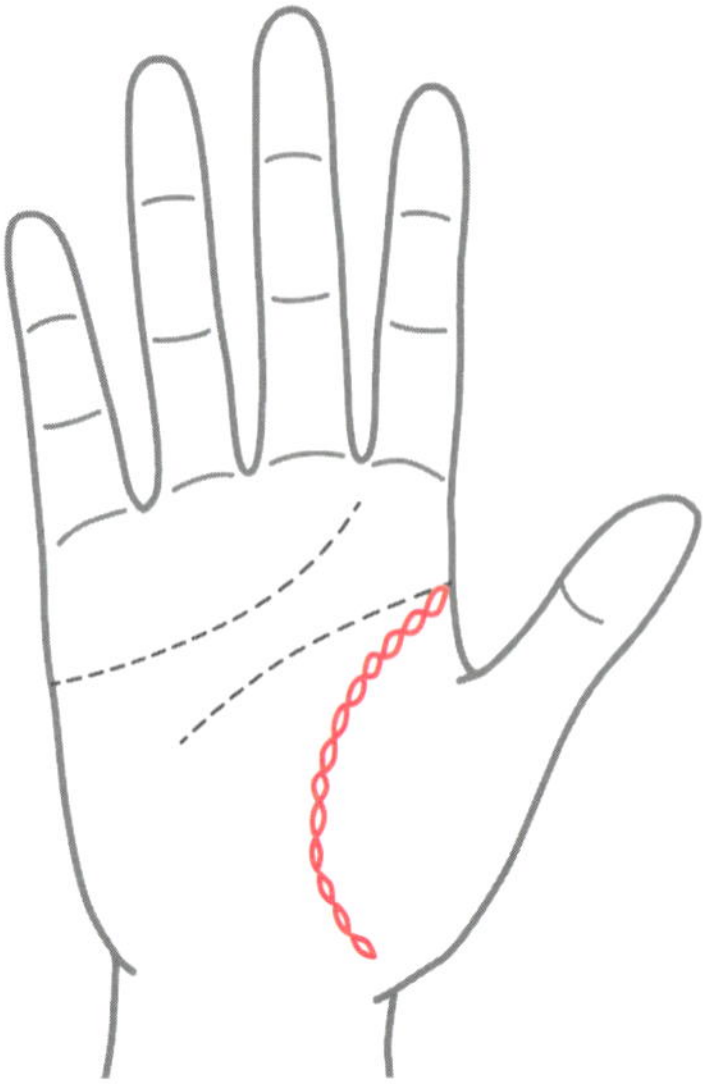

線全体が鎖状になっている

虚弱体質で心身が弱い

生命線全体が鎖状になってみだれているのは体が弱く、精神的にもデリケートな人です。体力がないため、気力も続かないことが多く、ちょっとしたことでもストレスを感じてしまうため、仕事運がダウンしがちです。ストレスを避けることと、規則正しい生活と栄養のバランスのとれた食事を心がけて、基礎体力をつけることがなにより重要です。体力がつくと鎖状のみだれが目立たなくなってきます。

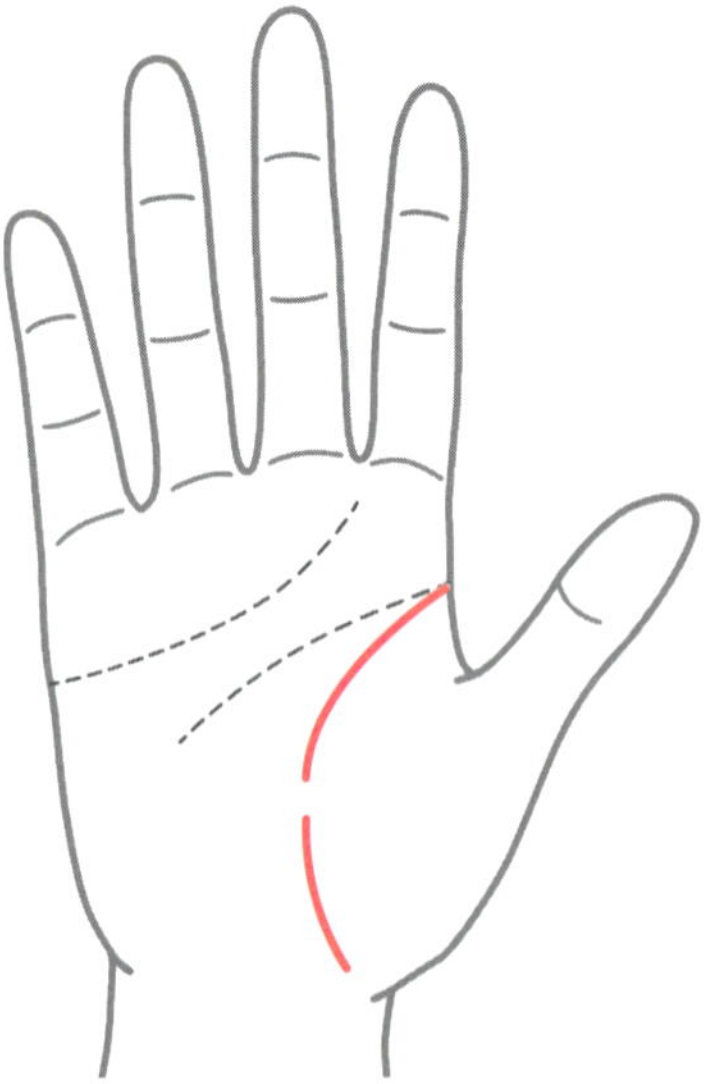

途中に空白部分がある

一時的な運気ダウンに要注意

生命線の一部が空白になっているのは、その時期に体力や運気が落ちることを示しています。線が完全に消えていなくても一部分だけ薄くなっている場合も似た意味を持ちます。時期は流年法（21ページ参照）でみます。運気が落ちている時期は、ケガや病気に用心して危険や過労を避けて過ごしましょう。それまで元気だった人ほど体力ダウンによる精神的ダメージも大きくなるので要注意です。とは言え運気は必ず回復するので、悲観的になって免疫力を落とさないように。

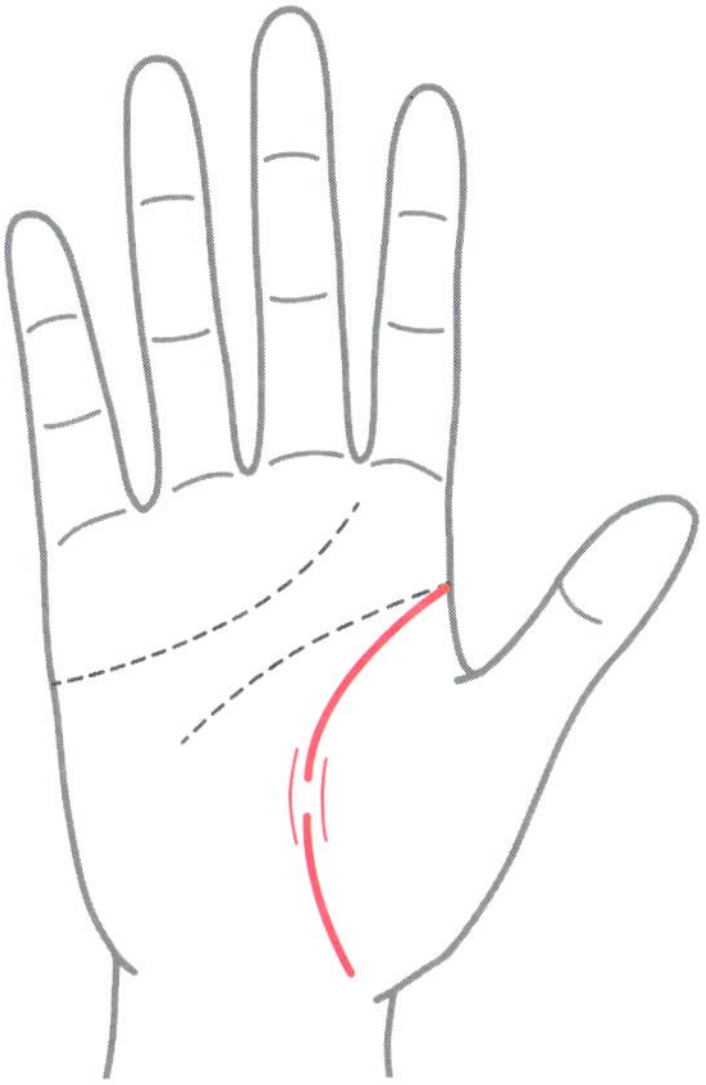

空白部分があり、その内側か外側に補助線がある

運気が落ちるものの、ダメージは少ない

生命線の空白部分は生命力の運気ダウンを示しますが、空白の外側または内側に補助線が出ていると、線がダメージをカバーしてくれるとみます。体力や気力が落ち運気も停滞するため、病気やケガをする可能性もありますが、補助線のフォローにより、一時的なダメージですむでしょう。とは言え、油断せず守りに徹して過ごすことが大切です。

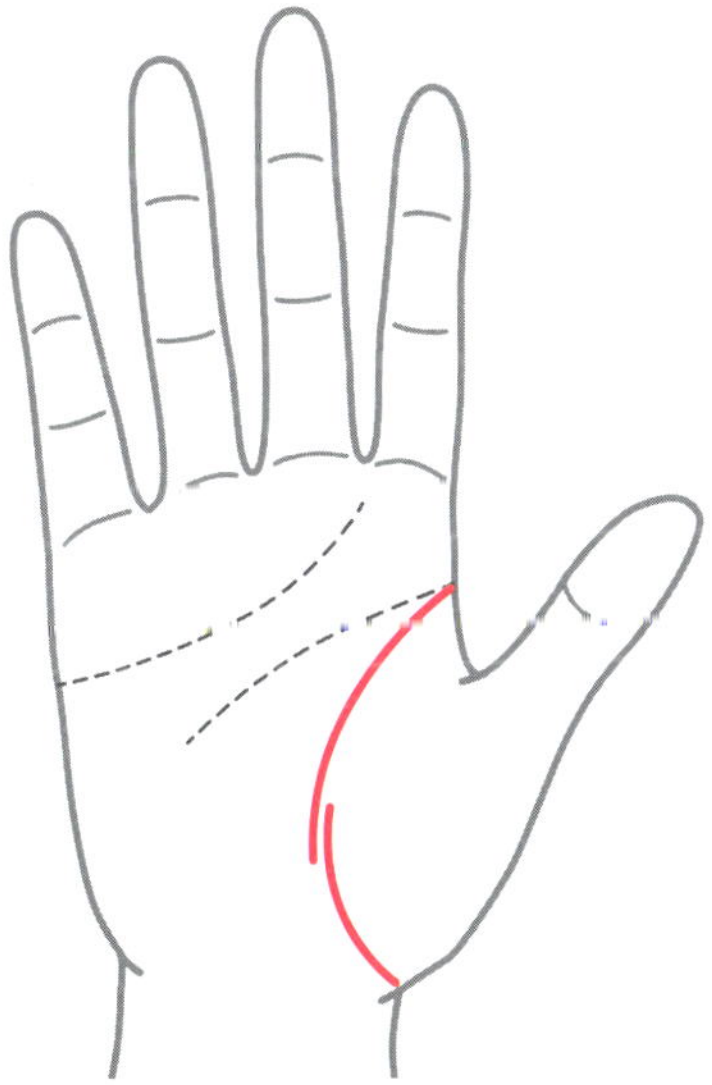

生命線が途中で内側に切り替わっている

生命力が切り替わる時期がある

生命線の切り替えとともに生命力も切り替わります。長生きできますが、線が切り替わるときは運気がダウンすることが多いので、新規事業を立ち上げるなど、体に負担のかかることはしない方が無難です。生命線が切り替わる人はもともと体の弱いところがあるので、日頃から健康管理に気をつけて、ストレスを溜めないようにするのも大事です。切り替え時期は流年法でみます。

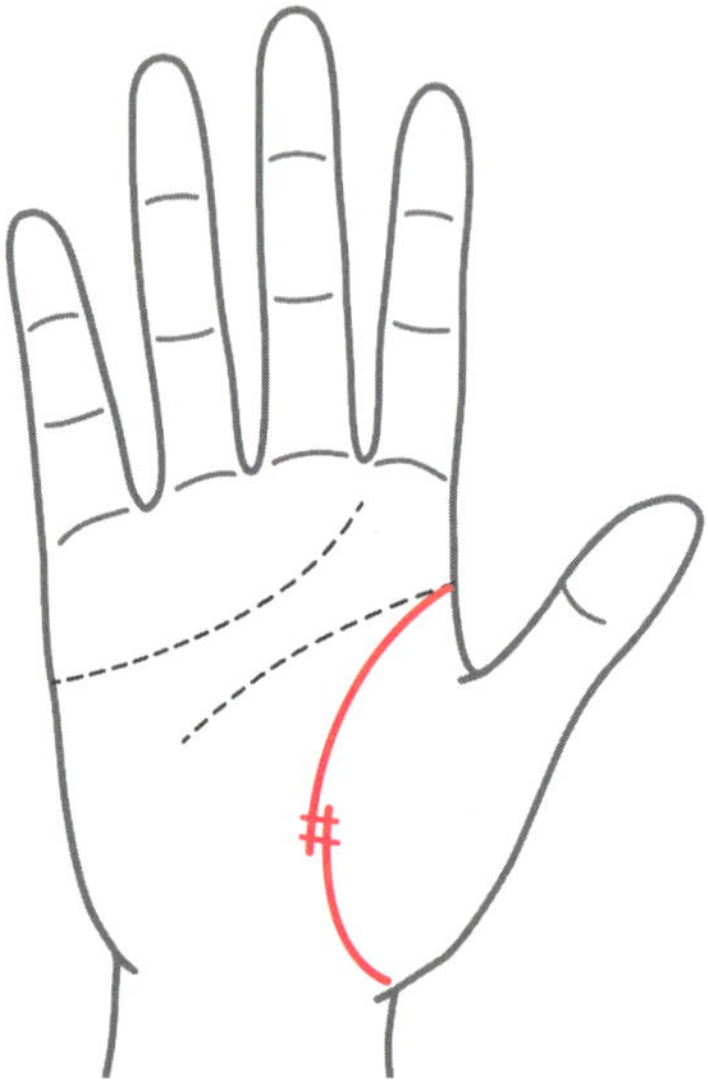

線の切り替え部分に四角マークがある

生命力の切り替え時期のダメージを免れる

前ページ下と同じく、生命力の切り替え時期があることを示しますが、切り替え部分に四角マークがあることで不運がカバーされます。仮に病気をしたとしても大病にはならず、一時的な運気ダウンなのでスムーズに乗り越えることができます。あまり心配する必要はありませんが、幸運を過信して無茶をするのはやめましょう。

生命線が途中で外側に切り替わっている

非常に強い生命力の持ち主

生命線が途中で外側に切り替わっているのは強運の持ち主です。生命線が短めに見えてもです。外側に別の生命線が伸びることで金星丘の面積が大きくなり、生命力が強まるとみます。精神的にもタフです。また、生命線の切れ目に寄り添うような形で長い運命線が伸びている人は大変な生命力の持ち主で、長生きする相とみます。

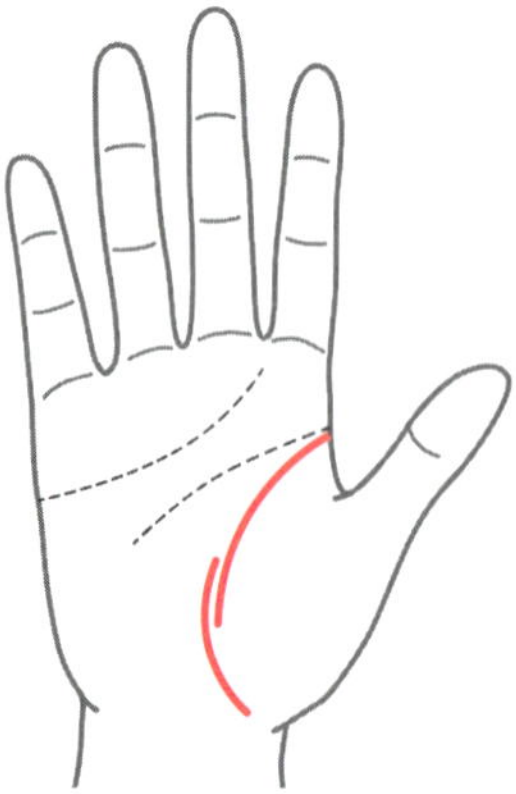

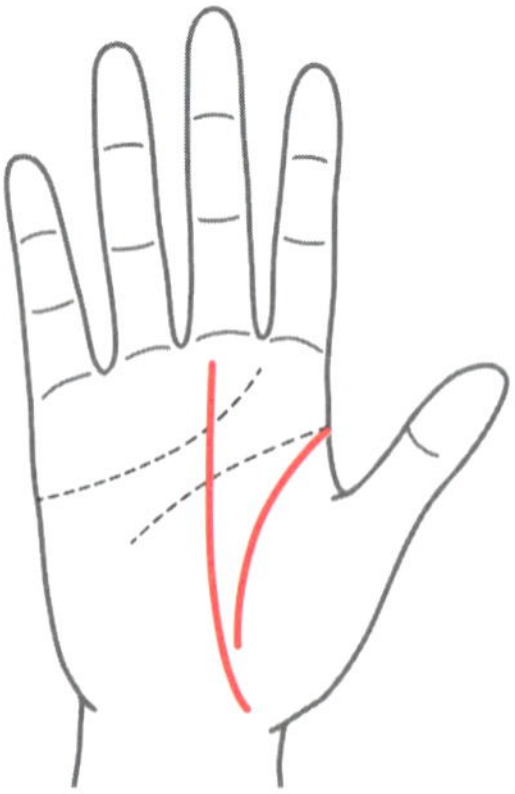

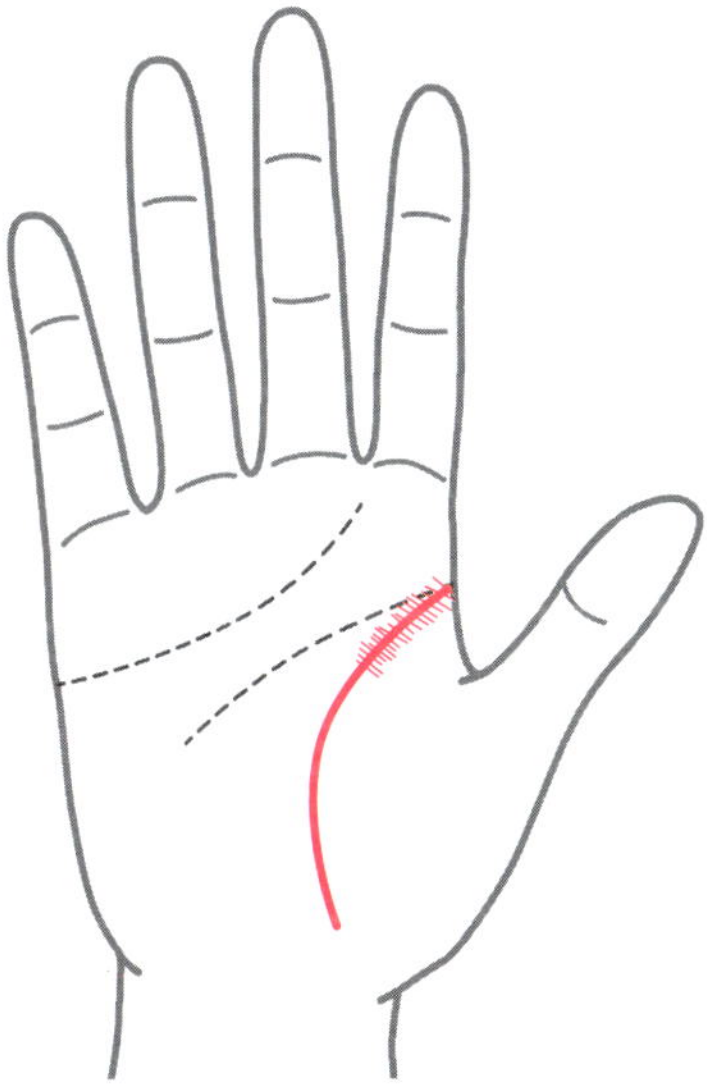

生命線上を横切る複数の薄い横線がある

強いストレスを感じている

生命線を横切るように薄い線がたくさん出ていて、生命線の輪郭がぼやけるようになっているのは、ストレスを強く感じている表れです。不調が表れる時期は流年法でみますが、流年にかかわらず、この相になっている時は注意が必要です。ストレス症状が体に出ないように、こまめに気分転換してください。

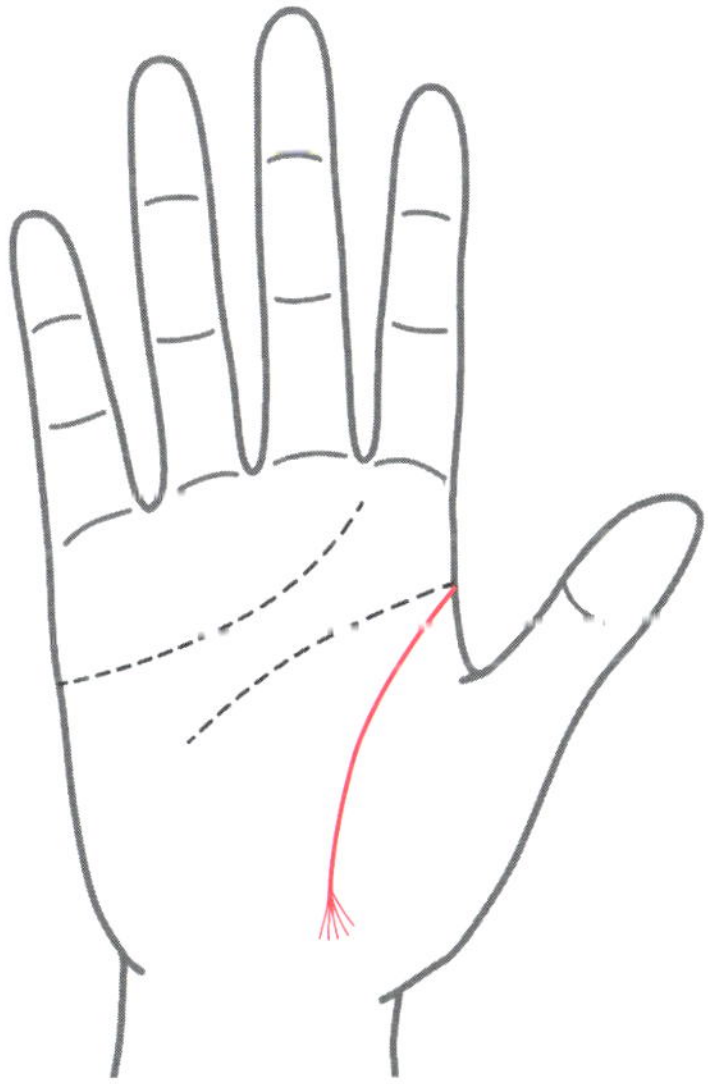

末端に房状の弱々しい線が出ている

晩年に体力が急低下する

生命線の末端に薄く細い線が複数出て房のようになっているのは、体力低下のサインです。特に60代以降急速に体力が衰える危険を示します。この相の人は普段からエネルギー不足になりやすいようです。不摂生せず晩年に不調が出る前に、若いうちから体を大事にしておきましょう。

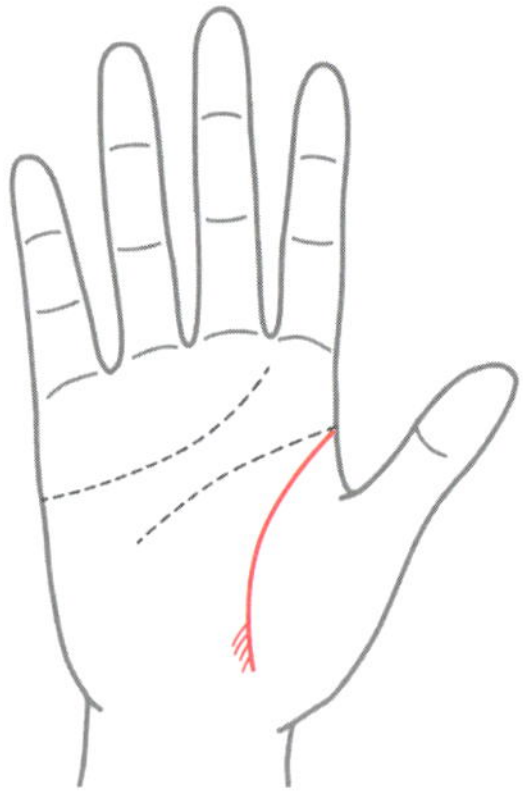

末端に３本以上の支線が出ている

過労の兆候があり、要注意

生命線の末端付近に外側に向かって３本以上の支線が出ているのは、多忙な人に表れやすい相で、過労や不調の前兆を意味します。ストレスが溜まり神経質になっていることも表します。支線が勢いよくはっきり出ている間はまだ問題ありませんが、線が弱々しく垂れ下がるようになってきたら要注意。無理をせず体を休めるようにしましょう。

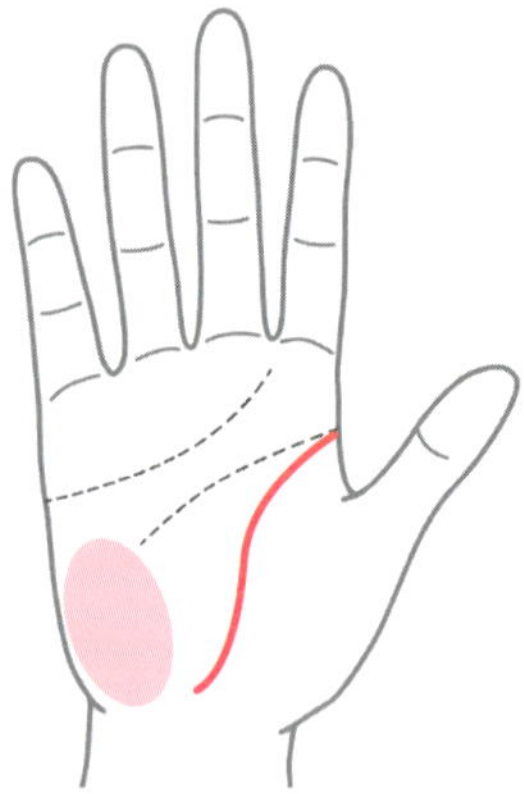

線の終点が月丘に向かっている

環境が変化しやすい人生を送る

生命線が外に流れるように月丘に向かって伸びているのは、職業や住まい、人間関係などの変化が多い人生を送ることを示しています。不安定な人生といえますが、よく言えば行動的で、1つの場所に執着せず自由に生きていくタイプです。転勤や出張の多い会社に勤めるなど、変化のある仕事を選ぶとしっくりくることがあります。

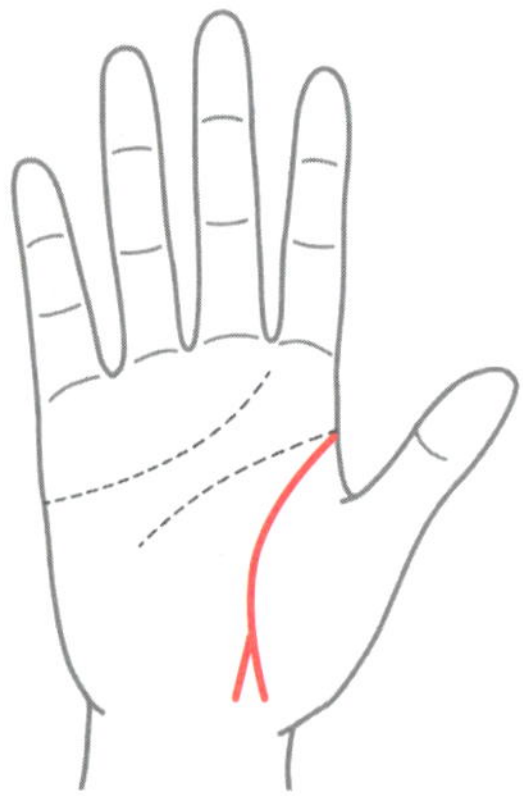

終点が勢い良く二又に分かれている

生命線を補佐する働きがある

生命線は支線などのみだれや途切れがなくすっきりと1本伸びているのが理想的ですが、終点が二又に分かれていても、線に勢いがある場合は生命線を補佐しているという良い意味にとらえます。しかし、弱々しく二又に分かれている場合は、病気の暗示なので注意してください。なお、二又の枝線が月丘に向かっているのは、旅行線（178ページ参照）という別の意味を持つ線です。

チェックすべき線の形状とマーク

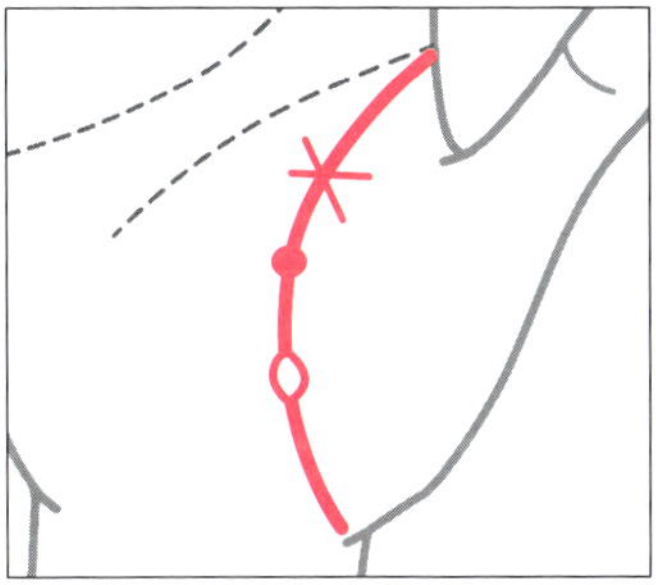

障害線マーク（シマ・斑点・クロス）

マークが出ている時期に病気やケガ、ショックなことが起こる可能性があります。生命線の下部に出るシマは、婦人科系や膀胱腎臓の病気を暗示します。

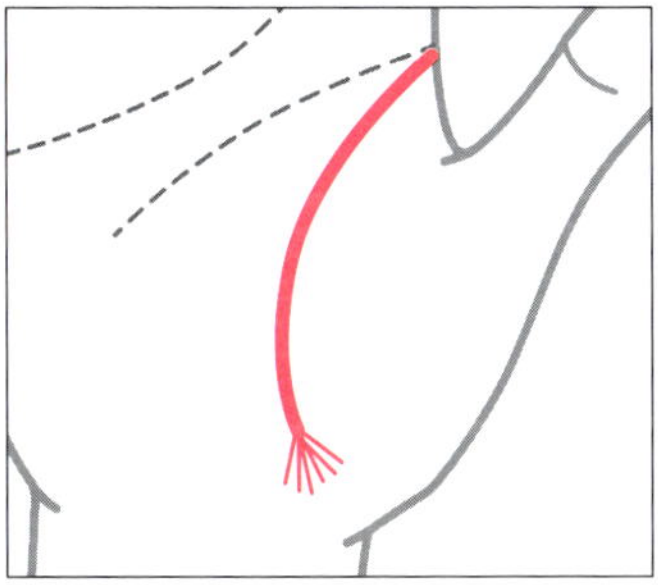

総状線

生命線の先端が細かいフサ上になると、晩年に老けこみやすいことを示しています。早めのケアが大切です。

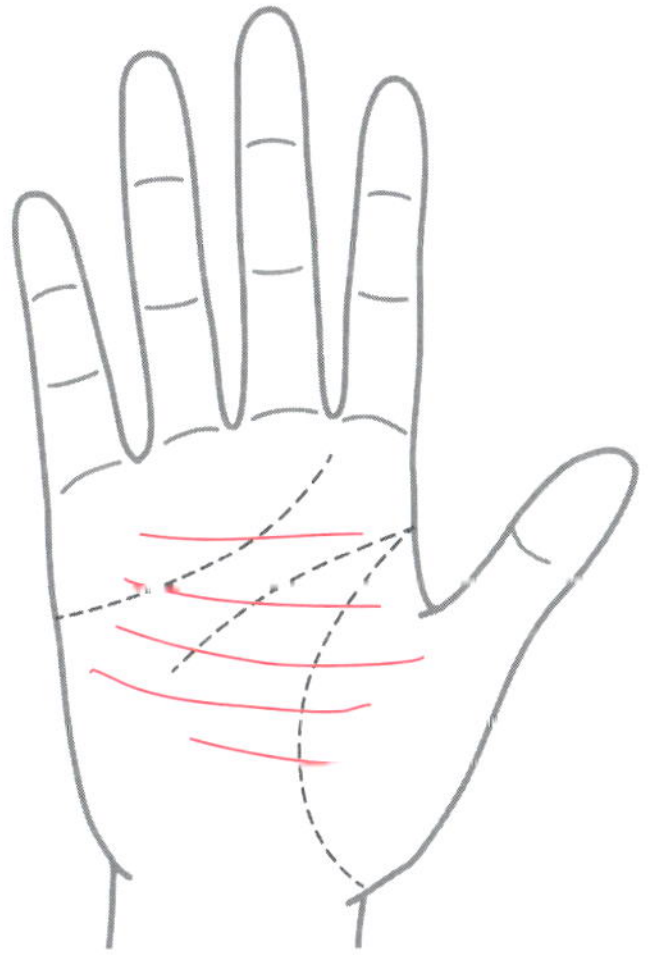

column

手のひらに横線が増えてきたら…

生命線上だけでなく手のひら全体に複数の横線が出てきた時は、気苦労やストレスを多く抱えている時期です。生真面目で根をつめるタイプの人に横線が出やすい傾向で、すぐには病気につながらなくても注意する必要があります。横線を濃くしないように意識してのんびりしたり、楽しいことで時間を忘れて頭を休めましょう。

流年法でみる生命線のマークと線の種類

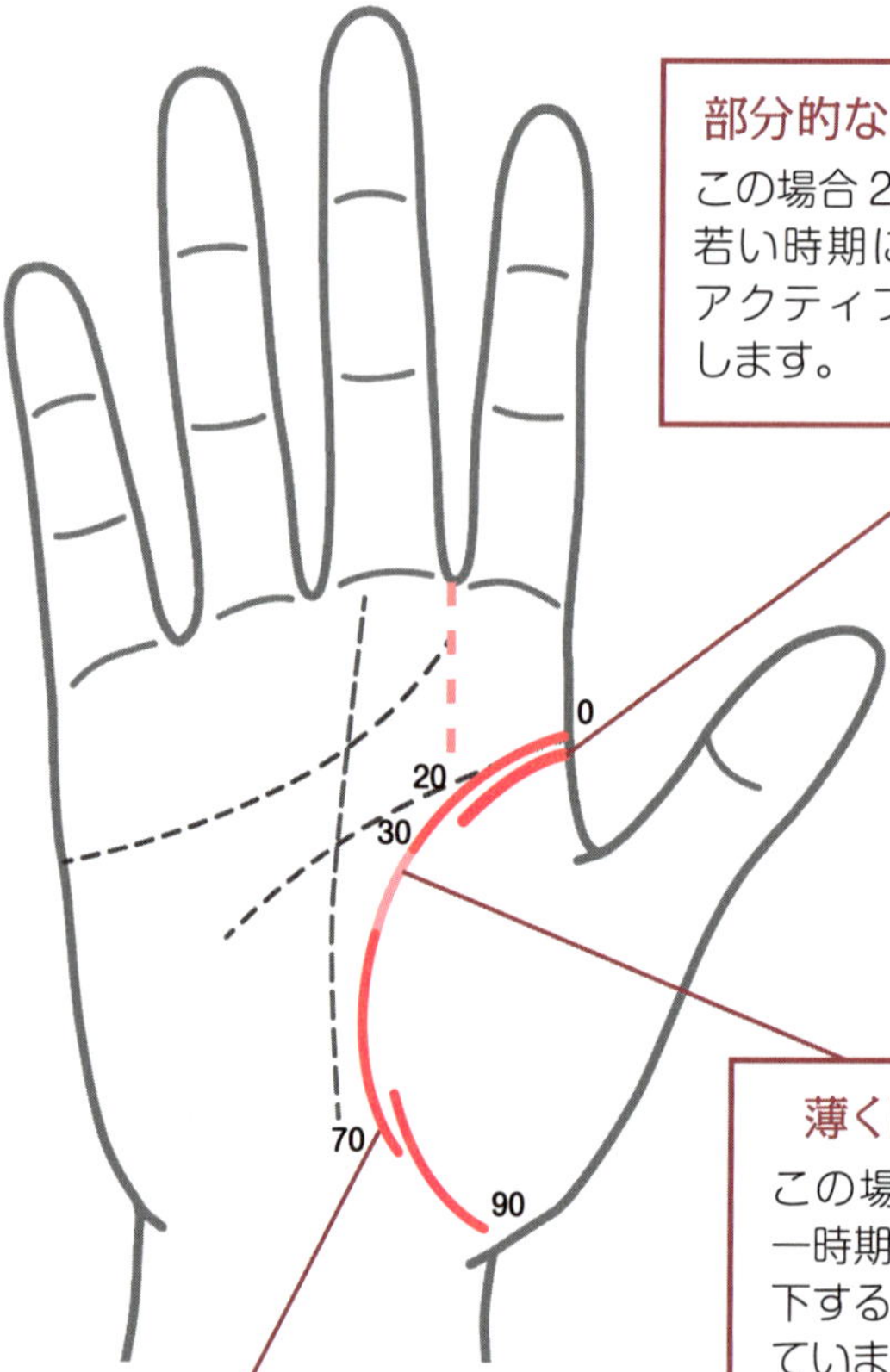

部分的な二重生命線

この場合20歳頃までの若い時期に特に健康でアクティブなことを示します。

薄くぼやける

この場合30代の一時期に体力が低下することを表しています。

切り替わり

この場合70歳頃に体の切り替わりがあるので病気に注意して過ごす必要があります。

生命線の内側、金星丘に出る線

生命線の内側にある金星丘に現れる線も、さまざまな形状と意味があります。これらの線にも注目しましょう。

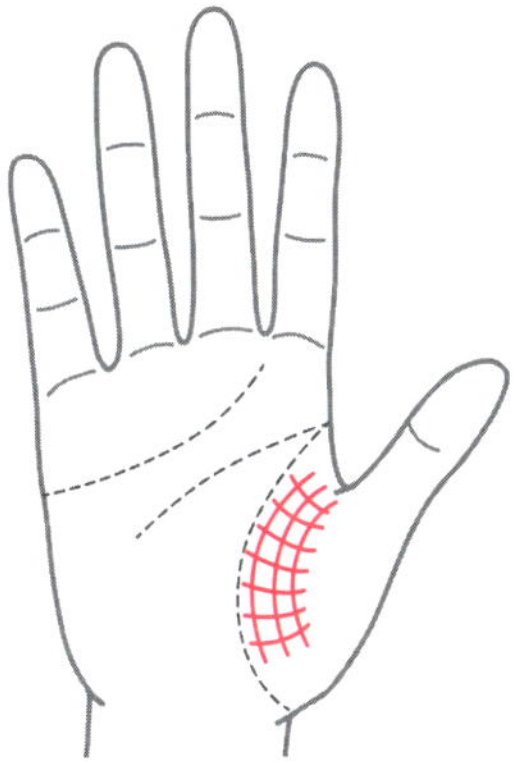

細かい格子

いろいろと気が付く
細やかな愛情タイプ

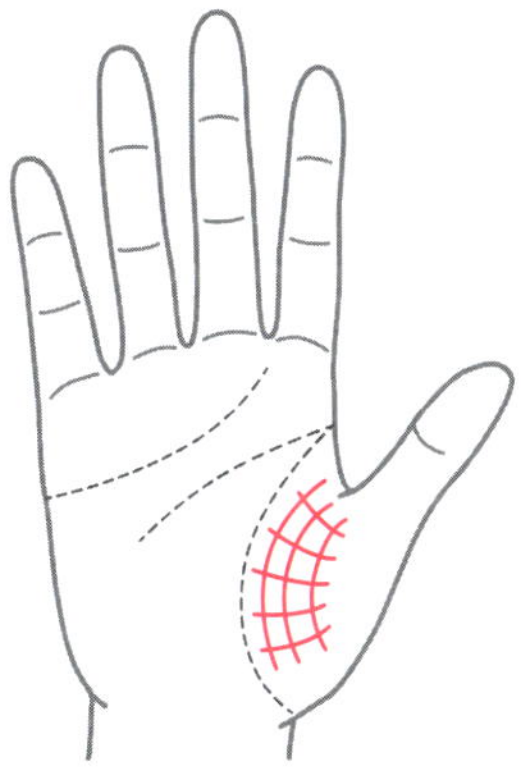

大きな格子

愛情深く大らかな人で
包容力のあるタイプ

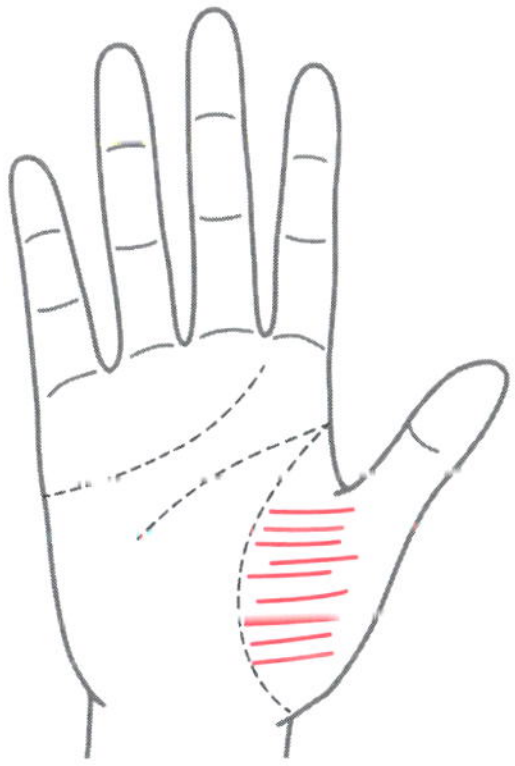

横すじ

ストレスを受けやすいが、
人の心の痛みがわかる繊細なタイプ

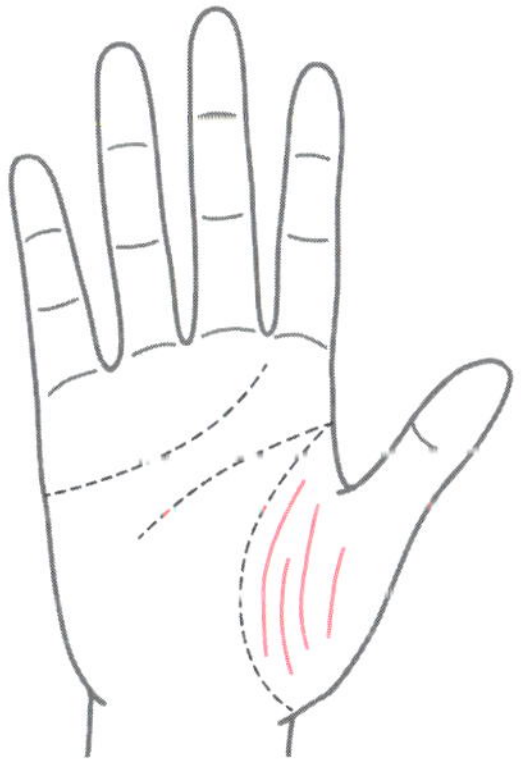

薄めの縦すじ

多情多感の恋愛気質で
モテるタイプ

column

運命線がなくても大丈夫

この章で、基本線の各分類をみてきました。四つの基本線の中で、運命線だけはある人とない人がいるので「運命線がない」ということで気になる人がいるかもしれません。しかし、線が表わすのはその人の気質です。運命線の有無や濃さには、その人の醸し出すムードがよく現れています。

たとえば、運命線の濃い人は少々苦労してでも自分らしく道を開拓し、雰囲気も堂々としたものがあります。運命線の薄い人は、協調性があり慎重なタイプなので自分の才能を引き立ててくれたり助けてくれたりする人たちの中で活躍します。ですから、運命線の薄い人は高い地位にいる人でも、控えめなムードがあります。

運命線がまったくない人は、かなりのマイペースで、その時その時に即して生きるタイプです。また、素直な人が多いので、組織やグループのムードメーカー的な存在になっている人も多いです。

運命線がない人は、若い時に、生きる環境が決まると、そこで頑張りのびのびと活躍します。環境が合えば、与えられた環境に沿って力を尽くして出世する人もいます。運命線のない人は流れに沿うことがうまいので、道さえ決まれば迷いなくひたすら突き進みます。

ただ、そういう人が、突然の方向転換を余儀なくされたり、独立して自分だけでゼロから立ち上げようとすれば、迷いが出ることでしょう。そういう時には、身近な家族や信頼のおける人と相談して決めていくと後悔がないでしょう。

運命線のない人は、自分で道を切り開くことが得意ではないので、環境の変化には注意が必要です。人の影響を受けてゆらぎやすい性格なので、付き合う仲間、パートナーが大事です。「運命線がない」ということで悩むのではなく、自分はこういうタイプだという自覚を持ち組織やグループに属すると道を大きく外れにくいでしょう。いきあたりばったりの決断は避けましょう。

第3章

その他の重要線を見ていこう

基本線以外はすべて補助線とマークです。
補助線はある人とない人がいますが、性格や運気を知る手がかりになります。

補助線とマーク

手相では手のひらの線を、①基本線と②その他の補助線とマークにわけます。ここからは補助線とマークをくわしく学んでいきましょう。

補助線は出ている人と出ていない人がいるので、基本線に比べると見つけるのが難しい線かもしれません。補助線も基本線と同じように、出る場所や伸びている方向によって丘のエネルギーを強く受けるので、丘の位置や意味をたしかめながらおぼえるようにしましょう。

補助線は見つけにくいのですが、運勢をみる上でひとつひとつに重要な意味があります。人の隠れた才能や、気質、その時々の運気の変化やラッキーな兆候を補助線から読み取ることができます。補助線の中でも結婚線と太陽線と財運線は特に重要な線です。

細かく分類をおぼえる必要があるので、まずはその三つの線から学びましょう。

結婚線

小指の付け根と感情線の間から横に伸びる線

太陽線

太陽丘に伸びる線

財運線

水星丘に伸びる線

代表的な補助線

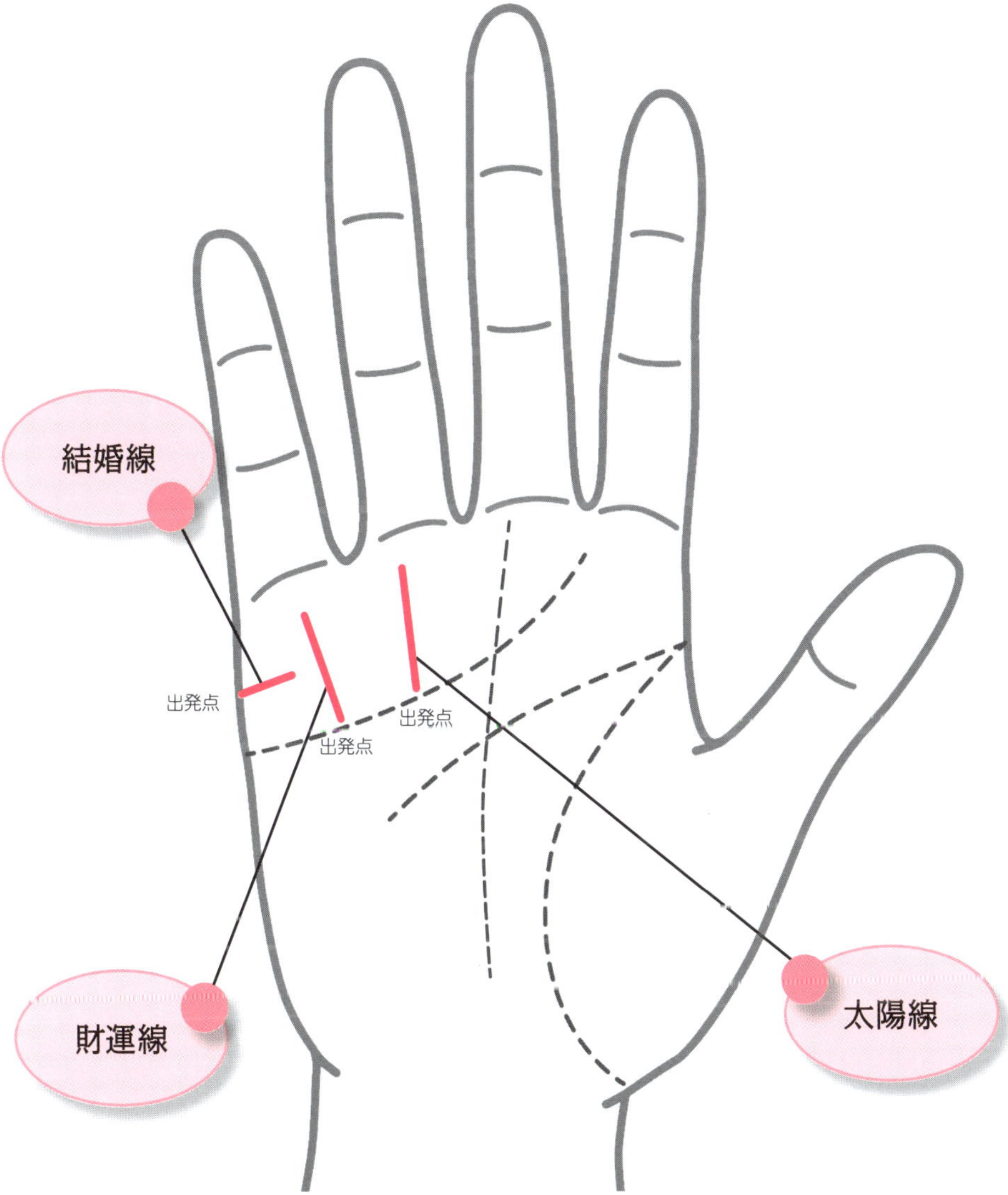

結婚線

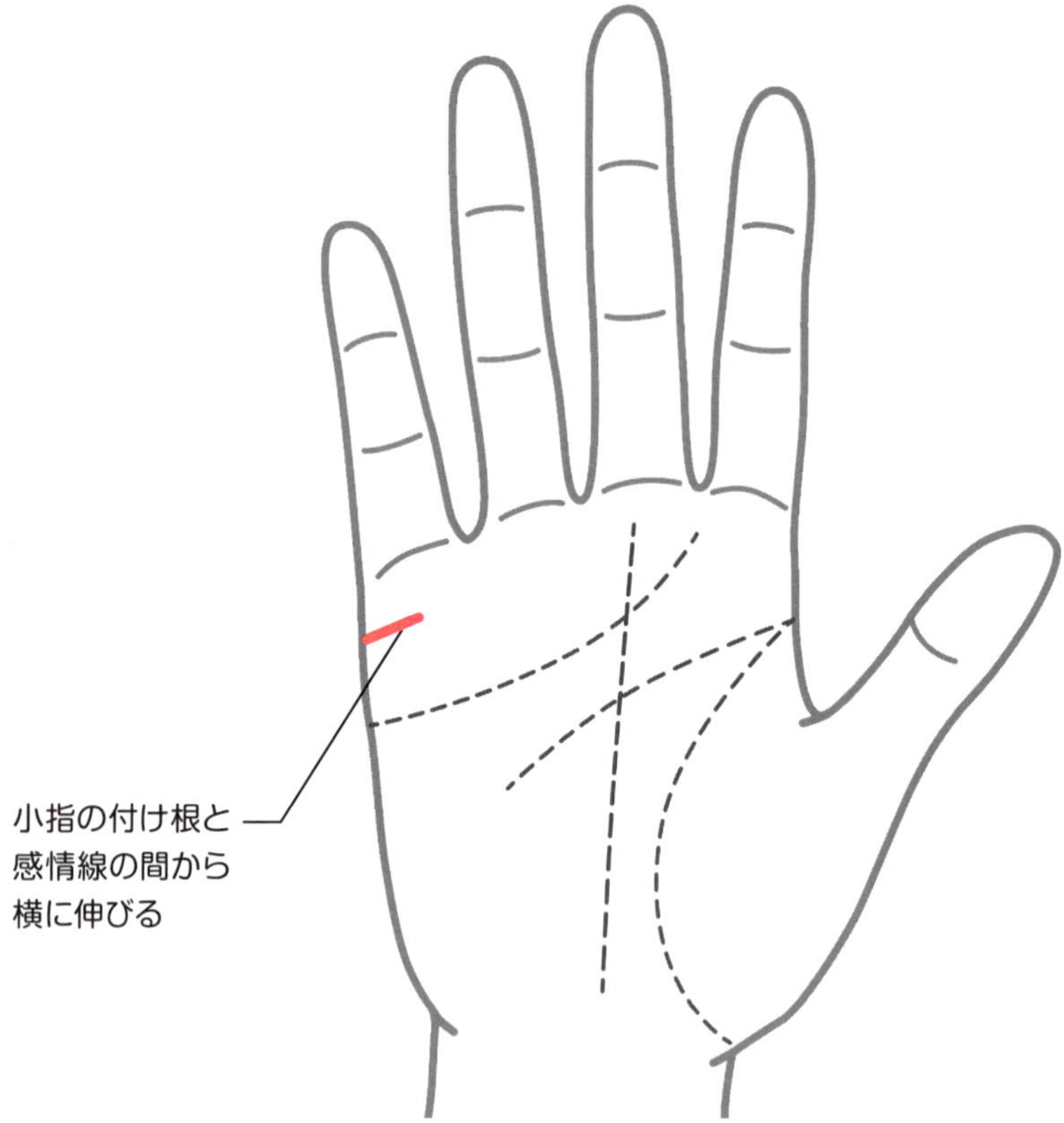

結婚・出会いの時期、結婚生活の状態、結婚への執着心を表す

結婚線は、その人の結婚観やどんな結婚生活に縁があるかがわかる線です。また、結婚や結婚までいかなくても記憶に残る恋愛など男女の出会い運も表している線です。線がはっきり出ている時期が出会い運のピークで、異性を求めて家族を作っていきたいという本能の高まりを表します。その時期は交際が始まりやすかったり、結婚への道のりがスムーズです。流年法でみて感情線へ寄るほど早い出会い運です。また、線がピンク色のように濃く見え始めたら結婚への意識が強くなっているしるしです。結婚後も、線はその人の結婚生活への意識を反映し、変化していきます。なお結婚の時期は、運命線の切り替わり時期なども合わせてみる必要があります。

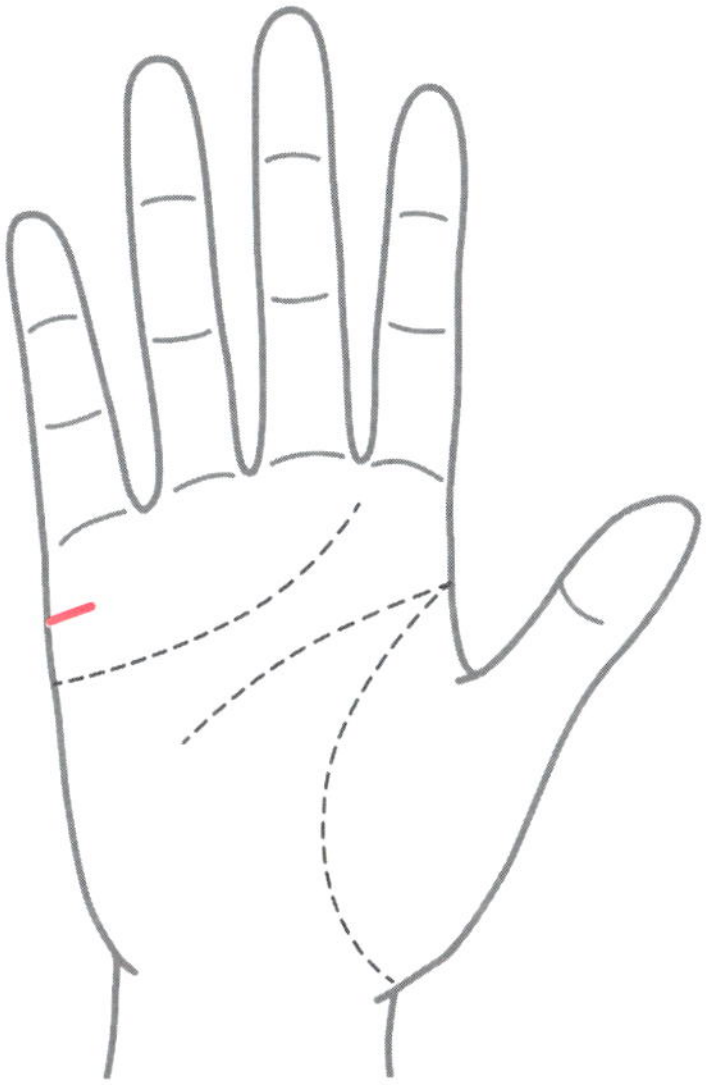

1本だけ真横にまっすぐ伸びている

結婚願望が強く、結婚運は良好

はっきりとした結婚線が１本だけあり、線が下がらず、真横に伸びているのは、保守的な結婚観の持ち主です。恋愛＝結婚と考える傾向があり、一度結婚したらめったなことでは離婚は考えないタイプの人です。恋人も同じような結婚線だと、２人の結びつきが強くなります。この相の人は安定した結婚運なのですが、恋愛気質ではないので、相手がいない場合はお見合いや紹介で出会いを求めるのがおすすめです。

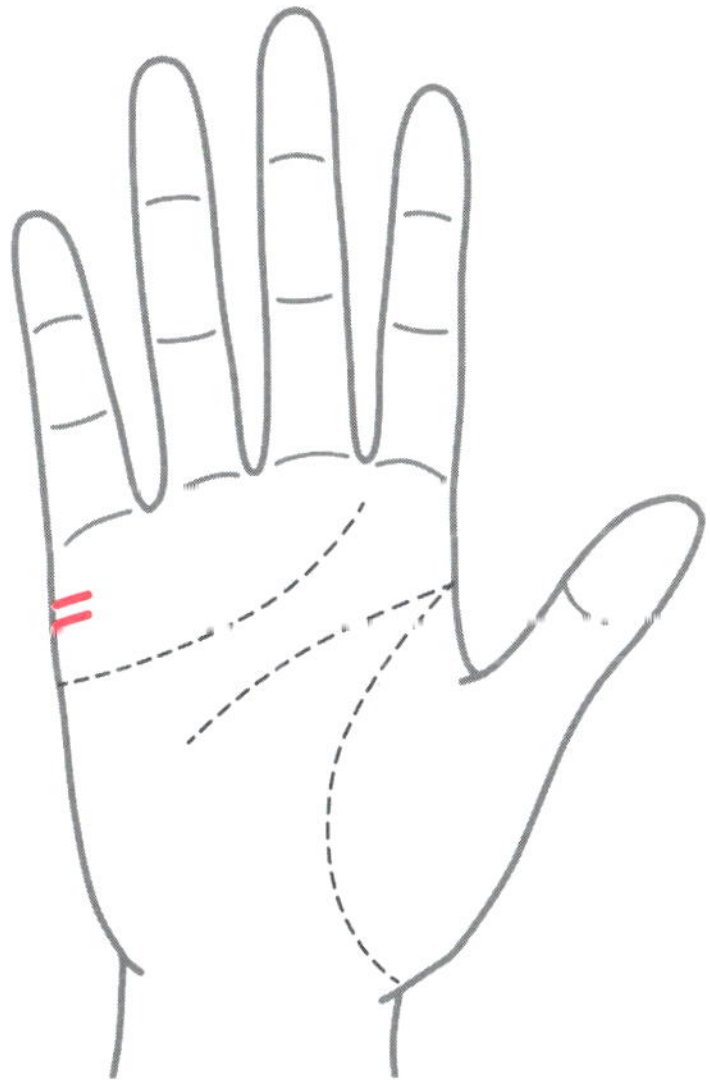

同じ長さの結婚線が2本ある

結婚相手に向き合う意識が強い

結婚線が２本だけはっきりと出ている場合は、１本だけ出ている人と似た傾向があり、保守的な結婚観で安定を求めます。相手が向き合ってくれない場合は離婚、再婚というケースもありますが、一度でおさまることが多いです。同じ人と二度結婚して新婚気分を二度味わうような人もいます。結婚線は水星丘に出ている線で、水星丘は財運を意味し、また、生殖器とも関連の深い丘です。みだれがなく1本か2本すっきり伸びる人は結婚後に安定した経済や子供や身内に恵まれた結婚を求める人とみます。

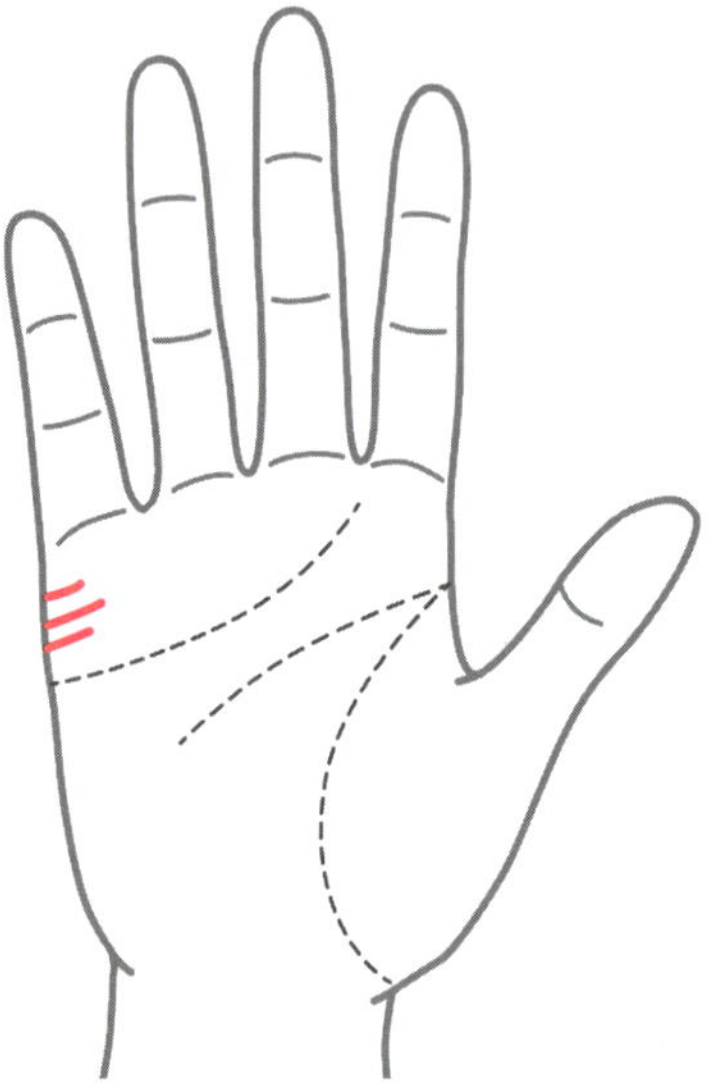

線が3本以上複数伸びている

結婚のチャンスが何度かある

結婚線が3本以上出ている人は、出会いのチャンスが多いので大恋愛を何回かして結婚のチャンスが複数ありそうです。迷ってしまい1人に絞れず婚期が遅れる人や、結婚した後もっと良い人がいたのではないかと考えてしまう人もいて、結婚運としては不安定です。必ず離婚するわけではありませんが危険をはらんでいます。複数の結婚線のうち、一番長くまっすぐ伸びている線で婚期を判断します。

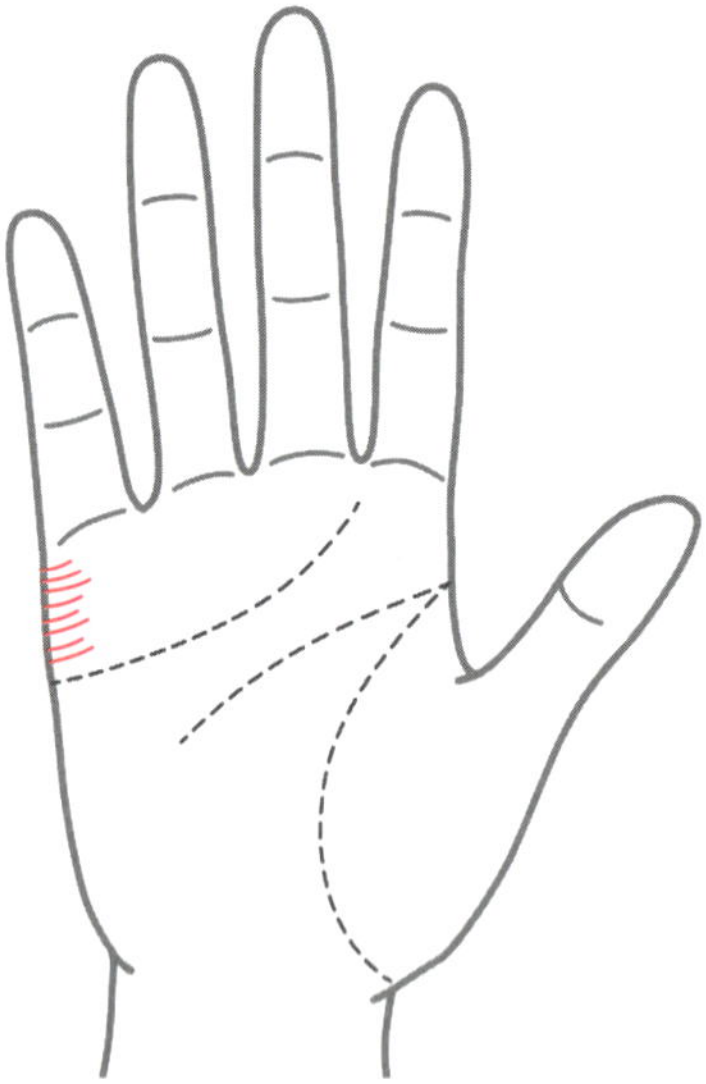

薄いシワのような線がたくさんある

感受性が豊かで恋愛チャンスが多い

鋭い感性の持ち主で、恋愛の機会がたくさんある人です。結婚のチャンスに恵まれるタイプですが、「この機会を逃したらあとがない」というような気持ちになりにくいため婚期を逃しかねません。惚れやすく惚れられやすい、恋愛を楽しめるタイプですが、年をとるほど良い相手との出会いが減っていくものなので、適齢期をあまり過ぎないうちに結婚を決めたほうが良いでしょう。

結婚線が長い、または太陽線に届いている

幸せな結婚をする可能性大

結婚線は、小指の真ん中まで伸びていれば、かなり長い方です。長い結婚線の持ち主は、良い結婚に縁があるだけでなく、自分も良い結婚を目指して努力する人です。さらに、薬指下の太陽丘まできれいに伸びている結婚線は、幸せな結婚の暗示です。玉の輿婚など経済的に恵まれた結婚をする可能性があります。太陽線に届いている場合は、社会的な地位や財産に恵まれた満足のいく結婚をすることになりそうです。自分磨きをして、交友関係を広げていきましょう。

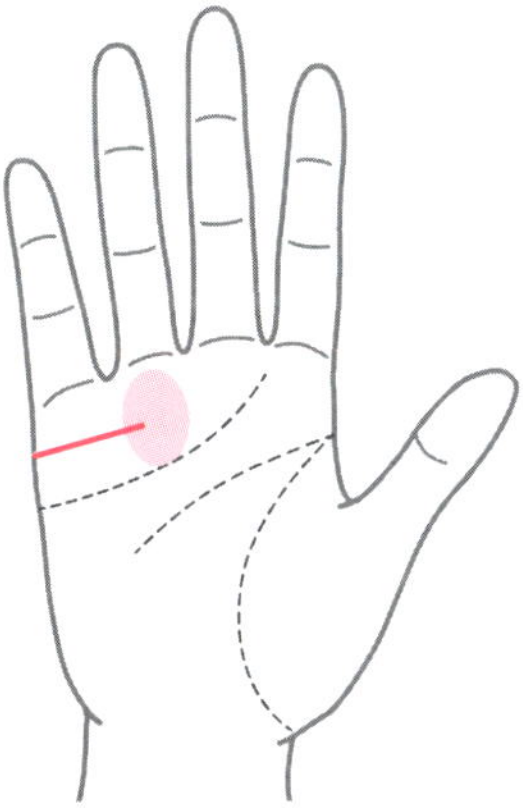

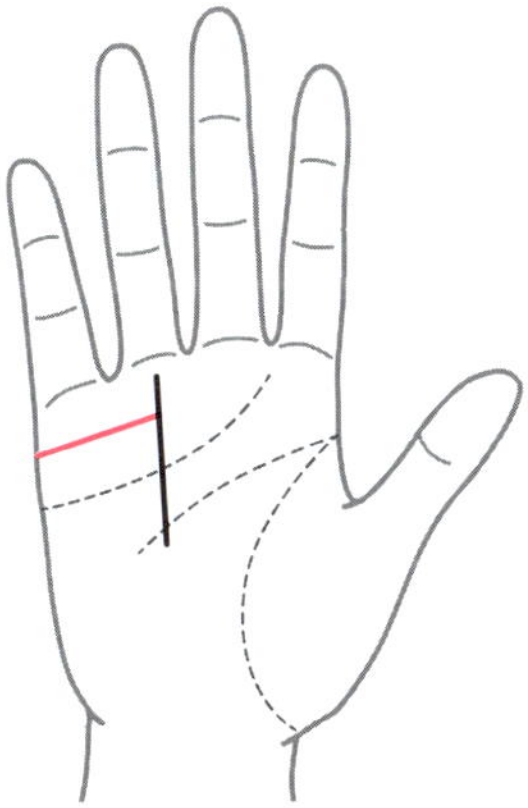

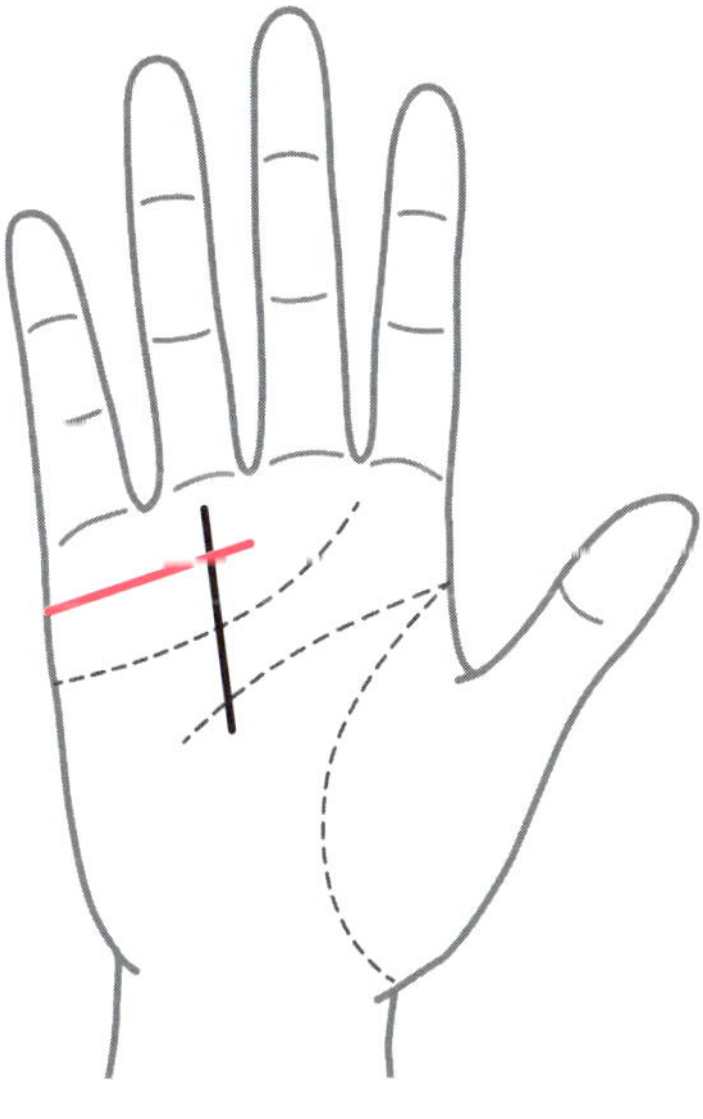

太陽線を越えて伸びている

結婚の話には慎重になるべき

一般的に、手相では主要な縦線を遮る横線があるのは良くないこととみる傾向があります。結婚線は長いほど吉相ですが、太陽線を越えて伸びている場合は玉の輿の相とは異なります。結婚する際には、おいしい話に気をつけてください。ただし、良い出会いはあるので、慎重に行動すれば問題ありません。

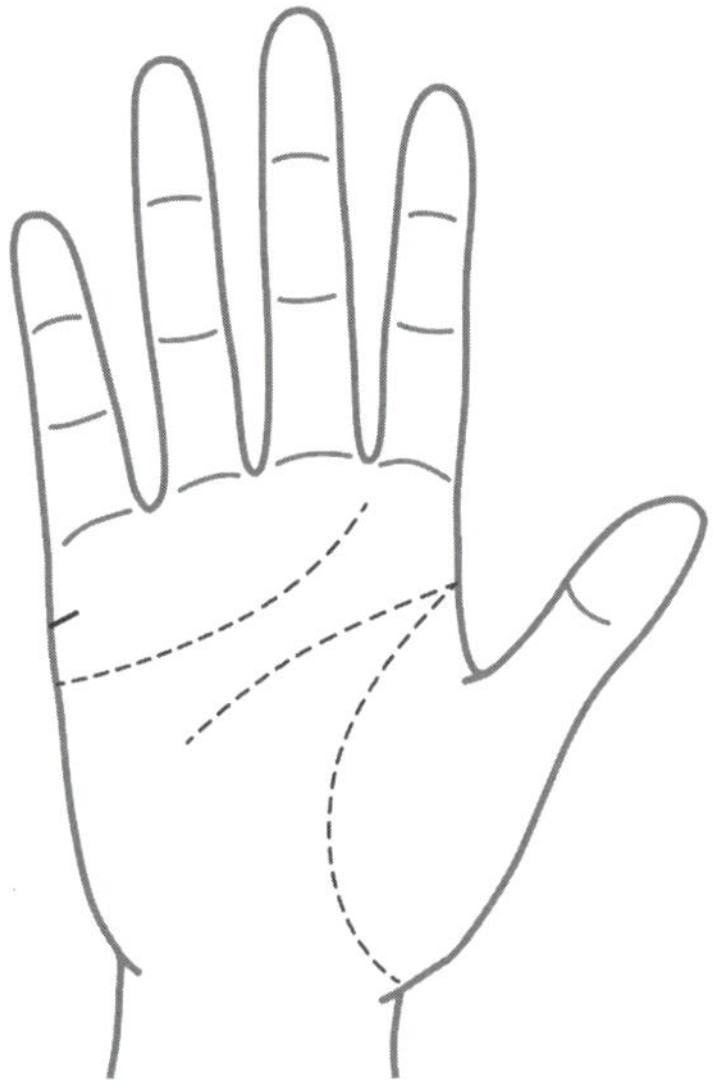

線が薄くて細い、または短い

結婚はまだ先と考えているタイプ

結婚線が薄くて目立たない人や、極端に短い人は結婚運がないわけではなく、結婚に対する意気込みや執着が弱い状態を表します。結婚したいと言いながらも「独身のまが気楽で良いかも」と考えてしまったり、家庭を作る自信を持てなかったりして、今ひとつ結婚に本腰を入れられないようです。この手相の人は「結婚したい」という意志を強く持つことで運気は変わってきます。お見合いなど、人の力を借りるのも一案です。なお、結婚してからだんだん線が薄くなるのは、相手が空気のような存在になっていることを表すので、問題ありません。

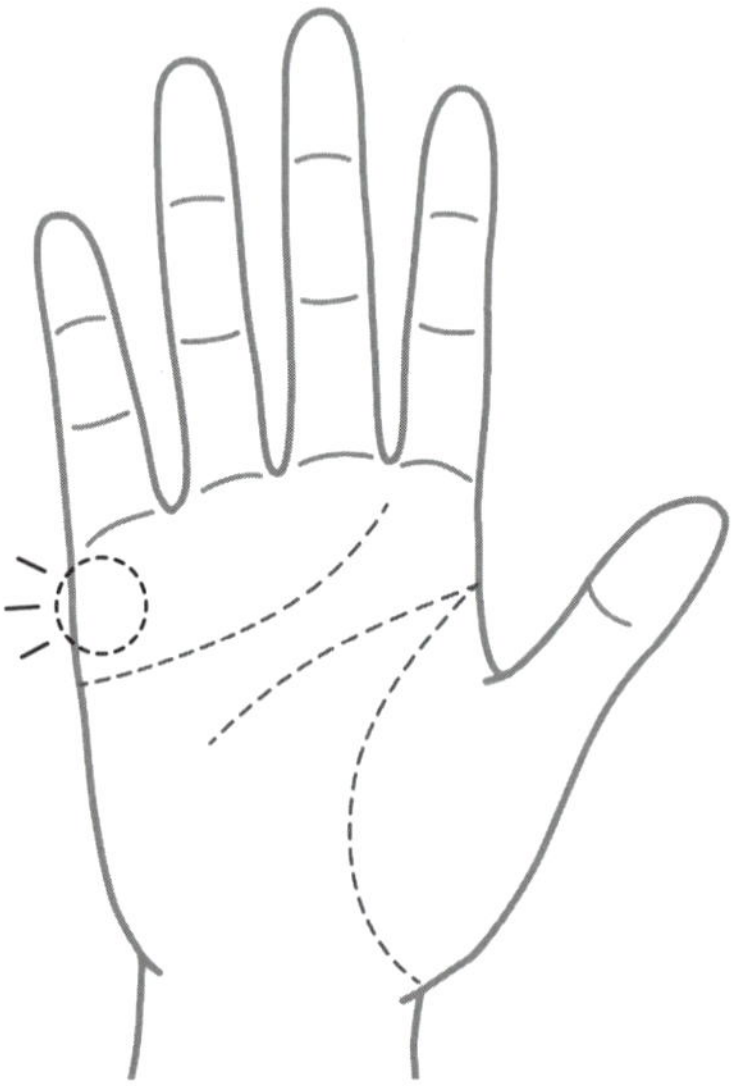

線がない

結婚に対する憧れがないタイプ

結婚線が1本もないのは、一生結婚ができないことを意味するわけではありません。本人の結婚願望がまったくなかったり、理想的な結婚にこだわらないさっぱりしたタイプです。幼少時の家庭環境などが原因で、結婚に対する憧れがない場合も多いようです。この相の人は、国際結婚など変わった結婚スタイルに縁があります。

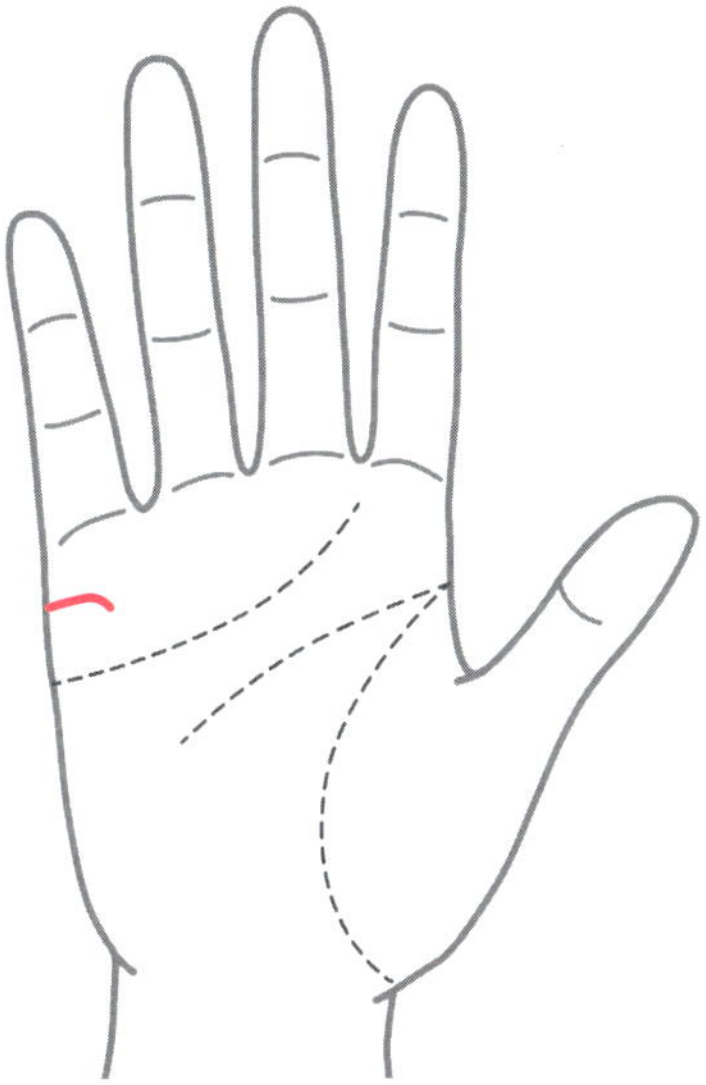

終点が少し下がっている

相手への愛情が冷めている

結婚線の終点が少しだけ下降しているのはパートナーへの愛情が少し冷めているサインです。とはいえ、付き合う期間が長くなると結婚線が少し下がるのはよくあることなので過剰な心配は不要です。多少の不満があっても折り合いをつけて結婚生活をうまくやっていけるタイプです。ただし、線がどんどん下降していくと、結婚に危険サインが灯りそうです。未婚で結婚線の終点が下がっている人は、異性に向き合う意欲が弱いので積極性が必要です。

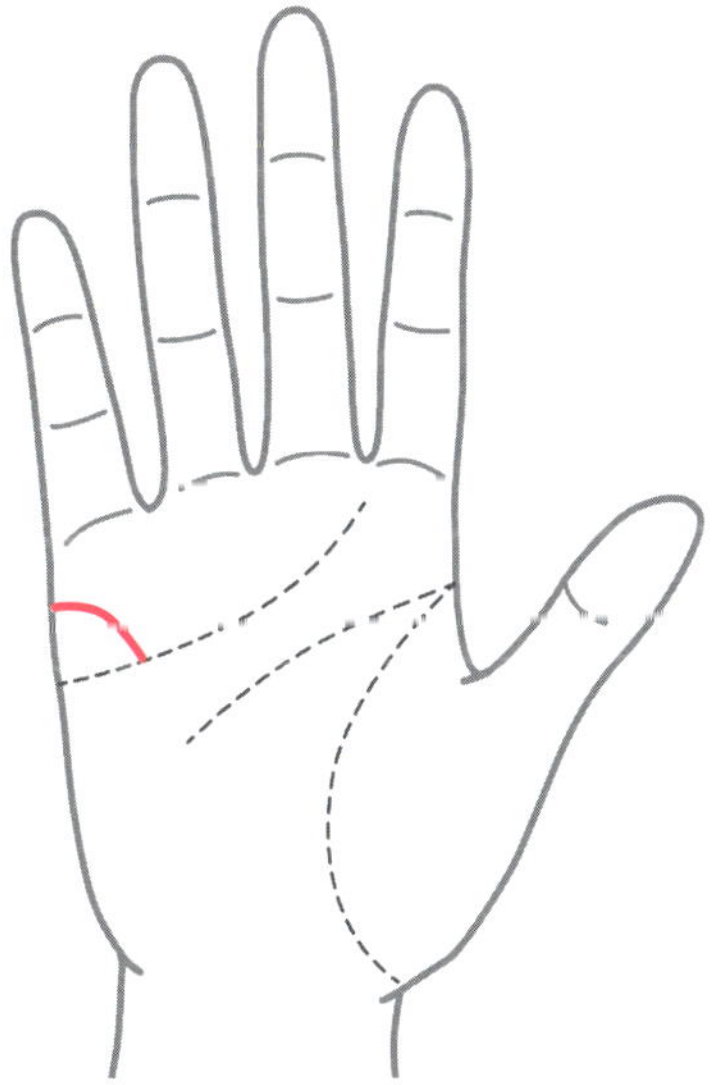

急カーブして感情線まで下降している

“同居人”のような状態

感情線に届くほど結婚線が下降している人はパートナーとの関係が冷え切っていたり、仲は良くても男女の関係より友情で結ばれた関係になっている状態です。感情線を越えるほど下がると、完全に愛情が冷えて仮面夫婦のような状態です。パートナーの体が弱く性的に満たされない場合などにも結婚線が下がる傾向です。下降している同士の場合は割り切った関係を持続できますが、片方だけが下がっている場合は、不満が溜まりそうです。

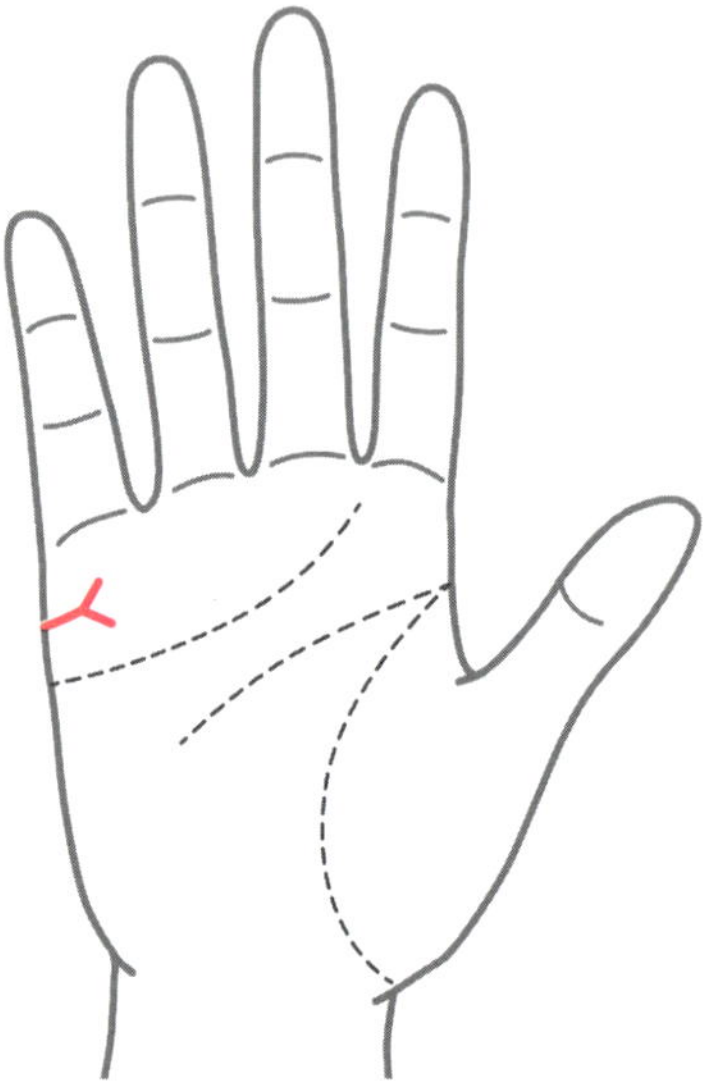

終点が二又に分かれている

夫婦の心と体が離れている

結婚線の終点が二又になるのは夫婦の心が別々の方向へ向かっている暗示で、離婚の危険をはらんでいます。ただし、1人の時間を大事にし合う夫婦なら別れずやっていけます。二又が小さければ転勤など一時的な別離を意味します。この相は白黒はっきりつけたがる人に出やすい傾向があるほか、独身の人で恋愛に自信が持てない場合にも見られます。結婚にあまり理想を求めず、ライフスタイルの合う人と結婚すると良いでしょう。

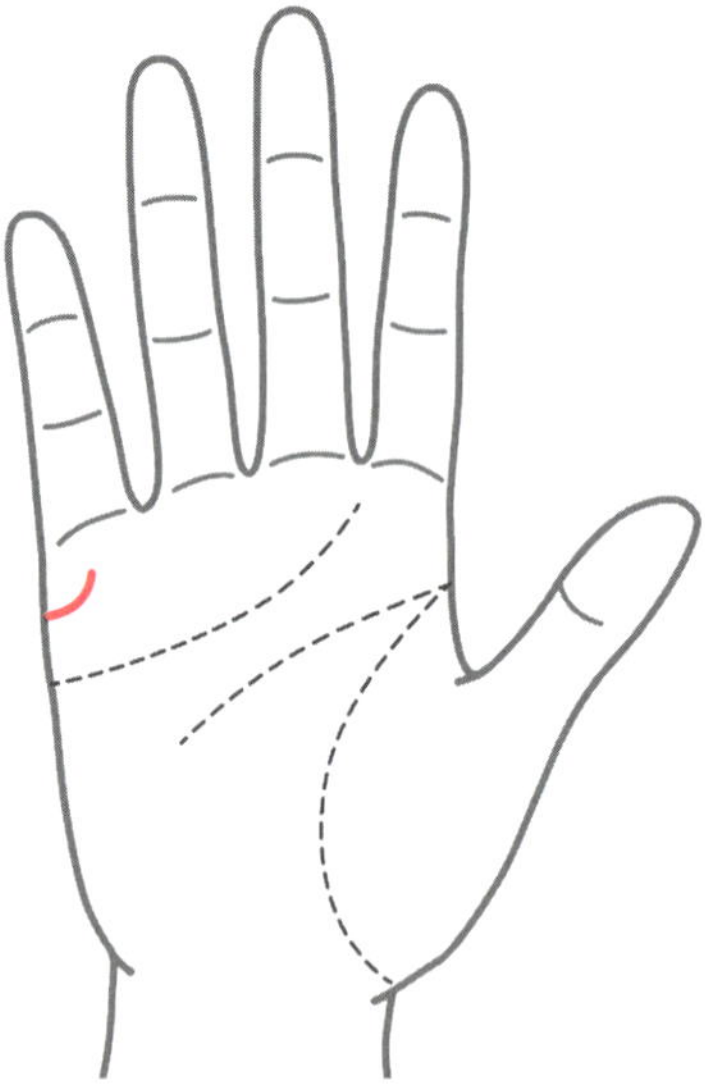

終点が小指に向かって跳ね上がっている

結婚相手の理想が高いタイプ

結婚線が跳ね上がるように上向きのカーブをしている人は結婚に対する理想が高く、相手をシビアな目で見る傾向です。現実的で生活力のある女性に多く見られる相で、理想が高すぎてなかなか結婚できないことも多いようです。条件を絞って趣味嗜好の合う人を探すのがおすすめです。なお、急上昇せず、ほんの少しだけ上向きにカーブしている結婚線は結婚運が最高に良い状態であることを意味します。

結婚線から小指に向かう枝線が伸びている

仕事と家庭を両立できるタイプ

結婚線が真横に伸び、枝線が跳ね上がるように上向きにカーブしているのは、生活力があり精神的にも安定している状態です。仕事と家庭を両立でき、ゆとりのある結婚生活を送れそうです。一方、結婚線が下降してしまっている場合は、夫婦の愛情が冷めてしまっており、仕事にばかりエネルギーを注いでいる状態を表します。結婚線が下降するほど、相手への愛情がどんどん冷え切ってしまうことを意味します。

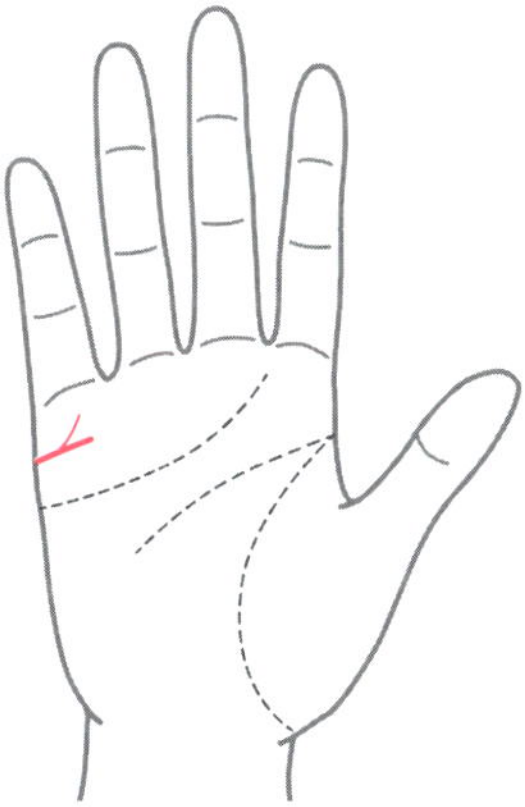

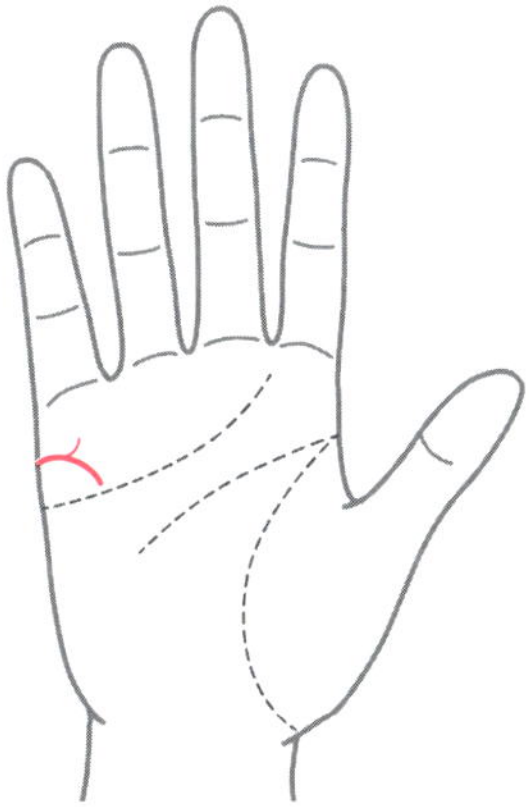

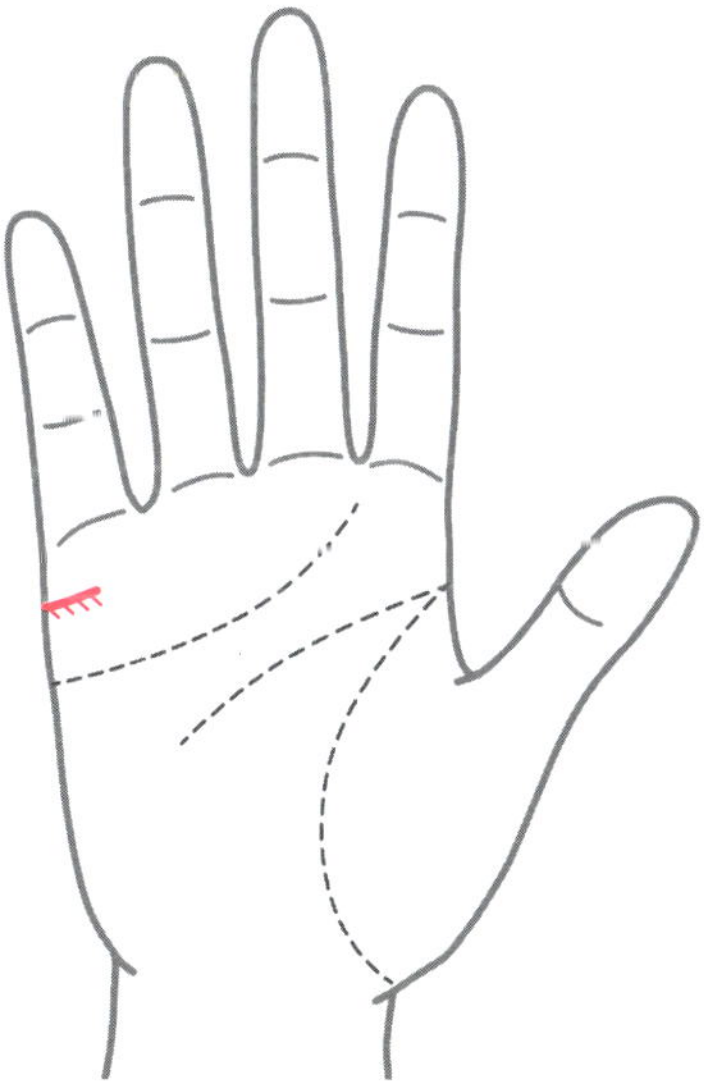

下部に複数の支線がある

結婚生活に苦労がある暗示

結婚線の下に短い支線がたくさん出ているのは、夫婦の愛情が冷めてしまい倦怠期になっているか、あるいは、結婚相手が病気などで経済的に頼れない状態を暗示しています。このような相の時は、さらに気苦労を抱え込まないように、自分の楽しみを持ったり、前向きに働いて経済状態を安定させたりすることが大事です。

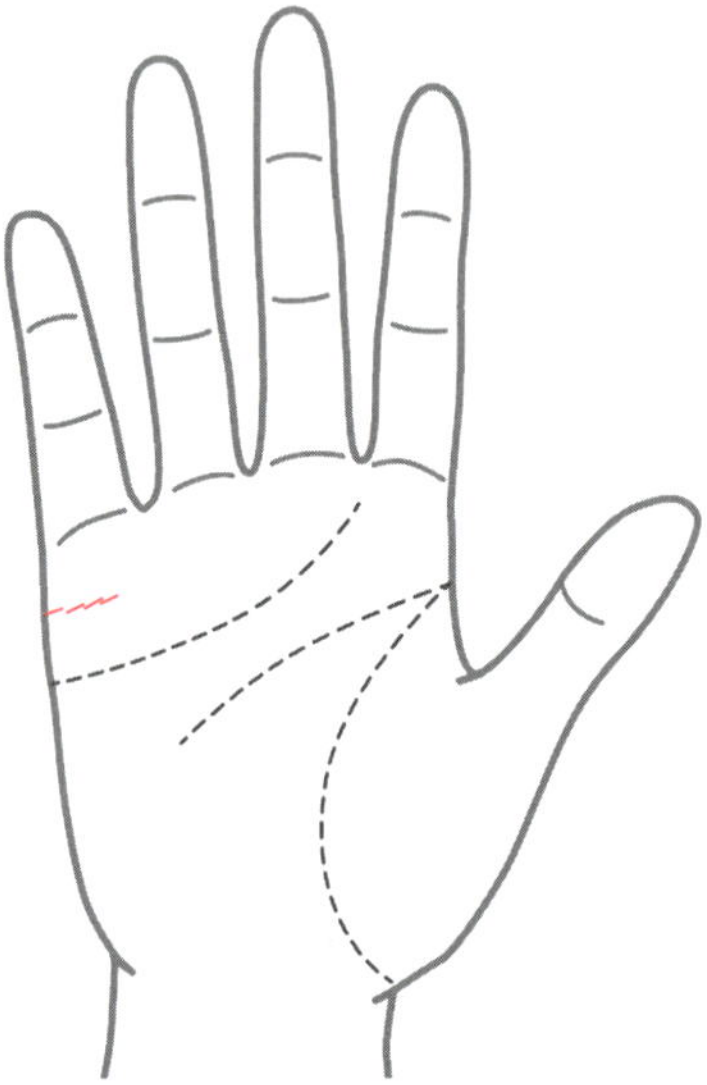

キレギレになっている

夫婦の愛情もキレギレになっている

結婚線が1本の線ではなくキレギレになっているのは、不安定な結婚運を表します。相手へ不満があったり、相手に飽きるなどして愛情がぐらつきやすくなっています。けれども、「夫婦喧嘩は犬も食わない」というような状態で離婚すべき危機ではありません。仮に離婚して他の人と結婚しても、同じ状態になりやすいので早まった決断は避けましょう。

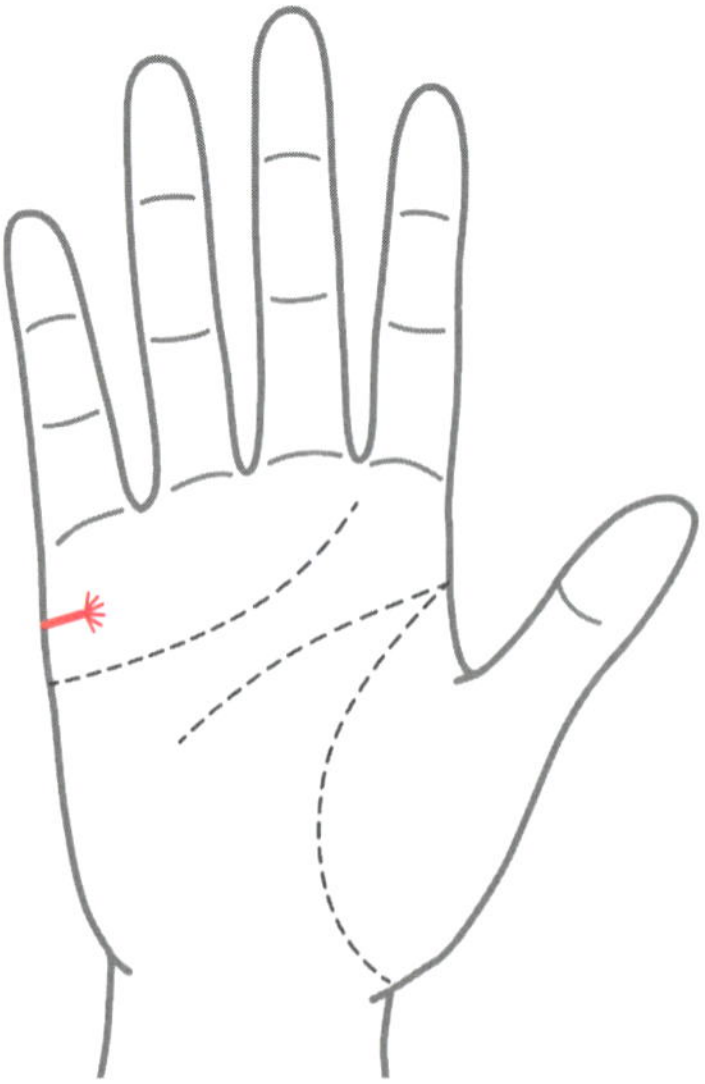

終点が房状に分かれている

倦怠期を迎えている

夫婦の愛情が分散している状態です。子育てや仕事など、パートナー以外のことで頭がいっぱいで、結婚生活が淡白になっています。夫婦共、あるいは片方が多忙なときにも現れる相です。夫婦どちらかでもこの相の場合は、外食や旅行などでコミュニケーションを深めたり、プレゼントなど形のあるもので日頃の感謝の気持ちを伝える工夫が必要です。

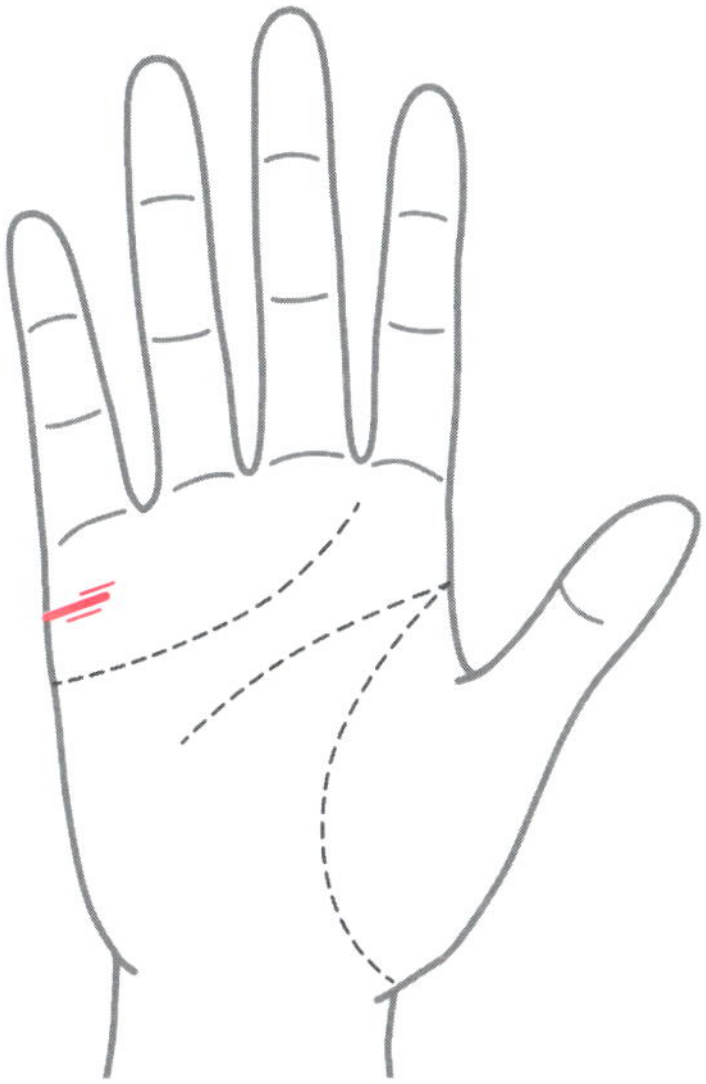

結婚線に沿って、上か下に細く短い線が出ている

浮気願望やときめきの表れ

はっきりした結婚線に沿うように上か下に短い線が出ているのは、結婚以外の小さな出会い運を表します。浮気・不倫につながる可能性もありますが、浮気願望があるだけで何もしていない、ちょっとした火遊び的な出会いがあったという場合でもこの相になることがあるので、あまり深刻にとらえないようにしましょう。ただし、結婚線が下降してきたり、短い線がだんだん伸びてくると、ただの浮気でおさまらない可能性が強まります。

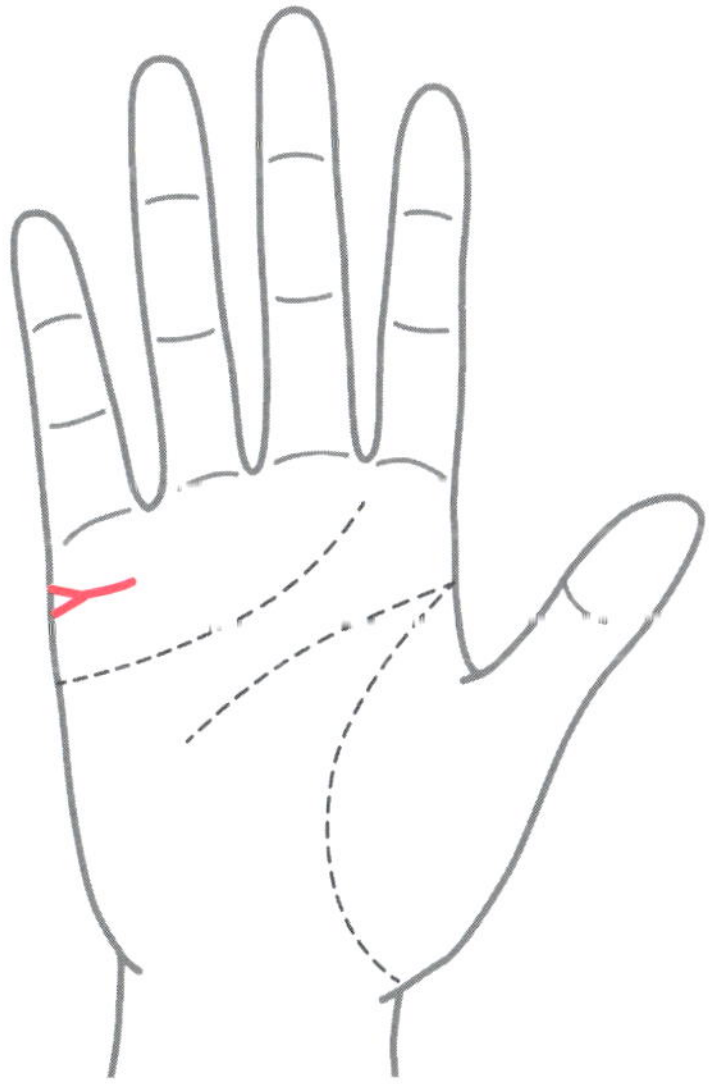

２本の線が１本に合流している

障害を乗り越えて結婚する

結婚する前に、家族の反対や仕事上の問題など、何か乗り越えるべき大きな障害がありそうです。家柄や年齢の違いや国際結婚など、この相がある人は、交際中つらいことがあるかもしれませんが、最終的には結婚できる運勢です。終点が１本に合流して真横に伸びていることが、良い結婚となることを表しています。

チェックすべき線の形状とマーク

結婚線が下のような形状になっていたり、線上にマークが出ていたら気をつけましょう。

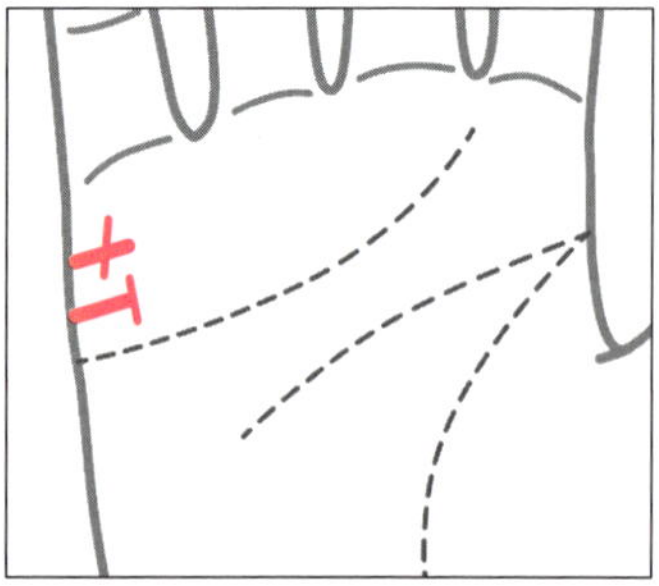

障害線

結婚線の途中に障害線が出ると乗り越えるべき試練やトラブルを表し、末端に出ると離婚の危険があります。

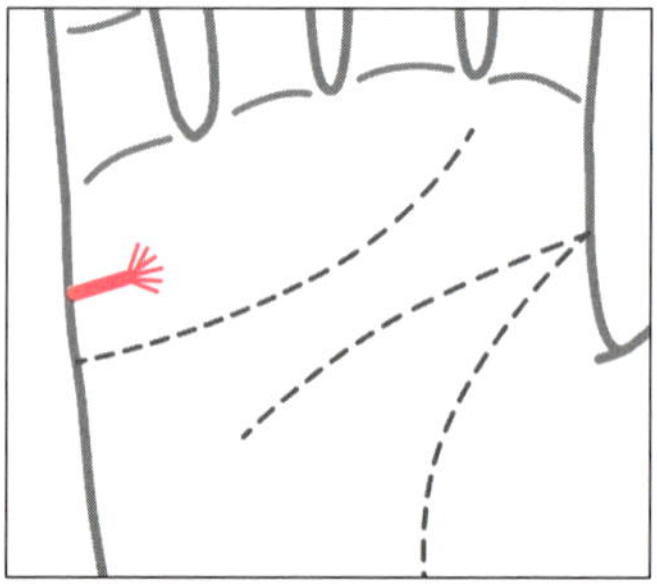

総状線

結婚線の終点から薄い枝線が複数出て房状になると、夫婦間の倦怠期を表しています。

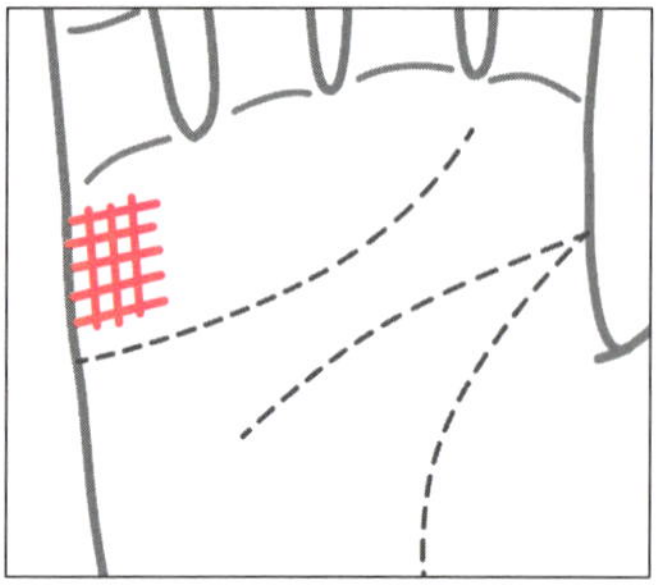

格子

結婚線が複数あってなおかつ格子状になっているのは、異性運があり、モテる人です。ただ、異性トラブルなどが原因で結婚が遅くなる傾向があります。

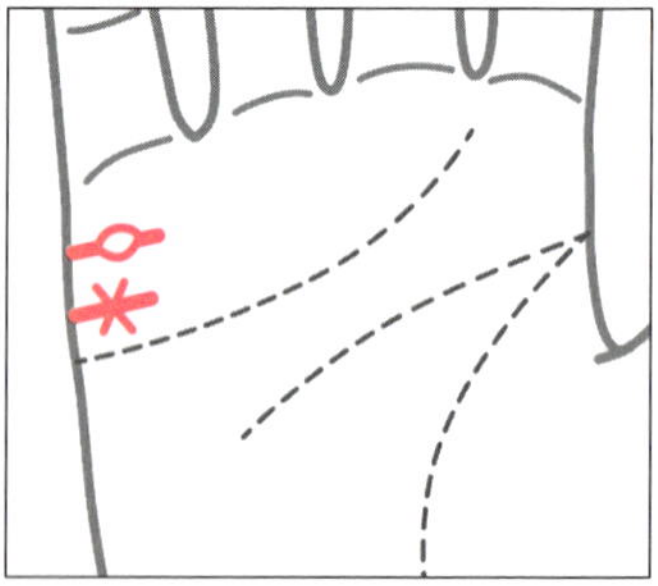

障害マーク（シマ・クロス）

結婚線上に現れる突発的な問題やショックな出来事があることを暗示します。末端に出ると離婚につながりそうです。

太陽線

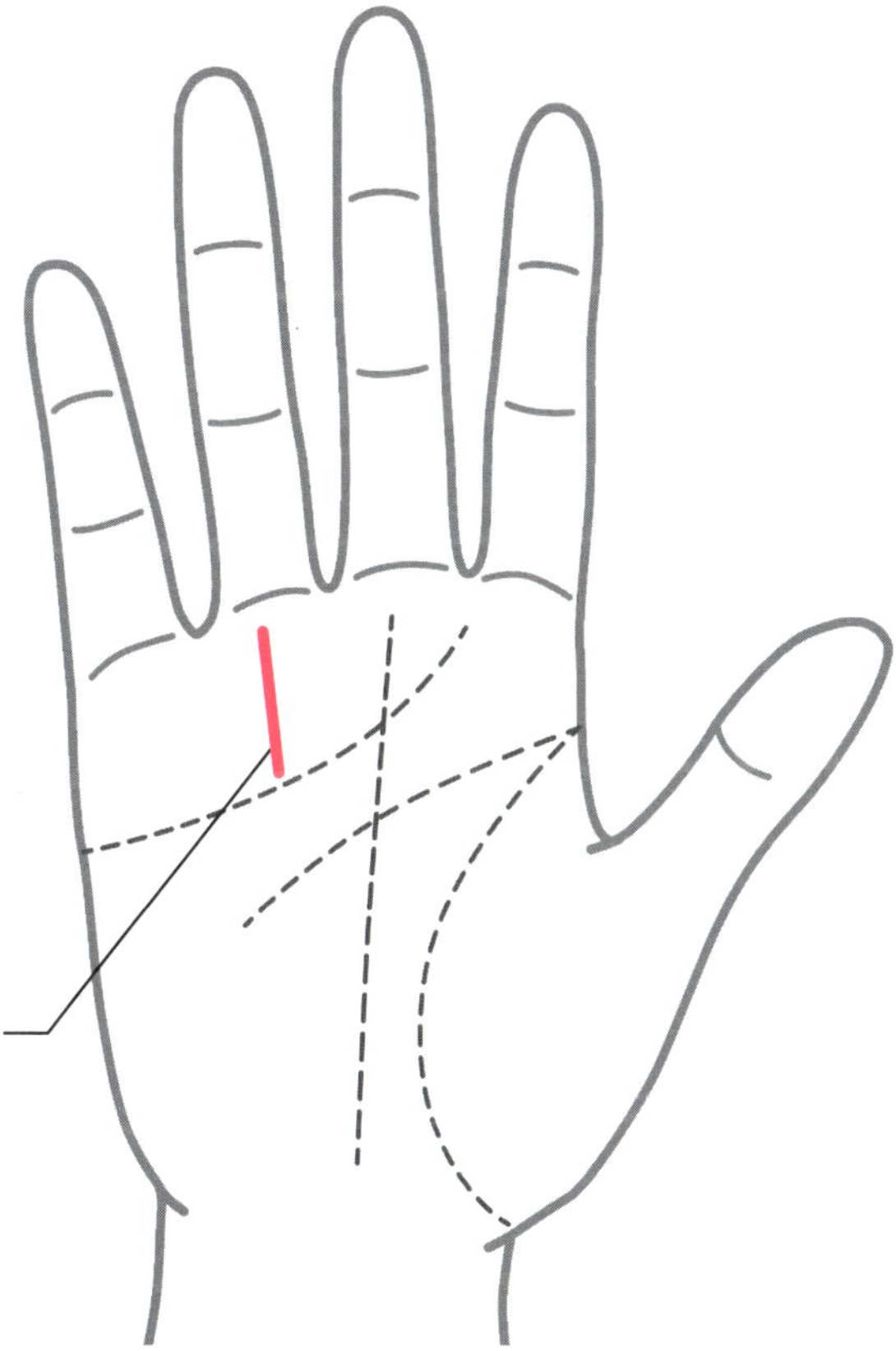

成功運、人気運、芸術性、財運、満足感を表す

太陽線は太陽丘に伸びる線なので、太陽丘のエネルギーを受け、成功や人気、財運などを表しています。水星丘の財運線でみる財運はお金への執着を表しますが、太陽線でみる財運は、仕事がうまくいって財を得たりお金に困らないだけの人望があるということを意味します。若い時は太陽線のない人は珍しくありませんが、仕事運や金運や自己満足感の変化によって線が出たり手首へ向かって長く伸びたりしてきます。

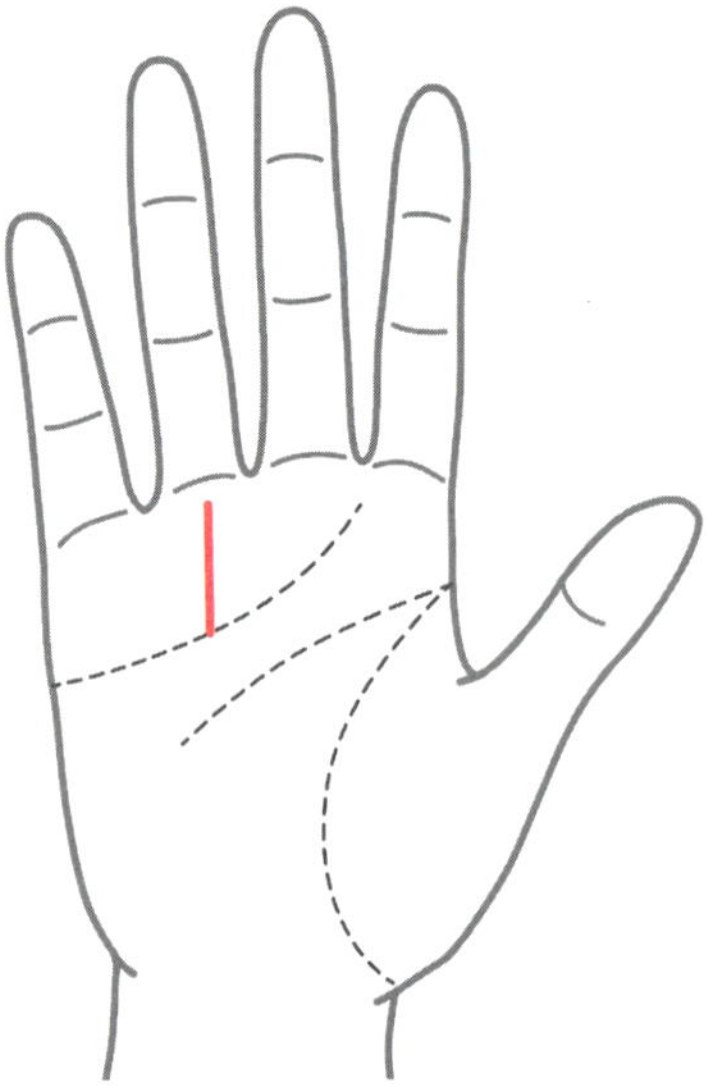

太陽線が濃い

人望と成功を手に入れる

太陽線が基本線と同じくらいの濃さで出ているのは、金運が強く、お金に困らないラッキーな相です。仕事をしている人は仕事が順調に回り、主婦の場合は家族や周囲の人に恵まれ安定した生活を送れるでしょう。芸術的なセンスにも恵まれ、華やかな印象で人をひきつけます。棚ボタ的な金運ではなく、人から認められた結果、お金がついてくるという運勢です。なお、丘の凹凸がないタイプの手のひらの場合、太陽線はあまり濃く出ないものですが、すっきりと長めに出ていれば成功運ありとみます。

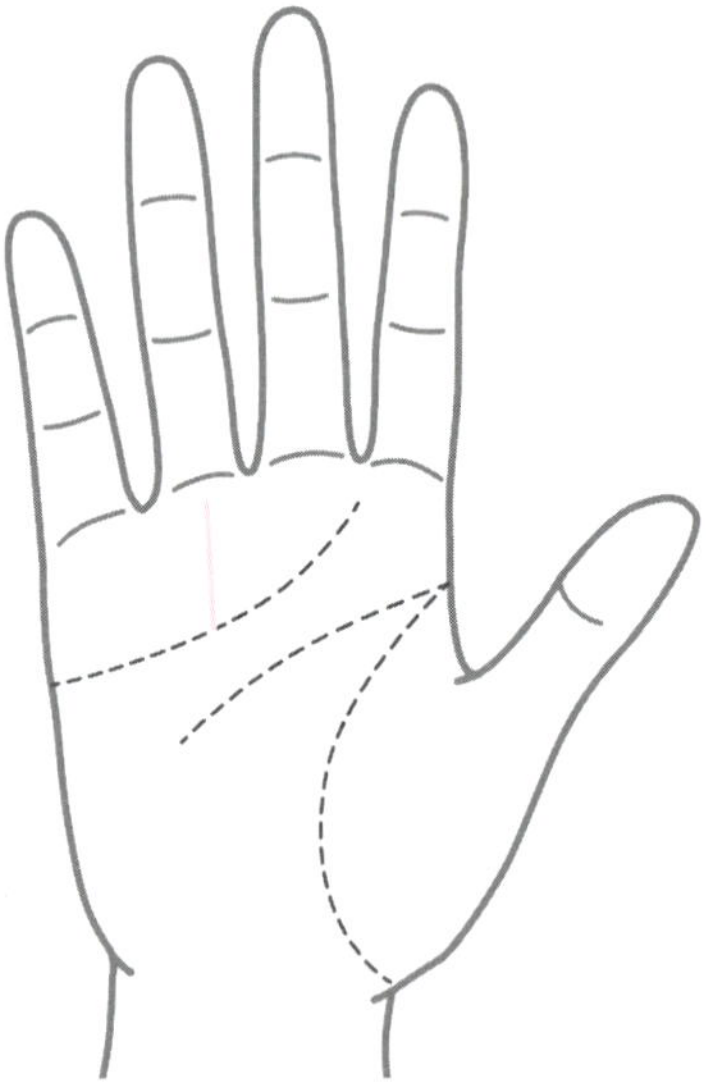

太陽線が薄い

運は強いものの満足度はいまー一つ

基本線にくらべて薄くて目立たない太陽線は、人気運や成功運には恵まれているものの、まだ思い通りの結果が出ていない状態を示します。目的の定まらない模索期を過ごしている人や自分に満足していない人に多く、将来の目的が定まると線が濃くなる傾向にあります。すでに社会的に成功している人でも、不安定な業界で働く人は太陽線が薄めの傾向です。

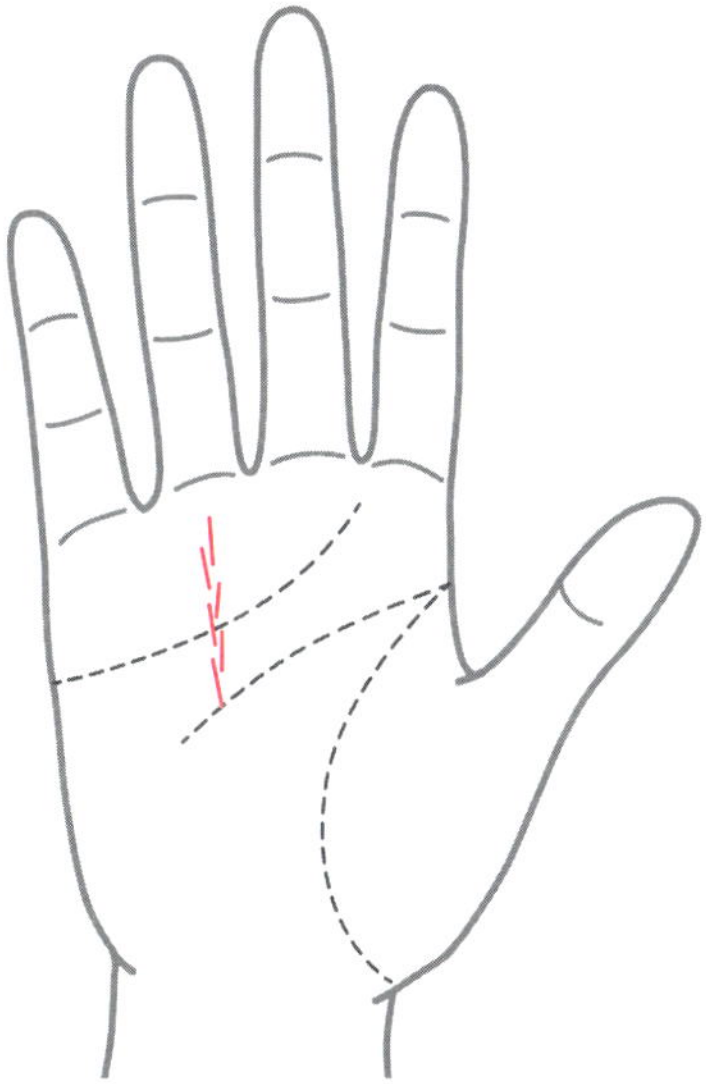

線がキレギレになっている

運が不安定で、成功が長続きしない

太陽線がキレギレになっているのは、金運や成功運がまったくないわけではないものの、不安定な状態です。仕事や人間関係の変化が多く金運が落ち着かなかったり、意欲にムラがあって成功する前に諦めてしまったりと、安定飛行には今一歩です。何事にも粘り強く取り組むように心がけると、キレギレの線が少しずつきれいな線に整ってくるはずです。

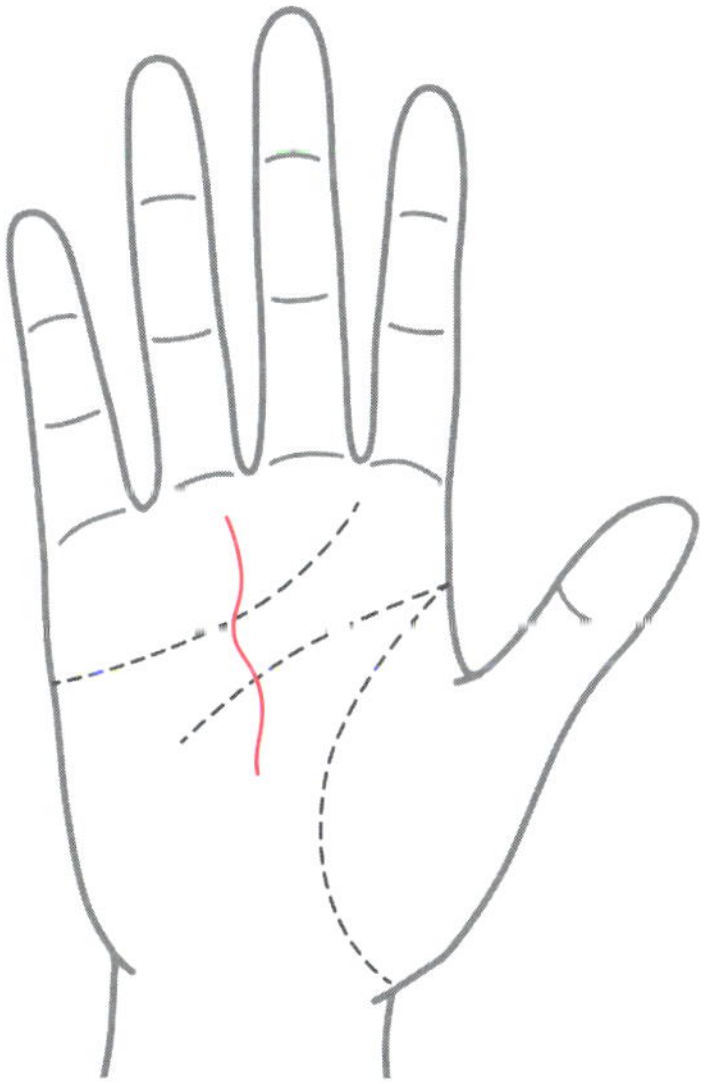

蛇行しながら伸びている

成功するまでに時間がかかる

太陽線が不自然に曲がって伸びているのは、最終的には人から認められて成功する人ですが、そこへ行くまでの道のりで苦労しそうです。真面目な人が多く、マイペースで自分のやり方にこだわってしまったり、自信が持てなくて余計な迷いが多かったり、要領が悪いところがあるため、回り道しがちです。ゴールへ急ぎたい人は、あまり考えすぎずに最初は人と同じやり方で進めた方がスムーズです。

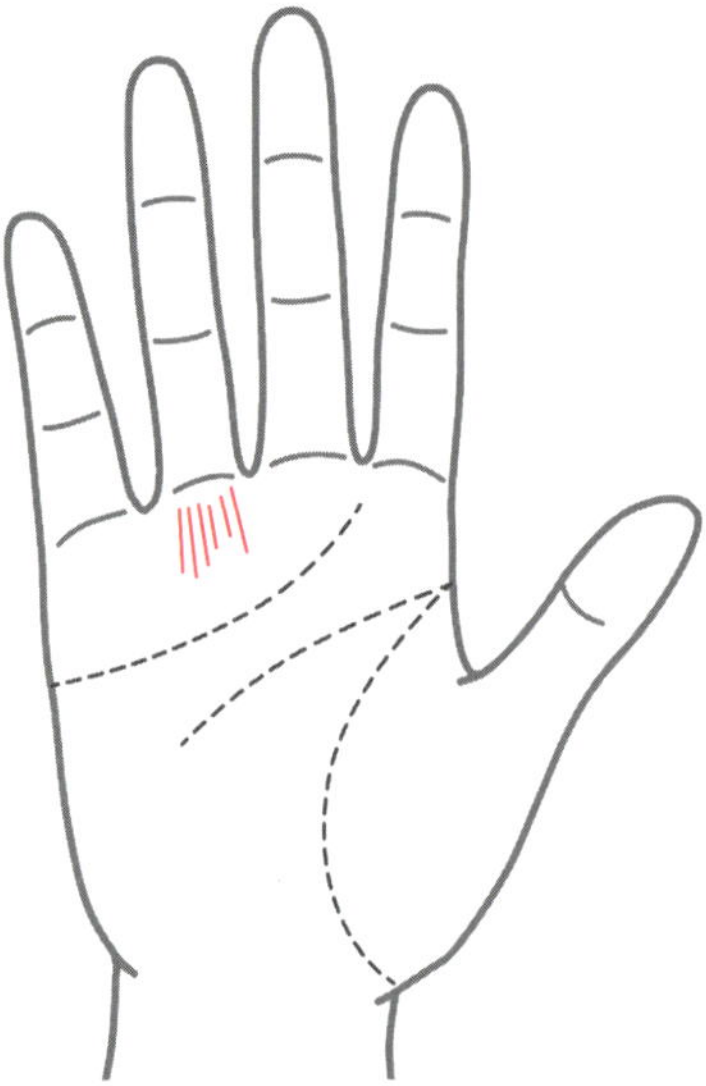

太陽線が複数ある

やりたいことが多く目標が定まりにくい

はっきりした太陽線が複数ある場合は、「あれもこれもやりたい」という気持ちが先走り、力が分散されている状態です。子育てを終えた主婦にも多くみられ、明るく前向きな状態なので、悪い相ではありませんが、まず1つのことに集中して取り組むと成果が出やすいでしょう。一方、薄く弱々しい太陽線が複数出ている場合は、粘り強さに欠け、散財気味です。

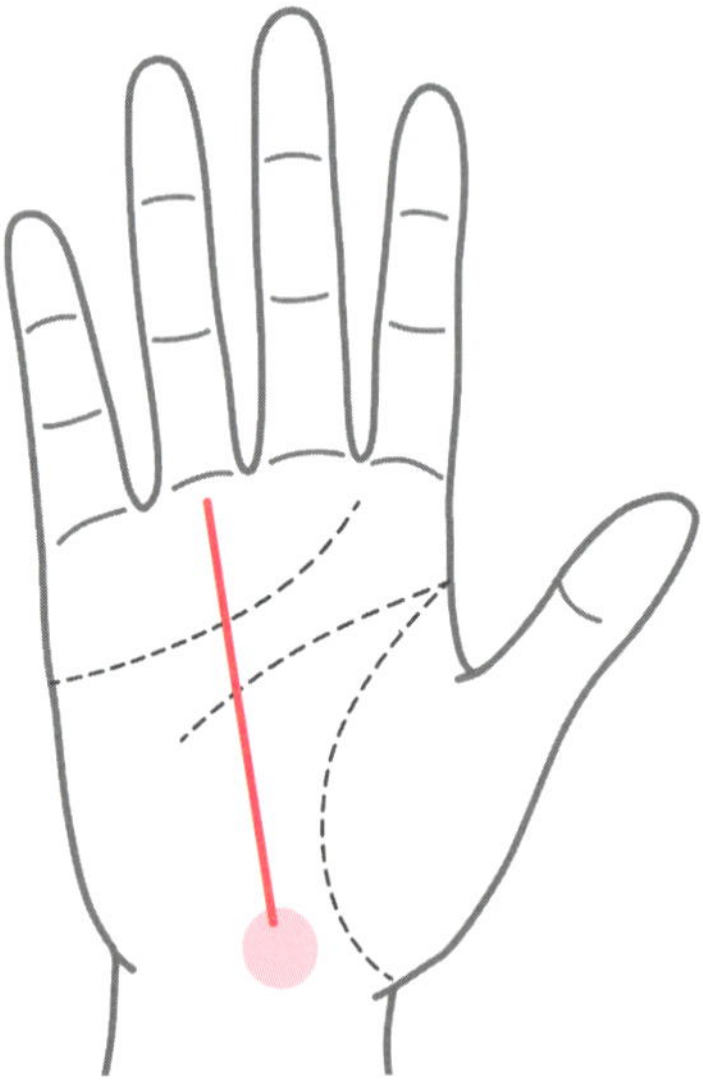

地丘から出発している

先祖に守られ、幼少期から恵まれる

先祖や親との縁が深く、子どもの頃から目立つ存在で活躍することを示しています。幼少期に何かに秀でて神童と呼ばれていたり、おませで人気者だった人にもみられます。子どもの頃からこの相の場合は、しっかりしていて大人顔負けといったタイプです。先祖や周囲の人への感謝を忘れなければ成功運が生涯続きます。

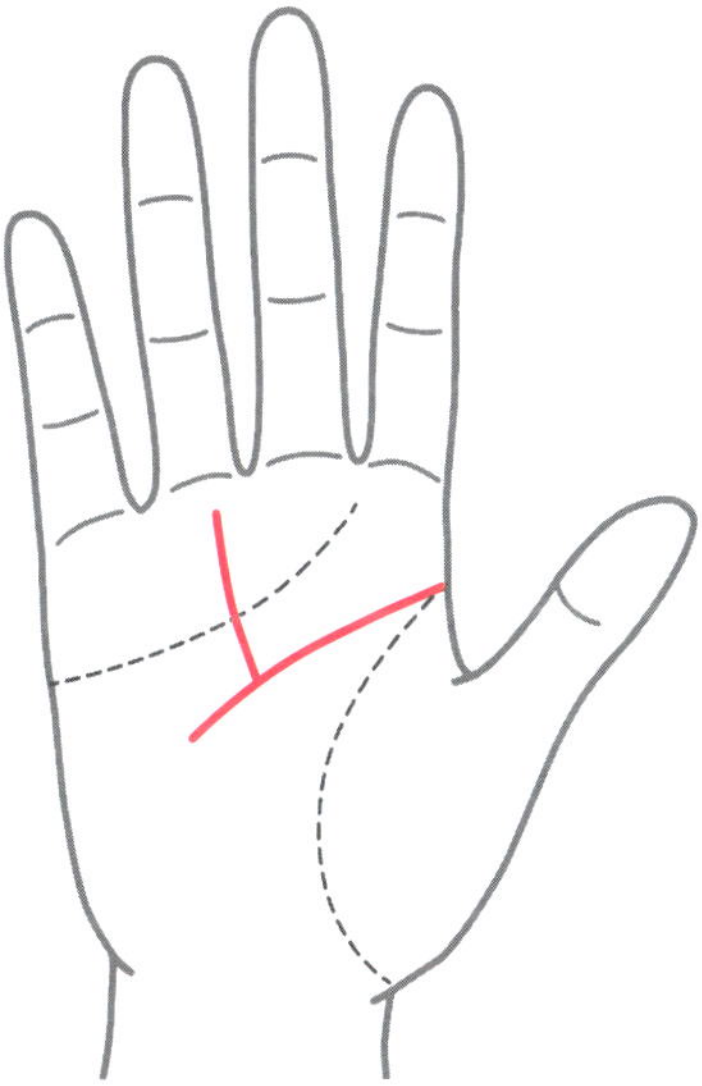

知能線から出発している

才能が花開く相

知的才能を表す知能線から太陽線が出ている人は、独自のアイデアを活かして成功できます。社交的な性格で、時代のニーズをキャッチできる人です。流年法でみると、中年期以降にチャンスに恵まれそうです。積極的に頭を使い、知恵を絞ることで財産や名誉を手に入れることができるでしょう。

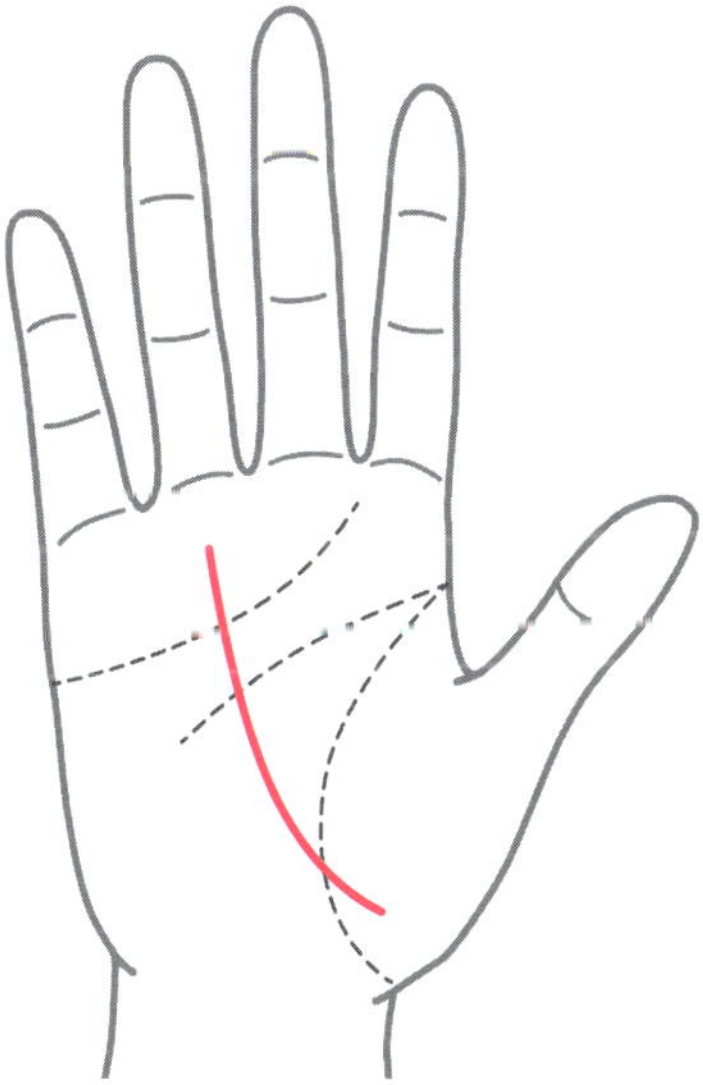

生命線の内側下部から出発している

親の援助によって成功する

生命線の内側の手首寄りから太陽線が伸びているのは、身内の協力や援助を受けて成功する人です。この相は、長男長女、または末っ子で親との結び付きが深い人によくみられ、親から財産を引き継ぐ可能性もあります。太陽線が長いのは、華のある性格で人から好かれることを表しますが、その気質も、親からさずかった財産のひとつなのです。

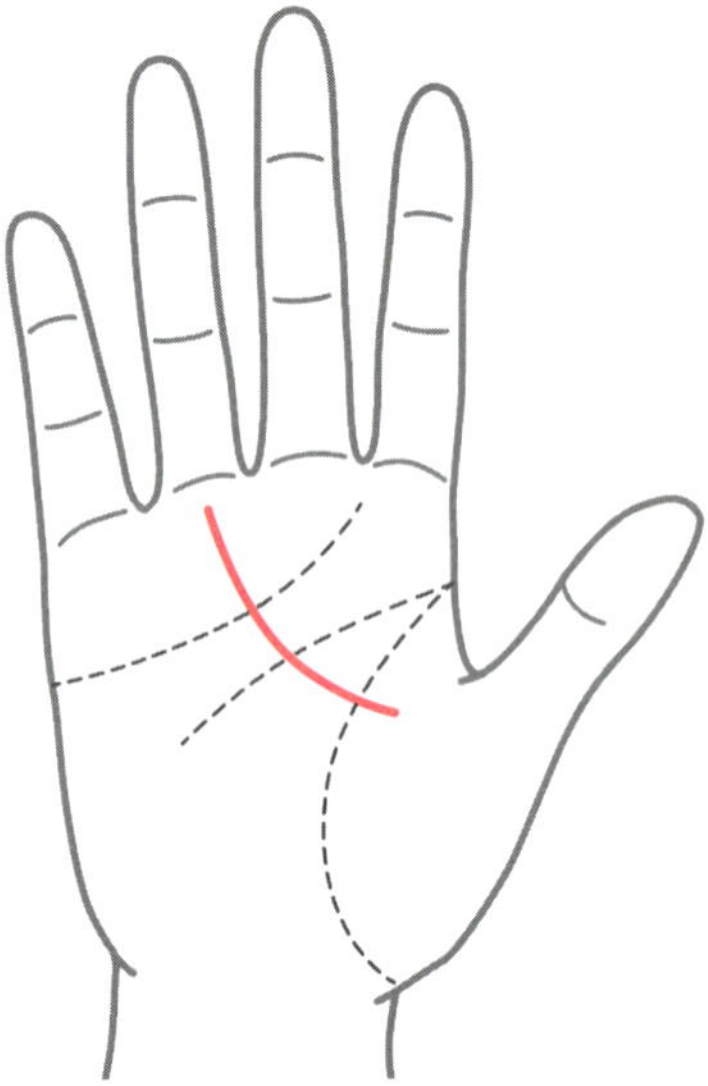

生命線の内側上部から出発している

感性を活かした仕事で成功する

太陽線が生命線の内側の真ん中より上部から伸びているのは、自分の美的感覚や芸術性を活かした仕事や趣味の世界で活躍できる人です。有力者の支援にも恵まれやすいので、ビジネスを成功させ長続きさせることができそうです。何らかの専門分野でチャレンジ精神を持って頑張っている人に多くみられる相です。

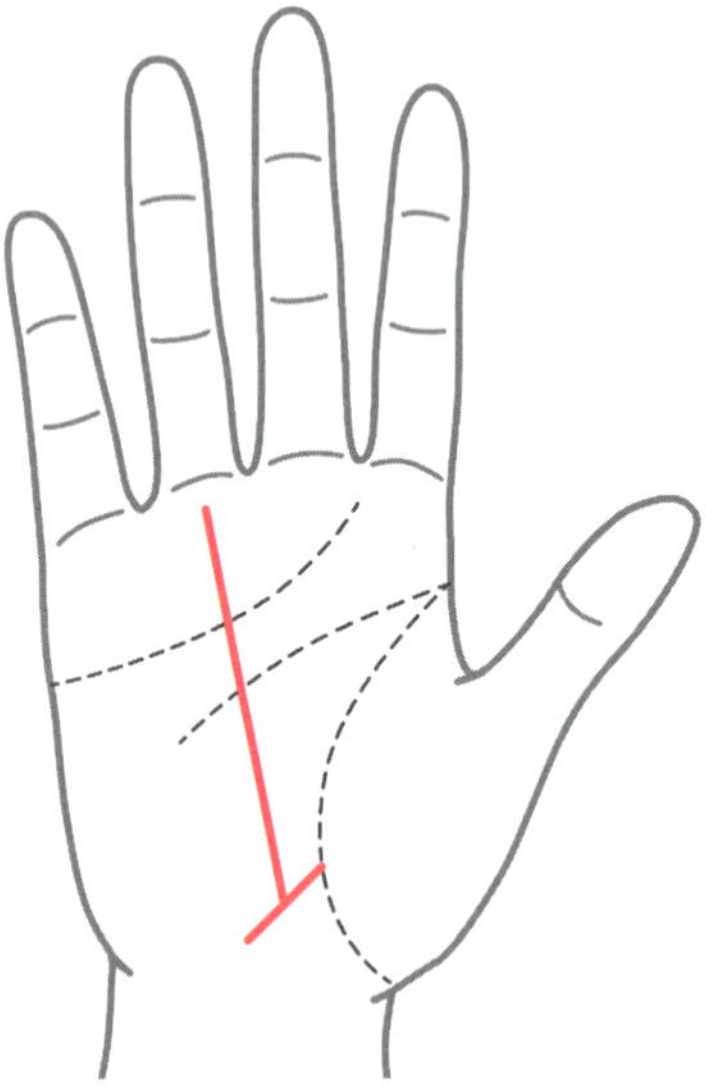

旅行線から出発している

移転することで財運や名誉運が上がる

旅行線（P178参照）の線上から太陽線が伸びているのは、旅行や移転によって財産や名誉を得ることができる暗示です。移転して新天地で事業を始めて成功するなど、新しい土地での成功を意味します。この相の人は生まれ育った場所に居続けるより、思い切って引越しをすると運が開けそうです。旅先でも良い運を得られるので、積極的に旅行を楽しみましょう。

土星丘寄りに伸びている

自分が中心になって働いて成功する

太陽線の終点が土星丘に寄った位置に伸びているのは、自分が中心となって仕事をして、コツコツ努力を重ねた後に成功する人です。満足のいく地位や肩書き、権力を得ることもできるでしょう。また、太陽線から土星丘寄りに枝線が伸びている場合も似た意味があり、地道な努力を続け、大成功してお金持ちになった後でもやりがいを求めて働き続ける人です。

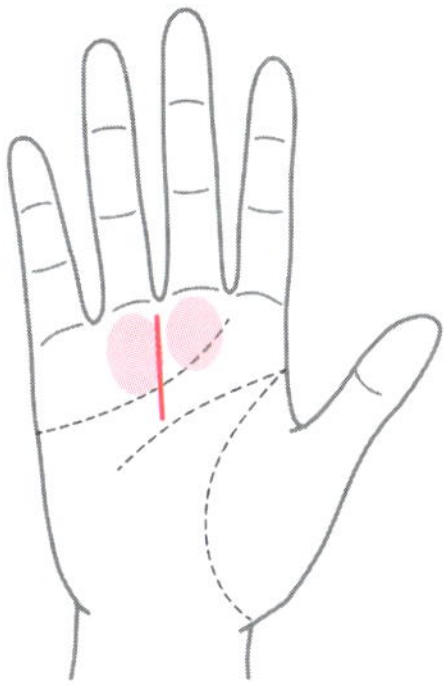

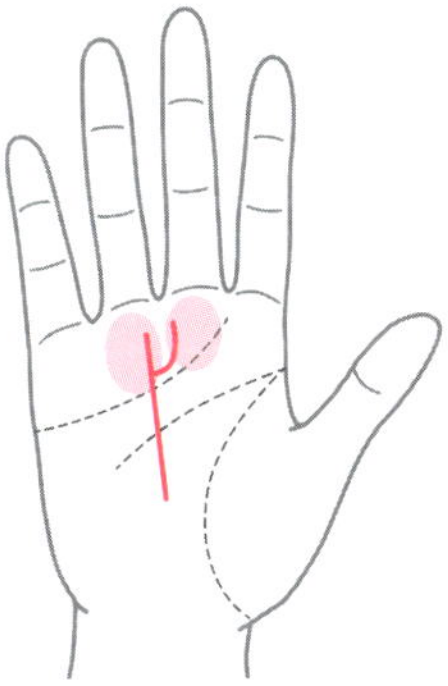

水星丘寄りに伸びている

財を得て満足するタイプ

何を持って成功とするかは人それぞれ考えが分かれるでしょうが、太陽線の終点が水星丘寄りに伸びている人はお金があることが成功と考える現実的なタイプです。肩書きなどにはあまりこだわらず、お金持ちになったら仕事をやめて自由に暮らすこともありそうです。また、太陽線から水星丘寄りに枝線が伸びているのは大成功して経済的に豊かになることを意味します。

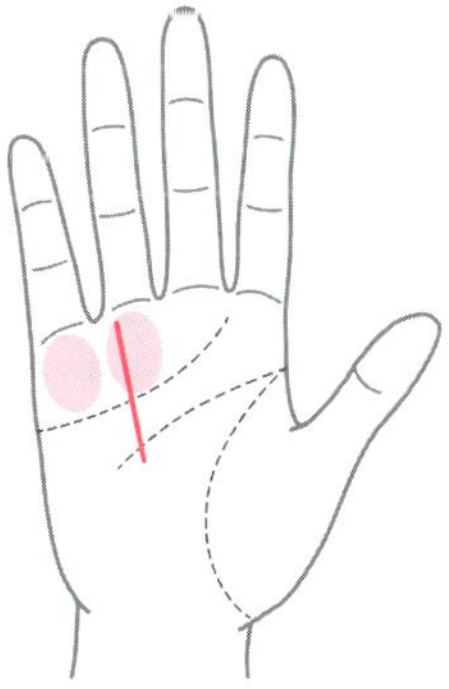

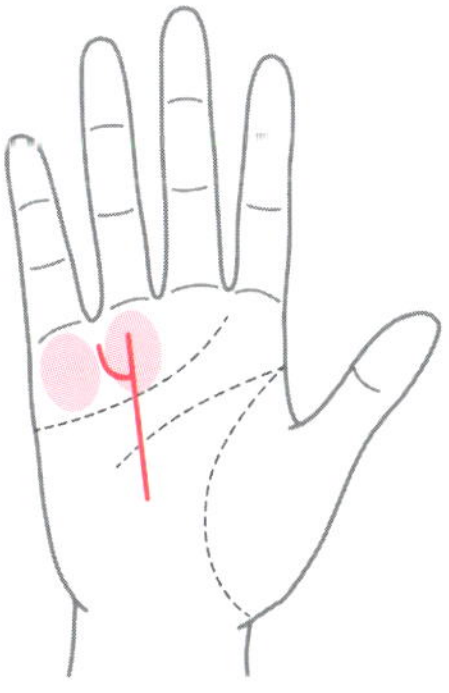

チェックすべき線の形状とマーク

太陽線上のマークをチェックして、成功や財運の転機や
注意すべき時期を知りましょう。

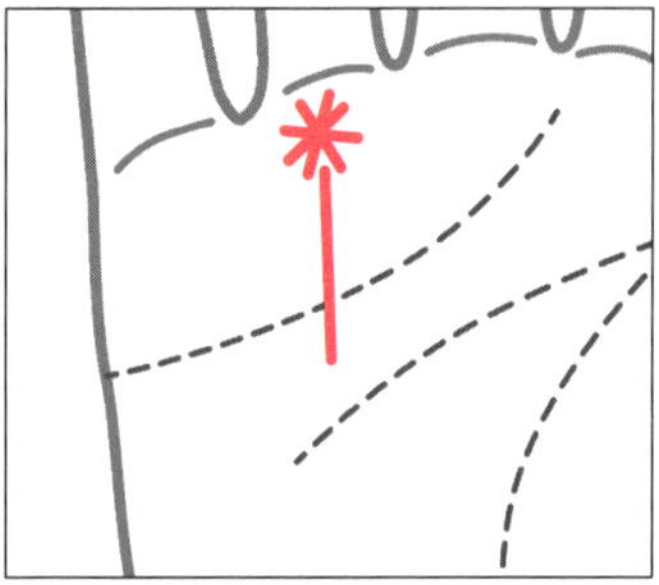

スター

太陽丘の太陽線上にスターが出ると、名誉や金運の上昇を表し、思いがけない収入が転がり込んでくることを暗示しています。

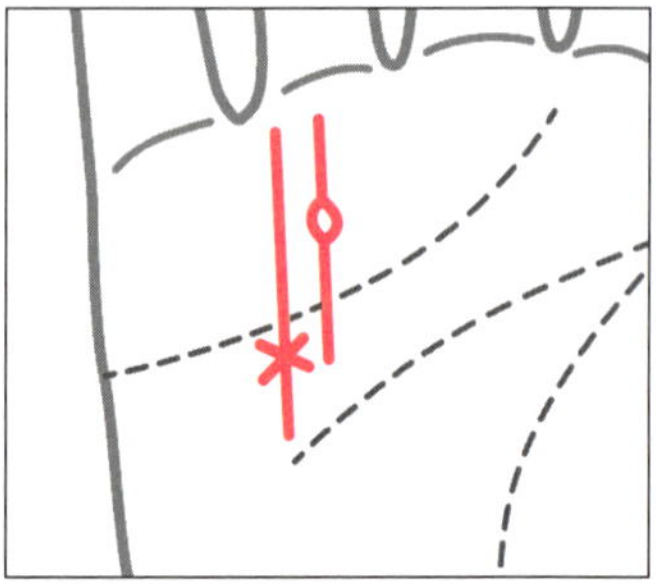

障害マーク（シマ・クロス）

太陽線上に出る障害マークは、金銭や名誉の不運を暗示しています。慎重な対処が必要です。

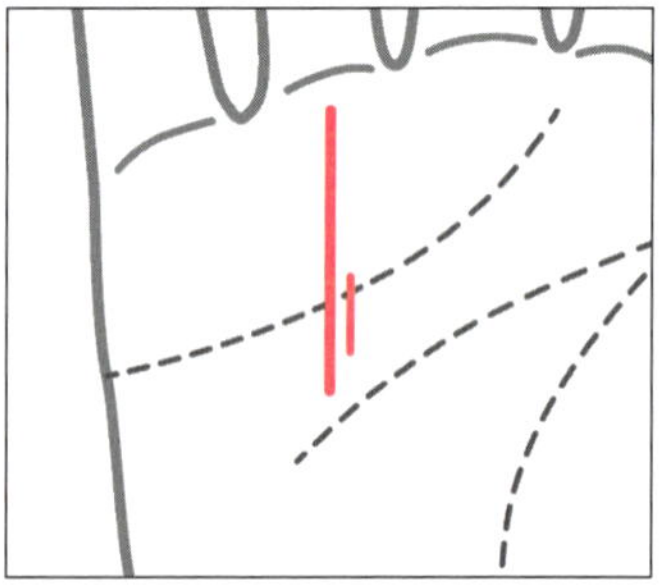

サポート線

太陽線に沿うように平行して短い線が伸びているところは、大活躍できるラッキーな時期です。

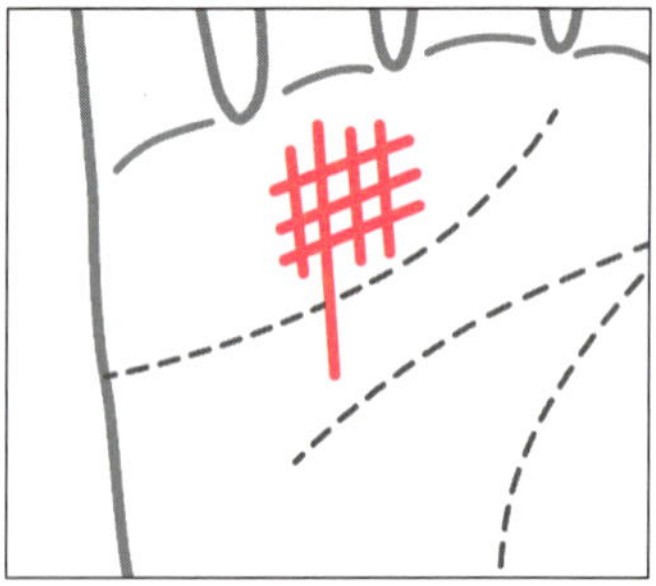

格子状

太陽丘の格子マークはユニークなセンスの持ち主に現れます。中の1本の太陽線が濃く出てくると、個性的なセンスにより大成功を収めることもあります。

流年法で金運と成功運の変化をみる

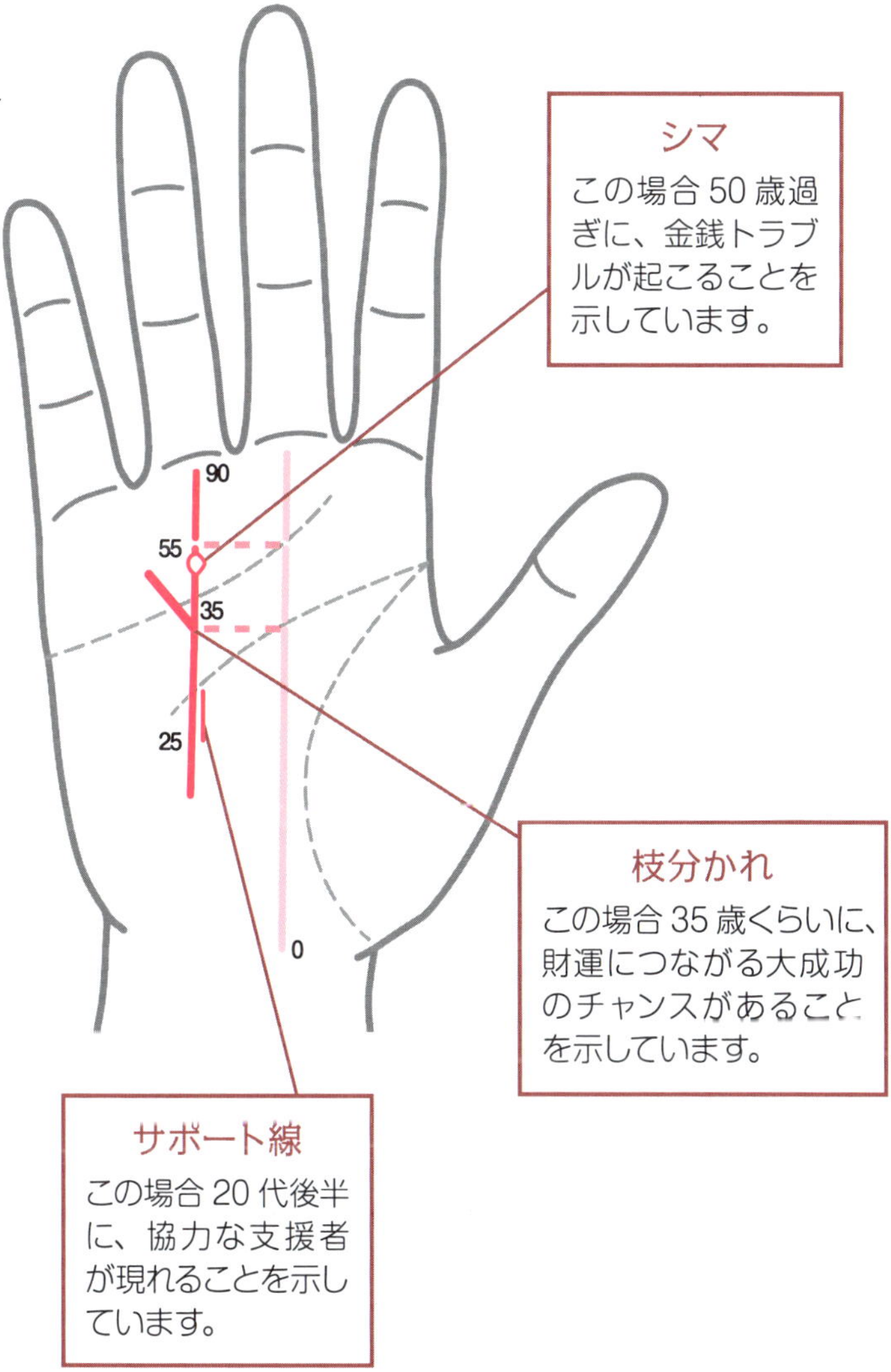
90
55
35
25
0
シマ
この場合50歳過ぎに、金銭トラブルが起こることを示しています。
枝分かれ
この場合35歳くらいに、財運につながる大成功のチャンスがあることを示しています。
サポート線
この場合20代後半に、協力な支援者が現れることを示しています。

財運線

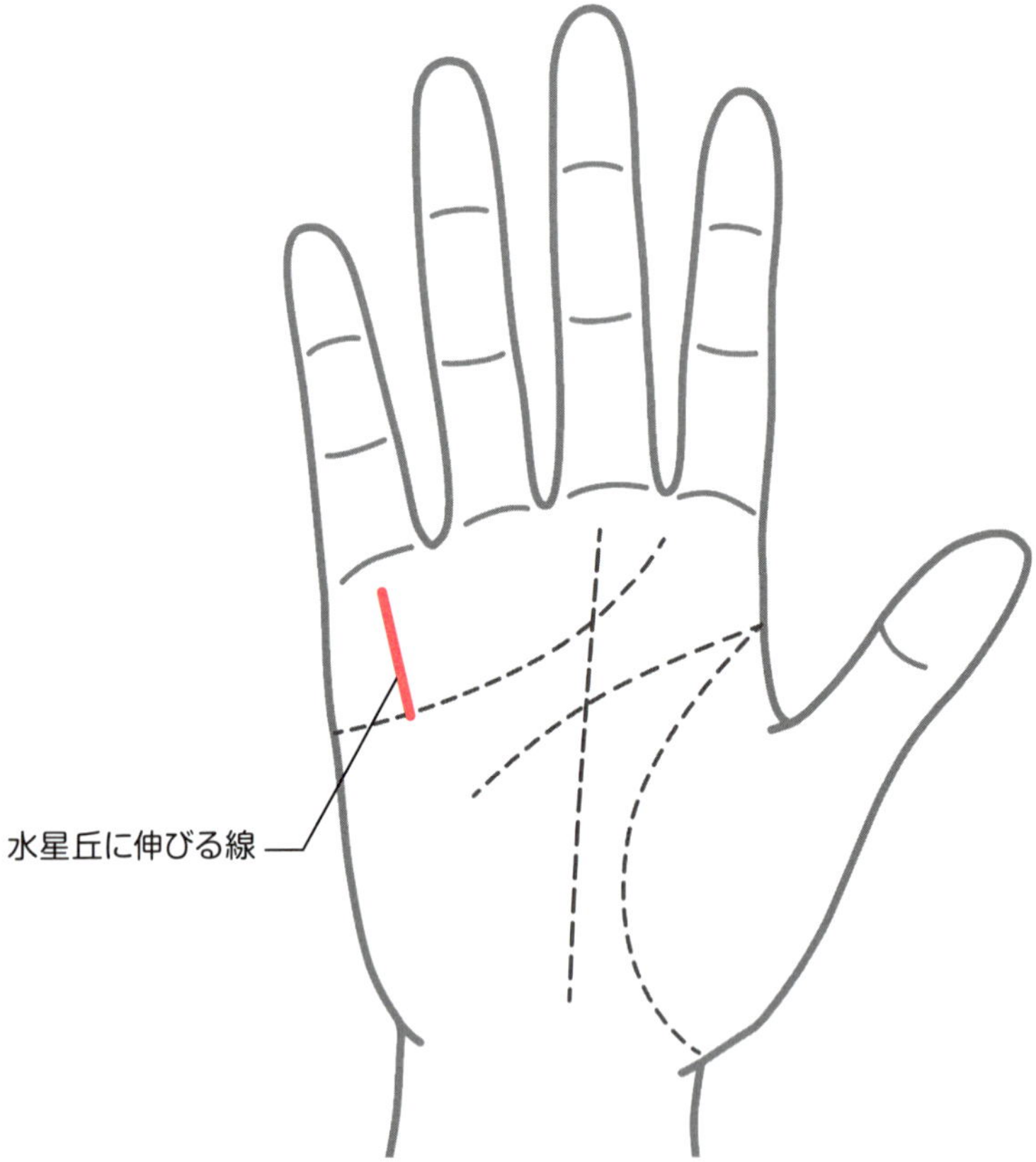

財運、金銭感覚を表す

財運線は、財運を表す水星丘に縦に伸びる線です。太陽線が意味する財運とは違い、現在のお金の状態やお金への執着、お金をやりくりする能力、商才など今どのような金銭感覚であるかをよく表しています。金運全体は太陽線とこの財運線のバランスで判断します。濃さや長さだけでなく、水星丘のどの位置に出るかや太陽丘に寄っているかなど、丘の持つエネルギーを考えながらみてみると理解しやすいです。

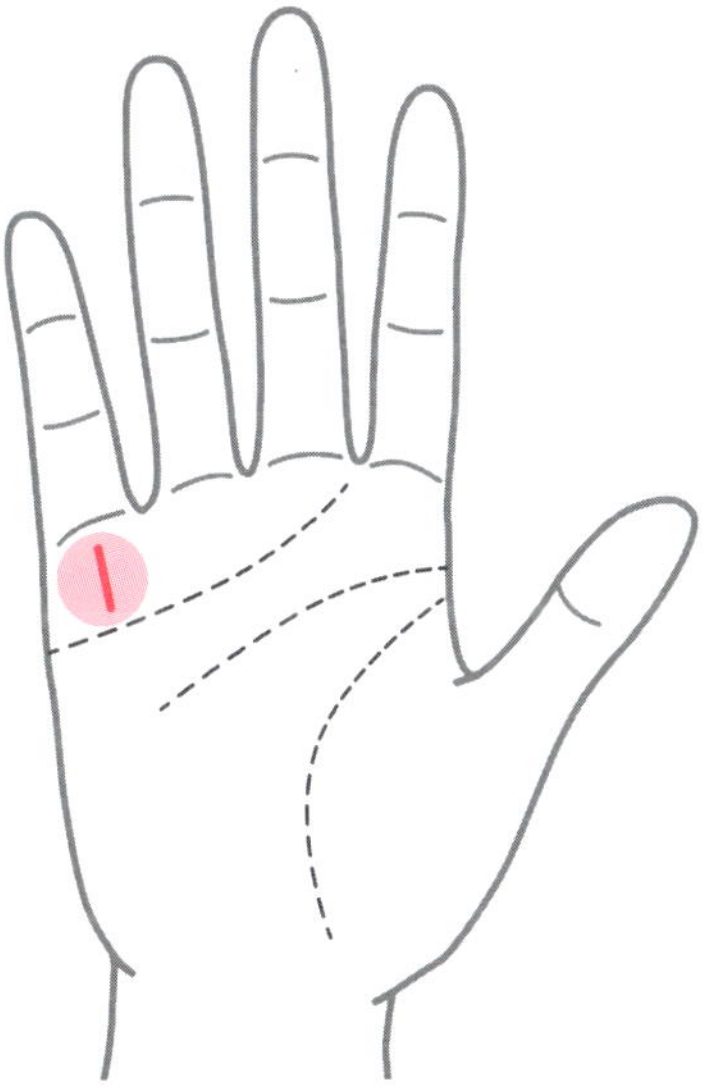

水星丘の中央に伸びている

よく稼ぎ、よく貯めるタイプ

水星丘の真ん中のあたりに、みだれのない１本の財運線が伸びているのは財運に恵まれた人です。よく働いてお金を稼いだり、上手にお金のやりくりができる状態を表しています。この相の人は、ムダを省いて計画的にコツコツお金を貯めることができ、堅実に財産を築いていくでしょう。線が濃く、はっきりするほど財運が強く、現実生活を安定させる意欲が高まっていることを表します。

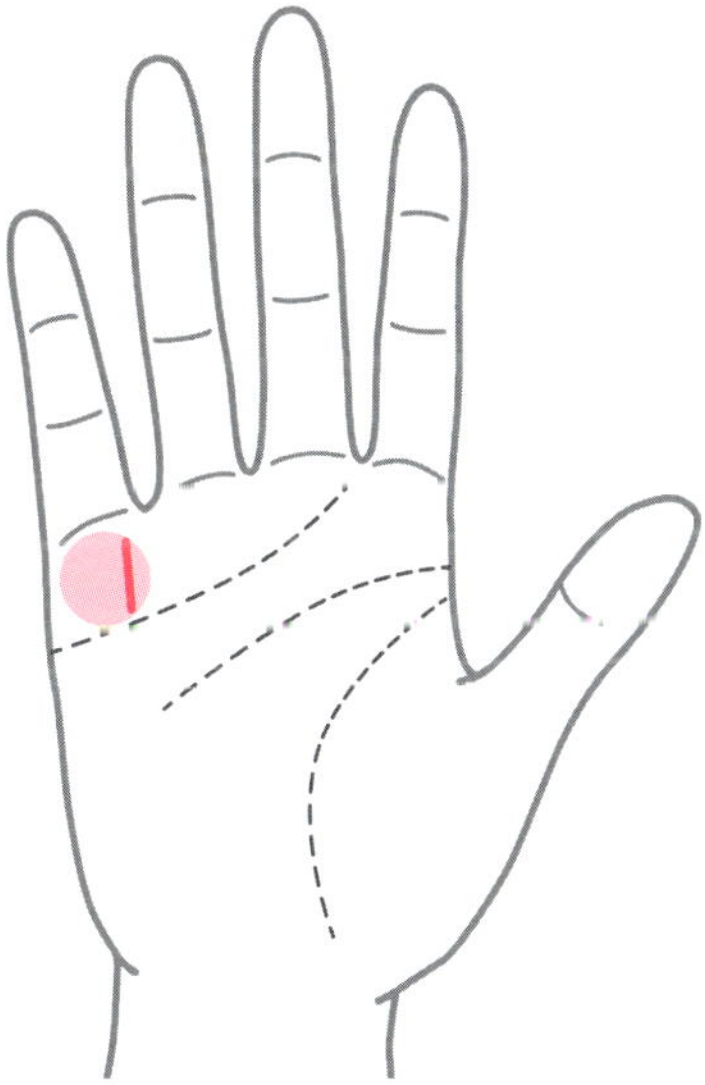

太陽丘寄りの位置に伸びている

お金を運用するセンスがある

みだれのない１本の財運線が水星丘の真ん中よりも薬指側に伸びている人は、金銭感覚に優れていて、資産運用に長けています。華やかさのある太陽丘の影響を受けているので、コツコツ倹約するよりはパーッと増やしたいと考える傾向です。商売向きで、今あるお金を育てていくセンスがあり、株取引をしている人にも多い相です。リスクを減らすために、投資やお金の運用センスをさらに磨きましょう。

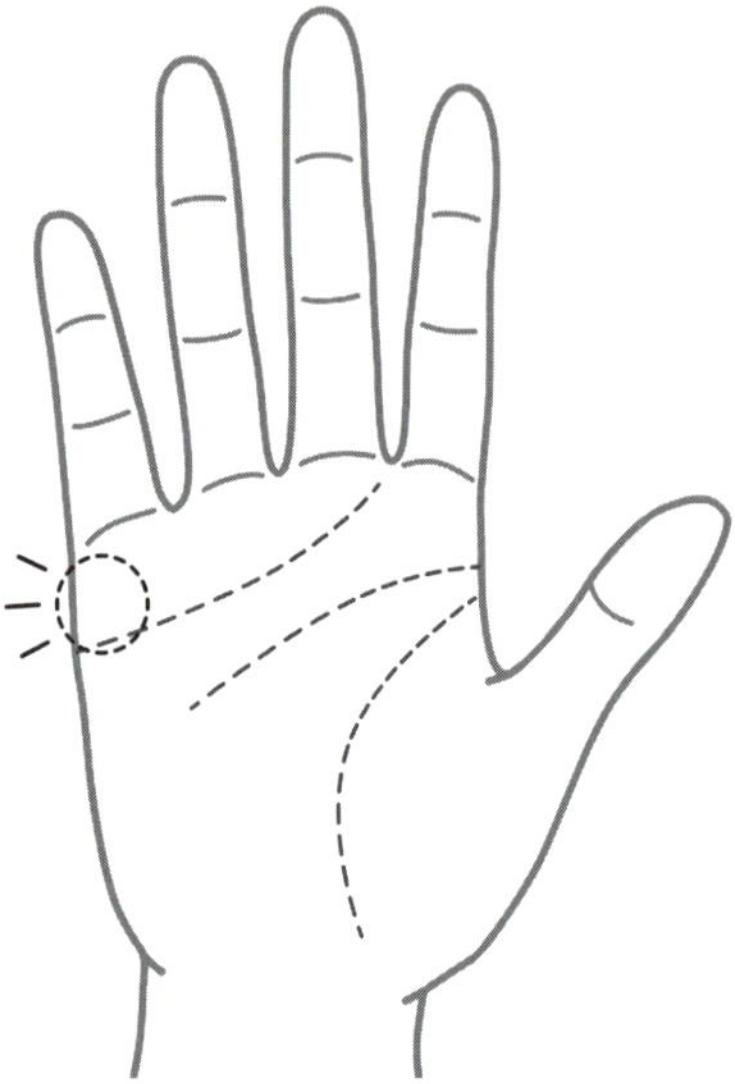

財運線がない

お金への執着心が薄い

財運線がまったくない人もいますが、貧乏というわけではありません。お金に頓着せず、なければないなりにやっていける人やお金への執着心が薄い人は、財運線が出ないことがあります。お金で頭を悩ませていない状態です。太陽線がきれいに出ていれば結構な貯金をしている人もいます。ただし無頓着に使ってしまうことがあるので、大金を持ち歩かない方が無難です。

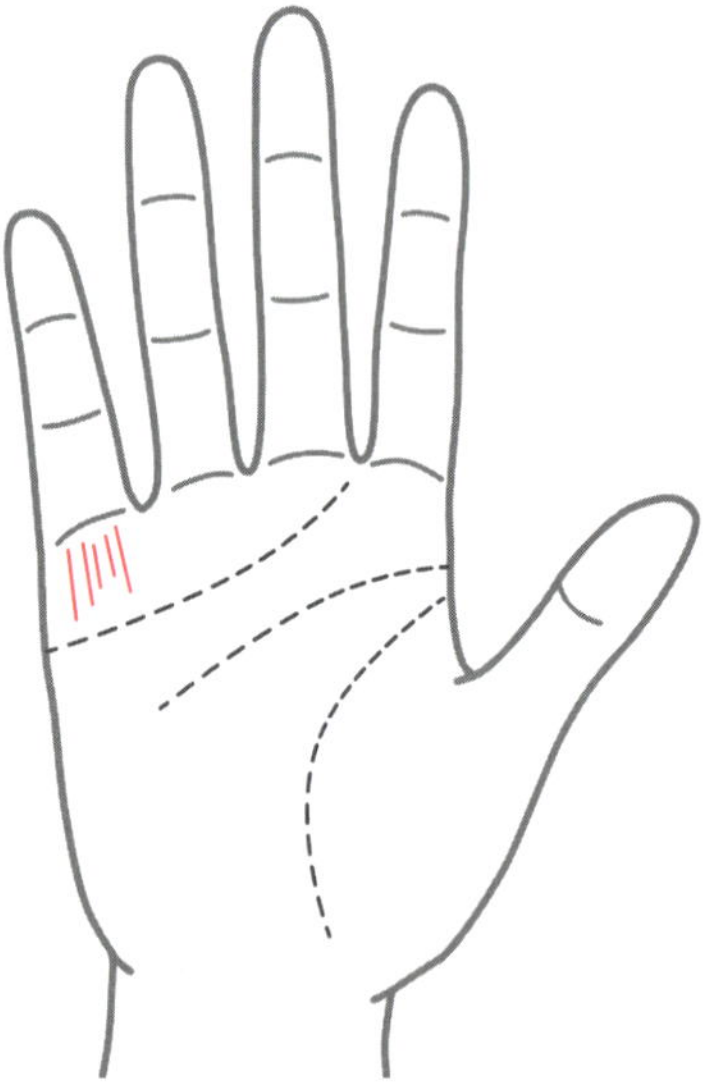

細い線が5本以上ある

あればあるだけ使ってしまいやすい

お金は入ってくるものの、あるだけ使ってしまう浪費家気質で、なかなかお金がたくさん貯まりにくい傾向です。習い事が好きな女性にもよくみられる相です。薬指の下に太陽線がきれいに出ていれば入ってくるお金には困らないでしょう。ただし、お金を使わないと不満になるタイプなので、資格を取ったり財産として残るものを買うなど、お金の使い方の工夫をすると良いでしょう。

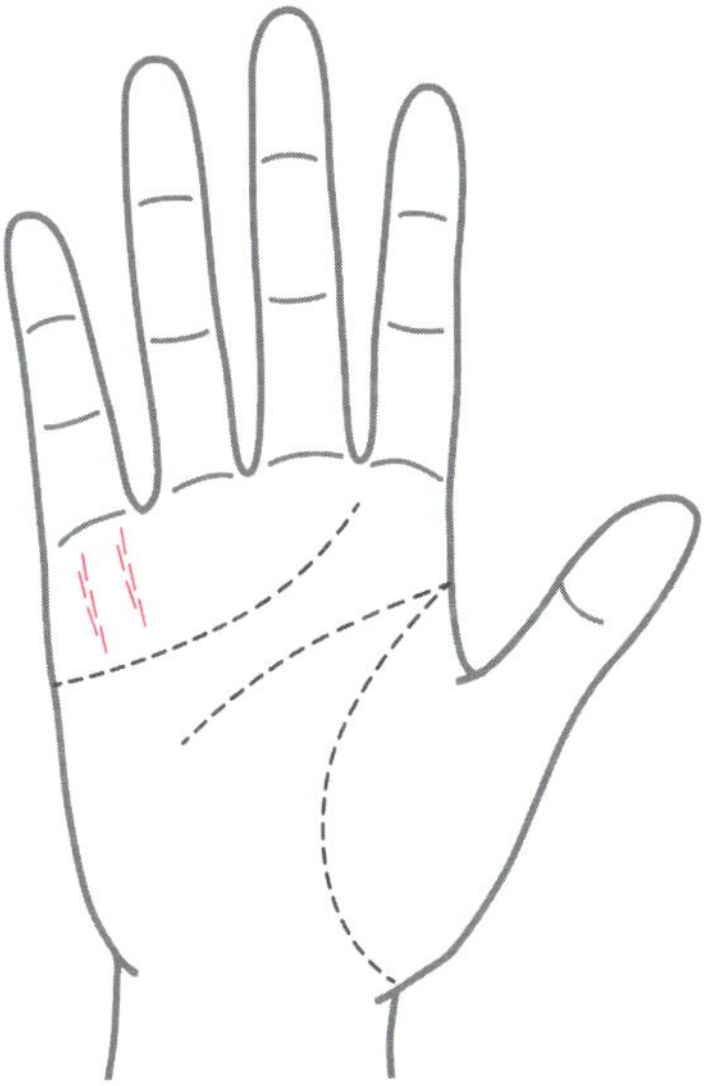

キレギレになっている

金運がピンチな状態

収入が減り、さらに支出が大きくなる大ピンチの状態です。この相が出ている間はお金のことで頭を悩ませることが多くなりそうです。金運が大幅にダウンしているので、新規事業や投資などは控えるべきです。財運線は状況を反映して変わりやすい線です。無駄遣いをやめてしっかりとお金を管理していれば、線が整ってくるはずです。

生命線から出発している

努力の果てに財を得る

財運線がすっきりとした１本の線で、生命線上から出発しているのは、自分自身の努力によって財を得ることを示します。この相の人は向上心が強い頑張り屋さんで、他人の助けを当てにせずバリバリ働いて財産を築き上げます。一方、財運線が生命線から出発しているものの、線がキレギレになっている場合は、頑張っているが結果がなかなかついてこなかったり、気分にムラがあって粘り強さに欠けて財産を得るまでには時間がかかることを表します。

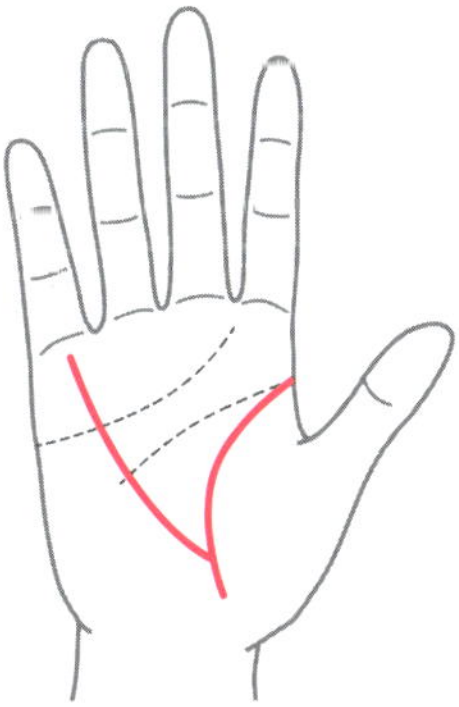

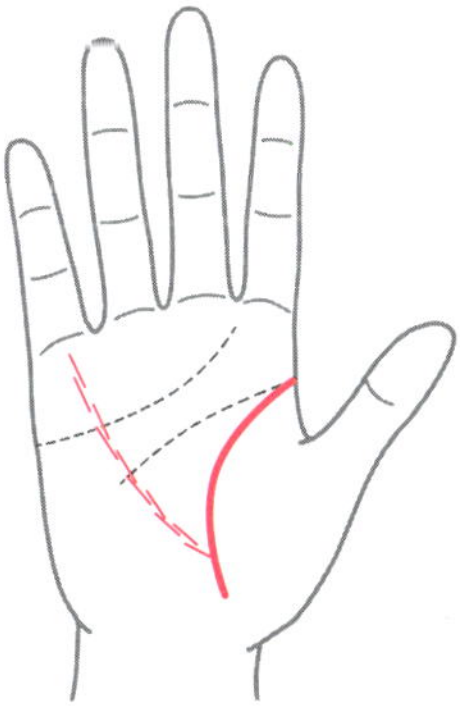

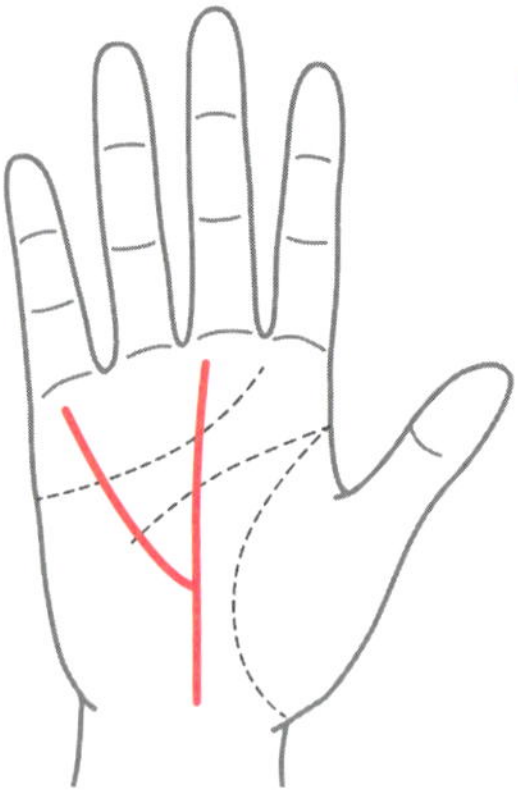

運命線から出発している

仕事運が良く財を得る人

仕事運が良い人に出る相です。宝くじに当たったり、遺産を継いだりといった棚ボタ的な財運ではなく、良い仕事に恵まれて、努力した結果お金を得る人です。条件の良い会社に入社して財運がアップしたり、参加したプロジェクトが成功して大金を得るといったことが考えられます。財運が上昇する転機となる時期を、運命線の流年法でみることもできます。

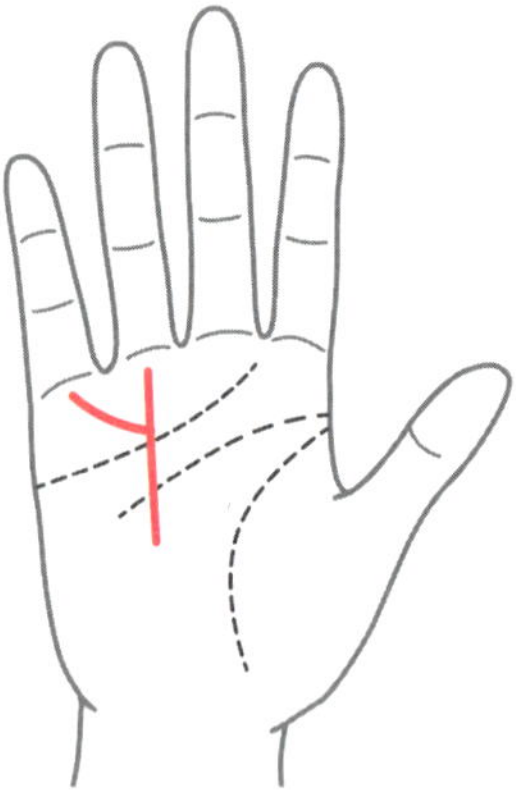

太陽線から出発している

社交上手で仕事で大成功する

人望と成功を表す太陽線から、財運と交渉力を表す財運線が木の枝のように伸びている相は大変吉相です。コミュニケーション能力の高さと、技術力や感性を活かした分野で活躍できます。成功への階段を駆け上がり大きな財産を得ることができ、社会的にも認められた豊かな生活が送れそうです。

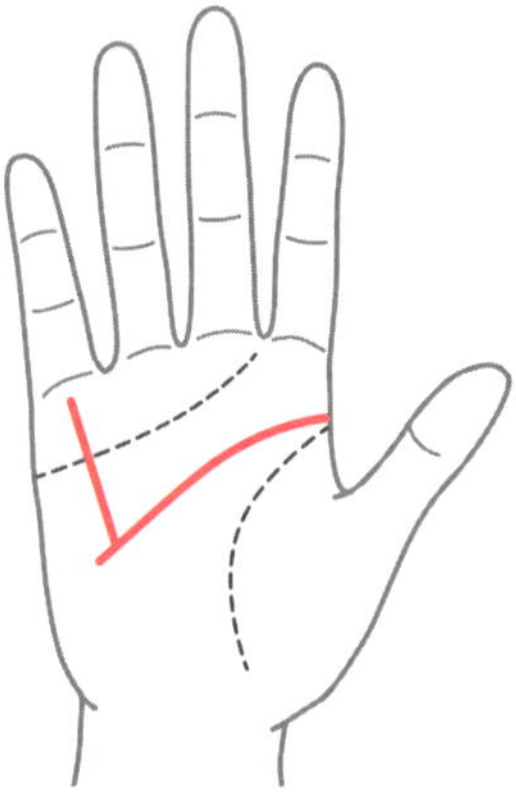

知能線から出発している

抜群のビジネスセンスが富を生む

頭の回転が非常に速く、知識も豊富で才能にあふれ、ビジネスセンスも抜群です。事業を起こして成功したり、何かの仕掛け人となって新しいプロジェクトを成功させたりと、自分自身が携わるビジネスによって財産を得ることができそうです。この相の人は宝くじなどに期待するより、自分のアイデアを活かして収入を得る道を考えるほうが確実で現実的です。

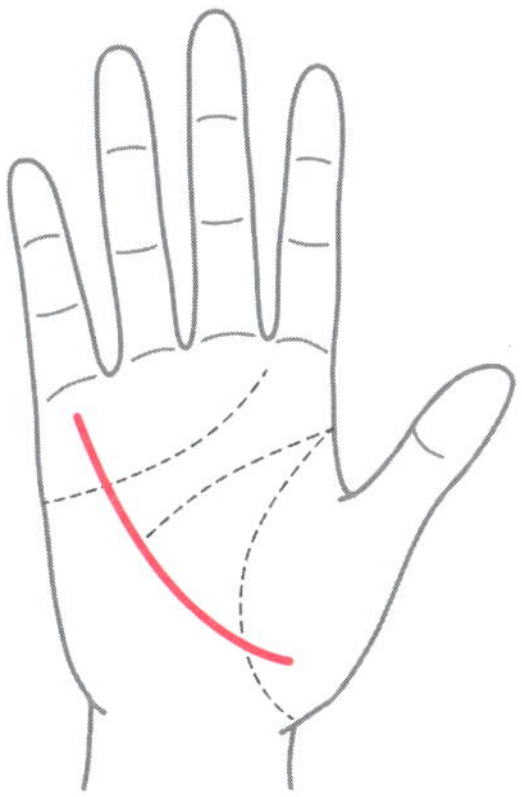

生命線の内側下部から出発している

身内の援助によって財産を得る

生命線の内側下部から出発している長い財運線の持ち主は親や故郷との縁が強い人です。長男長女に多い相で、身内から恩恵を受けることを意味します。お金をかけて育ててもらったり遺産を相続するなど、経済的な安定は親の存在によるところが大きいです。線がキレギレになっている場合も似た意味を持ちますが、大金がすぐに入るというわけにはいかないようです。

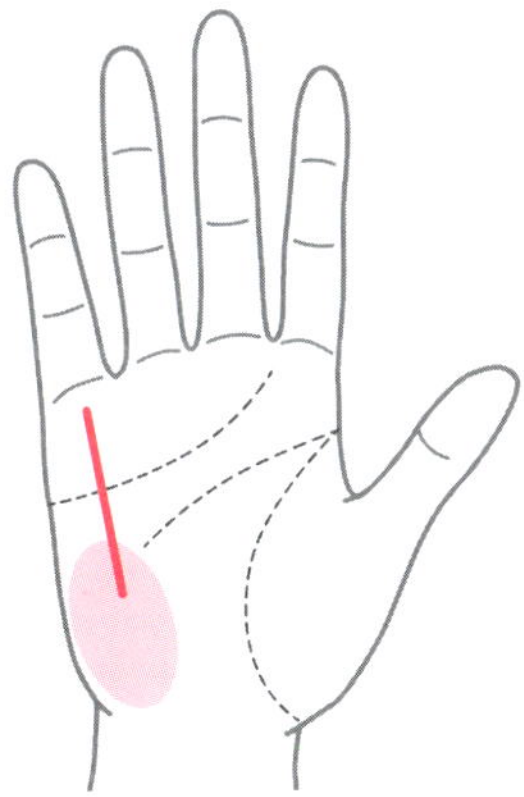

月丘から直線的に長く伸びている

独自の仕事能力で財を築く

頭の回転が速く、独創性もあり、クリエイティブな分野で財を築く才能のある人です。交渉力など仕事能力が抜群で、エネルギッシュに働いて財を得ていきます。ただ、この相の人は頭がいつも働いていて気持ちが休まりにくいので、ストレスを溜め込まない環境を整えることも必要です。

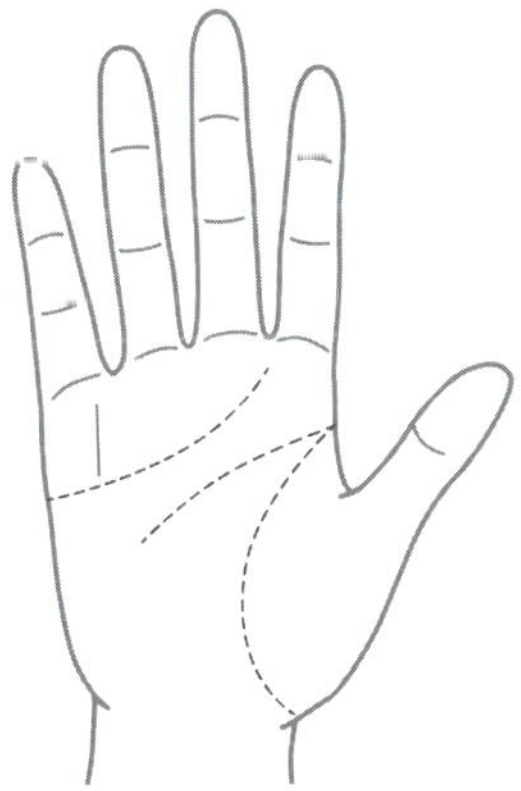

細くて薄い

財運が弱くお金が貯まりにくい

財運線が薄くて目立たないのは、お金が貯まりにくいことを表します。太陽線が出ていれば生活に困りませんが、お金への執着が弱い状態です。親元で暮らしていてお金の苦労がない人にもよくみられる相です。また、線が弱々しく蛇行している人も金運が不安定です。これらの人は、家計簿をつけるなどお金に対する意識を高めるようにすると、線がはっきり変化してきます。

金星帯

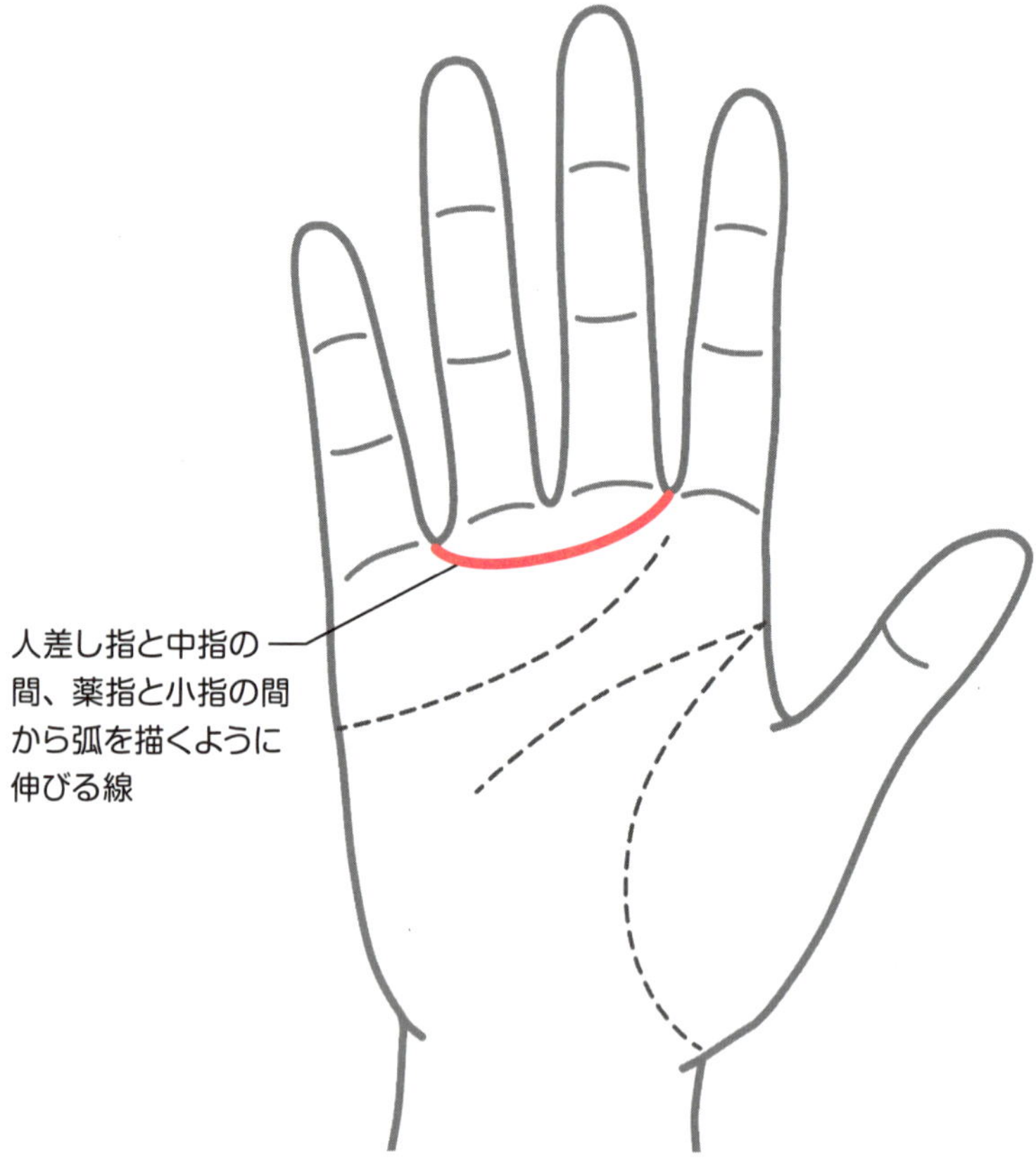
人差し指と中指の間、薬指と小指の間から弧を描くように伸びる線

感受性、美的センス、色気、官能性を表す

別名「エロス線」とも呼ばれる線ですが、異性に関することだけでなく美的センスがある人や感受性の豊かな人に現れます。半円形のはっきりした金星帯が出ていると、情熱的な恋愛をしますが、なかには異性に縁がなく美術や音楽に情熱を注いでいるケースもあります。この場合も、磨けば光る色気の持ち主なので、出会い運には恵まれるでしょう。美的センスが必要とされる職業にも向いています。

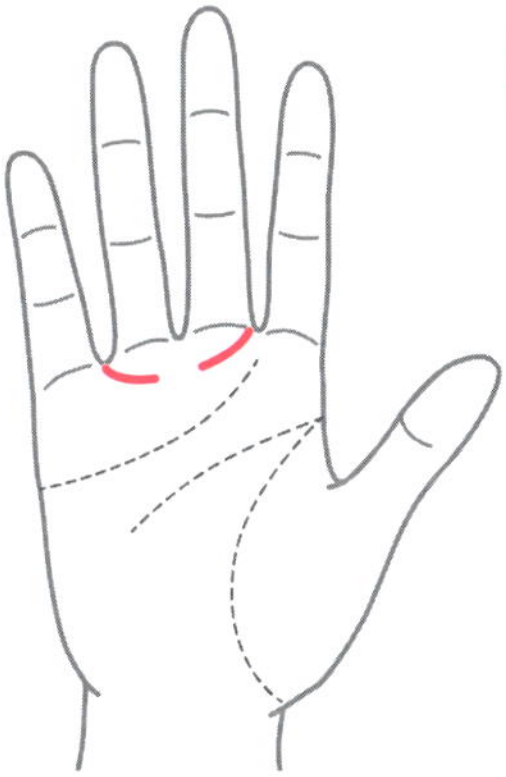

真ん中部分が空白になっている

独自の美的センス

金星帯はきれいな弧を描く人は珍しく、多くの場合、真ん中部分が途切れています。この相の持ち主は常に色気を振りまくタイプではありませんが、個性を感じさせる魅力と色気があり、人あたりもソフトなので好感を持たれます。人差し指と中指の間、薬指と小指の間から伸びる線が長くなるほど、感性豊かで独自の美的センスが光ります。

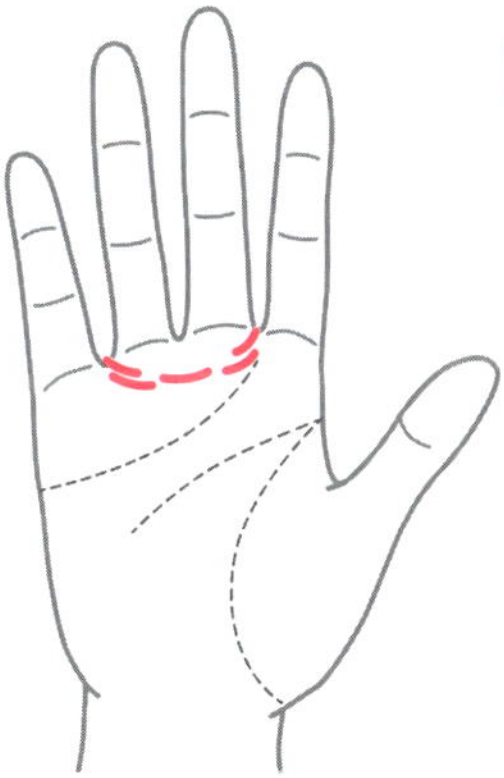

キレギレになっている

おしゃれで雰囲気のある人

金星帯が途切れ途切れになっているのは、雰囲気美人と言われるタイプで、おしゃれな人に多くみられる相です。ムードがあってモテますが少々気分屋で飽きっぽいところがあり、恋愛が長続きしにくい傾向です。ただ、別れてもすぐ次の恋人ができそうです。

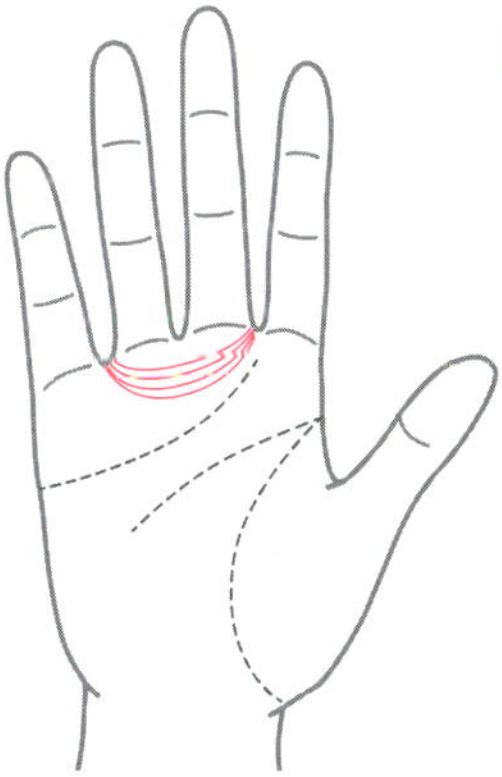

金星帯が複数ある

異性をひきつけるセックスアピールの持ち主

一番お色気のあるタイプです。官能的なモテタイプで、異性から誘われやすい人と言えます。モテるあまり異性関係にだらしなくなるケースもあり、やきもち焼きの人がこの相の人と付き合うと、辛いかもしれません。一方で、感受性が豊かで情に厚いので知能線がしっかりしていれば、芸術や文芸などの分野で活躍することもあります。また、結婚線が長く、多重の金星帯に入り込んでいる人はヒステリックな傾向があります。

土星環

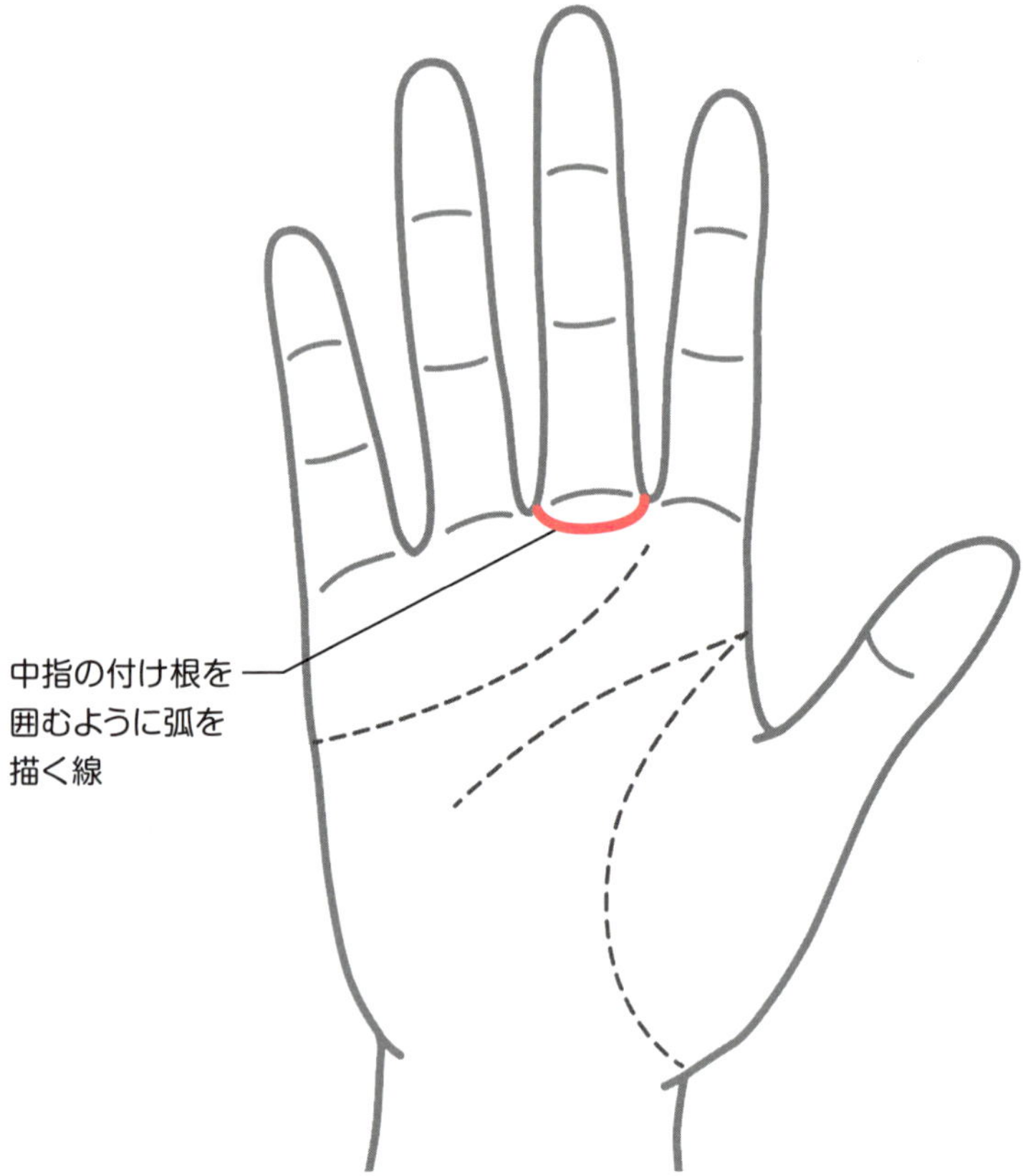

孤独性、感性の鋭さを表す

内省的で自分の殻に引きこもりやすい傾向があり、かつては凶相とされていた相です。独自の世界観を持ち、自分の好きなことに没頭したり、探求家で何かをコツコツ研究したりと、個性を活かして活躍する人に多くみられます。この相の持ち主は、自分の性格をわかってくれる人を大事にして、自分の良さを活かした生活スタイルをつくっていくと良いでしょう。

太陽環

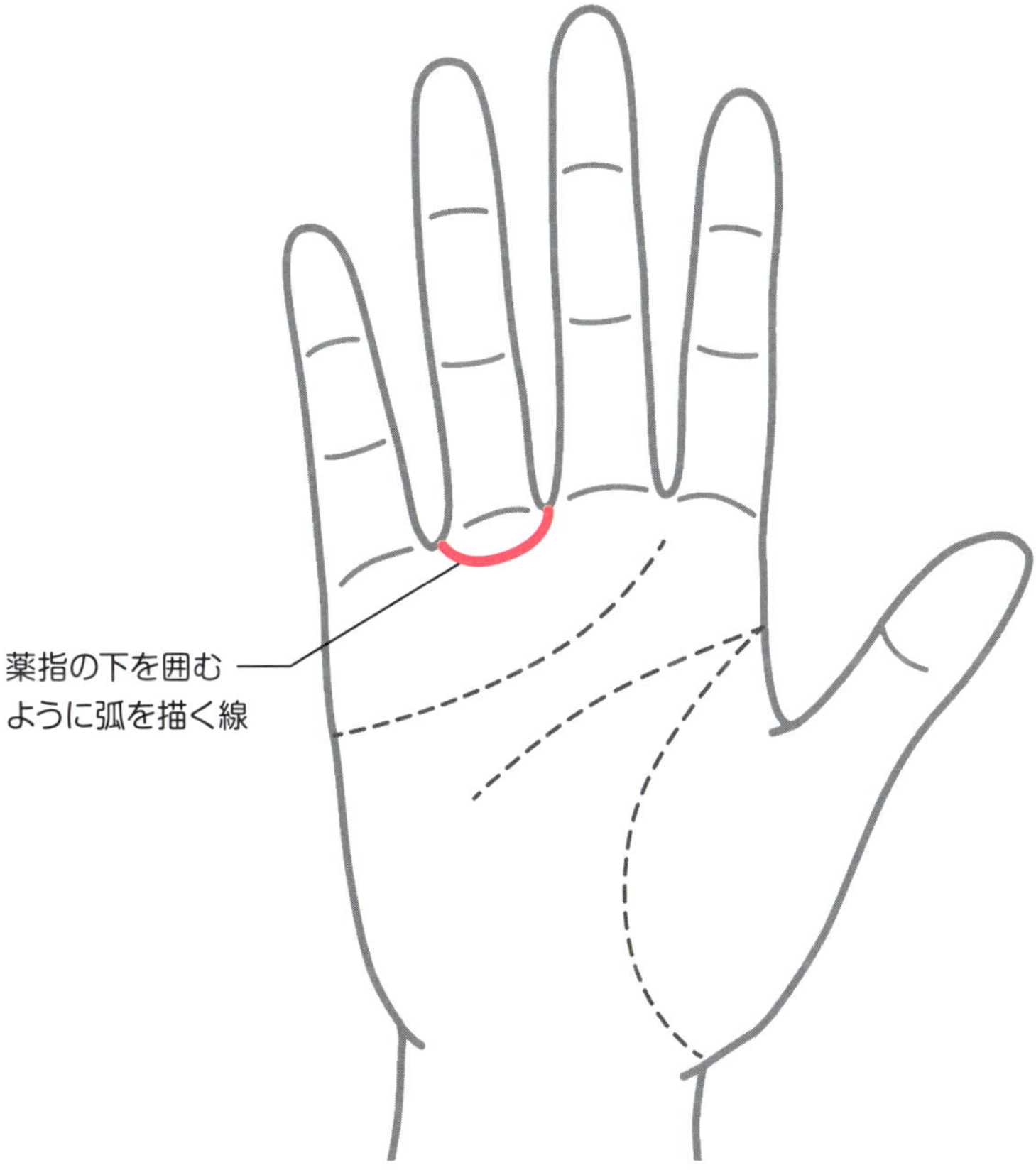

芸術的センス、華やかさを表す

太陽環は非常に珍しい相です。薬指の下の太陽丘に現れる半円型の線で、太陽丘の持つ芸術的センスや人気、成功、信頼といった意味を強めます。背伸びしがちなタイプですが、若いうちから名誉を得やすく、華やかな雰囲気のある人です。誰からも好かれるタイプで、周囲からの引き立てを受けることが多く、特に異性をひきつける魅力の持ち主です。

神秘十字線

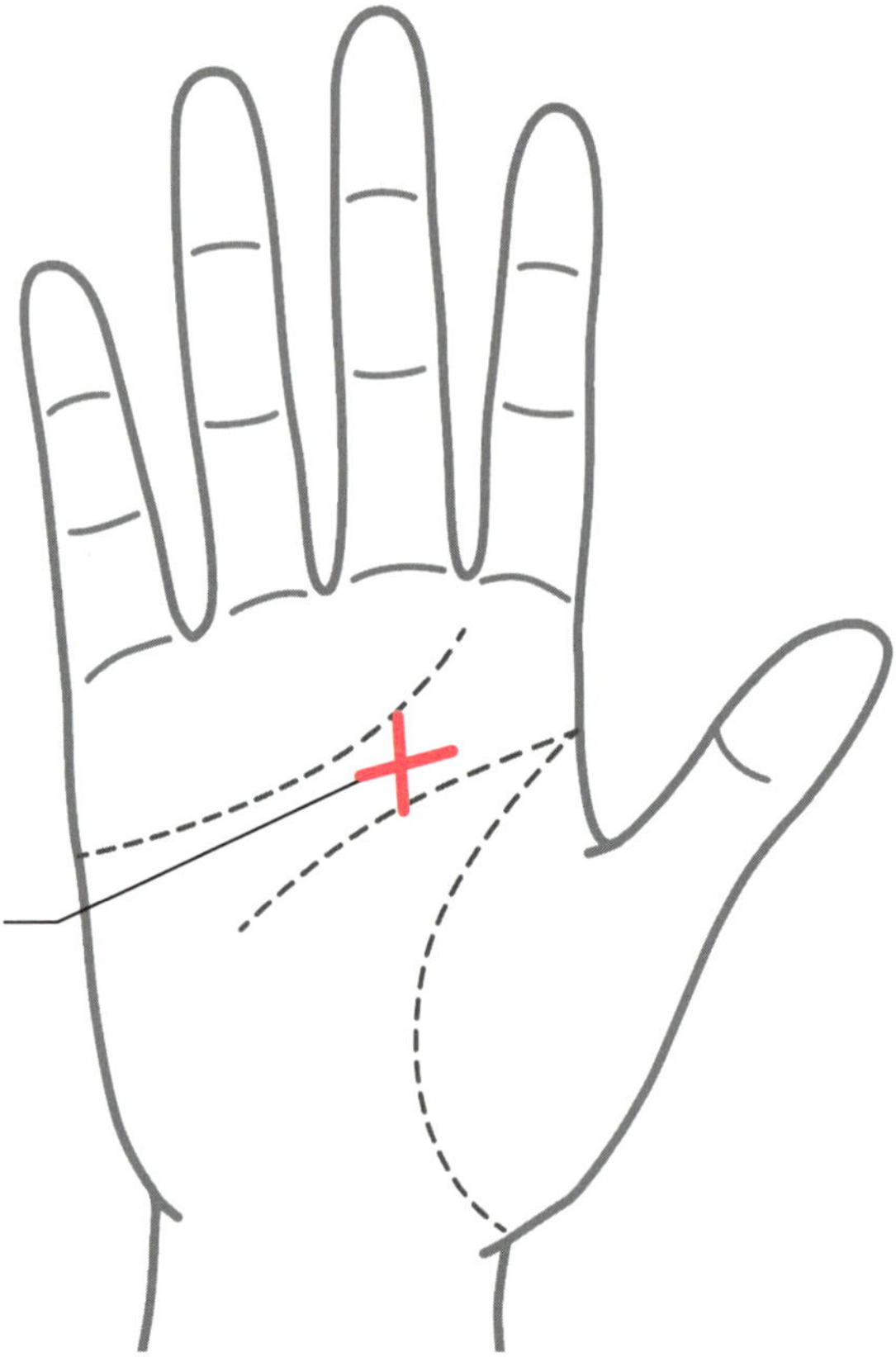

霊感、先祖・神仏の守り、信仰心を表す

神秘十字という名前の通り、神秘的なものにひかれる人、霊感が強い人、勘が鋭い人、信仰心のある人に現れる線です。先祖に守られて運が強いとされ何度も命拾いしているような人に多くみられます。また、伝統芸能に関心の深い人や、面倒見が良い人にもよくみられます。線が薄かったり、少し変形しているといった場合は神秘十字の持つ意味は弱まりますが、運は強く虫の知らせのような第六感が働くようです。

その他の神秘十字線

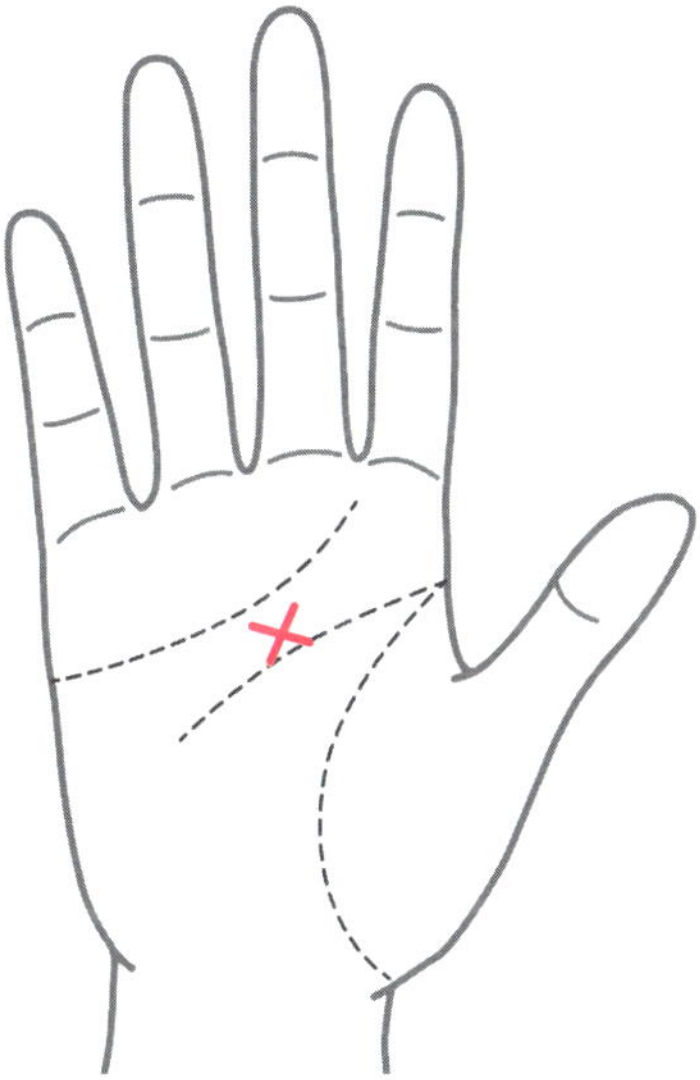

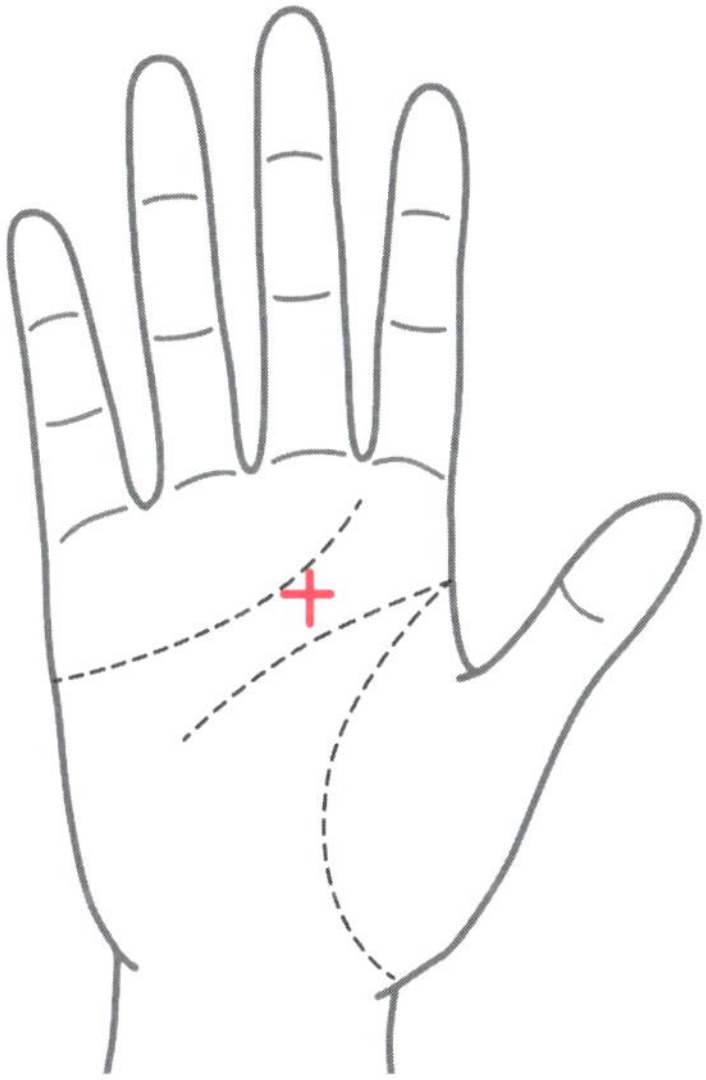

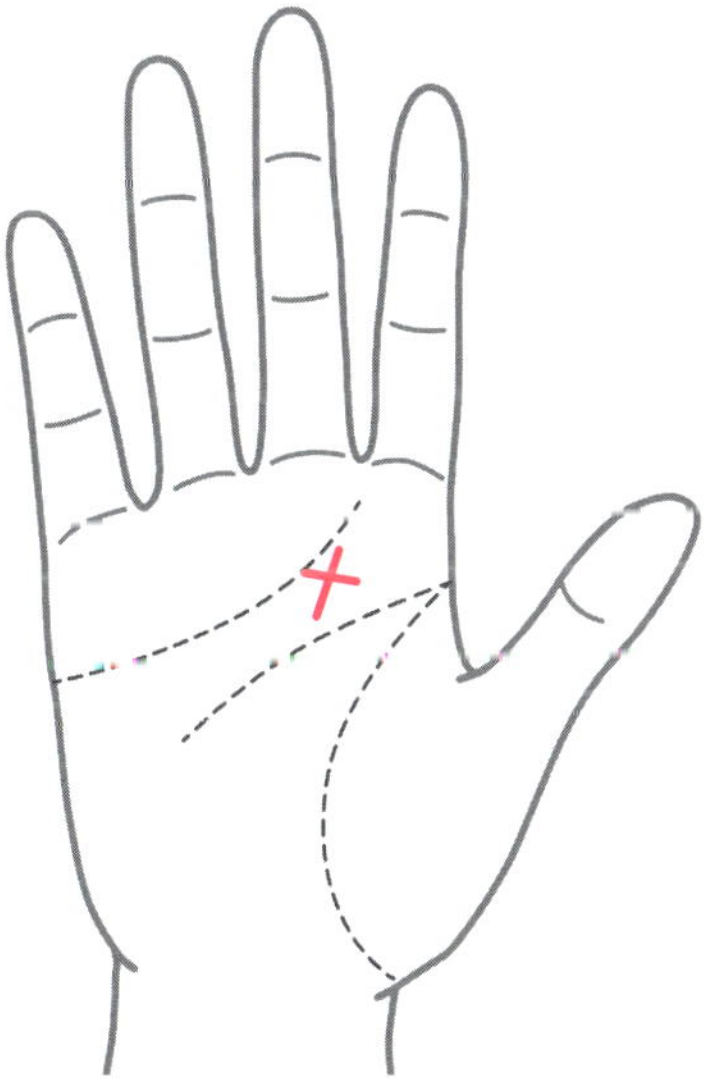

太陽十字

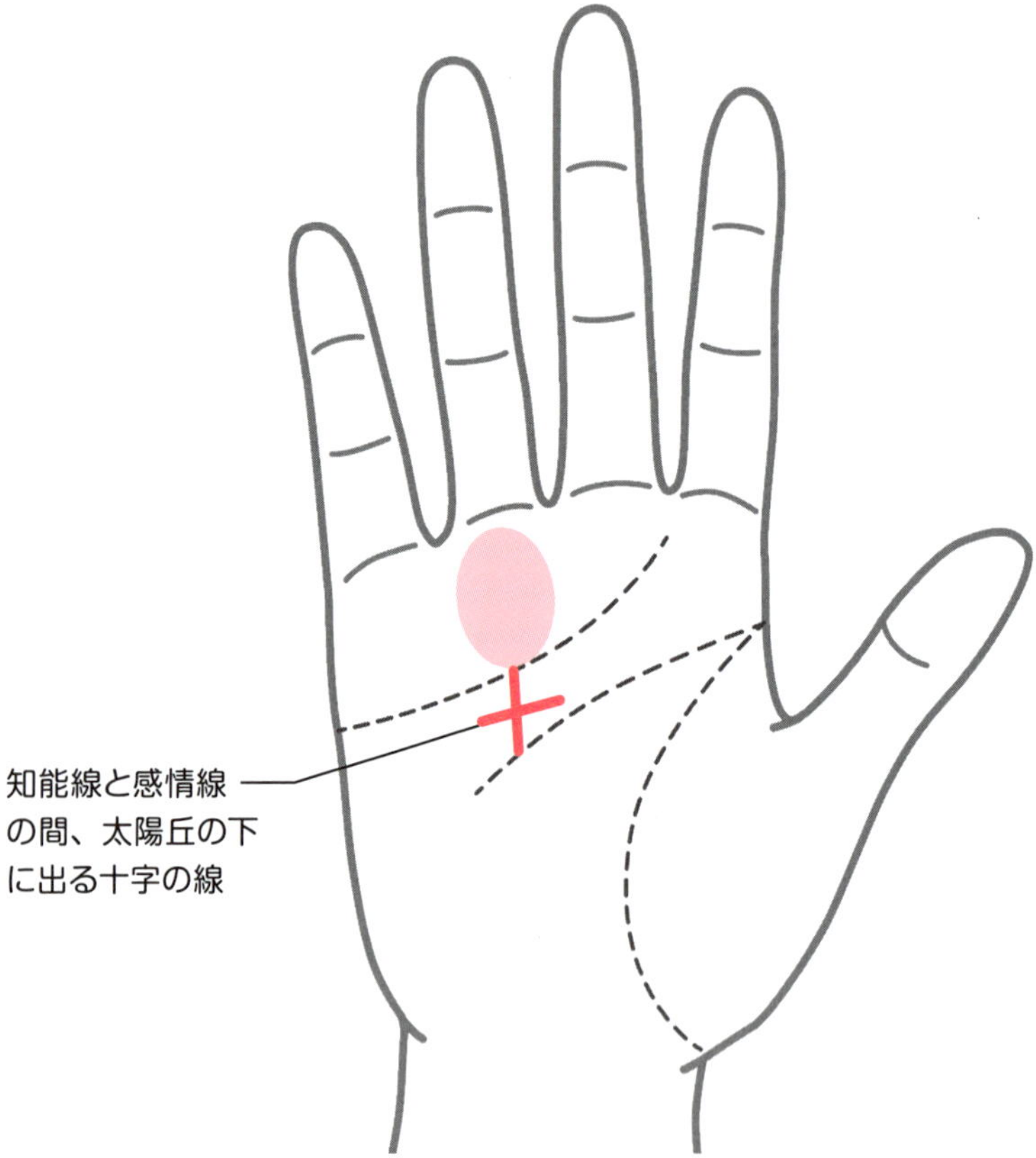
知能線と感情線
の間、太陽丘の下
に出る十字の線

芸術的なインスピレーションを表す

神秘十字の一種で、太陽丘の下に出る十字を太陽十字と呼びます。神秘十字線の持つ神秘性や霊感の強さ、運の強さといった意味にプラスして、芸術的なインスピレーションが備わります。この相の持ち主の中には、自分の持つ神秘性や芸術的感性をビジネスに活かして社会で認められる人もいます。

奉仕十字

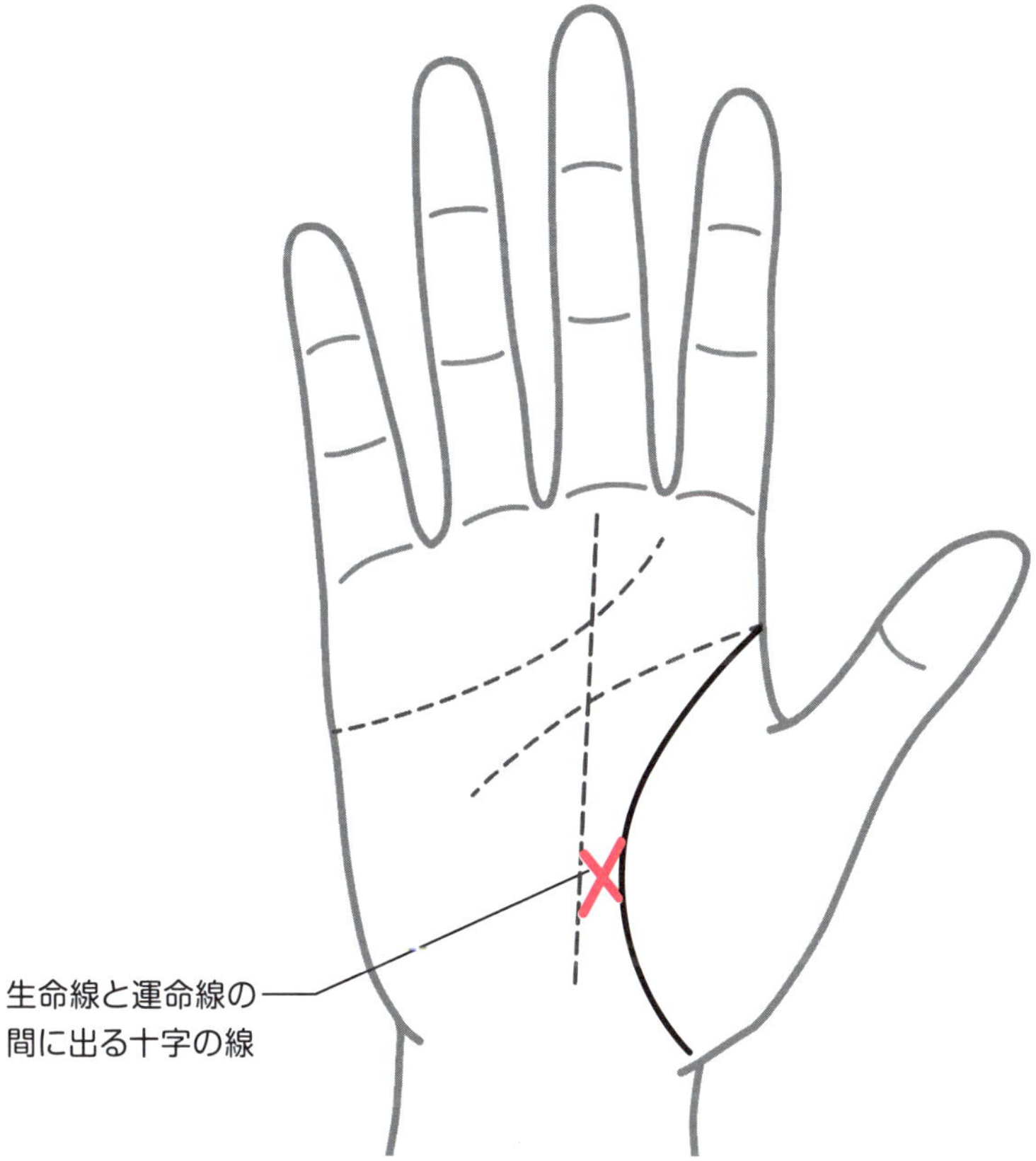

奉仕精神の強さを表す

生命線の下部と運命線との間に現れる十字の線です。この相の持ち主は奉仕の精神の強い人で、家族思いの人に多く見られます。お客さんに尽くしたりボランティアで活躍するなど、誰かのために一生懸命になれる人で、この相の人は、医療や福祉、教育関連の仕事に就くと良さを発揮できます。

直感線

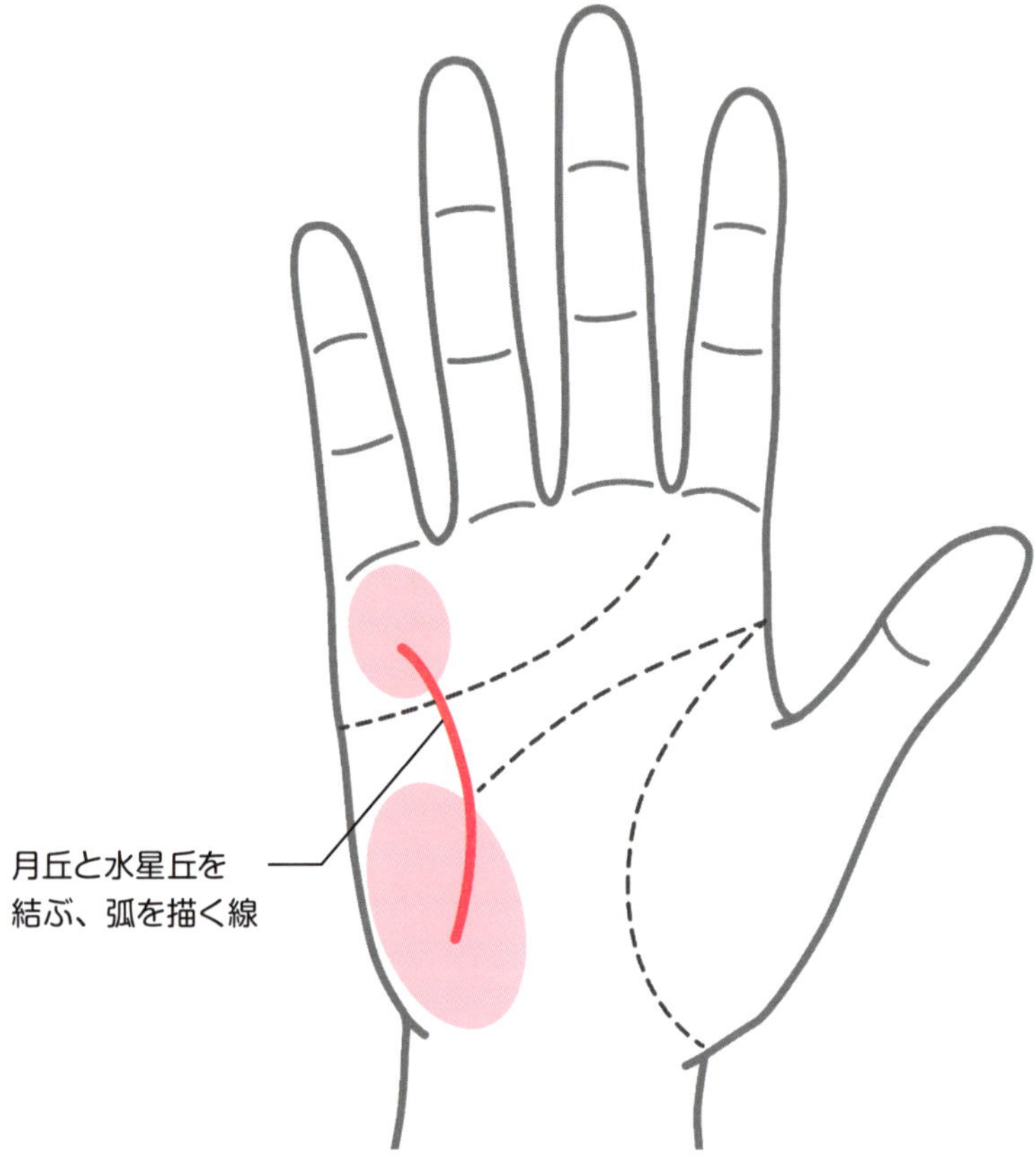

直感力、本質を見抜く能力を表す

はっきりとした弧を描くきれいな直感線は非常に珍しい相です。直感が鋭く、物事の本質を瞬時に見抜く人に現れています。占い師やヒーラー、心理学者や芸術家に向いているとされ、時代の変化や顧客のニーズを的確に読み取ることができるので、実際はコンサルタントや経営者など、ビジネスの世界で活躍する人にもみられます。仕事の割り振りもうまく、フリーランスでもスムーズに仕事をしていきます。

仏心紋

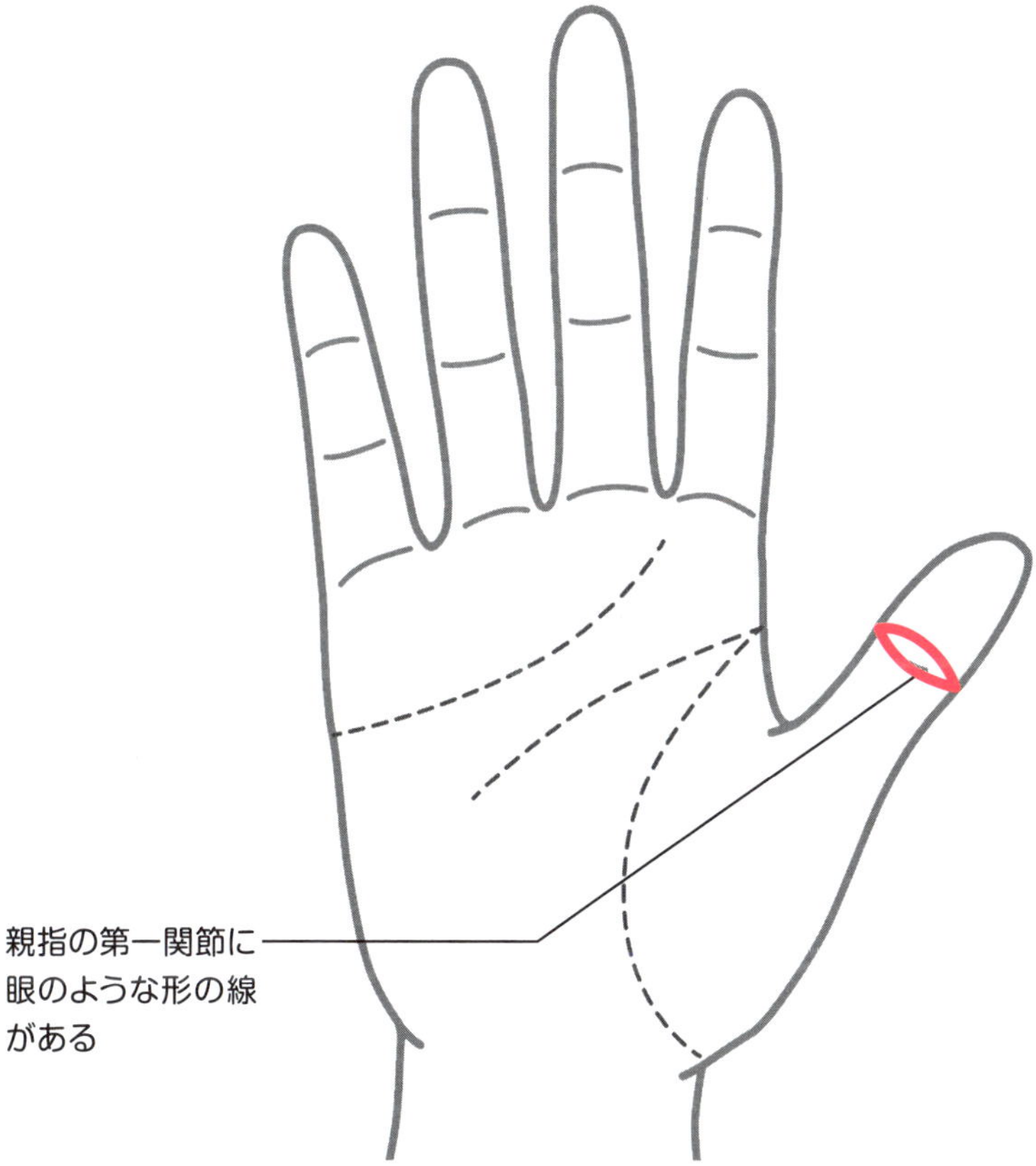

先祖の守り、徳を表す

親指の第１関節の２本の筋が目玉のようにみえるものを仏心紋（仏眼）と呼びます。この相があるのは、先祖に守られ、徳のある人と言われ、先祖に見守られている分、悪いことができないとも言われます。勘の鋭い人が多く、欲しいものが思いがけず手に入ったり、危険を回避したりといった強運の持ち主です。

ファミリーリング

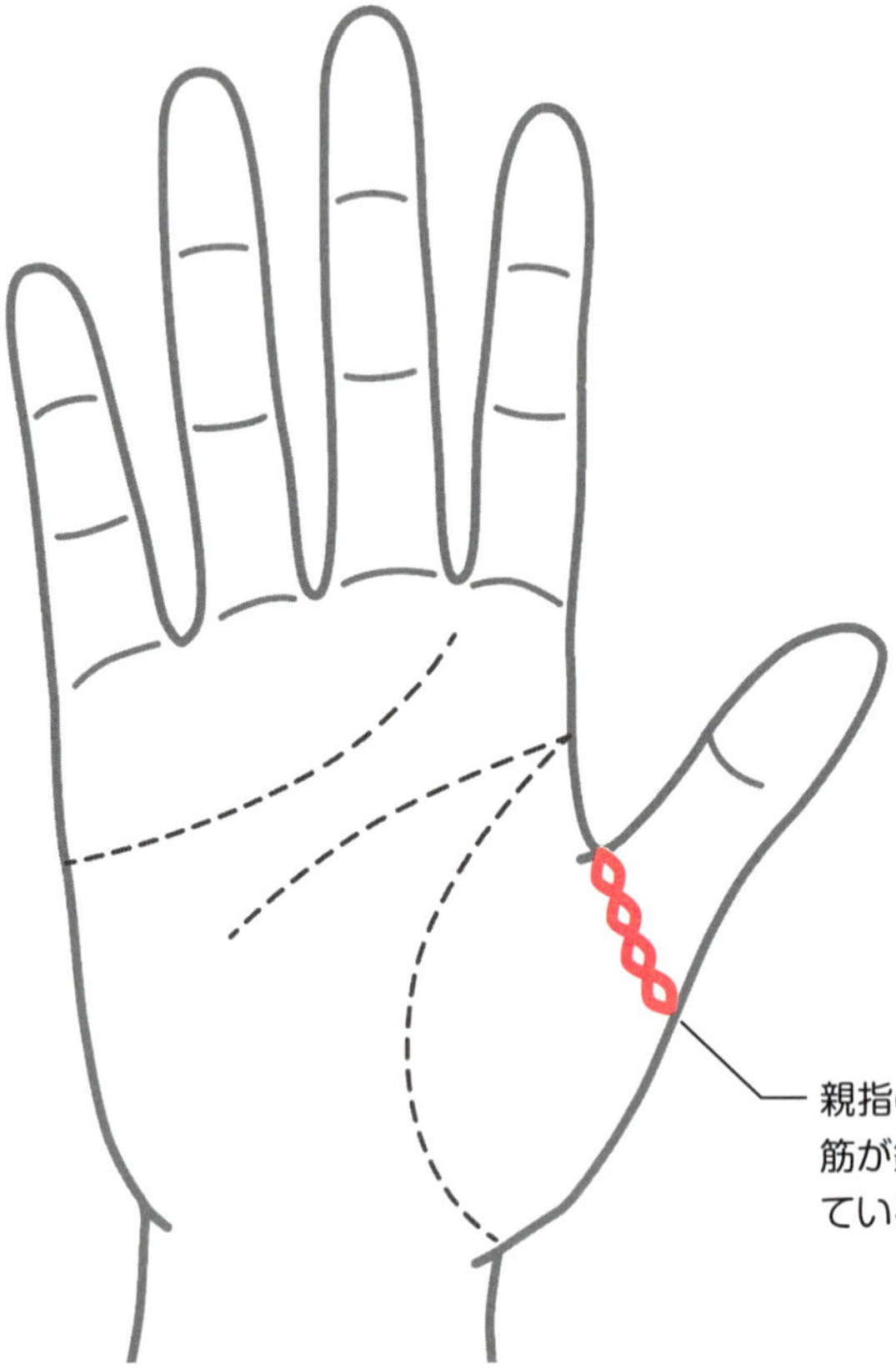

家族思いで家庭運に恵まれることを表す

親指の付け根の関節部分に輪をつなげたような形の線が出ているのは、家族に恵まれる人です。家族思いで、良い家庭を築いている人に多くみられます。輪の数が多いほど子宝に恵まれるとも言われています。一方で、この相の人は情に流されやすいところもあるので、詐欺などに引っかからないように注意しましょう。

ラッキーM

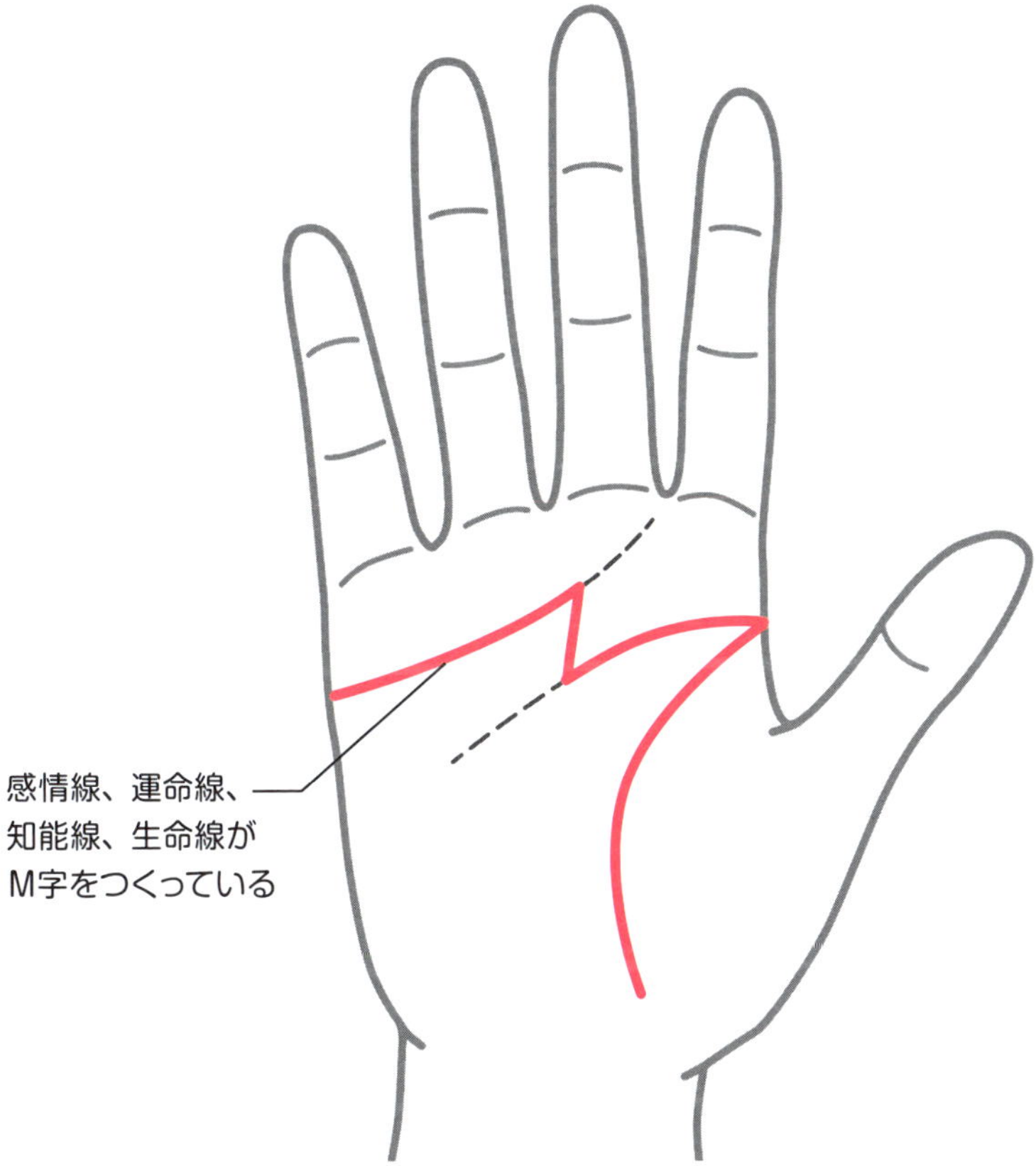

調和のとれた人柄が幸運を呼ぶ

感情線、運命線、知能線、生命線の主要の４線がはっきりでていて、きれいなM字型を描いている人は、人柄が良く、調和の取れた穏やかさのある人です。特に、中年期以降の運命線がまっすぐでないと、きれいなM字にならないことから、中年期運がよく、努力の結果が着実に実を結んでいく幸運な人といえます。メンタル、フィジカルともに健康的で、現実と夢のバランスを取れることも特徴です。

リーダー線

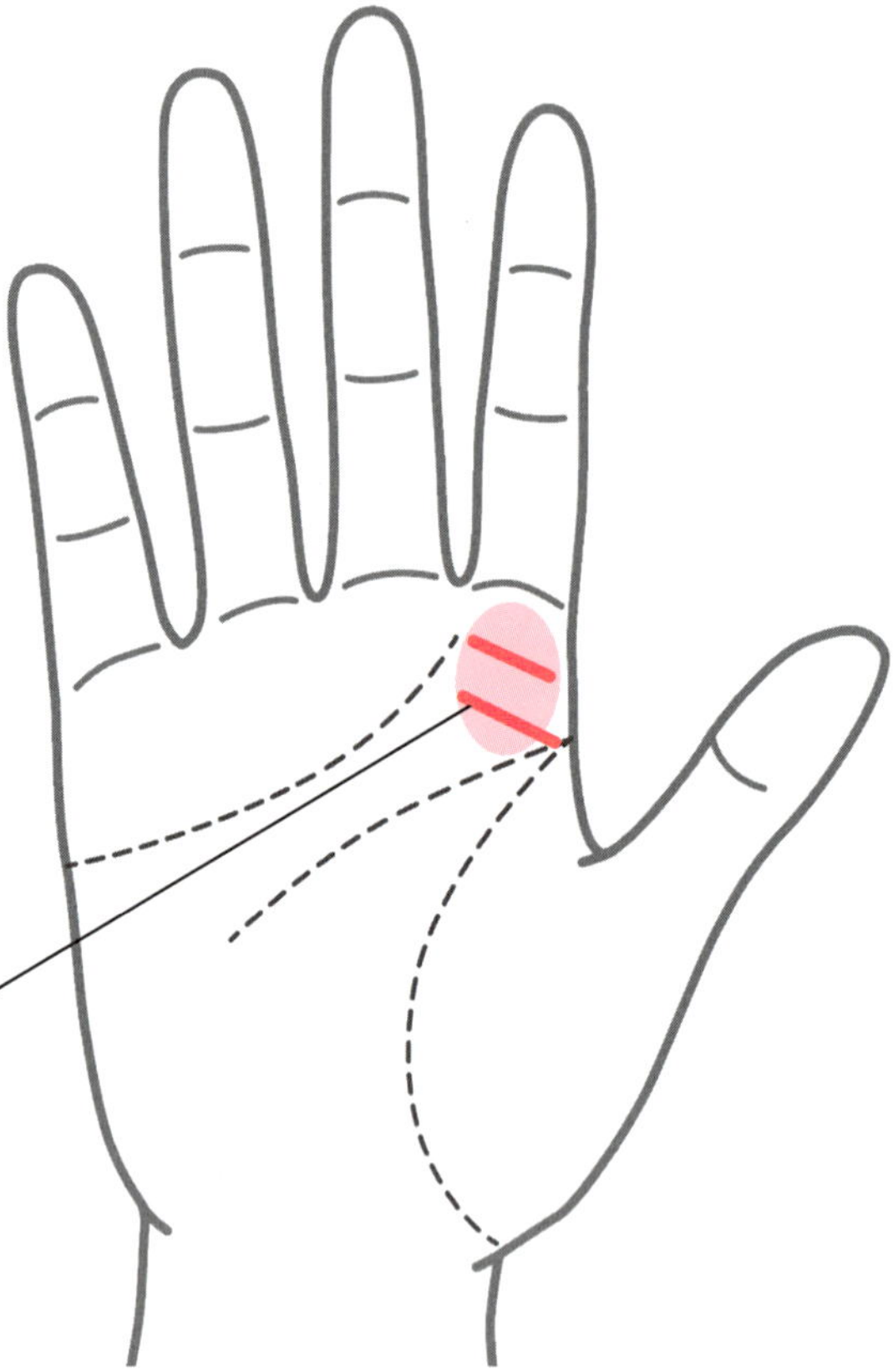

生命線上あるいは生命線始点付近から木星丘を横切って中指に向かって伸びる直線

リーダーシップや指導力、管理能力を表す

この線があると、人をまとめたり教えたりすることが得意なので教師や管理職、指導者的な仕事が向いています。一方で、他人から指図されることを嫌う傾向があります。リーダー線が薄く、何本も出ている場合は、あれもこれも気になってしまいリーダーシップをうまく発揮できない状態です。なお、リーダー線がない人は、のびのび動きたいタイプで、技術者などには出ていないことが多いです。

ソロモンの環

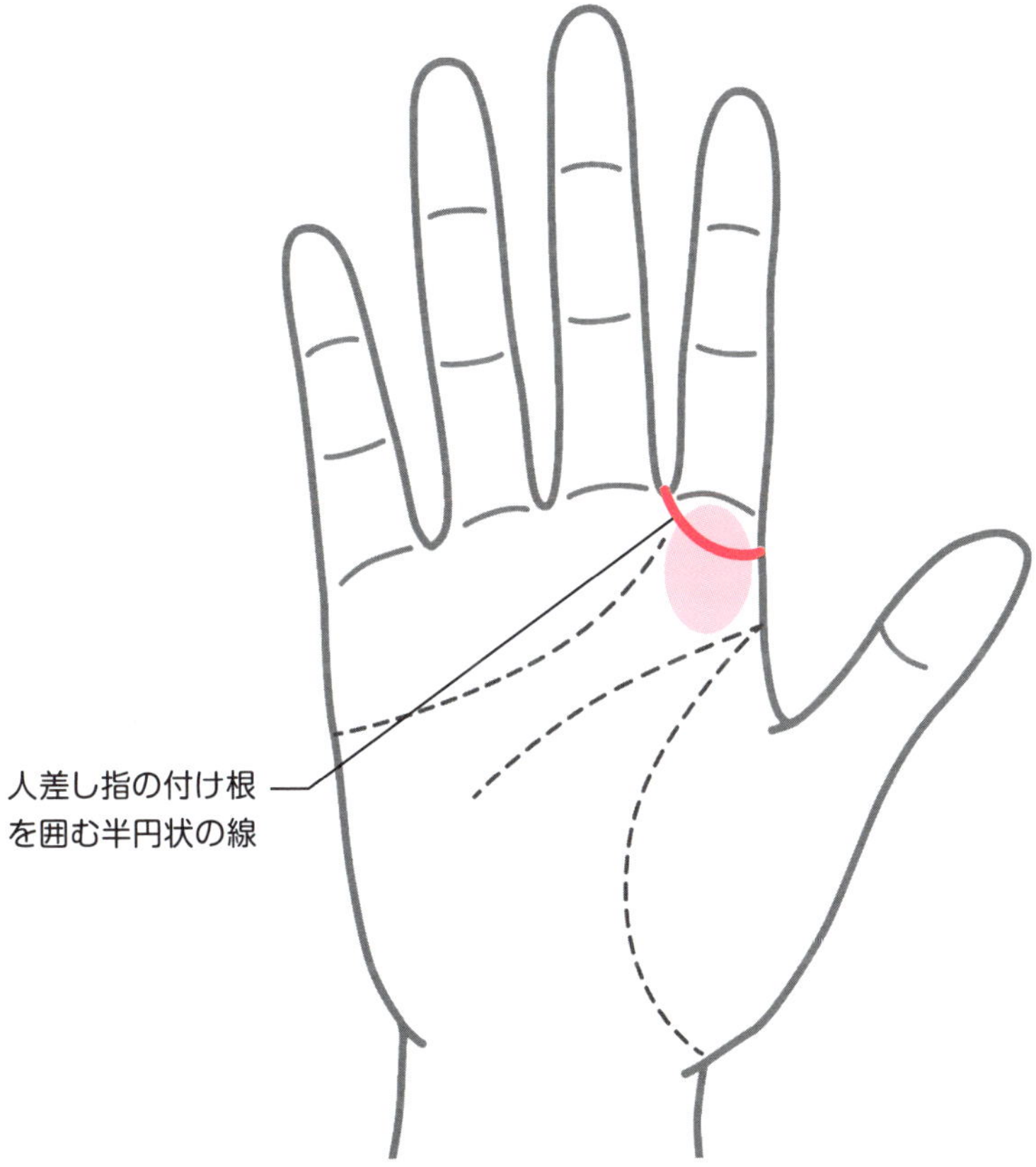

知恵と名誉、指導力を表す

「ソロモンの環」は、古代イスラエルの王様の名がその由来です。ソロモン王は知恵と富を持ち、国を栄えさせました。ソロモンの環は、知恵や指導力、人への影響力などを表し、向上心や独立心の強い人に現れる線です。この相の人は、自ら努力して名誉をつかみ、人の上に立つ能力があります。木星丘の影響を受けるので野心があり、プライドも高い人です。

昇運線

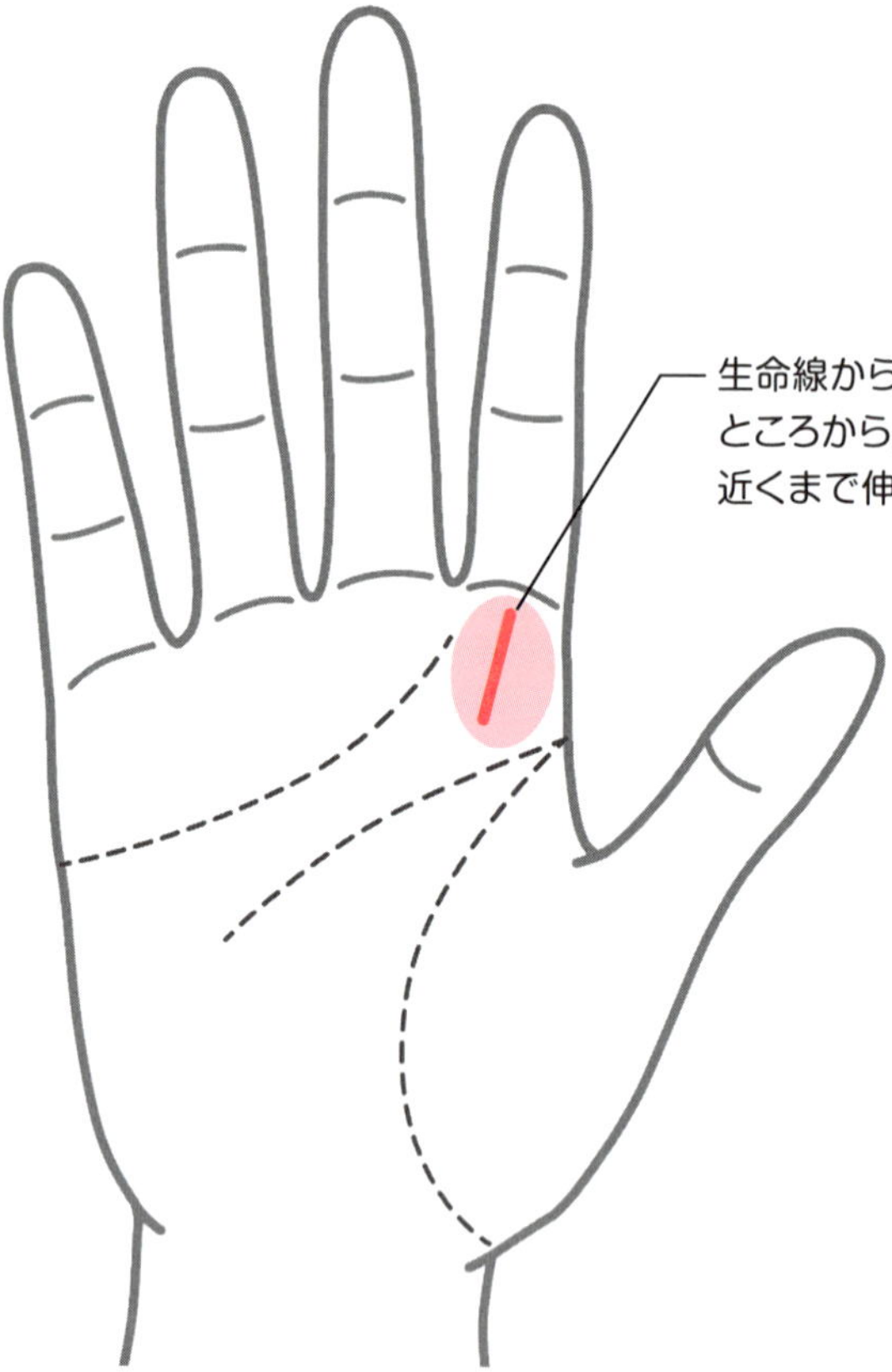
生命線から離れた
ところから人差し指
近くまで伸びる直線

努力が人から認められる

生命線から離れて木星丘に現れる線で、人差し指の付け根のすぐ下に斜めに出ます。希望線と区別がつきづらい線ですが、昇運線は生命線と接していません。この線がすっきり伸びているのは、協力者や他人の引き立てに恵まれて社会で活躍できる状態を表します。仕事や学業への意欲が強く、周囲から認められて昇進していく運気を持っています。

希望線

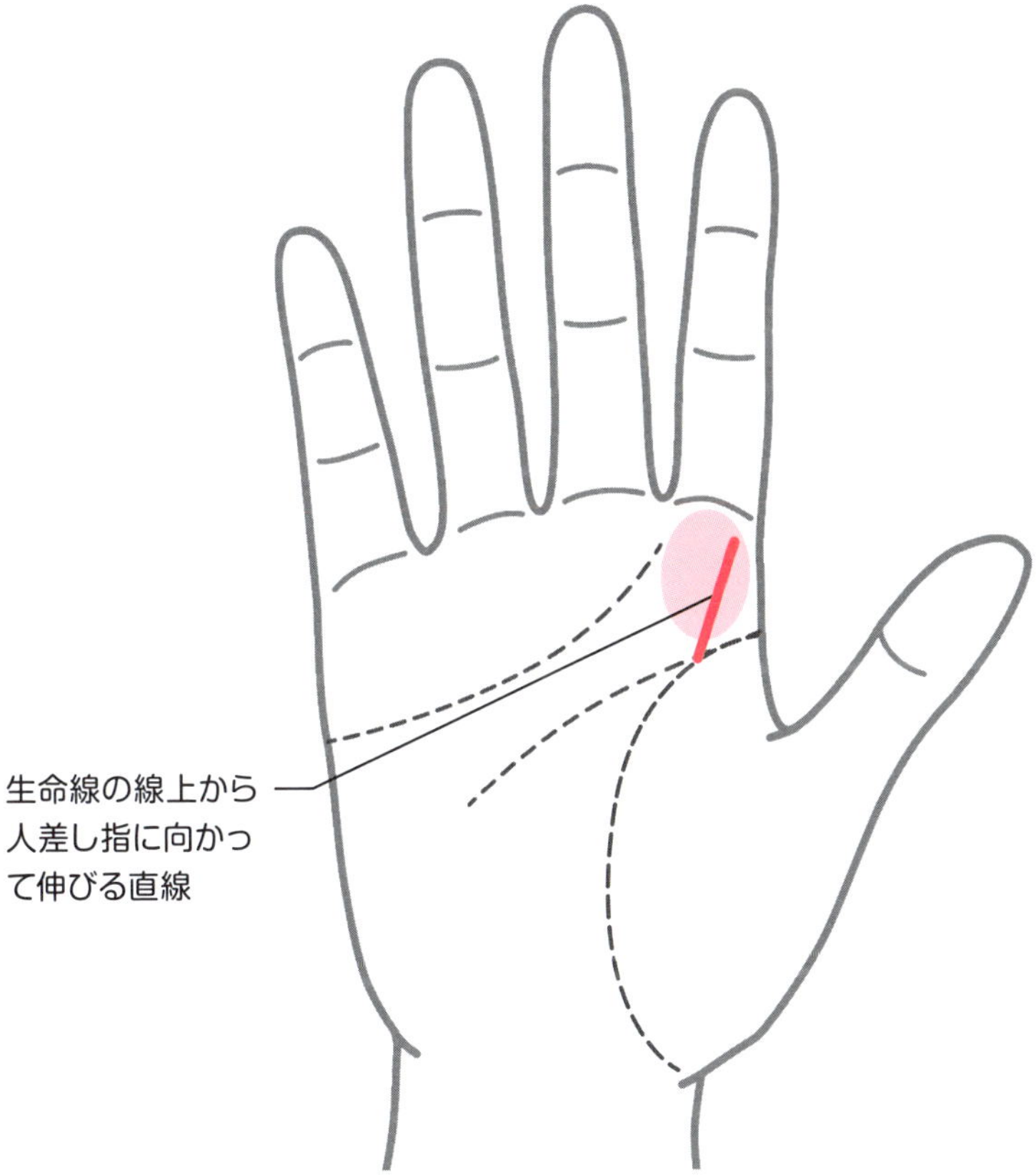
生命線の線上から
人差し指に向かって伸びる直線

夢や希望、野心を表す

生命線の線上から出ているのが希望線です。「夢が叶う線」とも呼ばれ、上昇志向が強く、希望や目標があることを表し、障害に負けず夢を実現させる強さを表します。この相の人は、具体的な夢を持つことで開運するため、マイホームを買う、独立する、結婚するなど、はっきりした目標を立てましょう。一般的に、手相の×印は凶相とされますが、希望線やリーダー線がクロスして×印になっている場合は悪い意味ではなく、人の上に立つ運気の強い時です。

向上線

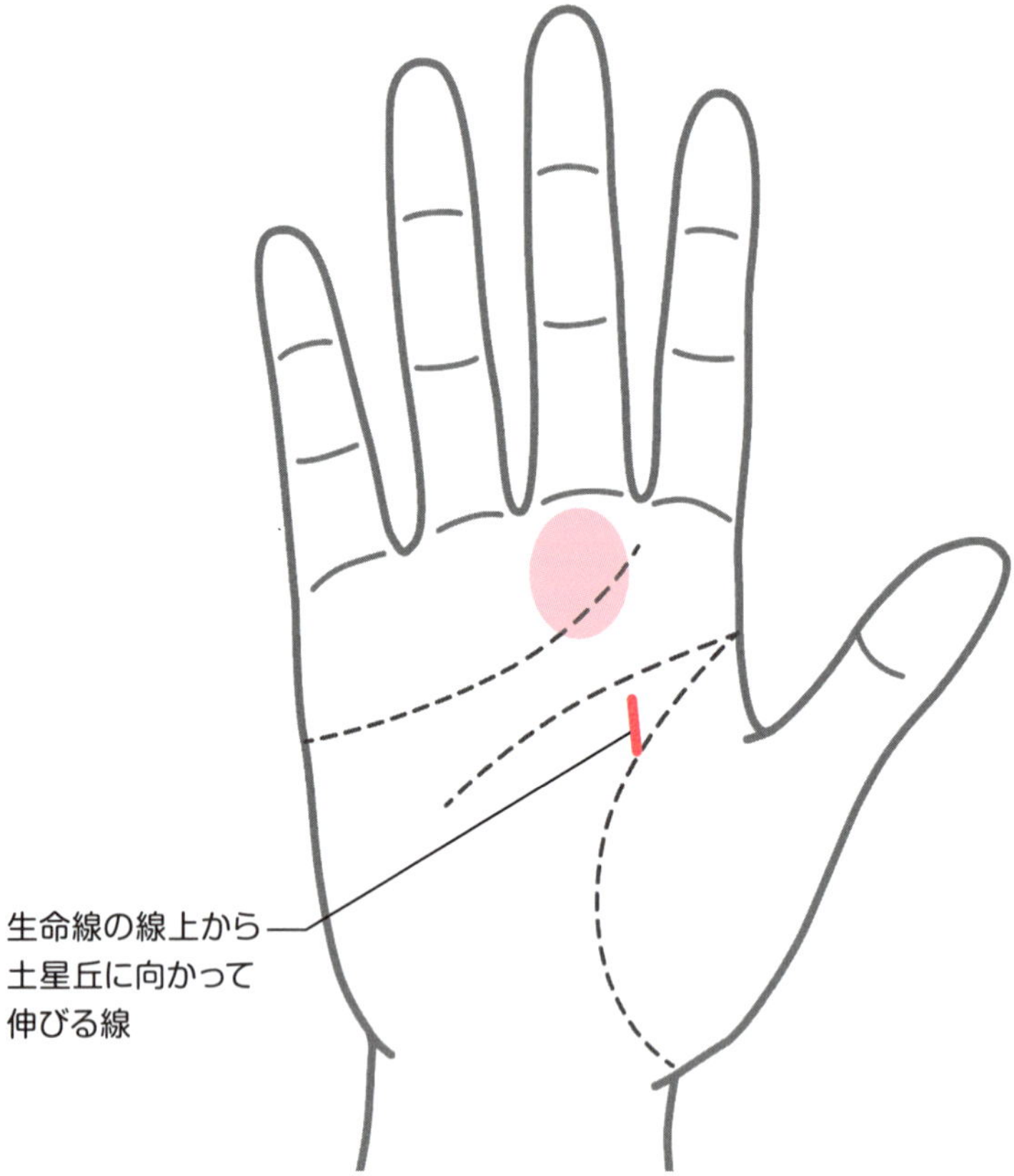
生命線の線上から
土星丘に向かって
伸びる線

向上心が強い頑張り屋

生命線の線上から土星丘の方向に伸びる短い線です。線が土星丘まで長く伸びると、向上線ではなく運命線になります。この線が短くてもすっきり出ている人は常に現状に満足せず、次を目指して努力する頑張り屋です。目的意識が高く、目標があると燃えてしまい、気がつくとつい頑張りすぎてしまうことも多々あります。線が細くて何本もある場合は、向上線の意味が弱まり、気持ちばかりが先走りやすいので、目的を絞るとうまくいきます。

忍耐線

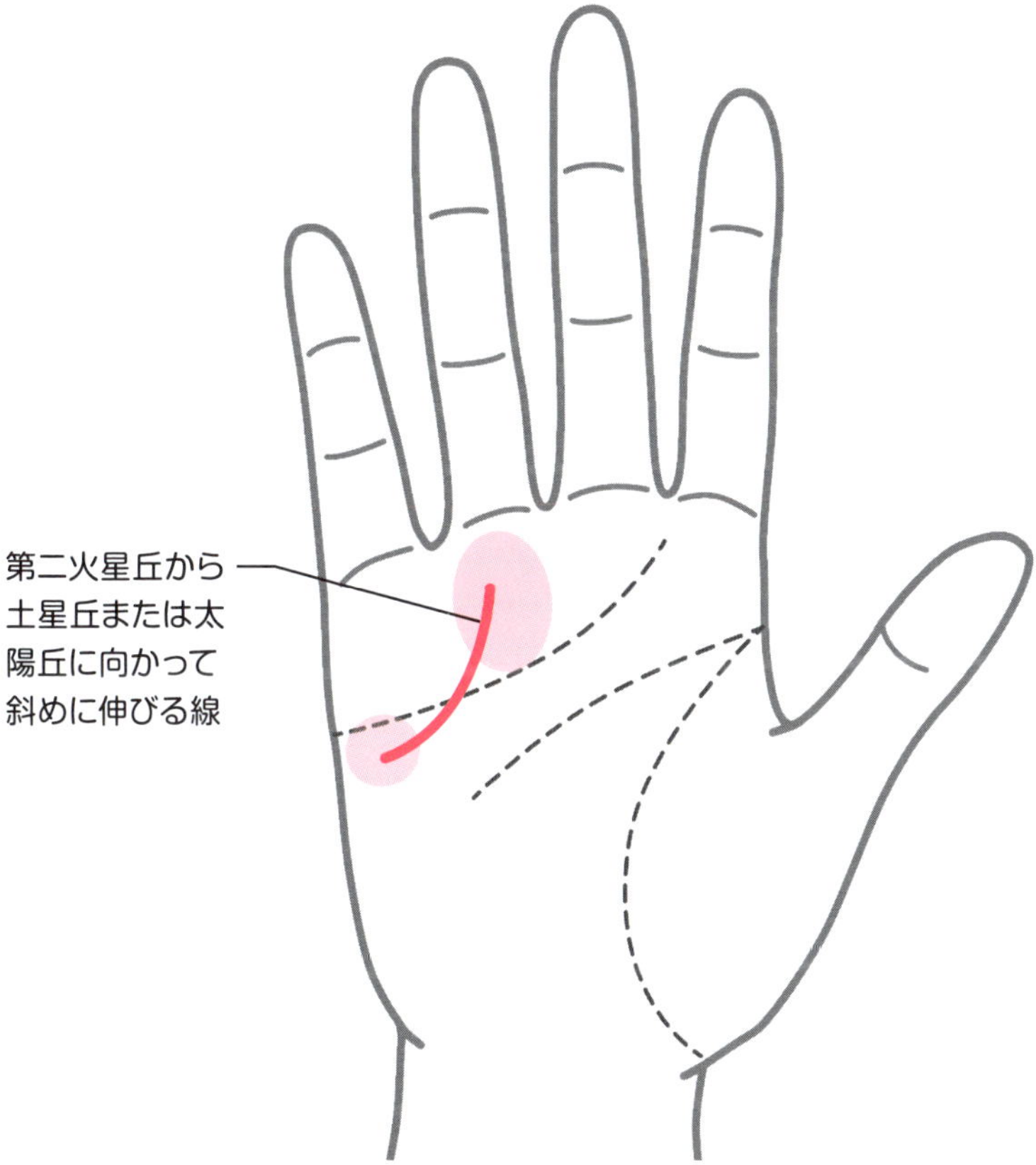
第二火星丘から
土星丘または太
陽丘に向かって
斜めに伸びる線

あきらめないで運気が開けることを表す

表立ってそうとは見えなくても、勝気で我慢強く、芯のしっかりした人に出る線です。下積み時代の長かった芸人さんなどにもみられる相で、我慢を強いられる状況に置かれても困難に負けることなく努力を続けることで、着実に運が開けていきます。この相の持ち主は、ライバルがたくさんいる環境や大家族などでも頑張っていけます。ただし、我慢強いからといって不倫やパートナーの暴力などにはまってしまわないようにしてください。

幸運線

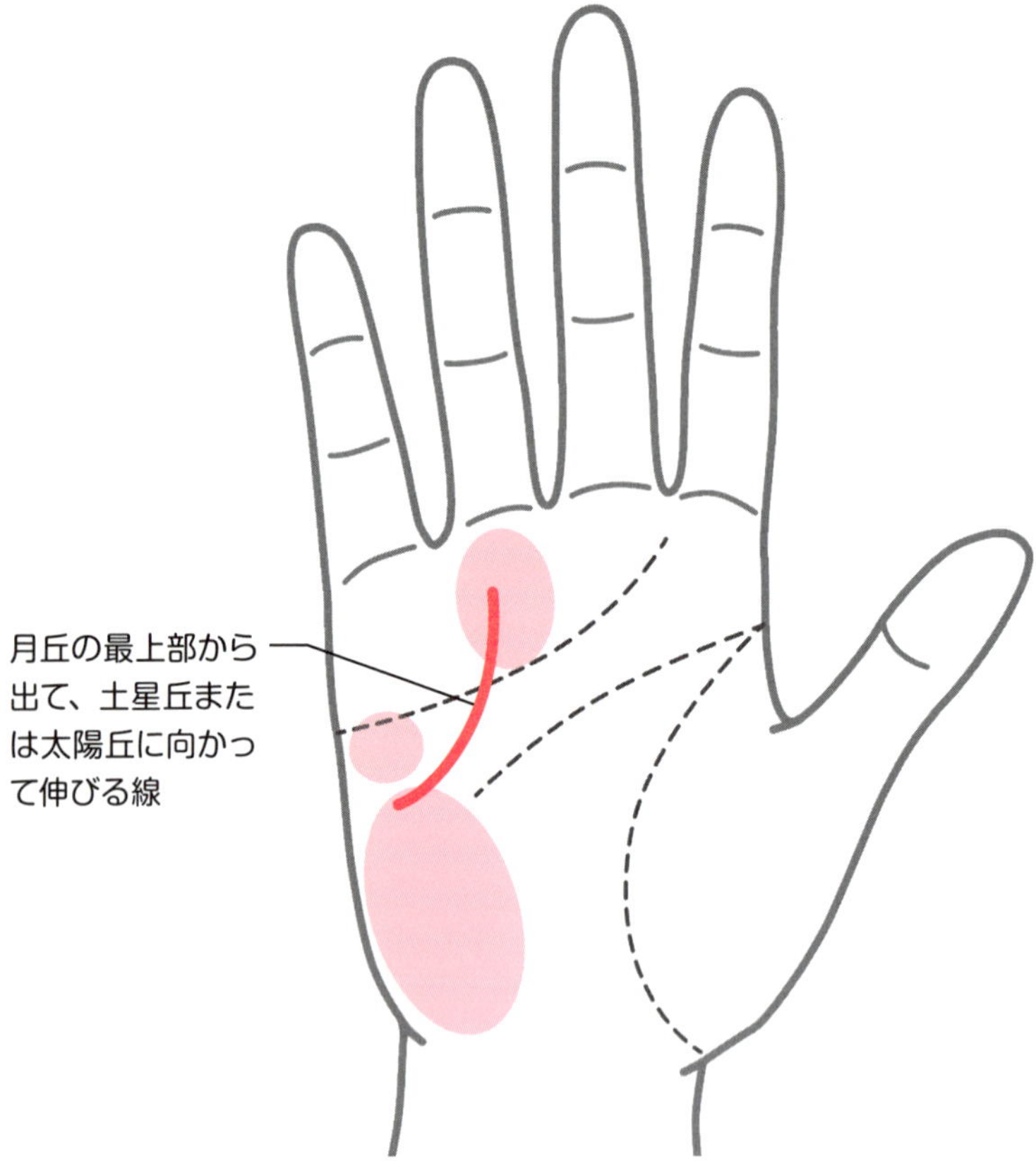
月丘の最上部から
出て、土星丘また
は太陽丘に向かっ
て伸びる線

偶然の出会いに恵まれて開運する

出発点が第二火星丘のすぐ下で、月丘の最上部にあることが判断のポイントです。この線の持ち主は、本人も予想しないような偶然の出会いによって運勢が好転していきます。この線が出ている場合、いつチャンスがやってきても良いように、日頃から自分磨きをしておくと良いでしょう。また、積極的に外へ出て行動範囲を広げるのも開運につながります。

引き立て線

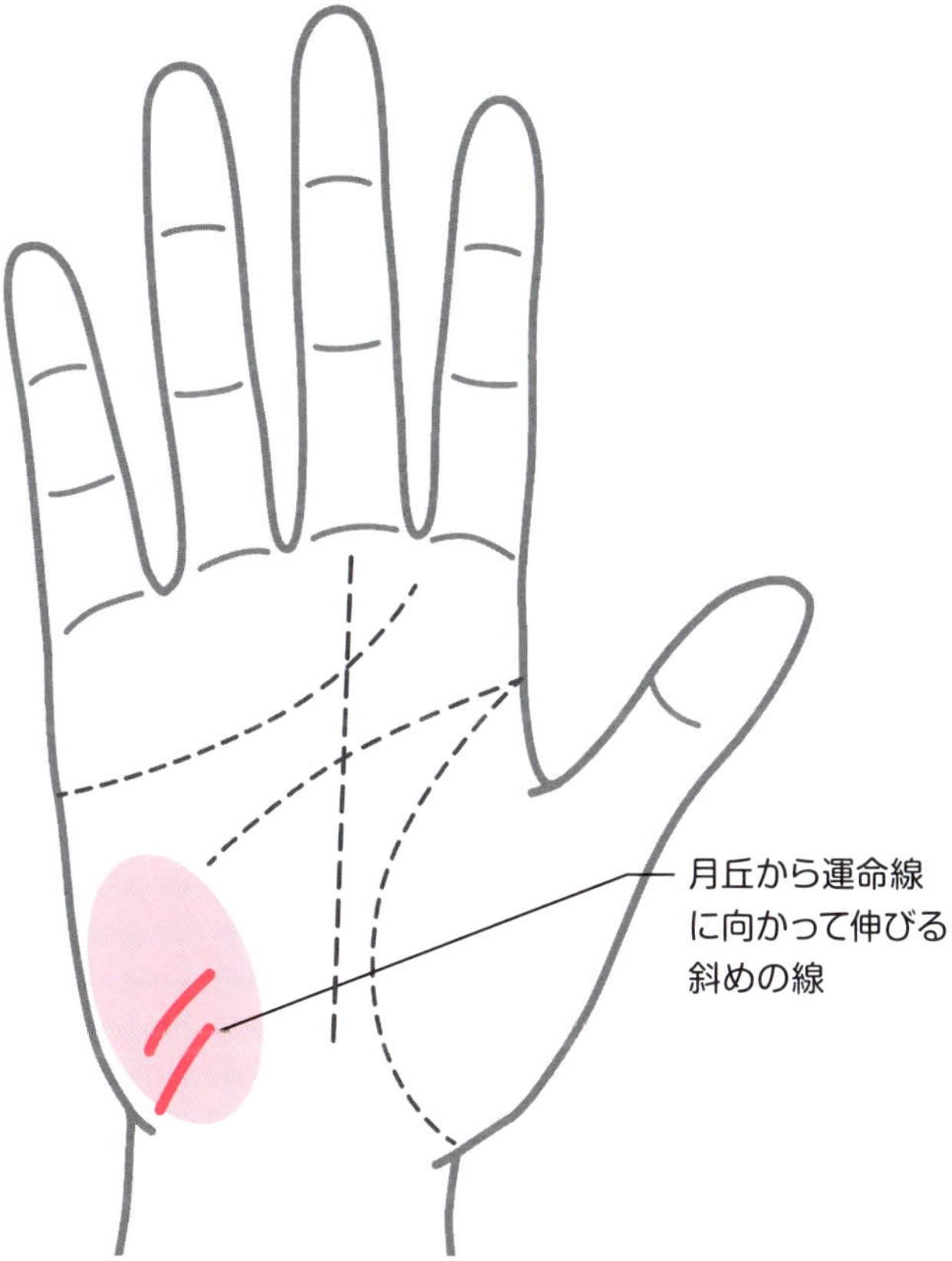

他人から助けられることを表す

月丘から運命線に向かって斜め上に伸びる線は、他人からの引き立てで運が開けることを意味します。良い上司や先生、仲間や友人に恵まれ、困った時には必ず助けてくれる人が現れるラッキーな人です。また、異性、同性を問わず出会い運があります。引き立て線がありながら出会いがないという人は、友人の紹介等を頼むと良い出会いが得られる可能性が高くなります。

影響線

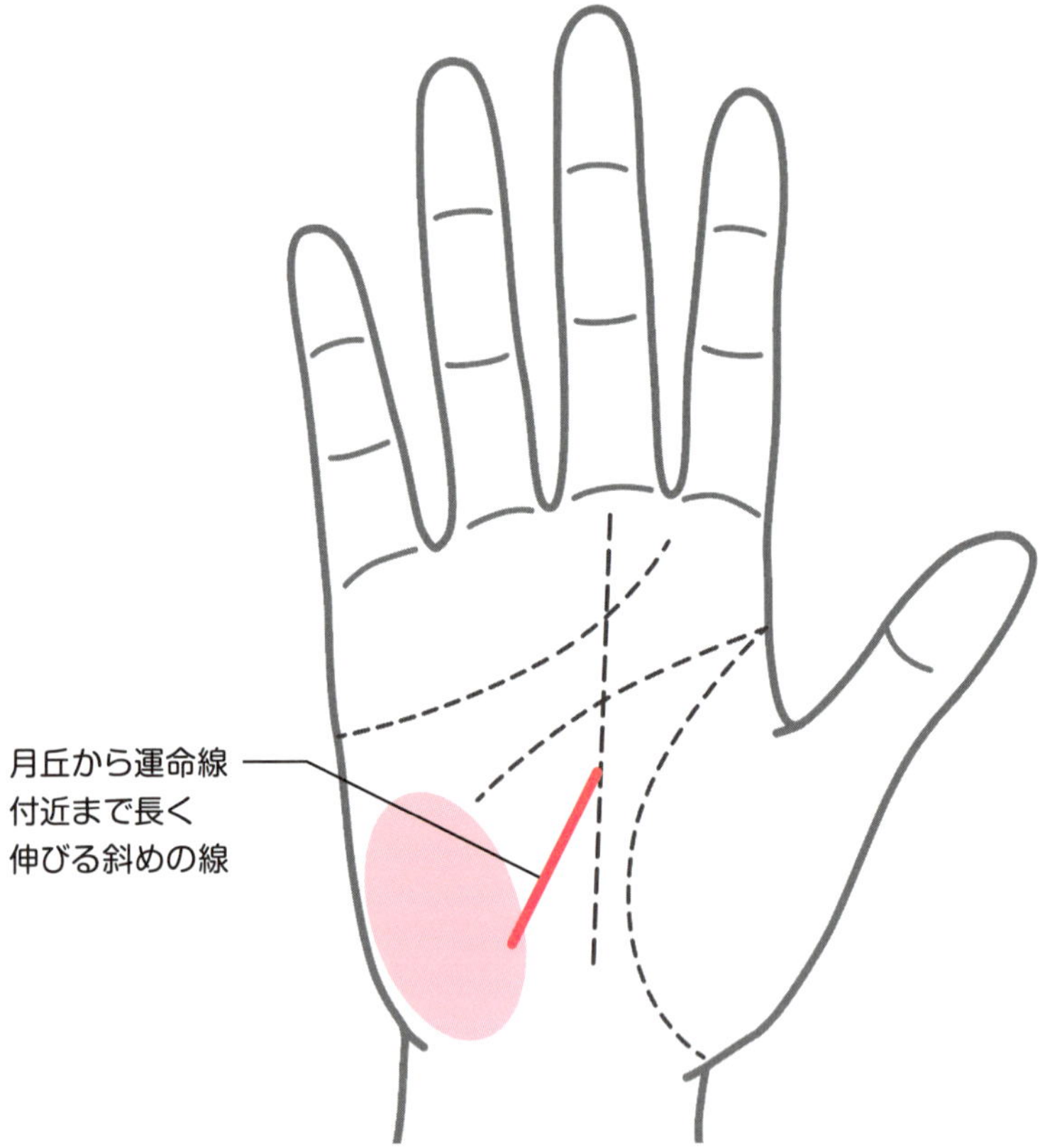
月丘から運命線
付近まで長く
伸びる斜めの線

出会い運や良い結婚の時期がわかる

月丘から運命線に向かって斜め上に長く伸びる線です。引き立て線と区別がつきづらいですが、運命線まで、または運命線のごく近くまで長く伸びているのが影響線です。影響線の方が人生への影響度が強いです。とはいえ、どちらも人間関係に恵まれ、人に助けられるという意味があるため、判断で悩む必要はあまりありません。終点が運命線に届いている場合は、経済的に安定した人と結婚して幸せになることを意味します。また、運命線と接する地点を流年法でみることで結婚の好機がわかります。

運命線の流年法でみる出会い運

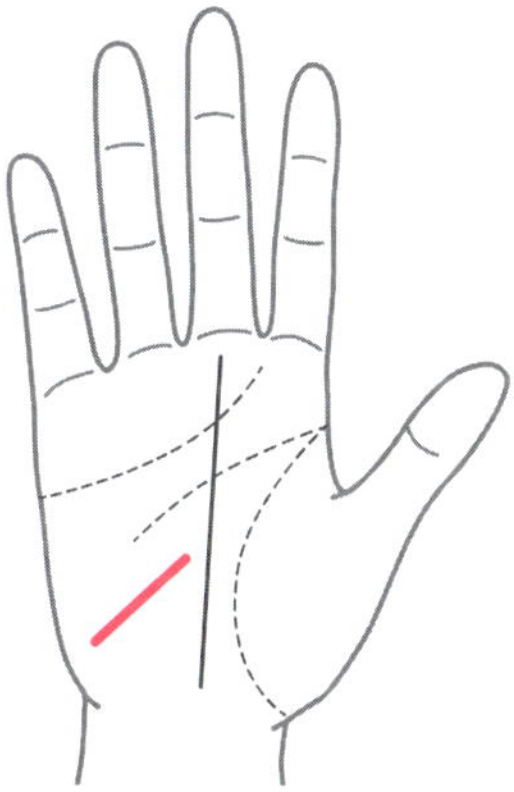
運命線に届かない

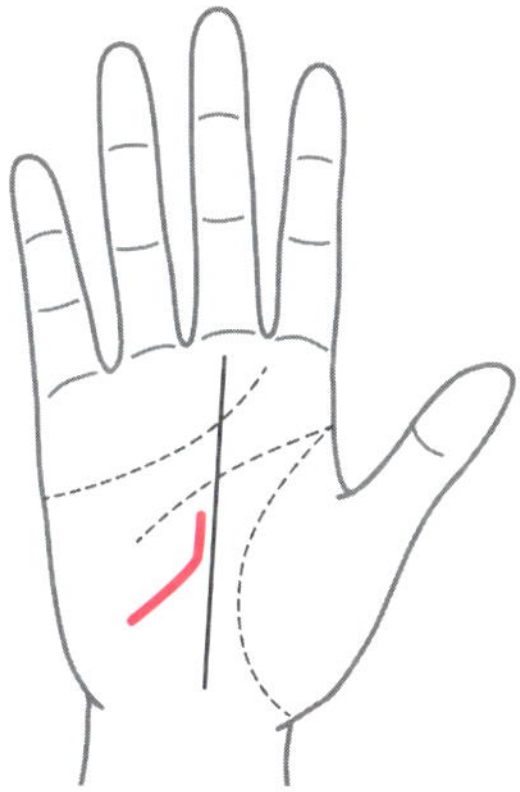
運命線に届かず途中で平行線になる

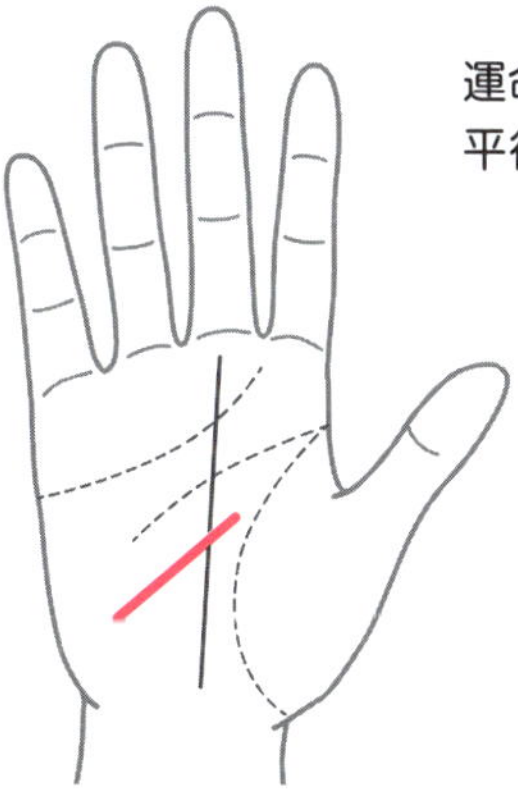
運命線を越える

影響線が運命線と接する地点を流年法でみることで、出会い運や結婚の時期がわかります。

運命線に届く人は、経済的に恵まれた人と結婚し大切にされることを意味します。一方、線が運命線に届きそうで届かない人は、結婚直前で縁が薄れる可能性があります。また、その影響線が運命線と平行になって伸びる場合は、恋人と腐れ縁的な関係になることもあります。運命線を越えて伸びている人は良い出会いがあるものの、別れの危険をはらみます。ただし、妻が働いて夫婦逆転生活になったり、夫婦二人で事業を興すなど少し変わった形での結婚ならうまくいきます。

旅行線

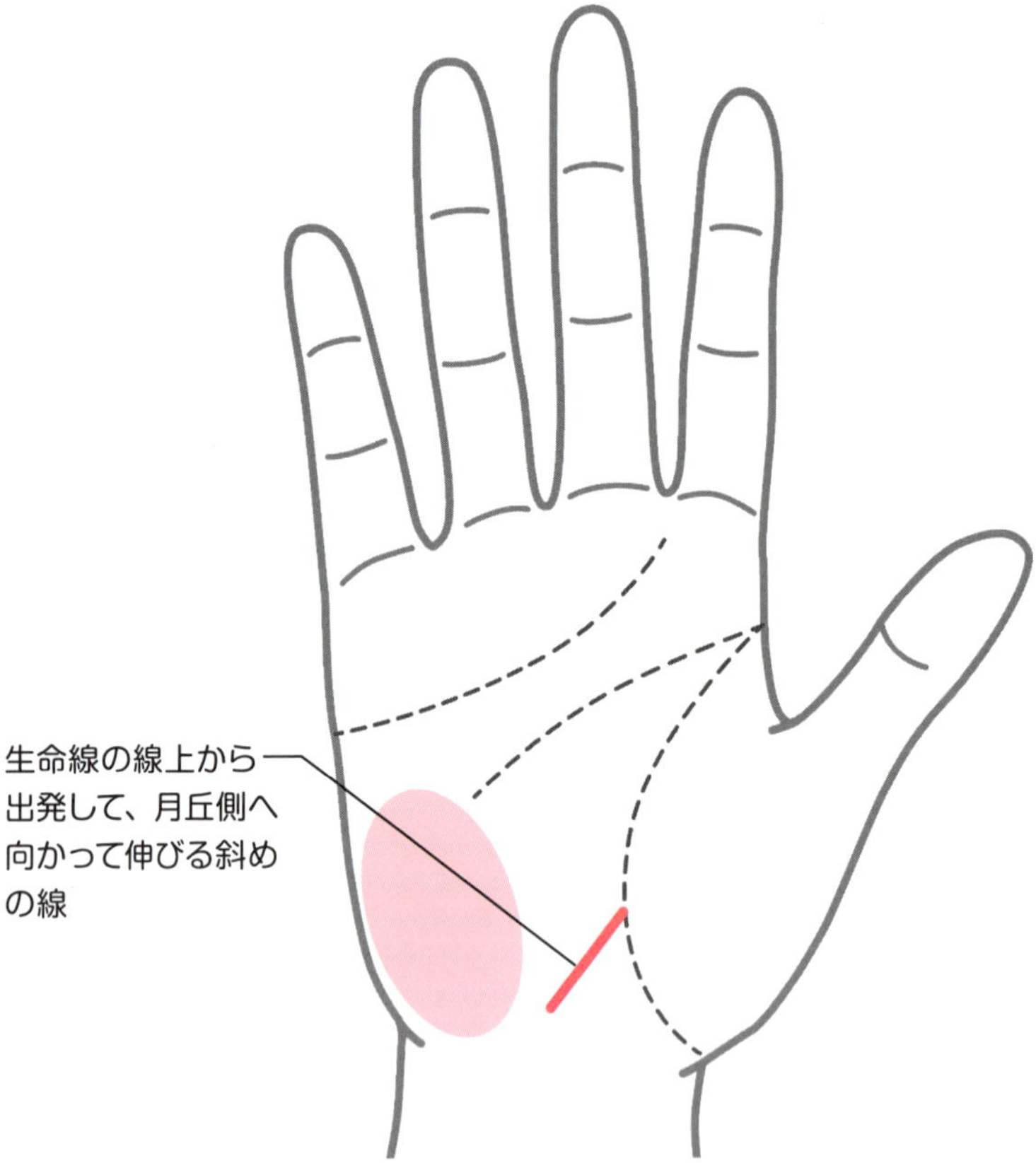

旅行や海外移住などに縁があり、独立運を表す

生命線の真ん中より下の線上から斜め下に向かって伸びる線で、生まれ育った場所を離れて活躍することを暗示しています。この相の持ち主は変化を求める旅好きで、旅行することで運が開けるタイプです。線が長い場合は長期旅行や海外移住など、故郷に戻らず活躍することがあります。短い線は短期的な旅行や留学に縁があります。生命線の真ん中近くの高い位置から旅行線が出発している場合は、若い頃から親元を離れることが多いタイプです。

放縦線

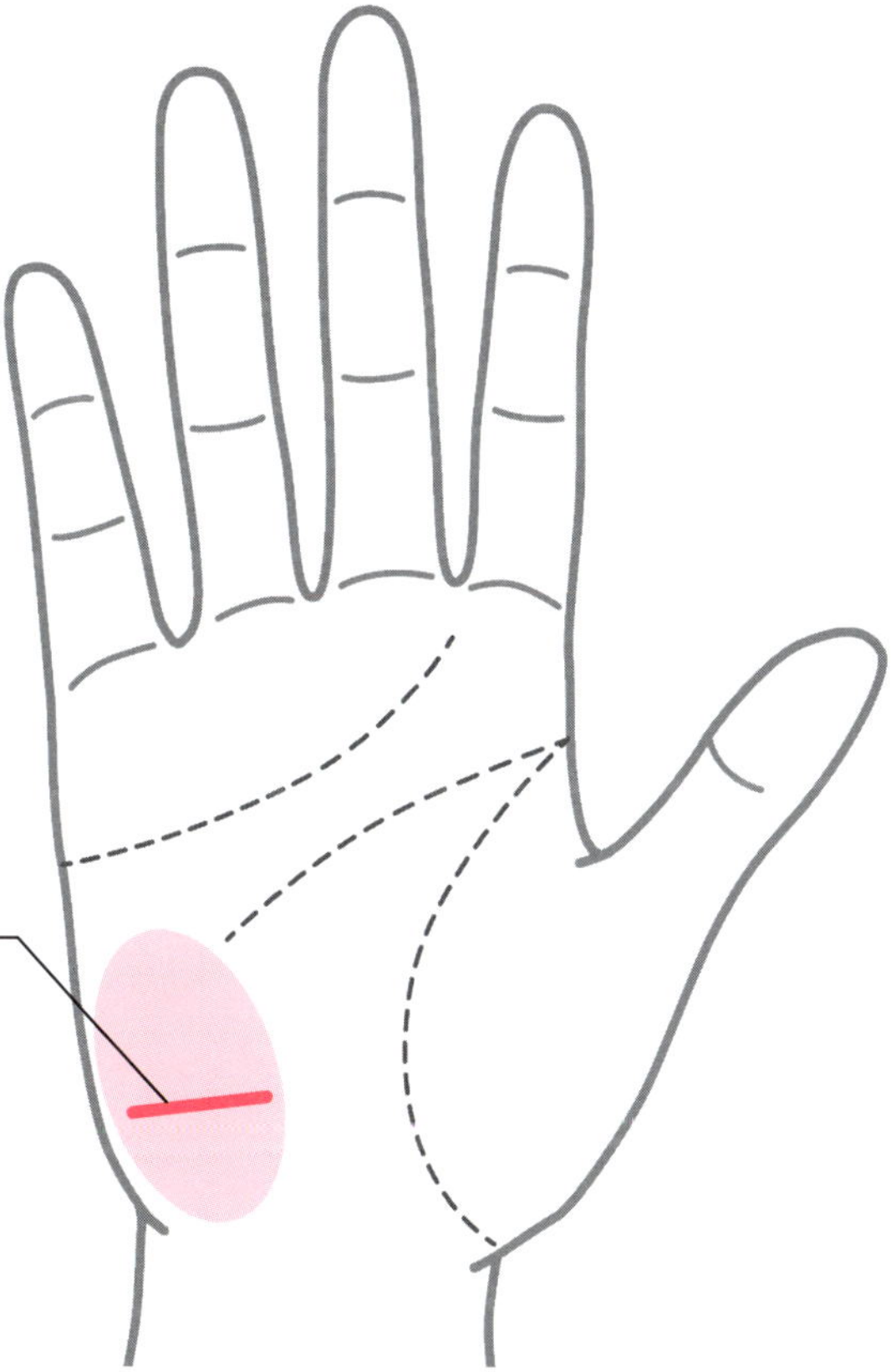

肉体的衰弱を表す

過労や不摂生などが原因で身体に負担がかかっているときに現れます。線が長く濃くなるとより悪い意味になります。生命線に届くか生命線を横切るほどに伸びている場合は大変な疲労を表すので休養をとり、早めの受診を心がけてください。長い放縦線にプラスして生命線などにシマや障害線がある場合は、自覚症状がなくても病気の可能性があるので要注意です。また、この線は「ヴィア・ラシビア」と呼ばれる、奔放な生き方をする人に表れる線とされることもあります。この場合も、夜更かしや趣味三昧の生活をするなどして体を酷使していることを示します。

障害線

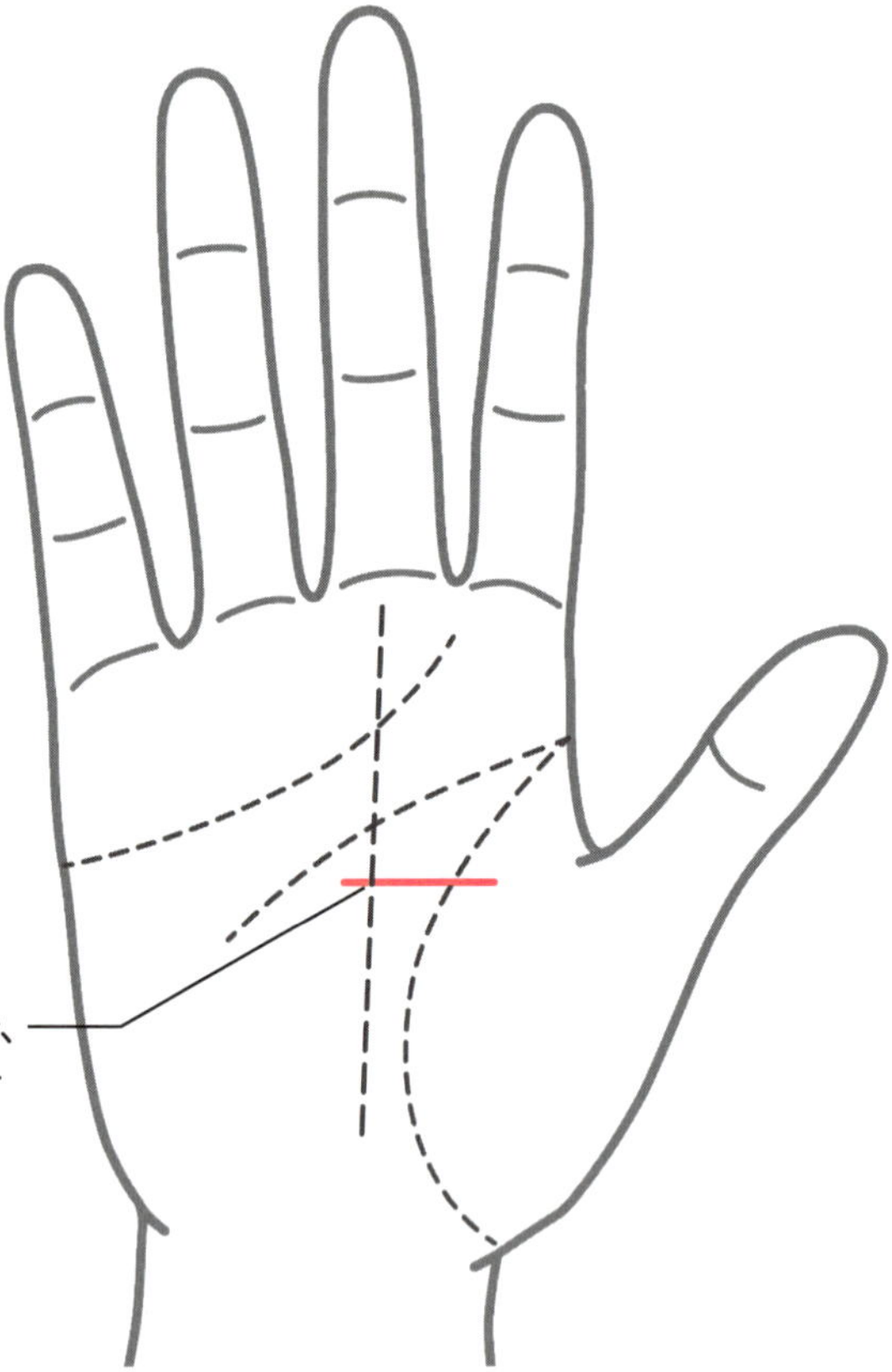

どの丘にも向かわず、
線を横切るためだけ
に伸びる線

線の持つエネルギーを弱めることを表す

主要な線を横切る線で、手のひらのあらゆる場所に表れます。どの線上に出るかで意味が変わり、生命線を横切る場合は健康が脅かされる危険、運命線の場合は仕事運や総合的な運気のダウン、知能線の場合は知力や判断力が鈍る危険と、線が元々持つ意味を弱める働きがあります。１本の線より、複数の線にまたがるとより悪い意味があります。線が薄い場合はそれほど神経質になる必要はありませんが、手のひらいっぱいに薄い横線が出ている場合はデリケートでストレスをためやすい性格を示し、このような手相の人はリラックスタイムを上手にとることが重要です。

健康線

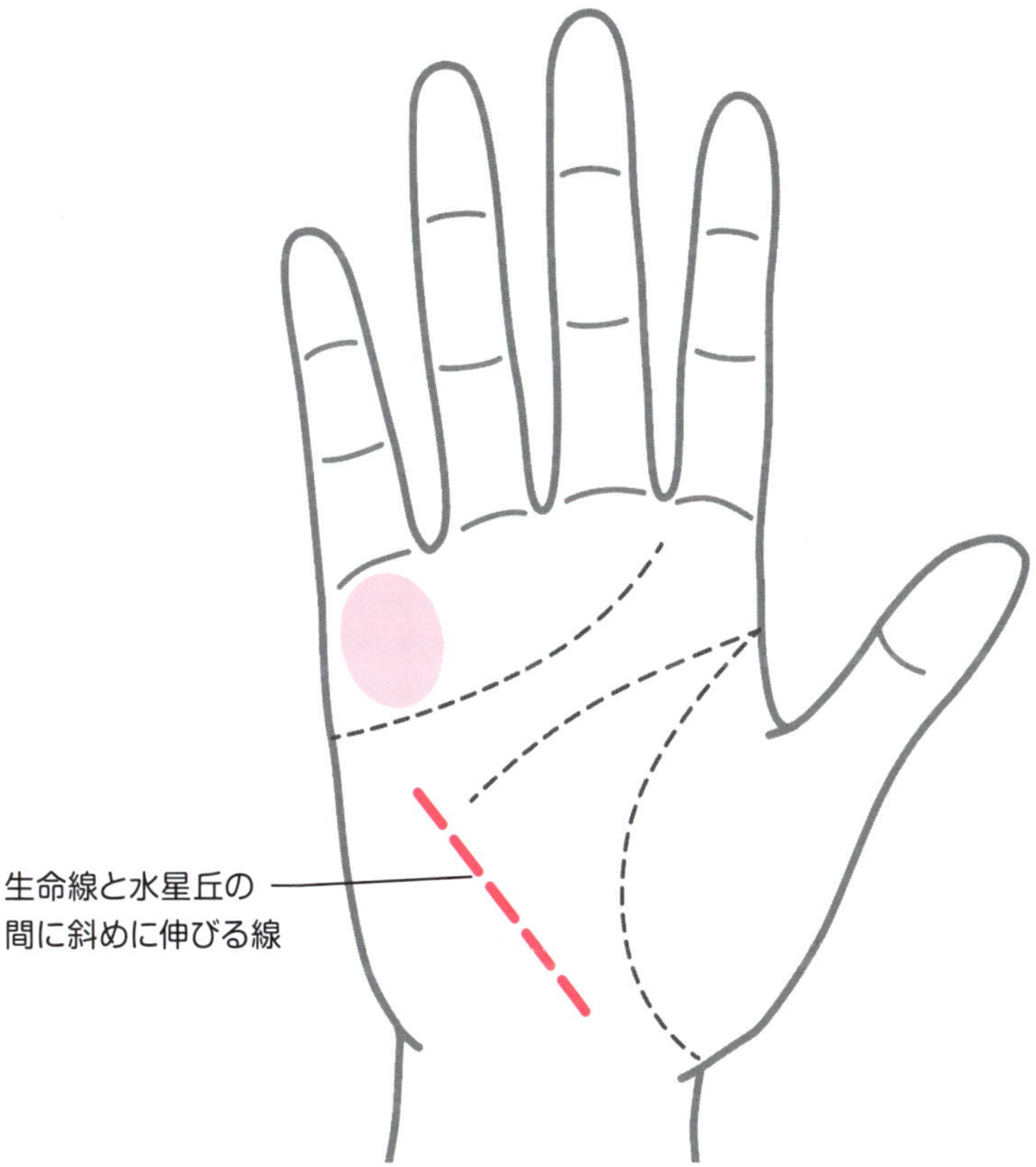

線が変形していると、体の不調を表す

長い財運線と区別がつきにくい線ですが、終点が水星丘に入っていれば長めの財運線、終点が水星丘に届いていなければ健康線です。健康線は、すっきりとした線が出ていれば健康に問題はありませんが途切れたり障害マークがあるなど変形している線が出ていると体の不調を意味します。健康線がまったく出ていない人は健康です。健康線がキレギレの人は胃腸、波型の人は肝臓の不調の可能性があります。

短気線

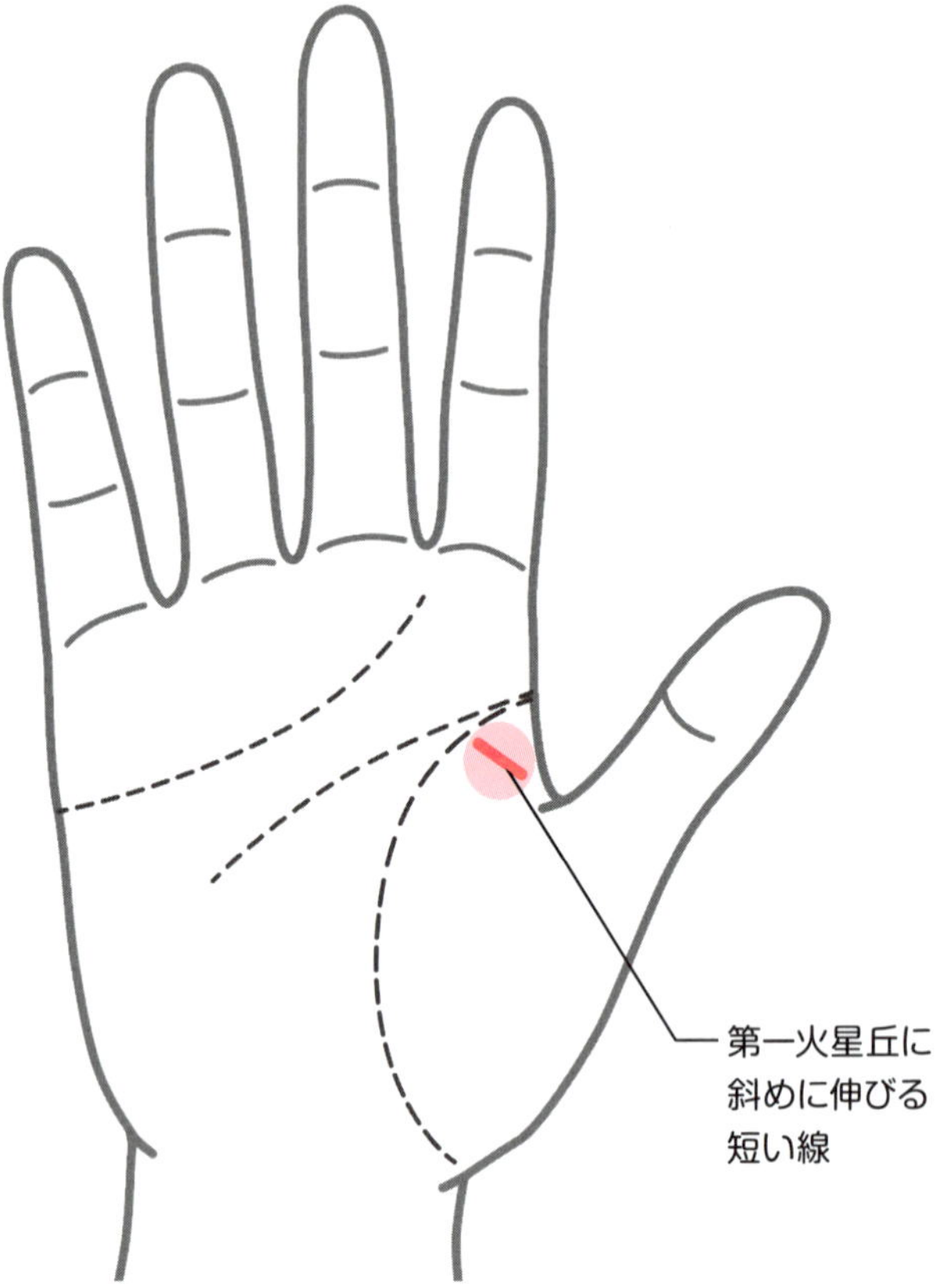

短気だが前進力があることを表す

線の名前の通り、短気ですぐにカッとなる性格の人もいますが、アクティブで前進的な人、積極的で勝気な人という意味もあります。目的に向かう時は勇敢にチャレンジする力になります。この線があって第一火星丘がふくらんでいると、線の意味が強まります。このあたりは細かいシワが出やすいので見分けがつきにくいですが、第一火星丘に1、２本だけ目立って出ることが特徴です。シワのような線が何本もある場合は短気線ではありません。

反抗線

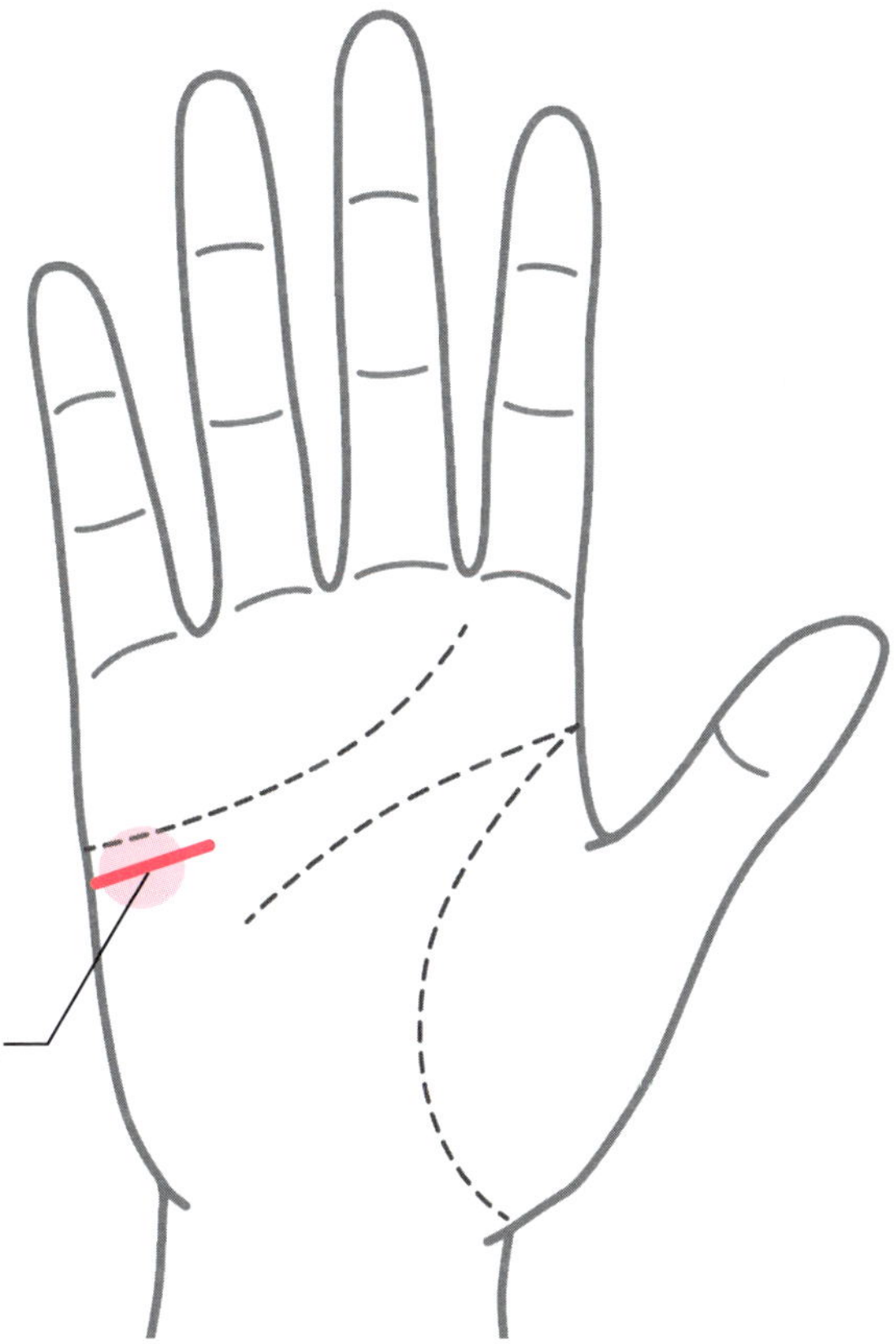
感情線の下、第二
火星丘に水平に伸
びる短い線

自己主張を表す

別名「主張線」とも呼ばれ、束縛や干渉を嫌う人に現れます。自己主張が強く、芯が強い人、我慢強い人、自由に生きようとする人にみられる相で、何かに反抗するというより、内に強い自己主張を秘めていることを表します。上司や目上の人と衝突することもありますが、自分が決めたことを最後までやりぬく強さを持っています。

社交線

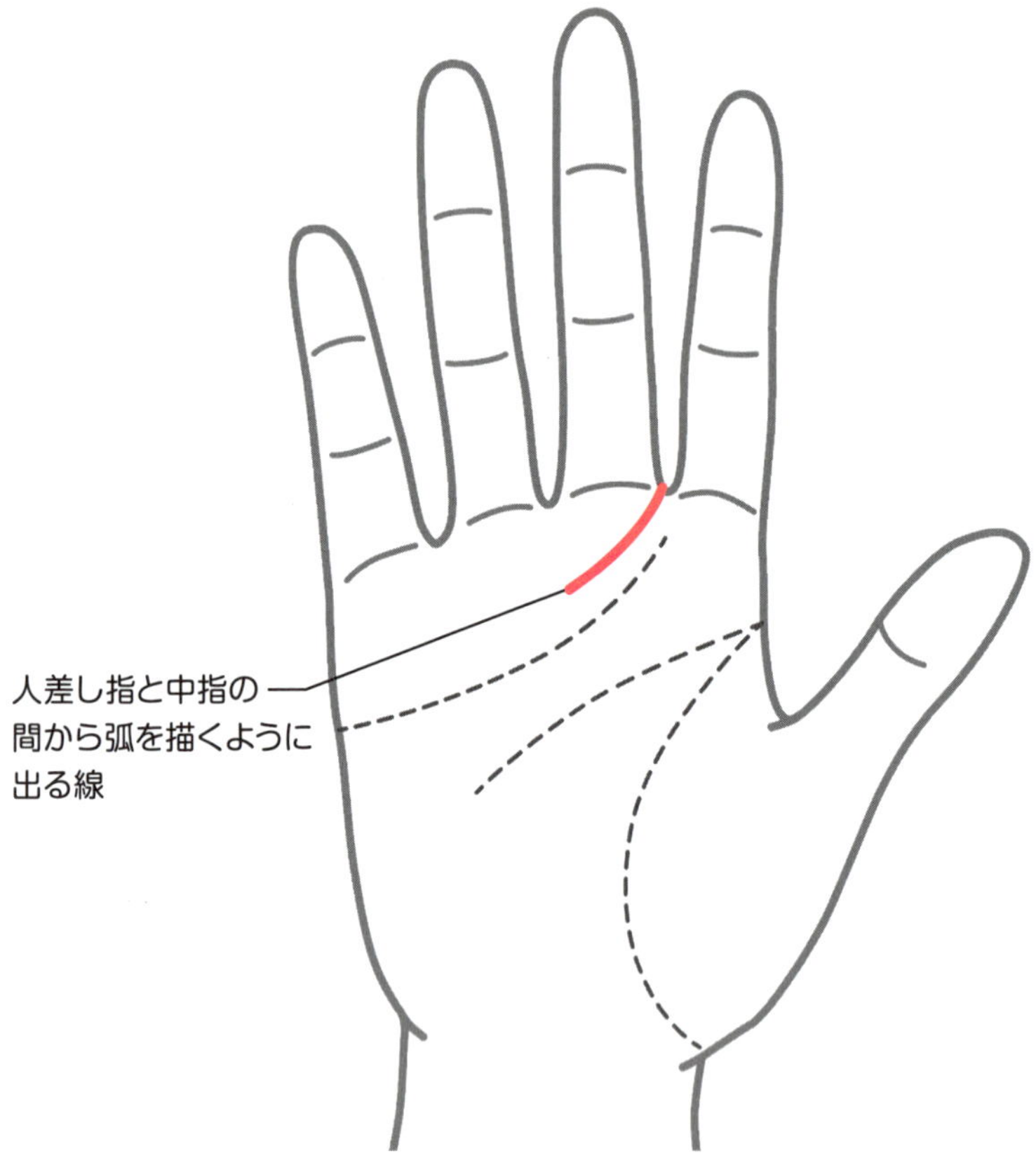
人差し指と中指の
間から弧を描くように
出る線

協調性と統率力があることを表す

人差し指と中指の間から感情線に沿うように弧を描いて伸び、薬指の下までは届かない線を社交線と呼びます（薬指の下を越える場合は二重感情線とみなし、別の線になります）。社交線の持ち主はチームワークで動くことが得意で、協調性や統率力があり、特に線がくっきりとしている場合はリーダーシップの持ち主で人付き合いがうまく、組織の中で活躍できるタイプです。

説得線

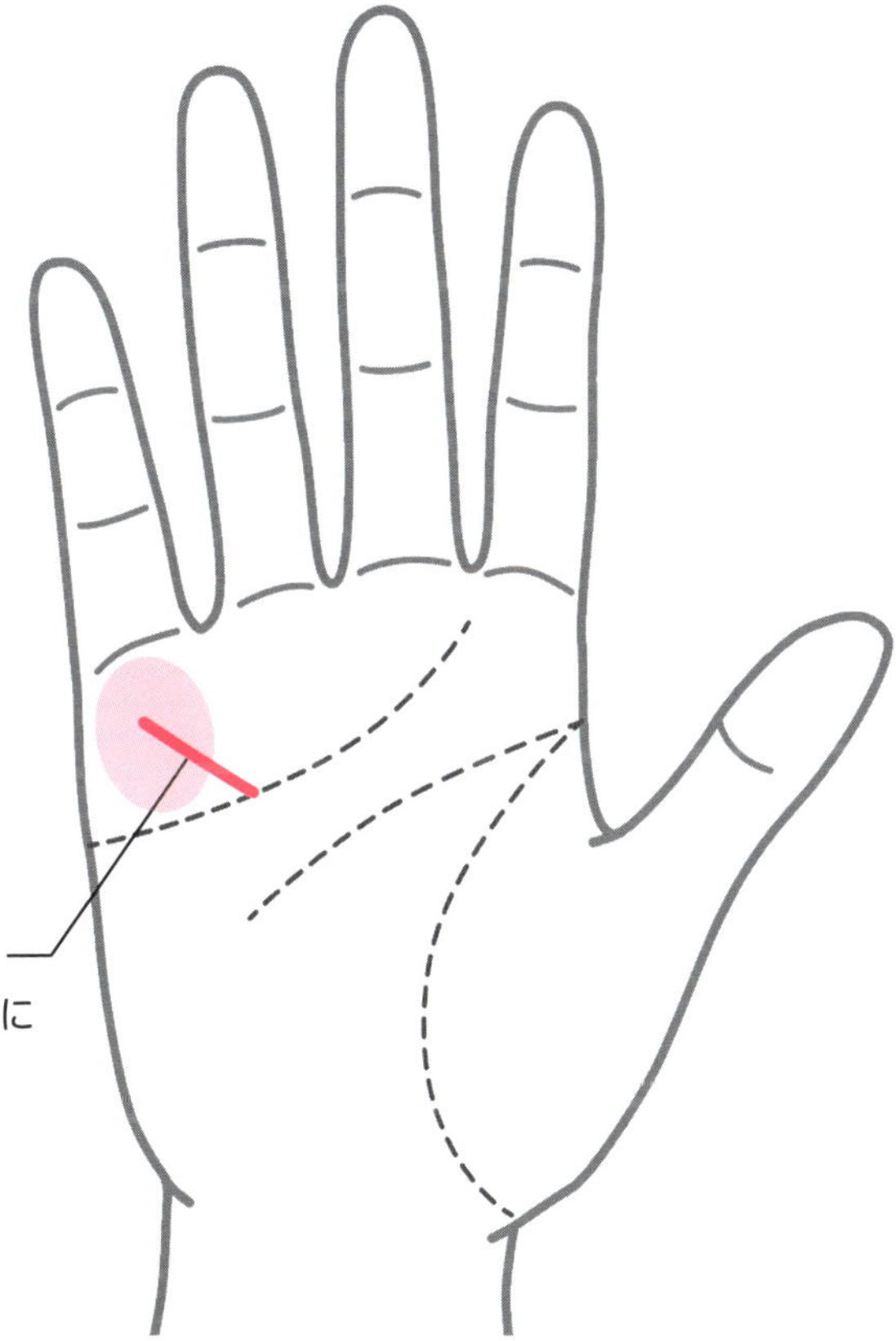
感情線上から
水星丘の小指寄りに
向かう斜めの線

説得上手を表す

感情線の持つ愛情表現の意味に、水星丘の持つコミュニケーション能力や頭の良さがミックスされた形です。相手に自分の気持ちや考えを伝えることが得意な人で、社交性もあります。この線がある人は、人に教えることやコミュニケーションをとることが上手で、接客や販売、営業、教師など、人と接して何かを説得するような職業に向いています。

情愛線

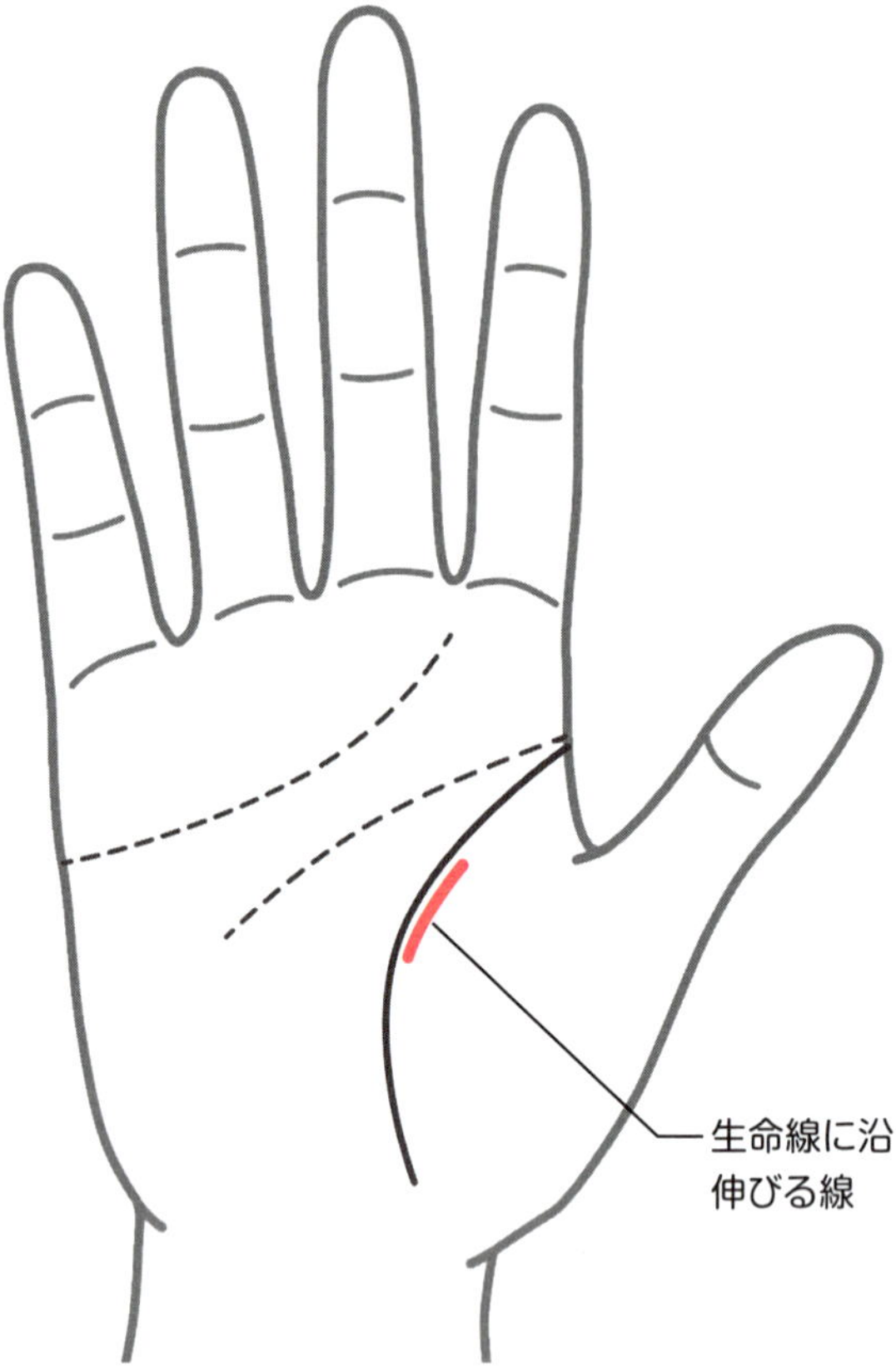

出会い運を表す

二重生命線と間違いやすい線ですが、生命線の内側1～2mmの位置に出ることや、線が比較的細くて薄いことが判断ポイントになります。情愛線という名前の通り、恋人や配偶者との出会いの運気を表し、線が生命線と合流するほど近づくと結婚につながり、下へいくほど生命線から離れてしまうと結婚には至らない可能性があります。また、パートナーと出会いやすい時期は生命線の流年法でみることができます。人と寄り添って生きる気質の人に表れています。

生命線の流年法でみる情愛線

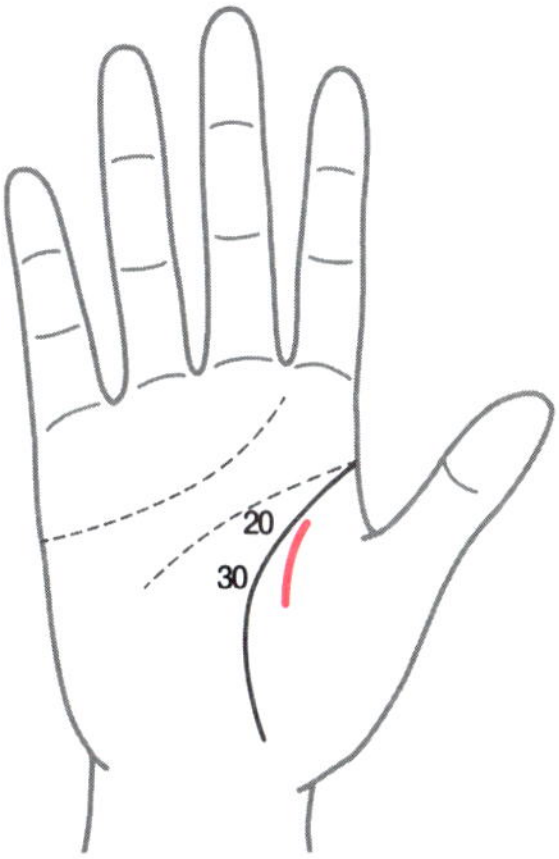

離れていくと結婚しないこともありそう

この相だと学生時代からの付き合いの人と結婚しそうでしないままに。

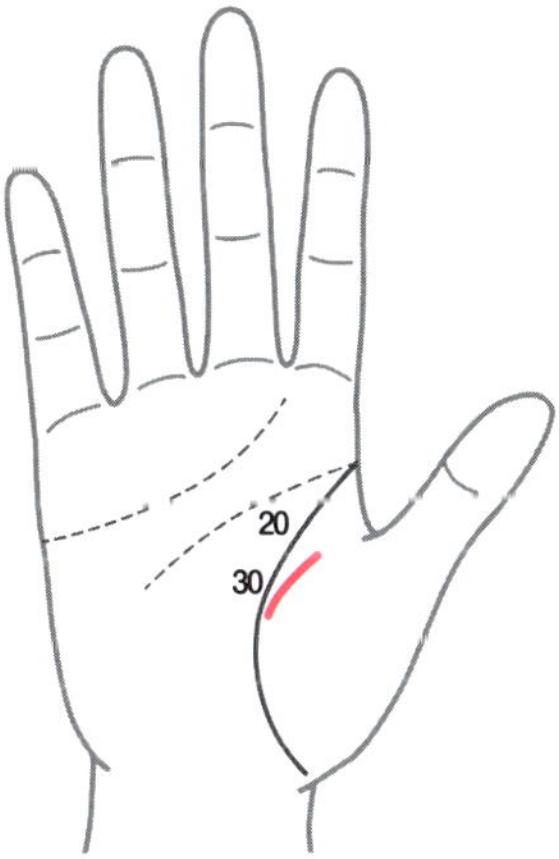

合流すると確実に結婚につながる

この相だとちょうど20代が出会い運がよく30歳過ぎに結婚する。

不動産線

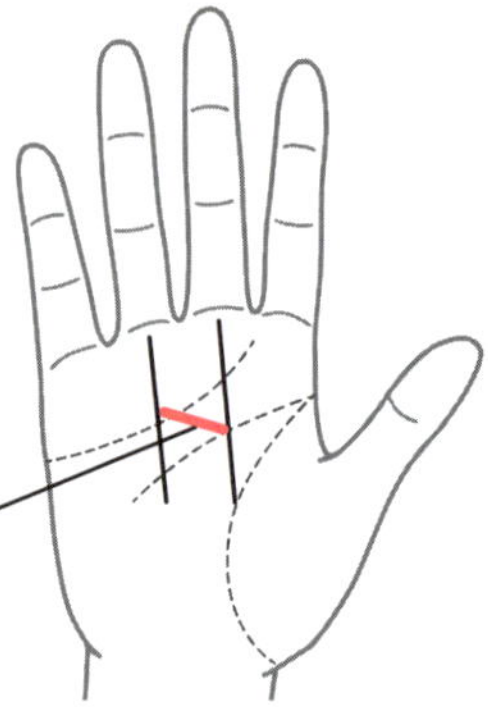
運命線と太陽線を
結ぶ斜めの線

不動産を手に入れることを表す

運命線と太陽線が出ていて、この2つの線を斜めの直線が結んでいるものが不動産線です。運命線から屋根をかけるように太陽線に合流するので吉相。土地や家屋を手に入れるなど不動産縁を表します。

テンプル

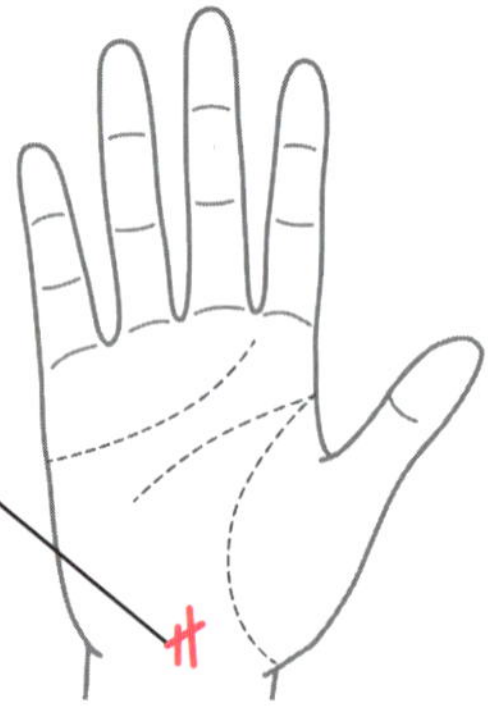
地丘に2本の縦線
があり、その2本
を結ぶ斜めの線が
ある

先祖と縁の深い人を表す

この線が出ている人は家系を盛り上げると言われます。先祖を意味する地丘に建物が立っている形なので、先祖に守られて運の強い人で、土地や家屋に恵まれます。霊感が強い人にも現れることがあり、精神的な強さを表すこともあります。

医療線

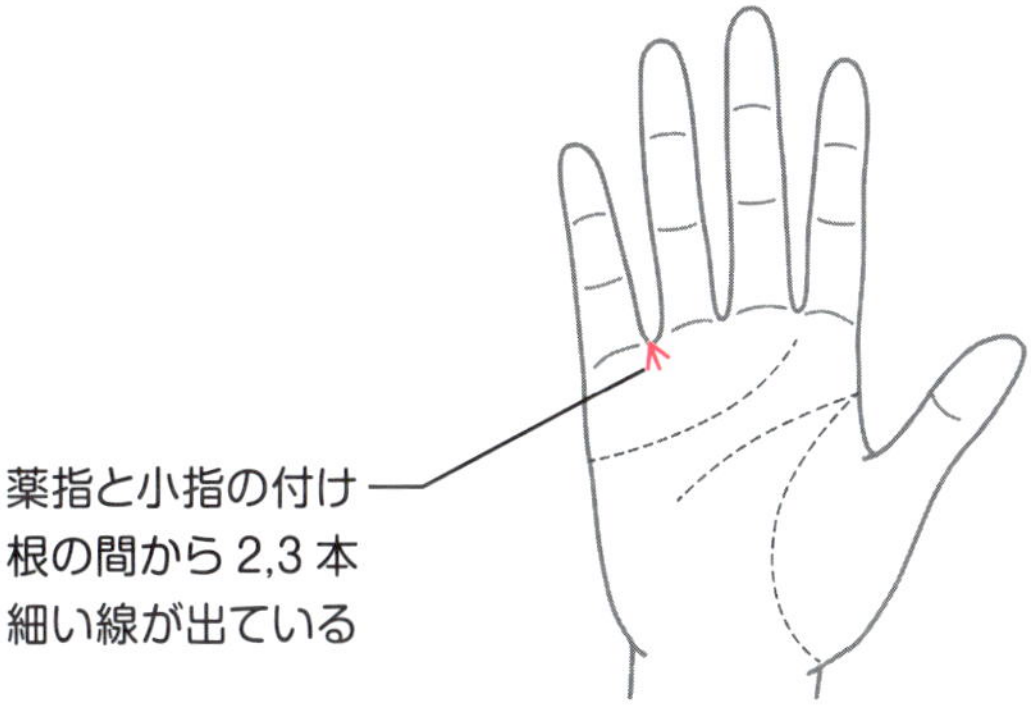
薬指と小指の付け
根の間から2,3本
細い線が出ている

他人の心の動きに敏感な人を表す

医療線という名称の通り、かつては医療に携わる人に多くみられたため名づけられた線です。他人の体調の変化や気分の変化によく気がつき、うまく対応できる人に出ています。

手首線

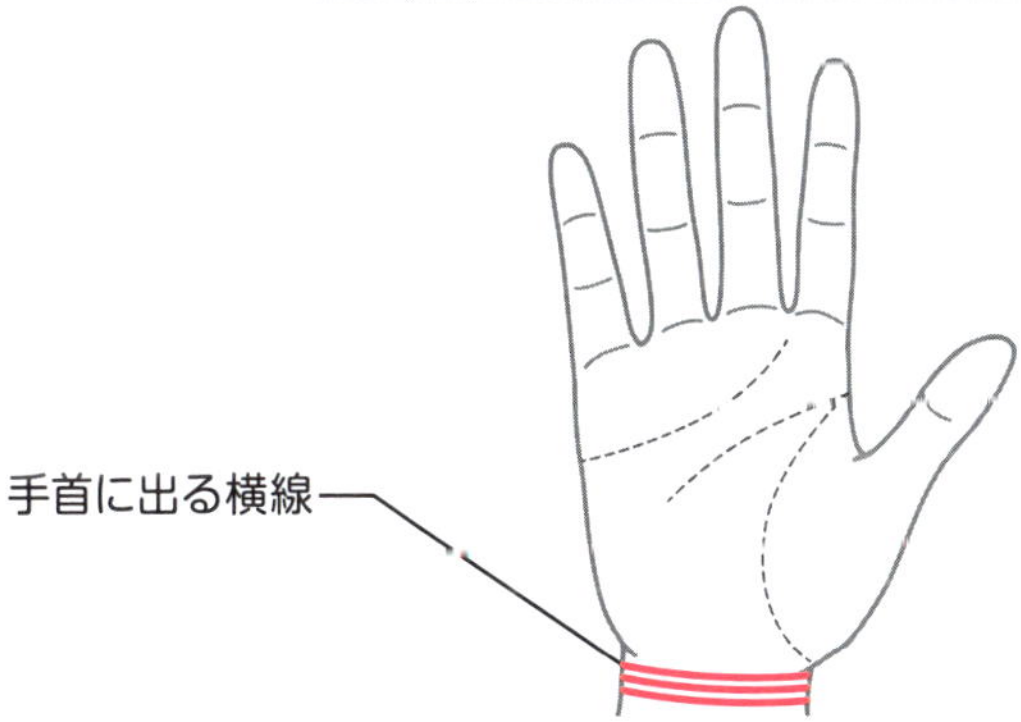
手首に出る横線

健康状態を表す

手首にきれいな線が３本出ていると、体が丈夫であることを示します。線が鎖状だったり途切れている人は体が弱い傾向です。また、蛇行するように伸びている人は女性の場合、婦人科系の病気への注意が必要です。

column

線が薄いことの意味

手相をみる時、他の人より相が薄いことを気にしている人がいるようです。線は濃い方がいい太い方がいいと考えず、顔のホリに深い人や薄い人がいるように、線の濃さはそれぞれの気質の違いと考えましょう。

運命線がないとか、運命線だけが薄いというのは、それぞれに意味があります（P126参照）。濃さや線の有無で手相をみるのではなくて、手のひら全体がどうなっているかと考えるのが手相術です。手のひら全体の線が薄いシワのようになっている人は、とても繊細な人で、吸い取り紙のようにデリケートです。この相の人の優れた点は、感性が鋭く細かなことによく気づき、敏感でひらめきがさえるところです。弱点は、人に気をつかいすぎて疲れたりストレスに弱いことです。人からの影響を受けやすいので、付き合う人たちによっては、邪気を受けて傷つき、精神的にまいりやすいところがあります。このように線が薄い人にかぎらず、どんな線の種類にも優れた点と弱点はあります。それを知り、自分に合った環境を見つけることが大事なのです。

線の薄い人は感性が鋭いので、音楽や文芸、創作など自分の興味がある分野で感性を活かす活動をするのがいいでしょう。また、人間関係を気にしすぎることは避けなければなりません。明るい人たちと付き合うことも大事です。

線が薄くても、基本線が一本の線としてすっきりしてくると、運気は好転してきた現れで、気持ちも安定してくるでしょう。どの線でも、どちらかというと線の濃さよりも、その線が途切れたり変形したりみだれたりせずにすっきりしているか否かのほうが重要です。

手相は人とくらべるものではなく、自分の手相の変化を楽しみながら注目していってください。薄い手相の人は、四角やスターなど細かな線からなるマークが比較的見つけやすいものです。細かいことを気にするのではなく、細かいところまでみるようにすると手相は本当に面白いですよ。

第4章

あなたの手相はどのタイプ？

これまで学んできたことを応用してみましょう。
当てはまるポイントが多いほど
そのタイプの傾向が強いことになります。

恋愛

出会いの時期が来ている

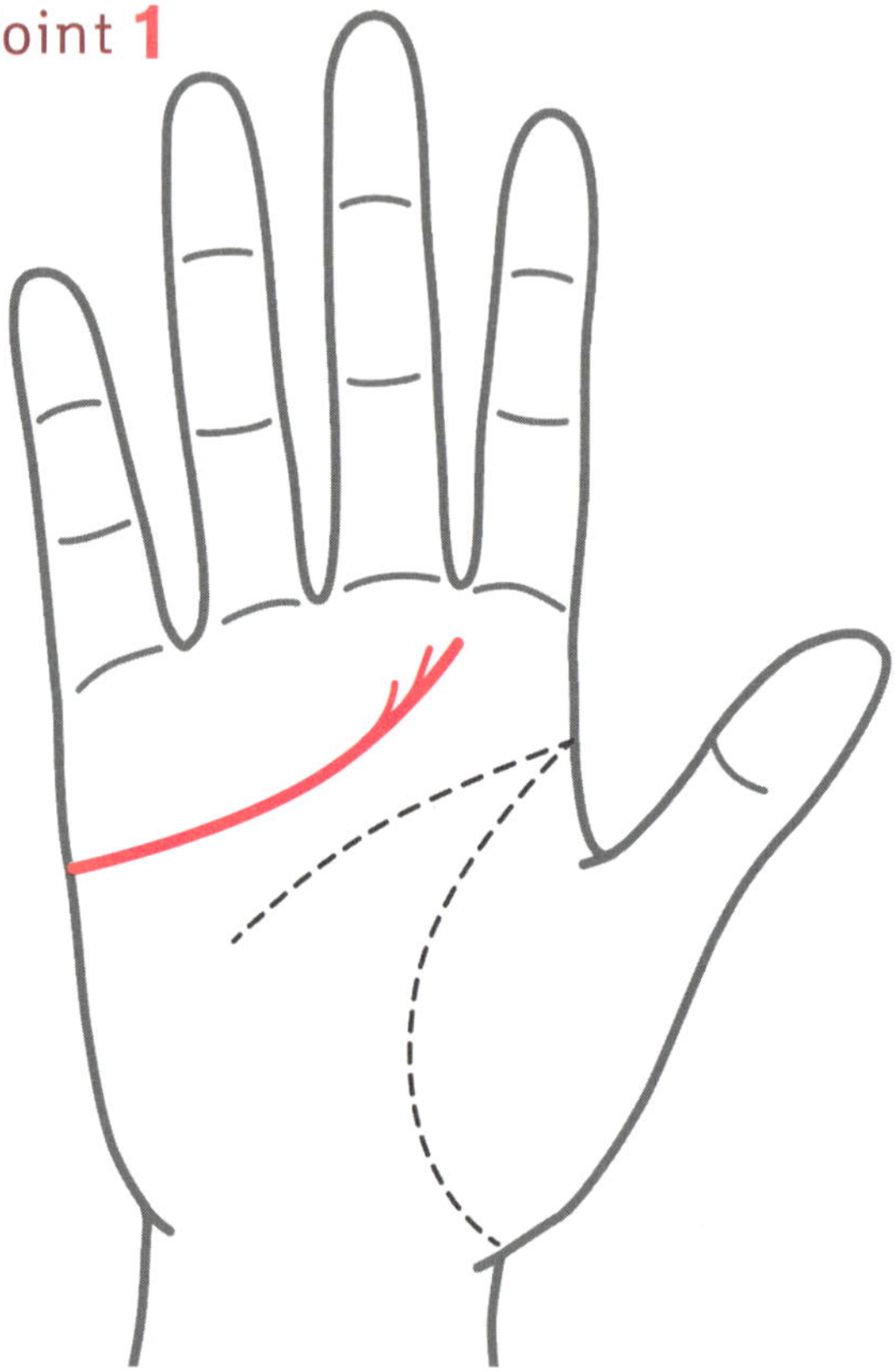

感情線の終点が伸びる、
または感情線の先端に上向きの支線が現れている

Point 1

感情線の終点が伸びたり濃くなっていたりするこの時期は、恋愛に気持ちが向いています。恋人のいない人にこの線が出てきた場合は、出会いのチャンスが訪れています。ただの友達だと思っていた相手と恋愛関係に発展したり、恋人ができたりするサインで、新たに気になる異性が現れそうです。

Point 2

今まで薄かった結婚線が濃くなってきている人は、出会いを求める意識が強まっています。恋人がいる人は、今の相手と結婚を真剣に考える好機です。結婚線は結婚の時期だけでなく、男女の出会いに関する運気も表します。

Point 2

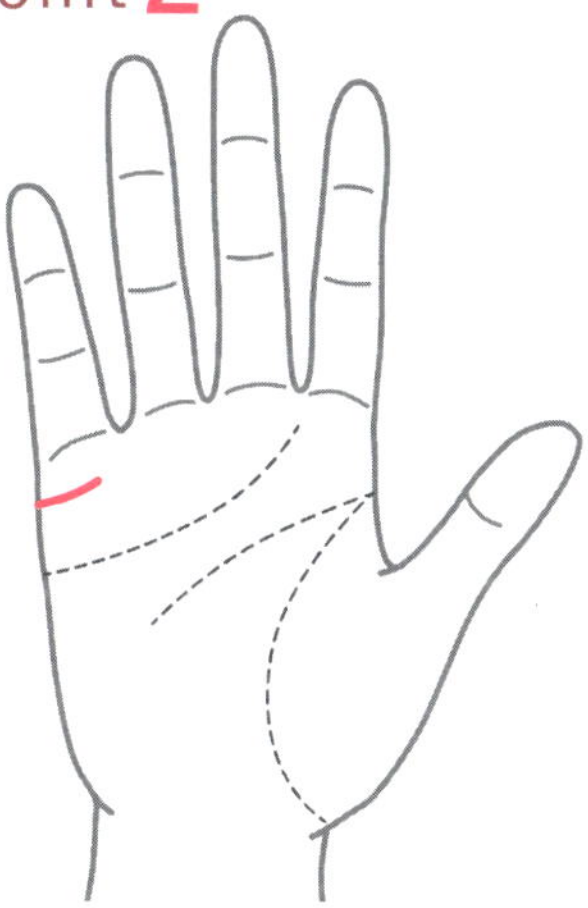

結婚線が濃くなる

Point 3

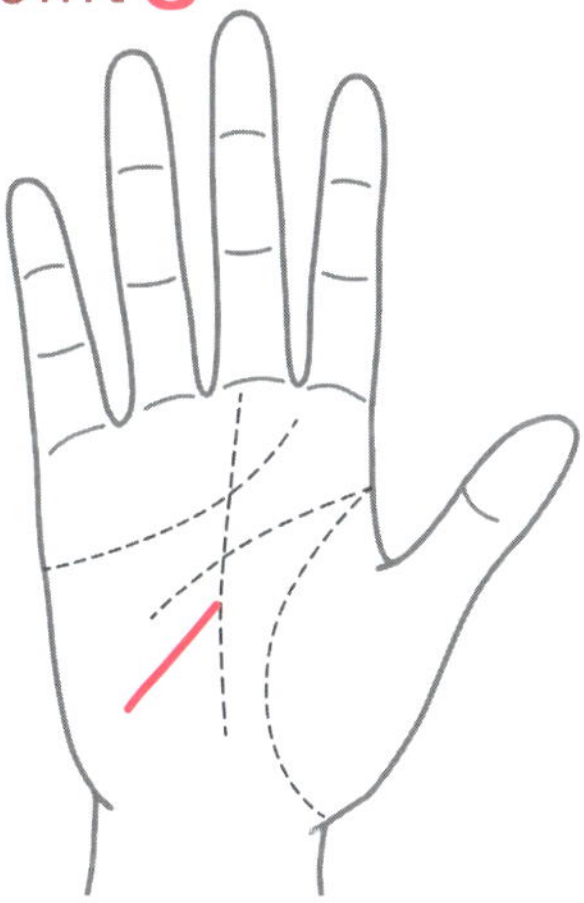

影響線がはっきり伸びてくる

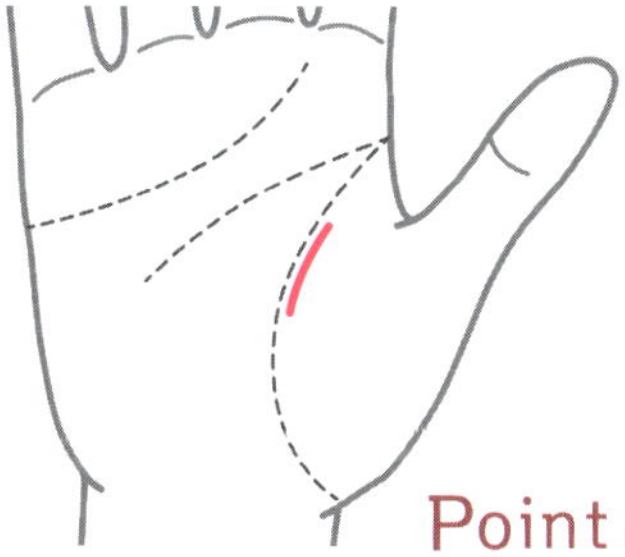

Point 4

生命線の内側に情愛線が出る

Point 3

影響線は影響力の強い他人との出会い運などを表し、特にこの線がはっきり伸びてくると良い人との出会いを表します。運命線に届くほど長くなってきたら将来結婚する可能性のある相手との出会いが近づいてます。

Point 4

情愛線は異性や家族との縁を表す線なので、未婚の人でこの線が出てきたら出会いが近づいていることを示しています。また、生命線の流年法を用いて、どの位置に出てきたかで何歳くらいに良い出会いがあるかがわかります。

恋愛

恋に積極的

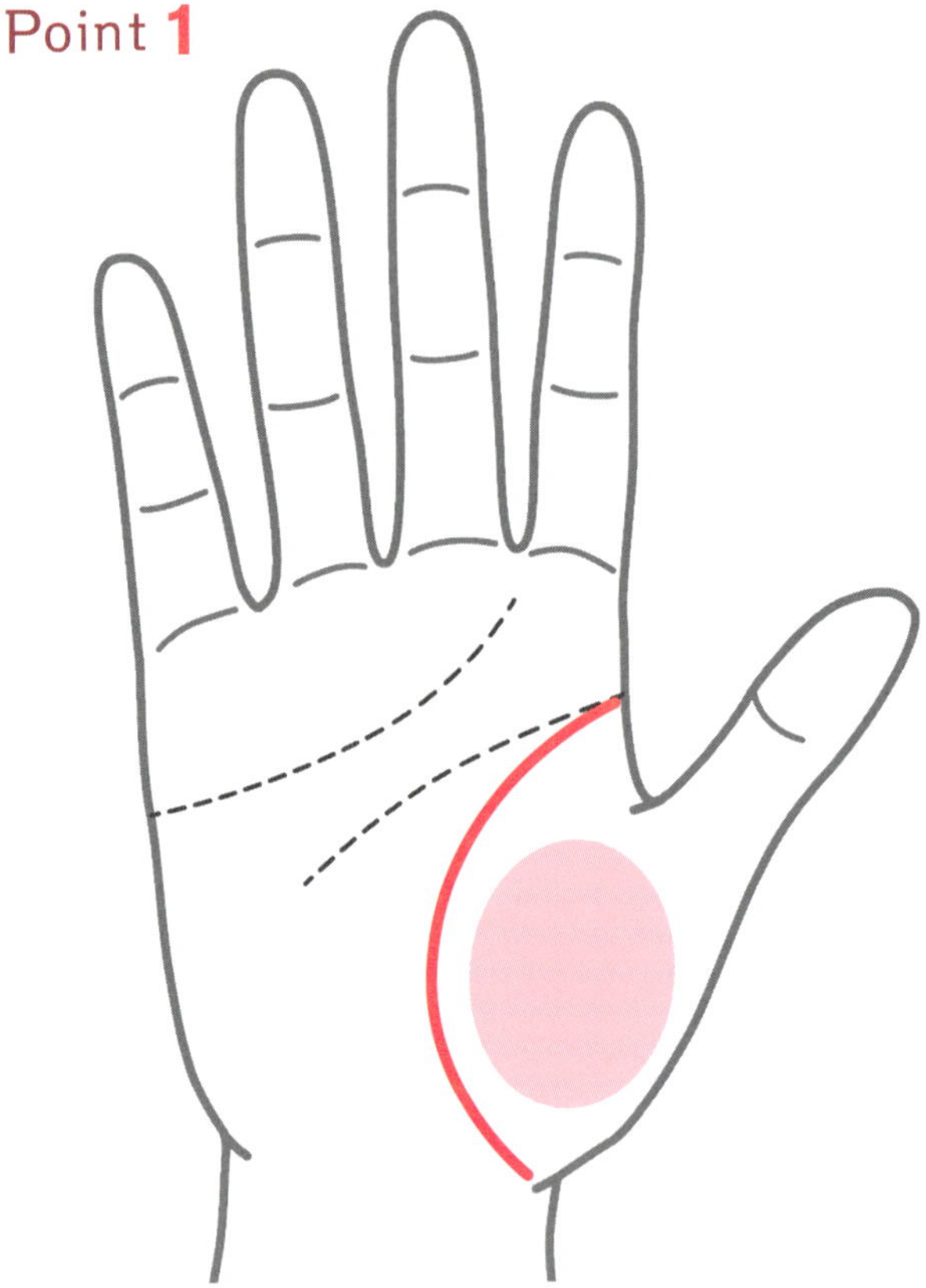

生命線が張り出している（金星丘の面積が広い）

Point 1

このタイプは、生命力が強くアクティブで、よく遊びよく働き、いろいろな経験をして人生を楽しむ人です。精力もあるので、好きな相手と身も心もひとつになる充実感を味わうために、脈アリと見れば積極的にアプローチします。

Point 2

感情線が上昇して長いほど、情熱的な人です。自分の存在感のアピールも、相手に気を配ることも上手で、好きな人には熱心に尽くします。感情線が長い人ほど、高齢になっても恋に積極的な傾向があります。

Point 2

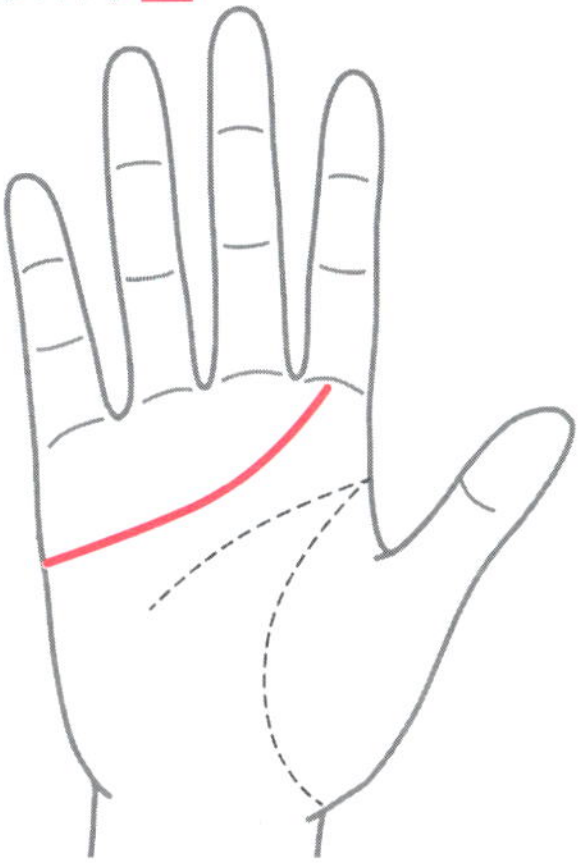

感情線が長く、終点が上昇して、
人差し指の付け根まで伸びている

Point 3

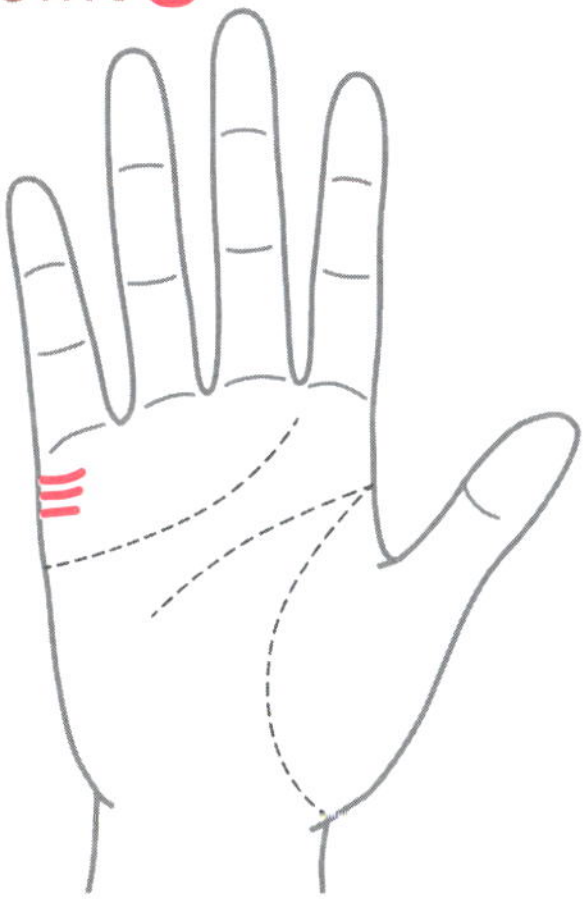

結婚線が複数ある

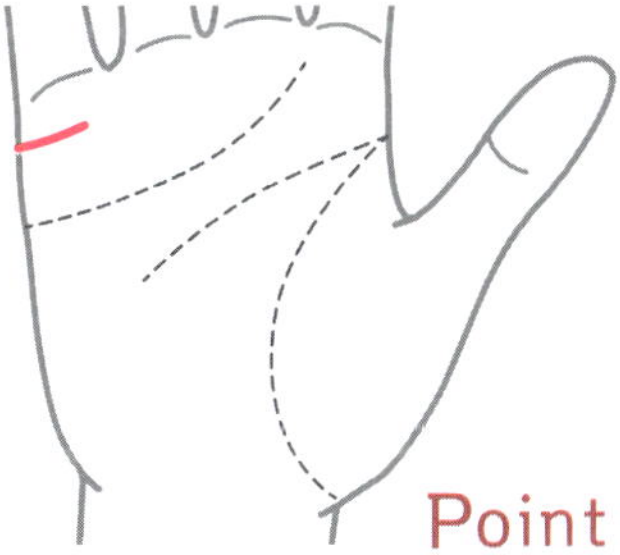

Point 4

結婚線が濃くて長い

Point 3

みだれず真横に伸びた結婚線が二本以上あるのは、異性を意識したり意識されたりするアンテナが敏感な証拠。特に長い線と短い線が混じって三本以上あると、ときめきを求めて行動するタイプです。

Point 4

結婚線が基本線と同じぐらい濃くて小指の幅の半分の位置まで伸びている人は、付き合う相手に意識が集中するので、結婚後は良い家庭を築き、結婚に至るまでは積極的です。ただし、濃くても、小指の幅の真ん中まで届かない線が一本の場合は、恋愛タイプというよりお見合いタイプです。

恋愛

恋が多いタイプ

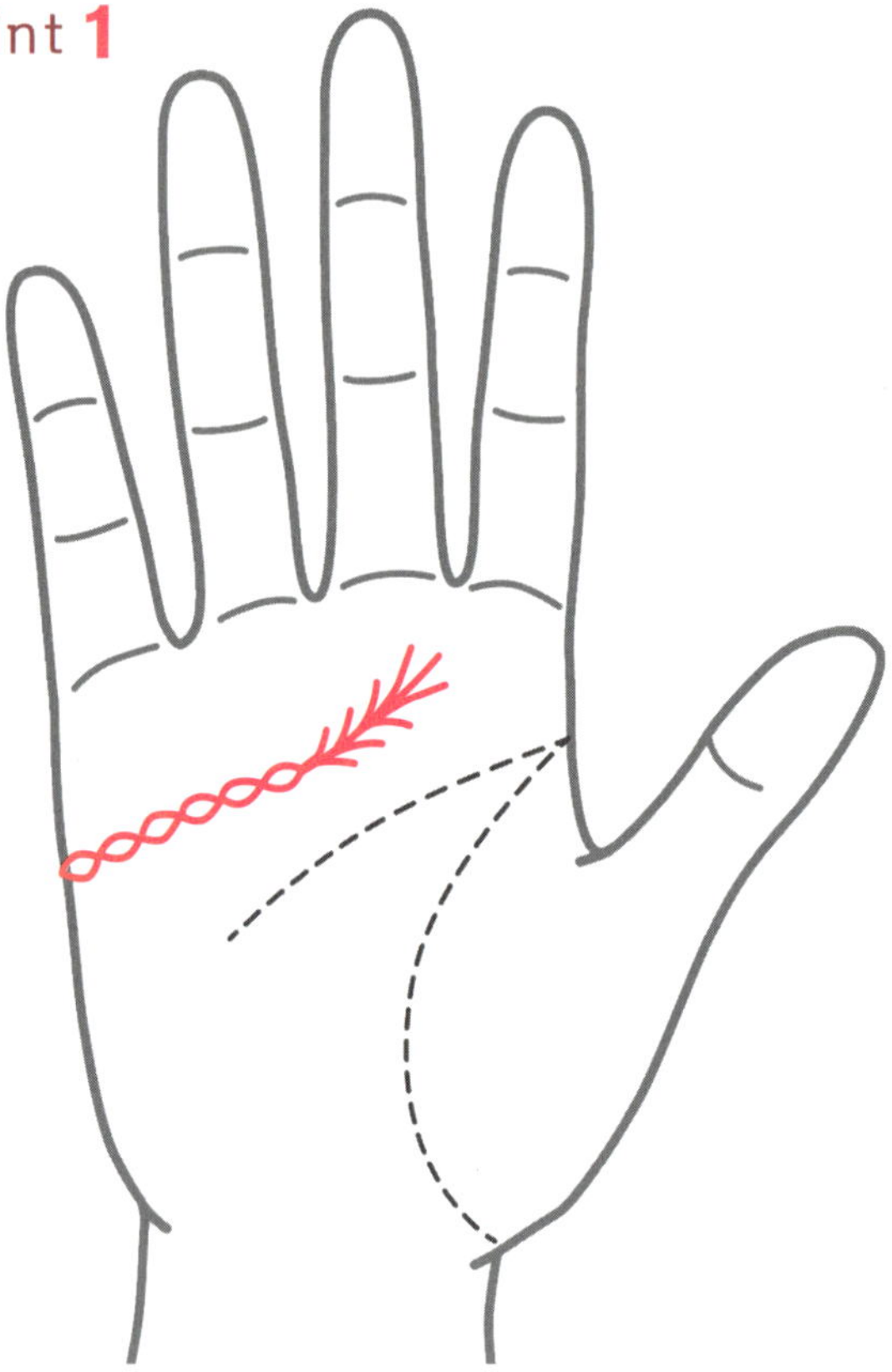

みだれのある感情線（鎖状・複数の支線）

Point 1

感情線の上下に支線のある人は感受性が鋭く惚れっぽい人です。惚れっぽく飽きやすいのでパートナーがいても他の異性にときめいてしまうこともあるタイプです。また、感情線が鎖状になっている人はデリケートで細かいことに気付くので、異性から好かれ恋が多いタイプです。

Point 2

この相の人はいわゆる不思議ちゃんタイプで、恋に恋するロマンチスト傾向があります。ムードがあって異性からはそれなりにモテるのですが、なかには自分の理想の王子様を待っていて恋人ができにくい人もいます。

Point 3

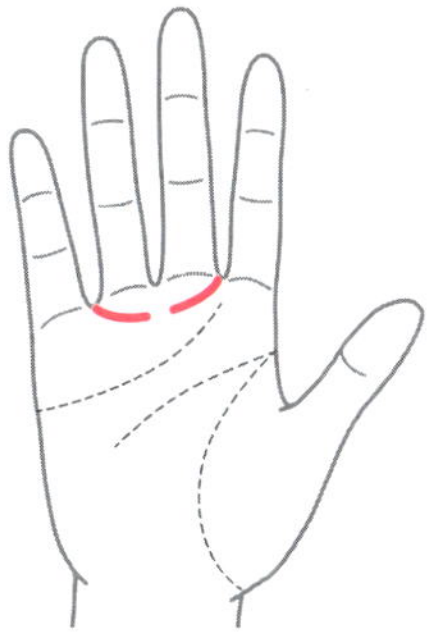

中央の欠けた金星帯が
すっきり長めに伸びている

Point 4

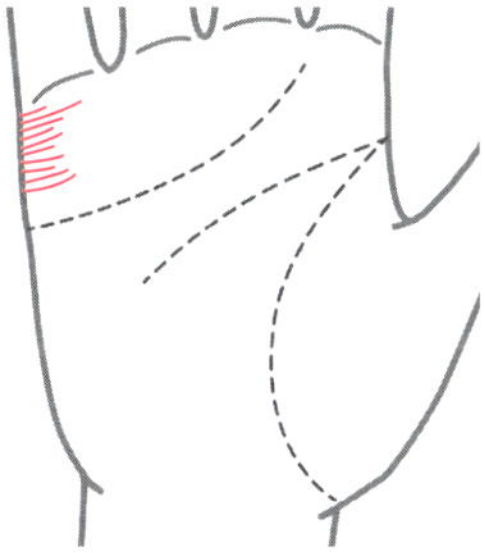

薄い結婚線が
10本以上ある

Point 2

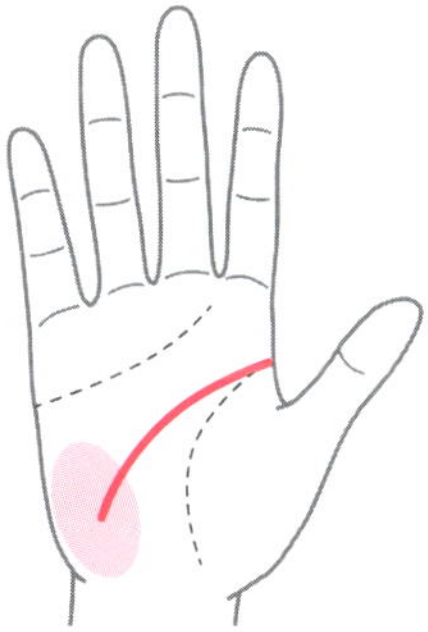

知能線が月丘の下部に
下降している

Point 3

金星帯はエロス線とも呼ばれる線で、この線がすっきり伸びている人は異性を惹きつける独特な魅力のある人です。人生に刺激をもとめる恋愛気質ですが、熱しやすく冷めやすい面もあり、恋人の好き嫌いのタイプなどはっきりしています。ただ、見る人が見るとそこも魅力なのかもしれません。

Point 4

結婚線が多いのは、出会いも多く結婚のチャンスも数多くあります。この相の人は、いろいろな人からのアプローチもあり恋愛を楽しめるのですが、年を重ねるにつれ出会いのチャンスも減っていくので、ある程度恋愛を楽しんだら一人の人と絆を深めるように心がけましょう。

一人でも生きていける!?

Point 1

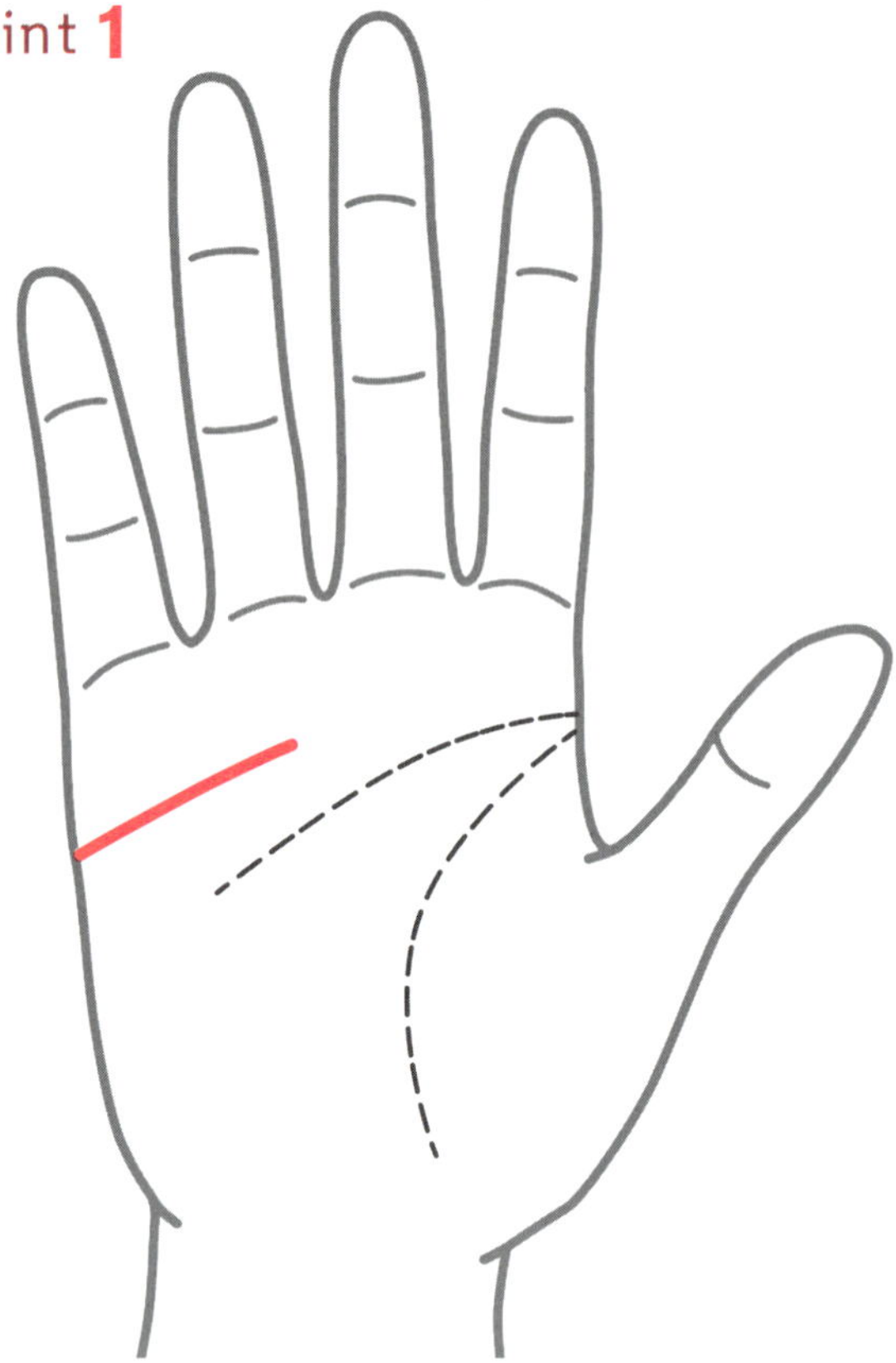

感情線が直線的で短い

Point 1

感情線が直線的で短い人はやや愛情のエネルギーが弱いため、男女の愛情関係に対してはあっさりしすぎている傾向があります。パートナーがいなくては生きていけないというタイプではないので、密な愛情関係はよくわからず結婚にいたらないこともあります。

Point 2

この相の人はとてもバイタリティがあり、他人に頼らなくても、自分でなんとかする頑張り屋。独立心も強いため、パートナーと助け合って生きていくというよりは、自分が決めた道を一人で進んでいく人生になりやすいです。

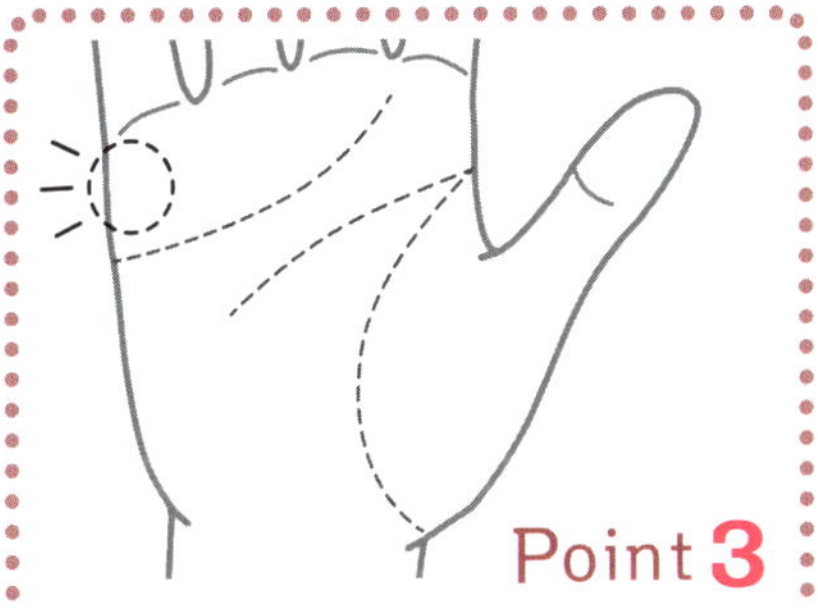

結婚線がない

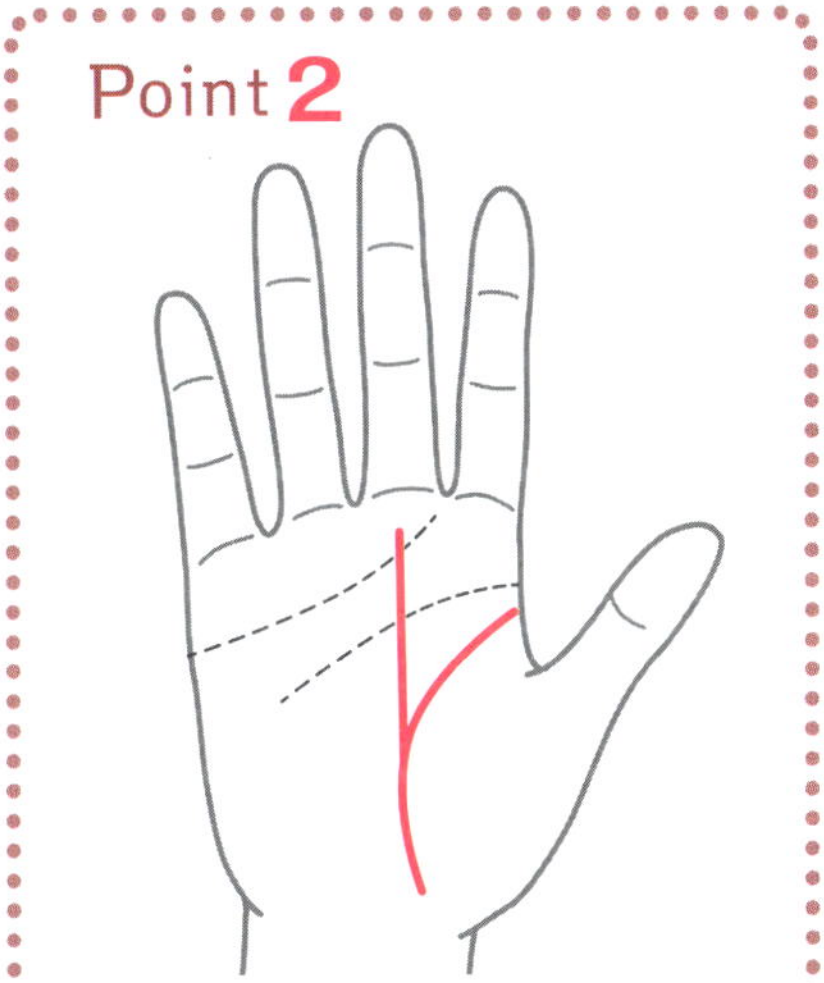

運命線が生命線上から伸びている

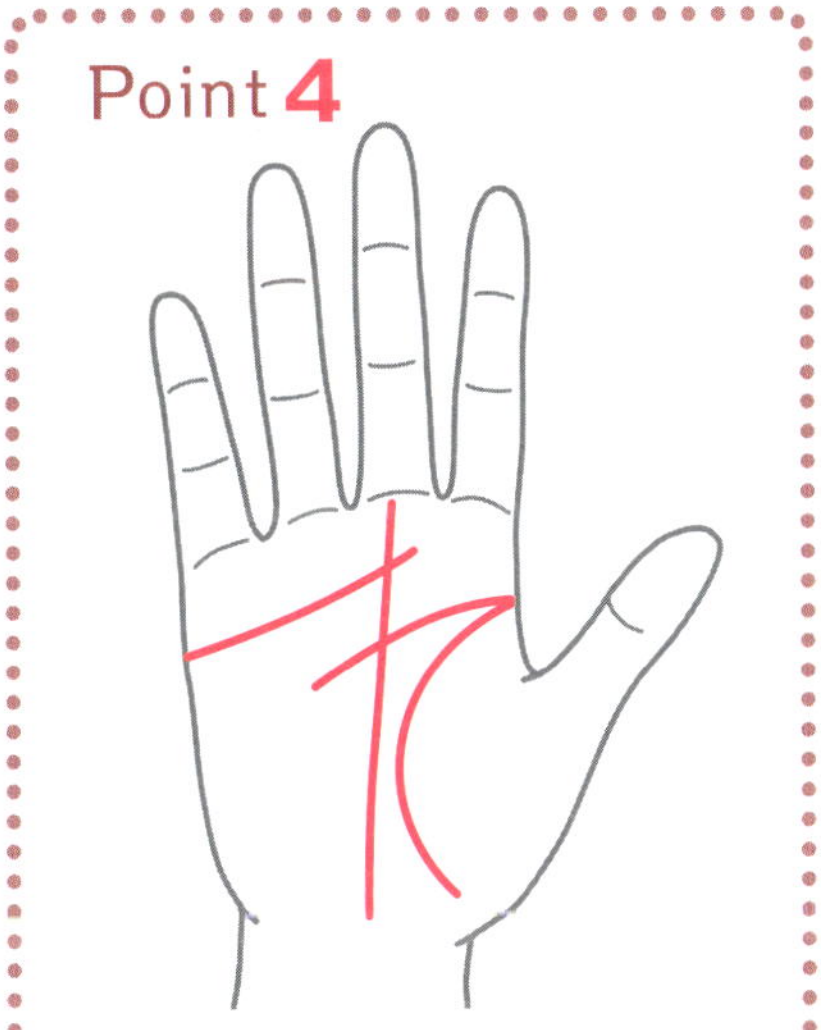

４大基本線がはっきり出ている

Point 3

結婚線がない人は恋愛や結婚に目が向いていない相です。このタイプは普通の結婚感覚がピンとこない人で、ライフスタイルが結婚に向いていません。パートナーの異性を求める欲望が薄い傾向にあります。

Point 4

この相の人は体力も気力も充実していて、エネルギーの強い人です。バイタリティもあり、エネルギッシュな人なので、特に女性の場合は、生活力が強く自分のスタイルを変えないので、家庭におさまりきれない人が多いです。

結婚

ゴールイン間近

Point 1

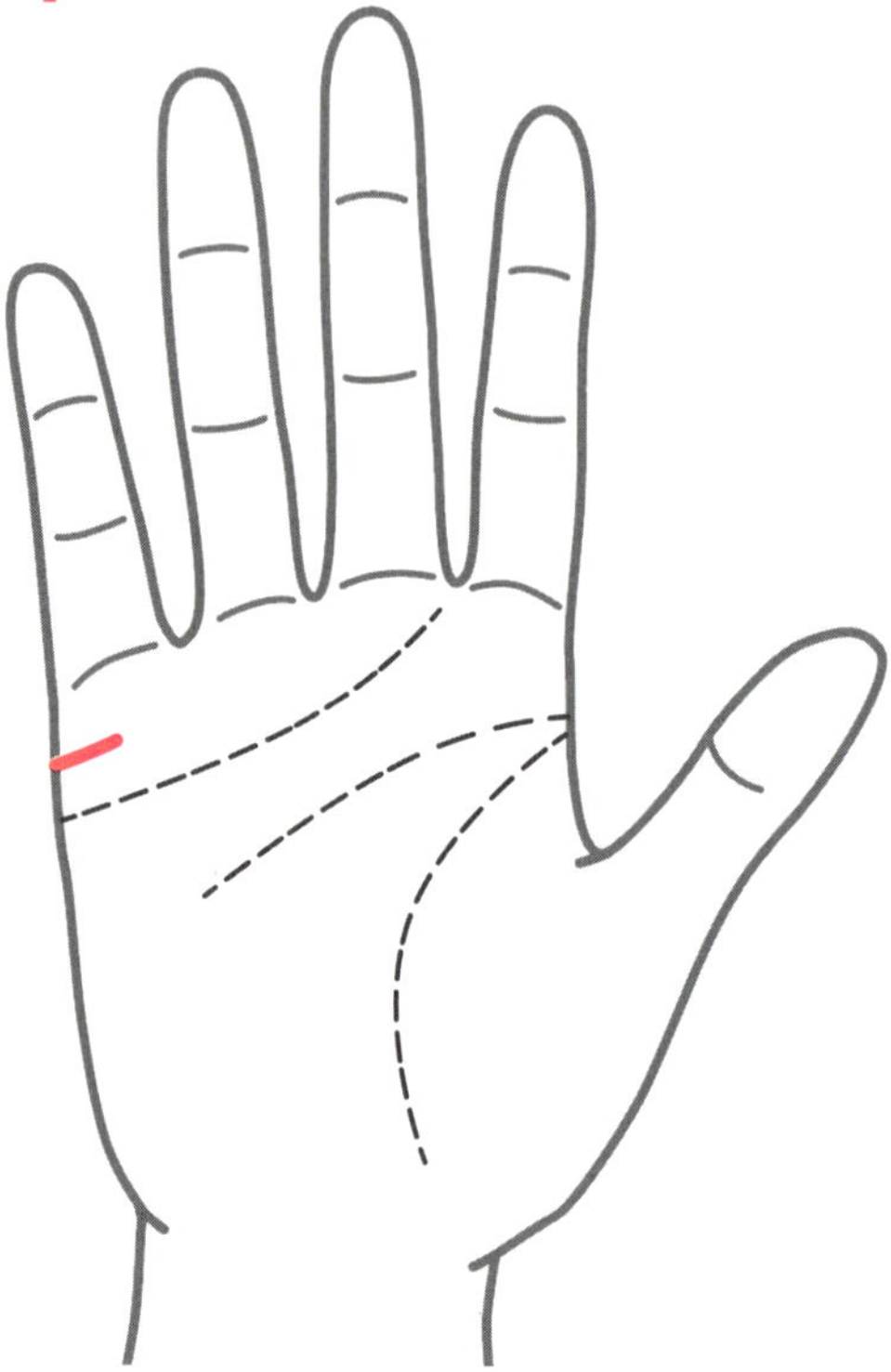

結婚線が目立ってくる

Point 1

結婚線が複数あっても、その一本が赤っぽく彫の深い感じに目立ってきたらパートナーとの結婚が近づいている前兆です。パートナーがいない人でも、結婚につながるような良い人との出会いを期待できます。

Point 2

水星丘は子孫繁栄のためのエネルギーを表す丘でもあります。この部分に張りが出てくると、今までよりも結婚して家族を持ちたい願望が強まっている証拠で、ゴールインも近そうです。

Point 3

家族となる人との出会いなどを表す情愛線が出てくると、結婚が近づいているサインです。情愛線の終点が生命線に接するほど、ゴールインの可能性は高いです。

Point 2

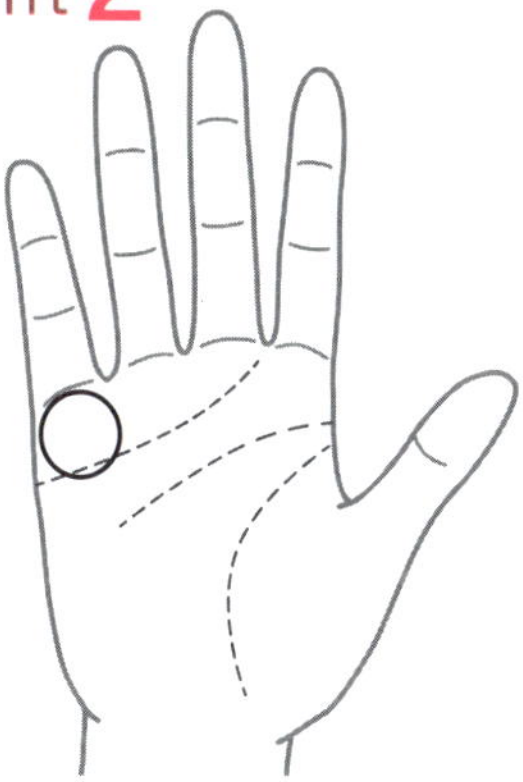

水星丘に張りが出てくる

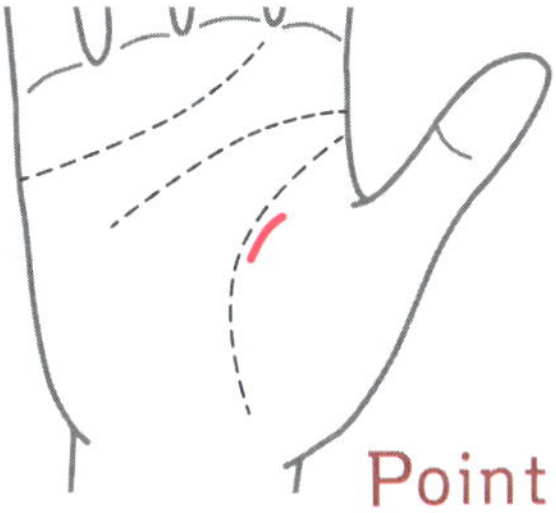

Point 3

情愛線が出てくる

運命線の変化する時期

女性の場合は、流年でみて右の相のように運命線が消えたり薄くなる時期に婚期が近づいています。また男女とも左の相のように、今までなかった運命線が現れている時期も結婚が近づいています。そのほかに、運命線の切り替わる時期なども、結婚を決意する転機となることがあります。

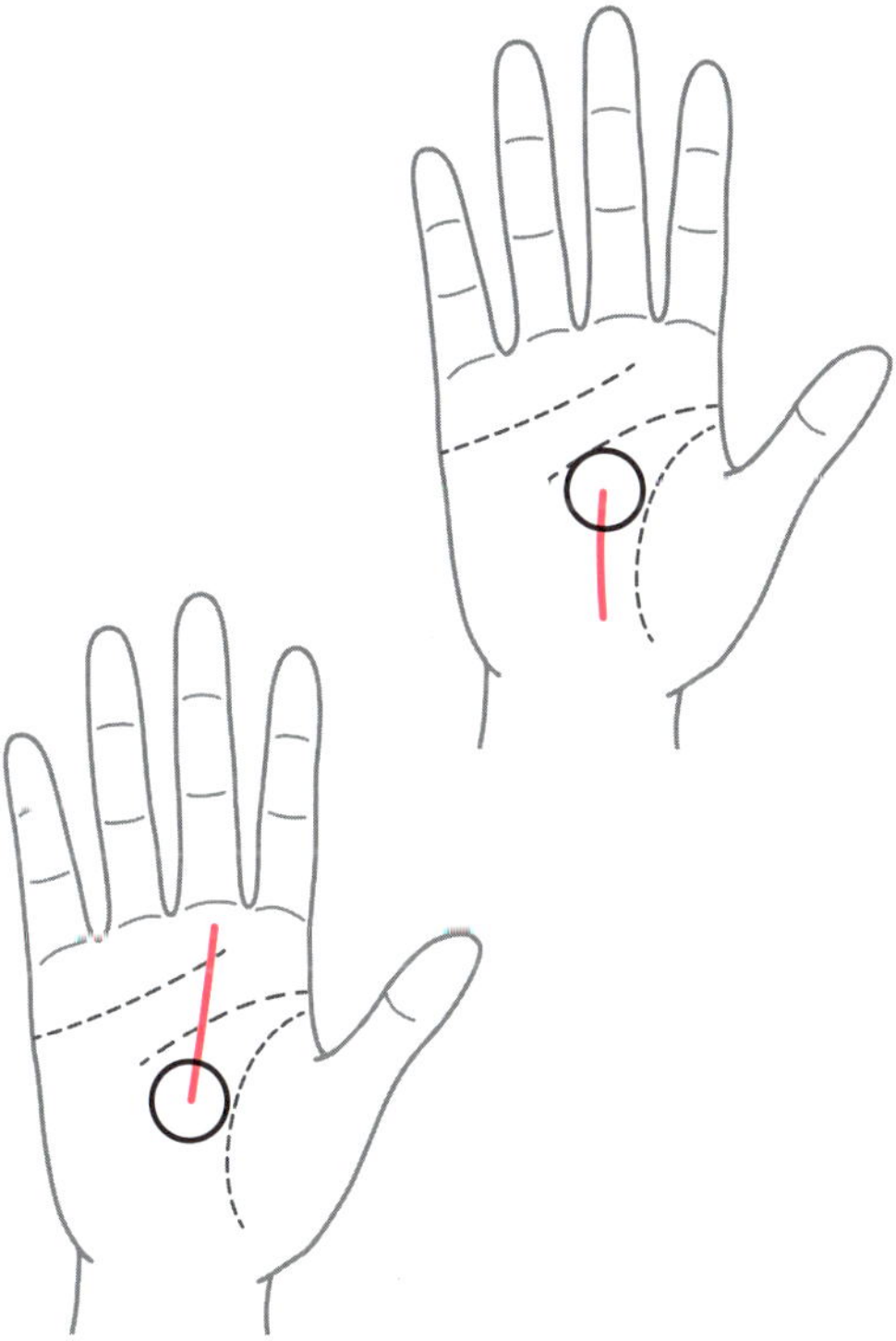

結婚

若くして結婚する

Point 1

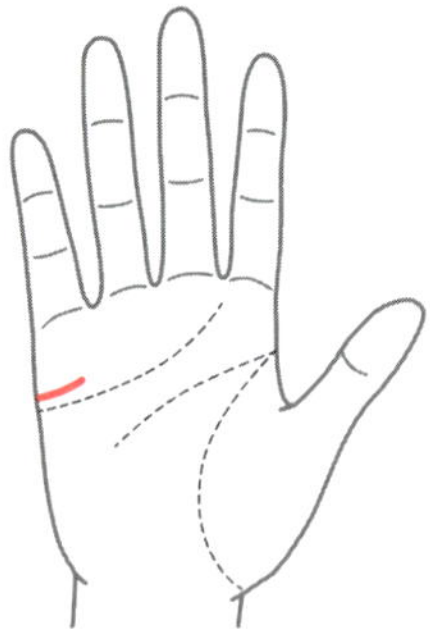

結婚線が感情線に寄っている

Point 2

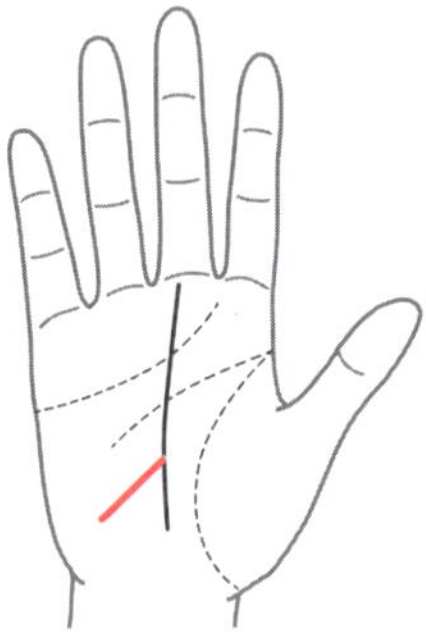

手のひらの真ん中より
下に出る影響線

Point 3

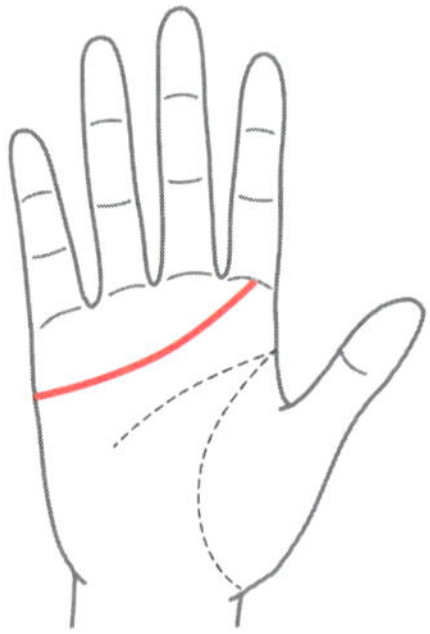

感情線が上昇して長い

Point 1

はっきりした結婚線が感情線に寄っている場合は、学生時代など若いうちに出会いがあり、早い時期に結婚のチャンスが訪れる人です。二十歳前後に結婚する安定した結婚運なので、若いからと悩んでいないで二十代など若いうちに結婚へ踏み切ると幸せになれます。

Point 2

影響線は人との出会いや結婚を表す線で、この線が手のひらの真ん中より下に出ている場合は、若いうちに良い結婚相手に巡り合えそうです。ただ、三十歳を過ぎると良い出会いが減っていくので、早く相手を決めることが幸せへの道です。

Point 3

感情線が上昇して人差し指に届くほど長い人は情熱的で、好きになったら一直線になるタイプです。相手に尽くしたい人ですが、支配欲も強めなので、若いうちの恋愛がそのまま結婚になることもありそうです。

結婚

晩婚タイプ

Point 1

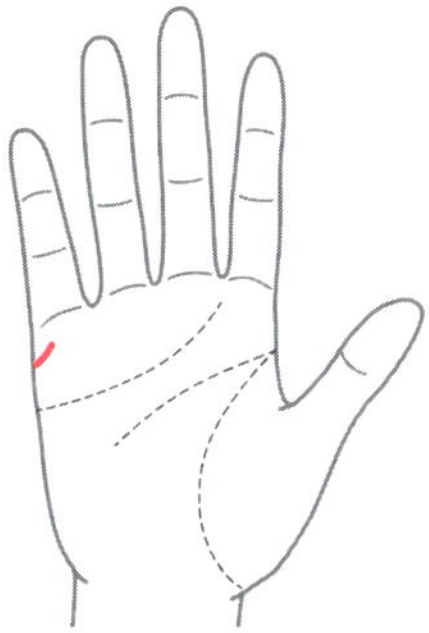

結婚線が跳ね上がっている

Point 2

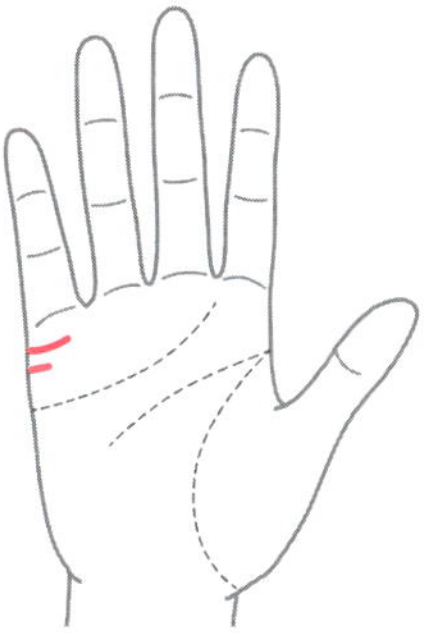

目立つ結婚線が小指寄りにある

Point 3

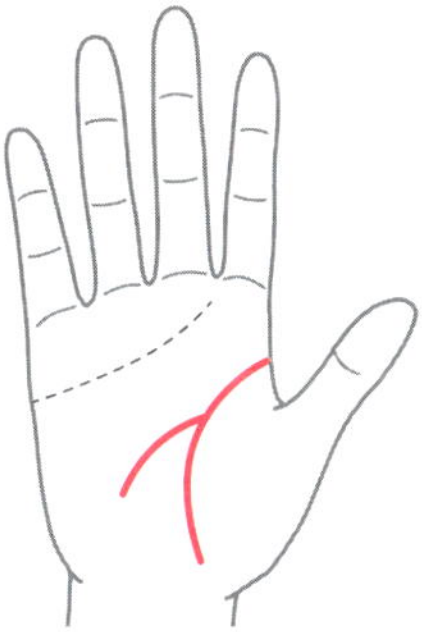

知能線が生命線の途中から始まっている

Point 1

このタイプの人は、現実的で相手を見る目もシビアなので、結婚が遅くなることもあります。ただ、婚期は遅くなりますが、しっかりとした人に多く見られる相なので、変な異性に引っかかることは少なそうです。外見などよりも趣味の合う人を見つけると幸せになれそうです。

Point 2

一番目立つ結婚線が小指寄りにある人は、なかなか結婚へは踏み切れず、二十代のうちは迷い多く一人に絞り切れないため、恋愛から結婚へ進みにくいです。出会いのチャンスはあるので、それを逃さないようにしましょう。

Point 3

知能線が生命線の途中から始まっている人は、何事にも慎重で結婚も遅くなりがちです。ただ、遅くはなっても慎重で堅実なタイプなので結婚後は安定した結婚生活を送れそうです。

結婚

お見合い結婚タイプ

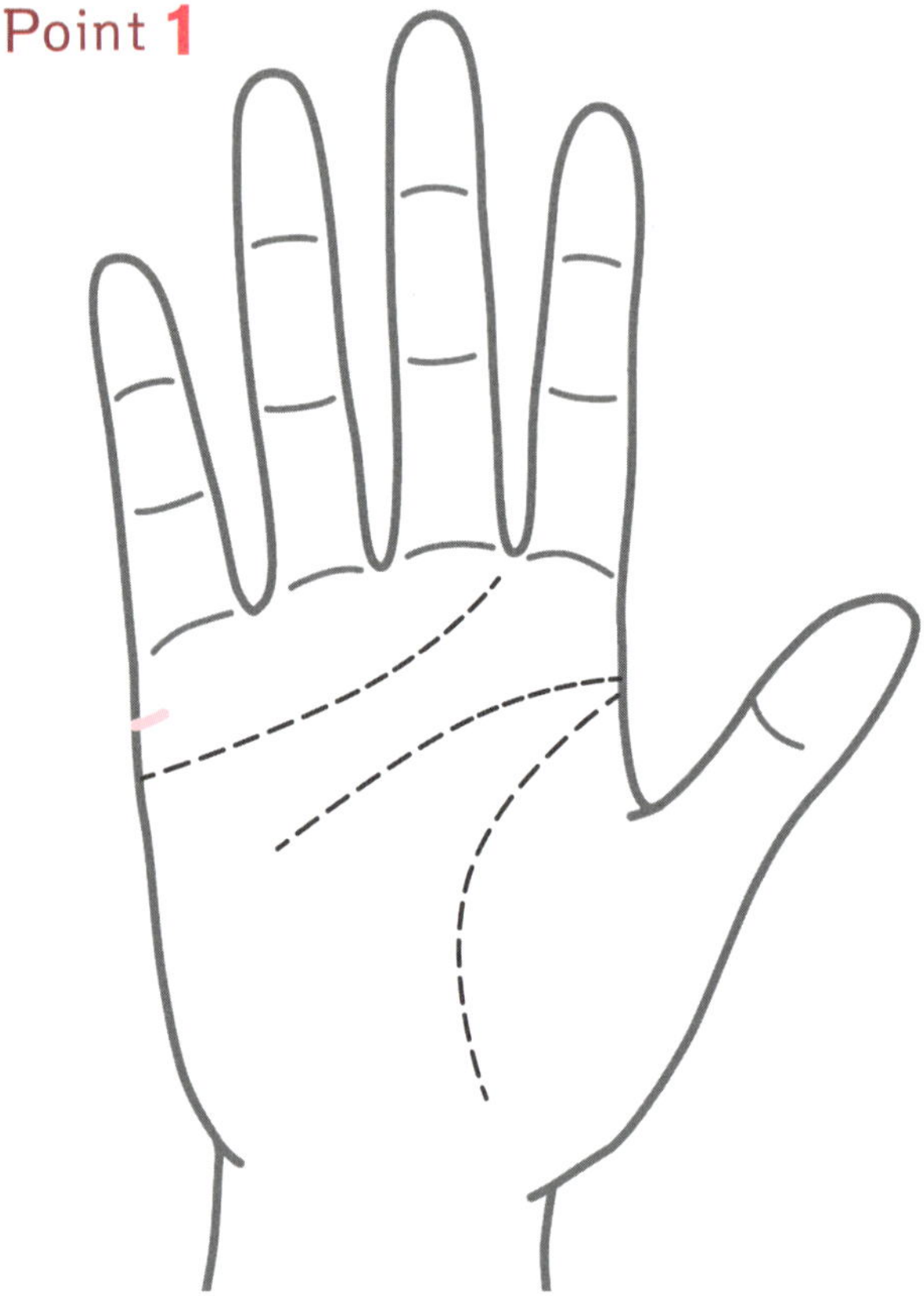

結婚線が薄く目立たない

Point 1

この相の人は、あまり結婚に対する意欲がなく、「今は、まだ一人でもいいかな」と考えているタイプです。アピールする力や人を惹きつける力が弱く、結婚してもいいなと思っていても本能的なペア願望が薄いので積極的になりきれません。

Point 2

短めの結婚線が一本だけの人は、どちらかというと恋愛下手の結婚上手タイプです。一度結婚したら、浮気や離婚などせず、まっとうな結婚生活を送れます。しかし、恋のかけひきが下手で、異性の少ない職場や環境では出会いに恵まれにくいので、お見合い向きの人です。

Point 3

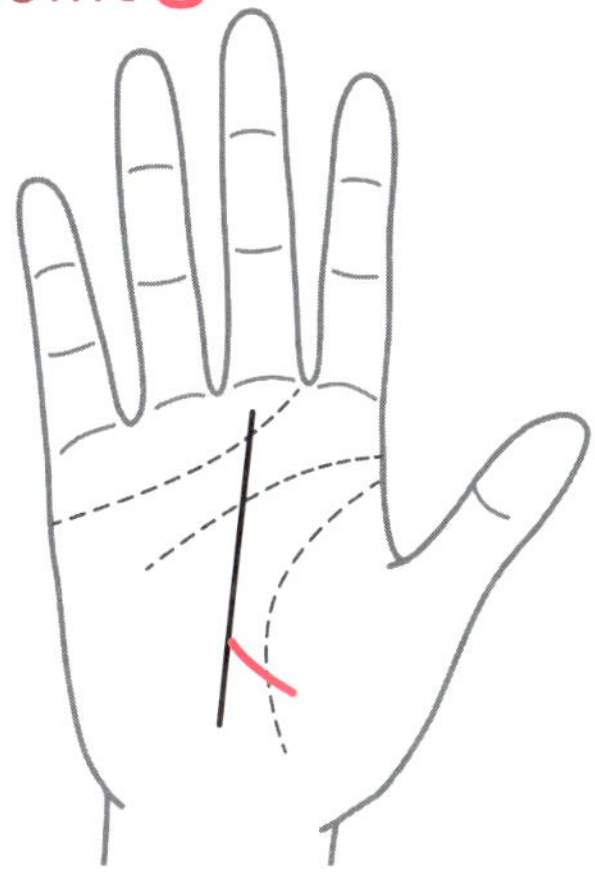

生命線内側から運命線へ
合流する線がある

Point 2

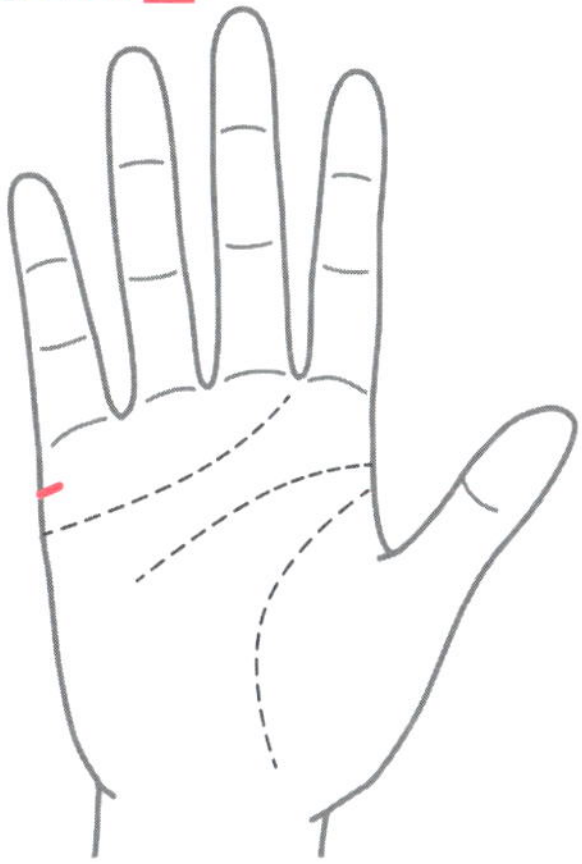

短めの結婚線が１本だけある

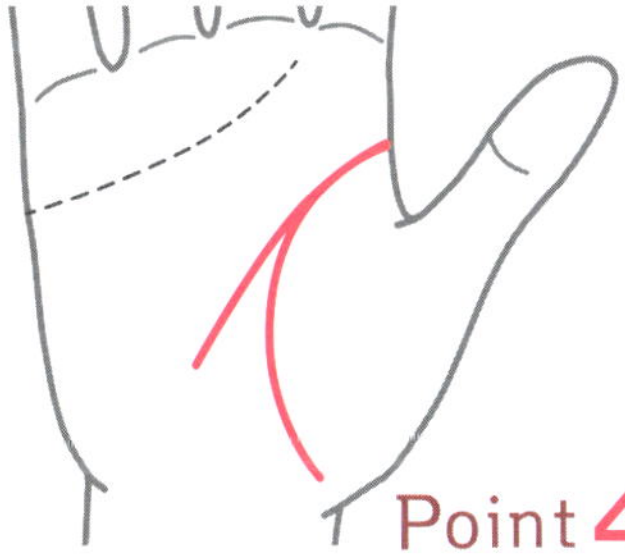

Point 4

知能線と生命線が大きく重なる

Point 3

生命線内側から出る線は身内との縁の深さを表し、この線が運命線へ合流する人は、親や親戚からの縁談などで人生の伴侶を得られるかもしれません。

Point 4

知能線と生命線が大きく重なる人は、警戒心が強く恋愛に発展しにくい相です。心の内をなかなか見せないので、相手に誠実さをアピールできるお見合いなどの方がまとまりやすいでしょう。

結婚

玉の輿にのれる

Point 1

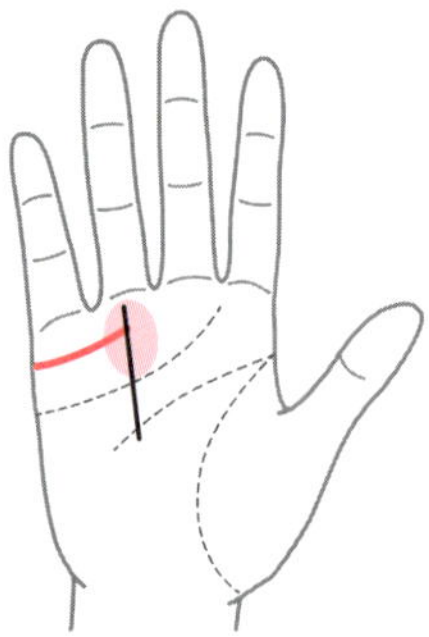

結婚線が太陽丘に入る

Point 2

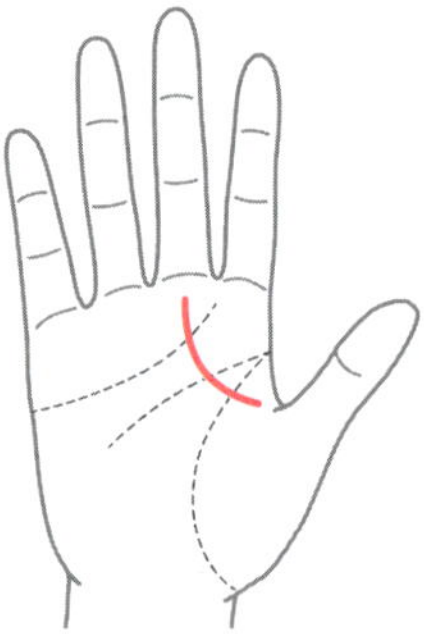

生命線最上部内側から
上向きの線

Point 3

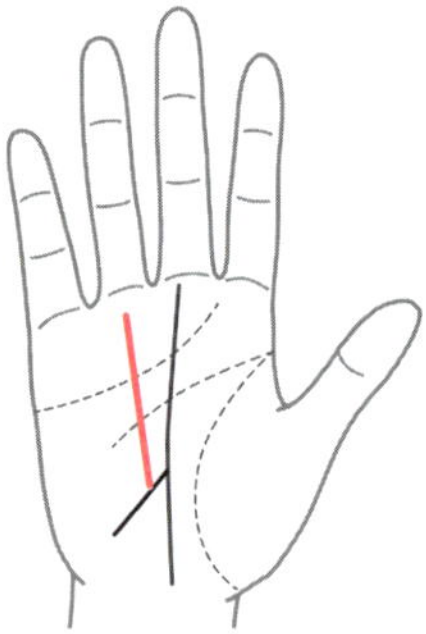

影響線と運命線の合流する
あたりから伸びる太陽線

Point 1

太陽丘は財運、信頼、名誉の意味があり、ここまで結婚線が届いていれば、結婚を機に裕福になれるということを表しています。線が太陽線にまで届いている場合はずばり玉の輿の相で、さらに良い相です。

Point 2

この線のある人は、お金持ちの年上の異性に愛されます。自分から特にアプローチしているわけではないのに、相手から慕われて、かわいがられることが多いので、玉の輿にのれるチャンスは多くあります。

Point 3

太陽線は長く伸びているほど成功運の強い人です。影響線は運命的な人との出会いを表すので、この線と運命線が合流するあたりから太陽線が伸びている人は、結婚の時期に金運や名誉運が上がることを示しています。比較的多くみられる相で、セレブ婚とまではいかないまでも、ゆとりある結婚生活を送れる相です。

結婚

家庭安泰タイプ

Point 1

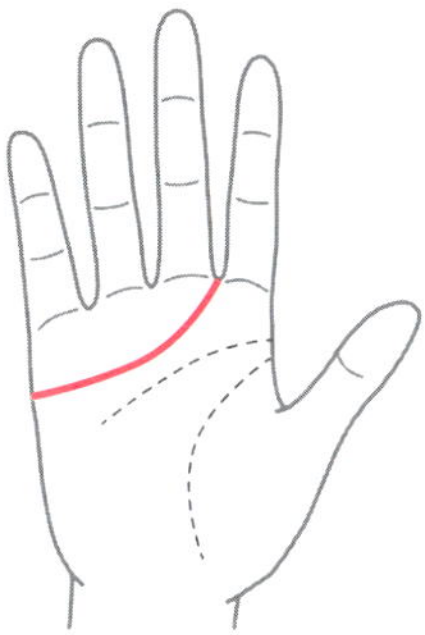

人差し指と中指に感情線が入り込む

Point 2

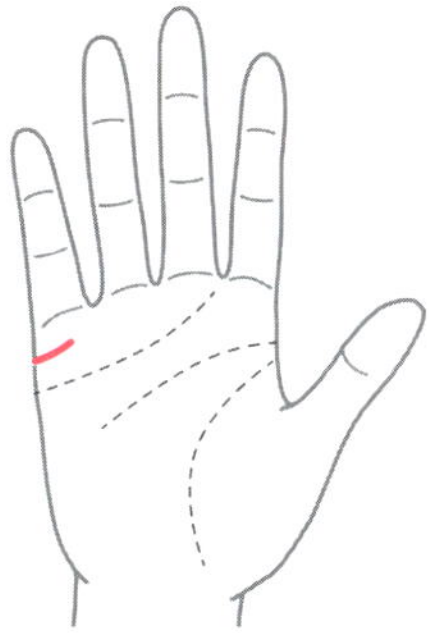

はっきりした結婚線が１本だけ目立つ

Point 3

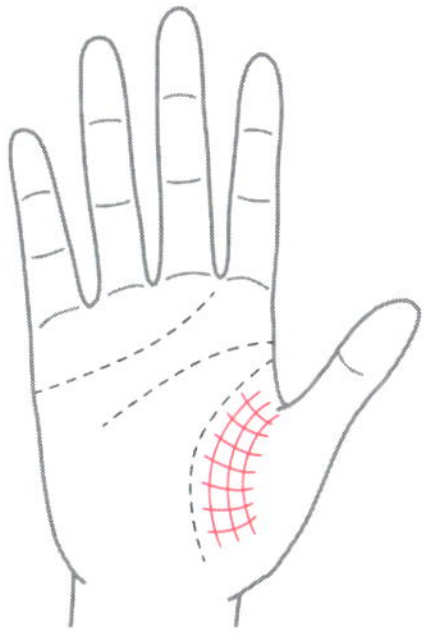

金星丘に格子線がある

Point 1

感情線は長いほど愛情が豊かで、線が人差し指と中指の間に入り込む人は真面目で堅実な家族思いの人です。この手相の人同士が結婚すると、より円満な家庭を築けます。

Point 2

結婚線の位置に関わらず、線が一本だけの人は保守的な結婚観を持っており、一度結婚したら家庭を維持していこうという意識が働くので、家庭を壊すほどの浮気や、離婚などを考えないタイプです。恋人と恋愛中も結婚を意識しているので、空回りしてしまうこともありますが、結婚後は安定した生活を送れそうです。

Point 3

金星丘に格子線のある人は愛情にあふれている人で、家族にも大らかな気配りができるため、穏やかな家庭を築けます。

結婚

子宝に恵まれやすい

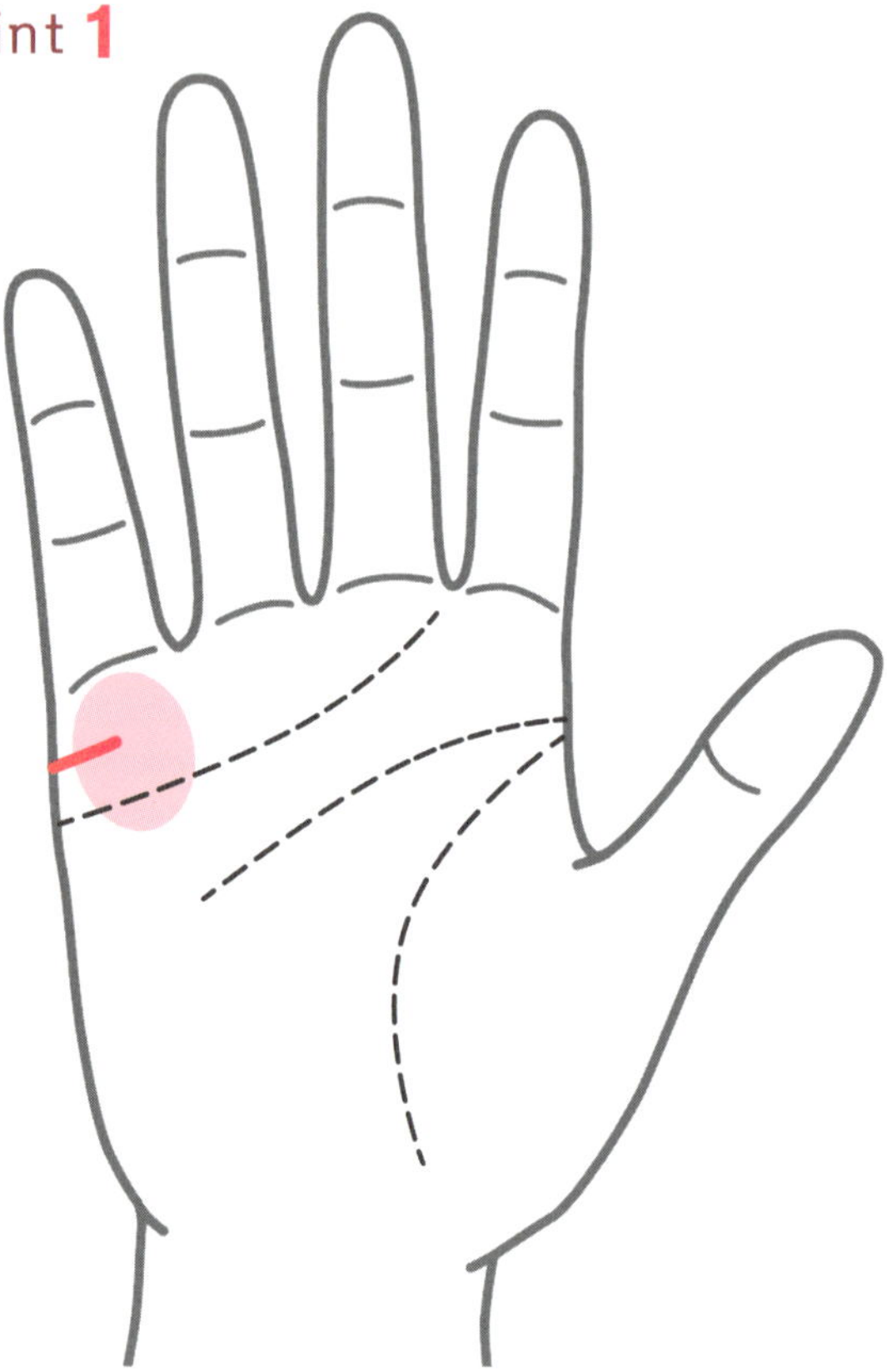

結婚線が真横へ伸びている

Point 1

子宝に恵まれやすいかどうかは、パートナーとの相性もあるので一方の手相だけで一概には言えませんが、すっきり結婚線が伸びている人はその傾向にあります。水星丘は生殖器をつかさどるので、特に女性でこの相の人は子宝に恵まれやすいとみます。

Point 2

感情線の始点に支線が多いのは子供ができやすい体質です。感情線の始点は水星丘の位置で、ここに支線が多いのは、男女ともに精力が旺盛なことを表します。

Point 2

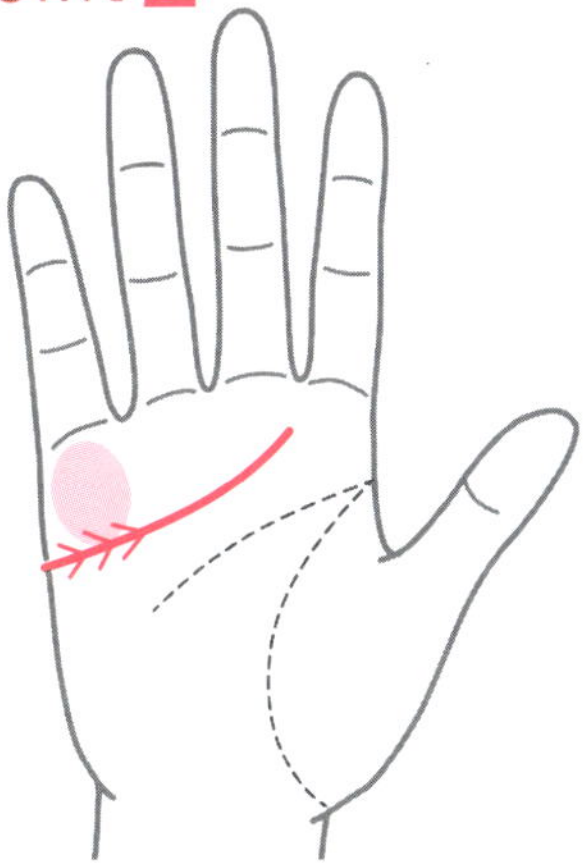

感情線の始点に支線が多い

Point 3

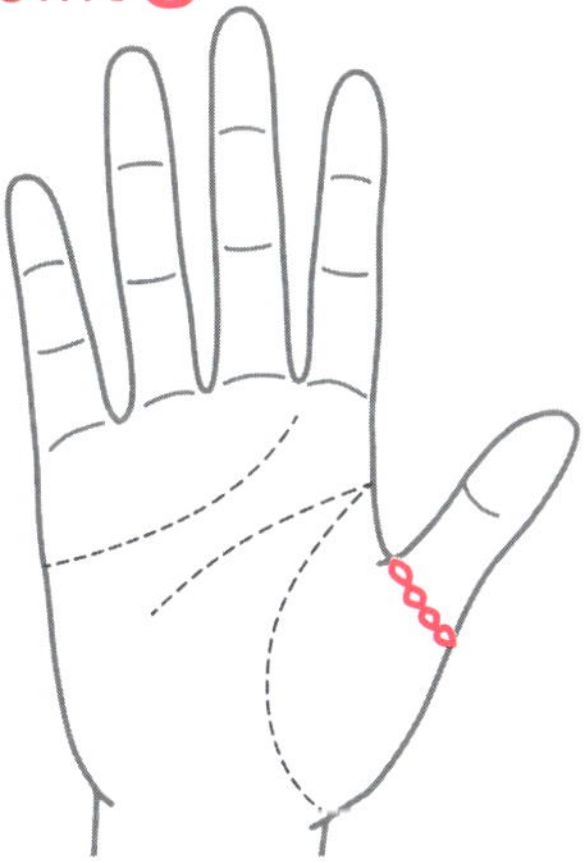

ファミリーリングが
きれいに出ている

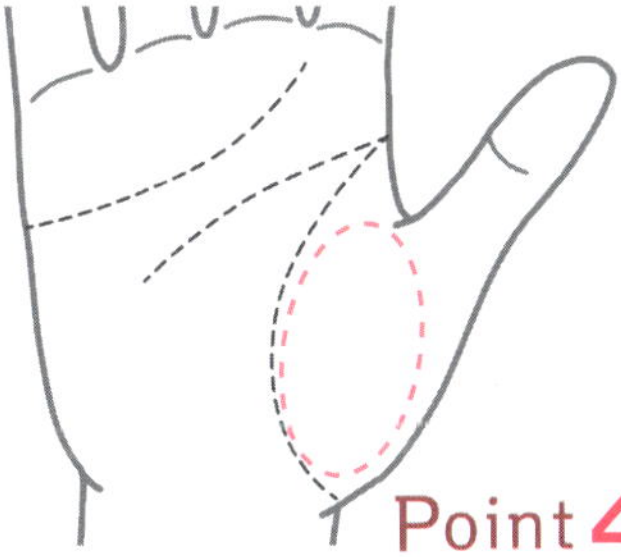

Point 4

金星丘がふくらんでいる

Point 3

親指の第二関節が鎖状になっているファミリーリングがある人は、子宝に恵まれ家族中心の生活を送る傾向にあります。

Point 4

金星丘の面積が広くふくらんでいる人は、生命エネルギーにあふれているタイプです。精力も強く、年を取っても子宝に恵まれることもあります。世話好きで、子どもが産まれたら良きパパ良きママになれそうです。

結婚

姑・舅との関係がうまくいく

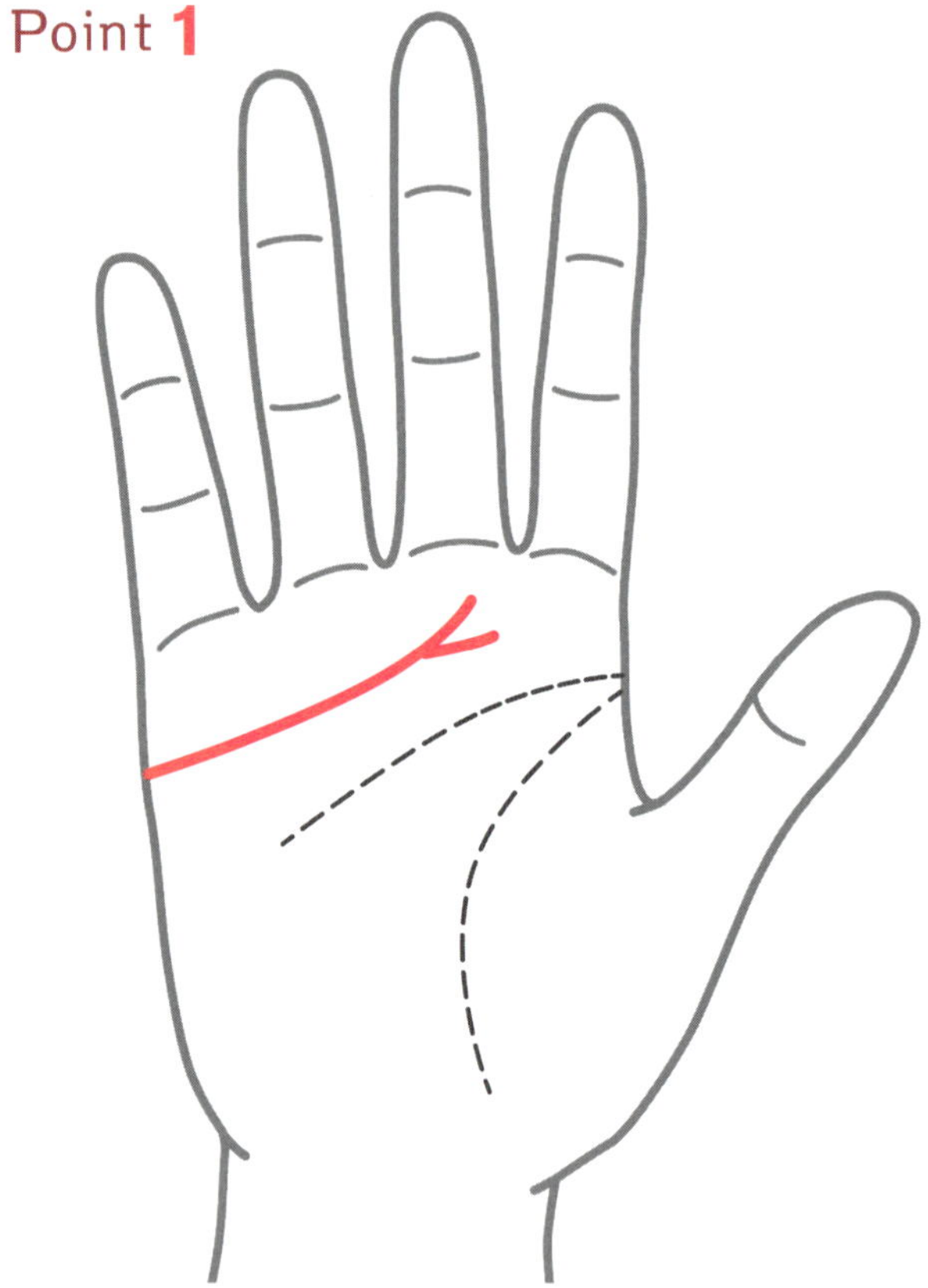

感情線が二叉以上に枝分かれしている

Point 1

感情線の終点が二叉に枝分かれしている人は、他人と誠実で常識あるお付き合いができるタイプです。三叉以上に枝分かれしている人はだれにでも気づかい上手で、マメな気配りができるので姑や舅との関係もうまくいきます。

Point 2

運命線が濃すぎない人は控えめな印象で、周囲の人に合わせて生きるのがうまい人です。協調性があり身内を大事にするので、結婚後は相手の家族とうまく付き合っていけるタイプです。

Point 3

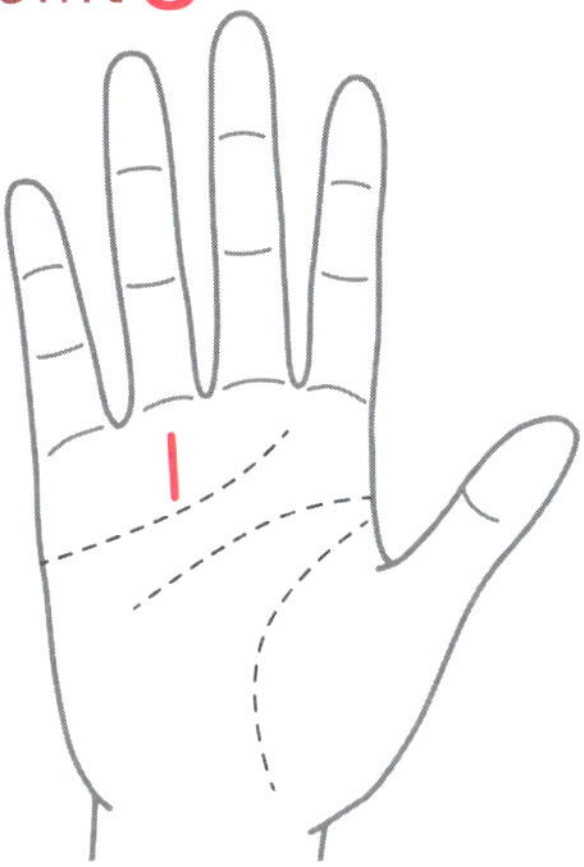

感情線の上だけにはっきり出る
太陽線

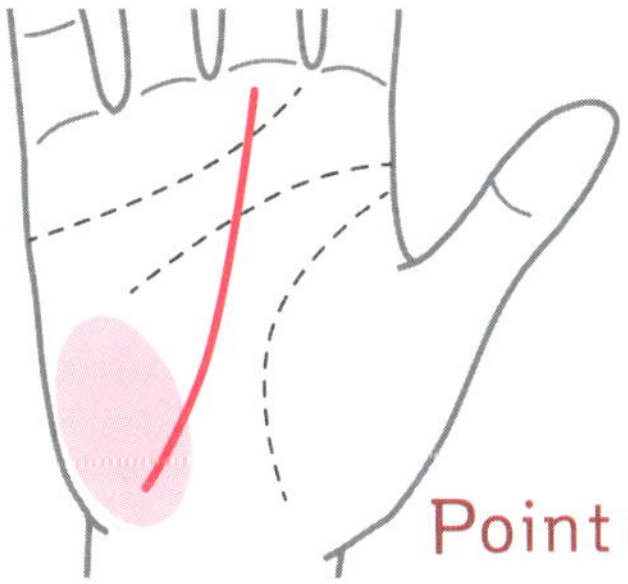

Point 4

月丘から運命線が伸びる

Point 2

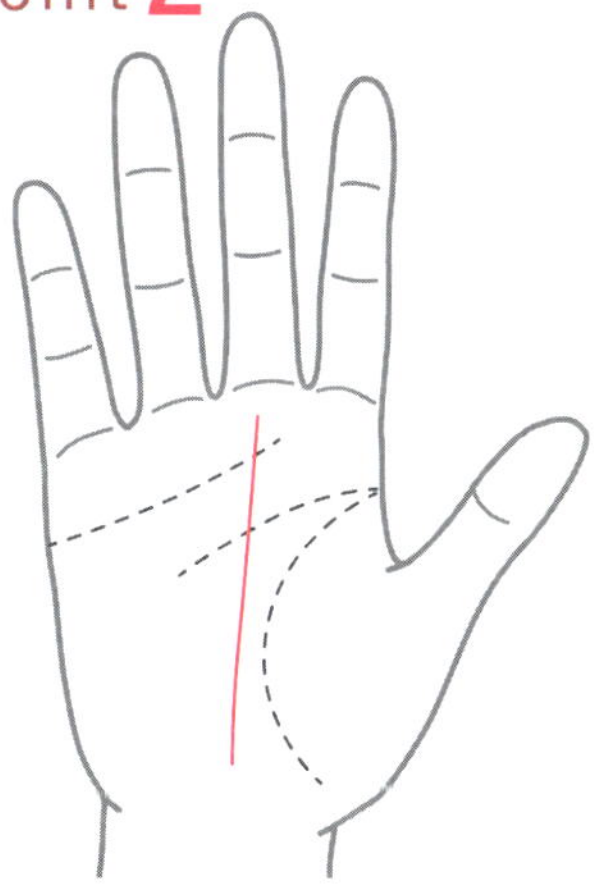

運命線が濃すぎない

Point 3

このタイプは堅実、マイペースな性格を表すので、結婚後も相手の両親から信頼され大きなトラブルなどもなく安定した家庭生活が送れます。

Point 4

月丘は肉親以外の人たちとの縁の強さを象徴する丘です。運命線がここから出ている人は、他家に入って生きることに向いています。また、コミュニケーション能力に長けているので、結婚後は相手の両親とも、うまくやっていけそうです。

恋愛

パートナーとぶつかりがち

Point 1

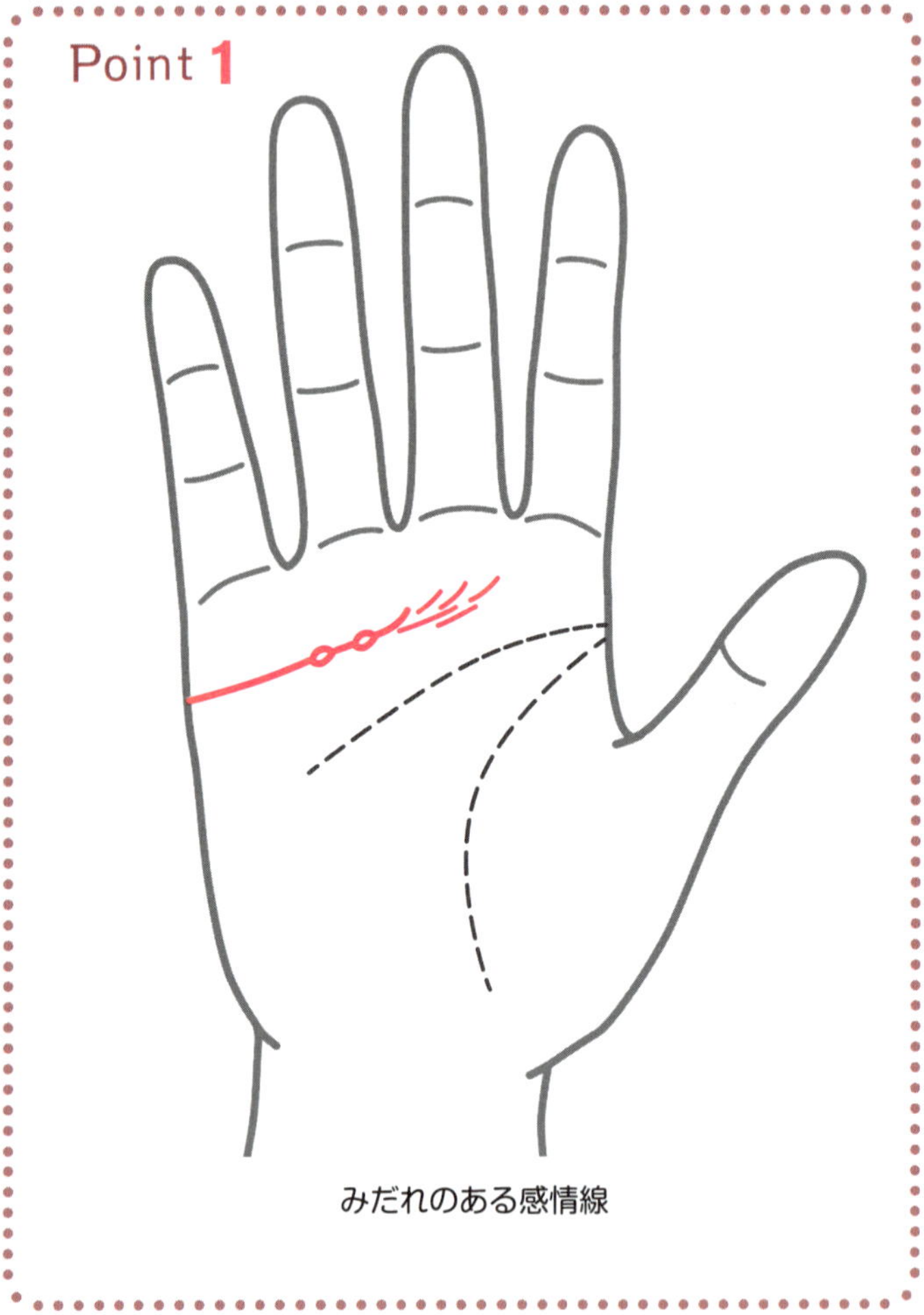

みだれのある感情線

Point 1

感情線にシマがあったり、キレギレになったりしている時は神経過敏で情緒不安定になりやすいです。相手の言動や仕草など些細なことが気になって喧嘩をしてしまいがち。この相の人は魅力的な人が多いので、多少のことは目をつぶるように心がければ衝突は減ります。

Point 2

結婚線の途中にシマなどがあるのは浮気や金銭問題など、パートナーとなんらかの試練があるサインです。ただ、シマやクロスが途中に出ている場合は、試練も乗り越えられ、別れを避けられるととらえます。

Point 3

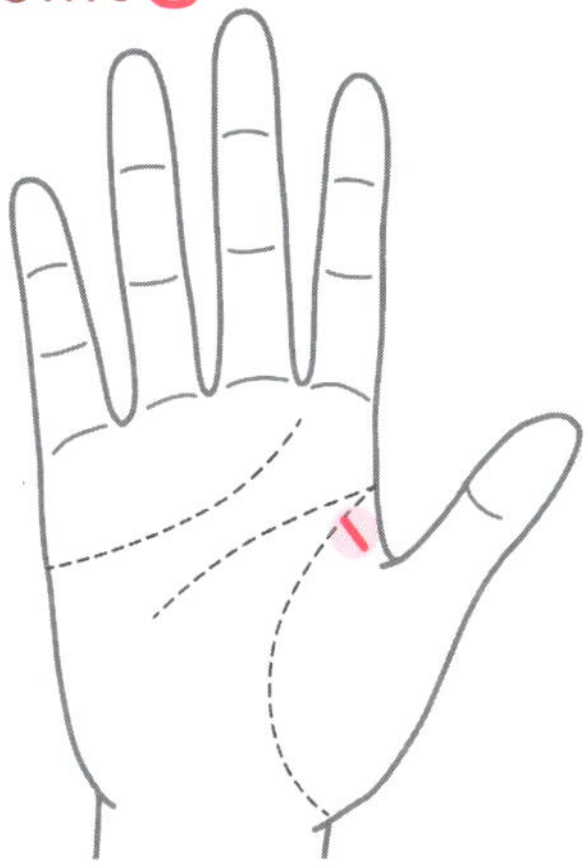

第一火星丘に短気線が出ている

Point 2

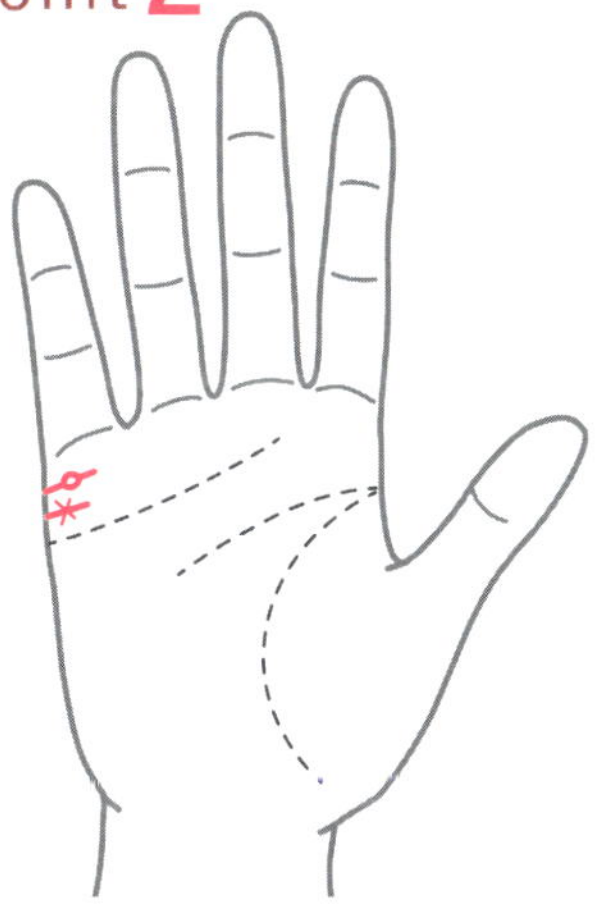

結婚線の途中にシマやクロス

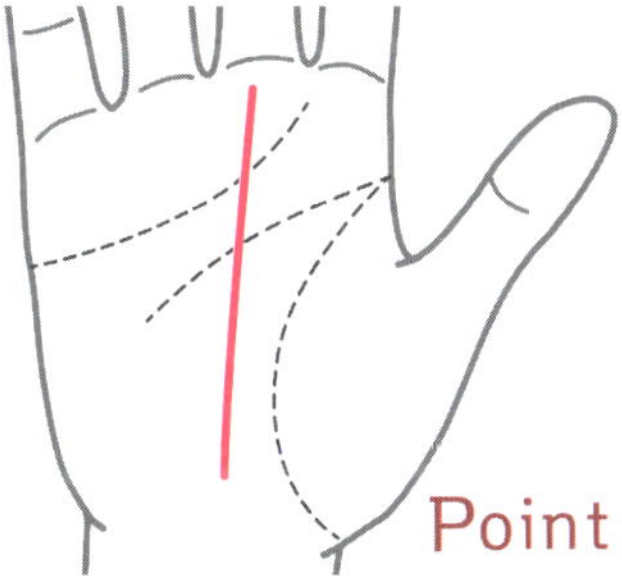

Point 4

運命線が濃い

Point 3

第一火星丘に斜めに伸びる「短気線」のある人はカッとしやすく闘争エネルギーもあるので、ついついパートナーとぶつかってしまいます。運動など体を思いっきり動かして発散することも大事です。

Point 4

運命線が濃い人は自己主張が強く、ついつい相手に言いすぎてしまうことがあります。自我の強い自分を受け入れてくれる相手はそう多くないはずなので大切にしましょう。

恋愛

恋に消極的

Point 1

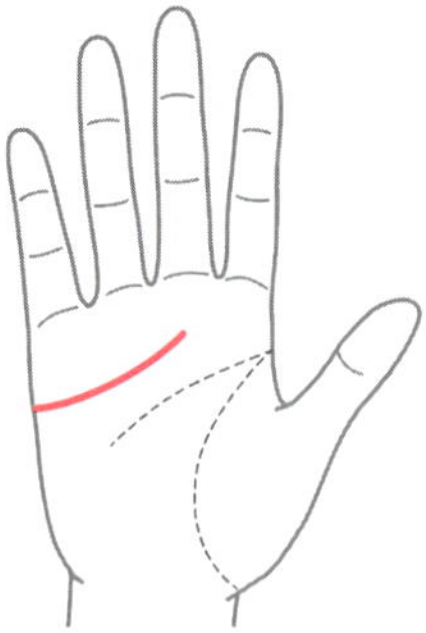

感情線が短め

Point 2

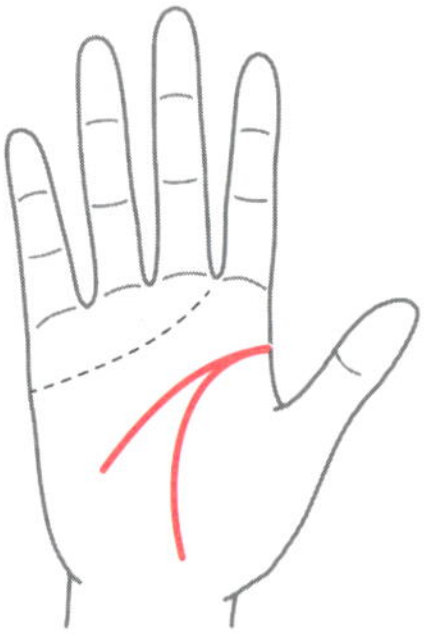

知能線と生命線の始点の重なりが大きい

Point 3

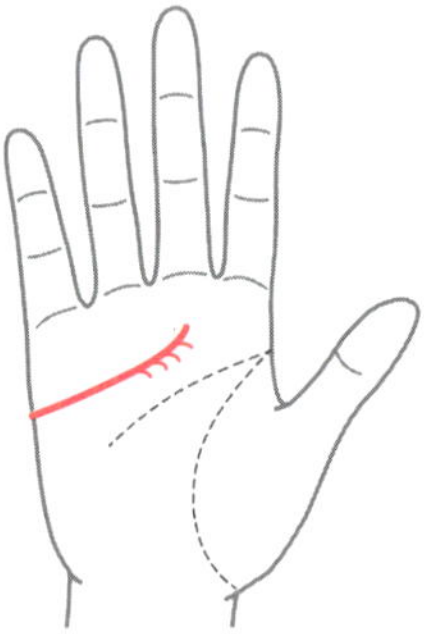

感情線から下向きに支線が複数出ている

Point 1

感情線が短めの人は、相手に自分の気持ちを伝えるのが苦手なタイプ。恋愛に興味があっても、相手の気持ちを理解したり恋の駆け引きなどは苦手なので、友人の紹介などでパートナーを見つけると良いでしょう。

Point 2

このタイプはとても慎重なので、相手をじっくり見極めているうちに恋のタイミングを逃してしまうこともあります。失敗を恐れるあまり自分を主張するのが得意ではないので、恋に消極的になりがちです。

Point 3

感情線から出る下向きの線は「片思いの相」とも言われ、この相の人は素直な感情表現が苦手で、愛情面では受身な傾向です。ただ、恋の主導権は握れませんが人間的にはとても温かい愛情深い人です。

恋愛

恋に失敗しがち

Point 1

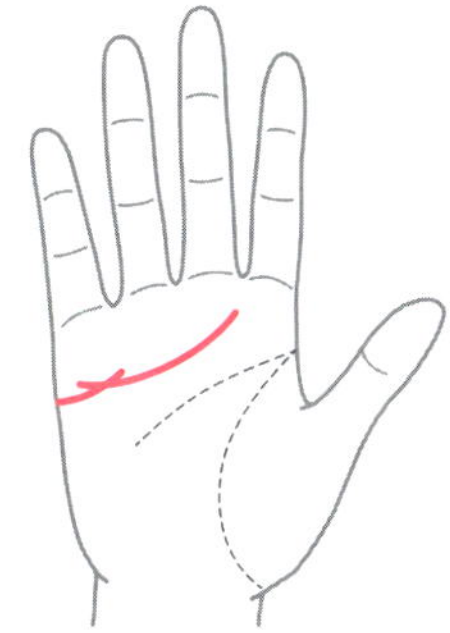

感情線の出発部分が交差している

Point 2

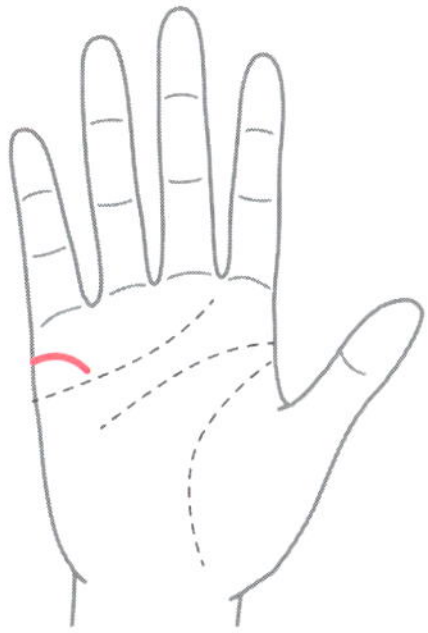

結婚線が下向き

Point 3

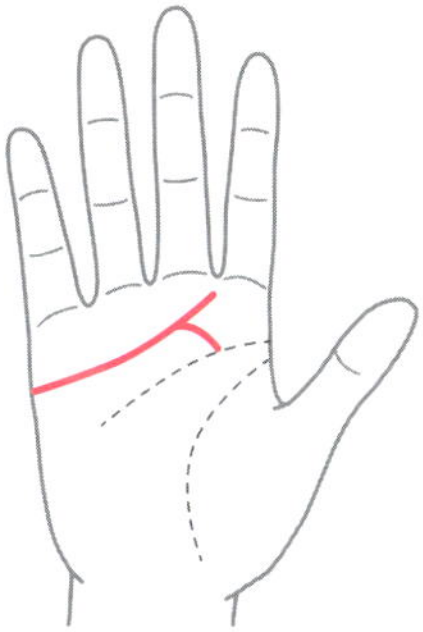

枝分かれした感情線が下降して知能線へ届く

Point 1

このタイプの人は愛情面で現実的になりきれず、恋愛に夢見がちなタイプです。感情のコントロールが上手ではないので、恋人との関係もうまくいかない傾向があります。ただ、愛情は豊かなので恋愛に向いていないわけではなく、自分を受け止めてくれる大人の異性と付き合うと、うまくいくでしょう。

Point 2

未婚の人で結婚線が下降するのは、男女ともに相手に向き合う力が弱い傾向にあるので、もっと積極的になりましょう。付き合っている人は自分の頭だけで考えすぎず、関係が冷え切る前に対話やスキンシップを続けることが大切です。

Point 3

枝分かれした感情線が下降して知能線へ届いている人は、少々恋愛下手です。細やかな愛情の持ち主なのですが、感情表現が足りなかったり、過去の失恋のトラウマにとらわれたりしがちです。素直に気持ちを伝え合うように意識していれば、状況は変わってきます。

結婚

複数婚になりやすい

Point 1

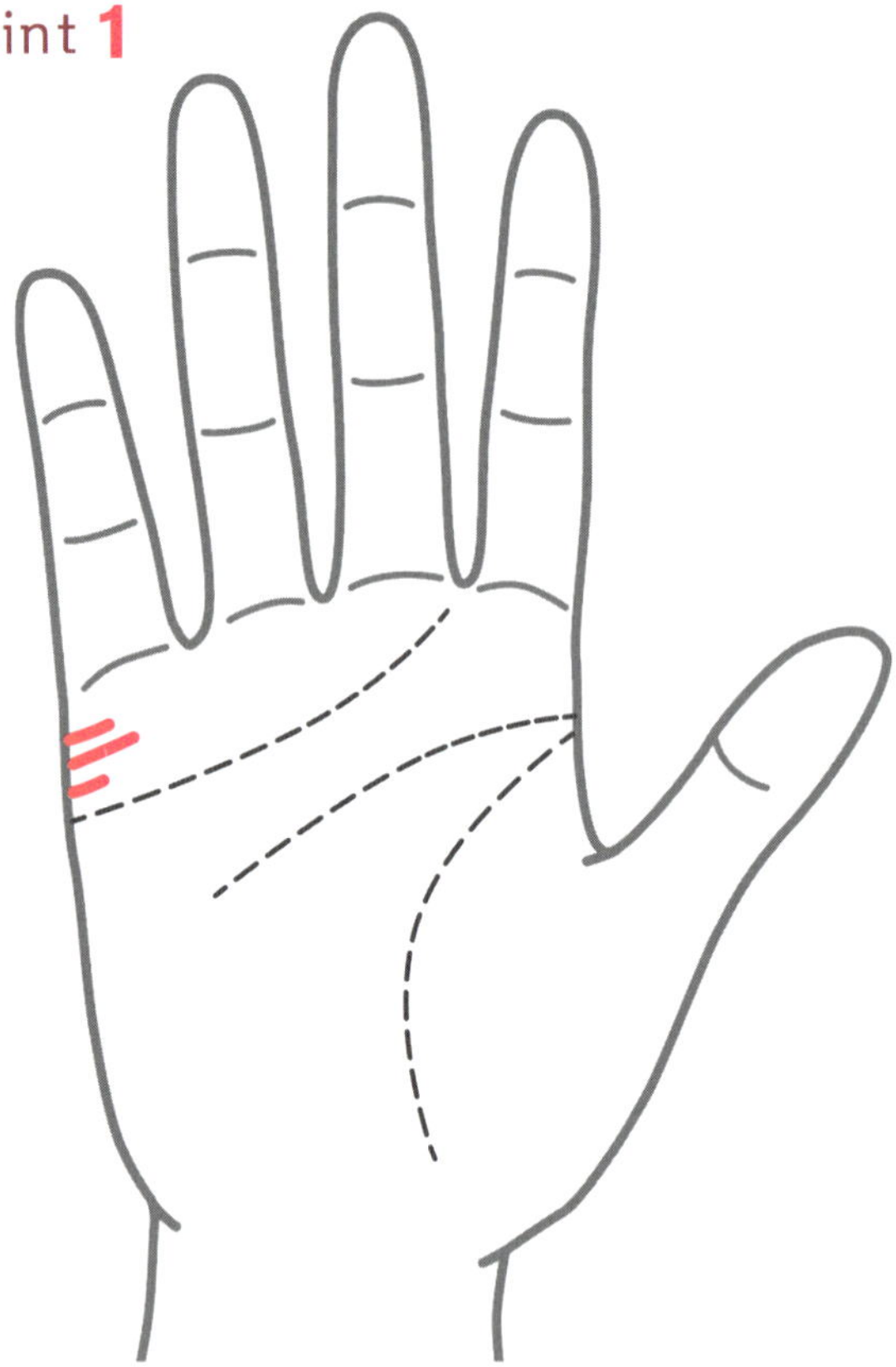

結婚線が２本以上ある

Point 1

結婚線が二本以上あるのは、結婚につながるような出会い運が二、三度あることを示します。二本の人は相手次第で一度でおさまるのですが、三本以上の人は出会いの多い人なので複数婚の危険性が高まります。

Point 2

情愛線は結婚につながる運命的な異性との出会いを表す線です。この線が一度切れて再び現れている場合は、別れのあとに再び運命的な出会いがあることを表しているので、離婚してまた結婚、ということもありそうです。

Point 3

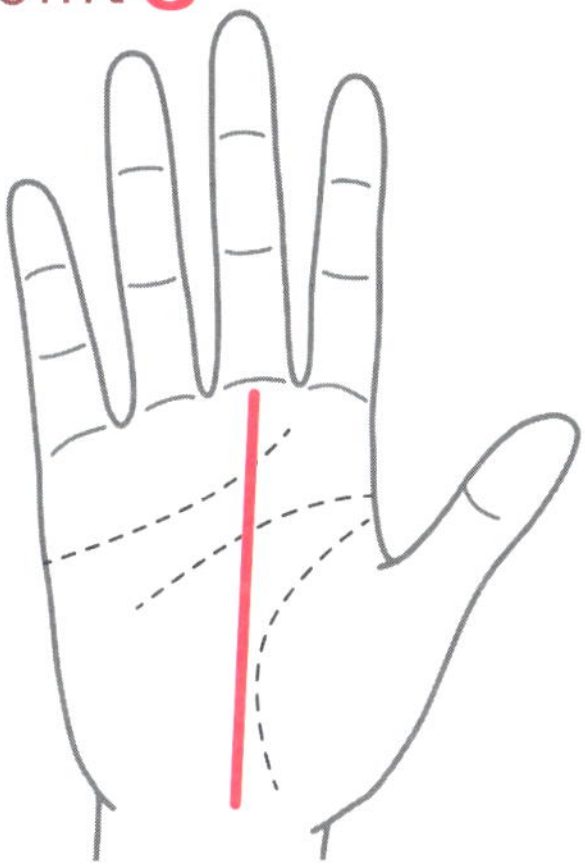

運命線が長く濃い

Point 2

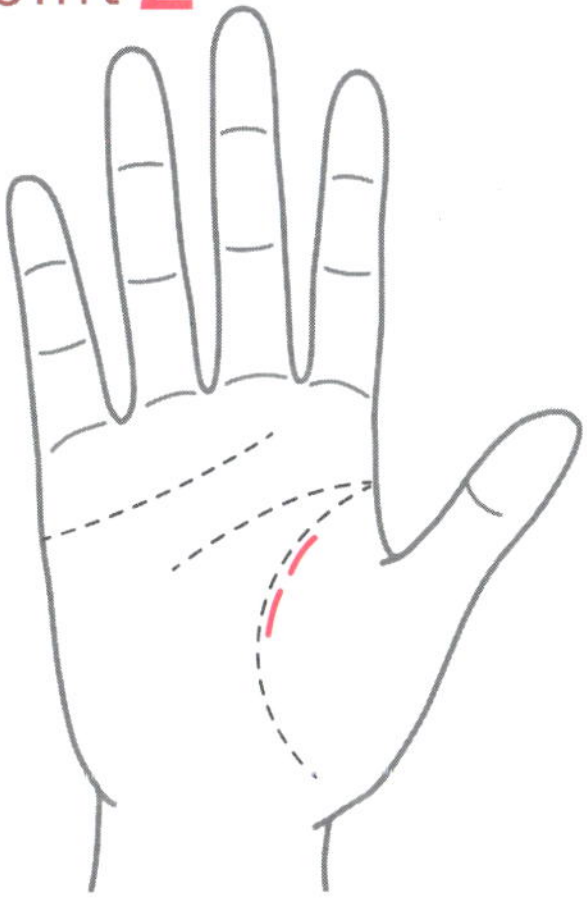

情愛線が分断して２ヶ所に出ている

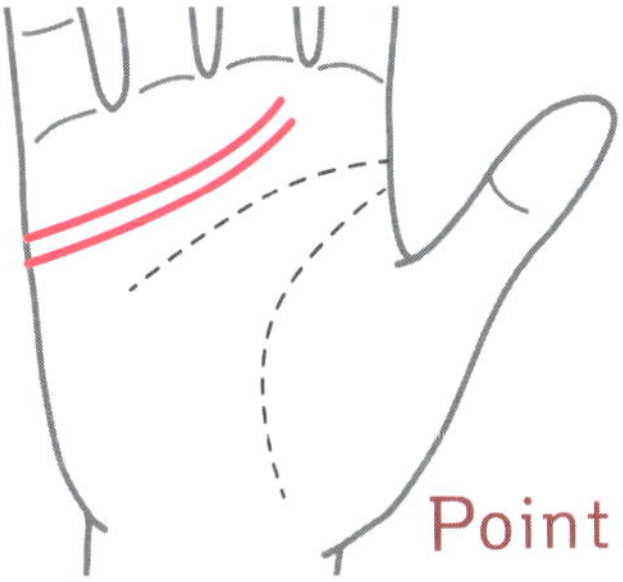

Point 4

感情線が２本ある

Point 3

特に女性で運命線が長く濃い人は、はっきりとした自分の主張を持っていて、「なんでも決めるのは自分」タイプです。ドラマチックな人生を望み、複数婚になることもありますが、必ずそうなるというわけではなく、自分が「この人！」と決めた場合は一度でおさまります。

Point 4

二重感情線が出ているのはパワフルで大変家族思いの人によく見られる相です。しかし、女性の場合は気が強く、男性の場合はパワーを持てあましてしまいそれが異性関係に出ることもあります。自分の強いエネルギーを受けとめてくれる異性に出会えばうまくいくでしょう。

金運

資産運用上手

Point 1

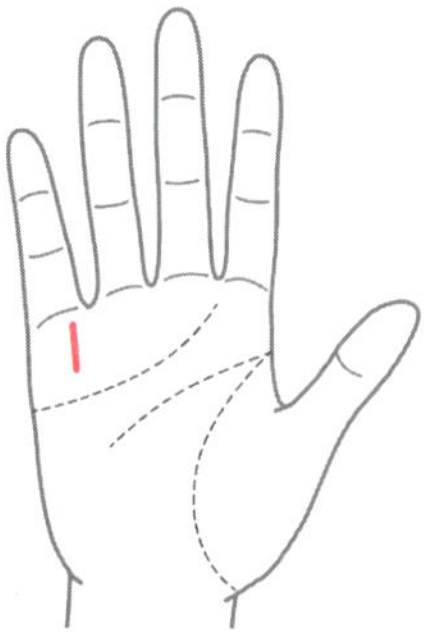

財運線が薬指寄りにある

Point 2

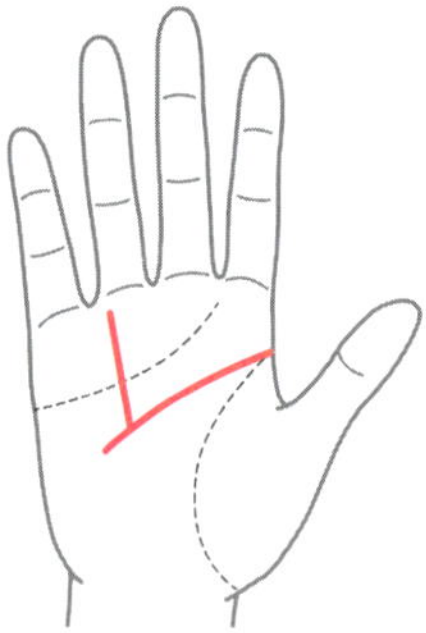

小指寄りの太陽線が
知能線から伸びている

Point 3

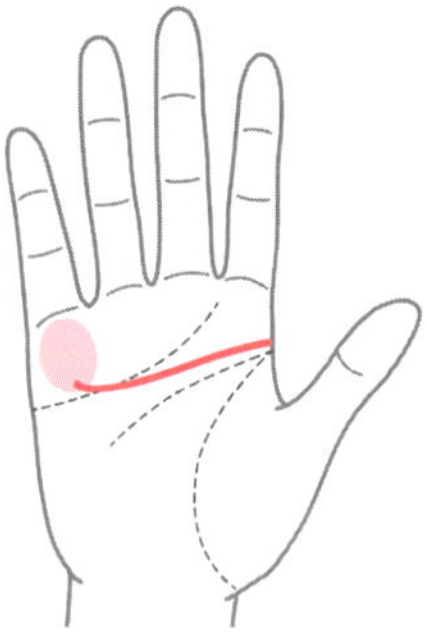

知能線の終点が水星丘へ
向かう

Point 1

この相の人は、お金を運用するセンスに長けている人です。節約してコツコツ貯めていくというよりも、今あるお金を工夫して増やしていくことに関心があるので投資家向きのタイプです。

Point 2

太陽線が知能線から出ている人は、自分のアイデアでお金を儲ける才能があります。時代のニーズをとらえるのも上手なので、世の中の動きをキャッチし、株取引などで成功することもありそうです。

Point 3

財運と知恵を象徴する水星丘へ向かって知能線が伸びている人は、金銭感覚が優れていて、気分に流されないタイプなので投資家向きの相といえます。

金運

遺産相続でももめそう

Point 1

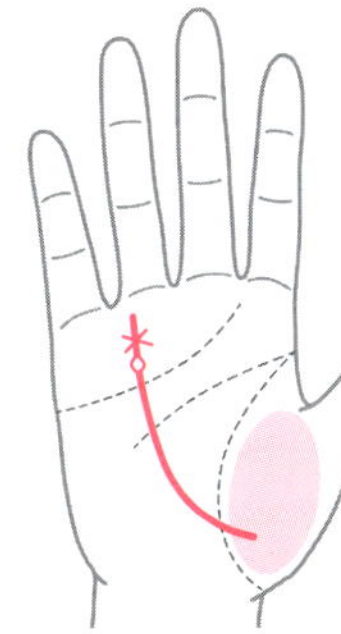

金星丘から伸びる太陽線にシマやクロス

Point 2

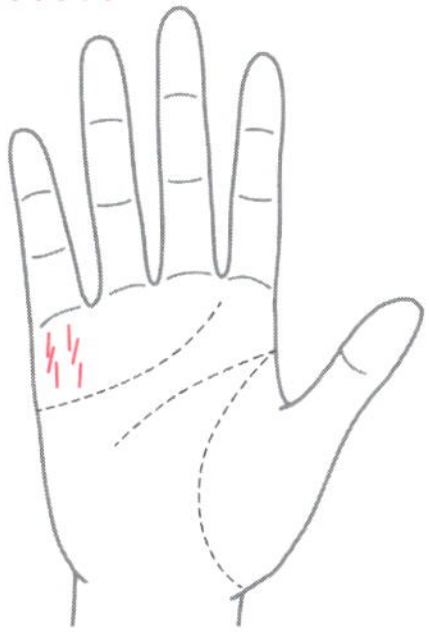

キレギレの財運線

Point 3

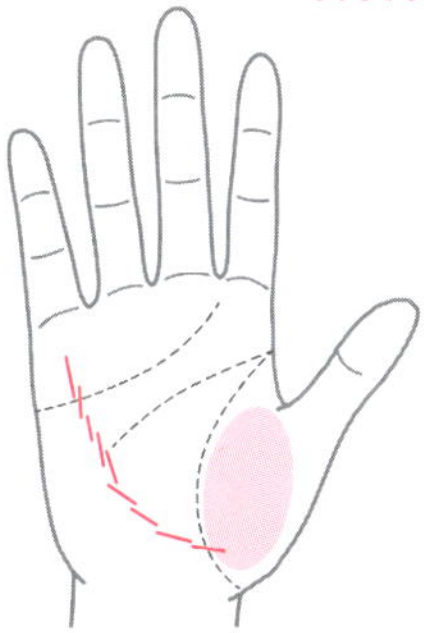

金星丘から長く伸びるキレギレの財運線

Point 1

太陽線に現れるシマやクロスなどの障害マークは、金運トラブルを表すサインです。この相の人は遺産相続でもめるなど、身内間で金銭トラブルが起こるかもしれません。信頼を失う危険性もあるので、冷静に対応していかなければなりません。

Point 2

財運線がキレギレになっている時は、金運が急降下している状態です。お金のことで頭を悩ませると、この相になります。楽観は禁物で、金銭面では慎重になるべきことを表しています。

Point 3

肉親の縁などを表す金星丘から、キレギレの財運線が伸びている人は、遺産相続でもめるというよりも、遺産が入りそうでなかなか入らないような状態です。問題点があれば粘り強く対処する必要があります。

金運

自分の力でお金持ちになれる

Point 1

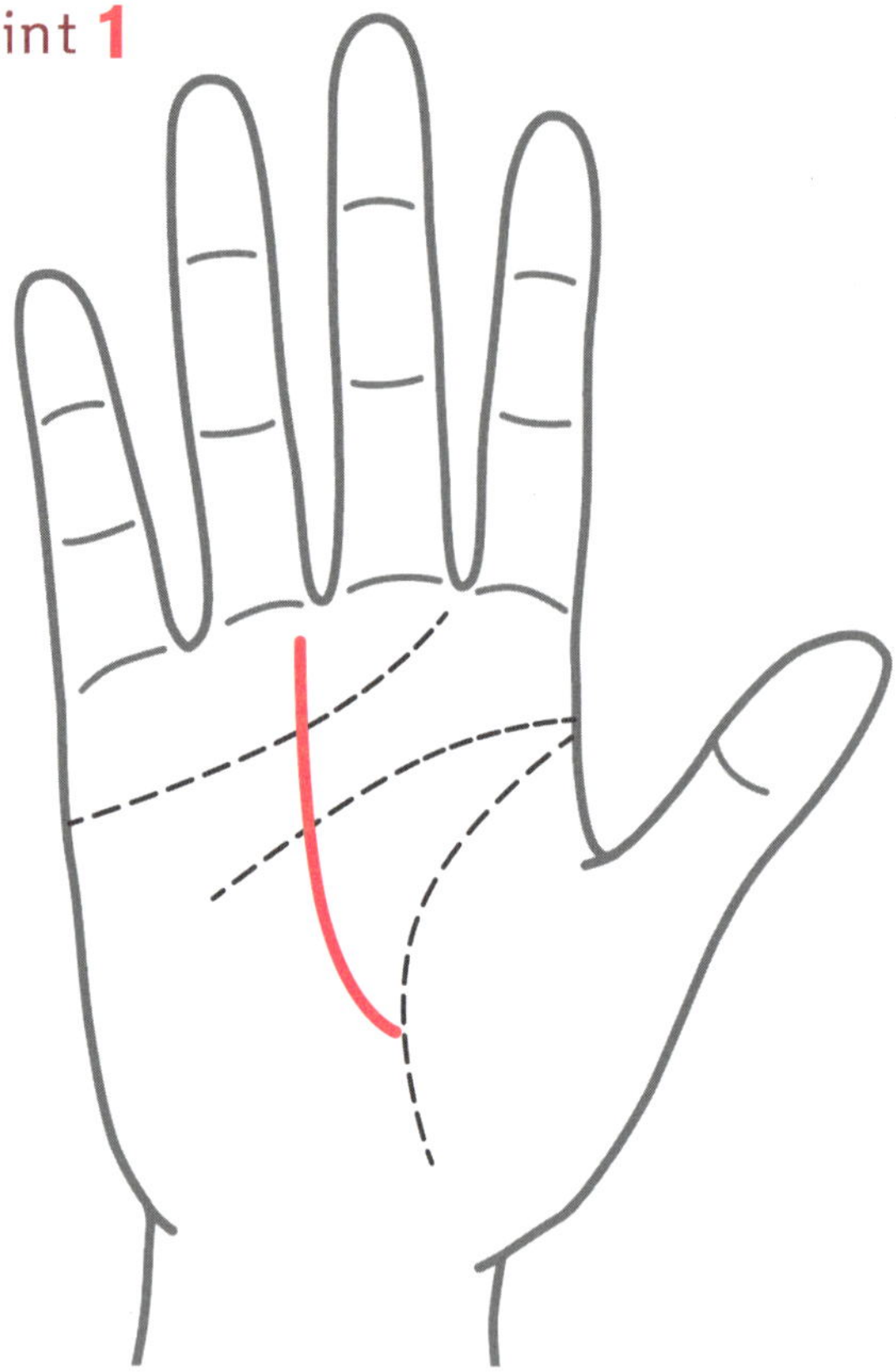

生命線上から太陽線が伸びている

Point 1

生命線の線上から太陽線が伸びている人は、独立心が強く、自分の力で成功、名誉を得る頑張り屋さんです。太陽線が強くはっきりしているほど金運は強く、一代で財を築く力があります。

Point 2

水星丘は財運や頭脳の明晰さを表すので、ここに知能線の枝線が伸びて、しっかりと水星丘に入っている人は頭の回転が速く、仕事で成功して財を得るタイプです。やり手の経営者にもよくみられる相です。

Point 2

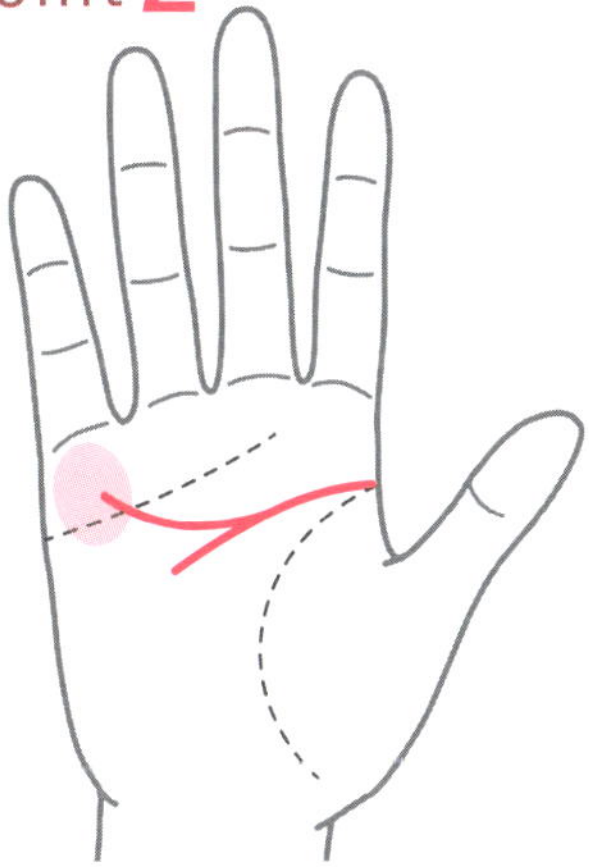

枝分かれした知能線が
水星丘へ伸びている

Point 3

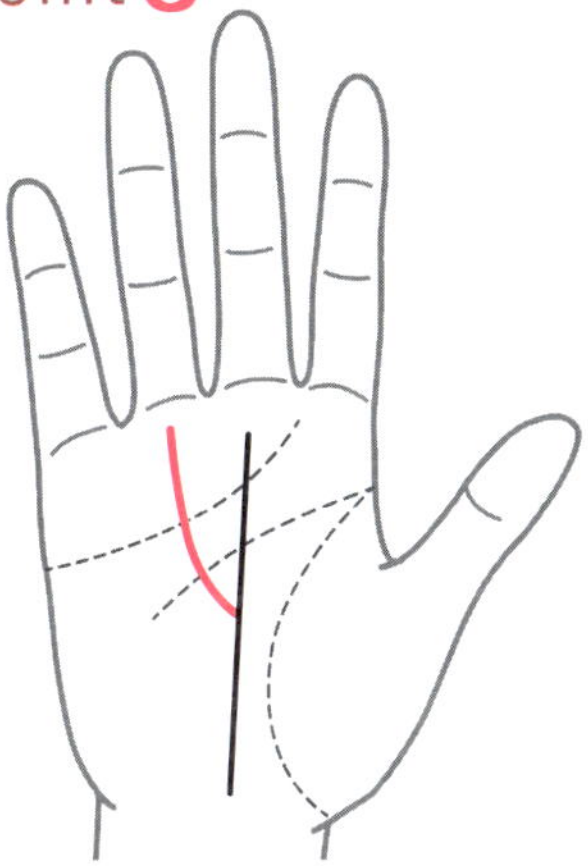

運命線から太陽線が伸びている

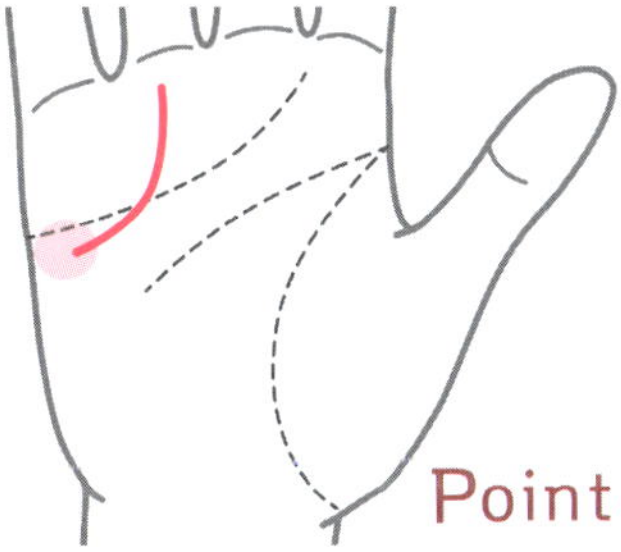

Point 4

第二火星丘から太陽丘に伸びる
忍耐線がある

Point 3

この相の人は、仕事運が大変よくお金に困ることのない金運安泰の人生を送れるタイプです。小指の下の水星丘に財運線が同じくらいの濃さで伸びているとさらに安泰です。

Point 4

忍耐線は、困難なことに耐えて道を切り開く強さを表す線で、この相の人は成功して裕福になるまであきらめず立ち向かっていくエネルギーのある人です。

金運

散財タイプ

Point 1

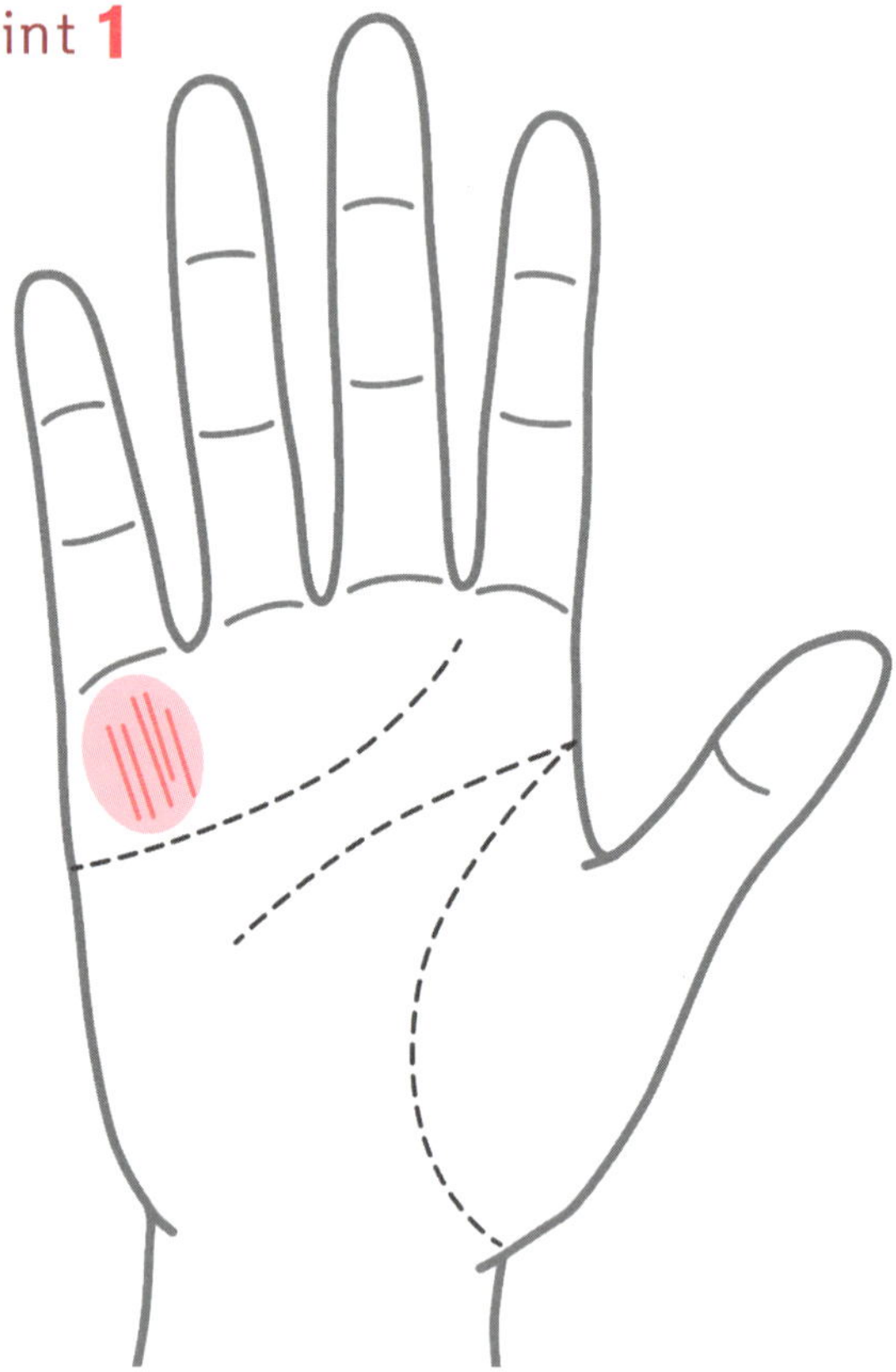

水星丘に薄い財運線が複数ある

Point 1

この相の人は、お金があればあるだけ使ってしまう散財タイプです。ほしいものがたくさんあるというよりは、お金を使って人生を楽しむタイプなので、自分の身になるものへ、お金を使うと良いでしょう。

Point 2

知能線が長く下降する人は、趣味にも仕事にもお金をかけるタイプです。やりたいことのためになら損得勘定抜きでお金を費やしてしまいがちです。将来のことを想像して、金銭感覚をしっかり持つことを心がけましょう。

Point 2

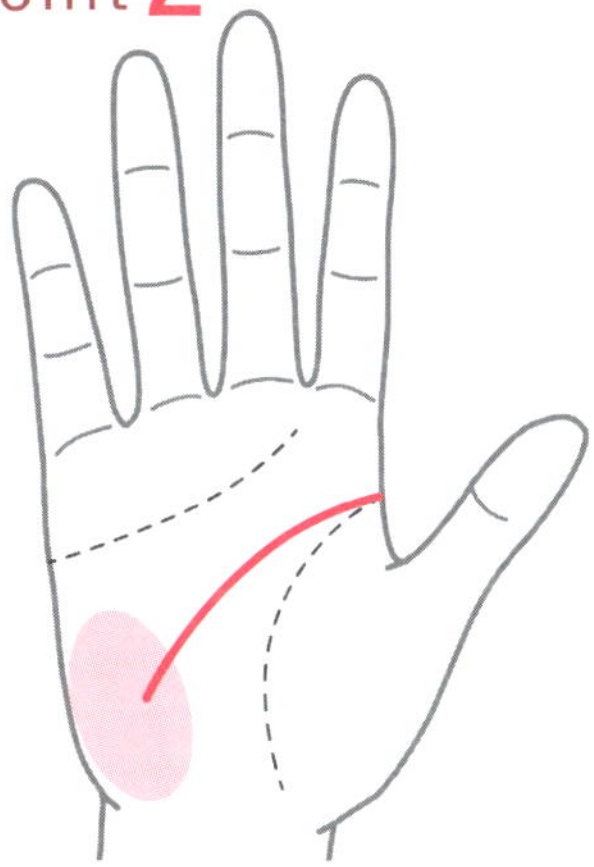

知能線が月丘の下部へ長く下降している

Point 3

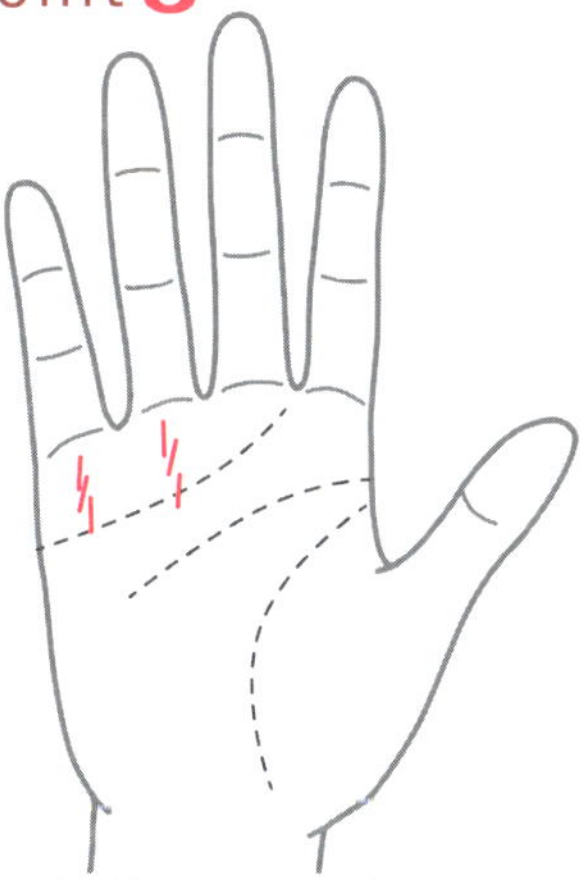

財運線や太陽線がキレギレ

Point 4

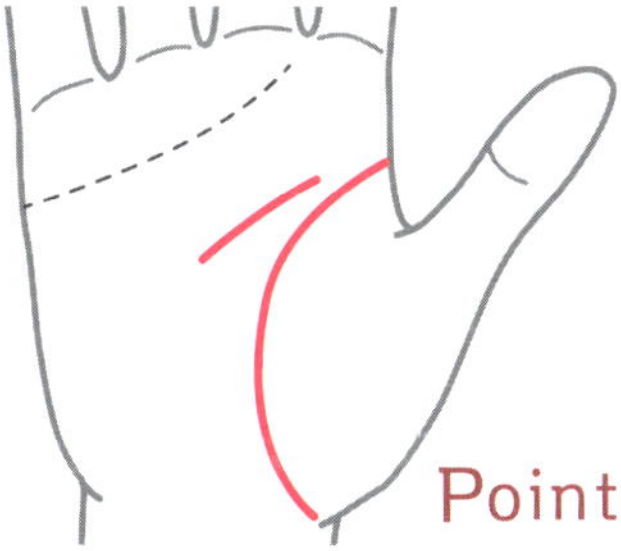

知能線と生命線が離れている

Point 3

財運線や太陽線がキレギレの人は金運が落ちている状態です。お金が入るより出ていく方が多い時期ですが、線が一本に整っていけば金運も戻るので、無駄使いなどをやめ、しっかりとした生活を送るようにしましょう。

Point 4

知能線が生命線と離れて中指の下あたりから始まっている人は普段は慎重に考えていても、自分の目的のために思い切りよくお金を使ってしまう危ういところがあります。あと先をよく考えるクセをつけましょう。

金運

倹約タイプ

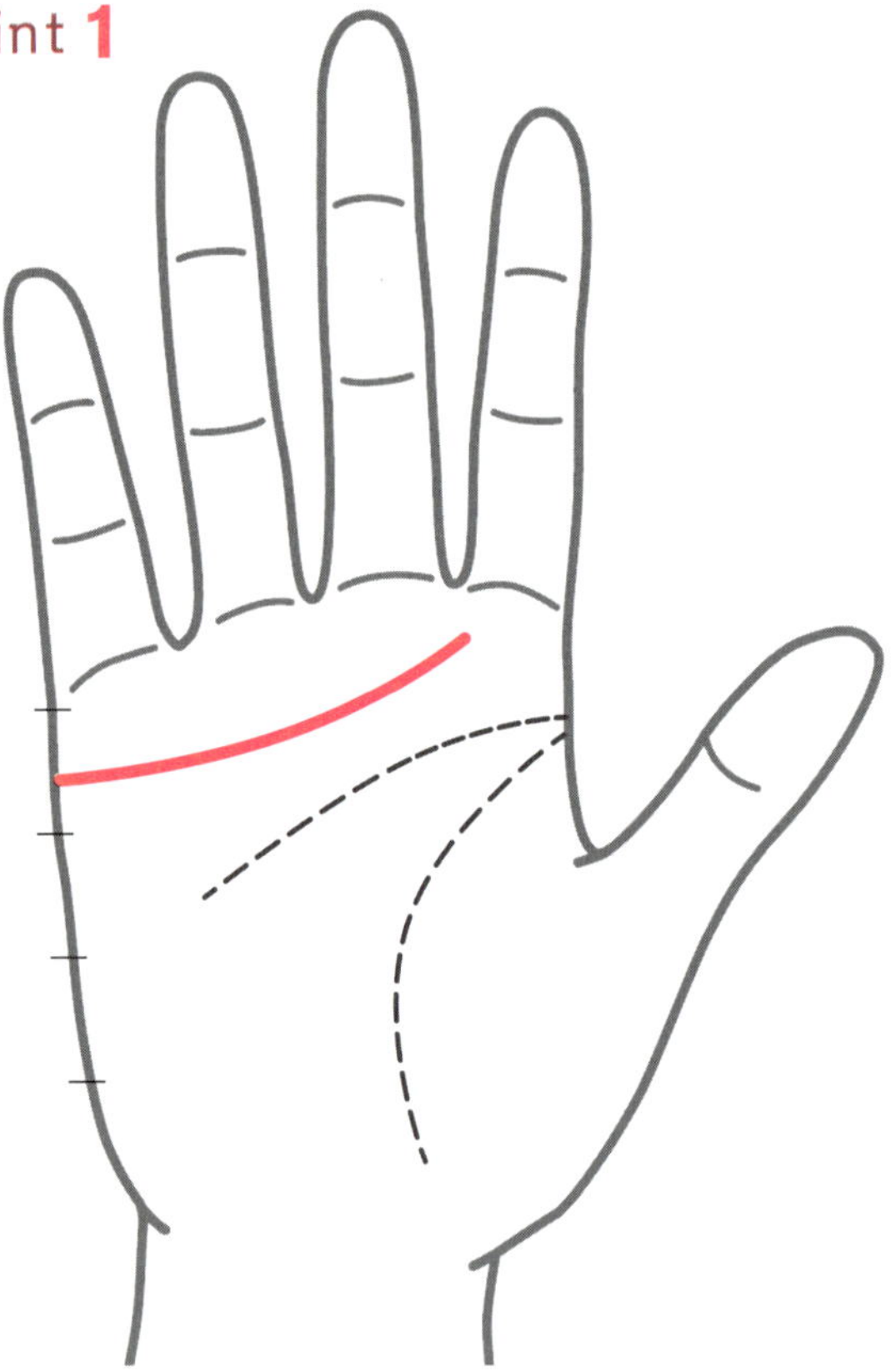

感情線の出発点が標準より上

Point 1

小指の付け根と感情線の間が狭い人は現実的に物事を考えるので、お金にもシビアな倹約家タイプです。結婚でも相手に経済力を望むので、お金で困ることはあまりなさそうです。

Point 2

普段から指全体が手のひらの内側に曲がりぎみの人は警戒心の強いしっかり者タイプです。一度得たものはなかなか離さないので、お金を管理することに向いています。

Point 2

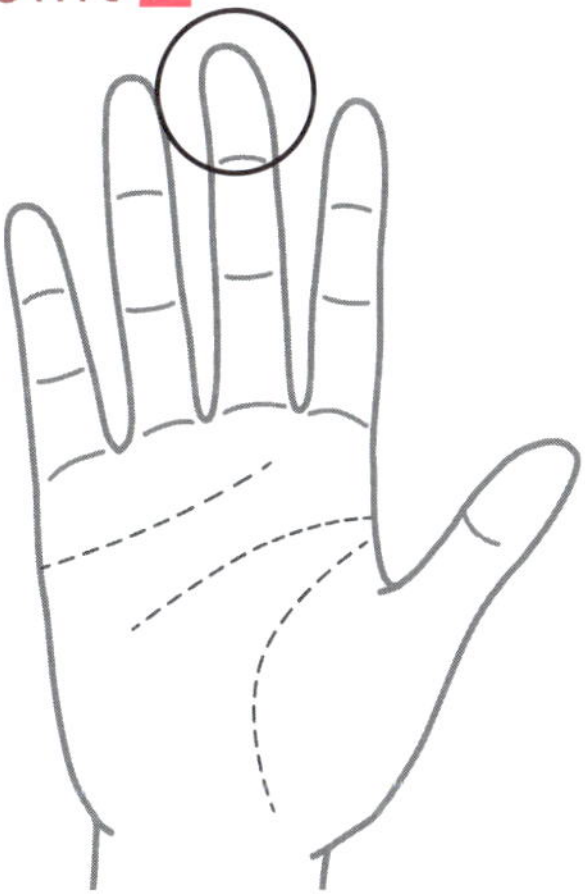

指全体が内側に曲がりぎみ

Point 3

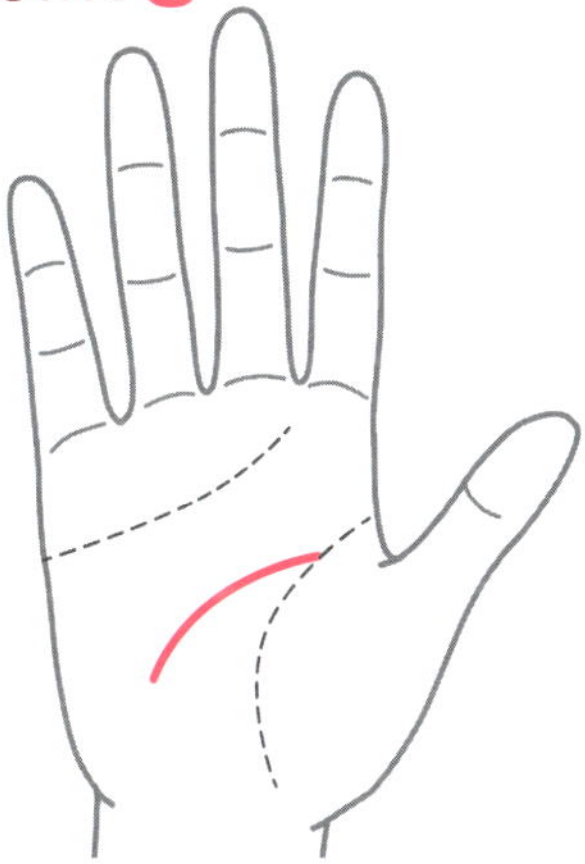

生命線の途中から知能線が出ている

Point 4

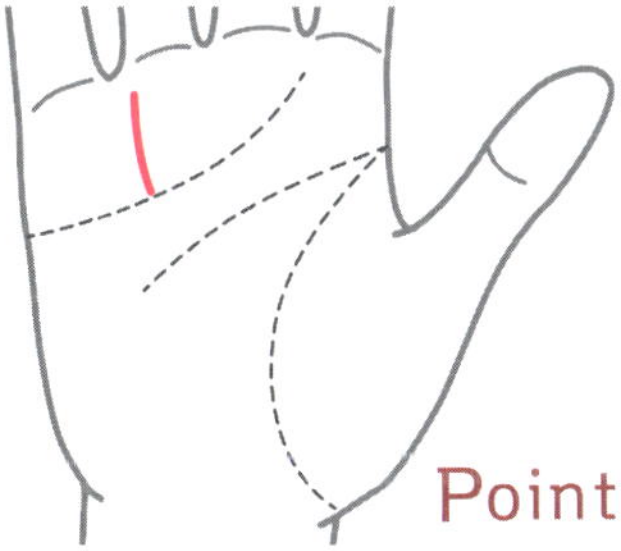

太陽線が小指寄りに伸びている

Point 3

この相の人は何ごとにも慎重なタイプです。安定志向が強いので、パーッとお金を使ったりはせず、ゆっくりとお金が貯まっていきそうです。

Point 4

この相の人は、お金に対する執着が強い傾向にあります。財力に価値を置くので、最終的にはお金は貯まっていきます。

金運

やりくり上手

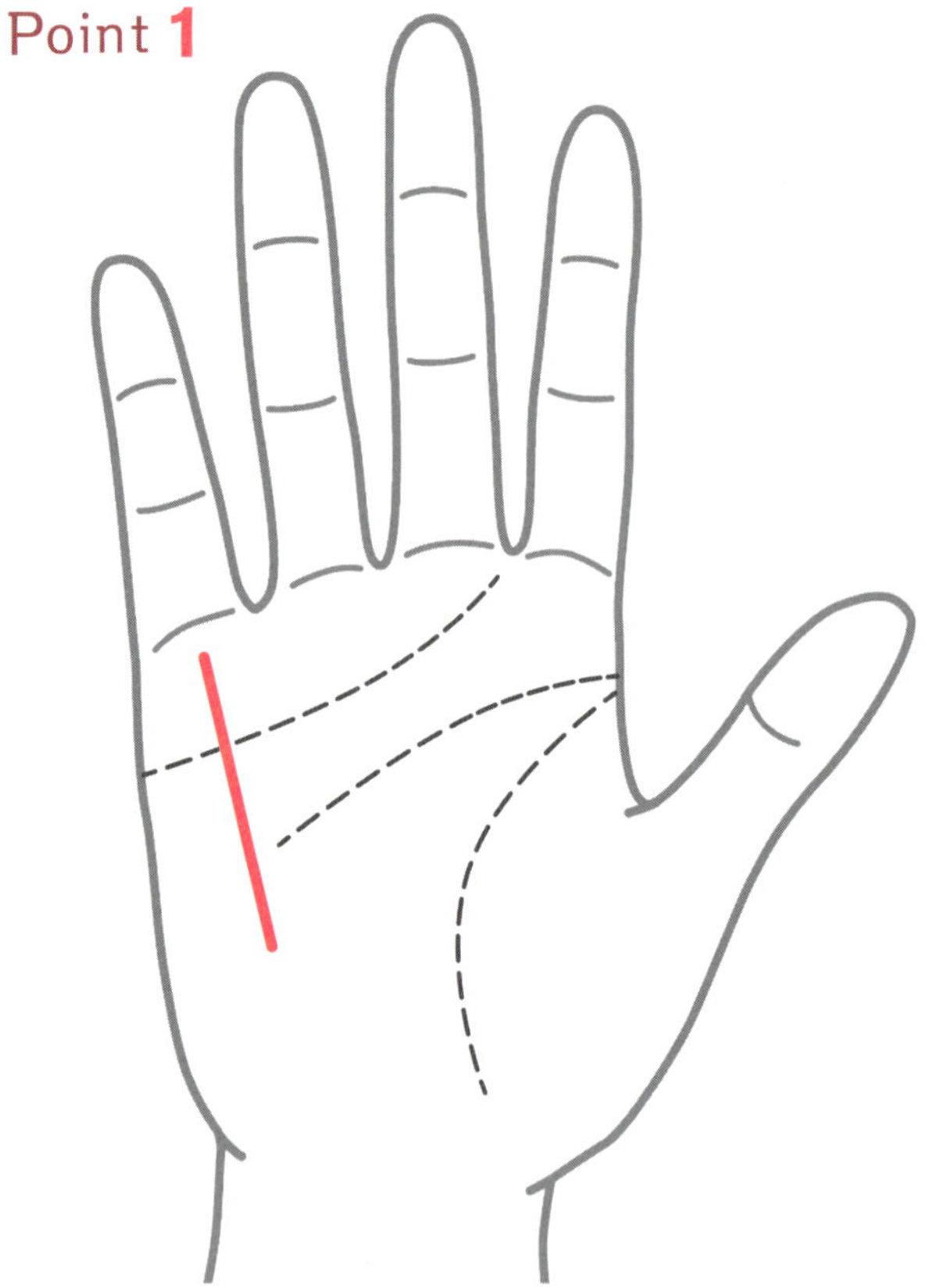

はっきりした長い財運線がある

Point1

はっきりした長い財運線がある人は、頭の回転が速く、生計を立てるのも上手なタイプ。財運線は長いほど現実的な経済観念が強まります。長い財運線はお金を生み出す創造性もあるので、とても金銭感覚に優れている相と言えます。

Point2

運命線、太陽線、財運線の三本の線が出ているのは裕福な人によく見られる特徴のひとつです。その三本が感情線の上部にきれいに出ている人は、生涯お金に不自由しないタイプです。

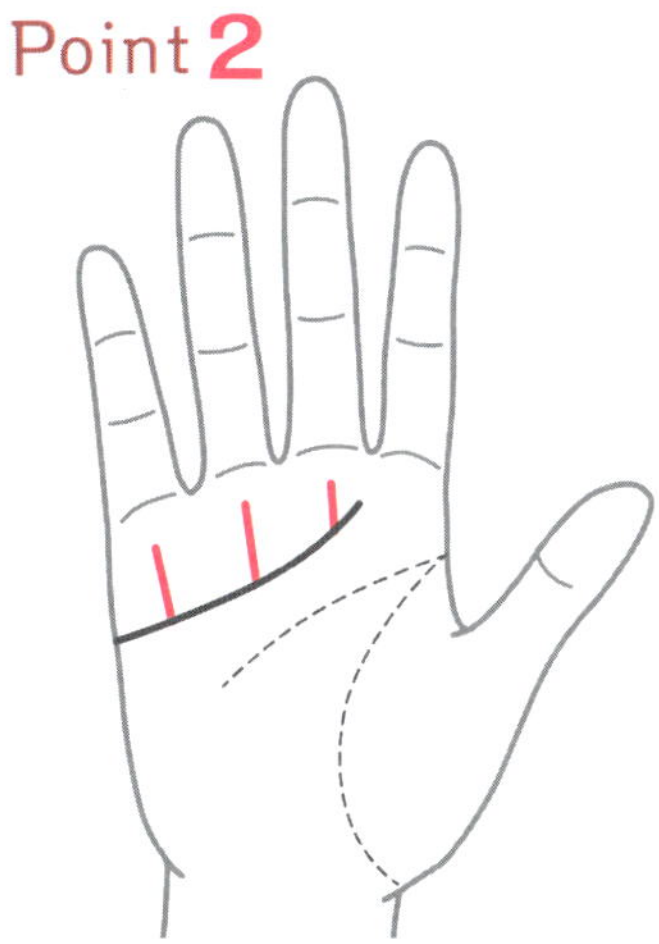

感情線上部に運命線、太陽線、財運線が伸びている

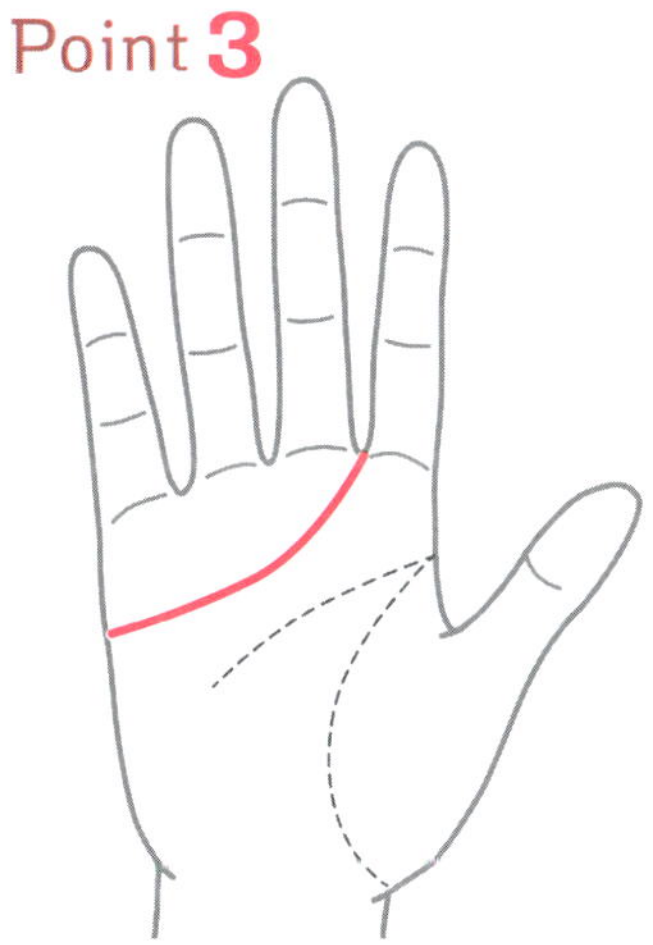

感情線が人差し指と中指の間に入り込む

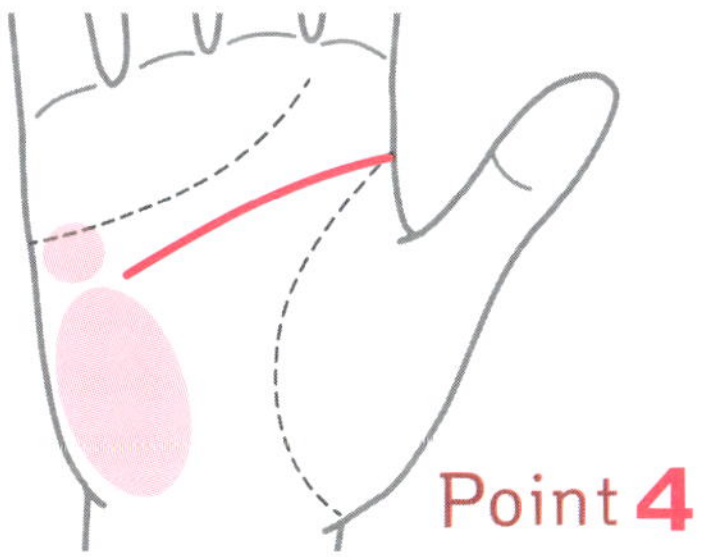

下がりすぎない知能線

Point 3

感情線が人差し指と中指に入り込む人は堅実で生真面目なコツコツタイプです。計画的にお金を使うことができるので、無駄な浪費をすることもなく女性の場合は良い奥さんになれそうです。

Point 4

知能線が月丘へ下がりすぎない人は、現実的に物事を考えられる人です。お金を使う時はパッと使いますが、損するほどの無駄な出費はしないので、意識次第で地道にお金を貯めていけます。

健康

年をとっても元気でパワフル

Point 1

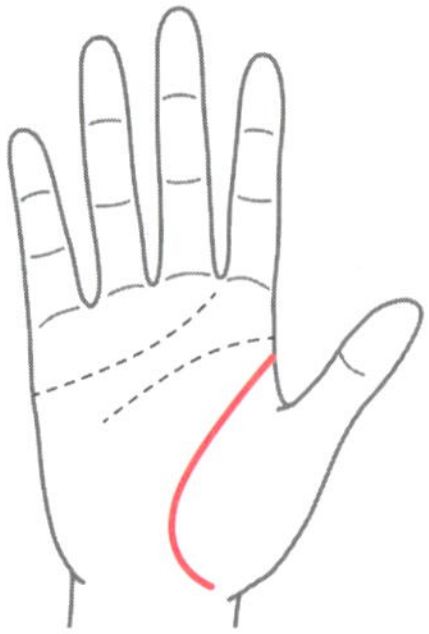

生命線の下部が張り出している

Point 2

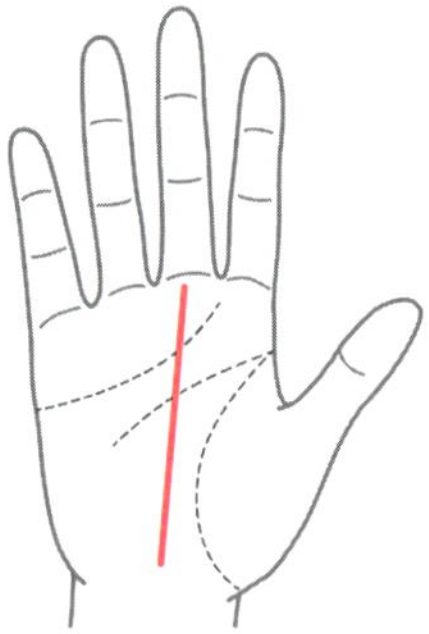

運命線が中指の付け根近くまで伸びている

Point 3

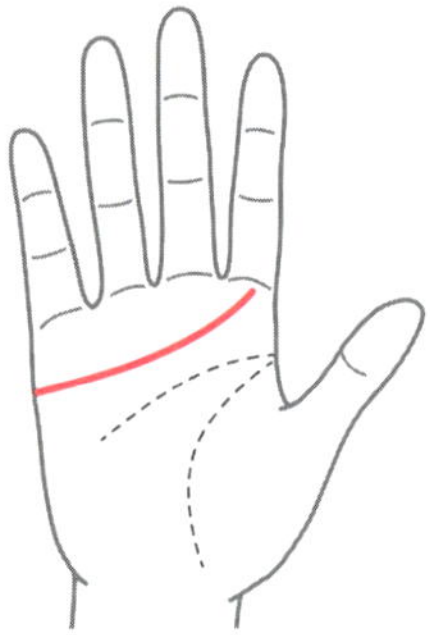

感情線が人差し指まで伸びている

Point 1

生命線が下部へ行くほど張り出している人は、年をとってもエネルギーが衰えず、仕事も遊びも楽しめる人です。このタイプの人は、家でじっとしていることができません。

Point 2

運命線が長く伸びている人は主役的気質の目立つ人です。それが中指の近くまで伸びているといつまでも現役意識が強く周りの人にも影響をあたえます。

Point 3

感情線の長い人はとても情熱的で生きるエネルギーの強い人です。人差し指まで伸びている人は年をとっても恋心を抱いたり、若い人たちとも付き合っていける人です。

健康

体が弱いタイプ

Point 1

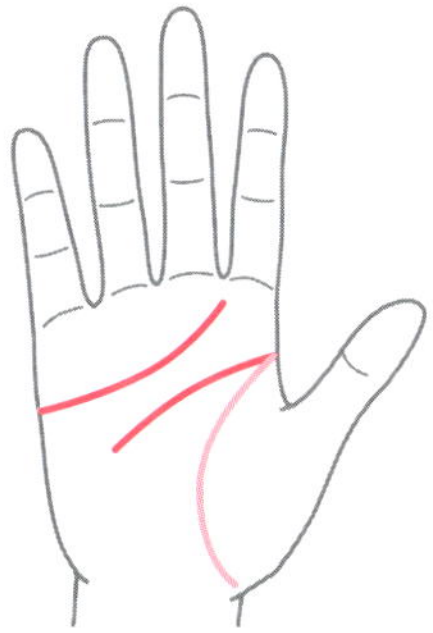

生命線が他の線よりうすい

Point 2

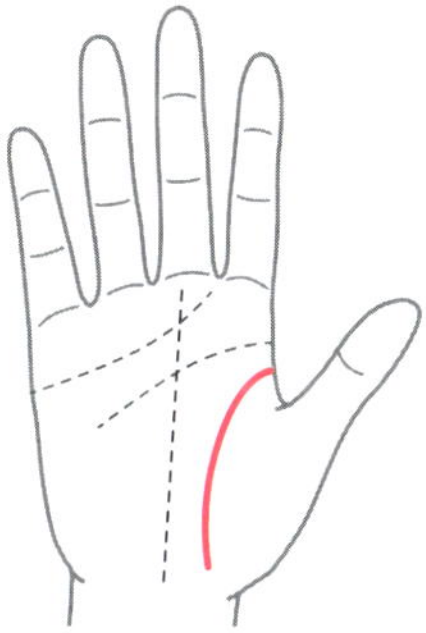

生命線の張り出しが少ない

Point 3

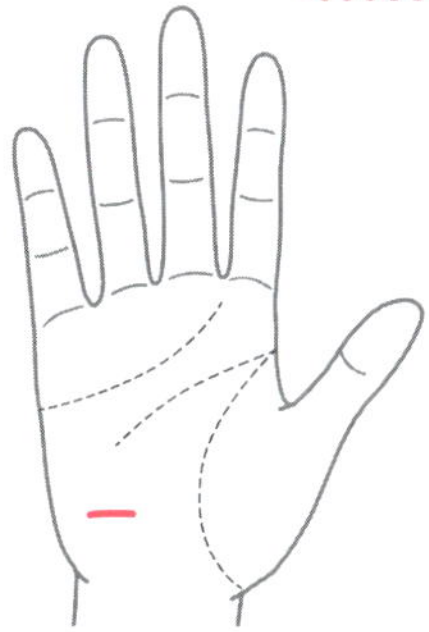

長い放縦線が出ている

Point 1

生命線は張り出しが大きく、線がくっきりしているほど体が丈夫な人です。その線が他の基本線より薄かったり、短かったりみだれている場合は体が弱い表れです。自分の体をいたわり、無理をせず少しずつ体力をつけていきましょう。

Point 2

生命線の張り出しが少ない人は、体力に自信がなく性格的にもおとなしい人です。他人の何気ない一言も重く受け止めがちです。軽い運動などを続けることで、金星丘にふくらみや弾力が出てきて丈夫になっていきます。ストレスを溜め込まないことも大切です。

Point 3

放縦線は肉体の疲れを表し、体力を消耗している時に出る線です。本人に自覚がなくても濃く長めに出ているほど、体の疲労は蓄積しているはずなので気をつけましょう。

健康

体が丈夫

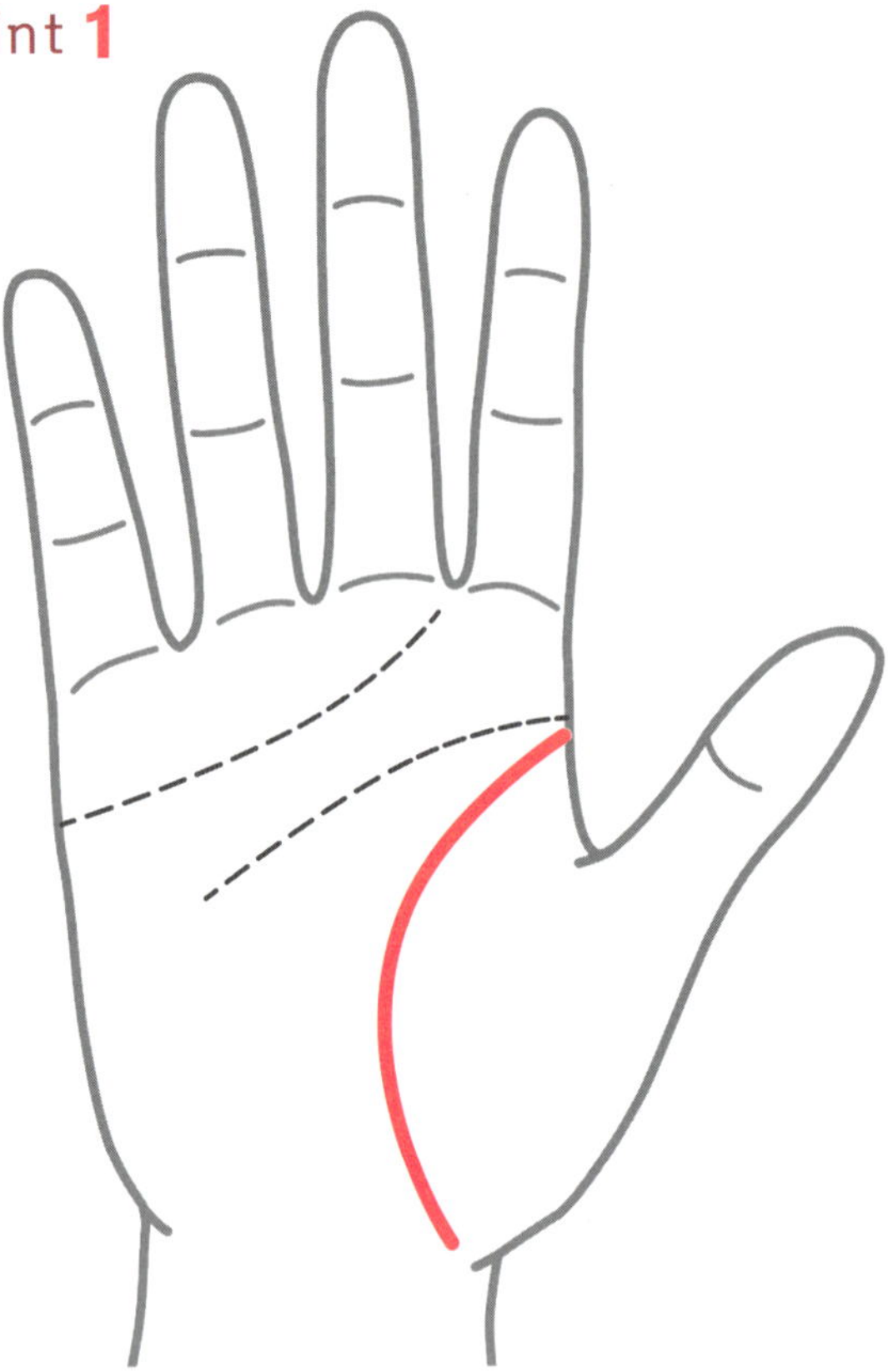

生命線が長くてみだれず伸びている

Point 1

生命線は長ければ長いほど生命力が強い人です。この線が長くみだれず伸びている人は生まれつき体が丈夫な人です。体が丈夫だとついつい無理をしがちなので、たまには体を休めましょう。

Point 2

金星丘にふくらみがあるのは生まれつき健康体質の人です。多少無理をしても、少し休めば回復するほどのスタミナの持ち主です。精神的にも強くバイタリティがあるので、行動範囲も広くなり才能を充分に活かしていくことができるでしょう。

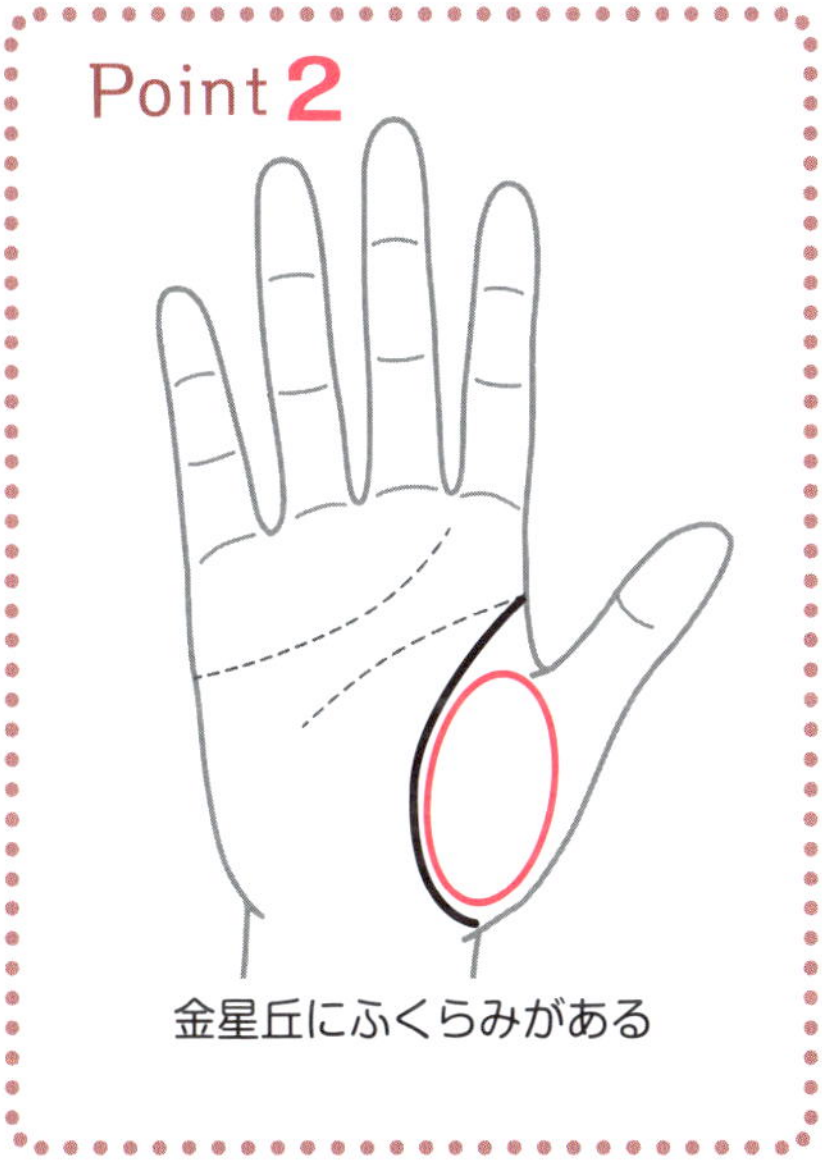

金星丘にふくらみがある

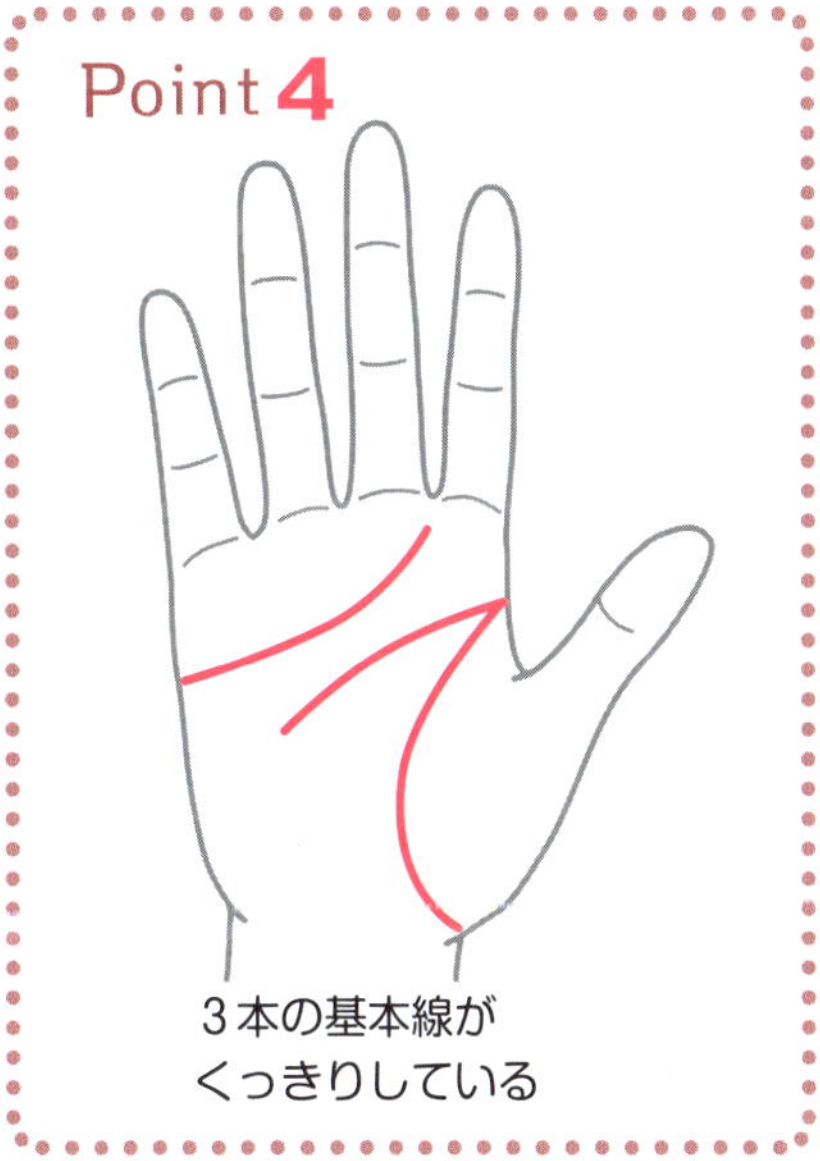

３本の基本線がくっきりしている

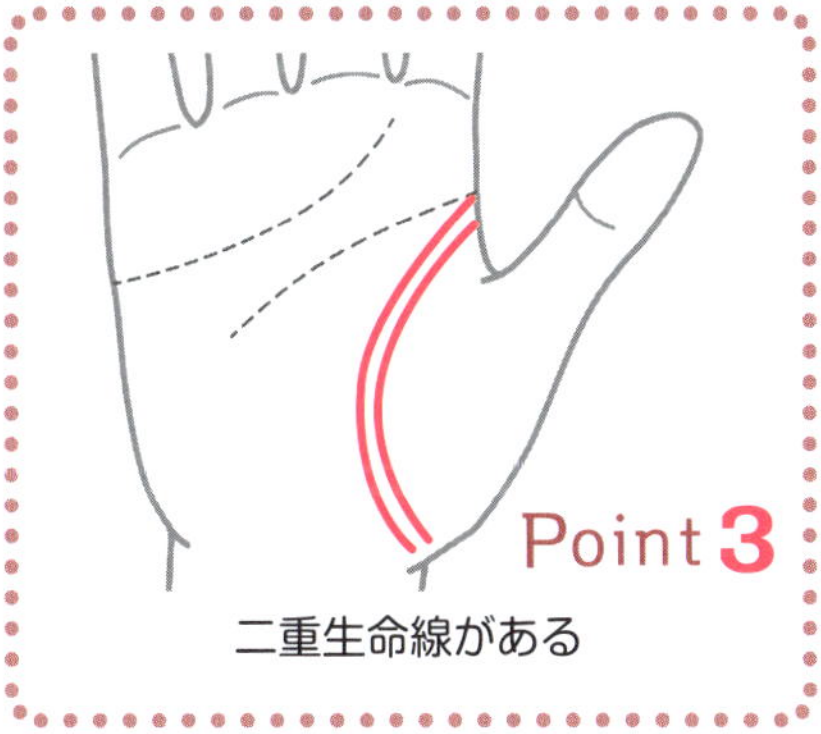

二重生命線がある

Point 3

生命線が二本ある二重生命線の持ち主は、人の二倍生命力がある健康的な人です。部分的にでも二重になっている人は、生命線の流年法でみてその時期に活力が出てきます。

Point 4

基本線三本がくっきり目立つ人は、体が丈夫なタイプです。線がくっきりしていて、さらに手のひらに細かいシワがほとんどなければ、物事をシンプルに考え思い悩むことも少ないので、体も心も安定しているバランスのとれた人です。

気力が強い

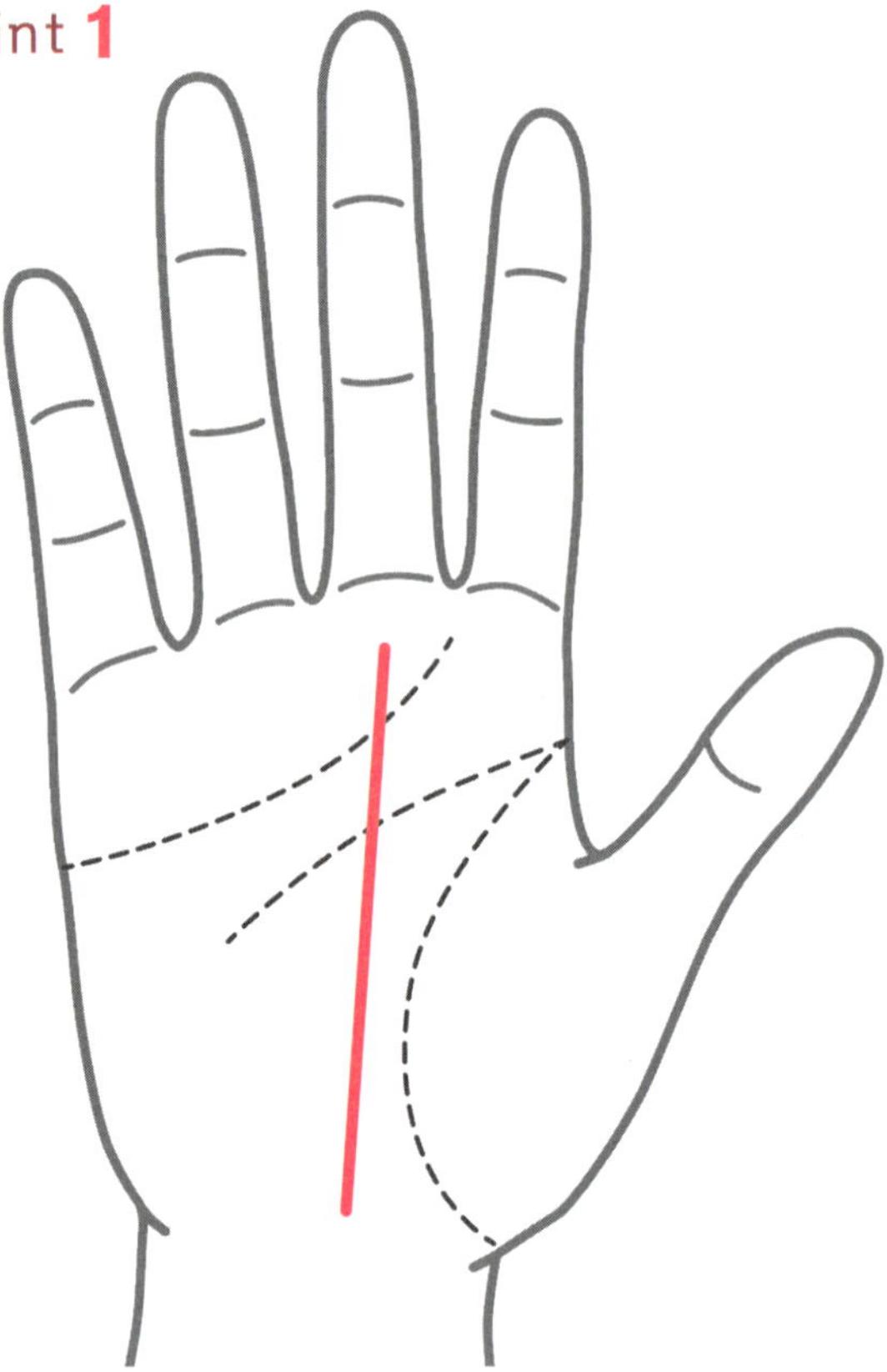

長く伸びる濃い運命線

Point 1

運命線が長く伸び線が濃い人は、気力が充分で体力もある人です。運命線の一部が濃くなっている時は運命線の流年法でみて、その時期に気力が充実しているということなので、仕事でも良い結果が出るでしょう。

Point 2

みだれのない二重感情線の持ち主は精神力もあり、体質的にも元気で強いパワーを持っている人です。仕事も遊びも真剣に取り組み、粘り強さを持った人にみられる相です。

Point 2

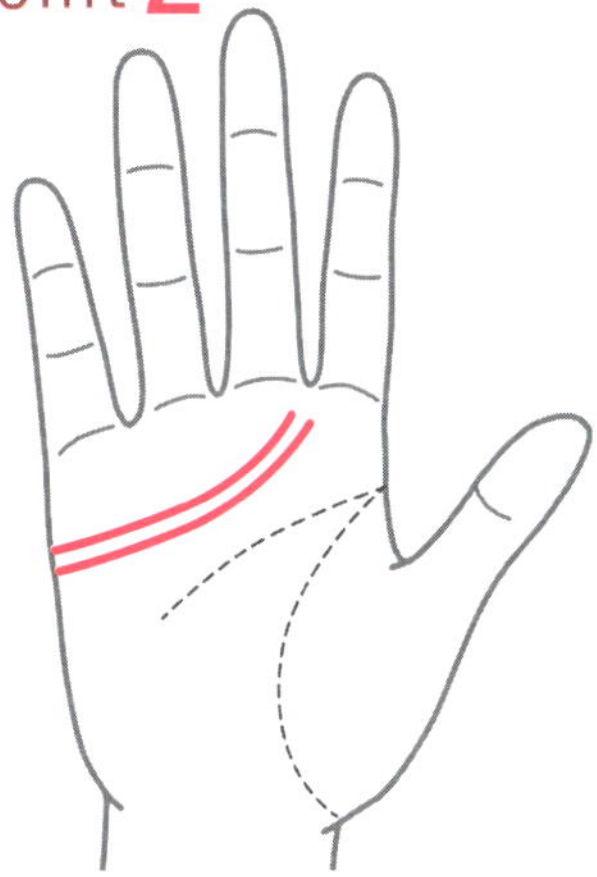

すっきりした二重感情線がある

Point 3

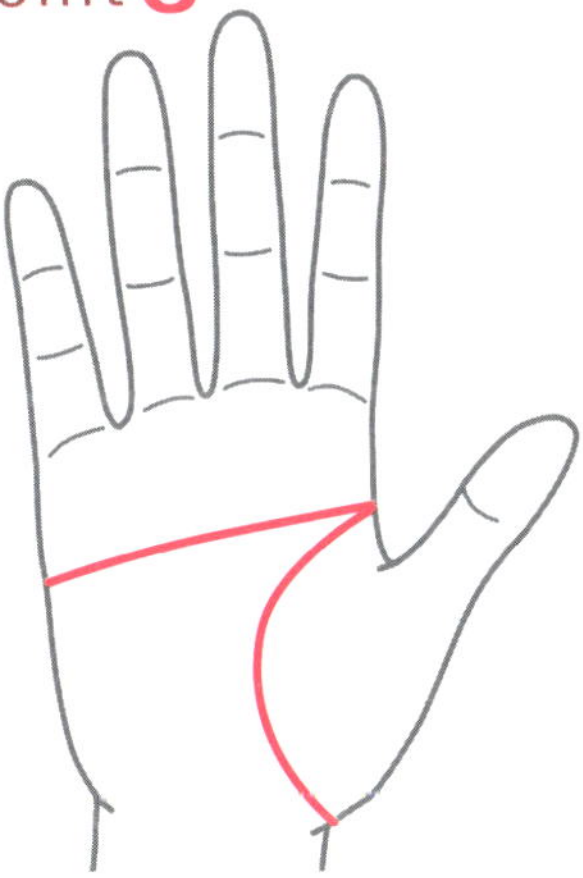

マスカケ線

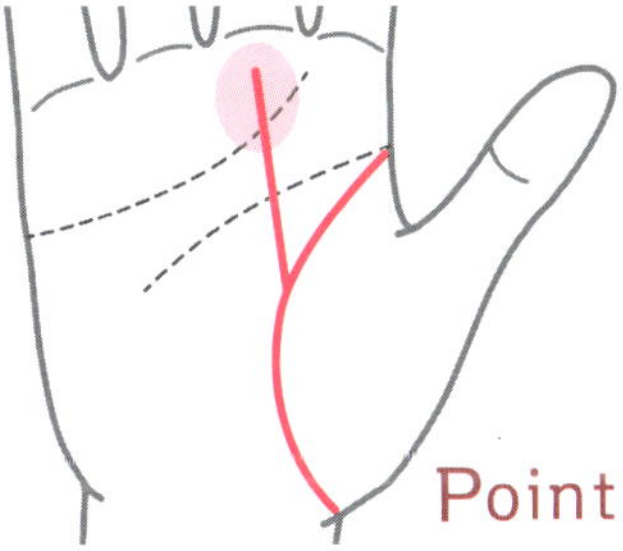

Point 4

運命線が生命線上から土星丘へ伸びている

Point 3

知能線と感情線が真横一本につながっているマスカケ線の人は、逆境に屈しない力強さを持っている人です。この相の人は、どんな困難でも自分の力で乗り越えていく力のある人です。

Point 4

自分の肉体そのものである生命線の線上から運命線が伸びている人は頑張り屋タイプです。他人に頼らなくても目的に向かってコツコツ道を切り開いていく強い人です。

健康

ストレスに弱い

Point 1

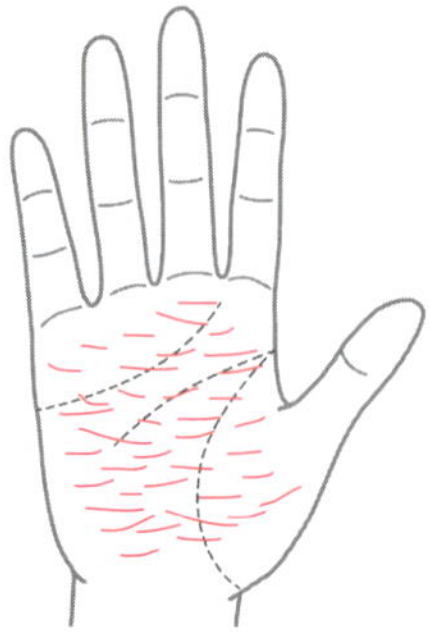

手のひらに薄い横シワが多い

Point 2

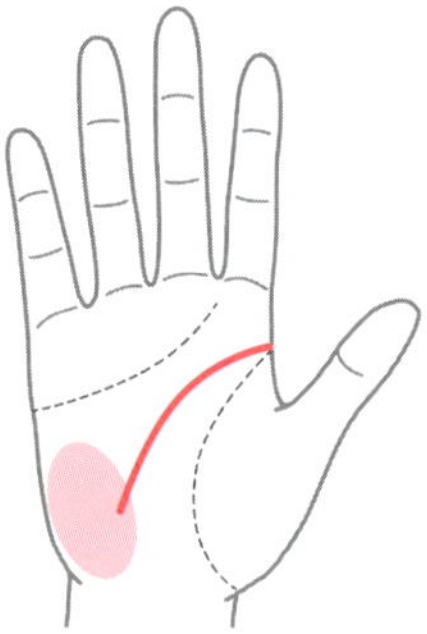

知能線が月丘下部へ下降している

Point 3

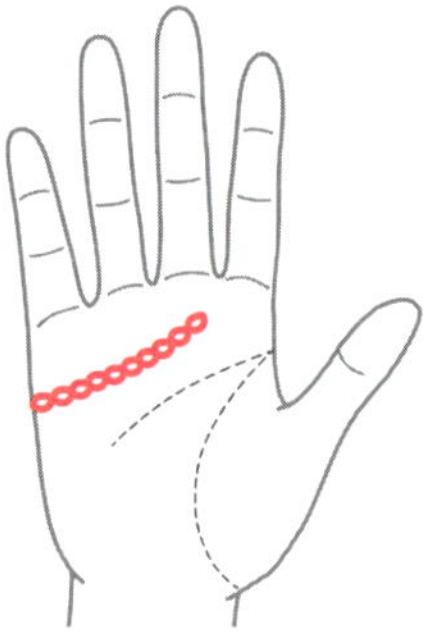

感情線が鎖状にみだれている

Point 1

手のひらに薄い横シワが多い人はとてもデリケートな人です。敏感で細かいことにも気が付くので、人付き合いが上手ですが内面では、いろいろと気にしていてストレスを溜めがちです。うまくストレスを発散できるようになれば、敏感さが長所としてより活かされます。

Point 2

知能線が月丘へ伸びている人は、マイペースで想像力豊かな芸術家タイプです。自分のペースを崩されることが苦手で、先々のことまで考えすぎて悩みやすい傾向です。何気ない他人の言動でも重く受け止めたり、裏の意味を考えたりしがちです。豊かな想像力は楽しいことに向けましょう。

Point 3

感情線が鎖状にみだれている人は、感受性が豊かな人です。細やかな気づかいができ、特に女性は魅力的なのですが、本人はストレスを溜めがちです。音楽やアートなど感性を活かせる趣味に没頭したり、ヒーリングツールをうまく使ったりしてリラックスする時間を意識してつくりましょう。

健康

婦人病注意

Point 1

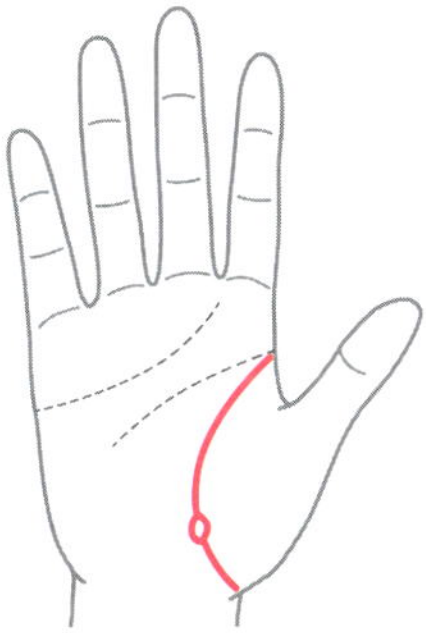

生命線下部にシマ

Point 2

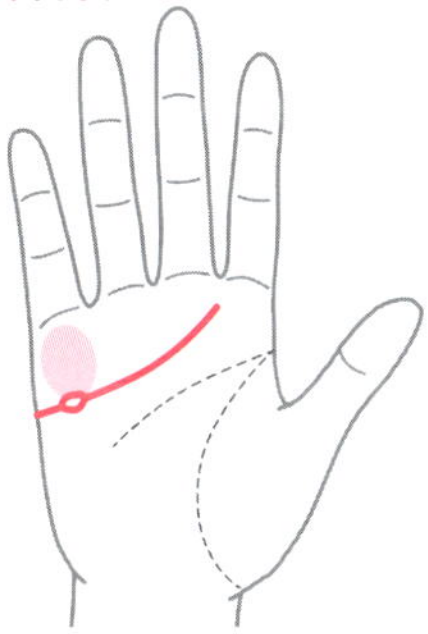

小指の下の感情線にシマ

Point 3

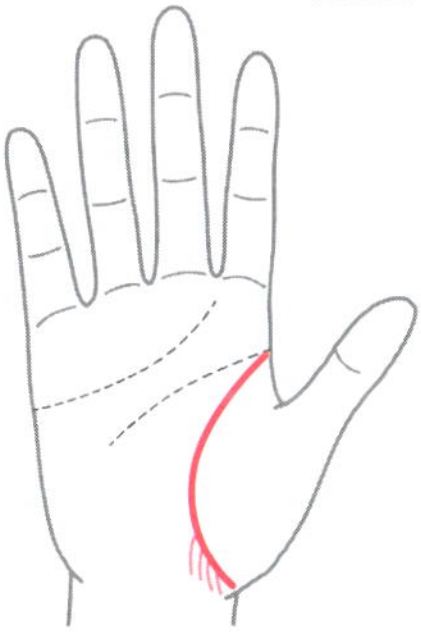

生命線の末端が
薄いホウキ状

Point 1

シマはそれぞれの線が持つエネルギーを弱めることを表します。生命線上のシマはケガや病気などの暗示です。生命線上の下部にシマが現れるのは子宮に関わる女性特有の病気にかかりやすいことを意味しています。生命線が伸びていれば乗り越えられるので、定期的なチェックとケアをしましょう。

Point 2

水星丘は生殖器と密接な関係があります。水星丘下の感情線にシマがある時は重い月経痛や子宮筋腫など婦人病に注意して体を冷やさないようにし、いたわりましょう。

Point 3

生命線の末端が弱々しく薄いホウキ状になっているのは、生殖機能が衰えている状態です。勢いのある支線の時は、ただ過労気味ということもありますが、疲れを溜めすぎないようにしましょう。

健康

内臓が疲れている

Point 1

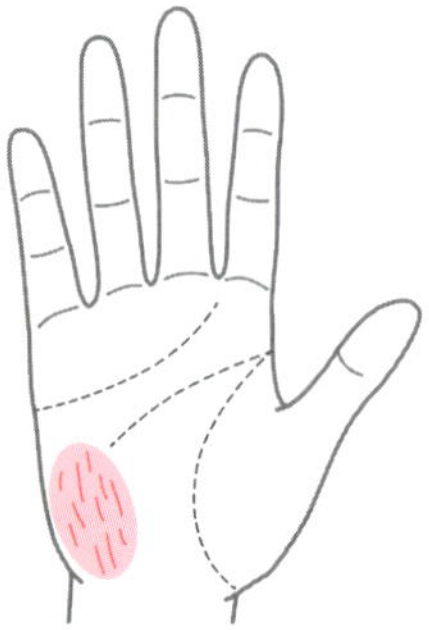

月丘全体に細かいシワ

Point 2

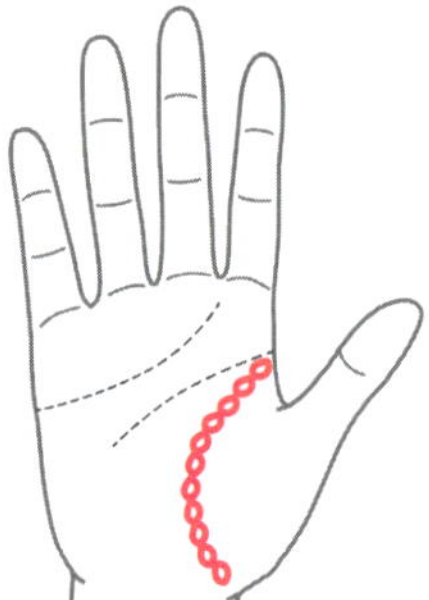

生命線がみだれる

Point 3

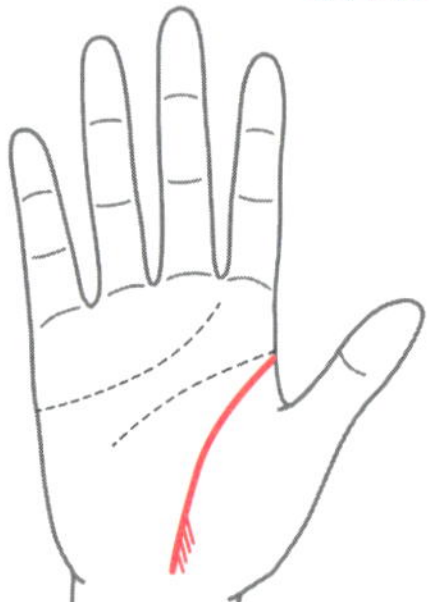

生命線の親指側に
複数の薄い線

Point 1

内臓が疲れている時は、月丘に細かいシワが出やすくなります。ストレスを溜め込んで、胃腸が荒れたり、肌トラブルがある時もここにシワが出てくるので、月丘に細かいシワが出てきたら体に無理をかけないように心がけましょう。

Point 2

生命線が鎖状の人はもともと体が弱く、慢性的に胃腸の弱い人が多いです。規則正しい生活をし、常に健康に対する留意が必要です。生命線がよれたようにみだれてきて一本のすっきりした線でなくなった時も注意です。

Point 3

生命線の下部から親指側に複数の薄い線が出ているのは、胃腸や腎臓が弱っていることを示しています。ずっと支線が消えない場合は、慢性的な内臓疲労の可能性があるので体のケアが必要です。

健康

呼吸器系が弱っている

Point 1

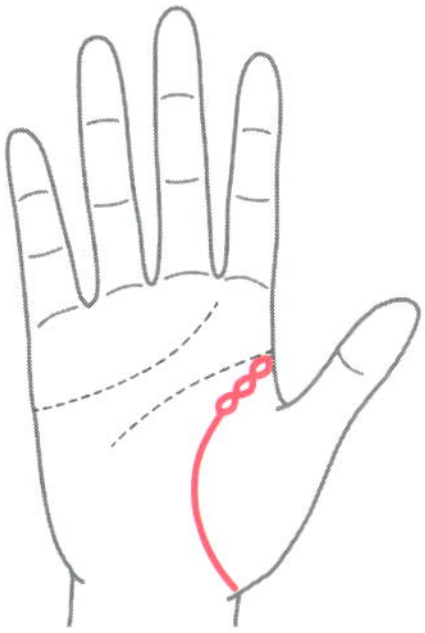

生命線の始点に鎖やみだれがある

Point 2

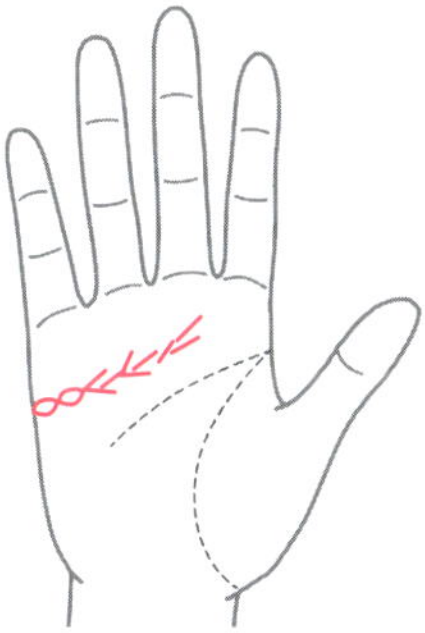

感情線がみだれている

Point 3

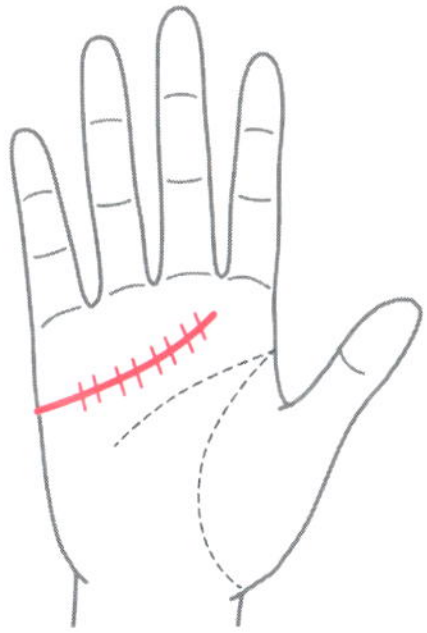

感情線に複数の障害線

Point 1

生命線の始点が鎖や多数の支線でみだれているのは、子供のころに体が弱かったことを表します。また、喘息や扁桃腺など気管支系の病気にかかっていたことも。その先の生命線がしっかりみだれず伸びていれば、どんどん健康になりますが、のど風邪をひきやすい呼吸器系の弱さが残ることもあります。

Point 2

感情線に支線や鎖があったり、多重によれたような線になっている人は生まれつき呼吸器系の弱い人です。タバコや辛い食品など刺激物は、ほどほどに。

Point 3

障害線とは、主要線を断ち切るように伸びる線で、この線が感情線に出るのは呼吸器系が弱っており、インフルエンザなどにかかりやすい状態を表します。今までなかった障害線が現れてきたら、ウイルス対策をして体を休めましょう。

仕事

事業で成功する

Point 1

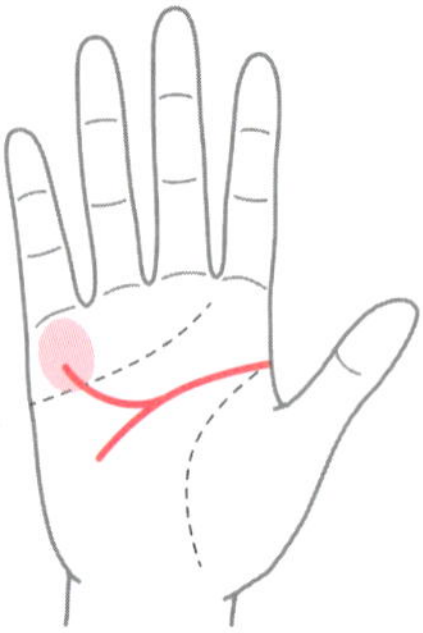

枝分かれした知能線が水星丘へ向かう

Point 2

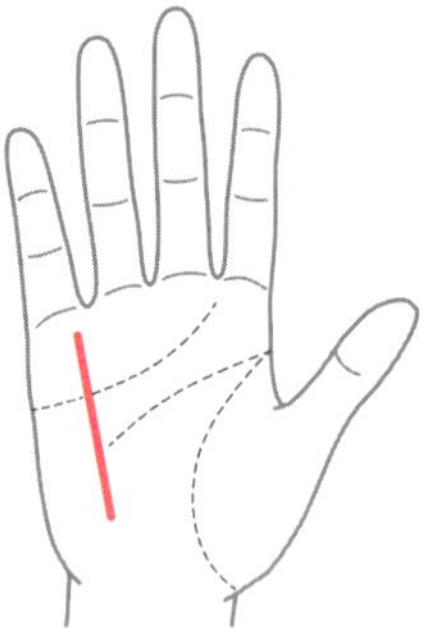

薬指寄りの長い財運線

Point 3

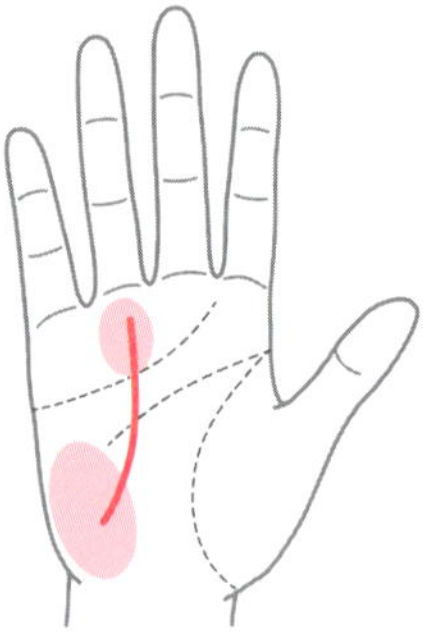

太陽線が月丘から伸びている

Point 1

この相の人は好奇心豊かで、時代のニーズをキャッチして仕事へ結びつけられる人です。金銭感覚も優れているので、事業で成功する可能性は高いです。

Point 2

財運線が薬指に寄っている人は、金銭感覚に優れ、投資や運用のセンスがあります。この財運線が長い人は、頭がよく交渉力もあるので事業は成功しやすいでしょう。

Point 3

太陽線が月丘から伸びている人は想像力や独創性があるタイプです。独自のアイデアが多くの人から支持されて大成功をおさめる相です。

仕事

転職の時期かも

Point 1

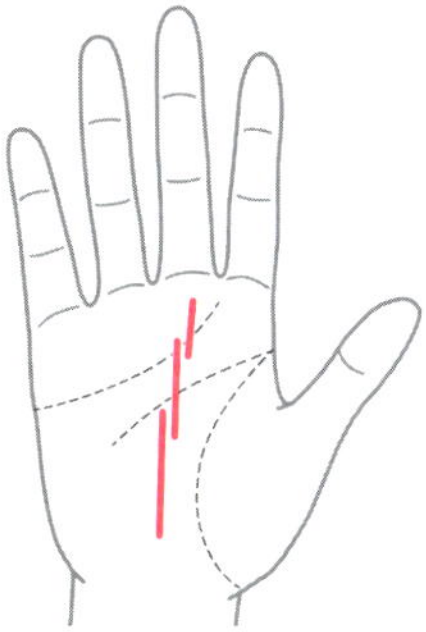

運命線が
切り替わっている時期

Point 2

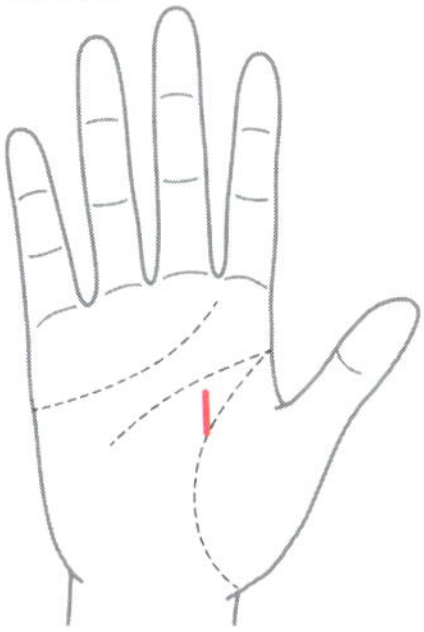

はっきりした向上線が
出ている時期

Point 3

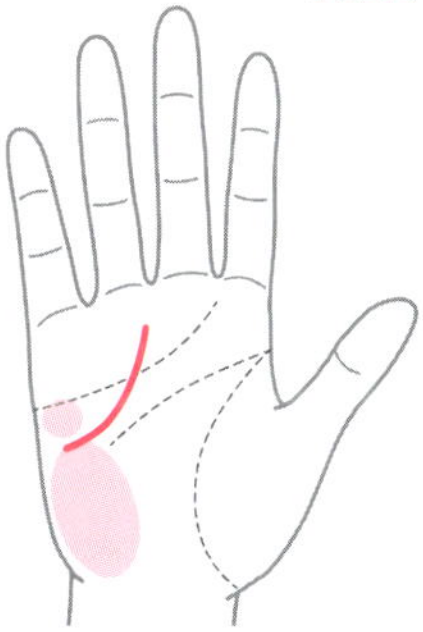

幸運線が出てきている

Point 1

運命線の流年法でみて、線が切り替わっている時期は転職など運命の転機を表しています。切り替わっている先が濃くなっていたり、人差し指寄りに伸びていたら転職により運気はアップします。

Point 2

生命線の流年法でみて、はっきりした向上線が出ている時は転職のチャンスです。薬指下に太陽線がともなって出てきたら、転職は確実に成功します。

Point 3

幸運線は自分の人生を好転させる人物と偶然出会うような幸運を表した線です。この線が出てきている時は積極的に行動し、いろいろな人との出会いを大切にするとチャンスをつかめます。

仕事

出世する時期

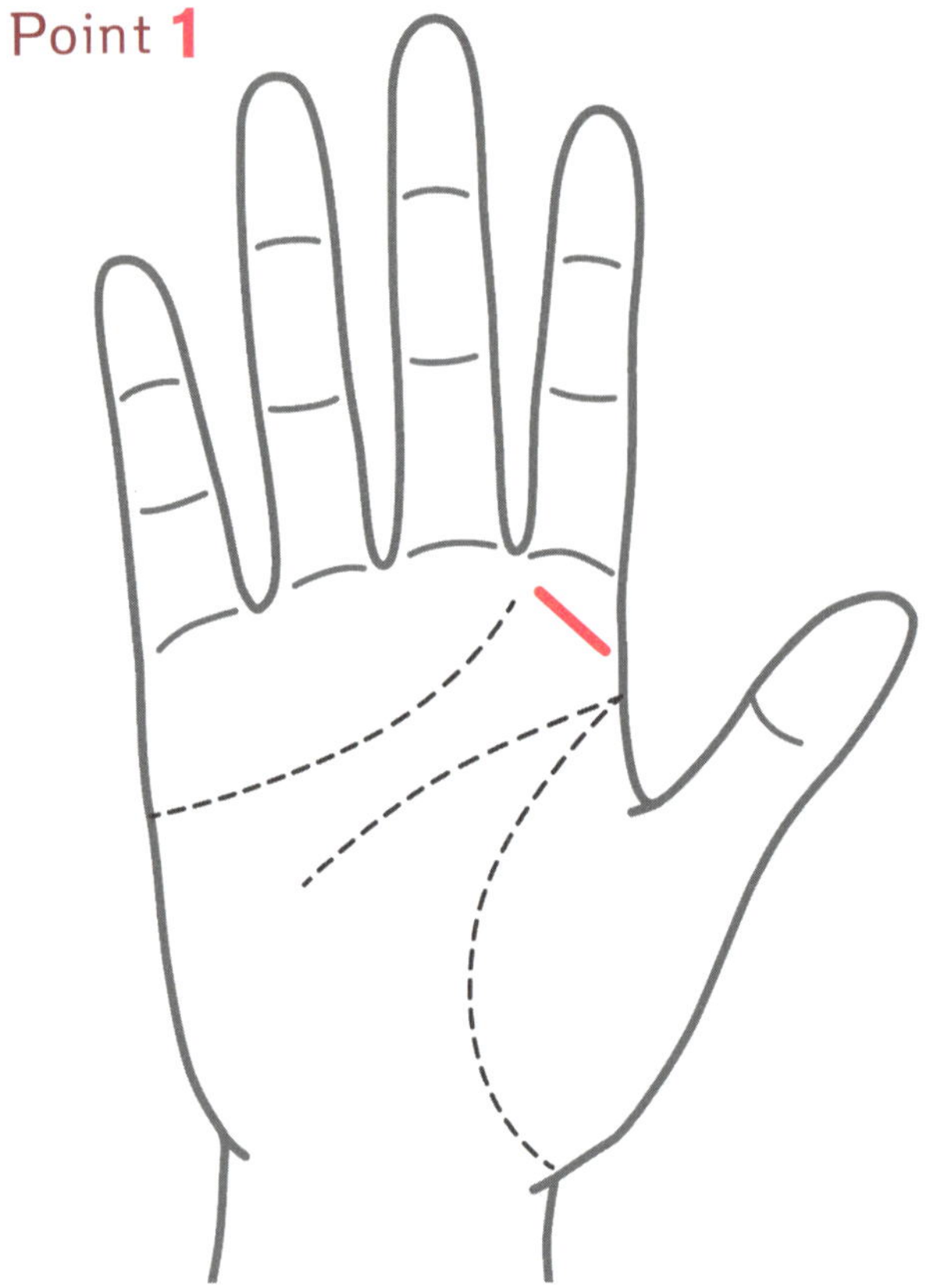

リーダー線がはっきりしてくる

Point 1

リーダー線がある人は、責任感が強く多くの人を管理する能力がある人です。この線がはっきりしてきたら、出世は近いかもしれません。

Point 2

希望線がある人は野心家で目標に向かって頑張れるタイプです。目標を決めると障害にも負けずに突き進めるので、明確な夢や目標を持つと良いでしょう。

Point 2

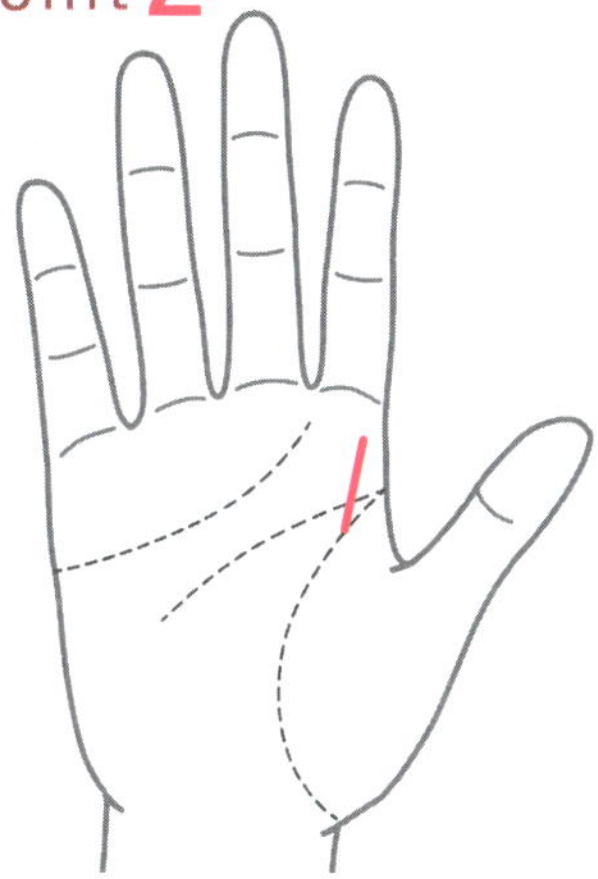

希望線が濃く出る

Point 3

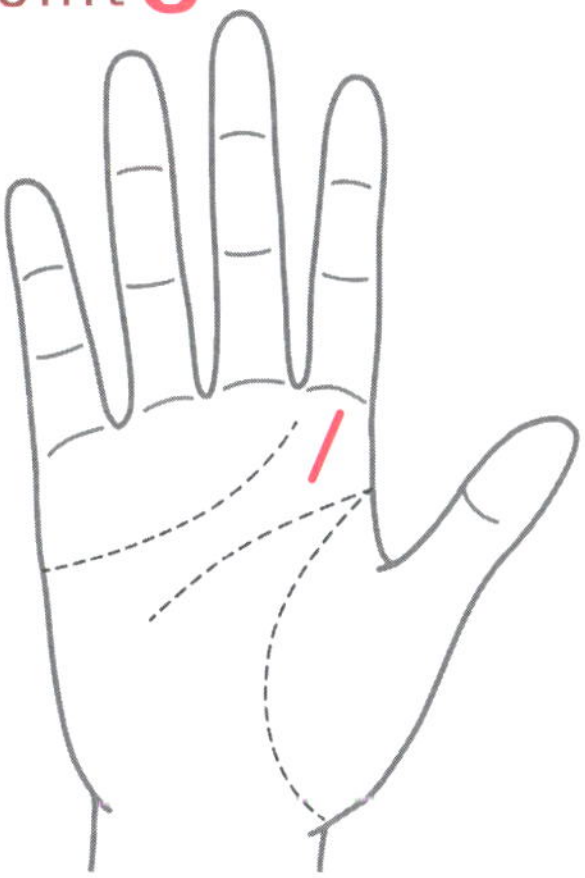

昇運線がはっきり伸びている

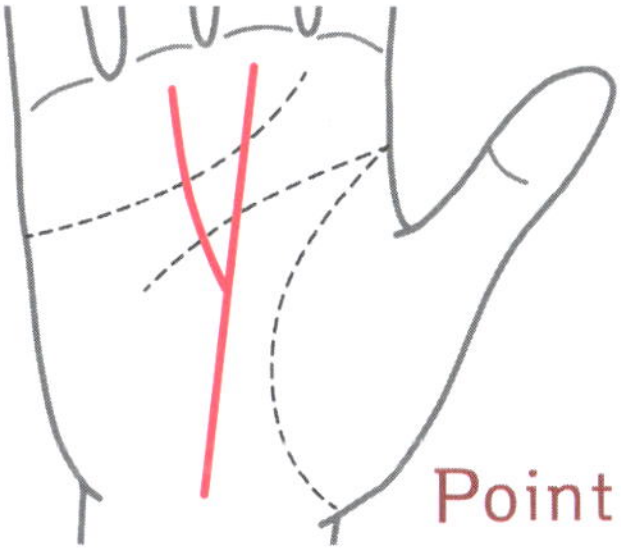

Point 4

太陽線が運命線につながる

Point 3

昇運線は上昇志向の強い自信家に見られる線です。仕事の意欲が強く、協力者や上司の引き立てに恵まれるので、出世する可能性は高いでしょう。

Point 4

太陽線が運命線につながるのは、日ごろの努力が評価されることを表しています。この相の人は仕事運が良く確実に出世できます。

仕事

世界を股にかけて活躍する

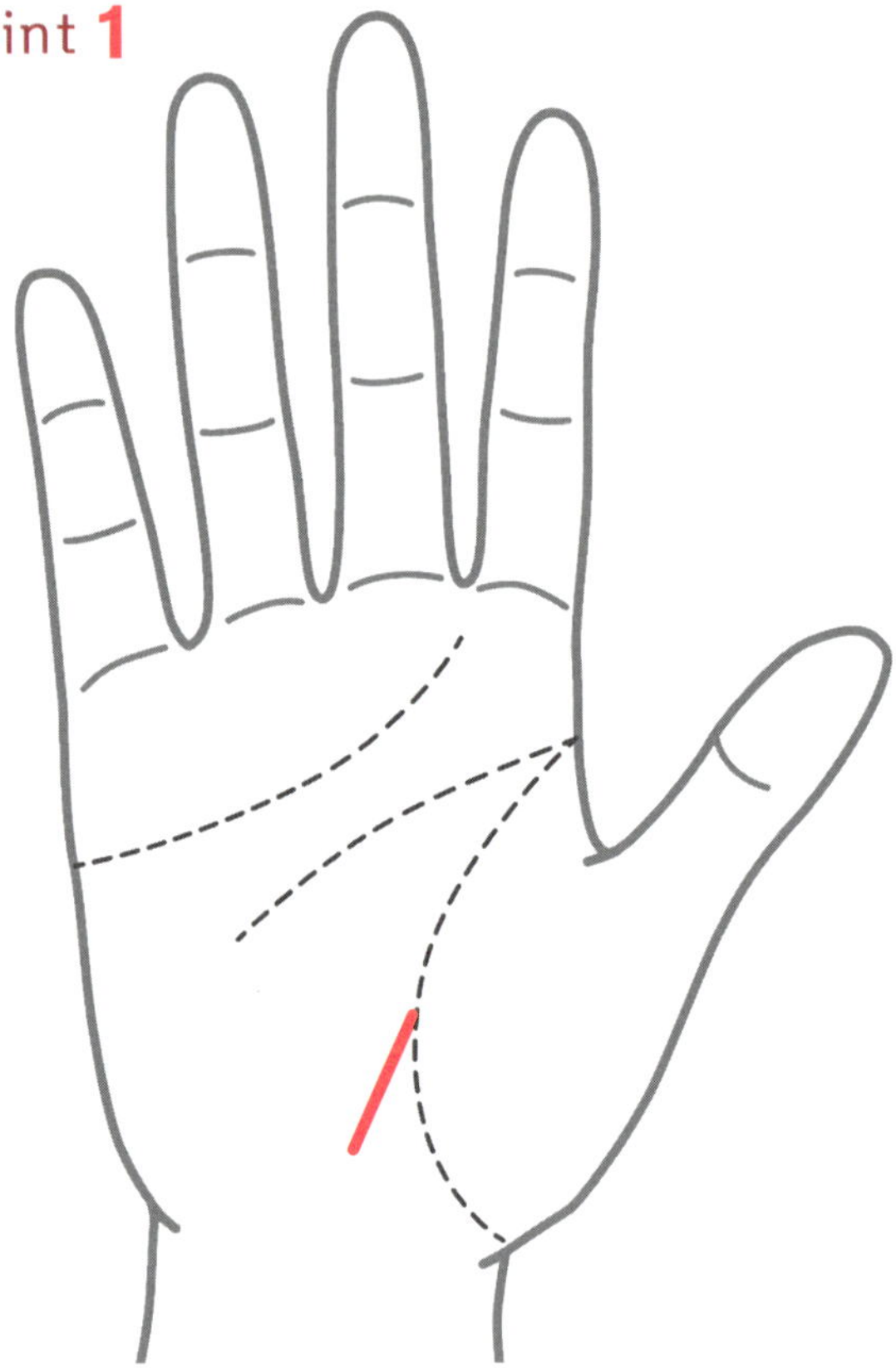

すっきりとした長い旅行線がある

Point 1

旅行線が出ている人は、生まれた場所を離れて活躍できる人です。長く伸びている場合は海外に縁があることを表しています。非常にまれですが、フィッシュマーク（286ページ参照）が出ていると海外での大成功は確実です。

Point 2

この相の人はビジネス感覚に優れていて、言語能力も高いので海外でも活躍できる人です。好奇心も旺盛で臨機応変に対応でき、事業を起こす意欲も強い人です。

Point 2

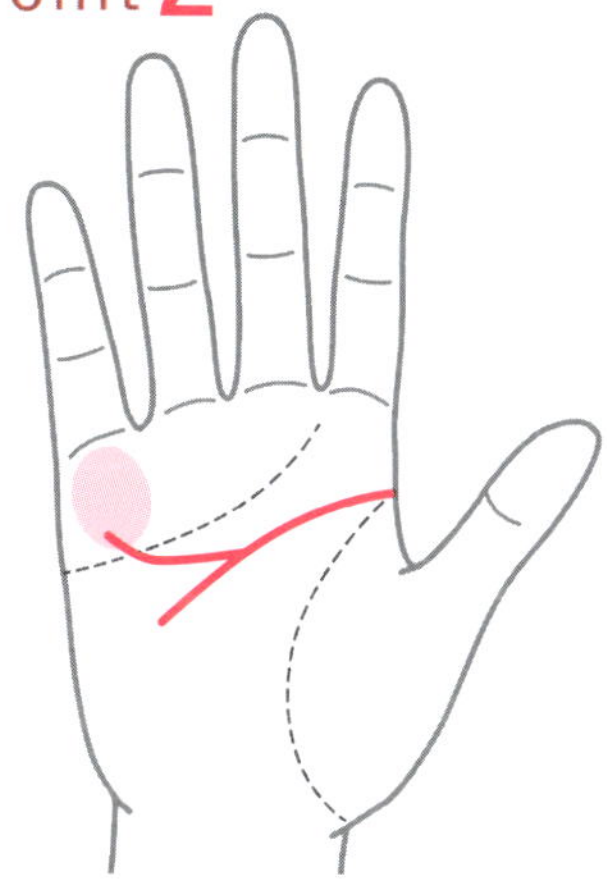

知能線が枝分かれして
水星丘へ伸びている

Point 3

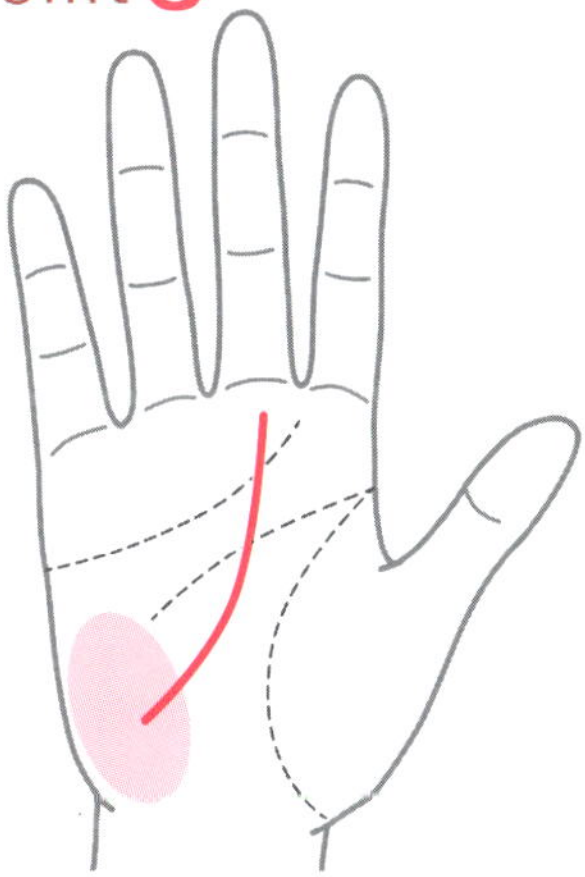

運命線が月丘から出発している

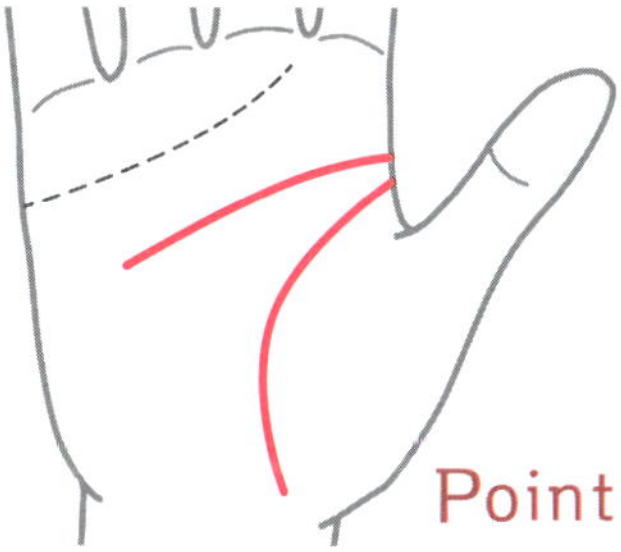

Point 4

生命線と知能線が離れている

Point 3

運命線が月丘から伸びている人は、故郷を離れて活躍できるタイプです。世界中どこへ行っても受け入れられるタイプなので、海外でチャレンジするのもいいでしょう。

Point 4

生命線と知能線が離れている人は、ダイナミックで独立心がある人です。何事も自由に決めて独立心も強いので、海外でもうまくやっていけるタイプです。

仕事

仕事が長続きしにくい

Point 1

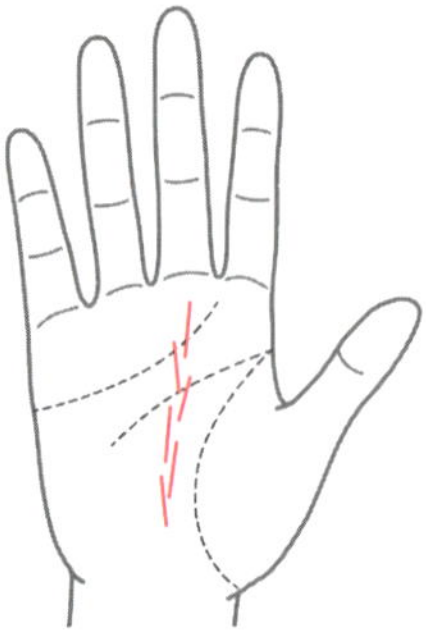

運命線がキレギレ

Point 2

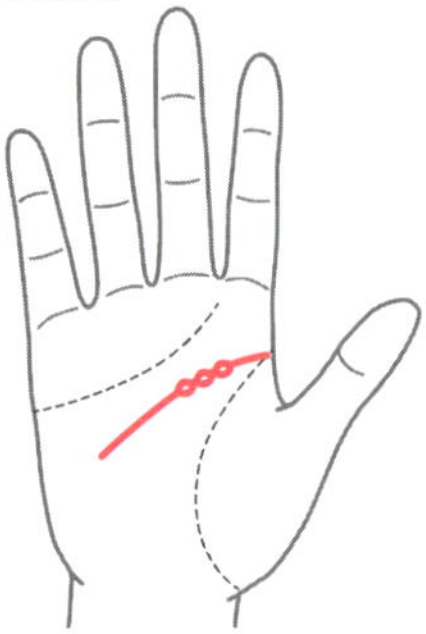

知能線に鎖状の部分がある

Point 3

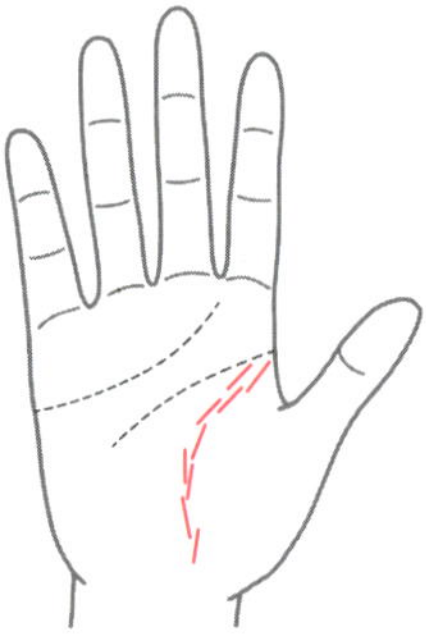

生命線がキレギレ

Point 1

運命線がキレギレの人は変化の多い人生で、仕事も長続きしにくい傾向があります。ただ、諦めないで何事にも粘り強く取り組んでいけば、必ず運は開けて線も整っていきます。

Point 2

知能線に鎖状の部分がある人は気分にムラがあり、いろいろなことに気持ちが向いてしまいます。ジャンルを絞って集中と休憩のメリハリをつけて行動していけば、何事も長続きするようになります。

Point 3

生命線がキレギレの人は気力が続きにくく、仕事が長続きしないこともあります。まずは体力をつけ、仕事は自分がマイペースで働けるものを選びましょう。

仕事

営業職に向いている

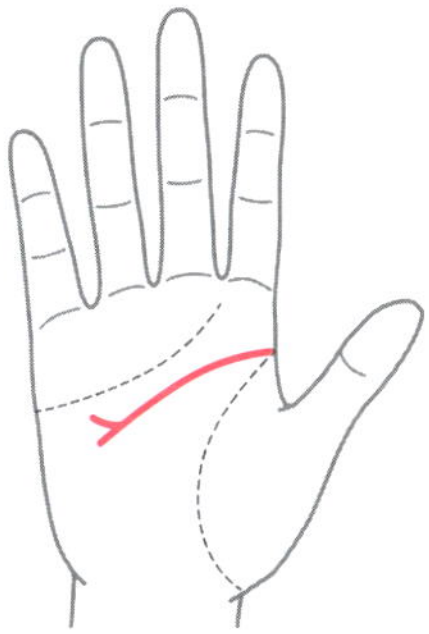

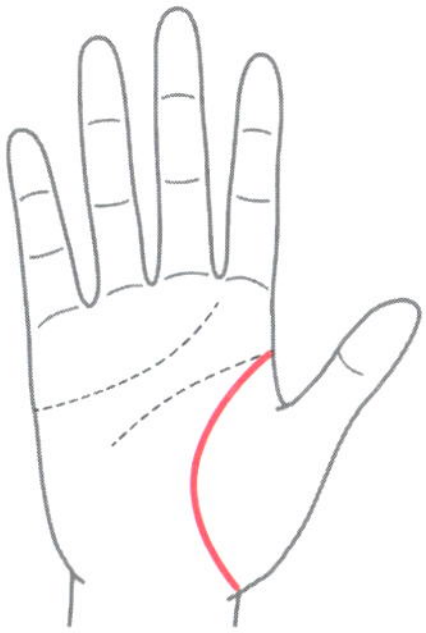

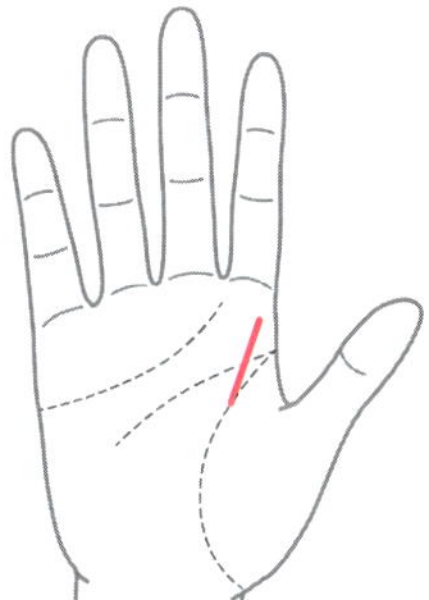

Point 1

知能線が枝分かれしている人は好奇心旺盛で、柔軟な対応ができる人です。物事のコツをつかむのがうまく、人ともうまくやっていける性格なので人との出会いが多い職に向いています。

Point 2

生命線がはっきりしている人は、体が丈夫で気力も強く粘り強い性格です。持続力もあり快活なので、営業職に就けば、活躍できるでしょう。

Point 3

この線がある人は、上昇志向が強く目標に向かって困難も乗り越えていける人です。目標があった方が意欲の出るタイプなので、営業職など数字によって評価される職に向いている相です。

仕事

事務職に向いている

Point 1

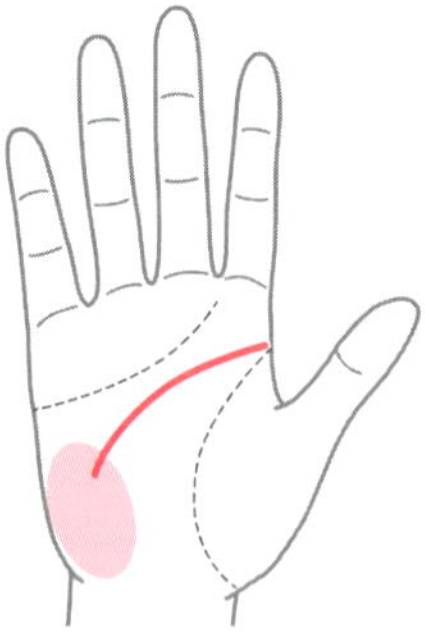

月丘上部に伸びる知能線

Point 2

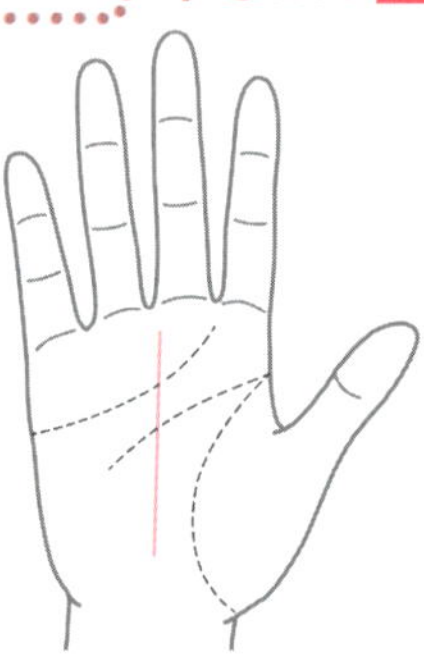

薄めの運命線

Point 3

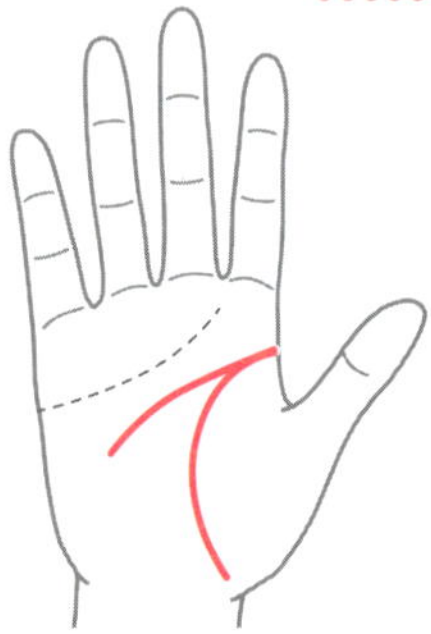

知能線と生命線の始点がくっついている

Point 1

この相の人はバランス感覚に優れており、人間味がありながら合理的な考え方もできる器用なタイプで、管理職などにも向いています。第二火星丘へ直線的に伸びている場合は会計士や税理士も適職です。

Point 2

運命線が薄い人は周りにあわせることが得意で協調性があります。慎重さもあり、人をサポートしたり、サポートされたりする仕事が向いています。

Point 3

知能線と生命線の始点がくっついている人は、協調性があり手堅さもある人です。変化にはやや弱いところもありますが、流れに沿って仕事をすることが得意なので、事務方で能力を発揮します。

仕事

ＩＴ関係に向いている

Point 1

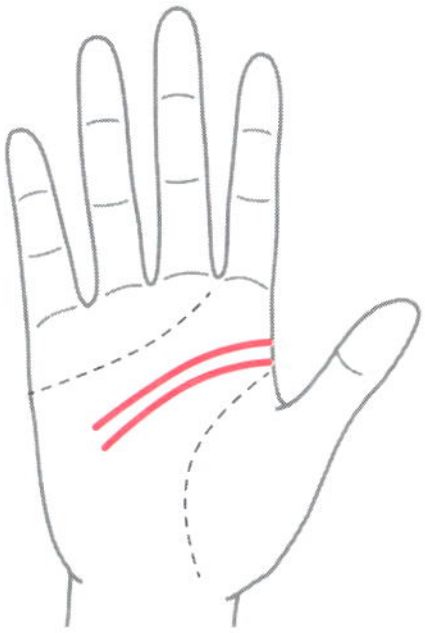

二重知能線がある

Point 2

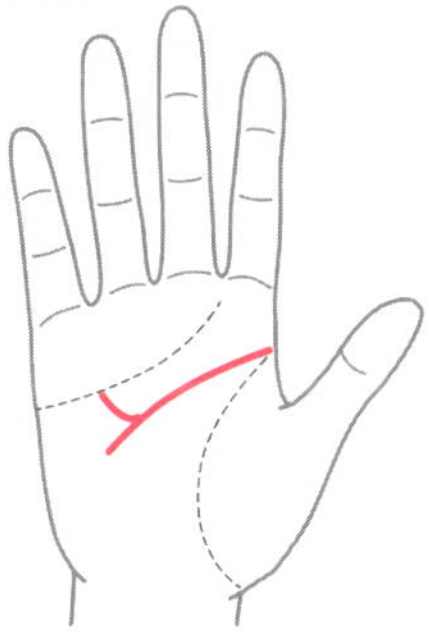

知能線の枝線が
跳ね上がる

Point 3

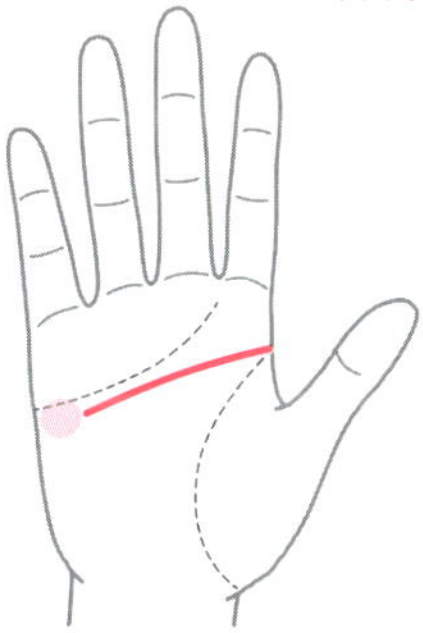

第二火星丘に向かう知能線

Point 1

知能線が二本ある人は、独創的な発想で物事を考えられるアイデアマンです。ＩＴ系の会社でそのアイデアを活かして働けば、ＩＴ長者も夢ではないでしょう。

Point 2

知能線の枝線が小指に向かって跳ね上がっている人は、頭の回転が速い人です。器用で数字にも強く分析力があるので、ＩＴ系の仕事が向いています。

Point 3

知能線が第二火星丘に向かう人は論理的に物事を考えられる人です。この相の人はシステムエンジニアなどのシステムを構築したりする仕事に向いています。

仕事

クリエイティブ系に向いている

Point 1

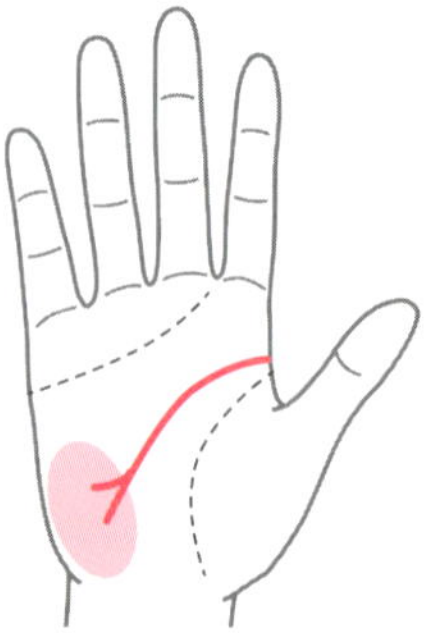

知能線が月丘の下部へ伸び
先端が枝分かれしている

Point 2

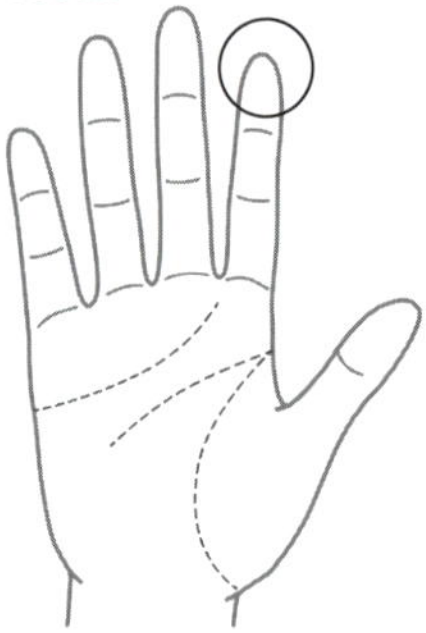

先の尖った指がある

Point 3

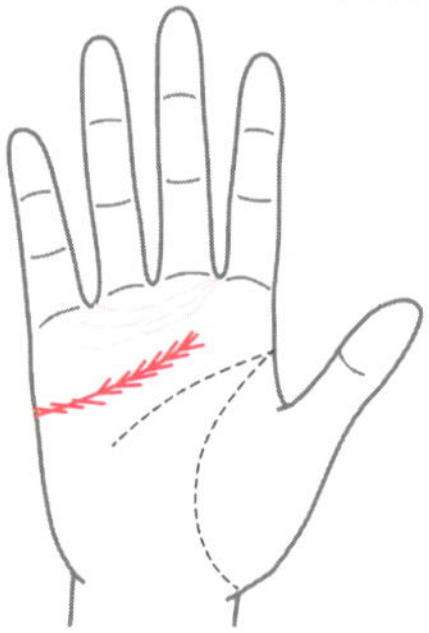

感情線がみだれているか、感情
線と指の間に細かいシワが多い

Point 1

この相の人は、想像力が豊かで好奇心も旺盛です。ライターやプランナー、マスコミ関係など、クリエイティブな仕事全般に向いています。人と合わせて動くよりも自由でいたいタイプなので、伸び伸び動ける環境やフリーの立場だと良さを発揮しやすいでしょう。

Point 2

先の尖った指がある人は、感性が鋭く独特のインスピレーションがある人です。特に人差し指と小指の尖っているタイプの人が多く見られます。指が尖っている人は、デザイナーなどその感性を活かした仕事が向いています。

Point 3

感情線がみだれている人は感性が豊かで、物事を敏感にキャッチします。美的センスに優れた人が多いのでイラストレーターなどの仕事に就くと、才能を活かせそうです。

仕事

教師に向いている

Point 1

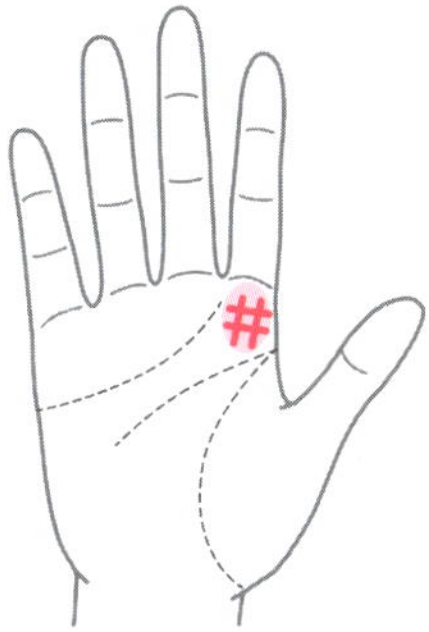

木星丘に四角マーク

Point 2

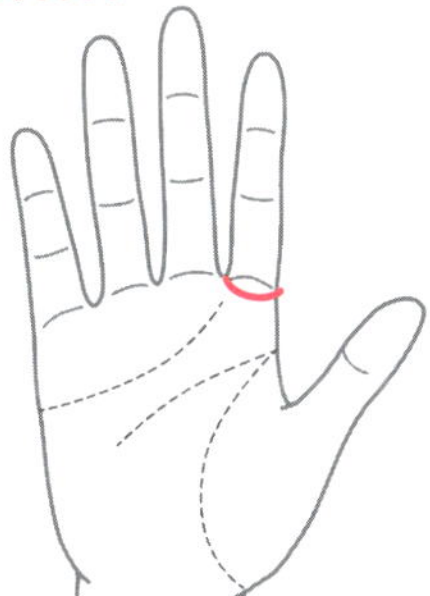

ソロモンの環が出ている

Point 3

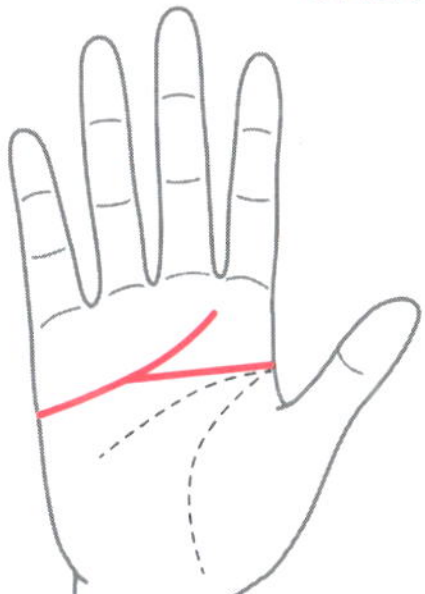

感情線の枝線が知能線と
生命線の始点に合流

Point 1

このマークはリーダー線や希望線からかたちづくられています。リーダーシップがあり、人を管理し教える能力にも長けているので教師やセミナー講師に向いています。四角マークではなく、格子状になっている場合も同じ意味があります。

Point 2

ソロモンの環が出ている人は、知恵があり向上心のある人です。自信家で人の上に立つ指導者的な仕事が向いています。

Point 3

マスカケ線の意味が加わり、面倒見の良さと粘り強さを兼ね備えた人にみられる相です。これに運命線が出ると大きな神秘十字線になり、物事を次の世代に伝えていくことに喜びを感じるタイプです。

仕事

医療・福祉関係に向いている

Point 1

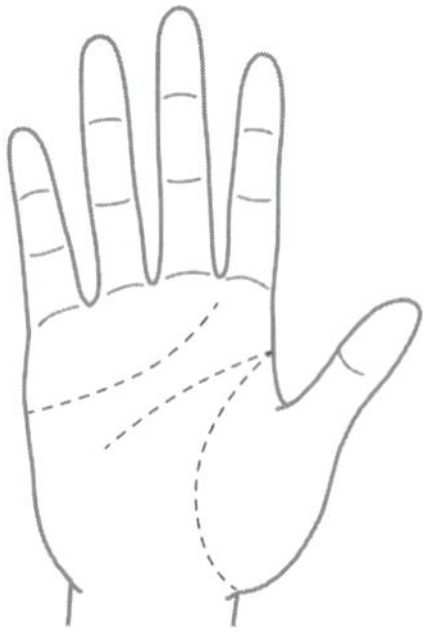

手のひらに全体にふっくらした厚みがある

Point 2

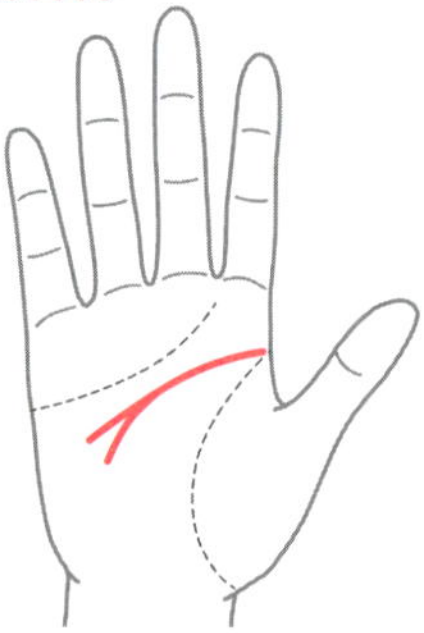

知能線が下がりすぎないで枝分かれしている

Point 3

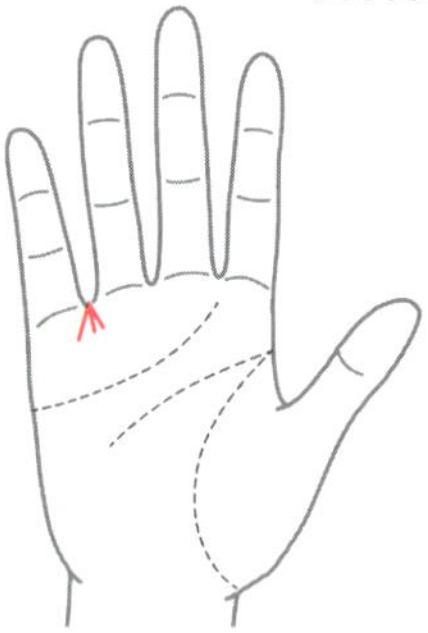

医療線がある

Point 1

手のひらに厚みがある人は、面倒見がよく温かい性格です。人のために頑張れるので、人に尽くす仕事が向いています。

Point 2

知能線が下がりすぎないのは、現実的に物事を考え周囲にあわせて行動できる人です。さらに枝分かれしていると、対応力もある人なので看護師などに向いています。

Point 3

この線はあまり出る人はいない珍しい線です。この線が出ている人は相手の顔色や態度の変化にすぐに気付くので、医療や福祉の現場で働くと重宝されるでしょう。

仕事

研究者・科学者に向いている

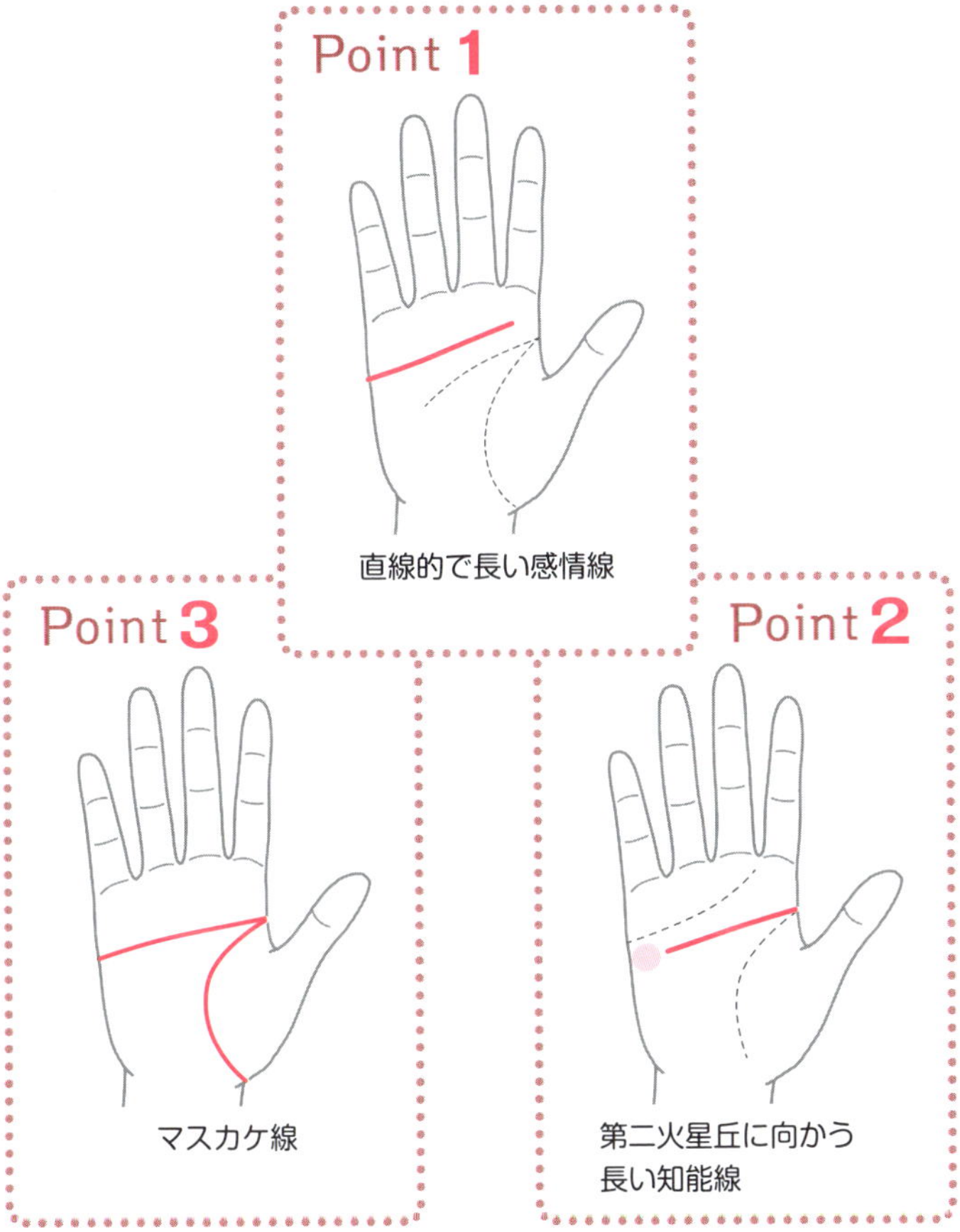

Point 1

この相の人は分析力もあり、情熱的なタイプです。私情に流されず合理的に物事を判断できるので、研究者や科学者などに向いています。

Point 2

知能線が長く伸びている人は、じっくりと物事に取り組むことのできるタイプです。下降して長い場合は、文系の研究者に向いています。

Point 3

マスカケ線の人は、ひとつのことに粘り強く取り組む仕事に向いています。興味のある研究分野なら何度失敗してもめげないので成功をおさめられそうです。

仕事

銀行員に向いている

Point 1

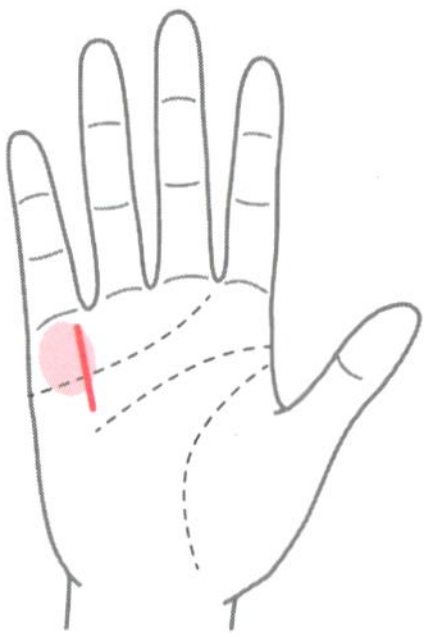

水星丘の薬指寄りに
はっきりした財運線

Point 2

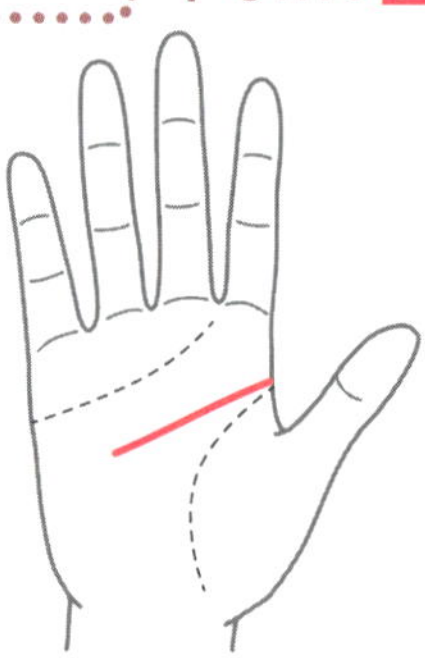

直線的で下がりすぎない
知能線

Point 3

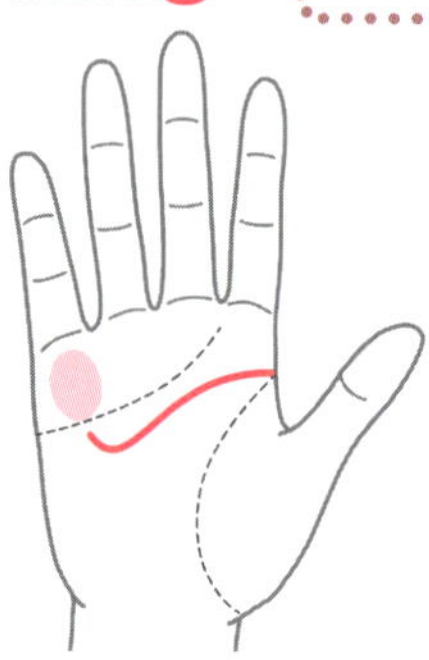

知能線の終点が水星丘へ
跳ね上がる

Point 1

財運線が薬指寄りに出ている人は、金銭感覚に優れている人です。経済にも敏感なので、資産運用に関わるなどお金を扱う仕事に就くと良いでしょう。

Point 2

知能線が直線的な人は、実直で合理的に物事を考えられる人です。情に流されず割り切って仕事ができるタイプです。銀行員など、時にはシビアにならなければいけない職に向いています。

Point 3

財運や商才を意味する水星丘へ知能線が跳ね上がっている人は、お金に関する仕事が向いています。現実的で理知的な人なので、お金の管理をしっかりできます。

仕事

通訳に向いている

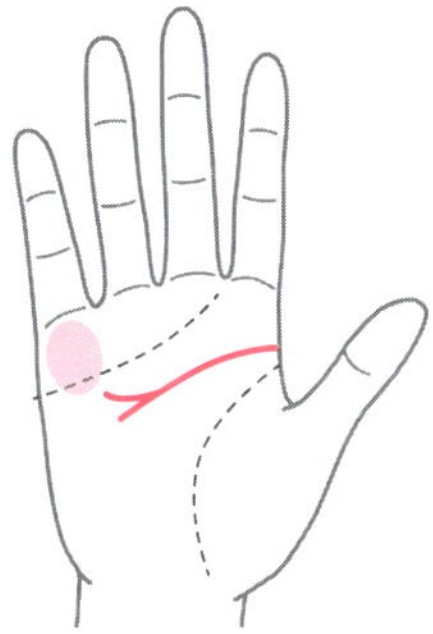

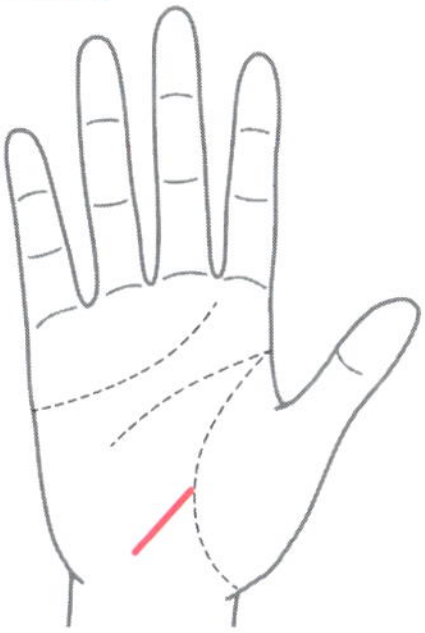

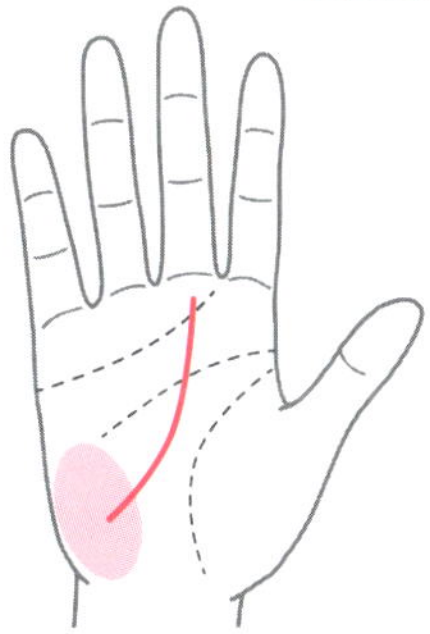

Point 1

水星丘は知恵を意味する丘でもあります。この丘へ知能線の枝線が向かっている人は、機転が利き言語能力、コミュニケーション能力に長けているので、それを活かす仕事に向いています。また、枝分かれせず知能線本線が水星丘へ向かう人も通訳向きです。

Point 2

この線が出ている人は海外に縁のある人です。海外でチャンスをつかむ人に見られる相なので、外国との関わりがある仕事に就くのが良いでしょう。

Point 3

運命線が月丘から出発している人は、コミュニケーション能力に優れ、どんな人ともうまくやっていける人です。いろんな国の人と付き合う必要がある仕事で良さを発揮します。

仕事

占い師に向いている

Point 1

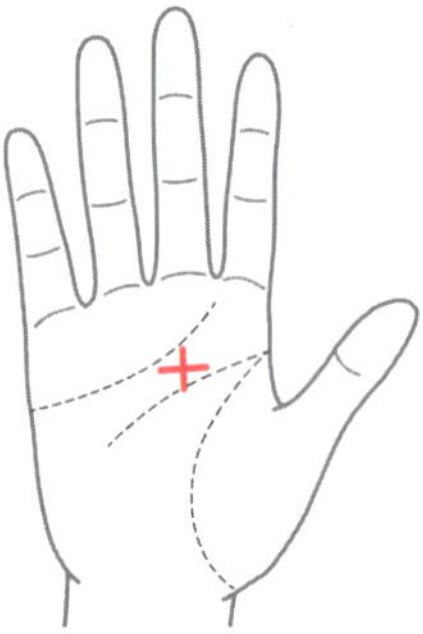

神秘十字線がある

Point 2

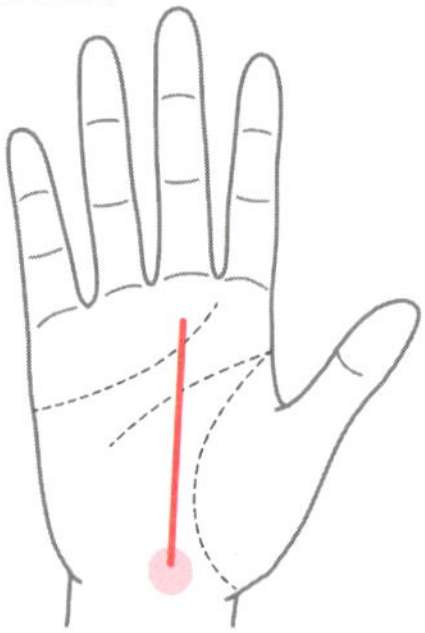

地丘から運命線が伸びている

Point 3

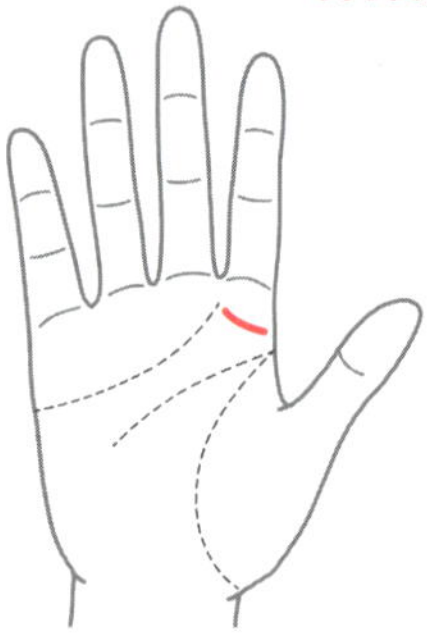

リーダー線がある

Point 1

この線が出ている人は直感や霊感が強い人です。奉仕の精神も強いので、人の悩み相談に乗ったり人の世話をすることに向いています。

Point 2

短くても地丘に縦線の入っている人は霊感が強い傾向があります。精神的にもしっかりしているので、他人に力強くアドバイスができる人です。

Point 3

この線は意思が強く周囲への影響力も強い人にみられる線です。アドバイザーとして人に教えたり伝えたりする能力もあります。

仕事

スポーツ選手に向いている

Point 1

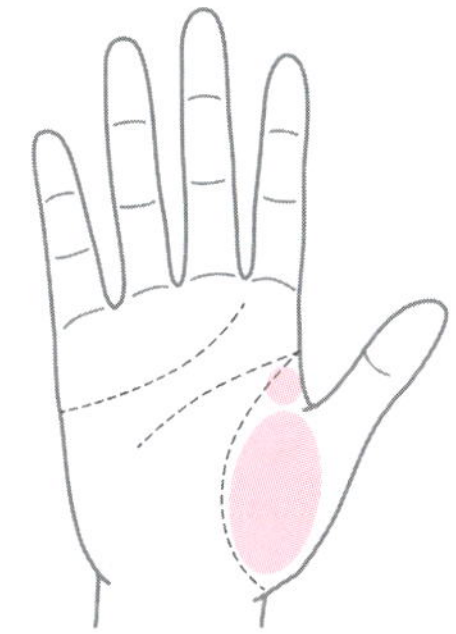

第一火星丘と金星丘が発達している

Point 2

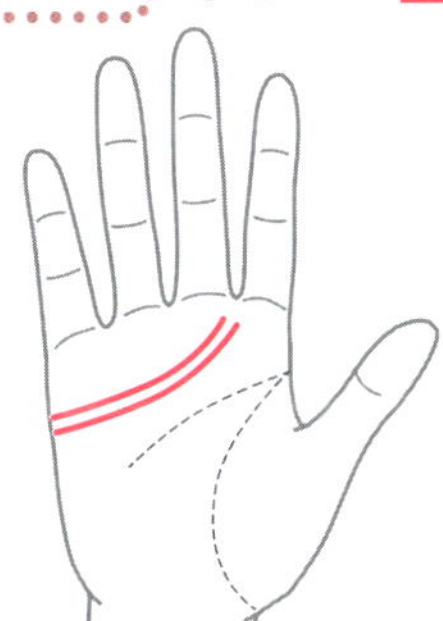

二重感情線がある

Point 3

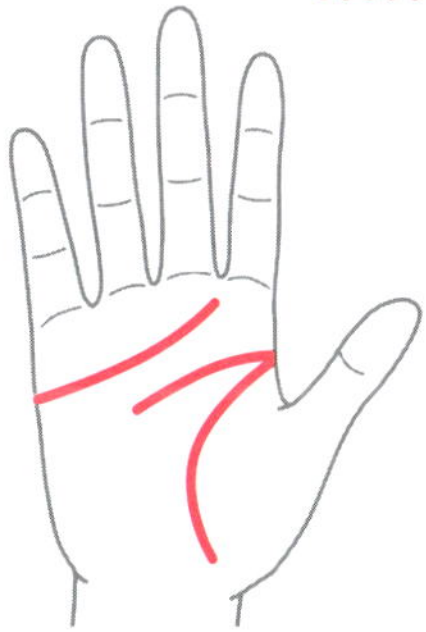

３大基本線が濃くて目立つ

Point 1

第一火星丘は闘争心を表し、金星丘は肉体の強さを表します。このふたつが発達している人は、肉体を使った勝負の世界で生きると活躍できます。

Point 2

二重感情線がある人は、粘り強くパワフルな人です。どんなスポーツに取り組んでも、厳しい練習を乗り越え必ず結果を残せるでしょう。

Point 3

三大基本線が濃くて目立つ人は肉体的にも精神的にもパワフルな人です。この相の人は、肉体を使ってお金を稼ぐことに向いています。

仕事

芸能人に向いている

Point 1

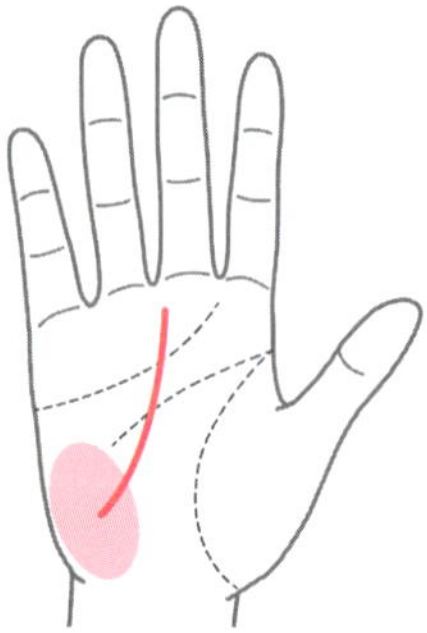

運命線が月丘から出ている

Point 2

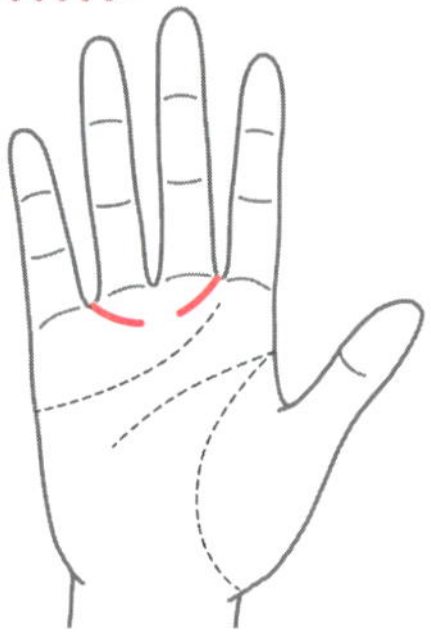

金星帯がある

Point 3

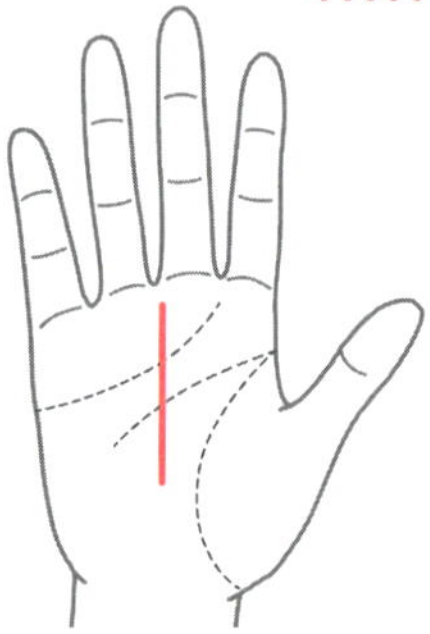

運命線が薬指寄りに伸びている

Point 1

この相の人は、今までとは違う世界に躊躇なく飛び込んでいける人です。他人からも可愛がられるタイプで、実際の芸能人でも運命線が月丘から出ている人は多いです。

Point 2

金星帯があり、その間に空白のある人は独自の美的センスがある人です。線が長いほどその傾向は強く、流行に敏感で異性を惹きつける魅力のある人です。

Point 3

運命線が薬指に寄っている人は、人から好かれるタイプです。人から注目されるのも好きなので人気商売向きの相です。

仕事

公務員に向いている

Point 1

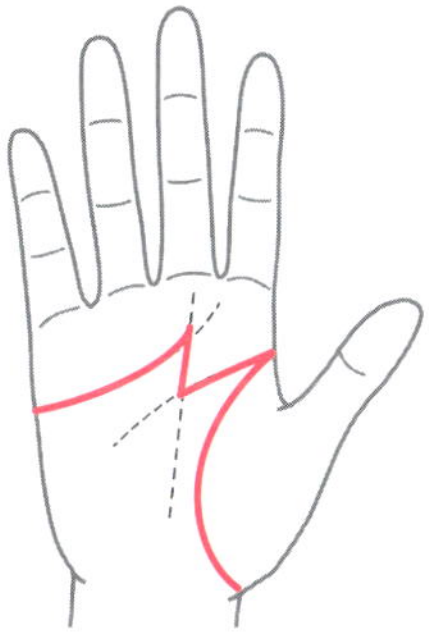

バランスのとれた４大基本線

Point 2

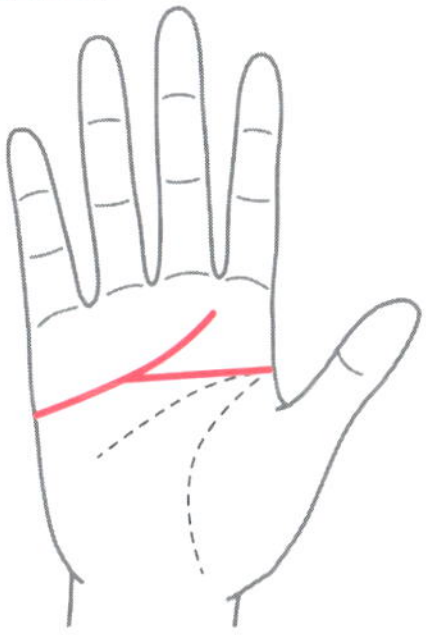

感情線の枝線が知能線と生命線の始点に合流

Point 3

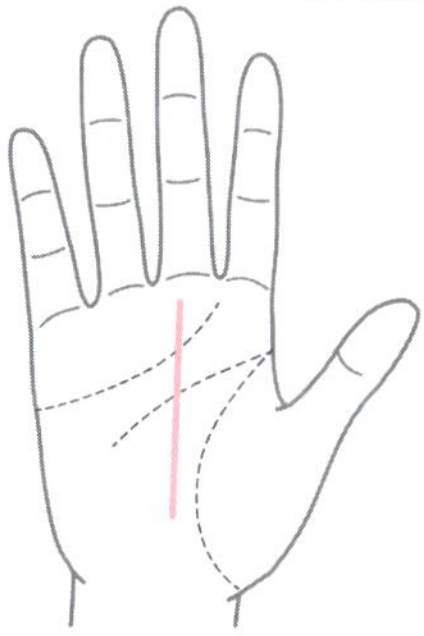

運命線が他の基本線に比べて薄めだがすっきり伸びている

Point 1

四大基本線のバランスがとれ、ラッキーMのような形になる人は人柄的にもバランスのとれた人です。常識的で人柄が良いので、堅実な仕事で実績を残せます。

Point 2

この相の人は、面倒見が良く強い意志と信念を持っている人に多くみられます。社会へ尽くす気持ちが年を重ねるごとに高まっていくので、警察官などが向いています。

Point 3

運命線が薄めですっきり伸びている人は協調性があり、流れに沿って生きていける人です。人をサポートすることに向いているので、公務員のような常識が重んじられる組織的な仕事で良さが活かされるでしょう。

仕事

美容師に向いている

Point 1

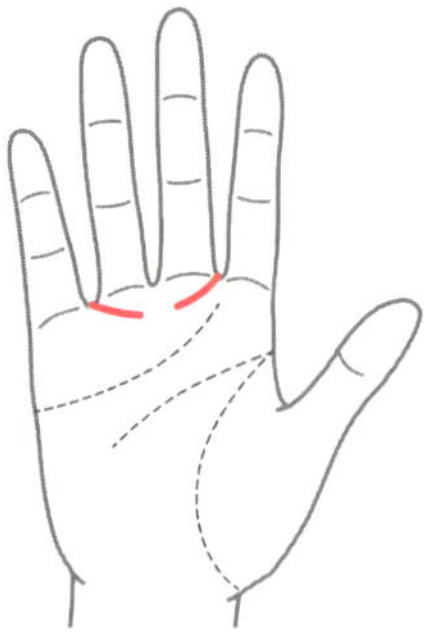

金星帯がある

Point 2

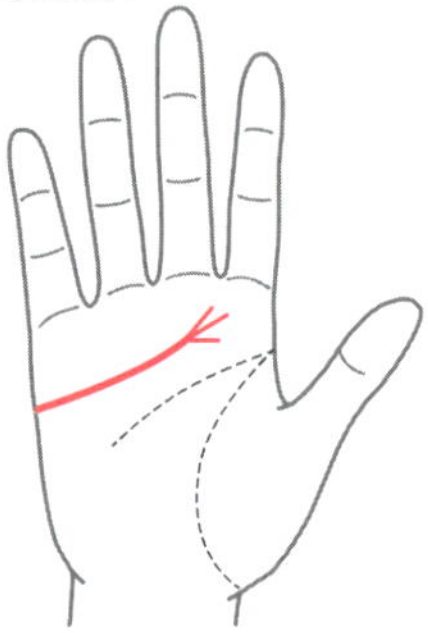

感情線が 3 本以上に
枝分かれしている

Point 3

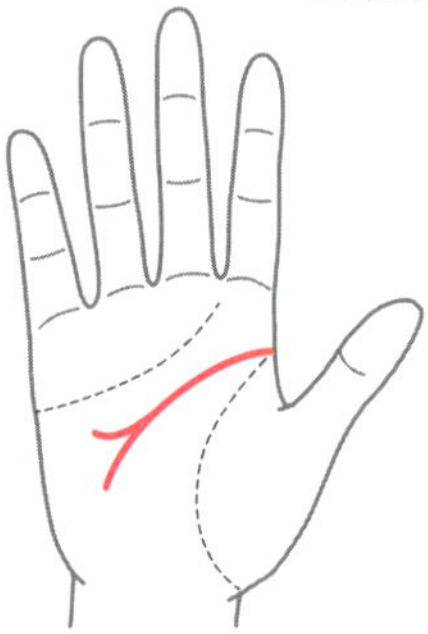

知能線が枝分かれしている

Point 1

金星帯がある人は美的センスの高い人です。中間に空白があっても、すっきり曲線的に出ていれば独自のセンスと美的感覚の持ち主です。美意識が高く、流行にも敏感で人の心をつかむ魅力も持っている人です。

Point 2

この相の人は他人の魅力を引き出すのが得意なタイプです。相手の気持ちを察するのも上手で愛想もよく接客向きの人です。

Point 3

知能線が枝分かれしているのは、創造性が豊かな人にみられる相です。仕事も手際よくこなし柔軟に物事に対応力できるので、美容師になると人気が出そうです。

仕事

宇宙飛行士に向いている

Point 1

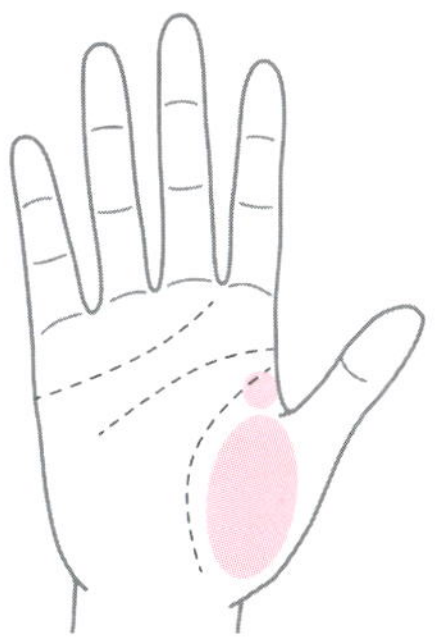

第二火星丘と金星丘が発達

Point 2

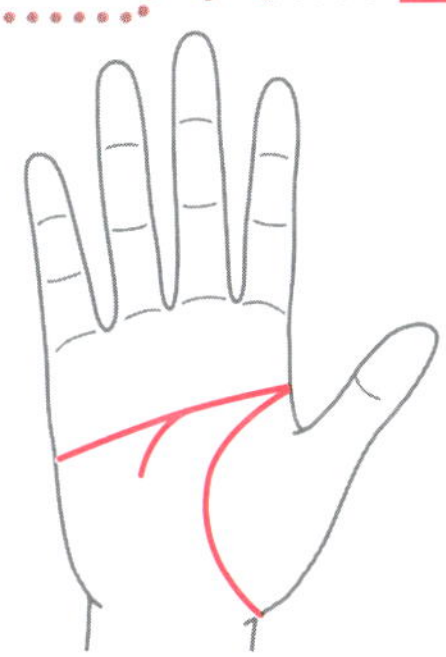

変形マスカケ線

Point 3

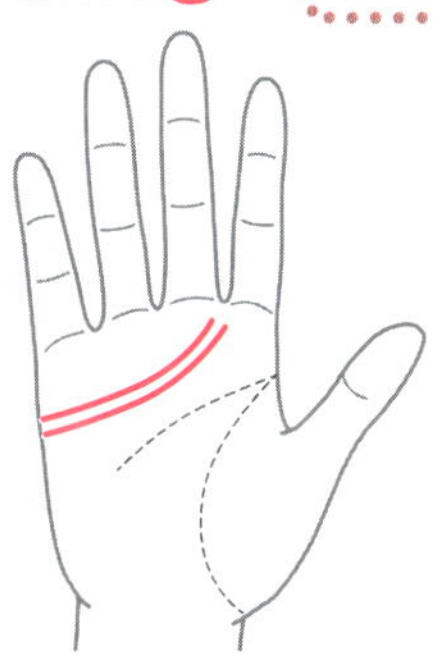

はっきりした二重感情線がある

Point 1

このふたつの丘がふくらんで弾力のある人は、非常にバイタリティがある人です。どんな困難があっても、乗り越える強さと前進力があり生命力もとても強い人です。

Point 2

マスカケ線の人は、逆境に強く自力で困難に立ち向かっていける人です。図のような変形マスカケ線の人は正規のマスカケ線よりも柔軟性や協調性があるので、国籍の違う人同士の中でもうまくやっていけます。

Point 3

はっきりした二重感情線がある人は、非常にパワフルな人です。我慢強く情熱もありコミュニケーション能力が高いので、宇宙飛行士など大きな夢を目指せる人です。

性格

人付き合いがうまい

Point 1

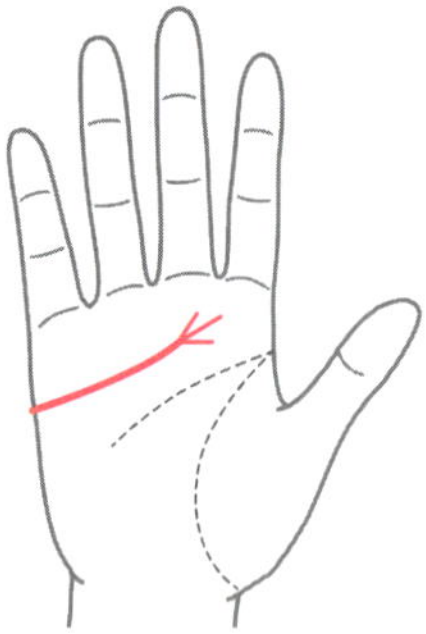

感情線が３本以上に
枝分かれしている

Point 2

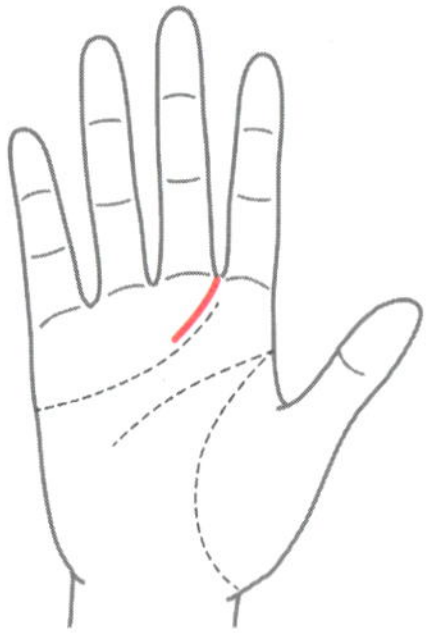

社交線がある

Point 3

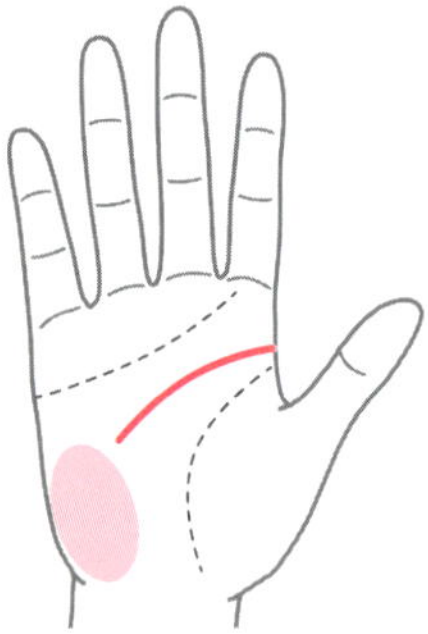

月丘上部へ向かう知能線

Point 1

この相の人は人当たりが良く、サービス精神が旺盛な人です。周囲への気配りも忘れず、他人のために動ける人なので上手に人と付き合っていけます。

Point 2

社交線がある人はとても協調性の高い人です。いろいろな分野の人と出会い、そこからチャンスをつかむ人生を送れる人です。統率力もあるので、組織の中でリーダーに抜擢されることもあります。

Point 3

月丘上部へ知能線が向かっている人はバランス感覚に優れた人です。人あたりも良く優しい人なので集団の中でもうまくやっていけます。

性格

気分屋

Point 1

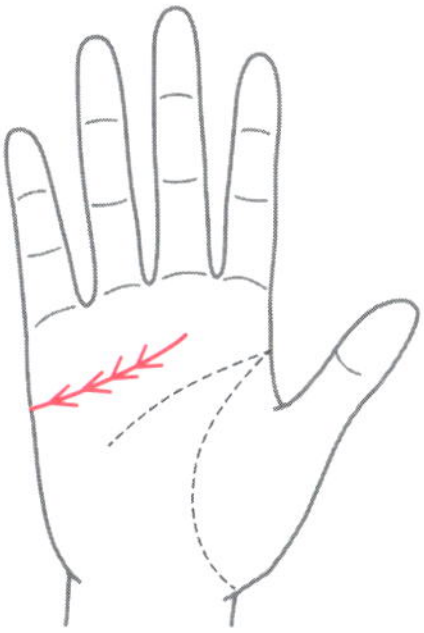

感情線がみだれている

Point 2

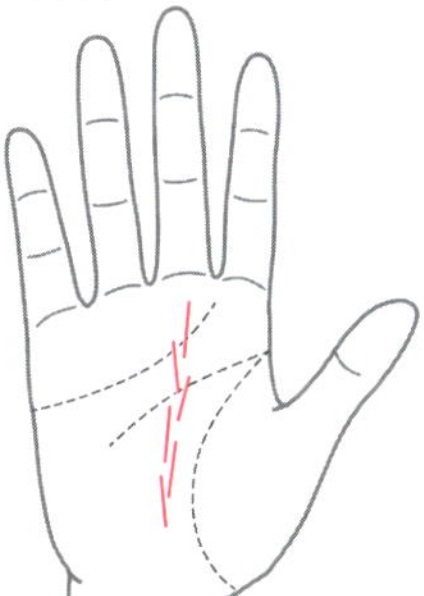

運命線がキレギレ

Point 3

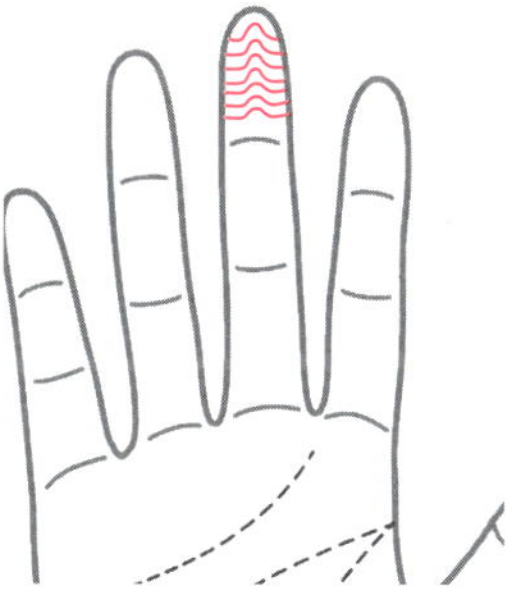

弓状紋がある

Point 1

感情線の上下に支線があったり、鎖状になったりしている人は気分にムラがあり飽きっぽい性格です。その一方で、他人の気持ちの動きに敏感で感受性も鋭いタイプです。感性を活かす分野が向いています。

Point 2

運命線がキレギレになっている人は根気が続きにくく、仕事や趣味が長続きしにくい傾向にあります。やる気と運気はあるので、多少の困難にぶつかってもすぐに諦めないことが大切です。

Point 3

指紋が弓状紋になっている人は気分が変わりやすく個性的な人です。全部が弓状になる人は稀で、一本でも弓状になっていればこの傾向があります。熱中すると一途で物事に打ち込めるタイプなので、自分が興味のある分野に進むといいでしょう。

性格

おっちょこちょい

Point 1

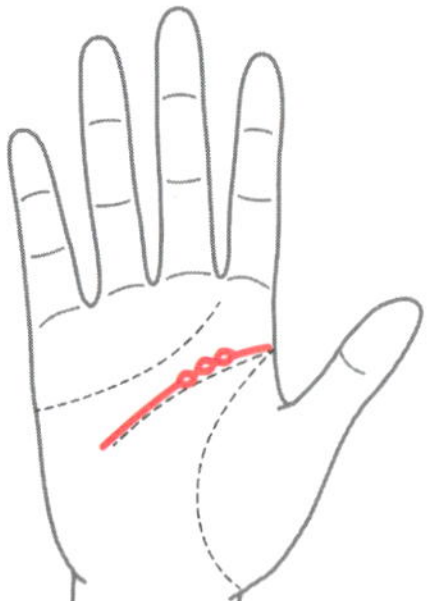

知能線に鎖状の部分がある

Point 2

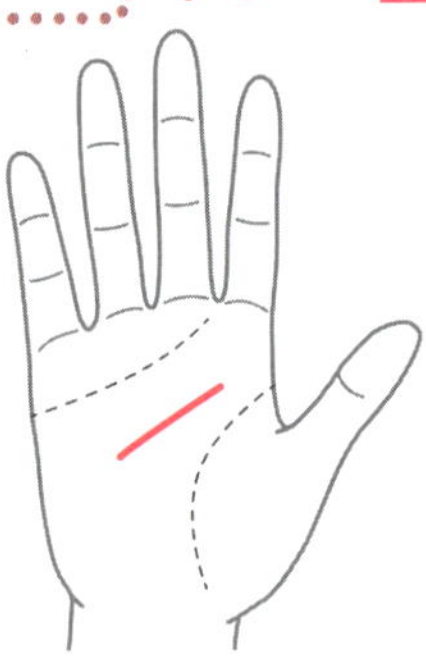

直線的な知能線が生命線から離れて出発している

Point 3

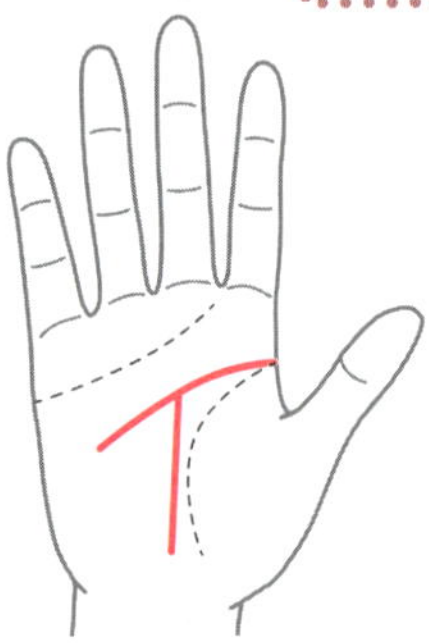

運命線が知能線で止まる

Point 1

知能線に鎖のある人は、非常に神経が細やかなタイプです。ただ、いろいろなところに気持ちが向いていて、ついうっかりしてしまうなど抜けている部分があります。もう一度手帳を開いてスケジュールの確認をするといいでしょう。

Point 2

この相の人は直感で判断して行動するタイプです。おとなしく見えても突然大胆な行動を起こして周囲を驚かすことも。後先をよく考えて損をしないように行動しましょう。

Point 3

運命線が知能線で止まる人はやや軽率な傾向があります。つい早合点してミスを重ねないように報告、連絡、相談を怠らないことを心がけましょう。

性格

短気

Point 1

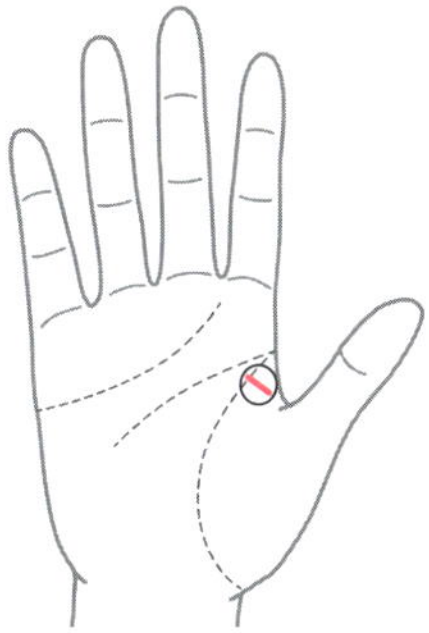

第二火星丘がふくらんでいる

Point 3

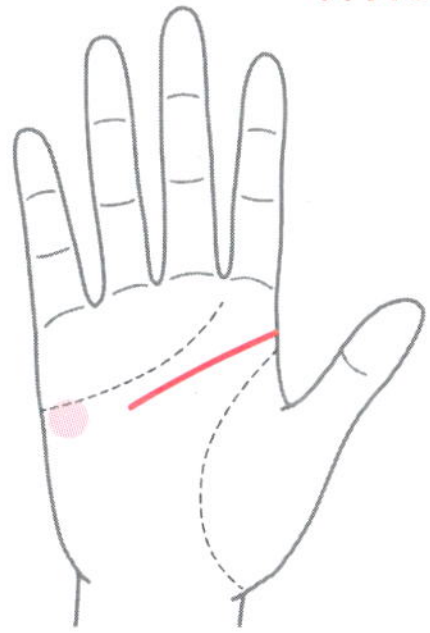

短めの知能線の始点が生命線と離れ第二火星丘へ向かう

Point 2

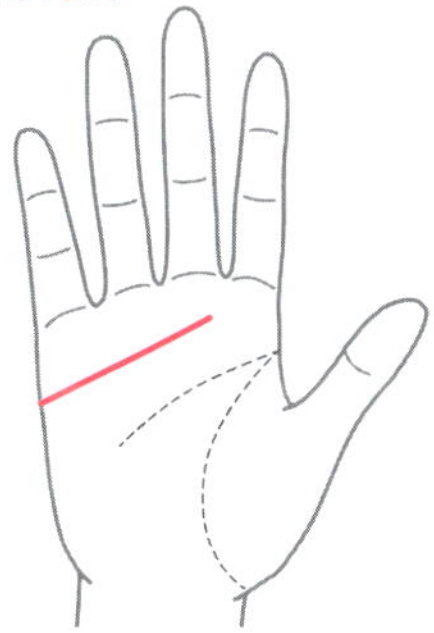

感情線が直線的で上昇している

Point 1

第二火星丘がふくらんでいて短気線が出ている人は、何事も白黒ハッキリ決めて前進したいタイプです。なかにはその名称どおり、短気ですぐカッとしてしまう人もいますが、勝ち気でアクティブなところが魅力的でもあります。

Point 2

この相の人は思ったことをそのまますぐ口に出してしまい、短気に見えます。その一方で、目の前にある問題を情に流されず合理的に解決できる能力を持っています。

Point 3

この相の人は、短気というよりも何事にもテキパキ動ける活発なタイプです。じっとしているのが苦手なので、考えるより先に行動をしてしまいがちで軽率な面もありますが、行動力の良さが長所です。

性格

冷静

Point 1

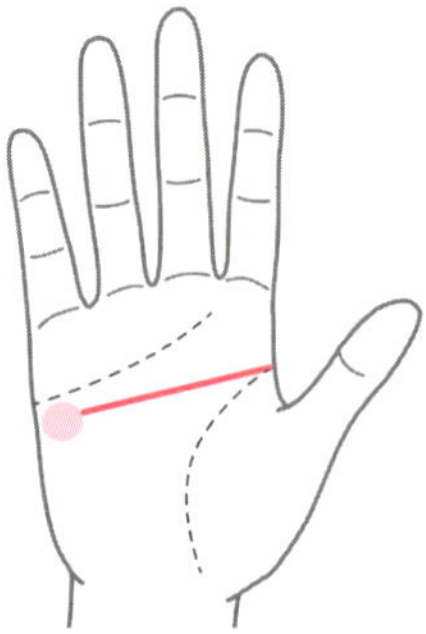
知能線が第二火星丘へ
直線的に向かっている

Point 2

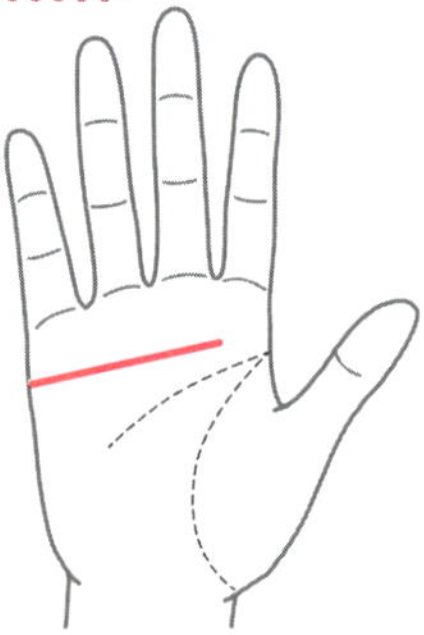
感情線が上昇せず直線的
に伸びている

Point 3

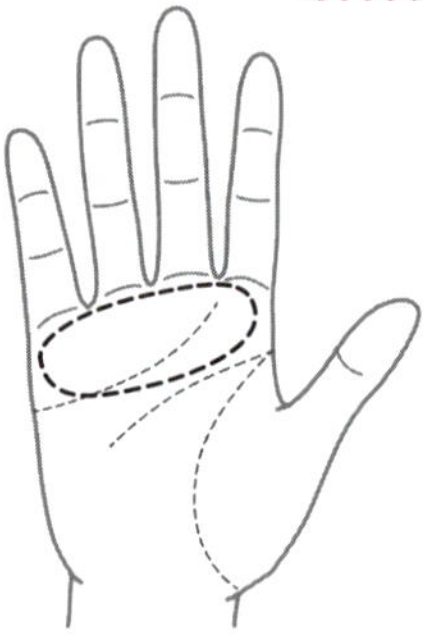
手の厚みはあるが
指の下の丘の凹凸が少ない

Point 1

長めの知能線が第二火星丘に向かっている人は理系的な考え方で論理的な思考の持ち主です。常識家で、情に流されず合理的に物事を判断し考える傾向があります。

Point 2

この相の人は考え方があっさりしていて、感情的にならず異性にもあまり執着しないタイプです。異性と付き合っても盛り上がりに欠けるため、冷めた人と受け取られがちです。

Point 3

指の下の凹凸がなく平坦だと分析力があり、客観的に物事を見ることができるクールな人です。また、合理主義的なところがあるので、人に冷たい印象を与えてしまうこともあります。

性格

我が強い

Point 1

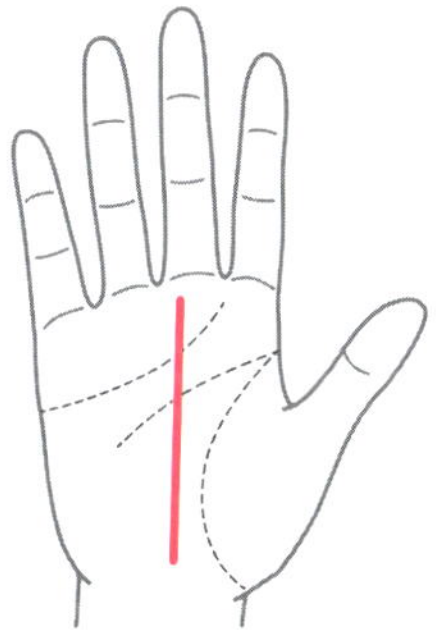

運命線が濃くて長い

Point 2

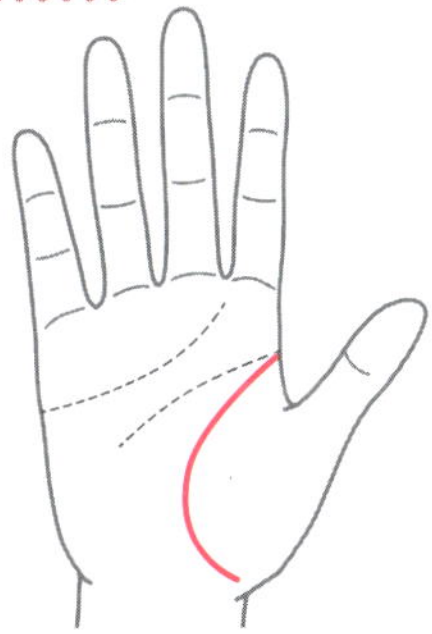

生命線が大きく張り出す

Point 3

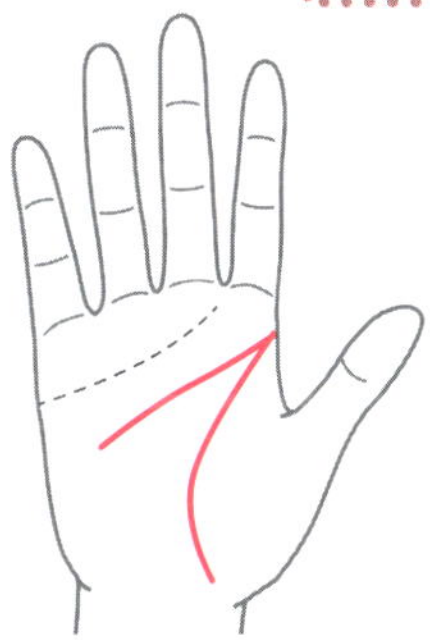

生命線と知能線の始点が高め

Point 1

運命線が他の基本線と同じくらいの濃さで長い人は、自分が主役タイプです。自分が先頭に立ち、周りの人を引っ張っていくリーダー気質ですが、強引で、常に自分が中心でないと満足できないので我が強いととられてしまうこともあります。

Point 2

生命線の弧が大きければ大きいほどスタミナのある人です。スタミナがあるため自分であれこれと動きワンマンになりがちですが、それだけに人のために動く人にも多くみられるのがこの相です。

Point 3

この相は品性があり特別意識の高いタイプの人に現れます。線が木星丘に近づいているため、自己顕示欲や権力志向が強いのですが、やるべきことは忍耐強く責任を持ってなし遂げられる人です。

性格

自分の世界にこもりやすい

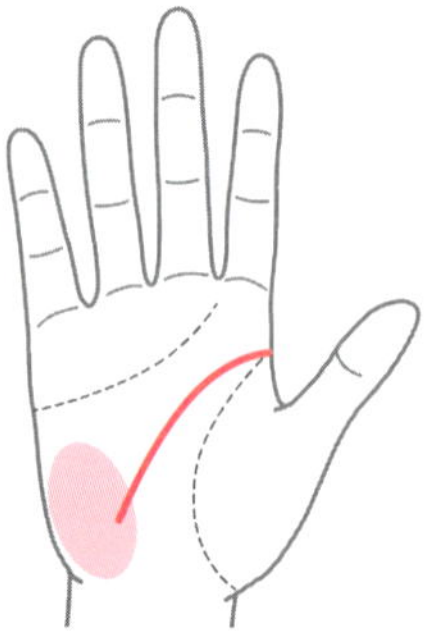

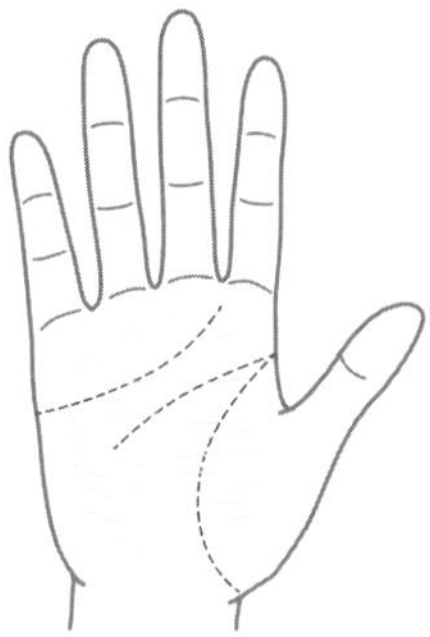

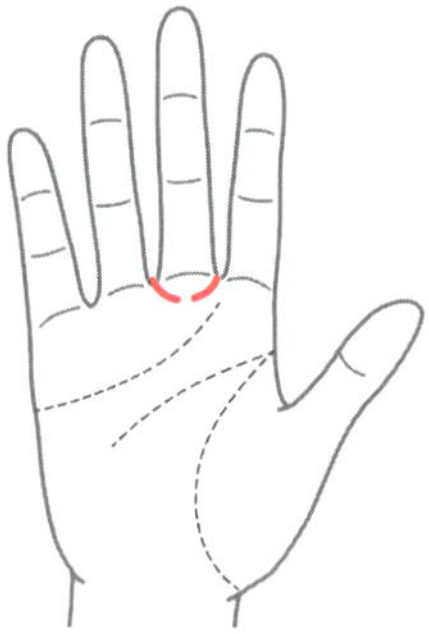

Point 1

知能線が月丘下部に下降している人は想像力豊かでコツコツ努力することが得意なタイプです。人と違う自分の世界を持っているのでクリエイティブな分野で力を発揮します。この相の人は、精神世界にも関心が深く、他人からは何を考えているかわからないと思われることもあります。

Point 2

手のひらにシワが多い人はとてもデリケートな人です。感性が鋭いので、音楽など芸術方面に進めば、その能力を活かせます。ただ、傷つきやすいところがあるので、あまり物事を重く受け止めないように心がけましょう。

Point 3

土星環がある人は内省的で一人の時間に浸るのが好きな人です。探究心の強い人にみられ、その良さを活かせば魅力となるでしょう。ただ、度を超すと孤独性が強まるので、あまり自分の世界にこもりすぎないようにしましょう。

性格

人から愛される

Point 1

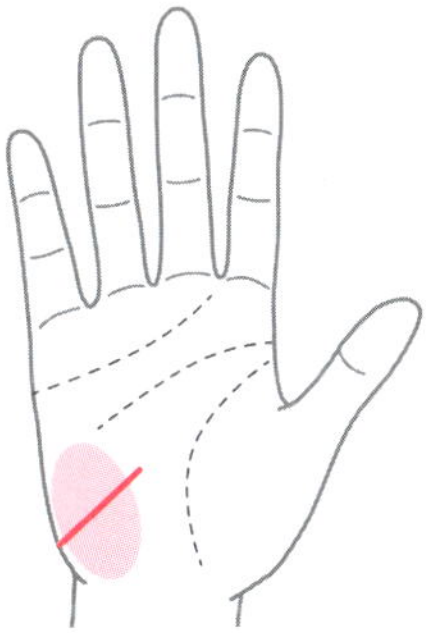

月丘に長めの引き立て線がある

Point 2

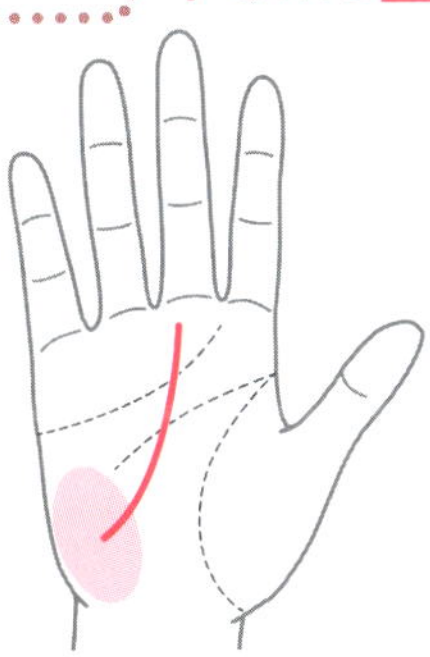

運命線が月丘から出ている

Point 3

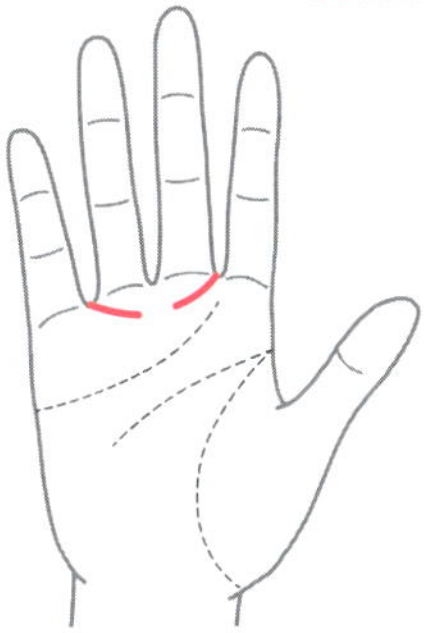

金星帯がある

Point 1

引き立て線のある人は出会い運や他人運がとても強い人です。この相の人は常に人に支えられ、助けられる人です。人から愛されることを当たり前と思わず、自分も友人などを大事にすると、いつまでも人から愛されるでしょう。

Point 2

運命線が月丘から出ている人はとても他人との縁がある人で、どこへ行っても受け入れられ、人気者になれます。生まれ故郷でじっとしているよりも、行動範囲を広げ遠く離れた土地に行った方が良さが現れます。

Point 3

この相の人は異性を惹きつける独特のムードがあります。同性から見ても独特の感性を感じさせるムードがあり、金星帯のある人は男女を問わず愛される人です。

性格

楽天的

Point 1

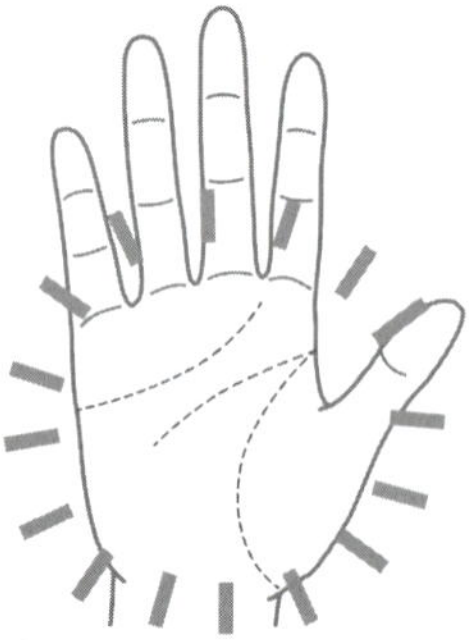

手のひらがふっくらしていてシワが少ない

Point 2

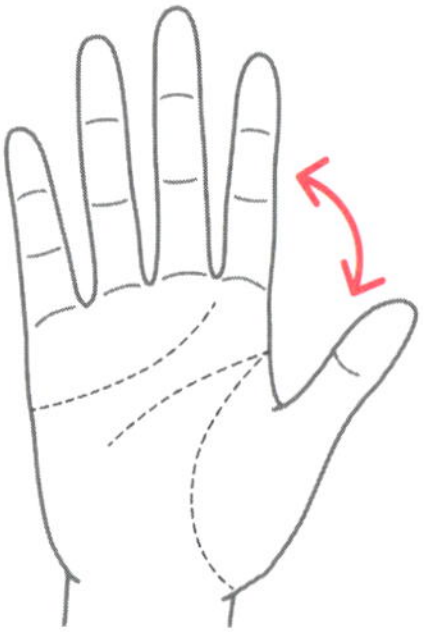

人差し指と親指の開きが大きい

Point 3

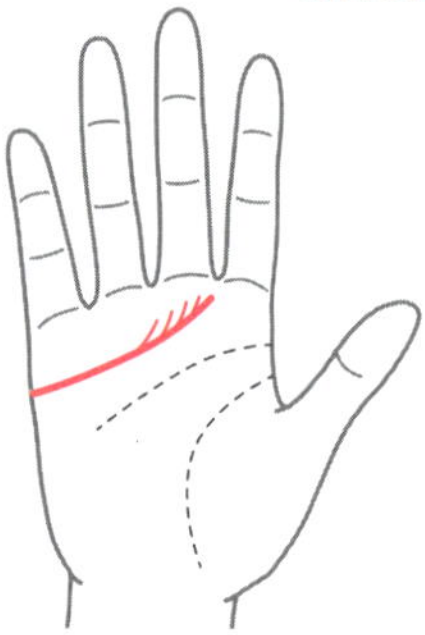

感情線の先端に上向きの枝線が伸びている

Point 1

手にふくらみがある人は、明るくておおらかなタイプです。ふくらみがあり、細かいシワの少ない手の人は、あまり思い悩むこともなくのんびりマイペースに生きていける人です。

Point 2

人差し指と親指の開きが大きい人はとても朗らかな人です。開きの大きさの目安としては、普通にしていても90度くらい開いている人がこのタイプです。

Point 3

感情線に上向きの支線が多い人は前向きで明るいタイプです。恋愛でも明るくプラス思考なので恋愛関係も円満になります。

性格

慎重

Point 1

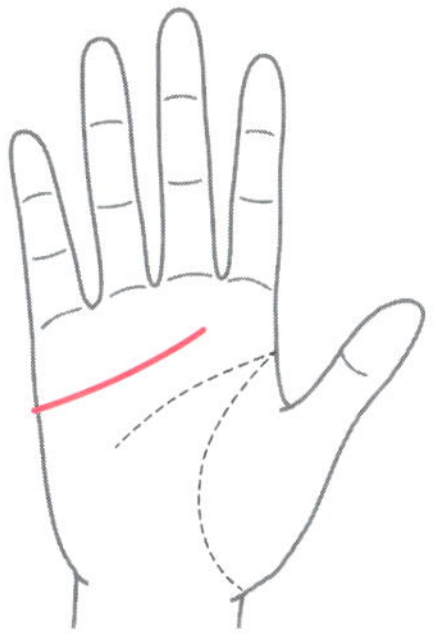

感情線が人差し指へ届かない

Point 2

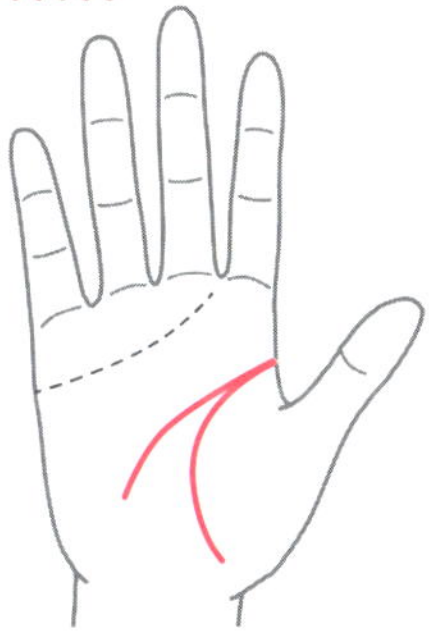

知能線と生命線の出発点の重なりが大きく長く伸びている

Point 3

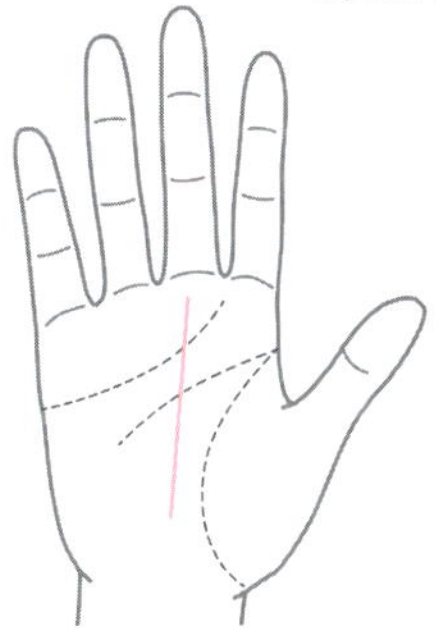

運命線が薄い

Point 1

感情線が人差し指へ届かない人はあまり本音を漏らさないタイプです。おしゃべりな人でも、感情表現があまり上手ではないので本心が伝わらないこともあります。思いを溜めないうちに、文章やメールで適度に自分の気持ちを伝えると良いでしょう。

Point 2

この相の人はとても警戒心が強く慎重な人です。堅い人と思われがちですが、誠実で堅実な人なので、その良さを活かせば、時間はかかりますが必ず人からは信頼され認められるでしょう。

Point 3

運命線が薄い人は、慎重なタイプです。老後に備えて貯蓄をしたり、物事を慎重に進めていきます。冠婚葬祭など必要な時にはお金を惜しまず、協調性もあるので生きていくのがとても上手なのですが、人に合わせすぎて迷いやすいところもあります。

性格

リーダーシップがある

Point 1

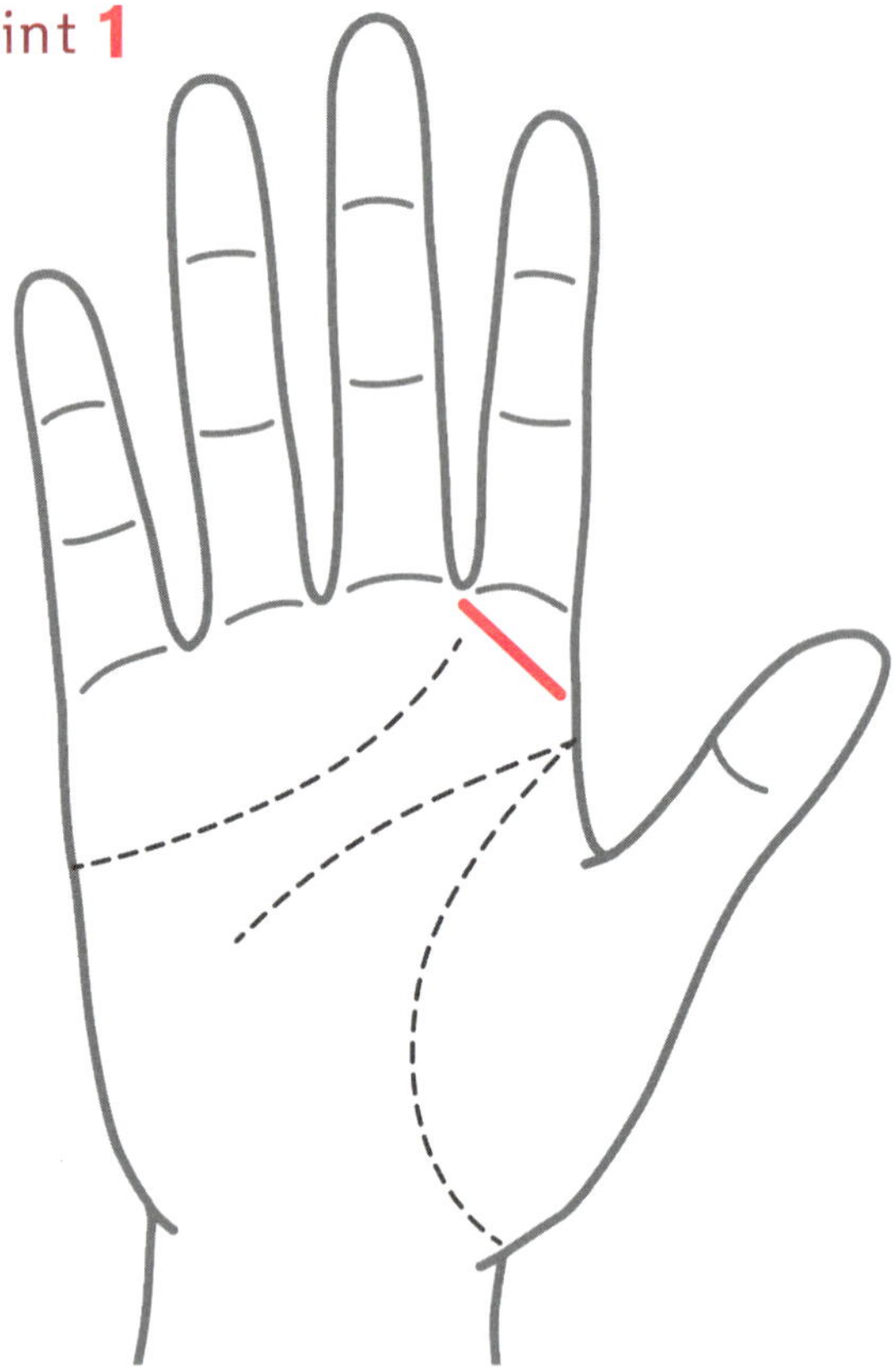

長くはっきりしたリーダー線

Point 1

リーダー線はその名のとおりリーダーシップがあることを表す線です。この線がある人は責任感が強く、管理能力も高いので人からも信頼され、リーダーとして引き立てられやすいです。

Point 2

運命線が濃い人は、自分が矢面に立ち集団を引っ張っていけるタイプです。決断力や実行力もあるので、リーダー向きの性格と言えます。この相の女性は結婚しても家事と仕事を上手にこなす、とてもエネルギッシュな人です。

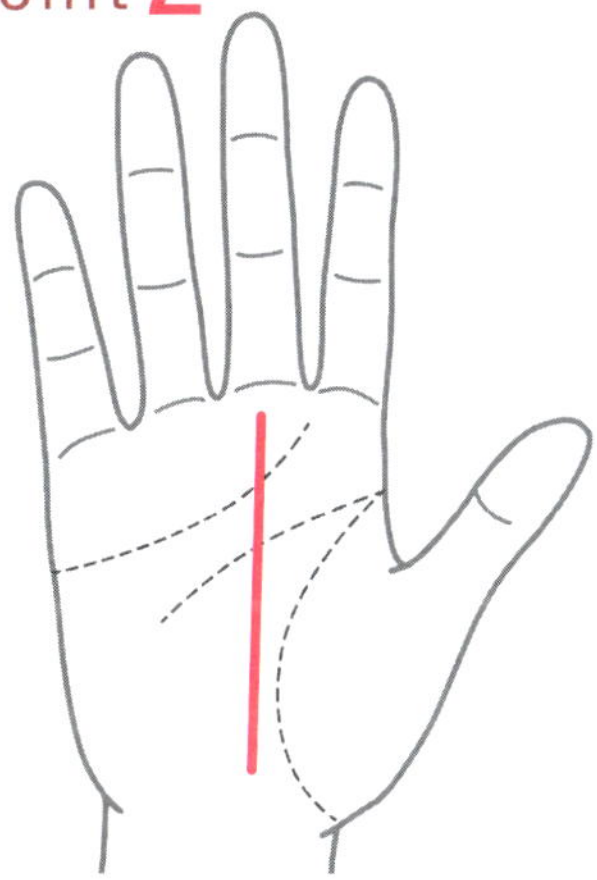
Point 2
運命線が濃い

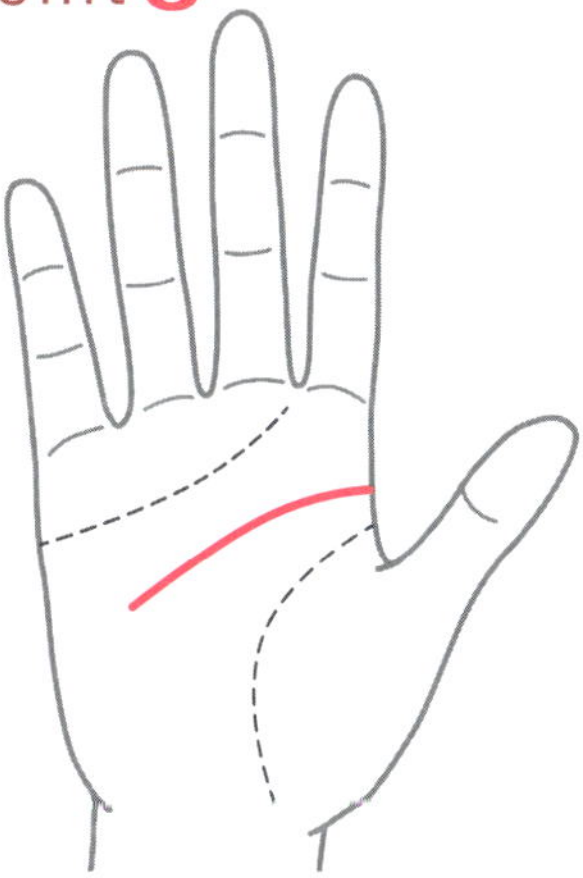
Point 3
知能線の始点が生命線と
離れている

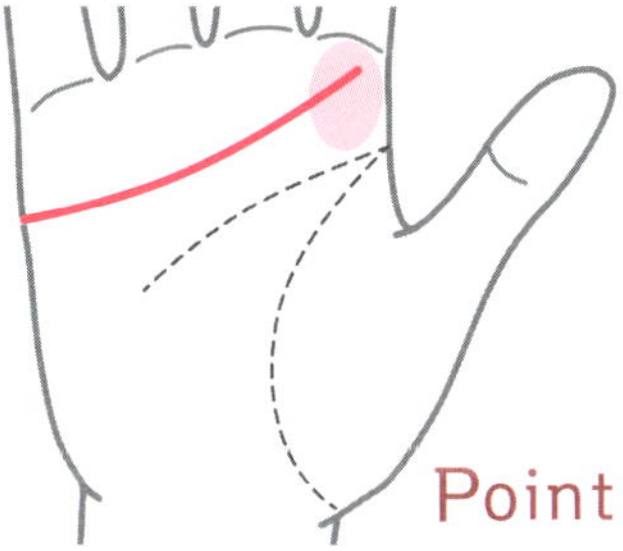
Point 4
木星丘へ届くほど長い感情線

Point 3

知能線と生命線の始点が離れている人は積極的で大胆な性格をしています。人に使われて仕事をするのがあまり得意ではなく起業して自分がトップでやっていくことに向いています。実際に、起業家やチェーン店の店長などリーダーとしてやっている人に多くみられる相です。

Point 4

この相の人は、情熱的で上昇志向もあり、自分の思いどおりに物事を進めたいタイプなので、リーダー向きです。人に指図されるのはあまり好きではないのですが、自分を慕う者に対しては面倒見がいいので、良いリーダーになるでしょう。

column

手相の上手な使い方

爪がでこぼこになるなど、爪の変型は、心身の不調を表します。特に、爪が階段状になっている人は、ストレスを受けやすいタイプなので、心配事を一人で抱え込まないように、できるならばストレスから逃げる必要があります。

高齢になると爪に薄い筋が出てくる人は珍しくないのですが、黒く筋ばってくるとそれは心身の不調と運気の低下を表します。手や爪に、黒い印や線が出るのは大体においては凶相とされます。手のひら全体が薄茶色になると、病気の可能性があるので医療機関でのチェックをおすすめします。

手のひら全体に、横線が増えてきた時は、すぐに病気につながらなくても、気苦労が多く人間関係などで悩みやすい時期を表します。精神的に穏やかな時期は薄くなります。手のひらの横線は、体に負担をかけている印。病気につながらないよう、横線を濃くしないような生活を送り、ストレス解消に努め、体をいたわりましょう。

手相に病気の兆候がはっきり出てくるようになると、それは、病気が進んでいることを暗示します。ですから、手相の悪い知らせを待つよりも、自分の体調の傾向をあらかじめ手相で知っておくことの方が大切です。手相でみて生命力の強い人なら、恵まれた生命力をそのまま活かせるように、無理や無茶をしないこと。逆に、弱いところのある人ならば改善していけるように、工夫して体調管理をすることが、手相の上手な使い方です。

また、手相を学ぶとは、読み取った手相の情報をどう活かしていくかまで考えることです。人の手相をみて悪い面を伝える時は、充分に留意してください。断定的な不運の宣告は、鑑定者の自己満足です。災いを減らし希望の持てるアドバイスを伝える力がなければ、不吉な断定をするべきではありません。

第5章

線だけではない手相の見方

手相をみる時は、手の形、大きさ、爪、指紋など
手全体をみる必要があります。

手の形

手のひらの線とその人の性格に矛盾を感じたら、手の形に目を向けてみると納得できることが多いものです。

手相のおもしろい部分は、手のひらの線をみることだと思いますが、それ以外でも手の大きさや開き方、手の出し方などから、指の形や爪、指紋などまでみて総合的に判断しなければなりません。左右の手全部をみるのが手相鑑定です。

まずは、手の形をみていきましょう。手の形は個人の基本的な性格に影響する、手相をみるにあたっての重要な部分です。手の形は大きく分けて地、風、火、水の四つに分類することができます。その形の特徴と気質の特徴をおぼえましょう。

	地の手	風の手	火の手	水の手
指	短い	長め	短め	長い
手のひら	正方形	正方形	縦長	縦長
性格	正直・現実的	知的・探求心旺盛	誠実・情熱的	優しい・ロマンチスト

地の手

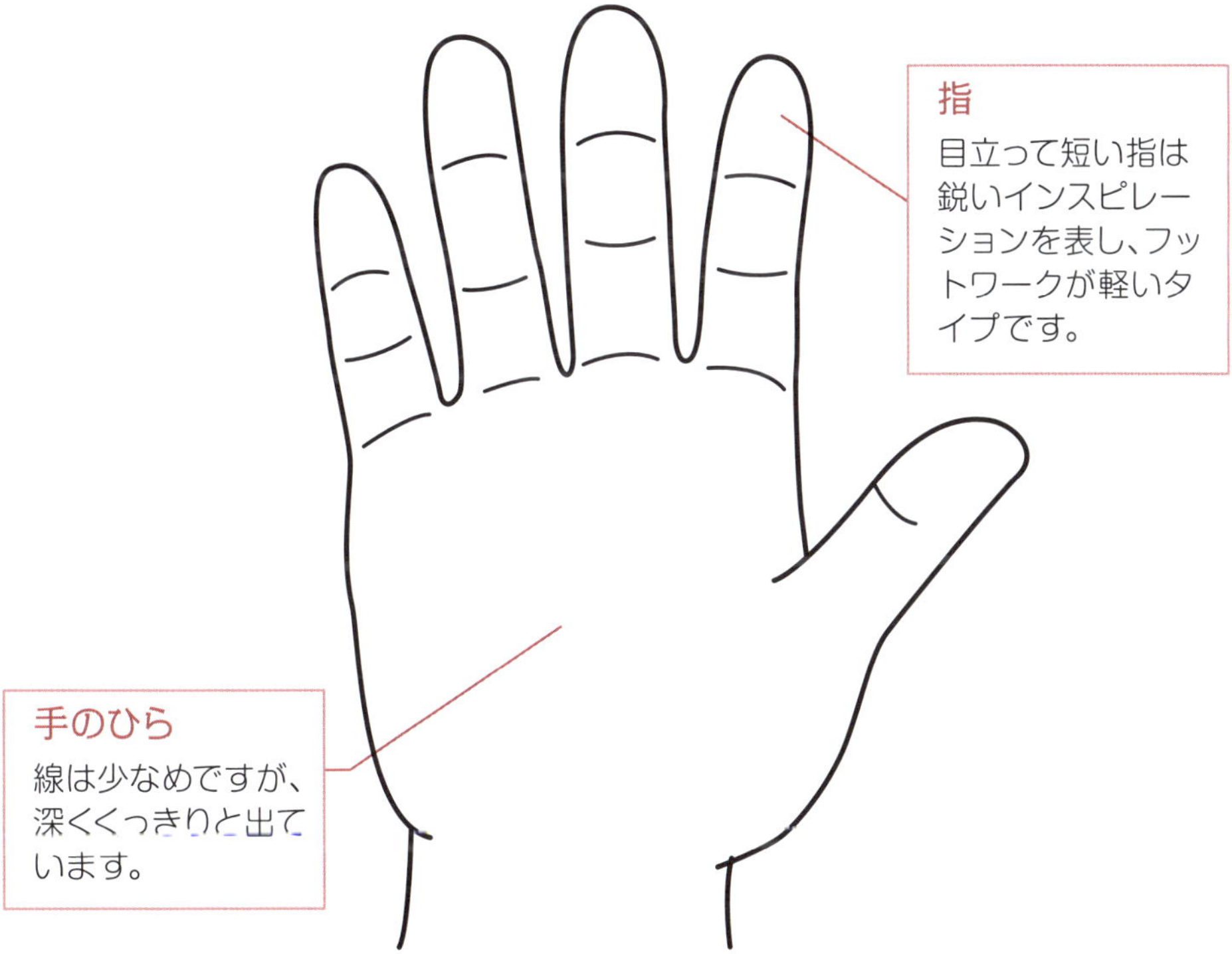
指
目立って短い指は
鋭いインスピレー
ションを表し、フッ
トワークが軽いタ
イプです。
手のひら
線は少なめですが、
深くくっきりと出て
います。

地の手は手のひらが正方形で指が短いのが特徴で「自然を愛する手」ともいわれます。このタイプの手は、情緒は安定していて、現実離れしたことはあまり考えない実直な人にみられます。地の手の人は、どんな大きな壁にぶつかっても諦めず乗り越えていこうとするタイプです。また、一本気で昔気質なところもあり、伝統を大切にする傾向にあります。地の手は体力勝負の仕事の他、創造性の高い仕事をする人にも多くみられ、芸術家など手先の器用さを必要とされる分野でも活躍しています。

風の手

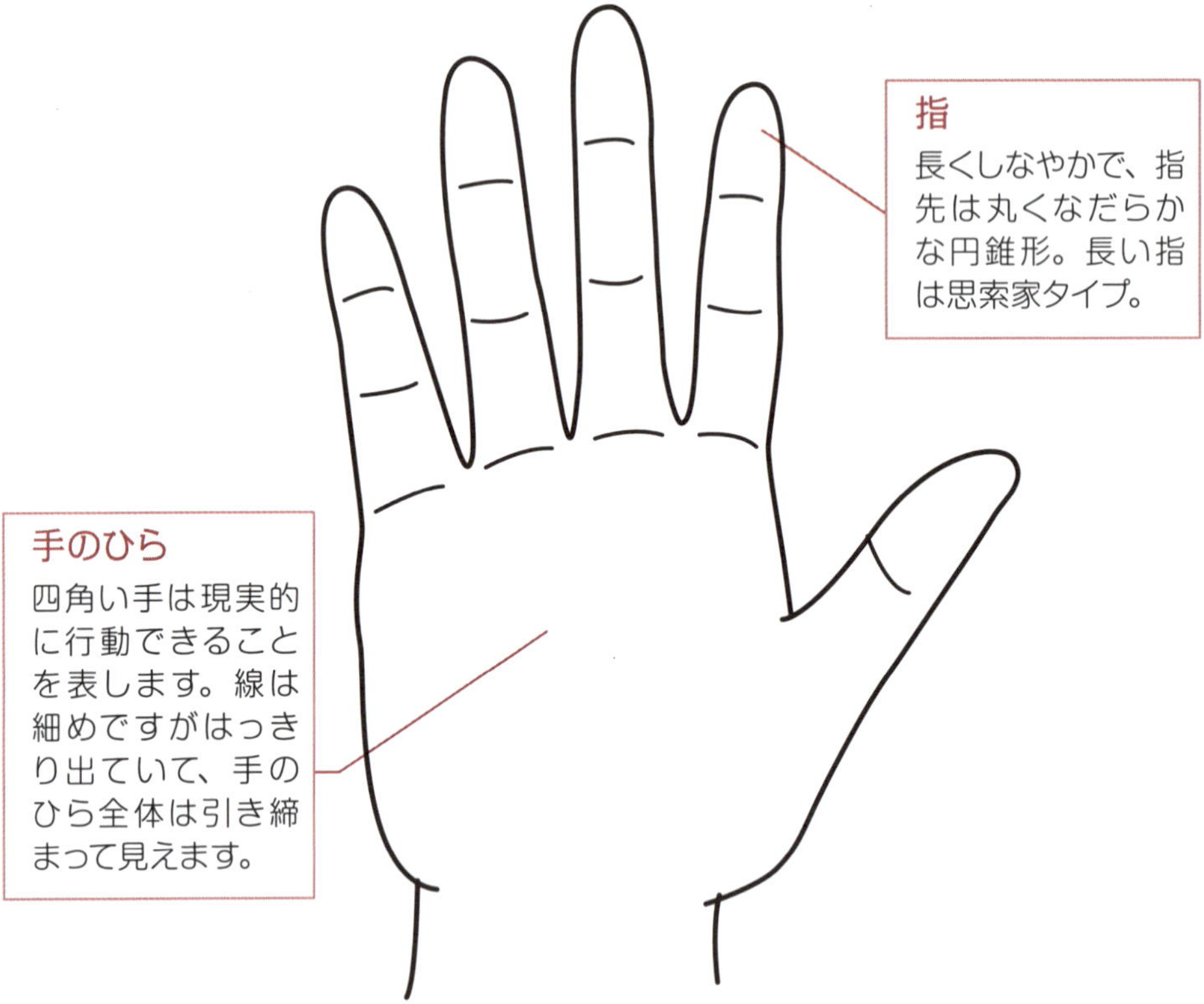
指
長くしなやかで、指先は丸くなだらかな円錐形。長い指は思索家タイプ。
手のひら
四角い手は現実的に行動できることを表します。線は細めですがはっきり出ていて、手のひら全体は引き締まって見えます。

風の手は手のひらが四角ばっている割に指が長いのが特徴で「活発な手」とも言われます。このタイプの手は、精神がとても活発で探究心旺盛な人にみられます。ただ、飽きっぽいので絶えず知的な刺激が必要です。風の手の人は単調な作業を繰り返すと飽きやすいので、ジャーナリストや技術者など知的好奇心と探究心を活かせるような仕事に向いています。また、新しいもの好きで、目新しい情報などにとても興味を持ちます。言葉の扱いもうまいので、マスコミ関係でも活躍するでしょう。

火の手

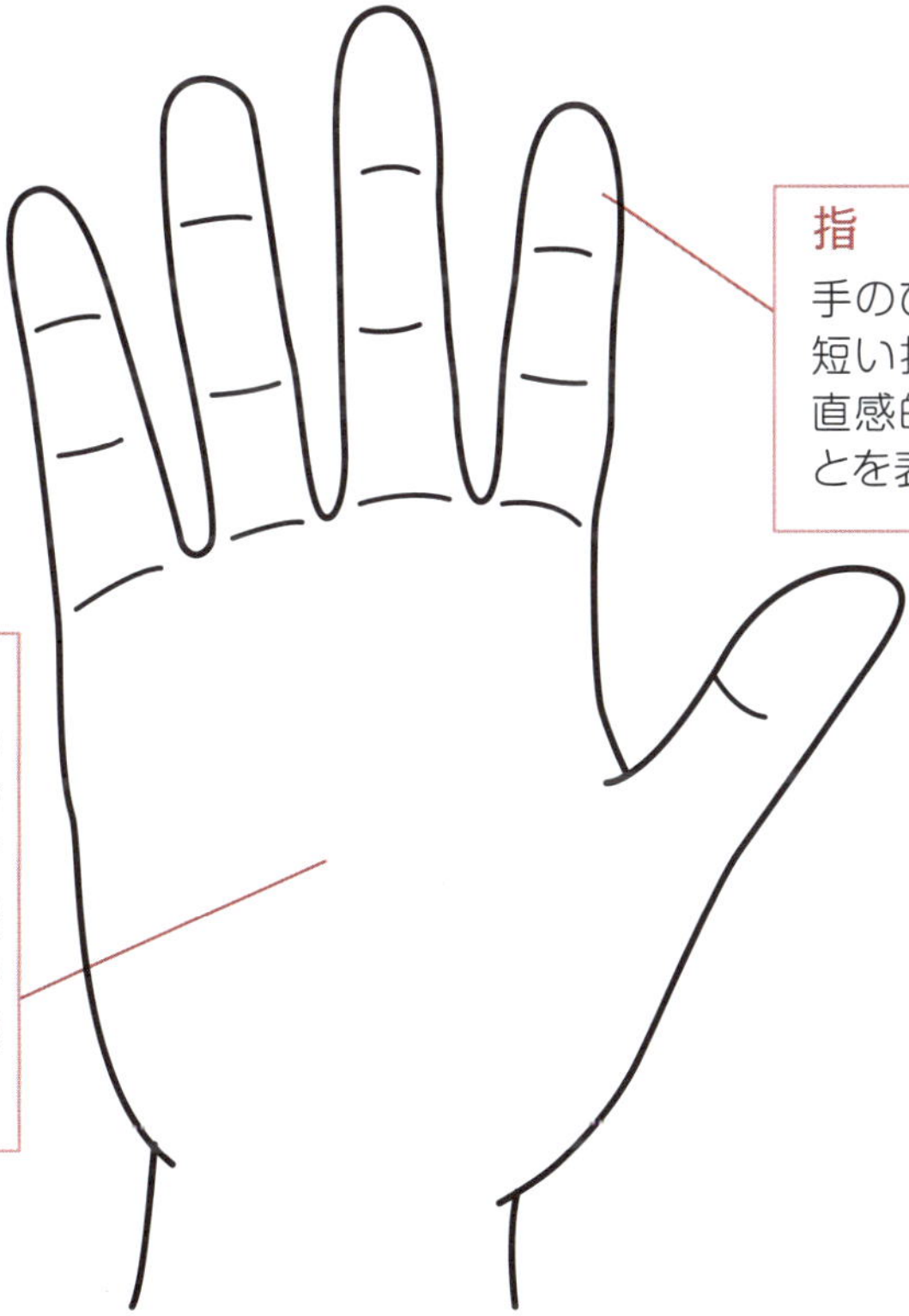

指

手のひらに比べて短い指はパッパと直感的に動けることを表します。

手のひら

手のひらが長いのは感性や精神性が高いことを表しています。さほど濃くなくても見つけやすいすっきりした線が出ています。

火の手は長い手のひらと手のひらに比べると短めの指が特徴で「外交的な手」とも言われます。すらりとしているが短めの指なので見つけやすい形です。このタイプの手は生命力にあふれ活動的で、性格は陽気で楽天的です。火の手の人は社交的でカリスマ性があり何でも情熱を持って熱中するので、グループではリーダー的な立場になることが多いです。火の手の人はエキサイティングな人生を望み、生命力も強いので、スポーツはもちろん芸術や音楽、精神分野でも目立つ存在として活躍している人が多いです。ただし、限度知らずで突き進むので燃え尽き症候群に注意しましょう。

水の手

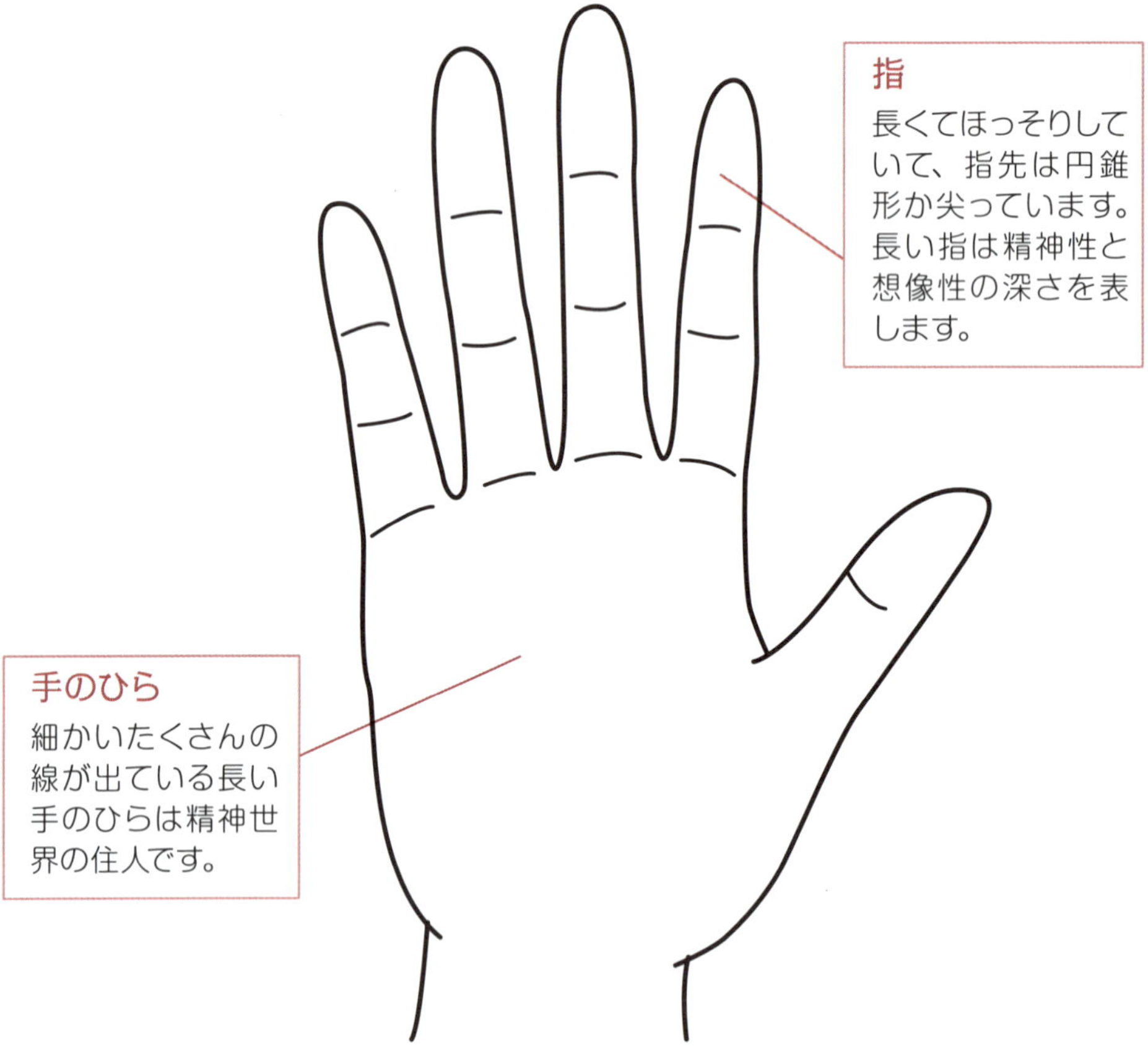
指
長くてほっそりしていて、指先は円錐形か尖っています。長い指は精神性と想像性の深さを表します。
手のひら
細かいたくさんの線が出ている長い手のひらは精神世界の住人です。

水の手は長い指と長い手のひらが特徴で「繊細な手」とも言われています。このタイプの手は非常にナイーブで感受性があり、天性の優しさと創造性に恵まれています。周囲へ細やかな気づかいができ我慢強いところもありますが、直感や情緒によって行動し、やや世間離れしたところがあります。この手の人は、精神世界に関心の深い人が多く、霊感的な能力を備えていることもあります。スピリチュアルな世界や感性を活かした趣味的分野で活躍できるでしょう。激しい競争社会には向いていません。

手の大きさと硬さ

手が体に比べて大きいか、厚さ硬さなどからも、その人の気質を読み取ることができます。また、手の出し方からもその人の性格がわかります。

体に比べて大きい手

手が体に比べて大きい人は、用心深く細かいところまで気をつける傾向があります。手先が器用な人に多くみられ誠実なタイプでもあります。

体に比べて小さい手

手が体に比べて小さい人は、大胆で積極的な傾向があります。自由奔放で浪費家的な傾向もありますが、自信家でリーダーシップのとれるタイプです。

厚い手

手が厚い人は、ほがらかで穏やかな性格の人です。体力もありエネルギッシュなので周りの人間から慕われますが、おおざっぱで自己中心的な面もあります。

薄い手

手の厚みがない人は、クールで分析力のある人です。冷静であまり感情を表に出さず、状況に応じた行動がとれます。薄すぎると人に冷たく細かいことに悩みがちです。

柔らかい手

水を含んだように手が柔らかい人は、知的好奇心がありプライドが高いところがある反面、ロマンチストでデリケートな傷つきやすい面もあります。

硬い手

手の皮が厚く硬い人は、サッパリとしている行動力のあるタイプです。感情表現がストレートなので世渡り下手ですが現実的で生活力があります。

手の出し方

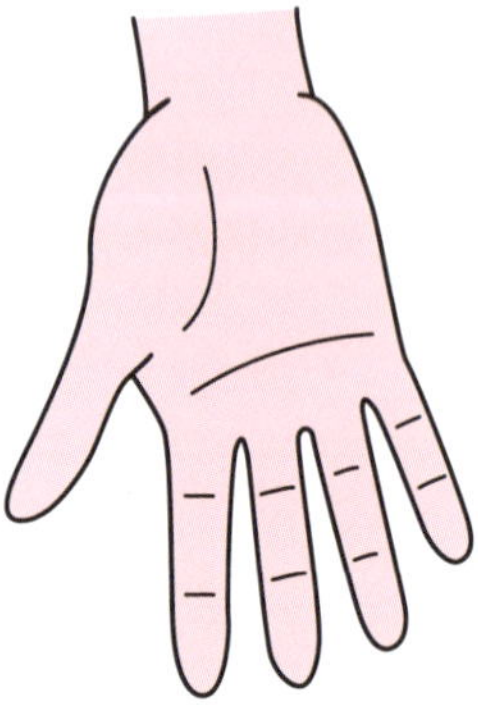

指を開いて出す

社交的

思い立ったらすぐ行動し、誰とでもうまくやっていける楽天的なタイプです。裏表もなく人からの信頼は厚いのですが、自己主張の強い面もあります。

指をそろえて出す

常識的

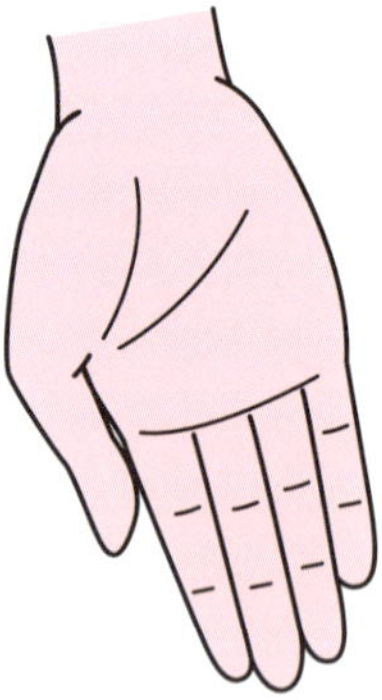

突飛なことをしない常識的な人で他人のことをよく観察しているタイプです。生真面目で融通の利かないところはありますが、とても礼儀正しくきちょう面な人です。

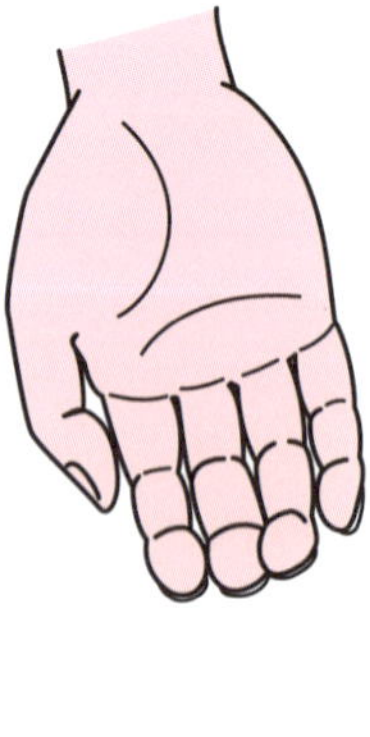

指をすぼめて出す

警戒心が強い

他人と打ち解けるまで時間のかかる警戒心の強いタイプです。ただ、お金の管理が得意なしっかり者でもあります。

指・爪・指紋の形

指や爪の形や指紋の種類からも性格がわかります。指の形は両手の指10本が同じ形をしているとは限らず、人差し指が尖った指で中指が円錐形ということもあります。いろいろな形の指の持ち主は多才なタイプです。

指の形

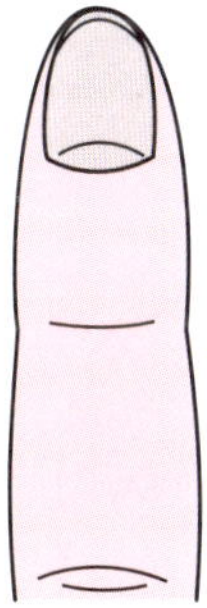

先端が丸い指

人当たりのよいタイプ

指全体がふっくらしており、指先が丸まっている人は、感情表現が得意で周囲から好かれるタイプです。熱しやすく冷めやすい面も。

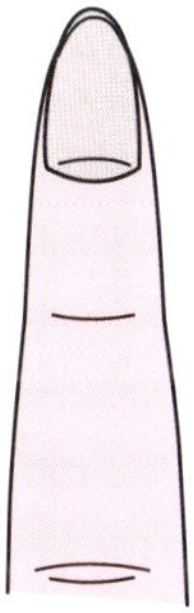

先端がとがった指

直感力に優れたロマンチスト

鋭い直感力を持っており、空想好きなアーティストタイプ。自分で人生を切り開くというよりは、人から支えられて花開く人です。

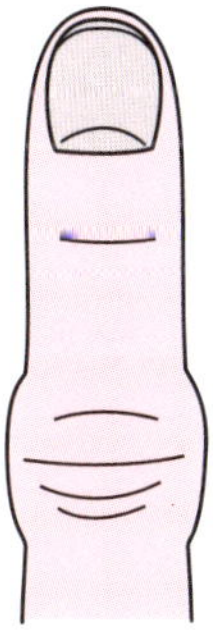

関節が目立つ指

冷静な研究家タイプ

コツコツ派の努力家です。一見おとなしく見えても、芯が強い一面を持ち、判断力、分析力に長けています。

円筒型の指

合理的で几帳面な性格

感情に流されない合理的な考えを好み、現実主義な人。我慢強く行動力があり、時間や金銭面できちょう面です。

短くて太い指

正義感の強い真面目タイプ

曲がったことが嫌いで正義感が強く、一度決めたことを最後まで貫く意志の強さを持っています。反面、融通がきかない部分も。

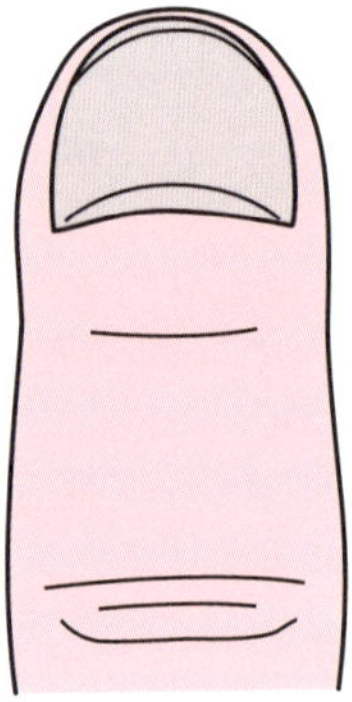

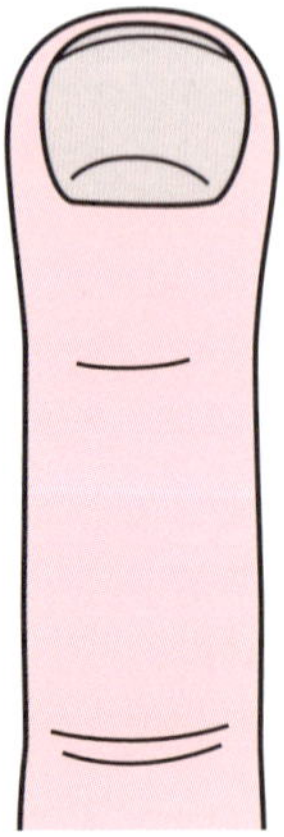

へら型の指

考えも行動もアクティブな人

アイデアが豊富で、言動もダイナミック。自由な行動を好むタイプで、指全体が長いと「発明家の指」と呼ばれます。

爪の形

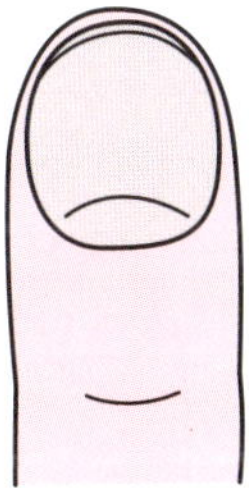

先が丸い爪

人当たりがよく温和な人に多い

順応性や適応力があるので、対人関係が良好なタイプ。物事をきちんと進めないような、ややアバウトな面も。

先のとがった爪

美的センスがあり、感覚的に優れている

アート感覚や美的センスに長けているため、芸術分野での活躍が期待できます。ただし、ストレスに弱い面を持っています。

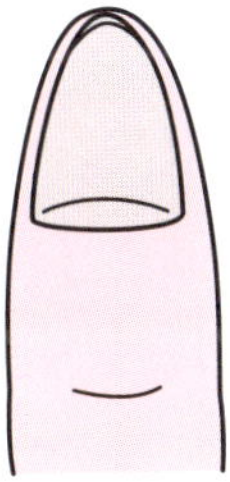

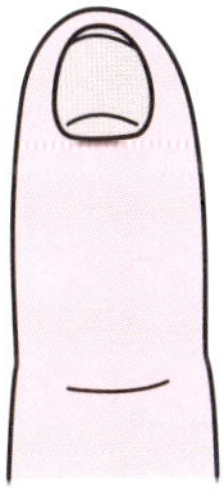

小さい爪

客観的に物事を見られるクールタイプ

細かいことによく気づく繊細さと、客観的に見るクールな視点を持っています。反面、頑固で譲れない信念の持ち主でもあります。

四角い爪

妥協を許さず粘り強い

真面目な性格で、社会のルールを重んじますが割り切りがよくドライな面も。粘り強く何ごともやり抜き、きちょう面です。

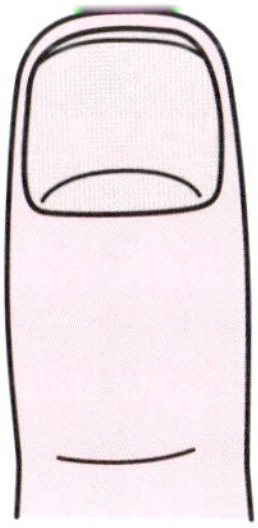

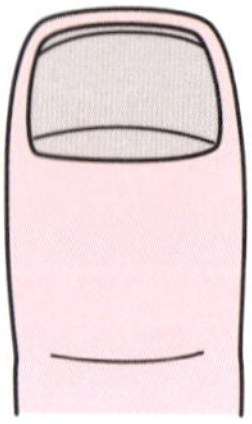

幅広の爪

行動的でタフなパワーの持ち主

情熱家で行動的。何事にもパワフルに取り組みますが、飽きるとあっさりやめてしまう気の短い一面も持っていて闘争的な人もいます。

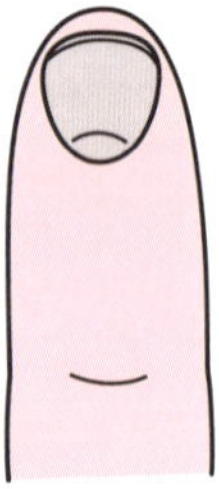

逆三角形の爪（貝爪）

周囲の空気や状況に敏感なタイプ

周囲の状況を察知する力に優れ、他人にいやな思いをさせない人です。神経質な面もあるため、心身ともに疲れてしまうこともあります。

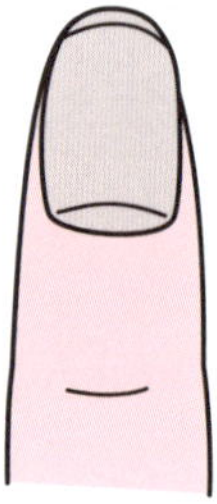

長方形（たて長の爪）

上品な知的タイプ

上品で落ちついてみえます。知的好奇心が強く向上心も豊かですが、ややプライドが高く潔癖なところがあります。

指紋

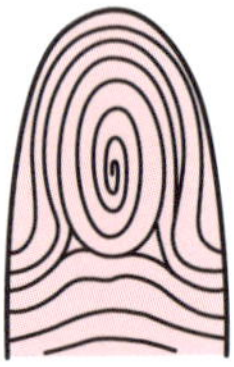

渦巻きの線

個性的で大胆なタイプ

感性鋭く強い自我を持っており、発想が独創的で大胆な行動をとります。「渦状紋」とも言われ、渦が２つの人もいます。

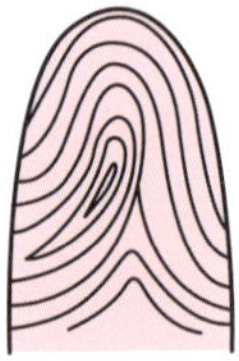

波型の線

周囲への気づかいに優れている

適応力や順応性があり、周りへの配慮や気づかいに長けています。左右どちらかの方向に流れている形を「蹄状紋」と言います。

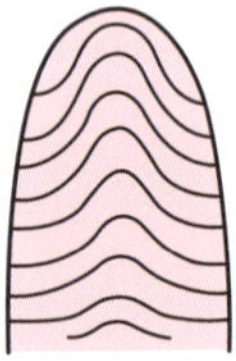

弓状の線

一途に取り組むタイプ

ゆるやかな山なりの曲線が重なった「弓状紋」の人は、物事に夢中で取り組む天才肌タイプ。ただし、気分にムラがあります。

線の種類とマーク

同じ線でも形状が違うとその線の意味が変わります。マークは一時的に現れることが多く、良い意味か、悪い意味かはマークの種類や現れる場所によって異なります。

支線

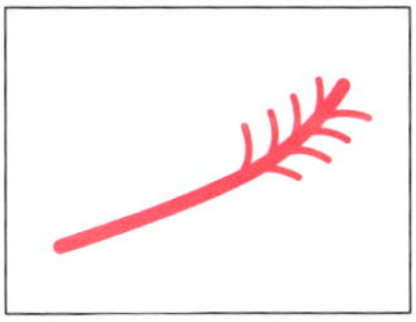

線上から出る短い線で上に出る場合は線の意味を強め、下向きに出る場合は意味を弱めます。

キレギレ線（中断線）

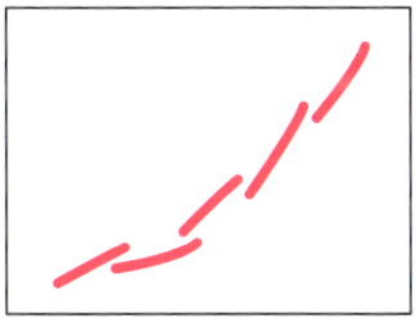

線が途中で切れている線で線のもつ意味にマイナスの要素をくわえます。

サポート線（姉妹線）

線をサポートするようにでる細い線でマイナス面を補う意味を持ちます。

鎖状線

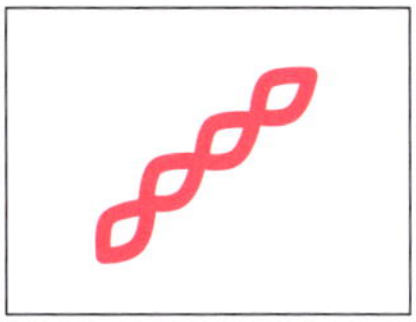

鎖が連なっているような線で、その線の持つ意味を弱めます。

枝線（分岐線）

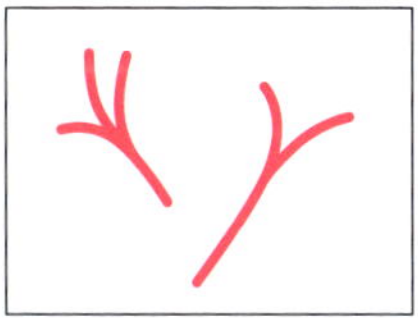

終点がわかれている線で、線に多面性を持たせます。

総状線

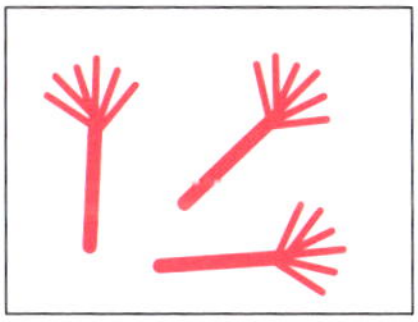

終点がフサ状にわかれている線で、線の意味を弱めます。

波状線

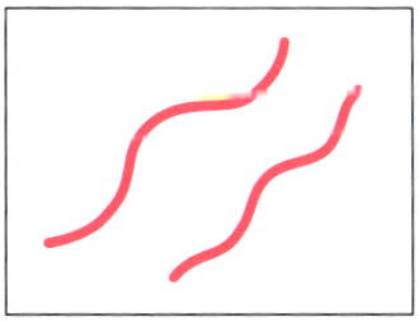

波型に蛇行している線で、線の持つ意味が不安定になることを示します。

スター（星型）

複数本の短い線が連なって星のような形になったものです。丘に出ている時はラッキーサインであることが多く、例えば木星丘に現れれば、木星丘の持つ地位や権力といった意味が強調され、仕事運アップなど、太陽丘であれば、太陽丘の持つ名誉や財運といった意味が強まり、大きな金運アップとなります。土星丘に出た場合だけ凶相とされ、トラブルの暗示なので、この場合は普段より用心深くするなど対処が必要です。

フィッシュ（魚型）

弧を描く線が2本連なって魚のような形になったものです。大変珍しいマークで、なかなかみられないものですが、幸運が訪れることを表します。たとえば、旅行線にフィッシュが出れば、旅先でラッキーなことが起こる暗示です。太陽丘に出ていることも多いのですが、凶相のシマと似ているので、線上に出ている時は区別が必要です。

格子

複数の縦線と横線が組み合わさって格子状になっているものです。出る場所によって意味が異なり、丘の良い意味を強めたり、不安定さを増します。水星丘に出る場合は異性運が不安定であること、太陽丘に出ると発想力が高まって成功するなどです。

円形

線が丸くなったものです。めったに見られないマークで、きれいな円の場合と、キレギレの線が丸くなっている場合があります。月丘に出ると水難の相とされ、一方で太陽丘に出ると事業の成功の暗示と、出る場所によって吉凶の意味が大きく異なります。

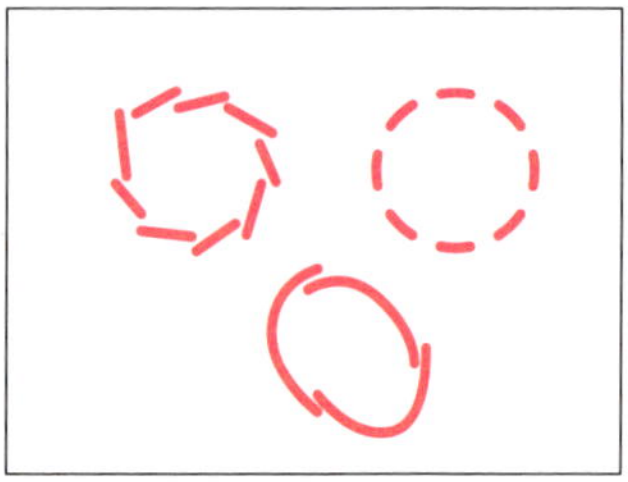

シマ（島）

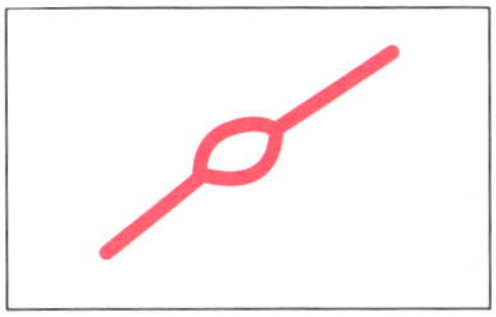

線の途中が楕円または円形になっているものです。どの場所に出ても、その線の意味を弱めるマイナスの意味を持っています。たとえば、財運線にシマが出るとお金のトラブルを暗示し、結婚線に出れば恋愛や結婚がうまくいかない状態を示します。シマは一時的に出て消えることもあれば、残ることもあります。状態が良くなればシマが目立たなくなってきます。

斑点

線上や丘に出る黒や赤のポツッとした点です。どの場所に出てもマイナスの意味があり、その線や丘の意味を弱めます。特に線上に出る場合は突発的な災難を表しますが、一時的に現れることが多く、災難の危険が去れば斑点が消えることもあります。斑点は濃いほど意味が強まります。

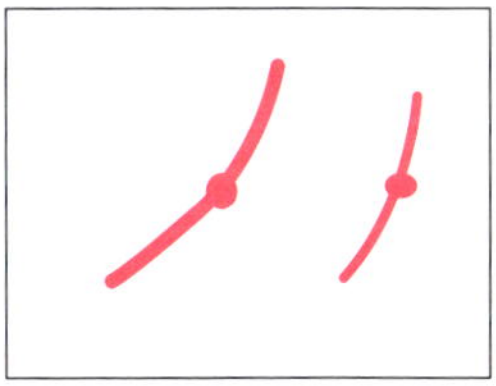

クロス（十字）

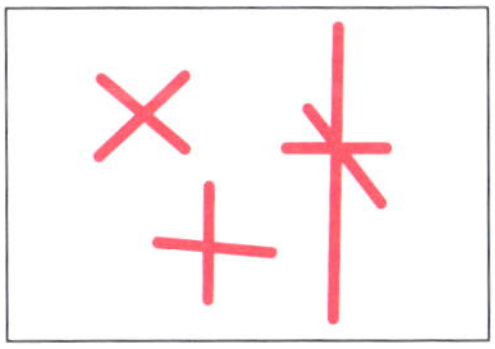

2本の短い線がクロスしたものです。どの場所に現れてもマイナスの意味を持ちますが、例外的に神秘十字線や太陽十字などはラッキーサインとなり、木星丘に現れた場合は、夢が叶う前兆や事業の成功などを意味します。

三角

3本の短い線が三角形を作っているものです。丘に出ているとその丘の良い意味を強めますが三角が線に触れていると、その線の意味を弱めます。ただし、感情線の線上にある三角は、一芸に秀でた人に現れるもので、悪い意味はありません。

四角

4本の短い線が漢字の「井」のような形に連なり、四角になったものです。丘や線が弱まっている時に、意味を補う働きがあります。例えば、生命線に切れ目があると線が弱まっていますが、そこへ四角が出ると、マイナスがカバーされて大事に至らないことを示します。一方、感情線の線上に現れた時は愛情運のみだれを表わします。

著者紹介

仙乙恵美花（ひとお　えみか）

占術家。自由が丘手相運命学教室 仙習院主宰。

1985年東京女子大学英米文学科卒。朝日新聞社勤務を経て、旅行雑誌等のライターとして活動。別れと出会いの不思議さに魅せられて占いの道へ進む。手相術を皮切りに数々の運命学を修得し「心に寄り添う鑑定」をモットーに、自由が丘で個人鑑定を行うほか、短期養成型の手相運命学教室、よみうりカルチャー・朝日カルチャーセンター手相講座、情報誌やウェブサイトの占い記事監修、執筆協力を行っている。手相講座では、豊富な鑑定実績（約３万人）に基づいた内容がおぼえやすいと好評で、多くの良識ある鑑定家を輩出。算命学会会員。熊崎式姓名学鑑定家。著書に『最新版よくわかる手相』『開運！よく当たる手相』（ともに監修／西東社）がある。

https://emi-ka.com/

執筆協力　村串沙夜子
イラスト　クロカワユカリ
デザイン・DTP　ニシ工芸株式会社
編集制作　株式会社 童夢

基礎からわかる
手相の完全独習

2012年11月25日　第1刷発行
2024年11月 1 日　第12刷発行

著　者
仙乙恵美花

発行者
竹村 響

印刷所
TOPPANクロレ株式会社

製本所
TOPPANクロレ株式会社

発行所
株式会社 日本文芸社
〒100-0003　東京都千代田区一ツ橋 1-1-1　パレスサイドビル8F

Printed in Japan　112121105-112241015 Ⓝ12　(310001)
ISBN978-4-537-21059-0
URL https://www.nihonbungeisha.co.jp/

編集担当：三浦